北京建筑大学 中方题

中华人民共和国教育部

教发函〔2013〕35 号

教育部关于同意北京建筑工程学院
更名为北京建筑大学的函

北京市人民政府：

《北京市人民政府关于申请北京建筑工程学院更名为北京建筑大学的函》（京政函〔2012〕76 号）收悉。

根据《高等教育法》《普通高等学校设置暂行条例》《普通本科学校设置暂行规定》的有关规定以及全国高等学校设置评议委员会六届二次会议的评议结果，经研究，同意北京建筑工程学院更名为北京建筑大学，学校代码为 10016；同时撤销北京建筑工程学院的建制。现将有关事项通知如下：

一、北京建筑大学系多科性本科学校，以本科教育为主，同时承担研究生培养的任务。

二、学校由你市领导和管理，其发展所需经费由你市统筹解决。

三、学校全日制在校生规模暂定为 10000 人。

四、为支持学校建设和发展，你市承诺"继续将该校新校区建设作为重点项目列入'北京市属高校基本建设三年规划',投入3.6亿元基本建设经费","每年投入不少于800万元支持该校参与'高等学校创新能力提升计划',每年投入不少于800万元支持该校实施'建筑遗产保护理论与技术'服务国家特殊需求博士人才培养项目"等措施,须落实到位。

五、学校现有专业结构的调整和新专业的增设,应按我部有关规定办理。

望你市加强对该校的领导,落实资金投入,指导学校加强师资队伍建设、学科专业建设和教学基础设施建设,努力提高教学科研水平和办学质量,围绕服务加快转变经济发展方式这条主线,重点培养服务区域经济社会发展所需要的应用型、技术技能型、复合型人才,办出特色,办出水平,为北京市的经济建设和社会发展做出更大贡献。

中华人民共和国教育部

2013 年 4 月 12 日

抄　　送:北京市教委
部内发送:有关部领导,办公厅、高教司、学生司、学位办

教育部办公厅　　　　主动公开　　　　2013 年 4 月 23 日印发

5月16日举行北京建筑大学揭牌仪式

5月16日举行北京建筑大学挂牌仪式

3月14日举办干部聘任公开答辩和民主推荐会

3月26日举办北京地区毕业生公共
就业和人才服务进校园活动

4月12日与马来西亚吉隆坡
建设大学签订合作协议

4月13日举办校园开放日暨
全国高招咨询会

5月8日举行城乡规划学专业(硕士)
评估工作汇报会

5月8日举行工程管理专业评估汇报会

5月18日举办首都高等学校第51届学生田径运动会(一)

5月18日举办首都高等学校第51届学生田径运动会(二)

6月4日举办"我的梦 建大梦 中国梦"主题宣讲会

6月19日韩国光州技术科学院来访

6月21日举办第七届教代会暨第七次工代会

6月28日举行电信学院封顶仪式

7月2日举行纪念建党92周年报告会

7月4日举办2013年大学生暑期
社会实践出征仪式

7月5日举行第五届北京市高等学校
测绘实践创新能力大赛

7月5日举行2013届本科生毕业典礼

7月6日举行硕博宿舍封顶仪式

7月7日继续教育学院夏季毕业典礼

7月9日举行2013届夏季硕士研究生
毕业典礼暨学位授予仪式

7月12日朱光校长出席中国绿色建筑
产业专家论坛并做主题演讲

7月15日举办"思德"论坛

8月18日召开党的群众路线教育实践活动动员大会

9月5日举行2013级全日制研究生开学典礼

9月10日举行2013级本科学生开学典礼暨军训开营式

9月14日举行第二届北京市大学生建筑结构设计竞赛

9月20日举办2013级学生军训结业仪式

10月8日国家测绘地理信息局李维森副局长来我校作学术报告

10月9日举行国家文物系统建筑遗产保护
与利用专业人才研修班开班仪式

10月18日与江河创建集团股份有限公司共建人才培养基地

10月22日举办"我的大学"主题演讲比赛

10月25日举办第二届激光雷达大会开幕式

11月1日举行与英国南威尔士大学合作协议续签仪式

11月6日美国奥本大学常务副校长代表团访问我校

11月15日法国驻华大使白林女士在我校举办的
"高效能源培训项目展示"会上致辞

11月15日举办"高效能源培训项目展示"会

11月26日举办迎接"平安校园"检查验收汇报会

11月27日举办节能研究所与节能环保中心成立揭牌仪式

11月28日建筑遗产研究院揭牌

11月29日党委书记钱军教授在第四届地坛论坛作报告

12月1日成立工程管理研究所

12月3日举办十八届三中全会专题辅导报告

12月5日北京市科学道德和学风建设院士报告进校园

12月6日召开校级领导班子民主生活会通报会

12月15日举办建筑文化研究基地研讨会

北京建筑大学 2013 年年鉴

北京建筑大学年鉴编委会　编

中国建筑工业出版社

图书在版编目(CIP)数据

北京建筑大学2013年年鉴/北京建筑大学年鉴编委
会编．—北京：中国建筑工业出版社，2015.6
 ISBN 978-7-112-18053-0

 Ⅰ．①北… Ⅱ．①北… Ⅲ．①北京建筑大学-
2013-年鉴 Ⅳ．①G649.281-54

 中国版本图书馆CIP数据核字(2015)第082504号

　　本书由北京建筑大学组织编纂，内容综合反映了北京建筑大学发展现状，属于文献史料性工具书。内容主要包括：北京建筑大学概况、重要讲话、机构设置、教育教学、学科建设与科学研究、人才队伍建设、对外合作交流、学生发展、管理与服务、党建与群团工作、院系工作、教学辅助工作、社会服务、毕业生名单、表彰与奖励、大事记、新闻建大等。内容丰富，资料来源权威可靠，具有很强的指导性和文献性。可为校内外人事了解北京建筑大学发展情况提供信息。本书具有重要的史料价值和收藏价值。

＊　　＊　　＊

责任编辑：王　磊
责任设计：张　虹
责任校对：张　颖　刘梦然

北京建筑大学2013年年鉴
北京建筑大学年鉴编委会　编
＊
中国建筑工业出版社出版、发行(北京西郊百万庄)
各地新华书店、建筑书店经销
北京红光制版公司制版
廊坊市海涛印刷有限公司印刷
＊
开本：787×1092毫米　1/16　印张：33¼　插页：8　字数：850千字
2015年10月第一版　　2015年10月第一次印刷
定价：**98.00**元
ISBN 978-7-112-18053-0
(27259)

《北京建筑大学 2013 年年鉴》编纂委员会

主　任：王建中　　朱　光

副主任：宋国华　　何志洪　　汪　苏　　李维平　　张启鸿　　张大玉
　　　　李爱群　　吕晨飞　　张素芳

委　员：赵金瑞　　高春花　　孙冬梅　　彭　磊　　黄尚荣　　陈静勇
　　　　于志洋　　王京梅　　王德中　　刘艳华　　朱　静　　邹积亭
　　　　李雪华　　白　莽　　高　岩　　孙景仙　　贝裕文　　孙文贤
　　　　周　春　　刘　蔚　　赵晓红　　牛志霖　　吴海燕　　刘临安
　　　　戚承志　　李俊奇　　杨　光　　姜　军　　王晏民　　杨建伟
　　　　孙希磊　　崔景安　　杨慈洲　　郝　莹　　王锐英　　赵静野

《北京建筑大学 2013 年年鉴》编委会

主　　任：朱　光

副 主 任：赵金瑞

委　　员：李大伟　吴建国　齐　勇　陈　娟　许　亮
　　　　　詹宏伟

《北京建筑大学 2013 年年鉴》撰稿人、审稿人名录

撰 稿 人（按姓氏笔画排序）

丁　帅	丁建峰	卜聪敏	于志洋	卫雅琪	王　培
王　璇	王　燕	王京梅	王建宾	王恒友	王德中
田　芳	冯宏岳	冯萃敏	曲秀莉	吕　橙	朱　静
朱洁兰	刘　伟	刘　芳	刘　丽	刘志刚	刘树强
刘海凌	齐　勇	齐　群	关海琳	许　亮	孙　强
牟综磊	李　昕	李小飞	李长浩	李静瑜	杨国康
何其锋	佟启巾	邹　娥	宋桂云	张　岩	张　莉
张　曼	张　蕊	张捍平	张媛媛	张群力	张瑶宁
邵宗义	罗　杰	周晓静	宛　霞	赵冠男	赵翠英
逢　宁	宫雪娇	姚　远	秦立富	徐敬明	高士杰
高方红	高兰芳	高丽敏	高瑞静	黄　琇	梁　凯
董天义	董新华	裘　平	詹宏伟	霍丽霞	

审 稿 人（按姓氏笔画排序）

丁　帅	于志洋	王　昀	王秉楠	王京梅	王晏民
王跃进	王锐英	王震远	王德中	贝裕文	牛　磊
牛志霖	龙佩恒	白　莽	冯宏岳	冯萃敏	吕书强
朱　静	朱俊玲	刘　蔚	刘国朝	刘艳华	汤羽扬
孙文贤	孙冬梅	孙建民	孙景仙	杜明义	李　红
李大伟	李云山	李志国	李俊奇	李海燕	李雪华
杨　光	杨湘东	杨慈洲	肖建杰	吴建国	吴海燕
何立新	邹积亭	沈　茜	张　雷	张庆春	张群力
陈　韬	陈红兵	陈静勇	邵宗义	武　岚	周　春
赵世强	赵西安	赵金瑞	赵晓红	赵海云	赵静野
郝　莹	姜　军	聂跃梅	高　岩	高春花	黄　琇
黄尚荣	戚承志	崔景安	彭　磊	董新华	韩　森
魏　东	魏　强	魏楚元			

编 辑 说 明

一、《北京建筑大学 2013 年年鉴》（以下简称《年鉴》）是一部综合性资料工具书，是学校教育全面发展的史料文献；在学校党委领导下，由北京建筑大学年鉴编纂委员会主持编写，由中国建筑工业出版社正式出版的第一本年鉴。

二、本年鉴汇集了学校各方面工作状况的重要资料，全面反映了北京建筑大学 2013 年在党建与思想政治工作、教学改革、学科建设、科学研究、人才培养、国际交流与合作等面的发展状况和取得的主要成绩。

三、《年鉴》收录了学校各单位 2013 年 1 月 1 日至 2013 年 12 月 31 日期间的情况。选入的文章、条目和图表均由学校各单位、各部门组织编写和提供，并经本单位领导审核确认。统计数据由学校各职能部门提供。学校重要事件、重要活动的主题图片由党委宣传部等提供。

本年鉴的编写和出版得到了学校各级领导的高度重视和各单位的大力支持，在此表示衷心感谢。由于编辑力量和水平有限，经验不足，书中疏漏、错误之处在所难免，恳请广大师生和读者批评指正。

目　　录

第一章　北京建筑大学概况

北京建筑大学是北京市属高校中唯一的建筑类高等学校。70 多年来，历经高工建专、中专和大学三个发展阶段。肇始于 1936 年的北平市立高级工业职业学校土木工程科，新中国成立初期为北京工业学校土木科，1952 年为北京建筑专科学校（时任北京市副市长、著名历史学家吴晗兼任校长），1953 年更名为北京市土木建筑工程学校，1958 年升格为北京建筑工程学院，1961 年改为北京建筑工程学校，1977 年经国务院批准升格为本科院校，更名为北京建筑工程学院，1982 年被确定为国家首批学士学位授予高校，1986 年获准为硕士学位授予单位。2011 年被确定为教育部"卓越工程师教育培养计划"实施高校。2012 年"建筑遗产保护理论与技术"获批服务国家特殊需求人才博士学位培养项目。2013 年 4 月获教育部批准更名为北京建筑大学。学校积极参与 2011 计划——"高等学校创新能力提升计划"，同科研机构、企业开展深度合作，联合开展重大科研项目攻关。新中国成立以来，特别是改革开放三十多年来，北京建筑大学积极适应首都高等教育发展和首都城乡建设的需要，坚持"立足北京，面向全国，依托建筑业，服务城市化"，继往开来，与时俱进，不断拓宽办学视野，不断强化学科专业建设，不断提高办学质量和服务社会能力，现已成为一所以工为主，工、管、理、法、艺等学科相互支撑、协调发展的特色鲜明的多科性高校，是北京乃至国家城乡建设的重要力量。

学校设有 11 个二级学院和 3 个基础教学单位，即建筑与城市规划学院、土木与交通工程学院、环境与能源工程学院、电气与信息工程学院、经济与管理工程学院、测绘与城市空间信息学院、机电与车辆工程学院、文法学院、理学院、继续教育学院、国际教育学院、计算机教学与网络信息部、思想政治理论课教研部和体育部。现有全日制在校生 8562 人，其中本科生 7283 人，硕士研究生 1212 人，留学生 67 人。现有 34 个本科专业，其中教育部特色专业 3 个——建筑学、土木工程、建筑环境与设备工程；北京市特色专业 7 个——建筑学、土木工程、建筑环境与设备工程、给水排水工程、工程管理、测绘工程、自动化；现有 12 个硕士学位授权一级学科点，涵盖 55 个硕士学位授权二级学科点，有 4 个专业学位授权类别点和 6 个工程专业学位授权领域点。拥有一级学科北京市重点学科 3 个——建筑学、土木工程、测绘科学与技术，一级学科北京市重点建设学科 2 个——管理科学与工程、城市规划与设计。

学校现有专任教师 696 名。专任教师中具有研究生学位的教师 603 人，具有博士学位的教师 300 人，具有高级专业技术职务的教师 380 人，其中正教授 104 人。两院院士李德仁教授、中国工程院院士李圭白教授和一批国内外有影响的教授、专家和政府高层管理人员与企业高级管理人员受聘为学校兼职和客座教授。拥有长江学者 1 人，科技北京百名领军人才 1 人，长城学者 1 人，教育部、住房和城乡建设部专业指导和评估委员会委员 9 人，兼职博士生导师 20 人，享受政府特殊津贴专家 26 人，新世纪百千万人才工程市级人选、省部级优秀教师、教学名师、优秀青年知识分子、留学人员创新创业特别贡献奖获得

1

者、高层次人才、学术创新人才、科技新星、青年拔尖人才 37 名，北京市优秀教学团队、学术创新团队、管理创新团队 25 个。

学校分为西城和大兴两个校区。西城校区占地 12.3 万平方米，校舍建筑面积 20.2 万平方米；大兴校区占地 50.1 万平方米，一期工程 16.4 万平方米已竣工启用。我校图书馆纸质藏书 134.8 万册（其中与住房和城乡建设部中国建筑文化中心共建中国建筑图书馆，共享 40 万册）、电子图书 122 万册，大型电子文献数据库 40 个，成为全国建筑类图书种类最为齐全的高校。

学校坚持教学工作的中心地位，努力提高教育教学质量，在近两届北京市教学成果奖评选中，共获得教学成果奖 20 项，其中一等奖 8 项。为适应首都城市现代化建设对高级人才的需求，积极开展教育教学改革，注重提高学生的学习能力、实践能力和创新能力，已建成 102 个校内外实践教学基地。近五年来，我校学生在全国和首都高校"挑战杯"等科技文化活动中，获得省部级以上奖励 336 项。

多年来，为国家培养了 6 万多名优秀毕业生，成为首都城市建设系统的骨干力量。他们参与了北京 60 年来重大城市建设工程，校友中涌现出了被称为"当代鲁班"的李瑞环、核工业基地建设的奠基人赵宏、中国工程院院士张在明、全国工程勘察设计大师刘桂生、沈小克、张宇、罗玲、胡越、包琦玮、高士国，在国际上有重要影响的中国建筑师马岩松等一大批优秀人才。毕业生质量得到社会的广泛认可，近五年来，毕业生全员就业率超过 95%。

近五年以来，我校在研各类科研项目 1900 余项，其中国家"863"、国家科技支撑等省部级以上科研项目 377 余项；获省部级以上科技成果奖励 56 项，其中荣获国家科学技术进步奖、科技发明奖共 8 项，2010、2011、2012 连续三年以第一主持单位获得国家科技进步二等奖。2013 年完成科技服务经费突破 2.6 亿元，连续 7 年过亿。我校现有城市雨水系统与水环境省部共建教育部重点实验室、代表性建筑与古建筑数据库教育部工程研究中心、现代城市测绘国家测绘地理信息局重点实验室、北京市应对气候变化研究及人才培养基地等 15 个省部级重点实验室、工程研究中心、社科基地和大学科技园项目。被确定为中关村国家自主创新示范区股权激励改革工作首批试点的 2 所高校之一。

学校坚持开放办学，广泛开展国际教育交流与合作。目前已与美国、法国、英国、德国等 24 个国家和地区的 38 所大学建立了校际交流与合作关系。

为适应首都高等教育跨越式发展和首都城市建设的需要，学校坚持"立足首都，面向全国，依托建筑业，服务城市化"的办学定位，已发展成为以工为主，工、管、理、法、艺等学科专业相互支撑、协调发展、特色鲜明的多学科高校。未来十年，学校认真贯彻第五次党代会精神，深入实施质量立校、人才强校、科技兴校、开放办校战略，努力建设特色鲜明的高水平建筑大学。

第二章 重　要　讲　话

一、党委书记钱军在北京建筑大学揭牌仪式上的致辞

尊敬的凤桐书记、仲文市长，尊敬的各位领导、各位来宾，老师们、同学们：

大家好！

五月的北京，花团锦簇，生机勃勃。今天的建工，高朋满座，喜气洋洋。今天，我们在这里隆重举行北京建筑大学揭牌仪式，共同见证学校发展史上具有里程碑意义的重大事件，共同开启北京建筑大学发展的新征程。在此，我谨代表北京建筑工程学院一万多名师生员工，向出席今天揭牌仪式的各级领导、各位来宾、广大校友以及学校的老同志们表示热烈的欢迎，向大家长期以来对学校的关心与支持表示衷心的感谢！

自1936年建校以来，北京建筑工程学院已经走过了77个春秋。77年来，学校五易校址，数易校名，先后为首都及国家城乡建设培养了5万余名毕业生，造就了一批又一批的优秀人才。新中国成立前，我们的先辈用自己的勤劳与智慧，培养了一批批"能工巧匠"。新中国成立后，伴随着共和国前进的步伐，学校也随之面貌日新，增专业、上层次、扩规模，从中专到大学一路走来，虽饱经风雨，风尘仆仆，但始终与首都城乡建设血脉相连，将自身发展融入首都城乡建设的历史进程中，逐步形成了鲜明的办学特色，打造了一批优势特色学科，这些都成为学校长期发展的宝贵财富与深厚积淀。回首77年的办学历程，一代又一代"北建工人"正是秉承这一历史传承，沿着"立足北京、面向全国、依托建筑业、服务城市化"的办学定位，风雨兼程，励精图治，探索走出了一条内涵发展、特色发展、创新发展、开放发展的建设之路。进入新世纪以来，在首都高等教育迅速发展的带动下，经过全校师生员工的共同努力，学校发展逐渐进入"快车道"，各项事业蓬勃发展。新校区建设顺利推进，解决了制约学校发展的办学空间问题，办学条件得到了极大改善；学科建设水平不断提升，2012年博士人才培养项目实现历史突破，学科评估取得良好成绩，两个学科进入全国前10名，四个学科进入全国前15名，充分展现了学校的学科实力；科研工作连创佳绩，连续3年以第一主持单位获得国家科技进步二等奖，5年累计获得8项国家科技奖，大大提升了学校的知名度和美誉度。站在学校创建有特色、高水平建筑大学的新起点上，全校师生员工再次整装上阵，团结一心，向着学校第五次党代会确定的"两个先进行列"目标奋进。

今天，我们站在学校发展新的起跑线上，回顾奋斗历程，感慨万千。在长期的奋斗历程中，我们深知，学校所取得的每一点成就，都离不开市委、市政府的正确领导，离不开市委教育工委、市教委的悉心指导，离不开莅临今天大会的各级领导的亲切关怀，离不开兄弟院校和广大校友的真诚帮助，离不开所有老领导、老教授、老同志的艰苦创业，离不开全校师生员工的辛勤耕耘。在这里，我代表学校，再次向大家致以衷心的感谢和崇高的

敬意!

更名大学只是万里长征走完了第一步,要实现由"学院"向"大学"的根本转变,北京建筑大学还有很长的路要走。纵观学校所处的全国建筑类院校和北京市属高校两个群体,我们"前有标兵,差距尚远;后有追兵,越来越近",这一形势依然没有改变;审视学校的自身发展,我们处于"提升办学水平的机遇期、办学结构的调整期、发展方式的转变期、深化改革的攻坚期和学校建设的高潮期"的基本校情依然没有改变,与创建有特色、高水平建筑大学奋斗目标还相距甚远,任务艰巨,使命光荣。这既需要我们时刻保持清醒的头脑,增强忧患意识和机遇意识,以前所未有的使命感、责任感和紧迫感,拿出再次创业的勇气和斗志,更需要我们站在全新的发展高度,以更高远的梦想来引领我们前行。

光荣与梦想相伴,责任与期待同行。大学的新征程,是我们团结奋进、续写辉煌的新起点,我们要进一步凝聚心智,彰显风范,积极响应与追寻"中国梦"的伟大号召,探寻新的"北建大梦",这个梦想是:用二十多年的时间,在建校一百周年时,努力把北京建筑大学建设成为行业一流、国内知名、世界有影响的有特色、高水平建筑大学。这一梦想的实现,需要我们齐心协力,团结进取,把强校梦的共同愿景,转变为全校师生员工的自觉行动;需要我们紧紧抓住国家推进新型城镇化战略、北京建设中国特色世界城市的新契机,不断凝练办学特色,提升学校的核心竞争力;需要我们以解决首都城乡建设的重大问题为己任,与行业内科研院所、企事业单位开展深度合作,形成引领建筑行业发展、契合区域经济建设的特色科研体系;需要我们以培养行业栋梁之材为立业之本,打造一流的师资队伍,提供一流的教育服务,切实办好首都人民满意的大学。

各位领导、各位来宾、老师们、同学们:奋力推进有特色、高水平建筑大学建设,是我们每一位北建大人的光荣使命。我们坚信,有各级领导、社会各界的继续支持,有广大校友和师生员工的共同努力,我们一定能够担当使命,再创辉煌,用智慧和汗水谱写北京建筑大学的宏伟新篇章;一定能够实现"北建大梦",为推动首都经济社会发展和国家城乡建设做出新的更大的贡献。

最后,祝愿各位领导、各位来宾、各位校友和全体师生员工身体健康、工作顺利、阖家幸福、万事如意!

谢谢大家!

2013 年 5 月 16 日

二、党委书记钱军在深入开展党的群众路线教育实践活动动员大会上的讲话

尊敬的许祥源组长、张楠副组长、各位督导组成员、同志们：

党中央决定从今年下半年开始，用一年左右的时间，在全党自上而下分两批开展党的群众路线教育实践活动。中央对本次教育实践活动高度重视，在前期精心筹备与部署的基础上，习近平总书记及其他中央领导率先垂范，多次前往各自的教育实践活动联系省份，深入乡村、城市社区、企业和政府部门，广泛听取群众意见，实地了解活动进展情况，并对教育实践活动的下一步开展提出了更严格的要求、更高的标准以及更明确的努力方向，确保教育实践活动开好头、起好步，不走过场。按照市委的统一部署，我校作为市属高校，属于第一批开展的单位，时间从今年8月至11月。

学校党委坚决贯彻执行中央及市委的部署要求。自市委作出动员和部署以来，第一时间召开党委常委会，传达学习中央和市委精神，成立教育实践活动领导小组和办公室，并通过召开党代表年度会议、干部代表座谈会、党政领导干部专题务虚会等方式，提前作好思想动员、意见征集。暑假期间，领导小组多次召开专门会议，及时传达学习中央、市委的最新精神指示，并在广泛征求意见的基础上，研究制定了《北京建筑大学深入开展党的群众路线教育实践活动实施方案》，为活动的开展作好了充分准备。

在一系列准备过程中，市委教育实践活动第31督导组立足我校实情，认真履行督导职责，对我校教育实践活动的开展提出了许多宝贵的指导意见。今天，在我校召开动员大会、对教育实践活动进行全面部署之际，督导组全体成员出席会议，一会许祥源组长将作重要讲话，我们要认真学习领会，抓好贯彻落实。下面我代表学校党委，讲三点意见。

一、统一思想，提高认识，切实增强抓好党的群众路线教育实践活动的责任感和紧迫感

开展党的群众路线教育实践活动，是新时期坚持党要管党、从严治党的重大决策，是党的十八大顺应群众期盼、加强学习型服务型创新型马克思主义执政党建设的重大部署，是推进中国特色社会主义伟大事业的重大举措，是凝聚学校师生力量，促进学校教育事业又好又快发展的重要保障。我们要自觉把思想统一到中央和市委的部署上来，切实提高对教育实践活动重大意义和现实紧迫性的认识，以强烈的责任感和紧迫感抓好教育实践活动。

（一）开展教育实践活动是贯彻落实十八大精神，实现"两个一百年"奋斗目标和中华民族伟大复兴的中国梦的必然要求

十八大提出的"两个一百年"奋斗目标催人奋进，新一届中央领导集体勾画的中华民族伟大复兴的中国梦让人憧憬。目标与梦想不可能一蹴而就，需要我们始终坚持在党的领导下，紧紧依靠人民，充分调动最广大人民群众的积极性、主动性和创造性。在这一进程中，面对新形势下的"四大危险"、"四大考验"和"两大课题"，我们必须时刻谨记党的根基在人民、血脉在人民、力量在人民，不断增强自我净化、自我完善、自我革新、自我提高的能力，保持与人民群众的血肉联系，确保目标实现、梦想成真。

开展群众路线教育实践活动，旨在进一步增进党和人民群众的血肉联系，保持和发扬党的先进性和纯洁性，引导广大党员干部真正把人民群众放在心中最高位置，使党的执政根基牢牢地建立在更加深厚的群众基础上，从而凝聚起全党全社会实现"两个一百年"奋斗目标与中国梦的强大力量。所以，我们要从历史、时代与现代化建设全局的战略高度深刻认识开展教育实践活动的重大意义，把思想统一到中央部署和要求上来。

（二）开展教育实践活动是传承党的优良作风，办好人民满意的高等教育的现实需要

回顾92年的发展历程，正是广大人民群众的支持，我们党渡过了革命战争年代的激流险滩，战胜了艰难困苦和内外强敌，建立了新中国，创造了社会主义建设和改革开放的新局面，进而领导全国人民朝向全面建设小康社会的新目标继续奋斗。总结高等教育的发展历程，正是一批批为人师者不计名利、甘于奉献，一代代青年学子孜孜以求、报效祖国，我们才迎来了高等教育日新月异的发展，朝着高等教育强国的目标不断迈进。实践证明，坚持群众路线，做好群众工作，充分相信群众、依靠群众，是我们党的光荣传统、优良作风和特有的政治优势，是党的"传家宝"，必须持之以恒地坚持下去。

进入新时期，面对"办好人民满意的教育"这一更高要求，面对人民群众的更高期望，高等教育还存在较大的差距，师风师德滑坡、人才创新能力培养不足、大学生就业难等问题都被社会大众所关注。要想解决这些问题，真正把高等教育办得人民满意、社会满意，我们必须抓住群众路线教育实践活动这一契机，不断改进工作作风，以好的作风带动好的校风、教风、学风，带动学校教育事业的改革创新。

（三）开展教育实践活动是解决师生反映的突出问题，推进学校事业又好又快发展的迫切要求

近年来，学校党委认真贯彻执行党的群众路线，不断改进工作作风，以优良作风凝聚力量、推动发展，各项事业取得显著成绩。更名、申博、新校区建设三大工程圆满完成，学科排名、招生分数、学生就业率在市属高校中名列前茅，学校影响力、办学综合实力、服务社会能力实现整体跃升，党建工作围绕中心不断创新，基层党组织的凝聚力、战斗力显著增强。

从各个渠道、各个层面征求的意见来看，我校各级党组织和党员、干部队伍的总体状况是好的，在贯彻党的群众路线方面也是好的：一是注重密切联系群众。凡是关系到学校改革发展，尤其是涉及群众切身利益的重大举措，如第五次党代会、教育思想大讨论、"十二五"规划等，学校党委都进行深入细致的调查研究，广泛听取群众意见和建议，集中群众智慧。二是注重求真务实。坚持为师生办实事制度，每年年初根据师生需求确定办实事内容，明确责任部门，逐一落实。针对学校师生员工关注的热点和难点问题，班子成员根据分工带队调查研究，在基层探寻解决办法。三是注重艰苦奋斗。这几年学校发展任务重，在新校区建设需求资金多、自筹资金多达十几亿元的现实困难下，始终树立过紧日子的思想，自觉养成勤俭节约、艰苦朴素的良好风气，实现了建新校区不忘学校发展，新老校区协同并进、办学条件与办学实力同步提升的良好局面。四是注重批评与自我批评。学校党委把开好领导班子民主生活会作为增强凝聚力、提高解决自身问题能力的重要工作，注重抓好会前征求意见、沟通思想，会上开展批评与自我批评，会后落实整改三个环节，得到了市委教育工委的好评。应该说，这些既是学校发展的宝贵经验，也是学校的主流，要充分肯定。但是我们也要清醒地看到，对照中央的要求与群众的期望，我们还有较

大差距，教育系统的"四风"问题依然在我校各级领导班子和领导干部中不同程度的存在，主要表现是：

在形式主义方面，有的习惯以会议落实会议、以文件落实文件；有的重形式、轻实效，重布置、轻落实，说过就算做过、说好了就算做好了；有的办事拖拉，工作流程复杂，不讲效率。在官僚主义方面，有的存在官本位思想，以行政权力代替学术权力，命令多、沟通少；有的凭经验主义办事，忽视调查研究，习惯以老办法处理新情况、新问题；有的和群众经常见面的多，交流感情、与老师做朋友的少，电话邮件交流的多，真正促膝谈心的少；有的在工作中唯上不唯下，不深入研究新形势新问题，不设身处地为基层考虑，只当"守门员"，不当"助攻手"。在享乐主义方面，有的精神懈怠、安于现状、不思进取，开拓创新意识不强，缺乏攻坚克难的勇气，乐于小富即安，小打小闹过日子；有的死守自己一亩三分地，不讲协调、不讲大局，讲权力时寸土必争，讲责任时退避三舍；有的奉行"老好人"思想，碰到矛盾绕着走，碰到困难往后缩，不敢碰难题，不愿得罪人，不求有功、但求无过。在奢靡之风方面，有的在经费使用上重立项轻结项、重申报轻使用，忽视经费管理和使用的精细化与过程化，存在办学经费紧张和财政专项浪费并存的现象；有的艰苦奋斗、勤俭节约精神不够、浪费严重，教学、办公场所长流水、长明灯现象普遍；还有个别同志在经费使用上存在违规违纪的问题。

以上这些问题虽然发生在少数部门、少数同志身上，但是，千里之堤毁于蚁穴，我们必须警醒。如果不能及时有效地解决，势必影响我们改革工作的推进效率和质量，影响学校事业的长远发展。因此，我们要高度重视这次教育实践活动，在深入学习中央精神、深刻理解活动意义的基础上，树立强烈的责任感和紧迫感，树立严肃认真的态度和作风，切实增强贯彻群众路线、改进工作作风的自觉性、坚定性，积极参加和努力抓好教育实践活动，以作风建设和解决问题的新成效，以为民务实清廉的新风尚，推动学校事业又好又快发展。

二、紧扣要求，结合实际，扎实推进我校党的群众路线实践教育活动

中央对这次教育实践活动的要求非常明确，市委教育工委也针对市属高校提出了具体要求。我们要紧扣要求，结合学校《实施方案》，以到位的思想认识、畅通的征求意见渠道和深入的学习教育，把重点对象突出在领导干部身上，把聚焦点放在解决"四风"问题上，扎扎实实开展好教育实践活动。在具体工作中，要注意把握好以下三个方面。

（一）准确把握教育实践活动的总体要求

抓好教育实践活动，首先要对活动的指导思想、目标要求、方法步骤等总体要求有准确的把握，这是确保教育实践活动不断深入、扎实推进的根本。

我们开展教育实践活动的指导思想是：高举中国特色社会主义伟大旗帜，坚持以马克思列宁主义、毛泽东思想、邓小平理论、"三个代表"重要思想、科学发展观为指导，紧紧围绕保持党的先进性和纯洁性，以为民务实清廉为主要内容，以校、院两级领导班子和处级以上党员领导干部为重点，切实加强全体党员马克思主义群众观点和党的群众路线教育，以贯彻落实中央"八项规定"和市委"十五条意见"为切入点，进一步突出作风建设，坚决反对形式主义、官僚主义、享乐主义和奢靡之风，着力解决群众反映强烈的党性

党风党纪方面存在的突出问题，不断提高做好新形势下群众工作的能力，健全完善联系服务群众、宣传教育群众、维护群众权益的制度体系，为创建有特色、高水平建筑大学，推动学校各项事业科学发展提供坚强保证。

贯彻的总要求是：照镜子、正衣冠、洗洗澡、治治病。聚焦的突出问题是：在形式主义、官僚主义、享乐主义和奢靡之风这"四风"方面存在的问题。达到的目标要求是：使党员、干部思想进一步提高，作风进一步转变，党群干群关系进一步密切，为民务实清廉形象进一步确立，努力实现转作风、强组织、促发展。

（二）结合学校实际，以"四个贯彻始终"推进教育实践活动的开展

1. 要将"照镜子、正衣冠、洗洗澡、治治病"的总要求贯穿始终

这次教育实践活动，中央提出了"照镜子、正衣冠、洗洗澡、治治病"的总要求，习近平总书记在讲话中全面阐述了这 12 个字的深刻内涵。对于学校党员干部来说，"照镜子"主要是学习和对照党章，对照廉政准则，对照改进作风要求，对照群众期盼，对照先进典型，查找宗旨意识、工作作风、廉洁自律方面的差距，查找工作理念、工作机制、工作态度、工作方法、精神状态方面的差距。"正衣冠"主要是按照为民务实清廉的要求，严明党的纪律特别是政治纪律，敢于触及思想，正视矛盾和问题，从自己做起，从现在改起，端正行为，维护良好形象。"洗洗澡"主要是以整风精神开展批评和自我批评，深入分析出现形式主义、官僚主义、享乐主义和奢靡之风的原因，坚持自我净化、自我完善、自我革新、自我提高，既要解决实际问题，更要解决思想问题。"治治病"主要是坚持惩前毖后、治病救人的方针，区别情况、对症下药，对作风方面存在问题的党员、干部进行教育提醒，对问题严重的进行查处，对与民争利、损害师生利益的不正之风和突出问题进行专项治理。

这四句话不是一个简单的流程，而是一个由表及里、动真碰硬、触及灵魂的过程，是一个真正实现自我净化、自我完善、自我革新、自我提高的过程。我们一定要结合学校党员干部思想实际和工作实际，系统理解、准确把握，把 12 个字的总要求贯彻落实到教育实践活动全过程。

2. 要把着力解决"四风"方面的突出问题贯穿始终。

能否切实解决"四风"方面的突出问题，是衡量这次教育实践活动实效的重要标志，也是避免教育实践活动走过场的关键。解决"四风"问题，要坚持标本兼治，既治标又治本。治标，就是要着力针对面上"四风"问题的各种表现，该纠正的纠正，该禁止的禁止。治本，就是要查找产生问题的深层次原因，从理想信念、体制机制、工作程序等方面下功夫遏制不正之风。前面对学校当前"四风"方面存在的问题梳理，是在广泛征求大家意见的基础上总结提炼的，可能不是面面俱到，但是针对我校实际情况，应该还是有较强的代表性。这次教育实践活动，就是要聚焦在这些问题上，把解决"四风"问题贯穿始终，不"走神"、不"散光"、不"扩散"，着力在作风建设上下功夫。

在解决形式主义问题上，要突出解决会风、文风问题。这几年，学校更名、申博任务重，各种检查、评估多，会议多、文件多。这些问题，客观上被学校发展所掩盖，久而之形成一种习惯，与建设高水平大学的目标要求也不相适应，要花大力气解决。学校领导班子要带头整改，抓好落实，要改到让大家满意为止。当然，我们大家也要共同努力，一方面要群策群力，多提有建设性和操作性的建议；另一方面还是要提高执行力与办事效

率，这是关键。如果会前沟通准备工作到位，会后贯彻执行迅速高效，我想会风、文风问题自然就迎刃而解了。

在解决官僚主义问题上，要突出解决经验主义、命令主义问题。官僚主义的根源是官本位思想严重、权力观扭曲，主要表现就是凭经验主义办事、存在命令主义的问题。这在许多单位都普遍存在，也是我校官僚主义的突出表现。要解决好这一问题，密切联系群众是关键。宣传媒体的发展和信息化，不能代替思想感情的交流；常在学校见面，不能代替面对面的促膝谈心。只有加强调研、深入群众、常接地气，才能避免单纯凭经验主义办事；只有注重沟通、换位思考、与老师做知心朋友，才能从根源上杜绝命令主义。尤其是在学校更名大学后，我们着手推进机制体制改革，重点改掉一些与新要求不相适应的制度措施，其中许多都涉及师生的切身利益。比如近期我们修订了教师职称评审文件，提高了评审资格条件；修订了学位授予文件，严格了学位授予标准，下一步我们还计划在研究生管理、科研经费管理等方面出台一系列制度。在这一过程中，简单地依靠经验主义、命令主义办事，只会导致各项制度举措的推进举步维艰。只有真诚沟通理解，统一思想认识，才能真正得到师生的拥护与支持。

在解决享乐主义问题上，要突出解决精神懈怠的问题。这几年学校发展势头较好，各项奋斗目标接连实现，许多同志形成了"只要我们想做就能做到、就能做好"的惯性思维，在部分领导干部中逐渐产生两种思想倾向：一种是小富即安、不思进取；另一种是骄傲自满，盲目乐观。前者可能让我们故步自封，丧失发展机遇，导致学校事业停滞不前；后者可能让我们对困难估计不足，甚至有时妄自尊大，很多事情上急于求成，遇到挫折束手无策，最终导致精神涣散、失去信心。必须自觉抵制这两种倾向，以更高远的目标要求来引领新的发展，来调动全校师生一心一意谋事业的积极性。要时刻谨记，初步发展容易，再发展难，我们只有继续保持艰苦奋斗的优良作风，才能团结一致推动学校发展。

在杜绝奢靡之风上，要突出解决经费管理和使用问题。这一问题主要反映在忽视经费使用的精细化与过程化管理，存在办学经费紧张和财政专项浪费并存的现象。目前，学校已经就这一问题开展调研，并计划结合这次教育实践活动的开展，广泛征求各方意见，出台相关管理制度，力争把经费管好用好花好。同时，我们要树立好勤俭办学的意识，反对浪费，厉行节约，自觉主动服从相关管理规定，确保这一问题标本兼治。

3. 要把落实六个基本原则的要求贯穿始终

一是坚持正面教育为主。要加强马克思主义群众观点和党的群众路线教育，加强党性党风党纪教育和道德品行教育，引导党员、干部坚定理想信念，增强群众观念，讲党性、重品行、做表率，模范践行社会主义核心价值观，坚守共产党人精神追求。

二是坚持批评和自我批评。要开展积极健康的思想斗争，敢于揭短亮丑、改正缺点、修正错误，真正让自己思想受到教育、作风得到改进、行为更加规范。

三是坚持分类指导。要重点抓好处级以上领导班子和党员领导干部的教育实践活动。针对学校领导班子和领导干部、二级单位领导班子和领导干部、在职教职工党员、离退休党员、学生党员的不同特点，有针对性地开展教育实践活动。

四是坚持求真务实。要实事求是地查摆问题，开门搞活动，虚心听取师生意见，自觉接受师生监督，把解决眼前问题和长远问题结合起来，努力在改进作风、建强组织、推动发展方面求实效、求长效。

五是突出实践特色。要以我校在学习实践科学发展观活动中形成的"党建路桥工程"为载体，突出服务发展、服务师生、服务社会，重在解决实际问题，推动上级组织帮助下级组织、干部帮助群众排忧解难，做到教育活动与推动工作两手抓、两不误、两促进。

六是坚持领导带头。要坚持上级带下级、主要领导带班子成员、领导干部带一般干部，一级抓一级、层层抓落实。党员领导干部要带头深入群众，带头学习调研，带头听取意见，带头查摆剖析，带头整改落实，作为民务实清廉的表率。

4. 要把统筹兼顾各项工作的方法贯穿始终

教育实践活动的根本目的是为全面贯彻落实党的十八大精神、推进中心工作、完成重点任务提供保障，既要切合实际，又要统筹兼顾，具体做好"四个结合"。

一是要把落实"规定动作"与做好"自选动作"结合起来。市委教育工委对三个环节二十个步骤作出了全面部署，我们要一项一项认真研究、一个环节一个环节推进、一件一件落到实处，确保把"规定动作"做到位，做到"不虚、不空、不偏"。同时，学校党委从实际出发，在分层次学习教育、征求意见、服务型党组织建设、活动载体建设等"自选动作"上做了精心部署与细致要求。各单位要根据自身实际，提出进一步细化、深化的具体办法和措施，力求自选动作突出特色、做出精彩。

二是要把充分调动党员领导干部的积极性与开门搞活动结合起来。要发挥学校各级党组织的主体作用，增强每个党员干部的主人翁意识，立足于自己教育自己、主动解决自身的问题，确保党员干部全体参与、全程参加、全面提高。同时，要坚持开门搞活动，活动的过程和成果要向师生公开，请师生参与、请师生监督、也请师生评议，要广泛征求师生意见，及时向师生通报活动情况，不能自说自话、自弹自唱。

三是要把解决现实问题与建立长效机制结合起来。学校各级领导班子和全体党员干部要按照要求，坚持整风肃纪、边学边改、边查边改、边整边改，对作风之弊、行为之垢来一次大排查、大检修、大扫除，什么问题突出就着重解决什么问题，什么问题紧迫就抓紧解决什么问题，有的放矢，务求实效。同时也要看到，作风问题具有反复性、顽固性，形成一种优良作风不可能一蹴而就，克服一种不良作风也不可能一劳永逸，要把着力点放在推进密切党群关系的常态化、长效化上，经常抓、长期抓，一个一个举措扎实抓，切实把每个举措抓出实效。

四是要把开展活动与促进学校各项工作结合起来。下学期，学校还有"创建有特色、高水平建筑大学大讨论"、迎接党建先进校专家评审、推进合并北京城市建设学校等多项重要工作，头绪多，任务重。各级领导班子和全体党员干部要把开展教育实践活动切实与学校中心工作结合起来，周密部署、精心组织、统筹安排，使活动每个环节、每项措施都能全面准确地落实中央及市委精神，为学校中心工作服务，切实把党员干部在活动中激发出来的工作热情和进取精神转化为强大动力，凝聚发展共识，做好顶层设计，用实际工作成效检验活动成效，做到两手抓、两促进、两发展。

（三）抓好三个环节，稳扎稳打、有序推进

第一个环节是学习教育、听取意见，时间从 8 月中旬到 9 月下旬。重点是学习动员、深入调研和听取意见。在学校层面上，从今天开始全面启动。各单位要尽快跟进和启动这一环节，扎实做好三项工作：一是进行思想发动，通过动员大会等形式把思想发动覆盖到每名党员，并对领导班子及成员作风情况进行民主评议；二是开展学习教育，重点抓好处级以上领导班子和领导干部的学习教育活动，通过集中学习、理论中心组（片组）专题研讨、"主讲主问"党支部理论学习、个人自学、党课等形式，组织各级领导班子、党员领导干部、师生党员和离退休教职工党员认真学习党章和党的十八大报告，学习习近平总书记系列讲话精神和中央八项规定，研读中央指定书目等学习材料，提高思想认识和水平；三是广泛听取意见，各级党组织要采取座谈会、个别访谈、问卷调查、意见箱等形式，走进教室、走进实验室、走进学生宿舍、走进工作一线，广泛听取师生群众、离退休老同志、民主党派对党员干部及领导班子的意见，并进行汇总梳理。

第二个环节是查摆问题、开展批评，时间从 9 月下旬到 10 月下旬。本环节重点是查摆"四风"问题，进行党性分析和自我剖析，开展批评和自我批评。主要任务是"一谈二写三议"："一谈"就是党组织上级与下级之间、班子成员之间、党员之间要广泛开展谈心活动；"二写"就是每个班子及成员、处级党员干部都要对照为民务实清廉要求撰写对照检查材料，并按规定送联系本单位的督导组和校领导审阅；"三议"就是各级党组织要重点开好一次高质量的专题民主生活会和组织生活会，主要领导要带头查摆问题，要打消被人批评"没面子"、批评领导怕"穿小鞋"、批评同事怕"伤和气"、批评下级怕"丢选票"等顾虑，真正做到自我批评触及问题本质，防止避重就轻。会后要在规定范围内通报民主生活会情况。

第三个环节是整改落实、建章立制，时间从 10 月下旬到 11 月下旬。重点是制定、公布和落实整改方案，解决突出问题，健全制度体系，建立长效机制。一是制定整改方案，集中进行整改，各级党组织要抓住重点问题，制定整改任务书、时间表，实行一把手负责制，并在一定范围内向师生公示；二是加强领导班子建设，严格教育管理干部。对软、懒、散的领导班子进行整顿，对存在一般性作风问题的干部促其改进，对师生意见大、不能认真查摆问题、没有明显改进的干部进行组织调整；三是加强制度建设。对贯彻党的群众路线已有制度进行梳理，经实践检验行之有效、师生认可的，长期坚持、抓好落实；对不适应新形势新任务要求的，及时修订完善。注重总结实践中的好经验好做法，完善党员干部直接联系师生制度和畅通师生诉求反映渠道制度，推动各级领导班子和领导干部改进工作作风、密切联系师生，形成长效机制。

这三个环节是相互联系、有机贯通、一以贯之的，没有截然的阶段之分、先后之别，相关工作要求要贯穿整个活动全过程。在教育实践活动中，各单位始终都要认真学习、深入调研、广泛听取广大师生员工的意见；始终都要认真查摆"四风"问题，进行党性分析和自我剖析，开展批评和自我批评；始终都要认真整改，及时解决问题、建章立制。

三、加强领导，狠抓落实，确保我校党的群众路线教育实践活动取得实实在在成效

这次教育实践活动时间紧、任务重、要求高。各级党组织要迅速行动，精心组织，要按照中央要求，认真做到"五个不放过"，即思想认识上不去的不放过，查摆问题不聚焦的不放过，自我剖析不深刻的不放过，整改措施不到位的不放过，群众不满意的不放过，确保教育实践活动不偏、不虚、不空。

（一）加强学习教育，增强思想自觉与行动自觉

行动是根本，认识是先导。开展好教育实践活动，必须通过持续深入的学习教育，不

断启发思想自觉与行动自觉。思想自觉重在学习教育。加强学习是实现自觉的必由之路，我们开展教育实践活动，不仅鼓励大家自学，还要强调集体学习，原原本本研读必读书目，联系实际讨论，交流心得体会，碰撞思想火花，相互受到启发，共同得到提高。在理论学习中，要知真理、扎根子，确立唯物史观，充分认识群众路线是我们党的生命线和根本工作路线，充分认识新形势下坚持党的群众路线、解决作风问题的重要性和紧迫性。行动自觉重在边学边改。学习的目的在于应用，行动自觉就是要在提高思想觉悟的基础上，积极主动查摆和解决"四风"方面存在的突出问题。我们要把学习与查摆问题相结合，与整改落实相结合，与建章立制相结合，用理论学习的成果检查自身存在的差距，以更高的标准搞清问题、找准方向，不等不靠，立行立改。"两个自觉"突出强调了学习教育的重要性，我校也着重分四个层面对这一环节提出了具体要求。各级领导班子和领导干部要严格按照要求，重读经典、重温历史，将理论学习成果内化为坚定的理想信念，内化为自信的精神风貌，积极主动地投身到教育实践活动中，真正实现"内正其心、外正其形"。

（二）强化组织领导，发挥领导带头作用

抓好教育实践活动，关键在领导，责任在班子。目前，学校已经成立了教育实践活动领导小组，由我任组长，朱校长和雅君书记任副组长。领导小组在市委督导组的指导下，全面负责我校教育实践活动的组织领导工作，下设办公室与联络组，负责日常工作及对二级党组织教育实践活动的督导工作。各二级党组织要根据实际情况，抓紧成立相应的组织领导机构，根据本单位实际细化工作方案，尽早开展工作。二级党组织主要负责人为第一责任人，要落实党委要求，吃透政策原则，把握工作环节，解决关键问题。

各级党员领导干部，既要落实领导责任，又要率先垂范、带头落实，努力形成上行下效、层层见效的生动局面。要坚持做好"四个到"，即要主动到困难比较多的单位去排忧解难，到教职员工意见较集中的地方去理顺情绪，到出现新情况、新变化的地方去总结经验，到工作没有推开的部门去开拓局面，真正把转变作风落到实处。

身教重于言教，正人必先正己。每一个领导干部都要以普通党员的身份把自己摆进去，高标准、严要求，要求别人做到的自己首先做到，要求别人不做的自己坚决不做，真正做到认识高一层、学习深一步、实践先一着、剖析解决突出问题好一筹。

（三）注重舆论引导，营造良好氛围

教育实践活动要重视宣传舆论工作，充分运用校内外媒体，利用校报、校园广播电视、校园网、宣传橱窗等宣传工具，大力宣传中央、市委关于教育实践活动的重要精神和决策部署，宣传学校教育实践活动的工作进展和实际成效，宣传活动中的好经验、好做法，发现、挖掘一批师生公认的为民务实清廉的先进典型，充分发挥典型的示范作用。要丰富报道内容，创新宣传方式，正面引导网上舆论，大力营造开展教育实践活动的良好氛围，凝聚推动活动开展的正能量。

（四）强化督导检查，确保活动取得实效

督促检查是推进工作落实的重要手段，也是以往开展集中教育活动的重要经验。这次教育实践活动，市委派第31督导组，对我校教育实践活动进行全程督导。市委督导组的同志经验丰富、阅历深厚、工作负责，同时又熟悉高等教育规律、熟悉市属高校的情况，对督查指导教育实践活动开展将发挥十分重要的作用。我们要自觉接受督导组的督促检查，认真听取督导组意见，如实反映问题和情况，根据督导组意见认真落实整改。同时，学校也成立了校内联络组，负责督促各二级党组织的活动开展，各单位要认真做好各项配合工作。各联络组成员也要切实履行好职责，做到尽职不越位、督导不包办，确保教育实践活动各项任务落到实处。

同志们，开展好党的群众路线教育实践活动意义深远，责任重大。我们要按照中央和市委的部署和要求，在市委督导组的指导下，以强烈的责任意识、奋发的精神状态和扎实的工作作风，开展好教育实践活动。要坚持秉公心、抓根本，强作风、破难题，用实际行动密切党群干群关系，努力创造北京建筑大学发展的新业绩，为早日实现建设有特色、高水平建筑大学的宏伟目标而努力奋斗。

谢谢大家！

2013 年 8 月 18 日

三、党委书记钱军在"平安校园"创建工作汇报会上的讲话

深入推进"平安校园"创建工作，为创建有特色、高水平建筑大学提供坚强保障

尊敬的刘建书记、中水委员，各位领导、各位专家：

大家上午好！

首先，我代表学校党政领导班子和全体师生员工对检查组莅临我校检查验收"平安校园"创建工作表示热烈的欢迎！下面我向各位领导专家介绍一下出席汇报会的我校班子成员，他们是校长朱光同志、党委副书记张雅君同志、副校长宋国华同志、副校长汪苏同志、党委副书记张启鸿同志。

在我正式汇报之前，请各位领导专家先观看学校宣传片。

下面我代表学校党委向检查组作"平安校园"创建工作汇报。

近年来，北京建筑大学以"申博工程"、"更名工程"、"新校区建设工程"三大工程为主要抓手，深入实施质量立校、人才强校、科技兴校、开放办校四大战略，更名大学、申报博士项目、建设新校区三大工程都取得了成功，学校事业得到了快速发展，这既得益于上级领导的大力支持和全校师生员工的拼搏奋斗，也得益于"平安校园"创建的安全保障。

2011年12月以来，学校党委按照市委教育工委、市教委、首都综治办、市公安局关于深入推进首都高校"平安校园"创建工作的指示精神和《首都高校"平安校园"创建基本标准》，结合学校工作实际，本着"评建结合、以评促建"的原则，全面开展创建工作，构建"做到四个到位、做好六个坚持、推进四项特色工作促进校园和谐"的"464"创建工作格局，取得良好成效。学校连续5年获北京市公安局"集体嘉奖"，并于2011年荣立"集体三等功"；多次被北京市国家安全局授予"维护首都国家安全先进单位"。

一、始终做到"四个到位"，全校上下形成齐心推进"平安校园"创建工作的良好局面

（一）思想认识到位，工作计划周密

学校党委从维护首都发展稳定大局的战略高度，切实把"平安校园"创建工作作为促进我校建设与发展的"保障工程"，维护广大师生根本利益，保障师生员工学习生活的"民心工程"，抓实抓好。明确把"平安校园"创建工作纳入"十二五"事业发展规划，专门制定了《十二五时期安全稳定发展规划》，把"平安校园"创建工作作为贯彻落实安全稳定"十二五"规划的主线来抓。

学校近几年的发展实践也进一步证明了创建"平安校园"对于夯实学校安全稳定的基础，保证和促进学校各项事业持续、快速、健康发展的重要作用。"申博工程"、"更名工程"、"新校区建设工程"接连取得成功正是得益于学校所拥有的安全、稳定、和谐的校园环境。这让我们进一步从思想认识上坚定了"发展是硬道理、是第一要务，稳定是硬任务、是第一责任，没有稳定这个前提条件，什么事情也干不成"的理念。

（二）组织领导到位，工作准备充分

学校党委专门成立由书记、校长任组长的平安校园创建工作领导小组，全面负责学校平安校园创建及检查验收工作。加大工作督促力度，深入细致地落实平安校园创建工作。

一是多次专题研究，部署到位。多次召开党委常委会、校长办公会专题研究平安校园创建各项工作，确保平安校园创建工作落到实处、取得实效。

二是班子成员全体督战，指导到位。学校班子成员坚持带头深入二级单位督促检查、落实整改。各二级单位分别成立本单位创建工作小组，按照"谁主管，谁负责"的原则统一部署，构建了上下呼应、纵横联动的工作格局，确保组织领导到位。

三是完善创建方案，责任到位。2011 年 12 月，对《首都高校平安校园创建基本标准》中的 8 个一级指标、24 个二级指标、57 个测评要素进行认真研究、分解落实，制订了《"平安校园"创建实施方案》，落实责任分工，分阶段、分步骤组织实施。2013 年初，党委常委会专题研究"平安校园"创建工作，并把其列为年度重点工作，进一步明确了迎评工作的重点任务和时间进度。

（三）师生动员到位，创建氛围浓厚

一是层层深入、多次动员。学校召开了多次动员大会和十余次平安校园创建工作会议，进行广泛深入的动员发动，营造了人人关心、支持和参与"平安校园"创建的良好氛围，使创建"平安校园"真正成为一项群众性创建活动。

二是专题辅导，深入动员。2013 年 9 月 26 日，学校邀请北京市委教育工委副书记唐立军同志，为我校校级领导、中层干部、机关科级以上干部、后勤集团骨干员工及学生骨干近 400 人作了题为《学习贯彻党的十八大精神，推进平安校园创建迈上新台阶》的辅导报告，为我校深化"平安校园"创建工作提供了指导和启发。

三是加强宣传教育，营造浓郁氛围。学校通过分专题、分层次组织二级学院领导、学工系统干部、后勤服务员工、学生骨干进行专题培训，向全校师生发放《"平安校园"创建工作宣传手册》，为创建工作奠定了思想基础；通过印发《"平安校园"创建工作简报》，利用校园网、校报、微博等对创建情况进行跟踪报道，举办创建工作宣传日、宣传展、大学生思想动态调研等活动，营造了"人人关注安全、全员参与安全"的浓厚氛围。

（四）条件保障到位，安稳经费充足

学校不断加大创建工作经费投入力度，为创建工作的顺利开展提供了强有力的经费支持。三年来共投入 2400 万元用于技防设施建设。每年保卫处日常经费 390 多万元，其中 2013 年安全稳定工作机动经费达到 20 万元。

二、始终做到"六个坚持"，"平安校园"六大体系建设扎实推进

（一）坚持强化组织领导，安全稳定工作组织体系健全

强化安全意识，加强工作领导。学校按照安全稳定工作"一把手"工程的要求，加强对安全稳定工作的领导。学校党委常委会、校长办公会把安全稳定工作作为重要议题定期研究部署。涉及安全稳定的突发事件和重大情况，党政一把手和主管领导及时研究、靠前指挥、迅速处置。统筹两校区安全管理工作，理顺体制机制，夯实基层基础，形成整体合力，积极构建上下联动、左右配合、管理有效、保障有力的安全稳定工作格局。

落实安全责任，明确分级管理。学校实施校院两级安全稳定管理体制，明确各二级单位"一把手"是本单位安全稳定工作的第一责任人，坚持每年与各二级单位签订《维护校园安全稳定任务书》。严格执行《关于重大安全责任事故行政责任追究和一票否决制的若干规定》，建立健全安全稳定工作责任制和责任追究制度。

健全组织机构，完善工作体系。学校建立党委统一领导、党政齐抓共管、职能部门统一管理、各部门分工负责的安全稳定工作体系。设有安全稳定工作领导小组，在校党委的领导下维护学校稳定、处置突发事件、统筹安全稳定各项工作。国家安全工作领导小组、科技创安工作领导小组等8个专项小组在党委的统一领导下，充分发挥指挥、协调、监督检查职能，全面高效地推进安全稳定各项工作。学校保卫部单独设置。

着眼群防群治，建强工作队伍。学校建成了一支由专职保卫干部、保安人员、后勤物业管理人员、专职辅导员和学生安全员组成的专兼结合的安全稳定工作队伍。学校现有保卫专职干部11名，高于上级对保卫干部与师生比0.1‰的要求，近三年有4人5次受到北京市公安局"个人嘉奖"、2人荣立北京市公安局"个人三等功"，另有多人被评为"全国交通安全先进个人"、"首都维护国家安全工作先进个人"。每年投入经费300多万元，聘请保安员131名。后勤集团建立了"集团—中心—班组—个人"的四级安全管理服务体系，各班组均设置了兼职安全员。除每个学生宿舍设置1名安全员外，还建设了一支由120多名少数民族学生和家庭经济困难学生组成的学生治安队，构建了安全教育、安全管理、勤工助学三结合的长效机制。

（二）坚持强化思想引导，维护稳定工作体系日趋完善

全面搜集信息，多方联动研判。学校加强校园信息动态搜集网络建设，多层次、多渠道搜集师生员工意见建议。一是学校层面设立"校领导邮箱"和"校领导信箱"，实行"校领导接待日"制度；二是各二级单位设有信息员，负责收集、上报本单位信息；三是保卫处及时编发《建大安保资讯》；四是宣传部坚持每年开展教师思想政治状况滚动调查。学校建立健全信息搜集研判机制，制定《关于建立安全稳定形势研判制度的意见》，成立安全稳定形势研判工作领导小组，每月至少召开1次会商研判会，针对收集上来的信息，定期分析研判维稳形势，进行评估、判断，有针对性地落实防范措施。

强化舆情引导，牢固思想阵地。学校在新浪网和人民网开设了北京建筑大学官方微博，借助微博平台在新媒体语境下引导校园网络舆情。推动辅导员使用微博、博客、微信、飞信、人人网等多种形式开展学生深度辅导工作，学生深度辅导实现全覆盖。强化意识形态领域主阵地建设，从制度建设入手，加强对课堂、论坛、讲座、研讨会、校园媒体和网络、学生社团活动、对外合作项目以及外籍师生的管理，全面落实领导责任和管理责任，细化完善常态条件下与敏感时期校园安全稳定防控模式，有效抵御了"守望教会"等邪教组织、境外非政府组织以及"茉莉花"事件等的影响渗透，确保学校意识形态领域稳定，导向正确。

（三）坚持强化源头防控，矛盾纠纷排查化解体系不断完善

注重源头预防，推行风险评估。学校制定实施《重大事项社会稳定风险评估实施细则》，对涉及师生切身利益的重大项目和决策实行风险评估，从源头上预防和排除矛盾隐患。学校在涉及处理相关历史遗留问题、重大矛盾纠纷时，由于考虑周全，先期预测、先期研判、先期介入，有效地保障了各类问题和矛盾纠纷的解决。如学校处理家属院自行车

棚拆迁工作时，严格按照程序办事，广泛听取民意，及时化解矛盾，争取工作主动，确保平稳拆迁。

主动化解矛盾，确保校园稳定。一是积极开展排查。每半年集中开展一次矛盾纠纷排查，在重大节庆日、重大政治活动和重要敏感日期间实行专项排查。对排查出来的矛盾纠纷分类建立工作台账，动态更新，逐一落实责任人、稳控措施和解决时限。二是拓宽沟通渠道。通过校领导接待日制度、群众来访随时接待制度和经常召开师生座谈会，定期向教职工通报学校阶段性的重难点工作，听取各方面的意见和建议，畅通师生利益诉求渠道，实现矛盾处理关口前移。三是开展集中治理。专门成立了社会管理综合治理委员会，全面负责校园管理综合治理和矛盾纠纷排查化解工作，对校园内可能存在的风险和潜在隐患进行先期评估和集中整治。四是重视信访工作。党政主要领导对重要信访亲自过问、亲自协调、亲自督办，努力把问题化解在基层。

（四）坚持强化科技创安，校园综合防控体系建设不断推进

加大经费投入，强化技防优势。学校大力推进科技创安工程，特别是大兴新校区开建以来，投入2400余万元开展了多期技防工程建设，建成了防火安全报警、内部安全报警、校园安全监控、无线指挥等技防系统。目前两校区各有主控室2个，分控室5个，摄像监控探头1250多个，建设完成覆盖全校范围、两校区联网联动的安全技术防范系统。学校有3名技术人员专职负责技防设施设备的日常更新维护。学校监控中心8人"双岗三班倒"负责24小时值机，实现对各监控点的分区域、阶梯式巡检，学校大门、主要道路、图书馆、学生食堂和学生公寓等重点部位做到重点监控。

发挥专业优势，建立网格管理。学校充分发挥地理信息专业的优势，建立了校园安全管理资源GIS管理平台，利用电子地图对校园安全管理内容及设备进行统一的可视化管理，实现了对校园空间中各安全事物状态的直观显示，对视频监控、防盗报警、安全门禁、消防中控等前端设备的可视化控制，对各个业务单元和业务部门数据之间的调用与共享。借助这一平台，学校网格化管理实现了纵向到底、横向到边的目标，达到了全面覆盖无遗漏。

整合管理平台，强化分级防控。学校建立了集综合值班、师生求助、消防报警、视频监控、远程会议和应急指挥"六位一体"的"平安校园"综合管理平台，实施全天24小时双岗值班。制定《分级防控工作实施细则》等规定，严格执行"三级防控预案"，深化了常态条件与敏感时期校园防控模式，学校的防控措施不断明确细化，多维综合防控体系不断完善，整体防控能力不断提高。

（五）坚持强化育人根本，安全教育管理服务体系良性发展

完善教育体系，增强安全意识。一是将安全教育纳入学校教学管理体系，落实安全教育学分制，确保了安全教育的全覆盖。二是把安全教育纳入思想政治教育体系，借助新生入学教育、第二课堂等途径，把安全教育与专业教育、实践实习、心理健康教育等结合起来。三是开展安全技能实践教育活动。通过每学期定期开展的演练活动，将交通安全、消防安全、逃生演练、急救等各类实训演练纳入教育之中。

完善制度体系，强化安全管理。学校先后制定了《关于加强稳定工作的规定》、《消防安全管理规定》等多项制度，建立健全了安全生产责任制，层层落实到部门、岗位和具体人。制定并落实施工安全隐患排查和整改制度，我校在建设大兴新校区一、二期工程中，

未发生一起不良施工事件。2010年至今，学校投入上千万元实施了电梯安全保障、路面整修、建筑维修等安全隐患整治工程。

加强综合治理，营造平安环境。学校把校园环境建设和整治纳入为师生员工办实事的范畴，及时解决师生反映突出的校园和周边环境建设方面的老大难问题。一方面，加强对校内宾馆、招待所和流动人口的管理，切实掌握住宿和安全设施情况，落实消防、治安等安全措施和监管责任，做到了底数清、情况明、服务到位、管理有序。另一方面，与北京市公安局文保总队联合建立了民警工作室，参与属地专项整治行动，全面清理游商游贩、私搭乱建、乱停乱放、非法小广告等严重影响校园秩序和环境的问题，严厉打击校园盗窃、诈骗等涉校违法犯罪活动，创建平安、和谐的校园环境。

加强网络监管，确保信息安全。制定《校园网管理暂行办法》、《信息安全管理规定》等管理制度，建立了网站管理员、单位信息员、网络舆论引导员三支网络管理队伍，加强网络管理技术基础保障建设，实现24小时全网监测和负面信息筛查，从制度、队伍、技术三个层面，建立网络违法有害信息检查清理机制和网络舆情快速反应机制，及时处理违法有害信息，从源头上控制有害信息的传播与扩散，确保信息安全。

健全服务体系，服务学生成长。学校密切关注在学习、生活、心理等各方面存在困难的学生，坚持解决思想问题与解决实际问题相结合，建设了学生综合服务的五个中心，即：学生资助管理中心、心理素质教育中心、学生就业指导中心、学生学业指导中心、艺术教育中心。构建并完善了"四三二一"的"全方位"服务平台：就业服务涵盖"四个年级"，建立以体验为核心的"全程化"职业指导体系；实施心理健康服务"三级网络"，形成"全面教育、部分关注、个别干预"的心理健康教育模式，心理健康课一年级学生全覆盖；资助服务注重物质支撑和精神引导"两个层面"；学业服务贯穿"提升学生学习内源性动力"一条主线。

健全保密制度，严格保密管理。学校严格保密管理，成立保密委员会。制定并完善《机要文件、资料管理暂行规定》等10项的保密制度。加强保密设施建设，学校现有2间保密室、1间机要室，"三铁两器"齐全，设施设备先进。深入开展保密教育培训，提高涉密人员的责任意识和工作水平，至今未发生失密、泄密事件。

（六）坚持强化积极预防，应急处置体系科学规范

完善应急预案，健全应急机制。学校建立了安全稳定应急处置工作总体预案，以及社会安全类、事故灾难类、公共卫生类、自然灾害类、网络与信息安全类、考试安全类六类突发事件应急处置分项预案。根据工作实际，制定了群体性事件专项应急预案。成立了学校安全稳定应急处置工作领导小组，作为应急处置的决策领导机构，不断提高应对处置突发事件能力。各二级单位也分别制定了相应的应急预案，每年两会、敏感期和学校的大型活动也均制定了安全工作方案和应急处置措施。

强化实战演练，提高应急能力。学校坚持每年组织开展一次全校性消防逃生疏散演练。根据每年的不同热点事件，比如禽流感防控、学生反日游行等开展大型应急处置桌面推演，对各职能部门在突发事件应急处置中的职责分工、协同配合、处置流程等进行反复演练。学校2012和2013年连续两年承办的单次参会高达6万人次的全国高校招生咨询会，以及2013年承办的60多所首都高校3000多名师生参加的首都高校第51届田径运动会，都经受住了考验，由于事前演练到位、预案健全，均实现了"零事故"的目标。

三、积极推进"四项特色工作促进校园和谐","平安校园"创建工作特色鲜明

（一）坚持"文化创安"，营造安全文化促和谐

一是构筑以安全教育课为核心的完整安全教育体系。

学校安全教育体系体现实践性、实用性和实效性的特点，包括：以《大学生安全防范知识与技能》必须课为主要内容的课程教育，以心理健康教育主要内容的安全思想教育，以消防演练为主要内容的实践教育，以新校区施工建设管理为主的体验教育，以与公安、消防、交警等各部门共同携手开展法制教育为主要内容的协同教育。

二是构筑以预防为先的安全文化宣传体系。学校通过"访、谈、办"的形式，把安全文化建设活动引向深入，使安全意识深入人心。"访"就是深入师生之中，深入教室、宿舍、食堂等场所，把学校的安全教育主动送到师生员工心坎上；"谈"就是对"重点人"谈心交友，摸清思想脉搏，大力开展思想政治工作；"办"就是为师生办实事、办好事，解决实际困难。

三是建成一支着眼于群防群治、协同互助的安全文化实践队伍。学校通过发挥专职保卫干部和工勤人员的主导作用、专职保安人员的骨干作用、后勤管理人员的技术保障作用、学生工作队伍的思想引导作用和学生安全员的主体作用，建成一支着眼于群防群治、协同互助的安全文化实践队伍。

（二）坚持"科技创安"，依靠科技优势促和谐

一是通过构筑以科技为支撑的安全防范体系和运行机制，实现了两校区安全管理的联防联动。通过科技手段构建了视频联防联动系统、远程指挥系统和110互动系统，实现了两校区的图像互调、资源共享、实时指挥、统一管理，使科技创安工作从注重硬件建设，向发挥安全防范效能上转变。

二是依托地理信息专业优势，建立了校园安全网格化管理平台。通过编制校园安全空间地理信息电子地图，对视频监控、防盗报警、安全门禁、消防中控等前端设备进行统一的可视化控制，实现了校园安全管理内容及设备的统一可视化管理。

（三）实施员工帮助计划（EAP），以关心教职工健康促和谐

学校把关心教职工身心健康发展作为构建平安和谐校园的重要任务来抓，从关心教职工身心健康的高度引入员工帮助计划（EAP）理念，以主动关心教职工身心健康来促进校园和谐稳定。在实践基础上创造性地构建了本土化高校员工帮助计划的一个系统、三个平台，即心理健康支持系统、职业能力提升平台、文化体育休闲平台和民主管理平台，并将员工帮助计划项目纳入我校未来5～10年人才强校计划。

该项目主要针对工作压力管理和职业生涯发展，以多样化的支持方式，主动开展教育性、发展性、预防性活动，为教职工发展提供人性化、专业化、主动化的全方位服务，给教职工提供了一个舒缓心理压力、放松心情的平台，起到滋润心灵的"润滑剂"和"减压阀"的作用。

（四）坚持学生为本，以推进学生优质就业促和谐

学校坚持以学生为根本，从"提升就业质量、关注学生和谐发展"的角度扎实做好就业工作，构建以体验为核心的"全程化"职业指导体系，努力提升就业质量。通过帮助学

生打通学业、就业和职业发展的道路，进而解决心理调节不适、专业目标模糊、学习动力不足等问题，通过实现学生的健康发展来促进校园和谐稳定。

一是在一年级开展"我的大学规划"和"学长追踪—寒假社会认知实践"等主题活动，将"专业认知"与"学业规划"相结合，增强了学生的专业意识。

二是在二年级开设多门职业指导课程，开展"入市之旅"、"成长在线"等主题实践活动，将"社会实践"与"课程指导"相结合，增强了学生的自我规划和调整能力。

三是在三年级推行"大学生就业见习制度"，借助学校70余家就业见习基地，开展"走访用人单位"、"专业见习"等主题活动，将专业学习与社会实践相结合，增强了学生的实践技能。

四是在四年级采取分类指导、个别辅导和网上测评等方式，利用"就业讲座"超市和职前网络课堂，开展"就业指导"主题活动，把毕业生自我定位与择业就业相结合，实现了学生就业的一对一个性化指导。

四、总结经验，认清差距，努力推动"平安校园"创建工作再上新台阶

（一）经验体会

校园安全稳定是件大事，需要渗透到学校教育工作的方方面面，需要学校各个部门都各负其责，全校师生人人参与。深入总结"平安校园"创建工作，我们有以下几点体会：

1. 创建"平安校园"需要提高思想认识。要牢固树立"稳定压倒一切的"的思想，从讲政治的高度，增强"平安校园"创建工作的责任感和紧迫感。

2. 创建"平安校园"需要全员参与。要形成人人关心、支持"平安校园"创建，人人参与学校治安综合治理的格局，使"平安校园"创建真正成为持久性的群众创建活动。

3. 创建"平安校园"需要结合中心工作。要与学校的改革发展结合起来，与加强大学生思想政治教育结合起来，与"文明校园"建设结合起来，形成工作合力和联动机制。

4. 创建"平安校园"需要结合学校特点。一是结合多校区办学实际，探索联防联动的安全管理模式；二是借助学校学科专业优势，构建校园网格化管理平台，为科技创安提供技术支撑。

5. 创建"平安校园"需要强化制度保障。要强化领导责任制、工作督察制和责任追究制，根据"一把手负总责"和"谁主管谁负责"的原则，形成任务明确、责任到人、措施具体的工作机制。

（二）努力方向

面对不断出现的新情况、新问题，学校"平安校园"创建工作将在以下三个方面进一步完善。一是进一步加强师生的安全意识教育。二是进一步加强两校区安全管理的统筹力度，完善联防联动的安全管理运行模式，提高安全管理效率。三是进一步加强与政府部门以及周边单位的沟通与协调，创建更加和谐的校内外环境。

创建"平安校园"是一项常抓不懈的系统工程。我们将以这次检查验收为新的起点，

继续深化"平安校园"创建工作，为学校实现创建国际知名、国内一流的有特色、高水平建筑大学的百年发展目标提供坚强保障。

借此机会，再次感谢各级领导和兄弟院校长期以来对我校工作的大力支持和帮助。谢谢大家！

2013 年 11 月 26 日

四、校长朱光在2013年暑期处级干部会上的讲话

同志们：

新学期开学在即，今天我们召开全体处级干部会议，通报上半年学校主要工作，并就新学期工作进行具体部署。

第一部分 上学期工作小结

回顾上个学期，在全校师生员工的共同努力下，学校各项工作都取得了长足的进步。

（一）三大工程取得突破，学校办学实力整体提升

1. 更名工程取得圆满成功，实现了更名大学的目标。经过大家多年来的不懈努力，几代建工人更名大学的梦想终于实现，更名大学的申请在今年1月18日举行的100名教育部专家参加的高校设置评议委员会上以97票的高票通过。今年4月12日教育部正式批准学校更名为北京建筑大学，5月16日隆重举行了北京建筑大学揭牌仪式，学校的地位和影响力大大提升，标志着学校迈入了新的发展时期。

2. 博士人才培养项目成功实施，提升了学校的核心竞争力，构建了完整的人才培养体系。全面实施"建筑遗产保护理论与技术"服务国家特殊需求博士人才培养项目，今年已正式招收博士生。目前，已经成功实施了2013年博士人才项目的招生录取工作，新录取的博士研究生将于9月份入学。这是我校人才培养的一个重大突破，由此建立了本科、硕士、博士三个层次的完整人才培养体系，在我校办学历史上具有里程碑的意义。

3. 新校区建设工程深入推进。大兴校区二期工程建设全面展开，两校区运行管理机制不断完善。一期工程竣工入驻后，学校积极争取各方支持、多方筹措资金，加快推进二期工程建设。目前二期工程在施面积达12万平方米。图书馆实现结构封顶后，已进入到设备安装和精装修工程阶段，力争今年年底完成主体装修。学生宿舍7号、9号楼和硕博公寓3、4号楼及机电电信学院组团、土交测绘学院组团目前正在进行紧张施工，其中电信学院楼已于6月28日结构封顶，硕博公寓3、4号楼于7月6日结构封顶，学生宿舍7、9号楼于8月27日结构封顶、机电学院楼主体结构工程已在暑期完工，校区整体规划方案调整完成，整体基建工作正在按照计划顺利进行。

为适应学校新的变化和持续发展的需要，在积极推进大兴校区建设的同时，对西城校区也进行了统筹规划，对环境进行综合整治，先后完成了土交学院实验室、园林等多项改造工程，暑假期间又完成了招生就业处调整改造、建筑学院楼、实验楼改造等工程，进一步改善了师生员工的工作、学习、生活条件。

（二）深入实施质量立校战略，教育教学改革不断深化，人才培养质量不断提高

1. 以深化教育教学改革为目标，积极推进本科教学工程，取得良好成效。水环境实验教学中心获批国家级实验教学中心；工程管理专业通过住房和城乡建设部高等教育专业评估；获批1个国家级工程实践教育中心、1个国家级大学生校外实践教育基地、2个北京市级校外人才培养基地；获得北京市教学成果一等奖5项，二等奖5项；张怀静教授获批北京市教学名师；张宁娇老师获第九届北京高校青年教师基本功比赛二等奖；获批"十

二五"普通高等教育本科国家级规划教材 4 本。

2. 加大招生就业工作力度，多渠道宣传学校办学特色，稳步提高生源质量和就业质量。加大招生宣传力度，连续两年在学校大兴校区举办大型校园开放日，2013 年邀请北京大学、清华大学、武汉大学、南开大学等 93 国内著名高校来我校联合举办高考咨询会，接待考生家长近 6 万人，大大提高了我校社会影响力和知名度。2013 年我校完成本科招生计划 2008 人，包括本科计划 1849 人和高职升本科计划 159 人，实际扩招 49 人。通过大力宣传我校特色专业，提出"一批争质量、二批保数量"的宣传策略，学校整体招生分数持续上升。2013 年我校北京地区本科一批次录取最低分 555 分，即大排名 16028 名的考生；本科二批次录取最低分 528 分，即大排名 20471 名的考生。三年之内我校总体在京录取名次提高了 4000 多名，录取学生均是北京排名前 25% 的考生。京外实现 23 个省市本科一批次录取，录取最低分基本都在当地一批次分数线 40～50 分，个别省份高达近 100 分，可以说学校的生源结构得到较大改善，生源质量位居市属高校前列。

2013 年硕士研究生录取 431 人，比 2012 年增长 5.1%，其中专业学位硕士研究生 227 人，增长 17.0%。2012 年（2013 年春季入学）录取非全日制硕士生 167 人。目前，我校各类在校硕士研究生总数为 1692 人，其中全日制在校硕士研究生为 1216 人，与全日制在校本科生比例为 1:5.94。

2013 年号称最难就业年，面临国家宏观经济政策和住房政策调控，建筑行业用人需求降低等不利因素，我校各部门通力合作，以就业质量提升为核心，以北京市就业特色工作项目建设为指导，以健全我校就业服务体系为抓手，着力开展就业指导和就业市场建设，召开大型校园招聘会 3 场，小型专场招聘会 50 余场，就业工作取得了很好的成绩。截止到 8 月 31 日，我校全员就业率为 96.80%，签约率为 88.1%。其中本科毕业生就业率为 96.59%，签约率为 91.31%；研究生就业率为 97.75%，签约率为 73.52%。

3. 全面落实"卓越计划"试点方案，强化实践教学特色。建筑学、土木工程两个专业已经在 2011 级启动卓越工程师培养计划，给水排水科学与工程、能源与动力工程获批第三批卓越工程师教育培养计划试点专业。试点工作完成了培养方案的修订，探索了校企全方位合作培养模式和企业共同建立联合委员会，组建了专兼结合的师资队伍。加强了实验教学管理平台建设，增加校级实验类选修课，加大实验室的开放力度。在工程实训中心继续建设了六个大学生创新实验室，支持学生开展科技活动。

4. 坚持育人为本，不断强化实践育人特色，促进学生健康成长、全面成才。注重实践能力和创新精神培养，从今年开始单独设立 100 万元大学生素质教育基金，鼓励大学生开展科技文化活动。学生科技活动和社会实践活动立足专业学习，52 项学生科技赛事贯穿全年，形成"月月有竞赛、院院有品牌"的格局。在第七届"挑战杯"首都大学生课外学术科技作品竞赛中，获一等奖 1 项、二等奖 2 项、三等奖 5 项。在全国大学生节能减排竞赛、交通科技大赛等各项赛事中均获得佳绩。大学生暑期社会实践蓬勃开展，64 支团队深入基层、社区展开宣传、调研。体育工作再创佳绩，学校连续七届蝉联首都高校学生田径运动会乙组男女团体冠军。在第十三届全国大学生田径锦标赛上取得乙组男女团体总分第三名、男子团体总分第三名、女子团体总分第五名的历史最好成绩。

（三）深入实施科技兴校战略，科研工作得到可持续发展

1. 国家基金项目取得历史性突破。今年我校共申报国家自然科学基金 99 项、国家社

科基金 21 项。获批国家社科基金 2 项，比去年增加 100％，国家自然基金 20 项（其中土木学院就有 10 项，去年环能也是 10 项），比去年增加 40％，其中参与获得国家自然基金重点项目 1 项，这是我校国家自然科学基金项目首次达到 20 项资助，资助率超过国家平均水平，达到 20.2％，在数量和质量上都是一次全新的历史性突破。同时，我校上半年还获得了北京市教委创新能力提升计划项目 3 项、北京市规划办社科项目 10 项。

2. 科技奖励工作取得好成绩。申报北京市科技奖 6 项（其中主报 2 项）；申报华夏科学技术奖 7 项，其中主持申报 4 项（目前已有 4 项通过评审，正在公示中）；此外还申报了中国专利奖 2 项，测绘科学进步奖 2 项、中国公路学会奖 1 项、中国施工企业管理协会科学技术创新成果奖 1 项。

3. 加强对科研基地的管理。通过制度、管理方法创新提高工作效率；通过制定按时提醒的工作表、在各基地建立"署名管理办法"，进一步提高了科研基地的绩效成果；通过实行"项目库管理办法"，将绩效目标与项目申请更好的捆绑在一起，提高专项经费的使用效率。

4. 参与"2011 计划"开局良好。抓住国家实施"2011 计划"的重大机遇，整合校内创新资源，积极参与创建协同创新中心。我校牵头申报的"北京节能减排关键技术协同创新中心"已获北京市教委资助建设，获 800 万元的经费支持。与北京工业大学联合申报的"首都世界城市顺畅交通协同创新中心"已在京正式挂牌。积极参与建设解放军理工大学申报的"中国爆炸冲击灾害防控协同创新中心"。

（四）深入实施人才强校战略，师资队伍建设水平稳步提升

1. 加大人才引进力度。根据学校学科专业的发展需求、学校师资队伍现状，研究组织制定人才引进计划，并根据计划组织开展了 2013 年人才引进工作。上半年共引进各层次人才共计 36 人，其中教师 22 人。36 人中具有正、副高职称的高层次人才 4 人，博士 18 人（含博士后 4 人）、留学回国人员 2 人。

2. 学术人才培养工作成效显著。宋国华教授和徐世法教授获得 2012 年度政府特殊津贴，韩森老师和秦红岭老师入选北京市优秀教师，胡沅胜老师获得北京海外人才聚集工程青年项目资助，牛润萍老师获得北京市科技新星项目资助，另有 1 人获得国外普通访学者项目资助，1 人获得国外高级访学者项目资助。

3. 全方位开展教职工继续教育工作。组织 100 余名教师参加学历学位进修、国内外访学、外语培训、双语教学、岗前培训等多种形式的培训。其中，8 位老师攻读博士学位，14 名教师到国外院所进行进修、学习，1 人参加北京市教师发展研修基地培训，2 人参加国内访学者培训。积极开展职业生涯规划的调研工作，深入开展员工帮扶计划，开展青年教师科研能力提升培训，支持各单位聘请专家学者开展系列学术讲座、论坛，从接受培训人员的覆盖面、培训内容的多样化及培训的层次方面进行了更加深入的探索。

（五）深入实施开放办校战略，进一步提高国际化办学水平

深入实施与美国奥本大学的合作。加强对首届采取"2+2"的联合培养学生的教育管理，在今年学校的机构设置改革中，单独设立国际教育学院，负责留学生教育和国际合作办学工作。积极协调与美国奥本大学合作举办的中外合作办学机构"北奥国际学院"的申报、审批及筹备工作，目前已通过北京市教委评审，由北京市政府报教育部审批。今年六月，我又带团访问了奥本大学，进一步推进工作开展，拓展了两校的合作范围，取得了很

好的成果，将两校合作办学进一步推向深入。

积极开拓、扩大与国外高校间的合作与交流，大力实施走出去战略。通过校级合作、高师培训等途径选派 14 人赴美国等国家高校进行专业培训和访学；争取到国家留学基金委青年教师出国培训项目，为我校未来三年或更长时期教师培养奠定了良好的基础条件；获得"北京市政府学生境外学习奖学金" 49 万，资助 48 名学生参加境外学习、培训。积极发展留学生教育，留学生教育获得快速发展，目前学校共有在校留学生 107 名，其中长期生 74 名。

（六）加大建设力度，进一步加强学科引领作用，学科建设和研究生工作稳步推进

1. 重点学科建设取得良好成绩，学科排名显著提升。建筑学、土木工程、测绘科学与技术等 3 个学科增列为一级学科北京市重点学科，实现了拥有 5 个一级学科北京市重点学科的建设目标，为申请博士授权单位打下了必要的条件基础。2012 年我校 6 个一级学科首次参加全国学科评估，取得了良好成绩：建筑学名列第 9 名；测绘学科与技术名列第 9 名；城乡规划学名列第 12 名；风景园林学名列第 15 名；土木工程名列第 31 名；管理科学与工程名列第 70 名，充分体现了我校重点学科建设的整体水平。

2. 做好重点学科和交叉学科建设工作。组织开展了建筑学、土木工程、测绘科学与技术等 3 个一级学科北京市重点学科，以及城乡规划学、管理科学与工程等 2 个一级学科北京市重点建设学科的建设工作，为申请新一轮北京市重点学科建设项目，以及申请增列博士学位授权单位和学位授权学科点奠定工作基础。进一步明确了"建筑遗产保护"交叉学科方向特色，巩固了学科发展支撑架构，探索了交叉学科的建设新途径。进一步开展我校相关学科各个研究方向上的交叉建设，争取形成多个交叉学科，带动学科建设水平的整体提升。

3. 积极推进研究生培养工作。2013 年遴选硕士研究生指导教师 108 人，其中校内导师 37 人，校外兼职导师 71 人；修订了《硕士研究生导师条例》，组织完成了 2012 版《学术型学位硕士研究生培养方案》、《专业学位硕士研究生培养方案》的制订工作。开展北京高等学校"城乡建设与管理产学研联合研究生培养基地"建设，与在京的 30 家知名企业签订了《"城乡建设与管理"产学研联合研究生培养基地共同建设框架协议书》，与部分企业举行了授牌仪式，并开展了建设工作的沟通。

（七）加强领导班子和干部队伍建设，认真做好干部换届工作，为学校发展提供坚强的组织保障

今年 3～5 月，学校启动了干部换届聘任工作。在今年的干部换届聘任工作中，党委认真贯彻《党政领导干部选拔任用工作条例》，严格执行干部选拔任用四项监督制度，坚持"德才兼备、以德为先"的用人标准，坚持民主、公开、竞争、择优原则，实行了民主推荐、民主测评、书面征求纪委意见、任前公示、任期试用等一系列制度。严格执行党委票决任用干部，正处级干部均通过党委全委会票决，副处级干部均通过党委常委会票决。坚持"广泛动员、加大竞争、民主选拔"、加大交流，不断拓宽选人用人渠道，为优秀人才脱颖而出搭建平台。在今年的干部换届聘任中，共提任正处级干部 18 名、副处级干部 22 名，14 名干部进行了轮岗交流，一批优秀年轻干部和精通专业的骨干教师进入到处级干部行列。目前，学校共有处级干部 98 人，其中 74.5% 的处级干部具有高级职称。这次干部换届工作，一批年轻有为、业务突出、责任心强的干部脱颖而出，成为学校的管理骨

干，进一步优化了学校的干部队伍结构，加强了学校事业发展的能力。

（八）围绕中心抓党建，党建和思想政治工作卓有成效，为学校事业发展提供了政治保障

1. 学习宣传贯彻十八大精神，深化理论学习和思想武装。以学习贯彻十八大精神为主线，深入开展中国特色社会主义理论体系、社会主义核心价值体系宣传教育，增强思想理论建设的针对性、实效性。

2. 按照"三型"党组织要求，加强基层党组织建设。引导党员干部在理论学习上创先争优，以学习贯彻十八大精神和北京市第十一次党代会精神为重点，以党支部主讲主问制学习、党总支二级中心组片组学习制度为创新点，推进了学习型党组织建设。继续深入开展"提高办学质量促发展、服务人民群众树形象"党性实践活动，切实发挥党组织和党员在两校区办学模式下提高教育教学质量中的凝聚作用和先锋作用；积极推进党务公开，进一步完善党代表任期制，研究制定党代表定期联系党员群众办法，继续实行党代表列席常委会制度；做好在教学、科研骨干、学科带头人、青年教师和少数民族学生等群体中发展党员的工作，提升本科生党员发展质量。

3. 进行"北京普通高校党建与思想政治工作先进校"评比的准备工作。上学期以来，党委有关部门和各级党组织按照党委的统一部署，积极开展党建先进校评估准备工作。一是撰写完成了党委综合报告并上报了参加评选的请示。二是全面开展党总支工作考核。为做好党建先进校评选的准备工作，党委于6月5日开始用了10天时间，对全校15个党总支、直属党支部开展工作考核，促进各总支更好地总结工作经验，凝练工作特色，查找存在的问题，进一步提高基层党建工作科学化水平。三是积极开展自评报告和相关支撑材料的建设工作，这项工作仍然在紧锣密鼓地进行中。

4. 坚持全心全意依靠教职工办学，坚持民主办学、科学决策。发挥工会、教代会在学校民主管理、民主办学、科学决策方面的积极作用，调动一切积极力量促进学校的改革与发展。今年6月21日，成功召开第七届教代会暨第七次工代会，选举产生了第七届教代会执行委员会委员、工会委员会委员、经费审查委员会委员，并听取了我代表学校做的行政工作报告。

5. 坚持思想政治工作与解决实际问题相结合，坚持为教职工办实事制度。在大兴校区建设硕博公寓200套的基础上，2012年新开工建设200套公寓，目前已结构封顶，春节前全部完工，进一步解决教师的住房困难；在职人员在2012年人均增长400元绩效工资和10%聘任津贴的基础上，2013年再次增长聘任津贴30%，年增资量近1500万，退休人员校内共享津贴每人每月增长200元，年增资量近170万，进一步提高了教职工的工资待遇。

6. 加强党风廉政建设，为学校事业发展保驾护航。开展多种形式的党风廉政建设教育，深入推进廉政风险防范管理工作，加强招生录取工作监督，认真做好教育收费检查工作。

（九）承办了一届高水平的首都高校大学生田径运动会，实现了我校更名大学后在北京高校中的首次精彩亮相

首都高校第51届大学生田径运动会是我校更名大学后承办的第一次大型活动，学校加强组织领导和统一协调，组织有关部门和各学院在团体操演练、场地设施、仪器设备、

后勤保障、志愿服务、安全保卫等方面都进行了长时间的精心策划和周密准备。由2500名学生组成的团体操方阵带来了具有震撼力和感染力的开幕式表演，各项赛事的精心组织工作给出席大运会的各级领导和各高校留下了良好印象，得到了教工委、市教委、市体育局、大体协、各兄弟院校的高度认可，被市教委誉为是一届令人难忘、无与伦比的首都大运会，实现了我校更名大学后在北京高校中的首次精彩亮相。

总的来讲，学校的上半年是大事多、喜事多的半年，学校坚持统筹协调，各项工作协调推进，资产管理与后勤服务、财务、校产经营管理、信息化建设、监察审计、继续教育、离退休、图书馆、校友会、校报等方方面面的工作都取得了显著的成绩，学校发展呈现良好局面，我在这里就不一一列举了。

这些成绩的取得是全校师生员工在党委领导下，共同努力的结果，是全校师生员工心血和汗水的结晶，特别是广大干部在各项工作中，率先垂范，带头奉献，发挥了中坚作用。暑假期间，我经常看到我们的许多中层干部和老师们放弃休息时间，坚守在自己的工作岗位上，积极开展各项工作。许多职能部门和院（部）的同志坚守一线，克服困难，不辞劳苦地做好学校的各项工作。许多教师利用假期时间，认真备课，开展科研，取得了不少成果。借此机会，我代表学校向你们，并通过你们向全体教职工表示衷心的感谢！

第二部分　本学期重点工作

同志们，北京建筑大学的发展又站在了一个新的历史高度上。在这里我们可能有"欲穷千里目"的冲动，也可能有"高处不胜寒"的担忧。此时，我们需要有清醒的头脑审时度势，确定我们新的发展目标和道路，更需要有冷静的心态分析我们尚存在的问题，通过改革创新来促进学校发展。全校广大干部教师的思想统一，对学校发展战略的理解和支持尤为重要。

过去在学校发展道路上存在的主要问题，今天仍然存在：首先是观念更新问题。学校很多方面还存在着教条主义和惯性思维的做法，安于现状，小富即安还很有市场。我校脱胎于中专教育，长期以来都在经营教学型学校，在办学理念上始终存在着割裂教学与科研的思维。对建设高水平有特色建筑大学的基本特征、发展规律和办学特点研究不够透彻或者根本不研究，在建设高水平大学过程中，牢固树立教学是天职，科研是能力的理念还认识不够充分。因此如何建设高水平的教学研究型大学方面还面临诸多困惑，难于出台改革创新的措施或缺少改革的思路。其次是工作能力问题。无论是我们干部教师的管理能力、教学能力还是科研能力都还不能满足新的形势的需要。人才队伍建设亟待进一步加强。第三是管理粗放的问题，缺少现代大学管理理念，精细化、科学化、规范化管理还存在较大差距。特别是在人事制度改革、财务管理和教学血迹改革以及校院两级管理体制等问题上的管理工作要加强。

面对新的改革发展任务和亟待破解的发展难题，面临新形势、新变化、新要求，我们既要增强使命自觉、创建自信、差距自省、奋斗自强的意识，又要更新观念、鼓足干劲、不断提升管理水平。当然，对于我们新时期的发展，最为重要的仍然是以更高远的奋斗目标、更清晰的发展路径和更实际的工作部署，来带动我们广大师生迎接新的挑战。为切实解决这一问题，前几天，学校班子成员和部分职能部门的领导就学校下一步的顶层设计以及发展思路等问题召开了务虚会，深入研究学校改革与发展问题，初步形成了学校未来的发展思路，那就是"继续坚持'统一思想、深化改革、攻坚克难、多点突破'的工作方针，继续深入实施'质量立校、科技兴校、人才强校、开放办校'四大战略，紧紧围绕内涵发展、学科引领、创新突破、质量提升主题，以优化和完善学科布局为先导，以高层次人才队伍建设为抓手，以高水平科学研究和基地建设为支撑，以高质量的人才培养为根本，以党的建设和思想政治工作为保证，全面提高学校的核心竞争力和可持续性发展能力，力争到2036年建校100周年之际把学校建成国内一流、国际知名的高水平建筑大学。"

这一发展思路还是初步的、不具体的，需要我们大家在下半年的工作中，结合群众路线教育实践活动和大讨论活动，进一步细化明确。在这一过程中，我们一定要坚持学校过去形成的良好的办学经验和发展思路不动摇，坚持加快创建有特色高水平建筑大学不懈怠，坚持维护学校改革发展稳定大局不折腾，坚持全面提高教育质量和办学水平不停步。同时，对照党政工作要点，根据新形势提出的新目标与新要求，结合上学期工作的完成情况，在做好各项常规工作的同时，本学期我们要重点做好以下几个方面的工作。

（一）把握深入开展党的群众路线教育实践活动这一主线，促进学校中心工作发展

暑假期间，学校按中央和市委的要求，已全面启动了"党的群众路线教育实践活动"，成立了学校党的群众路线教育实践活动领导小组，研究制定了详细的实施方案，通过征集党代会代表提议、召开党政领导干部务虚会、座谈会、走访等形式开展调查研究，初步梳理出领导班子、领导干部作风方面存在的问题，为下一步全面开展教育实践活动做好了充分准备。本月18日召开了全校动员大会，钱书记做了重要讲话，对教育实践活动进行了全面部署。会后，各单位、各部门积极参与、努力推进教育实践活动，第一阶段学习教育的任务得到全面落实，领导班子和处级干部按照要求完成了学习任务，深入开展了研讨交流，取得了一定成效。下一阶段，我们将继续深入贯彻中央和市委的精神，进一步发挥领导带头的作用，紧紧围绕学校的中心工作，出色地完成教育实践活动各个环节的任务，确保取得实效。

我们要把这次党的群众路线教育实践活动和谋划学校的发展结合起来，为学校提供了一个进一步凝聚全校师生智慧和力量、推动有特色、高水平建筑大学建设的重大机遇，为我们进一步理清发展思路，凝聚思想共识，提供了很好的契机。我们要坚持两手抓、两不误、两促进。

1. 把教育实践活动与开展"创建有特色、高水平建筑大学"大讨论活动结合起来。过去几年，我们虽然取得了很好的成绩，但与"办人民满意的大学"的要求相比，与创建国内一流、国际知名的有特色、高水平建筑大学的目标相比，在许多方面还有一定差距。学校虽然更名大学，但仍然处于提升办学层次的机遇期、办学结构的调整期、发展方式的转变期、深化改革的攻坚期、学校建设的高潮期"五个期"的基本校情没有变。我们还存在着过去快速发展隐藏起来的矛盾、新的发展阶段遇到的矛盾以及重点突破和整体发展的矛盾等诸多矛盾，也可以说学校处于发展的矛盾凸显期，还面临着很多亟待解决的发展难题，人才培养质量需要进一步提高、学科建设和科研工作的可持续发展有待整体推进、人才队伍建设亟需加强、管理服务水平需要不断提升等。我们必须充分重视、全力解决，借助教育实践活动统一思想，理清思路，明确目标，凝心聚力，奋发图强，扎实工作，推动

学校各项事业实现新跨越。学校上个学期已经启动了"创建有特色、高水平建筑大学"大讨论活动，主要是以学习提高为主，举办了几场创建有特色、高水平大学系列主题报告会，提高了大家的思想认识。本学期将结合教育实践活动，通过专题报告会、中心组专题研讨会、专题调研、论坛、总结大会等多种形式，按照思想发动、调研及研讨、凝练成果三个阶段，自上而下、全面深入地开展大讨论活动。由校领导带队，组成专题调研组，深入各学院、各部门调研，发动大家深入讨论，查找差距，统一思想，形成共识。在大讨论结束后，学校将在广泛征求意见和深入调研的基础上，提出创建有特色高水平建筑大学的新目标、新思路、新举措。

2. 把教育实践活动与改进校风、学风结合起来。学校开展党的群众路线教育实践活动，就是要以领导干部的工作作风影响广大党员群众的工作作风，以广大干部的作风建设推进广大党员群众的党风建设，以党风建设带动校风建设，进一步以作风建设的新成效赢得广大师生的内心真正认可、支持和信任，凝聚起推动学校事业发展的强大力量，推动学校持续快速健康发展。中央集中要解决的形式主义、官僚主义、享乐主义和奢靡之风"四风"问题在我校一定范围内也有不同程度的存在，如机关干部深入基层调研少、为师生办实事和解决师生切身利益问题力度不够，部分机关部门办事拖拉、互相推诿、缺乏服务意识；部分干部不太会做群众工作，与师生交流不顺畅，甚至存在障碍等等；还有少数干部守着"旧摊子"，蹲在"老圈子"，想着"小九九"，得过且过，缺乏开拓进取精神等问题。所以，下一阶段的教育实践活动要立足于学校实际，坚持凝心聚力、凝神聚气，切实改进干部工作作风，着力解决师生员工反映强烈的突出问题，以好的作风带动形成良好的校风和学风。

3. 把教育实践活动与深化学校的各项制度改革及推进廉政风险防控管理结合起来。本次教育实践活动注重实践，突出整改落实、建章立制。我们要借住本次教育实践活动，解决我们过去在体制机制上存在的突出问题，大力推进学校内部管理体制改革，健全制度体系，建立长效机制。下一步要重点梳理学校的各项规章制度和管理规定，根据学校发展的新形势新要求新任务，及时修订完善，出台一系列改革创新的新制度、新举措。本次教育实践活动学校还将围绕规范权力运行，努力在权力结构配置、权力运行监督和信息化防控等方面实现新突破，强化对权力的制约和监督，切实提升风险防控的实效性。

4. 把教育实践活动与落实为师生办实事结合起来。为师生员工办实事，是贯彻以人为本的办学思想的要求。今年年初提出了要为师生办好 12 件实事，这是学校对全校师生员工的庄严承诺，一定要说到做到，给广大师生员工交一份满意的答卷。本次教育实践活动要立足"群众"这个落脚点，进一步提高为师生办实事、办好事的能力。这 12 件实事，年初学校进行了分解，明确了分管领导、责任部门和责任人。如属于教职工切身利益的博公寓 3、4 号楼已于 7 月份封顶，年底全部完工，此项工作要继续抓紧，同时要制定出合理的租赁方案。对这些正在落实的实事，请各位分管领导和责任单位责任人，切实抓好落实。

（二）实现与北京城市建设学校合并的突破进展，构建"一校三区"的办学格局

为了贯彻落实市里调整优化教育布局，把一些中专并入大学，提升教育水平的有关精神和工作部署，学校目前正在积极推动合并北京城市建设学校的工作。北京城市建设学校与我校同根同源、同枝同叶、同才同用，服务面向一致、学科专业高度类似，是我们非常

合适的合并对象，合并北京市城建学校有利于充分发挥两校建设教育资源的整体优势。我们将按照"优势互补、强化特色、优化结构、做强做大"的指导思想，依据"统筹设计、有机融合、把握节奏、快速推进"的工作方针，在市委教育工委、市教委的领导下，争取在下半年把北京城市建设学校整建制并入我们学校，以加快创建有特色、高水平建筑大学的步伐，努力构建特色更加鲜明、结构更加合理、体系更加开放、服务社会能力更强的北京市建设人才培养体系，促进建设教育事业新发展，更好地为首都乃至全国城乡建设服务。两校合并后，原北京城市建设学校校区作为我校的朝阳校区，形成"一校三区"，即：西城校区、大兴校区和朝阳校区的格局，并优化功能布局。其中，西城校区以研究生教育、重点实验室、大学科技园为主，逐步做强；大兴校区以本科教育为主，逐步做大；朝阳校区以职业培训、继续教育、技能鉴定为主，主要体现服务社会的功能，逐步做活。两校合并工作方案已报送到市委教育工委和市教委，我与钱书记前段时间也向市委教育工委和市教委领导做了详细汇报，两委领导认为我校合并北京城市建设学校准备充分，时机已经成熟，可以先行一步。前两天，我校领导班子和北京城市建设学校班子成员专门召开了务虚会，详细研究了下一步推进合并工作的方案，充分做好了合并的各项准备工作，获批后本学期将紧锣密鼓地推进实施。

（三）迎接"北京市党建先进校"评选和"平安校园创建"两项评估，突显学校党建、维稳工作水平

1. 以申报党建先进校为契机，全面加强党建和思想政治工作，争取成为北京市"党建先进校"。第五次党代会上确定的"六个突破"目标目前已经基本提前实现。"党建先进校"是我们目前要重点突破的目标。北京市党建先进校每三年评选一次，每次 5 个名额，一般市属高校占 1 个；提名奖 5 个，市属高校一般也是占 1 个。虽然难度很大，但我们决心把握好学校这几年快速发展的势头，趁势而上，争取最好结果！学校已于上学期末撰写完成了党委综合报告并上报了参加评选的请示，北京市党建和思想政治工作先进校评选专家组将于 11 月份进校考察，时间很紧，我们面临的工作任务还十分艰巨。大家必需高度重视这次先进校评选工作，把它放在突出的位置抓紧抓好。各学院、各部门、各单位要对评选工作再作一次全面的梳理，认真准备。尤其要搞好评选材料的整理提炼工作，要继续下大力气整理，要指定专人，实行责任制，逐项落实，确保支撑材料充实、完整、准确、规范、凝练，要充分反映学校近年来党建和思想政治工作的成绩，真实地展示学校事业发展的成就，凸现学校党建和思想政治工作中的重点和亮点。各项数据要进一步核实，做到准确无误。希望各位能在这次"党建先进校"迎评工作中充分发挥先锋模范作用，团结带领党员群众，共同做好迎评工作。

2. 做好"平安校园创建"达标验收工作。我校将与今年下半年迎接首都高校"平安校园"创建检查验收，创建"平安校园"对于进一步夯实学校安全稳定工作基础，增强广大师生员工安全防范和维护稳定意识，保证学校各项事业全面协调和可持续性发展具有重要意义。我们要把"平安校园"建设放在学校全局工作中统筹推进，把"平安校园"建设作为维护学校安全稳定的一项基础工程和经常性工作常抓不懈，及时总结提炼工作中的好经验、好做法，加强和改进工作薄弱环节，破解各种重点难点问题，完善长效工作机制，切实提高整体工作水平。学校高度重视此次达标验收工作，各学院、各单位要按照学校整体工作部署和任务分解分工，整合资源，密切配合，扎实推进"平安校园"达标验收工

作。我在这里提几点要求，一是希望各学院、各单位高度重视、抓好落实，各学院领导班子要召开专门工作会议认真研究一次本单位的安全稳定工作，及时向全体教职员工和全体学生做一次相关安全教育，对本单位进行一次彻底安全大检查，并采取积极措施排查安全隐患。二是以此次"平安校园"创建验收工作为契机，扎实推进我校安全稳定工作。三是高度重视学校重点人群、重点部位、重点区域的安全防范工作。四是全面落实安全稳定各项基础性工作，进一步加强网络舆情监控，确保信息沟通渠道畅通。我们要借助"平安校园创建"达标验收工作契机，全面建立维护校园及周边治安环境长效工作机制，实现"大事不出、小事减少、管理严格、秩序良好"的工作目标。做到校园安全稳定的局面更加巩固、学生法制教育更加全面、学校安全防范措施更加完善、校园及周边治安秩序更加良好、广大师生安全感更加增强。

（四）统筹大兴校区和西城校区发展工作，增强整体发展合力

1. 加快大兴校区在建工程的建设速度和调整优化西城校区的整体规划。图书馆建设已进入设备安装及精装修工程阶段，年内完成整体精装修工程完成80％以上，完成主体部位精装修；硕博公寓3、4号楼土建工程年内全部完工；学生宿舍7、9号楼、机电电信学院组团2014年1月底土建工程全部完工；启动教工学生食堂的建设报审程序，力争年内完成前期准备工作、择时开工建设。年内完成一期建设工程的决算工作。根据学校的整体发展思路以及政策、资金等情况，年内启动结构实验室工程的设计和施工工作，确定行政办公楼、学生活动中心、体育馆等建筑的建设指导思想，启动有关报审程序和组织设计方案。在建设大兴校区的同时，以与西城区合作为契机，积极调整优化西城校区的校园整体规划，改善西城校区的教学和办公环境。

2. 大力推进多校区运行管理改革，努力大幅降低运行成本，提高管理效率。要立足多校区办学的实际，着眼于降本增效，进一步完善有关管理制度，及时清理不适合的管理制度。引导大家树立过紧日子的意识，自觉节约经费，用好每一分钱。

（五）继续深化"质量立校、人才强校、科技兴校、开放办校"四大战略，提升学校核心竞争力与持续发展力

1. 在质量立校上，以提高人才培养质量为目标，进一步深化教育教学改革。一是以本科教学工程为核心，加强专业建设。结合北京市教委关于申报落实《关于进一步提高北京高等学校人才培养质量的意见》的精神，组织编制我校的具体实施方案；将教学建设任务落实到每个专业。按专业建设层次，明确教学建设目标，进一步凸显专业特色，分层次进行专业建设，每个专业建设5门核心课程。二是落实"卓越计划"试点方案，强化实践教学特色。以卓越计划试点专业为抓手，突出建筑行业特色，落实"基础知识－专业技能－工程实践能力"学用结合的专业人才培养体系，抓好建筑学、土木工程两个专业"卓越计划"培养方案的落实工作，做好"卓越计划"北京市教育委员会中期检查的准备工作。同时做好给排水科学与工程、能源与动力工程两个专业的"卓越计划"试点工作；以教育部和北京市建筑类应用型人才培养创新实验区以及教育部工程实践教育中心为抓手，进一步探索人才培养创新体制和机制，全面提高建筑行业应用型人才的培养质量。三是狠抓标志性成果，进一步凝练、整合和细化北京市教学成果一等奖，争取在国家教学成果奖项目上得到突破。四是以获批的国家级实验教学示范中心为样板，迎接北京市教育委员会对我校建筑电气与智能化实验教学中心的验收工作。五是进一步做好教学科研融合工作，推进

科研促教学实施，选择一部分老师在全校公开招聘学生进入科研团队。六是强化教学运行，狠抓基础课教学，进一步改进教风和学风。七是启动 2013 版培养计划的修订和教学管理文件的修订工作。

2. 在人才强校上，着眼于解决制约学校的发展的人才问题。进一步加强高层次人才引进力度；完善校内教职工培养制度，着力培养一批在国内具有一定影响力的学科带头人和在北京市或全国建筑类院校中具有较大影响的后备学科带头人；不断创造条件，搭建学科、学术发展平台，努力搭建青年教师发展帮助平台，促进青年教师的成长成才；进一步完善人才队伍管理体制和运行机制，为学校发展提供人力资源保障。

3. 在科技兴校上，不断加强科研内涵建设，着力提升科技创新能力。

一是稳步推进"2011 计划"协同创新中心建设工作。重点是做好牵头的"北京市节能减排关键技术协同创新中心"的建设工作，真正做成一个典型，做成一个标杆。在此基础上，进一步整合资源、突出特色，做好国家"绿色建筑节能减排协同创新中心"的立项申报工作。我们要通过协同创新中心的建设，集聚和培养一批拔尖创新人才，进行关键技术攻关，促进科技成果转化，产出重大标志性成果，使其逐步成为具有重大影响的学术高地、建筑行业产业共性技术的研发基地和北京区域创新发展的引领阵地。二是做好科技奖励和项目申报工作。进一步总结科技奖励组织申报经验，更加注重科技成果的整合与提炼，继续做好 2014 年国家及省部级科技奖励的组织与申报，并选择 2～3 个优势领域实行重点培育，确保科技奖励工作的可持续发展。继续加强科研项目申报的组织与培训工作，重点做好体现学校科研水平与科研实力的国家重大与重点项目的组织与申报，包括国家自然科学基金重点项目、国家"十二五"科技支撑项目等。三是加强科研成果知识产权保护和转化工作。重视知识产权的保护，实施创新能力培养计划，通过激励政策的引导，鼓励和支持广大科研人员积极申报各类专利，并通过政策调整逐步加大对申请发明专利的激励，由提高数量向提高质量转变，力争发明专利申请达到 50 项以上；围绕已经取得的研究成果，密切关注北京城市建设与发展的动态，采取多种方式，做好科技成果的应用推广与转化工作，不断提高科技成果的应用与转化率。四是强化科研基地内涵建设、提高服务首都的能力。逐步建立健全科研基地内部管理与运行机制，充分调动基地科研人员工作的积极性和主动性，更好地发挥其在项目申报、团队建设、科技创新以及人才培养等方面的平台与支撑作用，进一步形成学校科研特色，抓好各类基地的申报工作，如国家文物局科研基地以及国家工程技术中心的申报工作。按照教育部重点实验室和工程研究中心的相关管理规定，做好"城市雨水系统与水环境教育部重点实验室"与"代表性建筑与古建筑数据库教育部工程研究中心"的建设与验收工作。

4. 在开放办校上，积极推进国际交流与合作，拓宽办学的国际视野。一是开展多层次多形式的合作活动。与国（境）外高校建立多形式的校际合作关系，力争新增校际合作项目 2～3 个；积极深化与美国奥本大学的合作，切实做好"2＋2"学生的培养工作；利用"北京市政府学生境外学习奖学金"项目给予的支持，通过学生互换、联合培养、境外实习、参加修学游等方式，培养具有国际经历和国际视野的高层人才，力争到海外访学人数达 100 人次。二是积极探索留学生教育管理的新渠道、新模式。大力宣传我校的优势、特点，利用各种途径，吸引和鼓励国外优秀学生到我校学习、进修和参与研发项目，力争在招收长短期外国留学生人数方面有进一步的突破。全面推动我校全英语授课硕士研究生学位课程师资培训项目。

（六）进一步推进和深化学校内部管理体制改革，强化管理创新，提高办学效益

高校教育体制改革和内部管理制度机制改革是当前各高校面临的共同问题，我校在以往发展过程中存在的诸多问题，比如校院二级管理体制的问题、办事流程的规范问题、管理的效率问题、教职员工的工作积极性和学生学习的积极性问题，究其原因都是机制体制的问题。比照发展迅速的院校，我校的内部管理体制机制无论在观念和制度上，还是在实践运行上，都处于一种滞后的状态，逐渐成为制约学校发展的瓶颈，深化学校内部管理体制机制改革已成为当务之急。按照学校发展战略转型的要求，以科学发展观为指导，以激发教职员工的积极性和创造性为关键路径，以建设高素质的教职工队伍为根本目的，而进行的一次深刻的学校内部管理体制改革，努力形成适合学校实际，符合高等教育管理规律的制度体系，进一步完善大学治理结构，以改革创新的动力推动学校快速发展，今年改革的重点任务是深化人事制度改革、教学管理改革和财务制度改革三大改革。

1. 大力推进人事制度改革，营造有利于引才、育人，有利于人才脱颖而出的良好环境。今年人事制度改革的主要任务是职称制度改革。本轮职称改革以形成有效的激励机制，充分调动教师队伍的积极性与创造性为目的，着力通过改革打造一支高水平的师资队伍，大学的职称门槛更加突出成果质量和水平，建立以质量评价为导向，以定量指标测评为基础，以科研能力、理论创新、学术贡献等为评价重点的职称评价体系。今年上半年人事处联合教务处等职能部门和工作小组成员做了大量的前期筹备工作，全面启动职称改革，通过校内调研、走访兄弟高校，吸取好的经验和办法，精心设计改革方案，学校也就改革方案多次召开会议讨论，不断完善改革方案，使之能够立足大局，结合实际，反映民意，更具有可操作性。本学期，将利用群众教育实践活动和解放思想大讨论的契机，把《职称改革方案》提交给大家继续讨论，争取尽快出台一个成熟完善的方案。

2. 大力推进财务管理制度改革。财务管理制度改革着力解决学校办学经费紧张与专项经费使用浪费的问题，切实管好钱、用好钱。第一，以专项经费和科研经费为重点，进一步完善内部控制制度，提高财务管理的规范性和效率。针对审计发现的问题，积极整改，规范管理；第二，进一步加强财务制度建设，简化财务报销手续，修改和完善现行的财务管理制度，做好修订制度的宣传和培训工作，力争实现网上预约报账，努力提高财务服务的水平；第三完成新旧会计制度的转换，并按新的事业单位会计制度和高校财务管理制度，构建我校新的财务会计核算体系；第四加强对教师的教育，大力倡导过"紧日子"、勤俭办校的思想，努力建设"节约型校园"。

3. 大力推进教学管理制度改革，抓考风、正学风、促校风。今年教学管理制度改革的一项重要工作就是学籍制度改革，通过学籍制度改革正学风、促校风。学籍制度改革强化奖惩激励机制，提高学位授予的门槛，对考试作弊的学生坚决取消学位授予资格，对不能按正常学习年限毕业的学生和重修科目达到一定数量的学生按有关规定严格处理，并引入竞争激励机制，建立有利于因材施教和发展学生个性发展的教学管理制度。抓学风建设也不能只着眼于学生，要把抓学风与改进教师作风结合起来，通过改进教师作风和教风进一步促进学风。

同时，下半学年，我们教学管理中的一项重要任务就是狠抓考风，要坚决刹住考试作弊现象，以好的考风带动好的学风、好的校风。各相关部门、二级学院要充分认识到这项

工作的重要性，要从办负责任的大学，培养合格人才，学校持续稳定发展的高度充分认识狠抓考风的重要性。要向我们过去抓"四六级"考试和基础课教学那样下大力气去抓。要把加强诚信教育与严格考试管理结合起来，一方面做好日常的学习促进和诚信教育工作，另一方面要严格考试纪律，严肃处理考试作弊和违纪行为，为进一步搞好学风建设、树立风清气正的校园学习环境奠定基础。

（七）进一步加强学科引领作用，做好研究生教育与管理工作

1. 做好重点学科建设工作。按照北京市教育委员会关于开展北京市重点学科建设项目验收工作的部署，在已报送验收材料的基础上，认真组织开展我校土木工程、管理科学与工程等2个一级学科北京市重点（建设）学科答辩准备工作，确保通过验收，力争取得优秀成绩。以今后申请增列博士学位授予单位和博士学位学科授权点为目标，以建筑学、土木工程、测绘科学与技术、城乡规划学、管理科学与工程等5个一级学科北京市重点（建设）学科为重点，组织开展重点学科建设再提升工作。

2. 加大交叉学科建设力度。交叉学科建设是我校下一步推进学科建设的一个重要突破口，我们一定要牢牢把握国家的这个政策机遇，利用我校的专业优势，开展我校相关学科各个研究方向上的交叉建设，加大交叉学科建设力度。一方面进一步巩固"建筑遗产保护"交叉学科发展环境，借助新成立的建筑遗产保护研究院、建筑设计艺术研究中心促进学科发展。另一方面研究、培育新的交叉学科，打造优势学科和特色学科，适时组织申请增列新的硕士学位交叉学科授权点，形成我校学科发展新特色，力求实现交叉学科建设的新突破。

3. 做好硕士推免生资格申请工作。按照教育部申请高等学校开展硕士推免生工作的要求，组织相关部门共同做好申请准备工作，力争成为具有开展硕士推免生工作资格学校。

4. 申请增列硕士专业学位授权类别/领域点准备工作。为适应国家对学术型学位和专业学位调整与发展的要求，组织符合申请增列要求的学科，做好申请新一轮增列硕士专业学位授权类别/领域点的准备工作，以实现我校硕士专业学位人才培养类别/领域的再拓展、全覆盖。

5. 紧跟国家研究生招生改革的步伐，认真做好研究生教育与管理工作。根据国家自2014年秋季学期起，高等学校向所有纳入全国研究生招生计划的新入学研究生收取学费的新形势，认真贯彻财政部、教育部《研究生学业奖学金管理暂行办法》、《研究生国家助学金管理暂行办法》，组织编制《北京建筑大学研究生学业奖学金管理办法》、《北京建筑大学研究生国家助学金管理办法》，切实做好研究生的奖助学金工作，合理设置研究生的"三助"岗位，为研究生在校学习创造良好的环境。

（八）坚持立德树人，全面加强素质教育，促进学生成长成才

深入贯彻党的十八大提出的"把立德树人作为教育的根本任务"，科学把握学生成长成才基本规律，探索创新思想政治教育方法途径。坚持育人为本，积极营造学生成长成才氛围。认真履行教书育人、管理育人、服务育人职能，把学生成长成才作为一切工作的出发点和落脚点，把立德树人的根本要求贯穿于人才培养各个环节，充分体现全员育人、全过程育人、全方位育人。继续实施"新生引航工程"、"朋辈助新计划"，加强西城校区与大兴校区、高年级与低年级、研究生与本科生之间的交流，为新生适应大学生活、健康成

长发展提供指导；推进青年马克思主义者培养计划，着力培养一批理想信念坚定、能够发挥示范引领作用的学生骨干。加强学生典型宣传，树立体现社会主义核心价值体系的先进学生典型。以理想信念教育为核心，加强校园文化建设，推进学生文化艺术活动的精品化、专业化、项目化。积极探索新形势下大学生思想政治教育的新途径、新平台和新举措，继续加强学生班级、团支部、学生社团等基层组织建设，把学生工作做细做实。在辅导员班级导师队伍建设和管理上下大功夫，将谈话制度和深度辅导制度落到实处，加强学生心理健康教育和安全教育，把关心关爱送到每一位学生的心中。整合校院两级大学生课外科技活动资源，大力开展大学生课外科技活动，统筹学校和社会资源，建设多层次的学生实践基地，打通"就业见习—生产实习—毕业设计—就业"的绿色通道。继续探索学业辅导的方式方法，完善学风建设和监督体系。

同志们，抚今追昔，审时度势，今天的北京建筑大学正处在新一轮大发展的启动期，又处在了创建有特色高水平建筑大学的关键时刻，机遇和挑战并存。我们要再接再厉、继往开来，抓住机遇、奋力争先，更加执着地加快学校发展的步伐。本学期各项工作任务十分繁重，做好下半年工作，是创建国内一流、国际知名高水平有特色建筑大学的良好起步，也是对开展党的群众路线教育实践活动成效的最好检验，让我们进一步改进作风，振奋精神，真抓实干、攻坚克难、开拓创新，按照学校的部署和要求，把各项工作一项一项抓实，为全面完成2013年的工作任务而努力奋斗。

谢谢大家！

2013 年 8 月 31 日

五、校长朱光在2013级本科新生开学典礼暨军训开营式上的讲话

各位老师、各位军训教官、亲爱的同学们：

今天，我们在北京建筑大学大兴校区隆重举行2013级新生开学典礼暨军训开营式。首先，我代表学校向新同学表示热烈的欢迎和衷心的祝贺！向培育你们成长的家长、老师们表示衷心的感谢！同时也向承担军训任务的教官们表示诚挚的敬意！

北京建筑大学已有77年的办学历史，是北京地区唯一一所建筑类高校。也是城市规划、建设、管理的人才培养基地和科技服务基地。学校多年来始终坚持"立足北京、面向全国，依托建筑业，服务城市化"的办学定位，逐渐发展成为一所以工为主，工、管、理、法、艺等学科相互支撑、协调发展、特色鲜明的多学科大学。学校现有31个全日制本科专业，其中国家级特色专业3个，北京市特色专业7个，是全国12所通过国家住建部高等教育全部6个专业评估的高校之一；学校现有1个博士人才培养项目，12个硕士学位授权一级学科点，涵盖55个二级学科硕士点，有4个专业学位授权类别点和6个工程硕士专业学位授权领域点，有5个一级学科北京市重点学科；在2012年国家学科评估中，我校的建筑学和测绘学科与技术名列全国第9名，城乡规划学名列第12名，风景园林学名列第15名，土木工程名列第31名，管理科学与工程名列第70名；学校科研实力雄厚，连续三年以第一主持单位获得国家科技进步二等奖，近五年来获得国家科技奖励8项，在研各类科研项目1700余项，科技服务经费连续6年过亿，在市属高校中名列前茅。拥有12个省部级重点实验室、工程研究中心、社科基地和大学科技园等高水平科研平台。

建校77年来，学校为首都及国家城乡建设培养了近6万余名毕业生，造就了一批又一批的优秀人才。校友中涌现出了被称为"当代鲁班"的原国家政协主席李瑞环，核工业基地建设的奠基人赵宏、中国工程院院士张在明以及刘桂生、沈小克等7位全国工程勘察设计大师等一大批优秀人才。毕业生质量得到社会的广泛认可，近五年来，毕业生全员就业率均超过95％。

学校现有西城和大兴两个校区，占地面积60多万平方米，在不久的将来还将建立朝阳校区，打造"一校三区"的办学规模。大家现在所在的大兴校区是学校建设与发展的新起点，2011年9月正式启用，两年来，校区设施不断完备、学习生活条件不断改善，北京建筑大学的校园文化也得到了很好的传承和发展。我相信，2013级新生无疑将为学校带来更新的发展活力！

此时此刻，对于同学们来说，将是人生的一个崭新起点。对于即将开始的大学生活，你们有怎样设想和规划呢。曾任Google、微软全球副总裁的李开复先生给过青年学生这样的告诫："假如能看到未来的你变成什么样，许多人也许就不会按现在的方式去生活。"为了接下来不负华年、不负青春的四年大学生活，作为你们的师长，我有几点希望与你们分享。

第一，志存高远，脚踏实地

成大事者必立大志，崇高的志向是成就事业的阶梯。相信同学们会有勤奋学习、奋发成才的大志，但我想这个"大志"最重要的就在于，要有报效祖国、服务社会的事业心、责任心和使命感。当代大学生是高等教育殿堂中的精英，是家庭、社会的期望和未来，你

们有责任有义务去勇挑重担，面对各种挑战和压力。"要树立正确的人生观、价值观"，这句话听起来有些老生常谈，但却是一句真理。一个人视野的宽窄决定了他事业和成就的大小。青年学生在前进的道路上，难免遇到失败与挫折，只有在远大理想如阳光般的照耀下，才能指引你们不为任何风险所惧、不为任何干扰所惑，矢志不渝朝着理想奋进。希望大家志存高远，胸怀宽广，脚踏实地地做人。

第二，坚持学习、思考与实践相结合

大学的学习方法与中学有很大的不同，自主和自觉的学习是大学学习的主要特点，同学们首先要完成从中学到大学的转变，要适应大学的学习方法。爱因斯坦有句名言："想象力比知识更重要"。创新的核心是新思想。有利于产生新思想的基本素质是想象力、洞察力、记忆力和注意力，还有跳出传统思维定式的批判精神。所以要勤于思考，善于思考，勇于实践。正如《礼记·中庸》讲道："博学之，审问之，慎思之，明辨之，笃行之"。希望你们勤学好问，多读好书，把思考内化成生存的习惯，明辨是非，择善而从，不断提高自己的实践能力和创新能力。

大学也是培养大学精神的殿堂。有时候一个人是否接受过良好的高等教育，从言谈举止中，可以明显地看到差别。为什么？因为一个接受过良好高等教育的人，必然深受到大学精神的熏陶。大学生应该是社会精英的一个缩影，每个大学生首先应该是个追求高尚的人，应该是努力摆脱低级趣味的人，应该是学会将知识内化为精神素质的人。在大学里工科学生受到人文知识的熏陶，开启了发散与联想思维；文科学生受到自然科学知识的感染，学会了用逻辑思维思考问题，这种知识的相互碰撞和兼容并包促进了大学精神在每个学生身上的体现。希望你们在大学期间，学习好本专业的知识，也涉猎各领域的知识。要培养阅读文献，把握学术前沿的能力；培养开展实验，进行实证的能力；培养演讲和写文本，表达学术意见的能力。把知识学习、研读和批判性的思考与实践创新结合起来。把知识内化成精神，使自己成为一个有知识的人，高尚的人，有气质的人。总之，学习的过程贯穿于你在学校的每个空间和时间。这就是：Learning to learn。学会学习！

第三，学会与他人和谐相处

同学们来自五湖四海，为了共同的学习目标走到一起，不同的家庭背景、文化习俗、性格喜好构成一个斑斓的群体。同学们要学会与他人和谐相处，"天时不如地利，地利不如人和"，要有建立在相互尊重、相互赞赏基础上的师生与同学间的友谊。我们学校的不同学科、不同专业相融互补的特点很明显，为同学们的全面发展提供了更加宽广的平台。希望同学们能够学会与人相处和交流。英国作家萧伯纳说过一句话：两个人交流思想和两个人交换苹果完全不一样；交换苹果，每个人手上只有一个苹果，而交流思想，每个人同时有两个思想。所以要学会与人相处和交流，博采众家之长。"好学而无友，则孤陋而寡闻"。大学是一块少有利害关系的精神"伊甸园"，同学情谊、校园情缘，是人生最美丽、最应珍惜的精神财富。在我们校园大家庭中，我们还要理解和尊重少数民族学生的生活方式和风俗习惯，在学习、生活等方面关心帮助少数民族学生。同时，也要关心帮助家庭贫困的学生和学习困难的学生。

第四，要学会独立生活

在座的同学大部分都是"95 后"了。大学是同学们独立生活的开始，你们要努力适应新环境，一要学会独立生活，要从学习整理内务开始，从学做小事开始。只有安排好自己的生活，做好平凡的小事，才能更好地设计未来人生。二要加强体育锻炼。成就事业、创造美好的生活，还需要强健的体魄，"体育是培养健全人格的最好工具"，良好的体育锻炼可以塑造人的朝气蓬勃的气质，培养乐观向上的精神。希望同学们热爱体育活动，自觉地加强锻炼，增强体质，真正成为德智体美全面发展的人才。三是要注意安全。每个人的健康成长既是家庭的殷切希望，也是社会的责任和义务，因此，同学们应遵守学校制度和社会秩序，提升自我安全意识和自我保护意识。

同学们，今天的大会既是新生开学典礼，同时也是军训动员会。军训是进入大学的第一课，是接受国防教育、履行法律义务、培养军人作风的必修课程。通过参加军训，同学们要树立居安思危的国防观念，做一名政治坚定、理想远大、热爱祖国、勇于创新、积极参加军事理论学习和军事技能训练的大学生；同学们要加强组织纪律观念，要虚心向部队教官学习无私奉献的崇高品格，培养自己坚忍不拔、顽强拼搏的作风，不怕困难、敢于吃苦的精神，把解放军的好作风融入日常生活和学习之中；同学们要团结协作，通过严格的军事训练，培养令行禁止、团结友爱的优良作风，提高自我教育、自我管理、自我服务、自我约束的能力。希望我们的每一位新同学能珍惜这次军训的机会，锤炼品格，锻炼意志，为实现全面成才奠定良好的思想基础和身体基础。

同学们，学校为你们搭建了成就梦想的平台，但是梦想的彼岸还需要自己去找寻。我相信，只要同学们珍惜青春，把握光阴，脚踏实地，持之以恒，一定能在北京建筑大学拥有充实、快乐、平安、美好的大学生活！"从这里开始，不一样的精彩"，预祝同学们学业有成，人人成长个个成才！

今天是全国第29个教师节，借此机会，我也代表学校向辛勤耕耘在教育战线上的广大教职员工以及离退休老领导、老同志致以节日的问候。

谢谢大家！

2013 年 9 月 10 日

六、校长朱光在 2013 届学生毕业典礼暨学位授予仪式上的讲话

乘风破浪，追梦起航

尊敬的各位来宾、各位家长、各位老师，亲爱的同学们：

大家上午好！

初夏时节的建大校园，绿草如茵，热情似火。今天，我们相聚一起，隆重举行北京建筑大学 2013 届学生毕业典礼暨学位授予仪式。这是一个分享喜悦和体味成功的激动时刻，也是一个值得我们汇聚能量和放飞梦想的青春时刻！首先，我谨代表学校，向圆满完成学业的 2013 届毕业生们表示热烈的祝贺和美好的祝愿！祝贺你们毕业了！

每年的毕业季，我们的心情就像这七月的天气，有欣喜、有牵挂，也有感伤和不舍。既为我们的学子羽翼已经丰满即将飞向蓝天而高兴，又不舍大家离开母校、离开你们熟悉的这片土地。最近人们常说，有一种别离，叫大学毕业；有一种怀念，叫"致青春"。正当青春年少的你们，把人生中最美好的时光留在了建大校园，那些执着追梦、激情飞扬的日子，将成为你们生命中最美丽的记忆。

几年前，怀有青春梦想的你们，从祖国各地不约而同地来到了脚下的这方热土。在这里，你们放飞梦想，开启了人生新的征程。作为北京建筑大学的首届毕业生，你们既享有了"先驱者"的荣耀，又肩负着"创业者"的艰辛。作为"先驱者"，你们是无比幸运的。在建大求学的这几年，正是学校在创建有特色、高水平建筑类高校的道路上阔步前进、不断跨越的几年。你们见证了学校实现更名大学的梦想，见证了博士人才培养项目的申报成功，见证了大兴新校区从开工建设、一期入驻到今天的初具规模，见证了在全国学科排名中创造佳绩，见证了在国家科技进步奖、科研平台建设上捷报频传。这些成绩和收获，凝聚了同学们的热情、拼搏、执着和担当，正是大家的努力、耐心与支持，才使我们共同实现了母校的发展变化。作为"创业者"，你们又是肩负重任的。在入学之初你们就入驻核干院校区，挤在 10 人一间的宿舍里，在艰苦奋斗中开启了大学生活的崭新篇章。你们圆满完成国庆群众游行任务，在各类竞赛中取得优异成绩，为母校争得了荣誉。今天，当你们贴上北京建筑大学的"标签"，以北京建筑大学首届毕业生的荣誉步入社会，更是承载着更多的期望与更大的责任，你们的未来将与母校的声誉紧密联系在一起。

对于母校而言，你们就如同即将远行的孩子，你们的未来就是母校的牵挂。今天，当你们背上行囊、即将迈出校园，即将从建大学子变为建大校友的时刻，我想代表学校、也代表大家的学长，在临别前向大家提几点希望。

一是胸怀大志，顶天立地。

"古之立大事者，不惟有超世之才，亦必有坚韧不拔之志。"作为青年才俊的你们，要时刻谨记把个人的成长进步融入推动国家发展、民族振兴的时代洪流中去，矢志不移地为实现中华民族的伟大复兴不懈奋斗。我们建大人就应当立志成为行业内的拔尖创新人才和领军人物。无论身处何处，无论位居何职，服务社会、奉献社会都是建大人永恒不变的承诺和誓言。即将踏上人生新征程的你们，肩负着北建大的深情重托，更背负着实现中国梦的重大使命。"恰同学少年，风华正茂"。愿你们以青春的激情投身各行各业，勇担社会责

任，不辱历史使命，做出一番无愧时代和人民的事业。

二是坚定信念，放平心态。

竞争和压力，是每个社会都必然存在的。在人生的道路上，有花团锦簇，也有荆棘密布。步入社会前，我们总会有着对未来美好的愿景，也希望一切都能够按照自己的设想顺利实现。但是当一些社会不良现象不可避免地进入我们的视线的时候，我们可能难以淡定，进而变得有些浮躁，期望着是否有成功的捷径。此时，你们更要坚定自己的内心信念，不迷失、不盲从、不懈怠、不焦躁，朝着自己的志向，勤勉奋斗。如果失败不可避免，那我们就要以良好的心态在挫折中成长，使自己更加智慧；通过逆境的考验，你才会真正了解自己，才能真正看清前路。不经历风雨，怎么见彩虹。经过风雨磨砺，你们的人生会变得更加丰盈、厚重和博大。

三是坚持学习，强健体魄。

有人说大学里最好的两个朋友就是图书馆和体育场。不论过去你们是否坚持做到了这一点，我都真诚地希望你们能够真正树立终身学习、坚持锻炼的习惯，这将是你们人生中最宝贵的财富。朱熹曾写过一首著名的惜时诗："少年易老学难成，一寸光阴不可轻。未觉池塘春草梦，阶前梧叶已秋声"。的确，人生有尽，学海无涯。未来的道路上，还有许多新的难题和挑战等着你们去破解和征服，惟有新的知识，能让你们不断迸发出新的能量，创造出光辉的业绩。只有强健的体魄，才能够让你们适应激烈的竞争，才能为你们实现事业理想提供"革命的本钱"。

同学们，勇敢地去追寻你们的梦想吧！母校将永远祝福你们，祝福你们在光芒绽放的青春中，创造不朽的业绩；在充满未知的世界里，书写首届建大毕业生的人生华章。同时，希望大家常回家看看，母校随时欢迎你们！

谢谢大家！

2013 年 7 月 5 日

第三章 机 构 设 置

一、学校党群、行政机构

（一）学校党群机构
北京建筑大学党政办公室
中共北京建筑大学委员会组织部
中共北京建筑大学委员会党校
中共北京建筑大学委员会宣传部
中共北京建筑大学委员会统战部
中共北京建筑大学纪律检查委员会
中共北京建筑大学机关委员会
中共北京建筑大学委员会保卫部
中共北京建筑大学委员会学生工作部
中共北京建筑大学委员会武装部
中共北京建筑大学委员会研究生工作部
中国教育工会北京建筑大学委员会
共青团北京建筑大学委员会
（二）学校行政机构
党政办公室
监察处
学生处
研究生处
保卫处
离退休工作办公室
大兴校区管理委员会
教务处
招生就业处
校友工作办公室
科技处
重点实验室工作办公室
人事处
财务处
审计处

资产与后勤管理处

规划与基建处

国际合作与交流处

学报编辑部

校产经营开发管理办公室

二、学校教学、教辅、附属及产业机构

（一）教学机构

建筑与城市规划学院

土木与交通工程学院

环境与能源工程学院

电气与信息工程学院

经济与管理工程学院

测绘与城市空间信息学院

机电与车辆工程学院

文法学院

理学院

体育教研部

计算机教学与网络信息部

国际教育学院

继续教育学院

（二）教学辅助、附属及产业机构

图书馆

高等教育研究室

建筑遗产研究院

建筑设计艺术（ADA）研究中心

后勤服务产业集团

三、学校重要委员会和领导小组

（一）发展规划领导小组

组　　长：钱　军

副组长：朱　光　张雅君　宋国华　何志洪　汪　苏　李维平　张启鸿　张大玉

成　员：赵金瑞　高春花　黄尚荣　陈静勇　邹积亭　李雪华　白　莽　孙景仙
周　春　赵晓红　吴海燕　邵宗义

领导小组下设办公室，办公室设在党政办公室，主任：赵金瑞（兼）。

（二）党风廉政建设工作领导小组

组　　长：钱　军

副组长：朱　光

成　员：张雅君　宋国华　何志洪　汪　苏　李维平　张启鸿　张大玉　张素芳
彭　磊　高春花　孙冬梅

领导小组下设办公室，办公室设在纪委（监察处），主任：彭　磊（兼）。

（三）党务公开工作领导小组、监督小组

领导小组：

组　长：钱　军

副组长：张雅君　张素芳

成　员：赵金瑞　高春花　孙冬梅　彭　磊　黄尚荣　陈静勇　于志洋　王京梅
刘艳华　郝　莹

领导小组下设办公室，办公室设在党政办公室，主任：赵金瑞（兼）。

监督小组：

组　长：何志洪

成　员：彭　磊　孙希磊　王跃进　张怀静　宫瑞婷　关海琳

监督小组下设办公室，办公室设在纪委（监察处），主任：彭磊（兼）。

（四）安全稳定工作领导小组

组　长：钱　军　朱　光

副组长：张启鸿

成　员：于志洋　赵金瑞　孙冬梅　黄尚荣　冯宏岳　周　春　毛发虎　朱　静

领导小组下设办公室，办公室设在保卫部（处），主任：于志洋（兼）。

（五）国家安全工作领导小组

组　长：张启鸿

副组长：张雅君

成　员：于志洋　赵金瑞　孙冬梅　彭　磊　黄尚荣　陈静勇　白　莽　孙景仙
赵晓红　吴海燕　朱　静

领导小组下设办公室，办公室设在保卫部（处），主任：于志洋（兼）。

（六）干部工作领导小组

组　长：钱　军

成　员：朱　光　张雅君　何志洪　张启鸿　张素芳　高春花　彭　磊

（七）干部教育培训工作领导小组

组　长：钱　军

副组长：朱　光　张雅君　何志洪　张启鸿

成　员：张素芳　高春花　孙冬梅　彭　磊　孙景仙

（八）师德建设（"三育人"）工作领导小组

组　长：钱　军　朱　光

副组长：张雅君　何志洪

成　员：孙冬梅　赵金瑞　高春花　黄尚荣　陈静勇　刘艳华　邹积亭　白　莽
孙景仙　周　春　朱　静

领导小组下设办公室，办公室设在宣传部，主任：孙冬梅（兼）。

（九）离退休干部工作领导小组

组　长：钱　军

副组长：朱　光　张雅君

成　员：王京梅　许　秀　金　舜　叶书明　王保东　赵金瑞　高春花　孙冬梅
孙景仙　周　春　孙文贤

领导小组下设办公室，办公室设在离退休工作办公室，主任：王京梅（兼）。

（十）关心下一代工作委员会

主　任：钱　军

常务副主任：彭正林

副主任：许　秀　叶书明　王保东　裴立德　张启鸿　张大玉

成　员：王京梅　史湘太　李兆年　张栋才　梁贤英　韩增禄　曾雪华　赵金瑞
孙冬梅　黄尚荣　陈静勇　于志洋　刘艳华　邹积亭　白　莽　周　春　朱　静

领导小组下设办公室，办公室设在离退休工作办公室，秘书长：王京梅（兼），副秘书长：史湘太（兼）、朱静（兼）。

（十一）保密委员会

主　任：张雅君

副主任：宋国华　汪　苏　张大玉

成　员：赵金瑞　贝裕文　高春花　彭　磊　陈静勇　于志洋　邹积亭　白　莽
高　岩　孙景仙　赵晓红　赵静野　郝　莹　孙文贤

保密委员会下设办公室，办公室设在党政办公室，主任：贝裕文（兼）。

（十二）信访工作领导小组

组　长：钱　军

副组长：何志洪

成　员：赵金瑞　贝裕文　高春花　孙冬梅　彭　磊　黄尚荣　陈静勇　于志洋
王京梅　邹积亭　孙景仙　周　春　邵永顺

（十三）民族宗教工作领导小组

组　长：钱　军

副组长：张雅君　张启鸿

成　员：孙冬梅　黄尚荣　赵金瑞　陈静勇　于志洋　刘艳华　邹积亭　孙景仙
周　春　赵晓红　吴海燕　聂跃梅　朱　静　高瑞静

领导小组下设办公室，办公室设在统战部，主任：孙冬梅（兼）

（十四）建家工作领导小组

组　长：钱　军

副组长：朱　光　何志洪　张启鸿

成　员：刘艳华　赵金瑞　高春花　孙冬梅　孙景仙　周　春　何立新　王锐英
聂跃梅　秦红岭

（十五）处理"法轮功"问题领导小组

组　长：钱　军

副组长：朱　光

成　员：于志洋　赵金瑞　黄尚荣

领导小组下设办公室，办公室设在保卫部（处），主任：于志洋（兼）。

（十六）校园治安综合治理委员会

主　任：张启鸿

副主任：汪　苏

委　员：于志洋　赵金瑞　黄尚荣　陈静勇　冯宏岳　邹积亭　白　莽　周　春

王　健　邵永顺

委员会下设办公室，办公室设在保卫部（处），主任：于志洋（兼）。

（十七）校园文化建设领导小组

组　长：钱　军　朱　光

副组长：张雅君　何志洪　李维平　张启鸿　张大玉

成　员：孙冬梅　赵金瑞　高春花　彭　磊　黄尚荣　陈静勇　刘艳华　邹积亭

白　莽　孙景仙　王锐英　孙　强　朱　静

领导小组下设办公室，办公室设在宣传部，主任：孙冬梅（兼）。

（十八）学生军训工作领导小组

组　长：张启鸿

副组长：黄尚荣　邹积亭

成　员：赵金瑞　于志洋　冯宏岳　周　春　邵永顺　冯永龙　朱　静　孙文贤

丁　奇　王秉楠　黄　琇　武　岚　魏　强　王震远　汪长征　李　红　郝　迈

领导小组下设办公室，办公室设在武装部，主任：黄尚荣（兼）。

（十九）经营性资产管理委员会

主　任：钱　军

副主任：李维平　宋国华　何志洪

委　员：王　健　彭　磊　白　莽　孙景仙　李爱琴

委员会设北京建工广厦资产经营管理中心董事会、监事会。

第四章 教 育 教 学

一、本科生教育

（一）概况

2013 年 5 月北京建筑工程学院更名为北京建筑大学。北建大教学工作紧紧抓住这个契机，组织教学团队，整合学校资源，凝练教学成果，在多点上取得了突出的成绩，主要有：积极推进本科教学工程，取得多点突破，朝着市属高校先进行列迈进；全面提高人才培养质量，专业评估工作迈入建筑类高校先进行列；创新实践教学，大力落实卓越工程师教育培养计划；以高等数学教学改革为突破口，狠抓教风建设。下一步将继续推动学校教育教学改革、促进学校人才培养目标的实现。

（二）专业设置

【2013 年招生专业设置一览表】

学院名称	专业名称	学制	学科门类
建筑与城市规划学院	建筑学	五年	工学
	城乡规划	五年	工学
	风景园林	五年	工学
	环境设计	四年	艺术学
	历史建筑保护工程	四年	工学
土木与交通工程学院	土木工程（建筑工程方向）	四年	工学
	土木工程（城市道路与桥梁工程方向）	四年	工学
	土木工程（城市地下工程方向）	四年	工学
	无机非金属材料工程（建筑材料方向）	四年	工学
	交通工程	四年	工学
测绘与城市空间信息学院	测绘工程	四年	工学
	地理信息科学	四年	理学
环境与能源工程学院	给排水科学与工程	四年	工学
	给排水科学与工程（中美合作 2＋2）	四年	工学
	建筑环境与能源应用工程	四年	工学
	能源与动力工程	四年	工学
	环境工程	四年	工学
	环境科学（资源循环利用方向）	四年	理学

学院名称	专业名称	学制	学科门类
机电与汽车工程学院	机械工程	四年	工学
	车辆工程（汽车工程方向）	四年	工学
	车辆工程（城市轨道交通车辆方向）	四年	工学
	工业工程	四年	工学
经济与管理工程学院	工程管理	四年	管理学
	工商管理	四年	管理学
	市场营销（市场运营与策划方向）	四年	管理学
	公共事业管理（招标采购方向）	四年	管理学
电气与信息工程学院	电气工程及其自动化	四年	工学
	自动化	四年	工学
	计算机科学与技术	四年	工学
	建筑电气与智能化	四年	工学
文法学院	法学	四年	法学
	社会工作	四年	法学
理学院	信息与计算科学	四年	理学
	电子信息科学与技术	四年	理学
	理科实验班	四年	理学

【2013年新申报专业】为进一步优化我校专业结构与布局，切实增强专业设置、人才培养与社会发展的契合度，结合学校实际，2013年教务处组织相关二级学院开展了以下三个新专业的申报工作。

专业代码	专业名称	修业年限	学位授予门类
080204	机械电子工程	四年	工学
081202	遥感科学与技术	四年	工学
120105	工程造价	四年	管理学

（三）培养计划

【制定2013级本科人才培养方案】2013年9月，教务处组织各二级学院完成了2013级本科生培养方案的制定、审核、组稿、编排以及印制工作，并下发至全体新生及各院部。

【2014版培养方案修订工作启动】为进一步提高北京建筑大学本科教学质量，并为开展新一轮本科人才培养方案的修订工作做准备，自2013年9月起，教务处全面启动北建大2014版培养方案修订工作。2013年11~12月，由副校长张大玉带队，率领教务处领导、各二级学院教学院长及相关人员组成调研工作组，先后赴北京工业大学、北京交通大学、北京工商大学及重庆大学等知名高校，就本科人才培养方案的改革进行专题调研工作。

（四）本科教学工程

【2013 年本科教学工程获批项目一览表】

序号	项目名称	市级及以上质量工程项目明细	学院名称	主要负责（完成）人
1	市级教学名师	第九届北京市高等学校教学名师奖	土木学院	张怀静
2	国家级虚拟仿真实验教学中心	建筑全过程虚拟仿真实验教学中心	建筑学院	刘临安
3	国家级实验教学中心	水环境实验示范中心	环境学院	李俊奇
4	市级校内创新实践基地	工程实践创新中心	工程实践创新中心	汪苏
5	市级精品教材	土力学	土木学院	张怀静
6		热工基础与发动机原理	机电学院	刘永峰
7	校外实践教育基地	国家级大学生校外实践教育基地	学校	朱光
8	普通高等教育"十二五"应用型本科规划教材	工程经济学	经管学院	赵世强
9	北京高等学校教育教学改革立项面上项目	基于"卓越工程师教育培养计划"下的土木、建筑类专业课程体系协同构建与实践	教务处	邹积亭
10		构建建筑学专业"卓越工程师教育培养计划"实施保障体系的研究	建筑学院	马英
11		注重中国文化传承的建筑学专业卓越工程师培养教育模式的研究与实践	建筑学院	金秋野
12		首都地方院校实施"卓越工程师教育培养计划"的研究与实践	教务处	王兴芬（合作信息科技大学）
13	中国建设教育协会教育教学科研立项项目	基于"卓越工程师教育培养计划"下的土木及建筑类专业课程体系协同构建与实践	教务处	张大玉
14		基于教学基本状态数据的土建类高校专业评价体系构建研究	教务处	邹积亭
15		建设行业各级各类教育机构物业服务人才培养定位与规格研究	经管学院	郭立
16		见习机械设计工程师技术资格认证与本科教学课程一体化研究及实践	机电学院	高振莉
17		美国大学土木工程与环境科学"基于标准的学业成就评价"研究与借鉴	文法学院	郭晋燕

（五）教学运行

【课程安排及运行平稳】 2013 年度，本科生教学分别在大兴和西城两校区进行，由教务处统一安排课程 1176 门次，其中校级公共选修课 142 门次，实行学生网上选课。教学运行过程中，严格执行北京建筑大学的《课表安排和课程变动的规定》，控制调停课数量，教学运行平稳。

【各种考试正常进行】 2013 年度由北京建筑大学教务处统一安排的校内考试包括开学前重考、期中考试、期末考试及毕业前清考。其中开学前重考 132 场次；期中考试 80 场次，期末考试 1030 场次，毕业清考 59 场次；除教师参加监考外，机关人员参与监考 200 人次；校外考试主要是国家英语四、六级考试，每次考前都分别在大兴校区和西城校区举办考前培训，覆盖到每一位监考老师及考务人员，使英语四六级考试工作得以圆满完成，得到了上级的认可。

（六）教学质量

【本科生占全日制在校生总数的比例】 全日制在校生 8617 人，本科生 7283 人，本科生占全日制在校生总数的比例为 84.51%。

【教师数量及结构】 北京建筑大学现有专任教师 669 名，教师的年龄、学历（学位）、职称、学缘结构合理，具体情况如下：

北建大专任教师队伍以 36—45 岁的中年教师为主，同时 45 岁以上、35 岁以下的教师均有一定的比例，形成了一支老、中、青相结合，健康有序，具有可持续发展潜力的师资队伍。

北建大近几年十分重视师资队伍学历（位）结构的调整，通过人才引进和支持教师进行在职学历培训，专任教师中具有博士、硕士学位的教师人数逐年增多。专任教师中具有硕士以上学位的教师比例达到 86.25%，其中具有博士学位的教师达到 41.53%，师资队伍的学历（位）结构进一步优化。

近几年北建大师资队伍职称结构平稳发展，结构合理，专任教师中高级职称比例达到 55.14%，师资队伍整体水平较高。

北建大在师资队伍建设过程中，十分重视控制学缘结构，避免出现同一学科专业的教师集中于同一所院校，更明确规定每年接收的高校毕业生中本校留校人员不得超过 10%。北建大专任教师队伍学缘结构良好，毕业于其他高校的教师比例逐年提高。

【专业设置情况】 2013 年北京建筑大学共计 31 个专业，2013 年本科招生专业总数 30 个，新增专业为风景园林。

【生师比】 北京建筑大学折合在校生数为 10979.1，专任教师 669，外聘教师 9 人，生师比为 16.19。

【全校开设课程总门数】 北京建筑大学开设课程总门次为 1672。

【应届本科生毕业率】 2013 年本科毕业生总数 1611 人，取得毕业证书人数为 1586 人，毕业率为：98.45%。

【应届本科生学位授予率】 2013 年本科毕业生总数 1611 人，取得学位证书人数为 1565 人，学位率为 97.14%。

【应届本科生初次就业率】 应届本科生初次就业率 96.59%。

【体质测试达标率】 体质测试达标率 96%。

（七）教学改革与创新

【八校建筑学专业联合毕业设计】 2013 年 11 月 27 日，北京建筑大学举行了"演绎老天桥——北京建筑大学承办建筑学专业八校联合毕业设计成果发布会"。在为期近 4 个月的毕业设计过程中，八校师生混合分组后，进行调研走访、参观、专业辅导与调研汇报，形成设计思路、完成设计方案、绘出详细的建筑设计图，制作出精美的建筑模型，最后进行答辩、交流。联合毕业设计这项活动已经成为国内建筑教育界具有相当影响力的联合实践教学活动。迄今为止，共有约 700 余名学生和几十位教师参与这项实践教学活动。

【基础课教学改革】 按照北京建筑大学和学校教务处 2013/2014 学年第一学期中心工作的部署要求，开展好一年级新生高等数学教学工作，进一步加强内涵建设，切实提高人才培养质量，结合北京建筑大学公共数学基础课程实际，理学院制订以下加强高等数学教学质量的实施方案：修订高等数学（A）教学大纲和考试大纲、考试环节改革、加强集体备课、实施早晚自习时间教师进课堂计划、建立良好的教学工作评价制度、设立专项奖励经费调动师生教与学的积极性。

（八）实践教学和基地建设

【实验教学中心建设情况】 2013 年，北京建筑大学有 9 个校级实验教学中心和 1 个工程实践创新中心。其中，北京市实验教学示范中心 3 个，分别是建筑电气与智能化实验教学中心、建筑与环境模拟实验教学中心和水环境实验教学中心。新增国家级实验教学示范中心 1 个，即水环境实验教学中心。

2013 年 10 月，教务处组织校内专家对北建大建筑与环境模拟实验教学中心、土木工程实验教学中心、测绘信息遥感实验中心、水环境实验教学中心、机电与车辆工程实验中心、建筑电气与智能化实验中心、工程实践创新中心等 7 个校级实验教学中心进行了验收。各位专家通过查阅各实验中心的自评报告、评分表、支撑材料目录以及支撑材料、听取各实验中心汇报并提问的方式，对各实验中心的成绩与不足，提出了建设性的意见和建议。

2013 年 11 月，受北京市教委委托，北建大组织召开了建筑电气与智能化市级实验教学中心验收汇报会。会议邀请北京林业大学教务处处长于志明教授、北京航空航天大学申功璋教授、北京信息科技大学教务处处长王兴芬教授、北京交通大学范瑜教授和北京建筑设计研究院有限公司副总工程师任红教授作为验收专家。专家组成员在听取了建筑电气与智能化实验教学中心的建设情况和未来发展规划的汇报后，查阅了相关支撑材料，并现场考察了建筑电气与智能化实验教学中心。经过认真评议，一致同意北建大建筑电气与智能化实验教学中心通过验收。

【各级校内外基地建设情况】 截至 2013 年 12 月，北京建筑大学拥有校内外实践教育基地 101 个，其中国家级工程实践教育中心 1 个（北京建工集团有限责任公司），国家级大学生校外实践教育基地 1 个（中国新兴建设开发总公司）。新增北京市示范性校内创新实践基地 1 个（工程实践创新中心）。

北京建筑大学校内外实践教育基地一览表

序号	基地级别	委托学院	基地单位名称	备注
1	国家级 市级	土木学院	北京建工集团有限责任公司*	

序号	基地级别	委托学院	基地单位名称	备注
2	市级	建筑学院	中国城市规划设计研究院*	
3	市级	土木学院	北京市市政工程设计研究总院*	
4	国家级	环能学院	中国新兴建设开发总公司*	
5	市级	建筑学院	中国建筑设计研究院*	
6	校级	环能学院	北京市建筑材料科学研究总院有限公司*	
7	校级	建筑学院	北京市建筑设计研究院*	
8	校级	建筑学院	清华大学建筑设计研究院有限公司*	
9	校级	建筑学院	中国中元国际工程公司*	
10	校级	环能学院	北京城市排水集团有限责任公司科技研发中心*	
11	校级	环能学院	北京市燃气集团研究院*	
12	校级	环能学院	北京市热力集团有限公司*	
13	校级	环能学院	苏州浩辰软件股份有限公司*	
14	校级	环能学院	北京市自来水集团安德投资管理有限责任公司*	
15	校级	环能学院	北京格瑞那环能技术有限责任公司*	
16	校级	土木学院	北京国道通公路设计研究院*	
17	校级	测绘学院	北京林业大学	
18	校级	土木学院	北京北大资源地产有限公司	
19	校级	土木学院	北京鸿屹丰彩装饰工程有限公司	
20	校级	测绘学院	河北农业大学林场	
21	校级	经管学院	中国招标投标协会	
22	校级	机电学院	用友新道科技有限公司	
23	院级	建筑学院	北京筑邦建筑装饰工程有限公司	
24	院级	建筑学院	北京市建筑设计研究院第八设计所	
25	院级	建筑学院	北京红衫林环境艺术工程有限公司	
26	院级	建筑学院	中国建筑设计研究院环境艺术设计研究院室内设计所	
27	院级	土木学院	北京住总集团有限责任公司	
28	院级	土木学院	北京首都公路发展有限责任公司	
29	院级	土木学院	北京市公联公路联络线有限责任公司	
30	院级	土木学院	北京华通公路桥梁监理咨询公司	
31	院级	土木学院	北京城建集团有限责任公司土木工程总承包部	
32	院级	土木学院	北京城乡建设集团有限责任公司	
33	院级	土木学院	北京金隅混凝土有限公司	
34	院级	环能学院	北京鸿业同行科技有限公司	
35	院级	环能学院	北京市自来水集团门头沟分公司	
36	院级	环能学院	北京市自来水集团门城污水处理有限公司	
37	院级	环能学院	北京泰宁科创科技有限公司	

序号	基地级别	委托学院	基地单位名称	备注
38	院级	环能学院	北京市建筑设计研究院3M1工作室	
39	院级	环能学院	中国建筑设计研究院机电专业设计研究院	
40	院级	环能学院	北京卢南污水运营有限责任公司	
41	院级	环能学院	北京市市政四建设工程有限责任公司	
42	院级	环能学院	北京城市排水集团有限责任公司方庄污水处理厂	
43	院级	环能学院	北京京城中水有限责任公司再生水水质监测中心	
44	院级	环能学院	北京自来水集团禹通市政工程有限公司	
45	院级	环能学院	同方人工环境有限公司	
46	院级	环能学院	北京科润维德生物技术有限责任公司	
47	院级	环能学院	北京白石工程技术有限公司	
48	院级	环能学院	北京大河环球科技发展有限公司	
49	院级	环能学院	北京味知轩食品有限公司	
50	院级	环能学院	北京兴杰恒业石油化工技术有限公司	
51	院级	环能学院	北京中联志和工程设计有限公司	
52	院级	环能学院	北京金源经开污水处理有限责任公司	
53	院级	环能学院	北京金迪水务有限公司	
54	院级	环能学院	徐州建邦环境水务有限公司	
55	院级	环能学院	太仓建邦环境水务有限公司	
56	院级	环能学院	盐城建宜环境水务有限公司	
57	院级	环能学院	盐城建工环境水务有限公司	
58	院级	环能学院	宜兴建邦清源污水处理厂	
59	院级	环能学院	宜兴建邦张渚污水处理厂	
60	院级	环能学院	宜兴建邦和桥污水处理厂	
61	院级	环能学院	宜兴建邦徐舍污水处理厂	
62	院级	环能学院	宜兴建邦周铁污水处理厂	
63	院级	环能学院	江苏菲力环保工程有限公司	
64	院级	环能学院	北京启祥凯鑫特科技有限公司	
65	院级	环能学院	北京澳作生态仪器有限公司	
66	院级	环能学院	北京信德科兴科学器材有限责任公司	
67	院级	电信学院	中国软件与技术服务股份有限公司	
68	院级	电信学院	北京石油化工学院	
69	院级	电信学院	北京互联立方技术服务有限公司	
70	院级	经管学院	北京伟业联合房地产顾问有限公司	
71	院级	经管学院	思泰工程造价咨询有限公司	
72	院级	经管学院	北京中原房地产经纪有限公司	
73	院级	经管学院	北京居而安装饰有限公司	

序号	基地级别	委托学院	基地单位名称	备注
74	院级	经管学院	北京龙腾房地产开发有限公司	
75	院级	测绘学院	北京市测绘设计研究院	
76	院级	测绘学院	北京鹫峰国家森林公园	
77	院级	机电学院	北京广达汽车维修设备有限公司	
78	院级	机电学院	北京永茂建工机械制造有限公司	
79	院级	机电学院	参数技术（上海）软件有限公司	
80	院级	文法学院	北京市西城区展览馆街道办事处	
81	院级	文法学院	北京市洪范广住律师事务所	
82	院级	文法学院	北京市西城区悦群社会工作事务所	
83	院级	文法学院	北京市顺义区绿港社会工作事务所	
84	院级	文法学院	夕阳红老人心理危机救助中心爱心传递热线	
85	院级	文法学院	北京市西城区人民法院	
86	院级	理学院	北京国网中电自动化技术有限公司	
87	校级	建筑学院	建筑与环境模拟实验教学中心	校内
88	校级	电信学院	建筑电气与智能化实验教学中心	校内
89	校级	环能学院	水环境实验教学中心	校内
90	校级	土木学院	建筑结构与材料实验教学中心	校内
91	校级	测绘学院	测量遥感信息实验教学中心	校内
92	校级	机电学院	机电与汽车工程实验教学中心	校内
93	校级	理学院	物理与光电实验教学中心	校内
94	校级	计信部	计算中心	校内
95	校级	环能学院	中法能源培训中心	校内
96	市级	教务处	工程实践创新中心	校内
97	校级	校产	北京建工建筑设计研究院	校内
98	校级	校产	北京建工京精大房工程建设监理公司	校内
99	校级	校产	北京建工建方科技公司	校内
100	校级	校产	北京建工远大市政建筑工程公司	校内
101	校级	校产	北京致用恒力建筑材料检测有限公司	校内

【卓越工程师教育培养计划实施情况】北京建筑大学共有卓越工程师教育培养计划试点专业四个，分别是建筑学、土木工程、给排水科学与工程、热能与动力工程。其中，给排水科学与工程专业和热能与动力工程专业为2013年新批准的专业。

2013年8月，为了推进北建大卓越工程师培养方案的深入实施，张大玉副校长率队对北京建工集团有限责任公司进行了调研。北京建工集团副总经理、建工国际董事长马铁山、建工国际常务副经理由爱众等企业领导高度重视此次调研，并进行了热情接待。此次调研着重针对土木工程专业卓越工程师培养计划的实施、课程设置、企业管理与技术专家的参与等问题进行了深入交流。马铁山副总经理表示，北京建筑大学土木工程、建筑学专业的毕业生已成为公司的技术骨干，非常愿意以卓越工程师的培养为契机，同北京建筑大学在卓越工程师计划等人才培养和科学研究方面进行深入合作。

2013年12月，北建大组织召开了国家级工程实践教育中心兼职校外导师聘任仪式暨土木工程专业卓越工程师培养研讨会。朱光校长为北京建工集团国际工程部武俊喜副总经理颁发了"客座教授"和"校外研究生导师"聘书，为北京建工集团副总经理马铁山和北京建工集团设计院人力资源部副部长王浩颁发了"国家级工程实践教育中心优秀校外指导教师"荣誉证书。双方就土木工程专业卓越计划的人才培养特点和实施方案、学业评价、如何参与工程实际以及不同从业方向对人才的培养需求等方面展开了沟通和交流，同时结合"卓越计划"的实质，就"订单式"人才培养模式深入地交换了意见，并初步形成了可操作方案。

（九）学籍管理

【在校人数】2013年在校本科生人数7283人，较上一学年在校本科生人数7018人增加265人，增加比例为3.78%。

【学士学位授予细则修订】北京建筑大学学士学位授予细则（2013年7月10日校长办公会讨论通过）中不能授予学士学位规定：

1. 在校期间不及格课程累计超过24学分且必修、限选课程平均学分绩点小于2.0者；

2. 因考试作弊受到记过（含）及以上处分者；

3. 毕业设计（论文）答辩未通过者。

【应征入伍】2013年征兵工作由冬季改为夏季进行，北京建筑大学适时调整，继续在在校学生中开展征兵工作。经过体检、政审、面试等环节的严格筛选，我校共17名学生经北京市西城区人民政府征兵办公室批准，光荣参军入伍。

北京建筑大学2013年夏季应征入伍情况表

序号	姓名	性别	年龄	民族	政治面貌	学历	学业情况	年级	专业名称	兵种
1	李龙飞	男	20	汉族	共青团员	大学本科	在读	2012级	法学	27军防空旅
2	土旦次培	男	20	藏族	共青团员	大学本科	在读	2012级	电子科技信息技术	27军防空旅
3	张鹏程	男	21	满族	共青团员	大学本科	在读	2012级	地理信息系统	二炮
4	雷杰	男	20	汉族	共青团员	大学本科	在读	2012级	法学	辽宁武警
5	魏友男	男	19	汉族	共青团员	大学本科	在读	2012级	社会工作	辽宁武警
6	李东方	男	20	汉族	共青团员	大学本科	在读	2012级	工程管理	东海舰队
7	姚景苏	男	22	汉族	共产党员	大学本科	在读	2012级	社会工作	上海武警
8	陈晨	男	20	汉族	共青团员	大学本科	在读	2012级	市场营销	上海武警
9	谢焦义	男	23	藏族	共青团员	大学本科	在读	2011级	地理信息系统	总参西安
10	殷劼	男	23	汉族	共青团员	大学本科	应届毕业	2009级	地理信息系统	北空

序号	姓名	性别	年龄	民族	政治面貌	学历	学业情况	年级	专业名称	兵种
11	吕建行	男	20	汉族	共青团员	大学本科	在读	2011级	机械工程及自动化	27军防空旅
12	甘露	男	22	汉族	共青团员	大学本科	在读	2011级	机械工程及自动化	27军防空旅
13	陈思凯	男	20	汉族	共青团员	大学本科	在读	2011级	机械工程及自动化	广东武警
14	林俊程	男	23	汉族	共青团员	大学本科	应届毕业	2009级	工业设计	38军陆航团
15	齐国安	男	20	汉族	共青团员	大学本科	在读	2011级	工业设计	上海武警
16	李君	男	24	汉族	共青团员	研究生	在读	2013级	应用数学	二炮
17	张卉	女	19	汉族	共青团员	大学本科	在读	2012级	公共事业管理	广东武警

（十）教学研究与成果

【2013年度北京高等学校教育教学改革立项】根据国家和北京市中长期教育改革和发展规划纲要、教育部《关于全面提高高等教育质量的若干意见》（教高〔2012〕4号）、北京市教育委员会《关于进一步提高北京高等学校人才培养质量的意见》（京教高〔2012〕26号）等文件要求，着力推动和深化首都高等学校教育教学改革，促进人才培养模式创新，优化教育资源结构，加速首都高等教育现代化进程，提高高等教育质量。2013年7月，北京建筑大学教学处联合各二级学院、组织相关专家积极开展申报、评审工作，最终成功申报3项面上项目。

2013年度北京市高等学校教育教学改革立项名单（北京建筑大学）

编号	项目名称	项目负责人	项目申请学校	项目类别
2013-ms148	基于"卓越工程师教育培养计划"下的土木、建筑类专业课程体系协同构建与实践	邹积亭	北京建筑大学	面上
2013-ms149	构建建筑学专业"卓越工程师教育培养计划"实施保障体系的研究	马英	北京建筑大学	面上
2013-ms150	注重中国文化传承的建筑学专业卓越工程师培养教育模式的研究与实践	金秋野	北京建筑大学	面上

【2013年度中国建设教学协会教育教学科研立项】根据中国建设教育协会2013年度工作计划，依据《中国建筑教育协会科研课题立项管理办法》，北京建筑大学教务处于2013年6月组织各二级学院和相关专家开展课题申报、评审工作，并成功申报5项课题。

2013 年度中国建设教育协会教育教学科研立项名单（北京建筑大学）

批号	课题名称	承担人	承担单位
2013060	基于"卓越工程师教育培养计划"下的土木及建筑类专业课程体系协同构建与实践	张大玉	北京建筑大学
2013061	基于教学基本状态数据的土建类高校专业评价体系构建研究	邹积亭	北京建筑大学
2013062	建设行业各级各类教育机构物业服务人才培养定位与规格研究	郭立	北京建筑大学
2013063	见习机械设计工程师技术资格认证与本科教学课程一体化研究及实践	高振莉	北京建筑大学
2013064	美国大学土木工程与环境科学"基于标准的学业成就评价"研究与借鉴	郭晋燕	北京建筑大学

【"十二五"普通高等教育本科国家级规划教材】 根据《教育部关于"十二五"普通高等教育本科教材建设的若干意见》（教高〔2011〕5 号），北京建筑大学开展"十二五"普通高等教育本科国家级规划教材推选工作。经过推荐遴选程序、教育部专家组评选，我校经济与管理工程学院赵世强老师的《工程经济学》成功入选普通高等教育"十二五"应用型本科规划教材。

【2013 年度校级教育科学研究立项】 根据《北京建筑工程学院教育科学研究项目管理办法》等文件的要求，北京建筑大学教务处于 2013 年 9 月组织开展 2013 年度校级教育科学研究项目立项工作。经校级教研项目评审专家组讨论决定，2013 年度校级教育科学研究共有 47 项课题立项，其中 11 项重点项目、36 项一般项目。

【2013 年度校级教材建设立项】 根据《北京建筑工程学院教材建设项目管理办法》等文件的要求，北京建筑大学教务处于 2013 年 9 月组织开展 2013 年度校级教材建设项目立项工作。经校级教材建设项目评审专家组讨论决定，2013 年度校级教材建设共有 14 项课题立项，其中 2 项重点项目、12 项一般项目。

（十一）教学条件与资源

【生均教学科研仪器设备值】 北京建筑大学教学科研仪器设备值为 36359 万元，折合在校生数为 10979.1 人，生均教学科研仪器设备值为 33116.5 元。

【当年新增教学科研仪器设备值】 2013 年北京建筑大学新增教学科研仪器设备值为 11332 万元。

【生均图书】 北京建筑大学共有图书 103.5 万册，折合在校生数为 10979.1 人，生均图书 94.27 册。

【电子图书、电子期刊种数】 北京建筑大学拥有电子图书 300000 种，电子期刊种数 23000 种。

【生均教学行政用房（其中生均实验室面积）】 北京建筑大学教学及辅助用房面积以及行政办公用房面积为 203084 平方米，全日制在校生数为 8617 人，生均教学行政用房 23.56 平方米，其中生均实验室面积为 9.37 平方米。

【生均本科教学日常运行支出】 本科教学日常运行支出 19725445.72 元，本科学生数为 7283 人，生均本科教学日常运行支出 2708.42 元。

【本科专项教学经费】 本科专项教学经费 31730396.4 元。

【生均本科实验经费】 本科实验经费 5004453.94，生均本科实验经费 687.14 元。

【生均本科实习经费】 本科实习经费 2672099.55，生均本科实习经费为 366.89 元。

（十二）转专业

【北京建筑大学本科新生转专业工作领导小组成立】 根据《北京建筑工程学院本科新生转专业管理办法（试行）》（建院教字〔2012〕34 号）和《北京建筑工程学院本科理科实验班管理办法》（建院教字〔2012〕33 号）的有关规定，经校长办公会审议通过，成立北京建筑大学本科新生转专业工作领导小组。名单如下：

　　组　长：张大玉

　　副组长：邹积亭　李雪华　彭　磊

　　成　员：马　英　韩　森　冯萃敏　魏　东　赵世强

　　　　　　吕书强　朱爱华　刘国朝　宫瑞婷　丁　帅

　　秘　书：吴　菁

领导小组下设办公室，办公室设在教务处教务科。具体负责组织、指导、监督全校本科新生转专业工作，审定专业调整结果。

【2012 级本科 120 名学生转专业】 2012 年北京建筑大学招生 1997 人，此次转专业人数占 2012 级新生比例为 6.01%。

（逄　宁　梁　凯　孙建民　邹积亭）

二、研究生教育

（一）概况

按照国务院学位委员会《关于做好服务国家特殊需求博士人才培养项目实施工作的通知》（学位〔2013〕4 号）要求，在国家文物局、北京市教育委员会等的指导下，成立了"建筑遗产保护理论与技术"博士人才培养项目实施指导委员会，研究、审定了《北京建筑大学博士研究生指导教师条例》，聘任了我校博士人才培养项目首批共 8 位博士研究生指导教师，其中校内博士生导师 5 人，校外博士生导师 3 人；编制、公布了《北京建筑大学 2013 年全日制博士研究生招生简章》，进一步完善了人才培养项目博士研究生招生、培养等方面的规章、制度。

我校 2013 年增列为城市规划（0853）硕士专业学位授权类别点。

我校研究生优质课程建设项目自 2007 年启动以来，已有 56 门课程参与或完成了课程建设，涵盖了公共学位课、专业学位课及专业选修课。2013 年 9 月，"现代供热技术及应用"等 8 门课程获得研究生优质课程建设项目立项；2013 年 11 月，"建筑结构形式与逻辑"等 8 门优质课程建设项目通过了中期检查，"近现代建筑引论"等 6 门优质课程建设项目通过了结题验收。经过近几年持续的建设和积累，这些课程已达到一定的教学水准，在教学内容、教学方法、教学手段，以及教材建设、教学基础资料建设、教学成果培育等方面都取得了较大的成绩，特别是在调动研究生学习的积极性，激发自主学习、合作学习、研究学习能力等方面做出了新的尝试，通过"研究生优质课程建设"和"研究生教材出版"两类项目支持，为不断提高我校研究生教育教学质量创造了条件，也为今后北京市研究生教育教学研究项目的申报提供了成果积累。

（二）研究生招生与录取工作

2013年我校录取全日制硕士研究生431人，比2012年增长5.1％；2012年（2013年春季入学）录取非全日制（在职）硕士生167人，继续广泛服务高层次专门人才培养行业需求；申请恢复了同等学力人员申请硕士学位授予权，形成我校在全部既有学术型硕士学位一级学科点、交叉学科点培养在职硕士生教育发展新格局，恢复了我校同等学力硕士生课程班招生。

2013年我校进一步深化标准化考点建设，按照考点硕士生入学考试规模要求建设标准化考场，建成研究生考点高校远程电子巡查系统，满足北京教育考试远程电子巡查系统科学、规范、统一的使用要求。

2013年学校购置一批屏蔽仪、探测器覆盖每个标准化考场，有效防止利用无线电以及手机通讯等高科技手段作弊；配备身份证鉴别仪，采取高科技方式提高防作弊检测以及考生身份识别手段。

（三）学籍管理

完成2013级全日制研究生新生学籍复查、电子注册及研究生在校生学年注册工作。按照《北京市教育委员会办公室转发教育部办公厅关于做好2013年普通高等学校录取新生复查和学籍电子注册工作文件的通知》，在规定时间内完成429名2013级全日制研究生（含427名全日制硕士研究生、2名博士研究生）学籍信息注册。在规定时间内完成1215名全日制在校研究生学年注册。

按照北京市教育委员会学生处《关于做好北京地区2013年春季普通高等教育毕业生学历证书电子注册工作的通知》及《关于做好北京地区2013年暑期普通高等教育毕业生学历证书电子注册工作的通知》，在2013年1月完成2013届春季17名全日制硕士生学历注册，2013年7月完成2013届夏季338名全日制硕士生夏季学历注册。

通过参加北京市教育委员会学生处组织的工作培训及政策学习，规范研究生学籍管理相关流程，加强全日制研究生日常学籍维护及管理。

（四）研究生培养工作

按照国家、学校对创新型研究生培养的要求，结合研究生处2012年组织召开的研究生中期检查座谈会的反馈情况，以及新版"学科建设与研究生教育信息管理系统"的开发运行实际，为满足2013级硕士研究生培养要求，组织对北京建筑大学学术型学位授权学科点及专业学位授权类别（领域）点硕士研究生培养方案进行局部修订，并完成相关培养方案纸质版本印制。

为加强研究生教学质量长效机制建设，进一步提高研究生培养质量，研究生处重点开展了教学期中检查工作，并针对发现的问题进行情况通报，并组织相关部门进行整改。

研究生处2011年起组织开发了新版"学科建设与研究生教育信息管理系统"，并于2012年9月启用，2013年3月完成了旧版"研究生教育信息管理系统"的数据迁移，新版"学科建设与研究生教育信息管理系统"全面上线。

为满足国家对创新型研究生培养要求，探索新型人才培养的模式，研究生处大力开展产学研联合研究生培养基地建设。在推进研究生培养体制、机制创新，促进研究生教育管理理念、管理手段和方法改革等方面进行探索。

（五）研究生学位工作

2013年，我校授予毕业研究生硕士学位394人，比2012年增长29%，其中学历教育硕士学位210人，专业硕士学位184人，专业硕士学位比2012年增长86%。42名毕业研究生获得"校级优秀硕士学位论文"荣誉。

为保证学位论文质量，提高研究生的学术水平和科研能力，研究生处修订和完善了对研究生的学术活动要求、学术不端检测要求等相关文件，强化了对新学科、新专业、新导师、历史成绩不佳、申请提前毕业等多种情况下的学位论文双向盲审制度，协助建筑学院、环能学院依据学科实际制定针对本学院研究生学术活动成果特殊要求的实施细则，这些措施均有力保证了研究生学位授予质量。

作为"研究生教育管理信息系统"的子系统，在完成招生、学籍及培养数据从原有系统的迁移工作后，学位管理信息系统在2013年全面启动，2013届毕业研究生已通过该系统顺利完成论文开题、中期检查、实践环节考核、学术成果采集、论文评审、答辩及学位授予工作，通过信息化系统的建设使用，规范了学位工作过程管理，提高了管理水平和工作效率。

（六）博士、硕士研究生导师

2013年，第十一届学校学位评定委员会第一次全体会议通过了《关于成立北京建筑大学学位评定委员会第十一届委员会的通知》，介绍了校学位委员会换届及第十一届学位委员会组成情况；经本人申报、博士项目实施指导委员会投票表决，批准我校博士人才培养项目首批8名博士研究生指导教师资格。经学位评定委员会审议、表决，新增学术型学位硕士研究生指导教师60人，新增专业学位硕士研究生指导教师90人。我校2013级学术型学位硕士研究生指导教师队伍增加到415人，2013级专业学位硕士研究生指导教师队伍增加到439人。

（七）产学研联合培养研究生项目

启动了产学研联合培养研究生项目，与中国建筑研究院等在京城乡建设与管理行业领域的企事业单位陆续签订了《北京建筑大学城乡建设与管理产学研联合研究生培养基地共同建设框架协议书》，并开展了双方在研究生培养和科学研究等方面的合作。

产学研联合研究生培养基地实行项目制，定期资助一定数量的研究生结合专业实践和学位论文研究开展相关科研工作。在广泛征集与学校联合培养研究生的相关行业、企事业单位关于培养项目指南建议的基础上，形成项目指南，由研究生本人提出申请，以即将进行论文开题的研究生为主，按照"符合行业需求，有利学科建设，公正合理，择优支持"的评审原则遴选资助项目。努力贴近相关行业对专门人才的培养需求，围绕城乡建设与管理领域相关学科的科学技术问题开展的基础研究、应用基础研究及应用技术研究。立项项目要求学术思想新颖，创新性较强，立论根据充分，研究目标明确，研究内容具体，研究方法和技术路线合理、可行，可获得新的科技成果或取得重要进展。获得资助的项目由研究生负责，项目执行期为1年，资助经费为1万元，在校内外导师的联合指导下完成项目研究。

（八）制度建设

研究生工作部（处）重视制度建设，吸收学院及研究生管理人员的建议，汇编修订了《全日制硕士研究生手册》（2013 版）。主要涉及国家综合管理制度、研究生招生、培养、学位授予、研究生档案管理、研究生奖助等方面。

（刘　伟　姚　远　丁建峰　李海燕　陈静勇）

三、国际教育

（一）概况

国际教育学院成立于 2012 年，主要负责学校中外合作办学项目管理，留学生招生及管理、中国学生国际交流等事务。具体负责学校中外合作办学项目的申报、筹备及日常管理工作；留学生的招收、教学及日常管理工作；中国学生长短期派出及相关事务管理工作；接待外宾和外国专家来校访问及交流；为学校国际交流工作的决策提出意见和建议等。

（二）国际交流

【概述】2013 年，国际教育学院积极开拓、扩大与国（境）外高校间的合作与交流，取得丰硕成果。共联系美国华盛顿大学、新泽西州立大学、奥本大学、俄勒冈大学、明尼苏达大学，英国卡迪夫大学、南威尔士大学、英国国立安格利亚鲁斯金大学，澳大利亚武伦贡大学，加拿大艾伯塔大学，新西兰 Unitech 理工学院等 12 所国外高校，接待来访 17 批次。新增校际合作学校 1 个（新泽西州立大学），新增本科生交流项目院校 3 个（奥本大学、新泽西州立大学、科罗拉多大学）。

【校际交流】5 月 9 日至 5 月 17 日，美国奥本大学师生代表团 19 人访问北京建筑大学。通过学习和交流活动，学生们增进了相互了解，开阔了视野，两校加深了合作关系。7 月 1 日，美国华盛顿大学高大勇教授来访，与钱军、朱光、宋国华等探讨了合作开展历史建筑"物质"保存方面的研究，共同成立合作实验室并申报省部级重点实验室等工作。8 月 28 日，美国俄勒冈大学建筑与艺术学院城市规划与公共管理系博士魏德辉、杨翌朝来访，与张大玉等就学生交流、师资培训进行探讨。9 月 11 日，美国明尼苏达大学中国中心刘兴才博士来访，与朱光等就在未来几年扩大科研深层次合作、学生学历教育与互访、对口专业教师培训等进行探讨。11 月 1 日，北京建筑大学与英国南威尔士大学合作协议续签仪式在大兴校区举行，南威尔士大学副校长 Vassilis Konst 与宋国华在协议上签字。两校的第一期合作取得了诸多成果，北京建筑大学共派出双语教师 21 名、"3+1"、"4+1"合作项目学生 39 名赴英进修或学习，南威尔士大学也派出 3 期学生来北京建筑大学交流。两校合作协议的续签标志着双方合作进入了一个新时期。11 月 6 日，美国奥本大学代表团一行 6 人在常务副校长 Boosinger 博士的率领下访问北京建筑大学。朱光、宋国华接待了代表团。两校一致同意继续推进教师交流及学生联合培养，并就进一步实施"3+2"学生联合培养计划达成了初步的共识。代表团还特地来到中美合作项目"2+2"班的教室里，与水 122 班和水 133 班学生亲切交谈。12 月 9 日，新西兰 Unitec 理工学院建筑学院院长 Tony van Raat 教授等来访，两校续签了学生联合培养协议。12 月 16 日，美国新泽西州立大学工学院副院长宋鹏博士来访，双方达成合作意向，自 2014 年起，从土木工程专业开始启动本科生交流项目。7 月 4 日，北京建筑大学获得国家留学基金委"优秀本科生国际交流项目"资助资格，从 2014 年开始，北京建筑大学可以依据与国外大学签订的本科生交流协议申报项目，选派优秀本科学生赴国外进行 3～12 个月的课程学习、毕业设计或赴国际组织/企业/实验室实习，国家留学基金资助一次往返国际旅费和规定留学期间的奖学金生活费。11 月 5 日，与人事处共同举办第一期青年教职工英语培训班开班。该培训班旨在增强北京建筑大学广大青年教职工的英语口语能力，确保国家留学基金委青年骨干教师出国研修等项目的顺利实施，来自 7 个学院的 23 名青年教师参加了第一期培训。

【学生出国】 2013 年，共有 78 名学生通过交流、实习等各种渠道，获得境外学习或交流经历。7 月中旬至 8 月中旬，国际教育学院组织 20 名学生赴美国奥本大学进行夏季小学期英语集训。开拓了学生视野，提升了学生英语水平和综合素质。1 月和 7 月，土木与交通工程学院分别组织 9 名、13 名学生赴美国科罗拉多大学进行交流访问。7 月，文法学院组织 35 名社会工作专业同学香港进行实习。9 月，经济与管理工程学院 1 名同学参加南威尔士大学"3＋1"项目赴英留学。

（三）合作办学

【概述】 2012 年获批的中外合作办学项目"给水排水工程专业本科教育 2＋2 项目"，2012 年招收第 1 批 30 名学生，目前已有 15 名同学英语成绩满足奥本入学要求，项目正在有序进行。2013 年招收了第 2 批 32 名学生。

【教学管理】 在大兴校区筹建了国际教育学院教学部，组织 2＋2 项目的分级英语教学方案并开展日常考勤管理。聘请了长期外教（语言教学）1 名，短期外教 1 名（讲授世界文学）。为"2＋2"班进行特殊的英语教学安排，根据学生在秋季学期和春季学期第一周的摸底测验的成绩，将水 122 班和水 133 班分为托福提高班、iBT 强化班和托福基础班三个班进行英语小班教学。举办奥本大学夏季及冬季小学期英语集训班（夏冬令营）。2013 年 7 月组织了为期四周的奥本大学夏季小学期英语集训班。

【学风建设】 开设学生活动室，选择了 400 多本与英语语言训练、美国文化相关的中英文原版图书供同学们借阅。组织英语单词竞赛、作文竞赛，举办英文读书会。开设英美文化专用周，通过系列讲座课程帮助学生顺利过渡到美方教学环境。秋季学期末撰写"给家长的一封信"，春季学期末召给学生家长会，介绍学生一学期来的综合表现，"2＋2"项目的进展情况，需要家长配合完成的工作等。开通"家长热线"让生家长及时了解学生在校的学习和思想动态，便于双方在培养、教育学生过程中都能发挥最大的功效。

【学生活动】 12 月 26 日，国际教育学院"Culture Bridge"新年联欢会在大兴校区举行。中美合作办学"2＋2"项目学生和部分留学生参加联欢会。联欢会以"文化桥"为主题，旨在搭建起北京建筑大学留学生和"2＋2"项目中国学生沟通的桥梁，增强国际教育学院的凝聚力。

（四）留学生管理

【概述】 2013 年，共有来自 17 个国家和地区各类长短期留学生 113 人来校就读（详见表 2），其中长期生 82 人，短期生 31 人。学历生 64 人，其中硕士研究生 19 人，本科生 45

人。非学历学生 49 人，其中语言生 18 人，短期进修生 31 人。来自美国奥本大学、意大利马尔凯工业大学、韩国亚神大学等学校的校际交流学生在建筑与城市学院、环境与能源工程学院、国际教育学院学习进修。2013 年毕业硕士研究生 1 人。

【招生宣传】更新了中英文网站，开发设计留学生在线报名系统和成绩查询系统，为学生信息、成绩查询提供了便利。重新编印了留学生招生简章。新增留学生招生中介机构 2 个。与韩国亚神大学签署汉学系学生短期汉语学分项目合作协议。

【教学管理】加强制度建设，出台《北京建筑大学留学生经费管理办法》，制定《北京建筑大学短期班留学生须知》、《汉语教师任课须知》等文件。强化学业预警制度，加强对学历生的学习状况跟踪与管理。进行了研究生学位授予标准的调整，确定毕业学分为 22 分。7 月，国际教育学院接管汉语教学工作，负责汉语教师聘任考评、课程设计，实现对留学生教学全面管理。12 月 11 日，召开全英文硕士班座谈会，了解学生学习需求，改进教学管理。

【学生活动】5 月 16 日至 5 月 19 日，首都高等院校第 51 届学生田径运动会在北京建筑大学大兴校区举行，运动会首次设立了留学生组参加比赛。国际教育学院组织留学生参加了运动会开幕式。在 4 天的赛程中，有 7 名学生参加了男子 100 米、跳远、铅球的比赛。安哥拉籍留学生佐拉获得 400 米跑铜牌。6 月 7 日，利比亚留学生易卜拉欣参加"我的梦·建大梦·中国梦"为主题的演讲比赛，获得了二等奖。9 月 19 日，蒙古籍留学生特木伦在北京建筑大学 2013 年大学生艺术节开幕式暨新生中秋文艺晚会上进行马头琴、呼麦表演，带给大家全新的视听感受。呼麦已经有千年历史，而今已是蒙古国宝级的艺术，在全世界独一无二。

（丁　帅　吴海燕）

四、继续教育

（一）概况

继续教育学院是北京建筑大学举办成人高等学历教育和非学历培训的二级学院。学院下设学历教育科、非学历教育科、自学考试办公室，目前编制 9 人。承担着 3000 余名成人高等学历教育、教学、管理工作，承担着年均千余人的继续教育培训工作，承担着"建筑工程"专业自学考试主考院校工作。

（二）学历教育

【概况】北京建筑大学 1956 年成立北京业余城建学院。1981 年成立北京建筑工程学院夜大学。1988 年建立了成人教育部。1997 年成人教育部更名为成人教育学院。1999 年成人教育学院更名为继续教育学院。在业余城建学院时期，开设的专业有工业与民用建筑工程、给水排水工程、道路与桥梁工程 3 个专业。成立夜大学以后，增加了起重运输与工程机械、供热通风与空调工程、城市燃气等专业。后又相继开设了城市规划管理、古建筑保护、建筑经济管理、工程造价管理、房地产经营管理、土木工程专升本、工程管理专升本、建筑环境与设备工程专升本、机械工程及自动化专升本、计算机科学与技术专升本、法学专升本、城市规划专升本、城市燃气工程、装饰艺术设计等专业。学院受北京市规划委员会委托，举办了城市规划专业大专和专升本教学班；受北京市委城建工委和市建设委员会委托，举办了建筑经济管理专业劳模大专班和土木工程专业专升本教学班；受国家文物局委托，举办了古建筑保护专业大专班；受北京市怀柔、密云、顺义、平谷等区县公路局委托，举办了交通土建工程专业大专班；受首钢集团委托，举办了房地产经营管理专业大专班；受通州区建委、密云县人事局、怀柔建筑集团委托，分别举办了土木工程专业专升本、工程管理专业专升本教学班。

目前，学院开设3个层次8个专业，其中高中起点本科有土木工程专业；高中起点专科（高职）有建筑工程技术、工程造价、供热通风与空调工程技术等专业；专科起点本科有土木工程、工程管理、建筑环境与设备工程、城市规划、英语（国际工程）等专业；在校生3000余人。共计培养了毕业生15000余名。

【招生工作】2013年，北京建筑大学共录取成人高等教育3个层次（高起本、专升本、专科）、8个专业（土木工程高起本、土木工程专升本、建筑环境与设备工程专升本、城市规划专升本、工程管理专升本、建筑工程技术、工程造价、供热通风与空调工程技术）的新生1003人，其中高起本：136人，专升本：723人，专科：144人。

【毕业典礼】1月13日，2013届春季成人高等教育毕业典礼。2013届春季毕业生652人，其中本科毕业生555人，专科毕业生97人。授予本科毕业生242人学士学位。

7月7日，2013届夏季成人高等教育毕业典礼，共毕业学生51名，其中高起本6名，专升本42名，专科3名。授予本科毕业生37人学士学位。

【开学典礼】2月23日，2013级1036名成人高等教育新生开学典礼，进行入学教育，报到、注册、审核新生资格、领取本学期课程表、填写《学生登记表》。其中高起本140人，专科92人，专升本804人。

【学位英语组考工作】根据北京市教委的安排，完成了2013年的成人学位英语考试的组考工作。上半年考试报名1029人，实到787人，通过84人，通过率10.7%；下半年考试报名1285人，实到975人，通过135人，通过率13.9%。

（三）非学历教育

【概况】北京建筑大学培训中心（以下简称"培训中心"）成立于2001年6月。培训中心自成立以来，陆续开展了"注册类建筑师、监理工程师、造价工程师、建造师、电气工程师、设备工程师等执业资格考前培训"、"建筑行业各类上岗证"、"成人专科升本科考前辅导"、"AutoCAD2005-2010专业资格认证"等培训工作。近年又与政府机关、企业联合，根据政府机关、企业的要求，为他们有针对性的培养专门人才。培训中心多次被主管部门评为"先进培训机构"，2013年荣获"五星级学校"。2011年顺利通过了北京市住房和城乡建设委员会为维护培训市场秩序，促进建设行业培训机构健康发展而进行的"北京市建设类培训机构综合办学水平"评估，2012、2013年通过了北京市住房和城乡建设委员会的常规检查。2011年被住建部、中国建筑业协会批准为"建筑工程专业一级注册建造师继续教育培训单位"。2013年共计培训3515人次。

【举办AutoCAD2010专业资格认证班】4月培训中心举办AutoCAD2010专业资格认证班，30人参加培训且通过考试，全部获得工程师资格认证。

【举办注册设备、电气工程师考前辅导班】6月15日，培训中心举办注册设备、电气工程师考前辅导班，74人参加

【举办土建、安装造价员考前辅导班】2013年，培训中心举办土建、安装造价员考前辅导

班，352 人参加。

【举办一级建造师继续教育培训班】 2013 年，培训中心共举办建筑工程专业一级注册建造师继续教育培训班 11 期，2440 人参加且获得继续教育培训证书。

【举办工程勘察设计专业技术进修班】 2013 年，北京建筑大学与中国勘察设计协会合作，开展了工程勘察设计专业技术岗位紧缺人才进修班，培训专业：工程测量、给排水、建筑学等。619 人参加且获得结业证书。

（四）自学考试

【概况】 北京建筑大学于 1982 年 11 月开考"房屋建筑工程"专科、"建筑工程"本科专业。具体工作由教务处负责。2000 年初，根据北京市教委、北京市自考办的要求，经 2000 年 11 月 1 日校长办公会决定，成立校自学考试办公室，归属继续教育学院，继续教育学院院长牛惠兰兼自学考试办公室主任。主考学校的主要工作是专业课程的调整、部分课程的命题、网上阅卷、实践课考核及登分、毕业环节审核、学位审批及学位证书发放。自校自学考试办公室成立到 2013 年，共计有 732 人专科毕业；229 人本科毕业；204 人获学士学位。

【自学考试主要工作】 自学考试办公室组织教师参加高自考阅卷 1525 份。组织参加高等教育自学考试有关实验、实习、课程设计的考生 627 人次。高等教育自学考试本科毕业生授予学位 6 人。

（五）获奖情况

【王培获教学管理先进个人】 9 月 1 日王培被北京市教委评为"2013 年北京高等学校继续教育教学管理先进个人"

【英语口语竞赛取得好成绩】 11 月 25 日继续教育学院参加了由北京市教委主办的 2013 年北京高等学校成人高等教育英语口语竞赛，专科组团体列第三名；英语本科组团体列第八名；专升本组获团体优秀奖；非英语专升本组郭涓同学获个人三等奖；非英语专科组曲志超和李想同学分获个人优秀奖；文法学院刘宏老师被评为优秀指导教师，学校被评为竞赛组织奖。

【自学考试获工作质量考评一等奖】 年内，由北京市自考办组织的主考学校工作质量考评，经学校申报，市自考办审查，北京教育考试院批准，校自学考试办公室获一等奖。

（宋桂云　王　培　赵静野）

五、体育教育

（一）概况

2013 年体育部工作重点主要围绕全校学生的体育教学、课外群众体育活动、运动队的训练和竞赛以及《国家学生体质健康标准》的测试和统计，以及承办首都高校第 51 届学生田径运动会等工作展开。

在体育教学方面，累计完成 104 个教学班 3120 节体育必修课、64 门次选修课；在课外群众体育活动方面，开始试行北京建筑大学"大学生阳光体育联赛"优胜评估办法；在运动队训练和竞赛方面，2013 年共参加北京市和中国大学生体育协会举办的各项比赛 35

项；在《国家学生体质健康标准》工作方面，2013年累计完成6625名学生体质健康测试工作；圆满完成首都高校第51届学生田径运动会的承办工作。

（二）体育教学

【概述】2013年体育部全体教职员工坚决贯彻党的教育方针，以教育教学为中心工作，将主要精力投入到教学工作中。坚持每两周一次的集体备课制度，主讲主问，教学相长；认真组织全校学生的国家学生体质健康标准的测试工作，全校合格率保持在90%左右。

【师资队伍建设】体育部师资队伍结构合理，教师实践经验丰富，2013年共有在职教职员工25人，其中专任教师23人、教授1人、副教授10人、硕士16人。体育部加强教师的业务培训，除每两周一次的集体备课学习外，全年有30人次的教师参加校外各级各类的业务学习，提升楼教师整体水平。注重对青年教师的培养，鼓励指导多名青年教师参加学校组织的教学优秀奖的评选活动，在经过体育部内部听课评选，推荐两名青年骨干教师参加学校的教学优秀奖的评选活动，并取得好成绩。

2013年体育部教师参加各类培训一览表

序号	培训名称	时间	地点	参加人员
1	高校龙舟培训	2013.4.11	北京	施海波、刘梦飞、李林云
2	全国定向越野裁判培训	2013.4.25	北京	胡德刚
3	邮电大学说课培训	2013.5.21	北京	施海波
4	优秀运动员爆发力和加速度的研究与评价	2013.6.20	北京	刘梦飞、智颖新
5	青年骨干教师培训	2013.7	北京	施海波、王桂香、李金
6	棒垒球培训	2013.8.11	北京	施海波
7	健美操培训	2013.9.22	北京	李金
8	大体协湖南考察	2013.11.22	湖南	施海波
9	青年骨干教师培训	2013.6	北京青年政治学院	施海波、王桂香、智颖新
10	健美操培训	2013.9	清华大学	李金
11	棒垒球培训	2013.1	北京建筑工程学院	施海波、杨慈洲
12	全国排舞运动培训班	2013.6.7	北京	李金
13	体育传统保健培训	2013.11	北京	施海波、公民、付玉楠、张宇
14	体质健康测试培训	2013.12	北京	施海波、杨慈洲
15	体育舞蹈培训	2013.12	北京	朱静华
16	曲棍球培训	2013.12	北京	代浩然、刘金亮
17	办公软件及多媒体教学	2013.11	北京	董天义

【教学改革】积极开展教学研究工作，加强教学究和总结，积极申报北京市高等教育教学成果奖，并获得二等奖，对促进体育部内涵发展起到了积极作用。

【日常教学管理】加强日常教学管理，严格教学过程管理，严格考勤，始终保持学生出勤率在 98％；严格考试管理，统一考试标准，实施教考分离，保证一年连个项目全部实施教考分离，对提高教学质量起到了积极作用。认真贯彻执行《学生健康体质标准》（试行）和《国家学生健康体质标准》，每学年有计划组织全体学生进行体质测试，每班测试任务落实到老师，坚持每学年全校学生测试一次。测试结果良好，达标率在 86.45％以上。其中，优秀率在 0.77％以上，良好率在 21.49％以上。

2013 年体育部体质测试成绩统计一览表

优秀	良好	及格	不及格	及格率	总计/人
51	1424	4252	898	5727	6625
0.77％	21.49％	64.18％	13.55％	86.45％	

（三）科研与学术交流

【科研成果】体育部积极组织和鼓励教师参加教研和科研工作，积极申报各类课题，努力提升教学业务水平。积极申报校级青年基金项目 2 项，市级项目 3 项，1 项北京市教学成果奖二等奖；发表论文 33 篇；参编专业书籍 4 部。

2013 年体育部教学项目一览表

序号	项目名称	负责人	项目来源	项目级别	合同经费（万元）	起止时间	项目类别
1	构建终身体育视域下具有我校专业特色的体育教学模式	张 宇	青年基金	校级	0.4	2013.7.1-2015.6	应用基础
2	新生中学时期体育学习情况调查	张 明	青年基金	校级	0.5	2013.9.1-2014.12.31	应用基础
3	设备购置—国家学生体质健康标准测试设备（2013 年）	杨慈洲	北京市	北京市	55.236	2013.1.1-2013.12.31	专项资金
4	设备购置—体育器材及第五十一届大学生田径运动会团体赛表演道具购置（2013 年）	杨慈洲	北京市	北京市	94.38	2013.1.1-2013.12.31	行政事业
5	市教委委托项目—第五十一届首都高等院校学生田径运动会（2013 年）	杨慈洲	北京市教委	北京市	100	2013.1.1-2013.5.1	教育教学

2013 年体育部科研成果一览表

序号	成果名称	第一作者	发表时间	发表刊物	刊物类别
1	统一管理模式下高校科研档案有效管理方式探析	刘金亮	2013.11.12	兰台世界	核心期刊
2	北京市高校体育课及课外体育锻炼的现状分析	张 宇	2013.08.31	《成都体育学院学报》	核心期刊

序号	成果名称	第一作者	发表时间	发表刊物	刊物类别
3	试论传统养生体育课程的开展现状	公民	2013.08.30	成都体育学院学报	核心期刊
4	普通高校跆拳道社团建设探析	刘金亮	2013.08.30	成都体育学院学报	核心期刊
5	国内外高校体育社团研究综述	李林云	2013.08.30	成都体育学院学报	核心期刊
6	试析平衡在运动中的表现及影响因素	刘梦飞	2013.08.07	成都体育学院学报	核心期刊
7	职业篮球裁判员制度化的构筑	张宇	2013.07.31	《山东体育学院学报》	核心期刊
8	北京高校女生学校体育与终身体育有效结合的分析	张宇	2013.07.31	《山东体育学院学报》	核心期刊
9	短跑扒地技术	刘梦飞	2013.06.06	广西师范大学学报	核心期刊
10	大学生体质健康测试存在的问题分析	李林云	2013.06.01	广西师范大学学报	核心期刊
11	传统养生体育对促进大学生终身体育实践行为的探讨	施海波	2013.06.01	广西师范大学学报	核心期刊
12	高校体育课教学组织性是探讨	董天义	2013.08.30	成都体育学院学报	核心期刊
13	浅谈健美操课堂的教学模式	孙瑄瑄	2013.11.15	北京体育大学学报	核心期刊
14	我国高等院校体育教育训练专业小球方向论文选题的思考	张哲	2013.08.30	成都体育学院学报	核心期刊
15	试析不良心理状态对大学生业余网球比赛的影响	智颖新	2013.08.30	成都体育学院学报	核心期刊
16	高校高水平运动队体育加试中反兴奋剂工作的重要作用朱静华	朱静华	2013.08.20	山东体育科技	核心期刊
17	高校跳远运动员速度训练模式探讨	朱静华	2013.08.09	成都体育学院学报	核心期刊
18	运动疲劳对人体姿势控制功能影响的研究综述	刘文	2013.06.26	广西师范大学学报	核心期刊
19	北京市社区体育发展现状与对策的研究	奇大力	2013.06.26	广西师范大学学报	核心期刊
20	北京市高校课外武术俱乐部构建与实施的意义及要注意的问题	付玉楠	2013.06.26	广西师范大学学报	核心期刊
21	北京市高校大学生体育活动方式的现状调查	李金	2013.08.30	成都体育学院学报	核心期刊
22	终身体育视域下的高校体育教学模式探索	刘金亮	2013.08.30	产业与科技论坛	一般期刊
23	简析高校体育教学档案数字化	刘金亮	2013.07.05	运动	一般期刊
24	北京市高校篮球高水平运动员就业情况探析	张宇	2013.04.30	《运动》	一般期刊
25	影响我国竞技篮球后备人才培养专业及社会因素分析	张宇	2013.02.28	《运动》	一般期刊
26	教练员对我国竞技篮球后备人才培养的影响	张宇	2013.02.28	《运动》	一般期刊

序号	成果名称	第一作者	发表时间	发表刊物	刊物类别
27	首都高校青年体育教师培养机制的浅析	张宇	2013.01.31	《运动》	一般期刊
28	激励法在田径教学中的应用	朱静华	2013.01.02	《田径》	一般期刊
29	浅谈如何发展高校女生的腿部力量	朱静华	2013.03.02	《田径》	一般期刊
30	台阶练习在田径教学中的运用	朱静华	2013.05.02	《田径》	一般期刊
31	足跟脂肪垫的损伤与防治	朱静华	2013.07.02	《田径》	一般期刊
32	浅谈三级跳远的技术教学	朱静华	2013.09.02	《田径》	一般期刊
33	浅谈田径运动员的营养补充	朱静华	2013.11.02	《田径》	一般期刊
34	体育锻炼与健康	付玉楠	2013.05.01	哈尔滨地图出版社	编著
35	高校篮球教学训练工作研究	张胜	2013.05.01	吉林大学出版社	编著
36	北京高校田径裁判工作手册	胡德刚	2013.05.01	北京体育大学出版社	编著
37	藏在师生体态语言里的教学智慧	张宇	2013.04.01	江苏教育出版社	编著

（四）体育竞赛

【竞赛获奖情况】体育部认真组织各运动队的训练工作，共有 3 个常训队 93 名队员、20 个短训队 400 余名队员，2013 年共参加北京市大学生体育协会举办的高校比赛 32 项、中国大学生体育协会组织的比赛 3 项，项目涉及乒乓球、沙滩排球、棒垒球、羽毛球、网球、橄榄球、藤球、键球、高尔夫球、游泳、热力操、键绳、传统体育、体育舞蹈、跆拳道、龙舟、男子健美、定向越野等，参赛队员累计达 1000 余人，获得团体奖前八名累计 50 余个，个人奖前八名不计其数。

积极承办了首都高校第 51 届田径运动会、传统体育保健比赛、高校田径精英赛，高校慢投垒球赛、高校校园越野赛等多项首都高校的体育赛事，展现了我校体育的综合实力，扩大了我校在高校体育界的影响。

2013 年获得"阳光杯"和"朝阳杯"优胜奖。

2013 年体育部竞赛获奖情况一览表

序号	时间	竞赛名称	地点	成绩	指导教师
1	2013.4.01	2013 年"star"杯首都高校大学生篮球联赛	清华大学	男子第二名，女子第四名	张胜、张宇、张哲、张明
2	2013.4.30	2013 年首都高校"川崎杯"羽毛球锦标赛	首都体育学院	体育道德风尚奖	智颖新
3	2013.4.13	2013 年"印院杯"首都大学生足球乙级联赛	印刷学院	男子第三名	奇大力、刘文
4	2013.5.1	2013 年北京大学生高尔夫技能赛	顺义金色河畔球场	男团第六名，男女团体第八名	胡德刚　肖洪凡
5	2013.5.1	2013 年北京大学生棒球赛	清华大学	团体第八名	杨慈洲
6	2013.5.16	首都高等学校第 51 届学生田径运动会	北京建筑大学	男团总分第一名，女团总分第一名，男女团体总分第一名	康钧、胡德刚、李林云、肖洪凡

序号	时间	竞赛名称	地点	成绩	指导教师
7	2013.5.25	2013首都高校第七届'和谐杯'暨'TST杯'乒乓球锦标赛	北京大学	团体第一名,体育道德风尚奖	王桂香
8	2013.5.26	2013年首都高校武术比赛	清华大学	优秀道德风尚奖	施海波、付玉楠
9	2013.5.1	2013特步全国大学生足球联赛	延边	团体第六名	奇大力、刘文
10	2013.6.1	2013年首都高校武术比赛集体项目比赛	北京政法职业学院	道德风尚奖,团体总分第八名,集体长拳第一名	付玉楠、施海波
11	2013.6.10	龙舟赛	延庆夏都公园	1队团体第六名、2队团体第八名	刘梦飞、张胜、代浩然
12	2013.5.1	2013赛季春季大学生腰旗橄榄球联赛	北京第二外国语学院	团体第二名	智颖新
13	2013.7.22	第十三届全国大学生田径锦标赛	西北民族大学	男女团体第三名,男团第三名,女团第五名。	李林云、肖洪凡
14	2013.8.16	2013年全国学生定向越野锦标赛	中山纪念中学	女子中距离赛全国二等奖,女子积分赛全国三等奖,体育道德风尚奖。	肖洪凡
15	2013.9.7	北京第27届卢沟桥醒狮杯比赛暨首都高等学校长跑越野赛	中国人民抗日战争纪念雕塑园	男团第五名	康钧、胡德刚、肖洪凡
16	2013.9.28	首都大学生迎国庆健身活动	奥体	一等奖9个,二等奖2个,优胜奖1个。	施海波、孙瑄瑄、李金
17	2013.10.6	2013年首都高校大学生和谐杯龙舟赛	通惠河	一个第三名,一个第四名	刘梦飞、杨慈洲
18	2013.10.19	首都高等院校第五届秋季学生田径运动会	对外经济贸易大学	男女团体第一名、男团第二名、女团第一名	康钧、胡德刚、李林云、肖洪凡
19	2013.10.20	首都高校秋季网球单项赛	人民大学	16强	智颖新
20	2013.10.26	北京市第三届拓展运动会	北京大学	团体赛1个第四名、3个第七名、2个第八名	王桂香
21	2013.10.27	2013舞动中国全国排舞联赛(北京赛区)	石景山体育馆	集体赛二等奖	李金、朱静华
22	2013.10.27	首都高等学校第十届越野攀登比赛	鹫峰国家森林公园	第四名	李林云、肖洪凡

序号	时间	竞赛名称	地点	成绩	指导教师
23	2013.10.30	第十六届CUBA中国大学生篮球联赛	邮电大学	男篮第二名，女篮第七名	张胜、张宇、张哲、张明
24	2013.11.2	"用友医疗杯"首都高等学校大学生网球精英赛	温泉体育中心	第三名	智颖新
25	2013.11.10	2013首都大学生阳光体育体能挑战赛	北京工商大学良乡校区	1个单项三等奖、1个团体三等奖	李金
26	2013.11.16	第十届北京市大学生健身健美比赛	地质大学	团体第四名	刘梦飞
27	2013.11.16	2013年首都高等学校健身气功比赛	北京建筑大学	集体1个第三名1个第四名2个第五名	施海波、付玉楠、公民
28	2013.11.17	触摸式橄榄球	中国农业大学	第四名	智颖新
29	2013.11.17	首都高校定向越野锦标赛	昌平森林公园	男团第五名、女团第三名、团体第三名	康钧、胡德刚
30	2013.11.23	首都高校第十四届传统养生体育比赛	北京建筑大学		施海波、付玉楠、公民
31	2013.11.24	首都高校第六届藤球比赛	北京理工大学	男团第二名，女团第五名，男女团体总分第五名	刘文、奇大力
32	2013.12.7	北京大学生第五届舞蹈比赛	北京林业大学	团体舞三等奖、体育道德风尚奖	朱静华
33	2013.12.8	首都高校大学生校园长跑比赛	北京建筑大学	男团第三名、女团第五名	康钧、胡德刚、李林云、肖洪凡
34	2013.12.8	第二十一届首都大学生毽绳比赛	北京林业大学	男女团第二名	孙瑄瑄、公民
35	2013.12.15	2013首都高校游泳锦标赛	育英学校	男团第五名	代浩然

【学校群体活动】积极开展校园阳光体育活动，促进学生身体健康发展。体育部每位老师参加"一带三"的群体工作，即每个老师带一个学院的群体活动、带一个体育社团的指导工作、带一个运动队的训练和比赛工作。2013年9月开始试行北京建筑大学"大学生阳光体育联赛"优胜评估办法（讨论稿），23名专任教师负责指导10个院部的阳光体育活动及全校26个体育社团活动，让学生真正走出教室、走出宿舍，走到阳光下，把群体工作做到基层去，努力把校园阳光体育活动开展得轰轰烈烈。体育部与校团委和校学生会组织了校田径运动会、新生田径运动会、新生篮球赛、足球赛、羽毛球、乒乓球、毽绳和长跑接力赛等多项丰富多彩的体育活动，为营造健康校园文化氛围做出实在贡献。

2013 年体育部教师指导院部阳光体育活动一览表

序号	学院	指导教师	序号	学院	指导教师
1	土木学院	张胜、张哲	6	经管学院	奇大力、刘文
2	环能学院	代浩然、张明	7	测绘学院	胡德刚、付玉楠
3	机电学院	智颖新、刘梦飞	8	建筑学院	朱静华
4	电信学院	张宇、李林云	9	理学院	孙瑄瑄、李金
5	文法学院	王桂香、刘金亮	10	研究生	肖洪凡

2013 年体育部教师指导社团活动一览表

序号	名　　称	社团负责人	班　级	指导教师
1	田径	程洪达	管 111	康钧、李林云、胡德刚、肖洪凡
2	男子篮球	孙凯	土 123	张胜、张哲
3	女子篮球	张旭	自 121	张宇、张明
4	足球	赵昕宇	动 121	奇大力、刘文
5	羽毛球	化振	土 124	智颖新、张哲
6	乒乓球	杨梓岩	法 121	王桂香
7	排球	隋荻艾	水 132	代浩然
8	高尔夫球	王林申	土 124	康钧、胡德刚
9	武术、太极	李思佳	暖 132	施海波、付玉楠
10	体育保健	李思佳	暖 132	施海波、公民
11	拓展	李贻	土 131	王桂香
12	棒垒球	阮宸宇	电 122	杨慈洲、付玉楠
13	游泳	王瑞婷	暖 122	代浩然
14	健身健美	吕宋	车 121	刘梦飞
15	健美操	王可欣	暖 131	李　金
16	健绳	唐鹏飞	营 111	孙瑄瑄、公民
17	健球	赵昕宇	动 121	刘文、奇大力
18	定向越野	程洪达	管 111	康钧、胡德刚
19	体育舞蹈	杜紫玮	社 112	朱静华
20	橄榄球	樊亚琛	车 121	智颖新
21	桥牌	张旭	自 121	何志洪
22	网球	胡小磊	电气 121	智颖新、张哲
23	台球	周天翼	土 138	张明
24	自行车	任奕	电气 122	刘金亮
25	街舞	李浩翔	自 122	李　金
26	跆拳道	闫旭颖	环工 131	刘金亮

（五）党建工作

【概述】2013 年体育部党建工作以十八大报告、新党章、习近平总书记一系列重要讲话、全国和北京市"两会"精神等为主要内容，认真落实二级理论中心组片组学习，把十八大精神学习贯彻引向深入。按照党建先进校工作要求，认真总结近三年学院在党建和思想政治工作取得的成就和经验，撰写报告，做好支撑材料，迎接党委组织部考察。维护校园安全稳定，齐抓共管共建"平安校园"。

（董天义　杨慈洲）

六、计算机教学与网络信息

（一）概况

计算机教学与网络信息部是一个具有教辅功能的教学单位，下设"一室四中心"：计算机公共课教研室、计算中心、现代教育技术中心、校园一卡通管理中心、网络信息中心，负责全校计算机基础教学和实验教学，负责全校网络、信息化、一卡通、多媒体教学等基础设施、设备及环境、平台的建设、运维和管理。

计算机公共课教研室一年来严格执行学校和部教学管理的各项规章制度，规范教学管理程序，确保了日常教学工作正常有序运转。2013 年 2 个学期（2012～2013 春和 2013～2014 秋），计算机公共课教研室承担 143 个班级的 13 门课程的教学任务，完成教学分：263.59 教分，在各部门的大力协助下，通过全教研室教师的团结合作与努力，完成了教学任务。

计算中心负责大兴和西城校区 12 个机房、2 个实验室、共有 1200 余台教学设备的日常管理和维护工作，保障了计算机实践教学的正常开展。

现代教育技术中心负责西城校区 56 间和大兴校区 77 间，共 133 间多媒体教室和 50 间标准化考场。保障了学校各类教学正常运转。完成了多门精品课程的拍摄制作、学校各项重大活动的视频拍摄任务。

网络信息中心作为全校信息化建设归口管理部门，加强了学校信息化顶层设计，形成《北京建筑大学信息化顶层设计方案》，统筹规范全校信息化建设。配合学校实现大兴校区宿舍分时上网管控措施，完成了大兴校区基础教学楼、学院楼无线网覆盖。更换了新的邮件系统，反垃圾邮件效果良好。配合宣传部完成了大学主页改版和各单位网站更新工作。顺利将大兴校区一卡通系统扩展到西城校区，完成了西城校区校园一卡通系统建设，实现全校一张卡互通使用，方便全体师生员工。

一卡通管理中心完成了西城校区一卡通建设工作，完成了大量日常运维工作，保障了学校各类服务和应用。落实《北京建筑工程学院 2013 年为师生办实事工作方案》之一，今年实现大兴校区与西城校区多功能卡互通。

（二）教学工作

【概述】计信部计算机公共课教研室在过去的一年里，"紧紧围绕一个中心，强化两个工程建设，抓住三个关键，争取四个突破"，即紧紧围绕本科教学为中心，强化质量工程建设和特色精品工程建设，抓教风学风建设、抓个性化教学与因材施教、抓学生科技创新与学科竞赛，争取在精品课程建设方面、学生学科竞赛方面、教学环节执行和管理方面和教研和科研成就方面均有所突破。

【召开课程建设研讨会】

（1）2013 年 4 月 20 日，在北京林业大学召开北京市高等教育学会计算机教育研究会2013 年学术年会。会期一天。

（2）2013 年底，结合党的群众路线，计信部召开基础课程改革专题研讨，在计信部会议室，会期半天。

（三）科研工作

【概述】计算机教学与网络信息部拥有一支结构合理、兼具学术研究、应用研究和实践经验的师资队伍，2013 年部门教职工承担的教科研项目和获得的论文成果如下：

2013 年计算机教学与网络信息部承担的各类科研项目一览表

序号	项目名称	负责人	项目来源	项目级别	合同经费（万元）	起止时间	项目类别
1	云计算环境下数据安全关键技术研究	孙绪华	北京市教育委员会	地市级	15.00	2013.1.1-2014.12.31	一般
2	基于日志分析的校园网网络预警监测系统的研究	牟综磊	北京建筑大学	校级	0.8	2013.7.1-2015.6.1	一般
3	云存储在多功能智能化计算中心建设中的应用研究	吕召勇	北京建筑大学	校级	0.8	2013.7.1-2015.7.1	一般
4	高校多媒体设备管理人员的职业素养现状调查与培养策略研究	艾伟	北京建筑大学	校级	0.5	2013.7.1-2014.6.1	一般

2013 年计算机教学与网络信息部教师发表的学术论文一览表

序号	成果名称	第一作者	发表时间	发表刊物	刊物类别
1	Android 平台的安全问题及其对策	李芳社	2013-12-15	现代电子技术	核心期刊
2	An Improved Routing Technology based on Ant Colony Algorithm for Indoor Building Environment	张蕾	2013-08-22	Advanced Materials Research	EI，国外期刊
3	高校推行公务卡制度的思考	吕橙	2013-05-01	商业会计	核心期刊
4	云计算在会计信息化建设中的 SWOT 分析	吕橙	2013-04-01	商业会计	核心期刊
5	LBS System Design and Prototyping of Digital Campus	郝莹	2013-03-22	ICCSEE 2013	国际学术会议论文集
6	Multi-agen Based Modeling Simulation about VANET	万珊珊	2013-03-22	ICCSEE2013	国内学术会议论文集
7	用虚拟化技术应对智能手机的安全	李芳社	2013-03-15	现代电子技术	核心期刊

序号	成果名称	第一作者	发表时间	发表刊物	刊物类别
8	Netlogo Based Model for VANET Behaviors Dynamic Research	万珊珊	2013-01-10	ISDEA2013	国际学术会议论文集，
9	在高等院校计算机教学中应用项目教学法的实践与研究	张蕾	2013-01-06	第二届亚太地区高等教育国际化学术年会	国际学术会议论文集

（四）党建工作

【概述】2013年是学校全面贯彻落实党的十八大精神的开局之年，是实施"十二五"规划承前启后的重要一年，也是学校实现更名大学理想、朝向建设特色鲜明的高水平建筑大学宏伟目标奋进的关键之年。一年来，计信部在学校党委的正确领导下，深入开展党的群众路线教育实践活动，紧紧围绕中心工作，在基础教学、信息化建设、教学支撑保障体系建设等多个方面认真完成了学校党委和行政下达的各项任务，达到了年初预定的目标。

【思想政治教育工作】计信部全体党员集体收看了其中的一集内容《春天故事》。举办了"我的梦、建大梦、中国梦"主题教育活动，专门邀请学校机关党总支书记王德中副研究员来计信部做中国梦的主题演讲。计信部的四名党员代表组成了本部门的"中国梦"主题宣讲团，为计信部全体教职员工做了精彩的主题发言。

【党的群众路线教育实践活动】计信部召开了党的群众路线教育实践活动动员大会，收看钱书记动员大会录像；学校民主测评组进行了测评。组织全体党员进行了集中一天的专题学习，分头召开了五场座谈会，广泛听取各中心（室）教师意见，汇总了14条落实整改的意见，进行整改落实。

开展党性实践活动，边学边改，以西城校区一卡通服务为立足点，深入开展党的群众路线教育实践活动，建设服务型基层党组织。

【教育思想大讨论】2014年1月7日召开了计算机教学与网络信息部第一次顶层设计研讨会，计信部各中心（室）主任分别以计算机公共基础课教学、计算机创新实践教学基地、多媒体及媒体资源等现代教育技术服务、校园一卡通系统、校园网及信息化建设等五个方面的主题，认真总结了过去几年的成绩、对目前存在的问题进行了深刻的分析，提出了今后的重点工作规划和思路。

【评优表彰与交流活动】隆重表彰2012－2013年学年度考核优秀的教师，吕橙、朱洁兰、李勇振、艾伟、宋军、马文彬、佟向阳、姜峰、宋亚男等9名老师获得了学年度优秀表彰。通过表彰努力工作、甘于奉献的教师，树立先进典型，发挥带头作用，促进计信部更加团结和谐和各项工作取得进步。

【关心离退休教职工】计信部直属党支部领导多次探望罹患重病的退休教师，并积极准备材料、向离退休办公室申请学校大病补助。组织离退休老师教师节座谈会，慰问我部退休老师。

【党务公开、校务公开】通过设置大兴校区公告栏、西城校区公告栏、部门正式教职工公用的部门公共邮箱、计信部网站、计信部短信平台，对计信部党务和行政方面的重点工作，及时公布和传达重要的信息，严格按照规定进行公示。

【党风廉政建设】根据学校党委下发的党风廉政建设工作计划，自觉开展党员领导干部兼职管理情况，会员卡专项清退活动，进行 2013 年春季教育收费检查。开展了科研项目、科研经费、科研行加强管理和规范的自查和教育，召开了全体教师大会，进行了强调和教育。注重在工作部署中加强对党员干部、各科室主任的教育和监督，多次在计信部内部全体大会、部门主任会上反复强调，应严格按照规章制度处理重大项目的设备采购和经费使用。

【工会工作】 开展年教师教学研讨活动、团队合作体验式培训等教职工素质提升活动，组织游艺会、生日会、育儿沙龙、元旦联欢等多种多样的分工会文体活动，增强凝聚力，促进了计信部和谐文化建设。

（五）信息化基础设施建设

【概述】 网络信息中心主要负责校园网络基础平台和教学信息化平台的建设，为全校教学、科研、管理、后勤等提供全面的网络和信息服务。2013 年底统计，在编职工 5 人。根据学校教育信息化建设的总体规划，本着"以教学工作为中心，用信息技术辅助教学；以师生需要为根本，用精细管理服务师生"的工作思路，在技术上保障校园网的正常运转，在制度上保障校园网服务的规范。

强化工作流程、完善服务体系，网络信息信息中心对原有管理文件和规章制度进行了重新梳理和完善，制定出《北京建筑大学信息化建设与管理办法》、《北京建筑大学网络信息安全管理办法》、《北京建筑大学校园网管理办法》。通过制度的完善加强部门管理与服务工作，强化具体工作流程、改进管理服务模式。修订和健全相关规章，公开服务承诺、公示办事流程。切实改进工作作风、提高工作效能。

按着上级主管部门的要求完成研究生教室监控专网建设；为保障教学工作的顺利进行完成多媒体教室专网的建设；配合学校的更名工程，完成学校主页以及各二级学院单位的网站更新；配合宣传部开发投票系统，并利用其完成新校徽方案的征集工作；协助多个部门（如校友会、组织部、招就处、党政办公室以及若干实验室等）进行部门主页的新建、重建、改版；新的邮件系统投入使用，垃圾邮件的问题得以解决。

通过"西城校区校园网升级改造项目"完成校园网络加速系统建设，高峰时可通过该系统缓存分担近 200M 的带宽压力；接入网的交换机升级改造完成，学生宿舍区的网络状况得以改善；完成了大兴校区基础教学楼 A、B、C、D 和学院楼 A、B 六个楼的无线网络覆盖。

（六）校园信息安全工作

【概述】 定期进行网络核心机房的日常维护，供电、制冷、消防安全等巡视、检查、维护工作全部深入到位，降低了设备故障率，预防了各种安全隐患；加强信息系统的安全制度建设，强化和完善了服务器托管制度，形成了严格的服务器托管制度和科学合理的托管流程，加快了学校服务器硬件资源的集约化管理进程；针对性调整和制定了网络信息中心直管的服务器及信息系统的安全策略，及时更新防病毒软件的病毒库，和系统补丁程序保障了学校主要信息系统的稳定。

（朱洁兰　吕　橙　牟综磊　魏楚元　郝　莹）

第五章　学科建设与科学研究

一、学科建设

（一）概况

2013年，我校学科建设工作取得了显著成效。6个学科参评第三轮学科评估，获得佳绩；5个重点学科通过北京市验收；交叉学科建设取得实质性进展。

（二）学科年度计划

认真组织落实我校建筑学等6个重点和特色一级学科申请教育部学位与研究生教育发展中心第三轮学科评估后续工作，力争在全国学科排名中取得佳绩；按照学科评估反馈报告，认真落实整改。

按照北京市教育委员会关于对北京市重点学科建设项目验收工作的部署，认真组织开展我校建筑设计及其理论二级学科北京市重点学科、土木工程、管理科学与工程等2个一级学科北京市重点建设学科，以及建筑历史与理论、地图制图学与地理信息工程、城市规划与设计等3个二级学科北京市重点建设学科等建设项目的验收准备工作，确保验收通过，力争取得优秀成绩。

以我校服务国家特殊需求"建筑遗产保护理论与技术博士人才培养项目"实施工作为带动，组织开展建筑学、土木工程、测绘科学与技术等3个一级学科北京市重点学科，以及城乡规划学、管理科学与工程等2个一级学科北京市重点建设学科的建设工作，为新一轮北京市重点学科申请、博士学位授权点建设奠定基础。

在国家文物局、住房和城乡建设部、北京市教育委员会的指导下，依托"建筑遗产保护理论与技术博士人才培养项目"，开展我校相关学科各个研究方向上的交叉建设，形成"建筑遗产保护"交叉学科发展支撑环境，突出学科建设特色，夯实我校博士人才培养项目的学科支撑与交叉环境，带动学科建设水平的整体提升。

（三）学科建设执行情况

我校建筑学等6个重点和特色一级学科申请教育部学位与研究生教育发展中心第三轮学科评估，并获佳绩。其中，建筑学列参评学科第9名（30%位），测绘学科与技术列参评学科第9名（50%位）；城乡规划学列参评学科第12名（37.5%位）；风景园林学列参评学科第15名（39.5%位）；土木工程列参评学科中第31名（44.9%位）；管理科学与工程列参评学科第70名（68.6%位）。这是我校首次参加全国学科评估，展现出我校近年来重点和特色学科建设的整体水平。

按照北京市教育委员会关于开展北京市重点学科建设项目验收工作的部署，我校建筑设计及其理论二级学科北京市重点学科、土木工程、管理科学与工程等2个一级学科北京市重点建设学科，建筑历史与理论、地图制图学与地理信息工程、城市规划与设计等3个二级学科北京市重点建设学科等建设项目通过验收。根据《北京市教育委员会关于公布北京市重点学科验收评审结果的通知》（京教函〔2013〕662号），我校上述5个学科均获得"良好"验收结果。

在国家文物局、北京市教育委员会等的指导下，依托"建筑遗产保护理论与技术博士人才培养项目"，进一步明确了"建筑遗产保护"交叉学科方向特色，成立我校建筑遗产保护研究院、建筑设计艺术研究中心等，巩固了"建筑遗产保护"交叉学科发展环境；组织开展"建筑能源科学与工程"、"建筑法律"等培育交叉学科的研讨，计划2014年起陆续组织申请增列新的硕士学位交叉学科授权点，形成我校学科发展新特色。

（刘　伟　姚　远　丁建峰　李海燕　陈静勇）

二、科学研究

（一）概况

科学研究作为高校的四大功能之一，一直得到学校各级领导和广大教师的高度重视，特别是在学校由教学型向教学科研型高校的转变时期，学校更是高度重视科研工作。2013年在学校领导的领导下、各二级学院（部）领导及广大科研人员的积极支持配合下，科技处紧密围绕学校党、政工作要点，依据国家及北京的科技发展需要，结合学校的学科专业特点，提出了学校科研工作的发展思路，科学制定学校科技工作年度工作计划，并认真组织实施。

对照年度工作计划，在科研项目、经费、成果以及基地建设等方面，均取得较为突出的成绩，较好地完成了科研工作计划中提出的目标任务。

（二）科研项目与科研经费

2013年，科研经费整体上保持了稳步增长，累计到校科研经费为1.17亿元，继续突破亿元大关（2012年首次突破1亿元），比去年的1.01亿元增长1600万元，增长率16.0%。科技服务经费2.6亿。

2013年，新立项纵向项目152项（2012年是137项），横向项目160项（2012年151项）。纵向项目包括：国家973计划、国家重大水专项、国家自然科学基金、国家社科基金、欧盟项目、国家科技支撑项目、各相关部委立项课题、北京市自然科学基金重点项目和面上项目、北京市哲学社会科学规划项目等。

特别是在北京建筑大学一直比较薄弱的基础研究领域，2013年喜获丰收，取得较好成绩。其中主持申报国家社科基金21项，获批2项，比去年增加100%，获资助金额36万；主持申报国家自然科学基金99项，获批20项（合作国家自然基金重点项目1项，面上项目6项，青年项目13项），比去年增加40%，获资助金额792万元（不含重点项目经费），获批国家自然科学基金项目首次达到20项，并且有1项北京建筑大学作为第二单位，获得国家自然基金重点项目立项，这是北京建筑大学首次承担国家自然基金重点项目，标志着基础研究取得新突破。

（三）科研成果

2013年共组织申报省部级及以上科研成果奖励21项；作为第一完成单位获奖7项。其中包括：教育部科技进步一等奖1项、中国专利奖优秀奖1项、华夏建设科学技术一等奖 1 项等重要奖项，详见下表。2013 年出版学术著作、教材等 85 部，发表论文 548 篇，其中 SCI 收录论文 32 篇，其他收录论文 147 篇。组织申请各类专利 161 项（2012 年为 132 项）；获得授权知识产权 70 项（去年为 52 项），其中发明专利 15 项，实用新型专利 49 项，获得计算机软件著作权授权 6 项。与近 2 年相比保持稳步增长，一个有利于知识产权工作的氛围已在我校形成。

2013 年度北京建筑大学省部级及以上科技奖励一览表

序号	奖励名称	成果名称	所属单位	获奖完成人	单位排名	获奖等级
1	上海市科技进步奖	农村生活污水生态处理技术体系与集成示范	环境与能源工程学院	杜晓丽	0	一等奖
2	测绘科技进步奖	城市高分辨率影像的地物自动提取与高效计算关键技术及应用	测绘与城市空间信息学院	赵西安、吕京国	1	三等奖
3	地理信息科技进步奖	全栈式 GIS 平台 uninpho 的研制与应用	测绘与城市空间信息学院	霍　亮、朱　光、罗德安、靖常峰、沈涛、赵江洪、张学东	1	二等奖
4	中国专利奖	一种利用烟气冷凝热能的复合型防腐换热装置	环境与能源工程学院	王随林、潘树源、史永征、闫全英、傅忠诚、艾效逸、郭　全、徐　鹏	1	优秀奖
5	教育部科学技术奖	环保沥青路面新材料研发与工程应用	土木与交通工程学院	季　节、徐世法、索　智、许　鹰	1	一等奖
6	华夏建设科学技术奖	高效装配式低温辐射供暖板模块化技术与成套工程应用技术	环境与能源工程学院	王随林、闫全英、史永征、陈红兵、潘树源	1	二等奖
7	中国施工企业管理协会科学技术创新成果奖	小半径曲线钢箱-混凝土组合连续梁桥施工与控制关键技术研究	土木与交通工程学院	龙佩恒、王毅娟、焦驰宇	2	二等奖
8	华夏建设科学技术奖	既有建筑安全性改造关键技术研究	土木与交通工程学院	刘栋栋	8	一等奖
9	北京市科学技术奖	当代北京城市弱势空间研究	建筑与城市规划学院	金秋野	2	三等奖
10	华夏建设科学技术奖	混凝土结构防屈曲支撑消能减震体系研发与工程应用	土木与交通工程学院	吴　徽、张艳霞、张国伟	1	三等奖
11	北京市科学技术奖	低品质掺合料混凝土关键技术的开发与应用	土木与交通工程学院	宋少民、黄修林	1	三等奖
12	北京市科学技术奖	城市轨道交通 U 型梁系统综合技术研究	土木与交通工程学院	龙佩恒	6	二等奖
13	山西省科学技术奖	智能交通非线性动力学特性及其控制研究	机电与汽车工程学院	杨建伟	2	二等奖

2013 年度分部门科研成果汇总表

序号	类型／部门	省部级及以上科技奖励	授权知识产权	著作、教材、译著等（部）	收录情况（篇）					公开发表论文（篇）		
					总计	SCI	EI	ISTP	其他（ISSHP、CSSCI、人大复印等）	总计	其中：核心期刊、国际学术会议论文集	一般论文、艺术作品等
1	建筑与城市规划学院	1		21	2		1		1	67	7	60
2	土木与交通工程学院	6	3	5	29	1	26	2		90	36	54
3	环境与能源工程学院	3	29	5	59	17	39	3		113	42	71
4	电气与信息工程学院		1	12	11		9	2		17	8	9
5	经济与管理工程学院			9	15	1	3	3	8	45	20	25
6	测绘与城市空间信息学院	2	6	2	7	1	6			25	10	15
7	机电与车辆工程学院	1	36	7	20	1	17		2	10	7	3
8	文法学院			14	10				10	75	17	58
9	理学院		3	4	25	11	10		4	37	21	16
10	体育部			4	1				1	43	23	20
11	图书馆			2	0					27	1	26
12	计算机教学与网络信息部				0					5	3	2
13	机关		1		0					0		
14	合计	13	79	85	179	32	111	10	26	554	195	359

注：土木与经管学院学生窦志鑫、吴迪等联合申请专利 1 项。

（四）成果转化

近年来，学校已经形成明显的技术成果转化特色与优势，并围绕特色与优势，通过整合人力资源和成果积累，形成若干相对稳定的科研团队和市场开拓方向，密切关注行业动态，积极将技术服务于北京及全国各地的建设与发展，现已几乎涵盖学校所有主要专业领域，包括乡镇规划与建设、古迹遗址研究与保护、环境保护与治理、工程测量与监测、建筑及结构设计、新型建筑材料的研发与应用、应用软件研究与开发、交通工程研究与规划、工程安全监测、节能技术与节能改造、建造技术开发与应用、设备及装备研究与开发、工程管理与咨询、社区文化建设与服务等，这些技术成果大多已在国内形成一定的影响力，并在部分领域已经走在了全国高等院校和科研院所的前列。2013 年完成促成技术转移项目成交数量 156 项，促成技术转移项目成交金额达 2256.1 万元。目前已完成的典型技术转移包括：（1）利用城市雨水资源化研究成果，先后在北京、天津、杭州等多个城市完成了 30 余项城市雨水资源化示范工程；（2）利用建筑垃圾资源化研究成果，研制生产出以建筑垃圾为材料的"再生古建砖"等产品，在北京旧城四合院修缮等工程中进行示范并加以应用推广；（3）利用城市数字化领域的研究，完成了故宫博物院、国家大剧院、云冈石窟等建筑的数字化测量项目；（4）利用建筑文化遗产保护方面的技术优势，完成长城北京段保护、北京前门地区保护等项目的规划和研究，完成山西、河南、湖北、安徽、湖南等地历史文化遗产保护规划；（5）利用烟气冷凝余热回收方面的技术优势，完成新疆、河北、北京等地区热电厂、供热系统的数十项余热回收节能项目。

（五）学术活动

2013 年各二级学院积极组织、开展各类专业技术会议和学术活动，摘录如下：

北京建筑大学 2013 年主要学术活动摘录

序号	名称	形式	时间	主办单位	主讲人
1	新西兰知名景观设计及主题环境大师教授的题为"身临其境的世界"的演讲	学术讲座	3 月 15 日	建筑学院	贾金杰、郝天娜
2	"成大学之梦"——土木学院教授讲坛系列学术讲座	学术讲座	4 月	土木学院	刘栋栋、李地红等
3	设计研究技术和美学	学术讲座	4 月 12 日	建筑学院	饶爱理
4	"可持续的城市规划与设计"的学术讲座	学术讲座	6 月 18 日	建筑学院	李凤禹、李鸿
5	《污水/污泥厌氧转化能源关键技术》学术讲座通知	学术讲座	5 月 7 日	环能学院	Merle de Kreuk
6	城市测绘与地理信息新技术应用交流会	学术会议	5 月 21 日	测绘学院	刘先林院士、张生德博士、王晏民、杜明义、霍亮教授
7	芬兰赫尔辛基大学专家教授来我校访问	学术访问	6 月 2 至 5 日	理学院	Stefan 教授和 Tadeas 博士
8	"上海自由贸易试验区与我国新时期改革开放"的学术报告	学术讲座	10 月 23 日	经管学院	林桂军教授
9	首届 Smarandache 重空间与重结构学术交流会	学术会议	6 月 28 日	经管学院和理学院	崔景安教授、梁昔明教授

序号	名称	形式	时间	主办单位	主讲人
10	"创新——科学研究的源泉和倍增器"为题的学术报告	学术讲座	7月2日	电信学院	苏中教授
11	海峡两岸青年规划师与建筑师研习营主题"从南京到北京——古都之历史文化街区再生"的学术讲座	学术讲座	8月30日	建筑学院	冯斐菲、范霄鹏教授
12	关于"冲击动力学与工程应用"的学术讲座	学术讲座	9月17日	土木学院	李庆明博士
13	关于"BIM技术在建筑工程中的应用"的学术讲座	学术讲座	10月11日	土木学院	Soibelman教授
14	美国劳伦斯伯克利国家实验室科学家来我校访问	学术访问	11月6日	电信学院	Chris Marnay
15	英国卡迪夫大学自然科学和工程学院来我校访问	学术访问	12月13日	建筑学院	Barry Sullivan

（六）科研日常管理

2013年国家和北京市进一步加强了对科研项目管理特别是科研经费管理，北京建筑大学根据市教委转发教育部文件和市属高校科研经费管理意见等4个文件精神，科技处、财务处和审计处及时出台并下发了《关于进一步加强我校科研经费管理的通知》、《北京建筑大学关于加强科研经费管理的意见》、《关于开展科研经费管理使用情况自查的通知》、《关于开展"教育经费管理年"活动的通知》等文件。同时，科技处及时修订完善了《北京建筑大学科研经费使用与管理实施细则》，并在原《北京建筑大学科研项目管理办法》的基础上出台《北京建筑大学纵向科研项目管理办法》等相关管理文件，以保证关于加强科研项目和科研经费管理的监管措施落到实处并形成长效机制，从制度建设方面保障我校科研工作的强化管理持续深化落实。

北京建筑大学2013年度科研成果可见附录一，科研项目到校经费可见附录二。

（霍丽霞 陈 韬 刘 芳 高 岩 白 莽）

三、科研基地

（一）概况

2013年北京建筑大学共有省部级科研基地15个，明细如下。

北京建筑大学省部级科研基地一览表

序号	类型	基地名称	批准时间
1	省部共建教育部重点实验室	城市雨水系统与水环境省部共建教育部重点实验室	2009年
2	教育部工程研究中心	代表性建筑与古建筑数据库教育部工程研究中心	2009年

序号	类型	基地名称	批准时间
3	国家测绘地理信息局重点实验室	现代城市测绘国家测绘地理信息局重点实验室	2011 年
4	北京市重点实验室	供热、供燃气、通风及空调工程北京市重点实验室	2001 年
5		绿色建筑与节能技术北京市重点实验室	2010 年
6	北京实验室	通用航空技术北京实验室	2013 年
7	北京市高校工程研究中心	工程结构与新材料北京市高校工程研究中心	2010 年
8	北京市工程技术研究中心	北京市建筑安全监测工程技术研究中心	2011 年
9		北京市城市交通基础设施建设工程技术研究中心	2012 年
10	北京市哲学社会科学基地	北京建筑文化研究基地	2010 年
11	北京市研究和人才培养基地	北京应对气候变化研究和人才培养基地	2012 年
12	国家文物局研究和人才培养基地	国家建筑遗产保护研究和人才培养基地	2013 年
13	北京市 2011 协同创新中心	北京节能减排关键技术协同创新中心	2012 年
14		首都世界城市顺畅交通协同创新中心	2013 年
15	北京市大学科技园	北京建筑大学建筑科技大学科技园	2009 年

（二）各科研基地建设情况

【城市雨水系统与水环境省部共建教育部重点实验室】 城市雨水系统与水环境省部共建教育部重点实验室依托北京建筑大学环境工程、市政工程与环境科学等学科，建设地点位于北京建筑大学展览馆校区，于 2009 年 12 月经教育部批准建设。实验室立足北京，面向全国，紧紧围绕我国城市化快速发展进程中水环境污染控制和综合治理中的突出共性问题，以城市雨水系统为切入点，以可持续水循环为引领，以建立健康的城市水环境为目标，以揭示城市水环境水量水质保障各环节的科学机理为支撑，在城市雨洪控制与利用、水质净化与环境风险评价、水资源再生利用与节水、水资源优化配置与管理等领域，通过环境工程、市政工程和环境科学等学科之间的相互交叉和渗透，重点开展跨学科创新性应用基础研究。

实验室现有固定人员 65 人，其中研究人员 58 人，技术人员 7 人。研究人员主要由环境工程、市政工程、环境科学、化学与化工、生物技术、城市规划、交通工程、管理等多学科科研骨干组成。其中教授 18 人，副教授级 25 人，研究生导师 38 人。实验室另有流动人员 15～20 人，主要是课题合作研究人员等。实验室近年来通过开展大量科研项目锻炼队伍，形成善于协作的科研团队，现有北京市学术创新团队 2 个，北京市高层次人才 1 人，科技新星 1 人，北京市中青年骨干教师 7 人。

重点实验室设主任 1 名，副主任 1 名，并设立学术委员会。实验室建有日常运行管理规章制度，明确实验室主任任期目标责任制、副主任工作职责，建立学术委员会工作条例、室务管理委员会工作条例、科研课题管理办法、科研成果管理办法、客座人员管理办法、研究生管理办法、机房管理办法、大型仪器设备使用、维护与管理办法、实验室安全条例等一系列规章制度，使实验室各项工作有法可依、有章可循。另外，对人才管理、经费管理、信息化工作和档案管理等都做了相关规定。

目前，实验室设有三个主要研究方向：①城市雨洪控制利用与水环境生态修复；②污水处理及其资源化；③城市节水与水系统优化管理。实验室围绕研究方向，结合首都北京和国家科技发展需求，实验室三个主要研究方向的研究内容分别为：

（1）城市雨洪控制利用与水环境生态修复

本研究方向包括城市雨水系统发展战略与优化模式研究（包括低影响开发模式及其设计理论与方法）、可持续排水系统与雨洪控制利用综合模式、优化的综合性系统设计原理与方法（与绿色建筑/绿色基础设施、城市道路、景观和开放空间、水资源与水环境敏感性城市规划设计的关系与耦合等）、城市雨水产汇流特征及其对水环境响应机理、城市雨水资源化理论与技术（收集、净化、弃流、存储与调节；包括直接利用、间接利用、综合利用等）、城市雨水径流污染物迁移转化与控制机理研究（包括典型污染物的积累、汇水面及管道中的转移与输送、土壤及水环境自然净化规律与机理、初期冲刷及其控制机理、生态化控制原理等）、雨水管理政策与制度设计研究等。

（2）污水处理及其资源化

本研究方向主要研究内容包括污水处理系统的数学模拟优化与数字化智能决策控制系统、可持续污水生物营养物去除回收反应过程和机理、高效低耗的水资源再生处理新工艺、污水生物处理系统中的内源过程机理与污泥减量技术、污水资源化的环境与健康风险评价原理与方法等。

（3）城市节水与水系统优化管理

该方向以城市节水的影响机理和实现技术为"节流"的切入点，构建涵盖传统水源和非传统水源开发、利用的城市综合节水技术标准体系框架；围绕城市规划布局、产业结构等对城市节水影响机理、城市节水标准指标的优化、技术集成及评价体系构建等进行研究和实践。以城市水系统区域规划为切入点，构建涵盖较大区域内若干水系统的水资源优化配置方法，用系统优化的理论方法，对较大区域内水系统进行综合规划、管理；以城市水系统为切入点，通过系统研究水量预测和模型建立，实现以区域经济、社会、环境等协调发展为目标的水资源优化配置；通过水价构成理论分析、城市水系统各组成部分趋势分析，建立社会经济—水资源—水生态系统耦合量化模型，实现可持续发展的城市水资源优化配置。

在北京市的大力支持下，实验室研究条件大为改善。经过五十余年的积淀，特别是最近五年的经费投入，实验室常规仪器设备配置合理，用于城市雨水系统与水环境科研领域国际或国内先进水平的科研设备得以配置，在重点研究领域，可以满足实验室近期开展工作的需要。实验室目前仪器设备共计 2400 余台件，总值 4800 余万元，其中 10 万元以上仪器设备 50 多台套。建设期将建成以下五大实验平台：降雨模拟实验系统平台、水质监测与分析精密仪器实验平台、数值模拟与大型计算基础实验平台、浅层地下水渗蓄与污染控制实验平台、废水生物处理与污泥减量实验平台。

在重点实验室的建设过程中，通过开放性运行机制加强创新型人才的培养；加大科技立项活动的力度；依托完成国家课题，使中青年科研人员的科研能力和创新能力得到提高，使之成为本领域的骨干人才；开展重点实验室开放研究课题工作，加强国内本领域科研的交流，进一步开拓实验室的发展视野和发展思路；通过与国外本领域大学或研究机构联合培养的方式，培养具有国际视野的城市雨水与水环境科研人才。

重点实验室自获批建设以来，三个研究方向均取得了突出成果，承担多项国家自然科学基金、国家"十一五"重大科技专项等纵向课题，在解决水环境重大实际问题的同时，开展了大量理论和技术应用研究。目前，实验室共承担科研项目 200 余项；其中国家级项目 20 项（包括：国家自然科学基金 5 项，国家重大科技专项课题/子课题 6 项，国家 863 计划课题 1 项），省部级项目 30 项，其他纵向项目 80 余项，企业委托项目 100 余项。发表学术论文 170 余篇；其中，SCI 期刊论文 7 篇，EI/ISTP 检索论文 109 篇，中文核心 40 余篇。出版专著 10 部。获省部级科技进步奖 8 项，其中教育部自然科学奖一等奖 1 项。申请专利 32 项，授权 4 项。

【代表性建筑与古建筑数据库教育部工程研究中心】

（1）概述："代表性建筑与古建筑数据库教育部工程研究中心"于 2009 年 9 月成立，其研究内容与工程应用开发是建立以数据存储为核心的代表性建筑与古建筑数据库，将传统的建筑实体保护转变成建筑实体保护与建筑数据保存并举。该中心的成立是加强我国遗产保护的完整性及安全性的必然选择，也是信息化技术的一个重要扩展领域。中心开展教育部工程中心的各项教学、科研等工作，建立了新型的"技术＋产品＋服务"集成运行方式；以"一个中心、二个平台、三个基地"的组建模式开展科研、教学、工程应用等各项工作，并形成了可持续、良性循环发展的运行管理机制。

（2）基地建设情况：2014 年获得"北京市科研基地建设—科技创新平台"专项资金 500 万，购买了用于古建筑数据采集与处理的"倾斜数字航摄系统"，为更好地开展科学研究及工程应用奠定了基础。本年度主要完成了以下工作：

1）科学理论研究：海量精细三维空间数据管理研究、多源数据融合的精细三维重建技术研究；

2）精细三维重建；

3）海量空间数据管理；

4）三维重建与数据管理软件。

（3）成果：

1）采集有代表性的古建筑的空间数据，建立了 2 个古建筑的数据库；

2）建立古建筑大数据中心，数据规模达 300T，实现对古建筑物的存储、管理和发布；

3）发表论文 20 余篇，其中 EI 5 篇，SCI1 篇；

4）申请专利 2～4 项；

5）养研究生 15 名，青年教师 5 名。

形成的自主知识产权的系统软件 2 套，其应用必将形成新的产业，并产生巨大的经济效益；项目通过古建筑数据库的工程建设，对提升文物保护具有重要的社会意义和效益；所形成的信息管理，更能有效和持续地服务于文物保护；所形成的关键技术解决方案及软件产品能让行业用户达到 80％以上，并得到逐步推广。

【现代城市测绘国家测绘地理信息局重点实验室】

（1）基本概况：现代城市测绘国家测绘地理信息局重点实验室依托北京建筑大学与建设综合勘察研究设计院有限公司，于 2011 年 9 月由国家测绘地理信息局批准成立。实验室依托北京建筑大学测绘科学与技术一级学科优势和人才培养优势，建设综合勘察研究设计院有限公司的建设行业优势和城市管理服务优势，通过产学研联合，实现优势互补，研究构建现代城市测绘地理信息技术体系，为城市规划、建设、管理和文化遗产保护服务。实验室主要设立现代城市测绘技术体系与标准化；城市地理信息理论、方法及应用；建筑精细测量及重构3个研究方向。现代城市测绘技术体系与标准化，包括基础测绘、摄影测量与遥感、地理信息系统等多个方面；城市地理信息理论、方法及应用，重点包括数字城市的应用、网格化精细化城市运行管理服务等方面；建筑精细测量与重构，重点研究城市建（构）筑物精细测量技术和文化遗产精细三维重构技术。

（2）基地建设情况：实验室已形成了一只以中青年高水平学术带头人为核心的优秀创新团队，科研队伍结构合理，学历层次高（90％的教师具有博士学位），业务素质高。现有专职研究人员40人，其中教授6人，博士生导师4人，副教授14人；实验技术人员4人，管理人员2人。另有流动研究人员20左右。科研团队中含国务院颁发政府特殊津贴教师1人，北京市高层次创新人才1人，北京市学术创新团队3个，北京市拔尖创新2人，北京市优秀青年骨干教师6人。

目前，实验室已有仪器设备总价值3000余万元。拥有高精度GPS、全站仪、数字摄影测量处理仪、三维激光扫描系统、移动道路测量系统、数字摄影测量系统、测量机器人、激光跟踪仪、关节臂、无人机和众多的地理信息、逆向工程处理软件、遥感处理软件等，为研究工作的开展提供了良好条件。

实验室建立以来承担863项目3项，国家"十一五"科技支撑项目2项，国家自然科学基金5项，北京市自然科学基金重点项目2项、面上项目5项，其他省部级以上科研项目10余项。获省部级科技进步奖5项，获得发明专利10余项。

实验室每年派5名左右学科带头人、学术骨干、博士研究生出国讲学、考察和进行合作研究，每年邀请6名以上国内外知名专家来实验室进行学术交流与合作，每年设立开放基金，吸引国内外相关学科优秀青年人才来实验室工作。建设期间，实验室主办或协助主办全国性或国际会议学术会议3次，参加国际会议12人次以上，国内学术会议30人次以上。已培养博士研究生15名左右，硕士研究生80名左右。

2013年12月18日，国家测绘地理信息局科技合作司在中国测绘创新基地召开了国家测绘地理信息局重点实验室评估工作会议，对局属重点实验室中的12个实验室进行评估。分别从"实验室总体定位和研究方向"、"科研水平和贡献"、"科研队伍和人才培养"、"开放交流与运行管理"四个方面对各个实验室进行了定量和定性的评估。最终本实验室评估合格并且排名第九。参加此次评估的其他重点实验室依托单位都是拥有测绘科学与技术一级学科博士点的高校或研究院，这表明我校的测绘科学与技术学科科研水平进入国内先进行列。

【供热、供燃气、通风及空调工程北京市重点实验室】

（1）基地概况：供热、供燃气、通风及空调工程北京市重点实验室依托北京建筑大学环境与能源工程学院供热、供燃气、通风及空调工程学科，是经北京市教育委员会、北京市科学技术委员会评审和认定的首批北京市重点实验室，于2001年6月成立，2009年12月通过第二期建设项目验收，2010年9月进入第三期建设。多年来，重点实验室大力开展高新技术的开发与应用研究，努力开展科技创新和体制创新，主动适应首都城市建设和发展的需要，发挥自身的专业优势，为首都经济和社会发展培养出一大批高素质人才。根据北京市城市建设需要，重点实验室主要开展的研究方向包括燃气综合高效利用技术，供热空调制冷系统与设备节能技术，室内环境质量检测与控制技术和建筑节能综合应用技术研究。

供热、供燃气、通风及空调工程北京市重点实验室拥有汇集了目前欧洲最先进的能源设备，承担大量的教学、科研任务，以及技能培训和社会服务，其研究成果居国内领先和国际先进水平，是服务于北京建筑节能、城市清洁能源的利用，节约和降低城市居民能源消耗，提高北京市民用建筑人居环境质量的开放式实验研究中心。

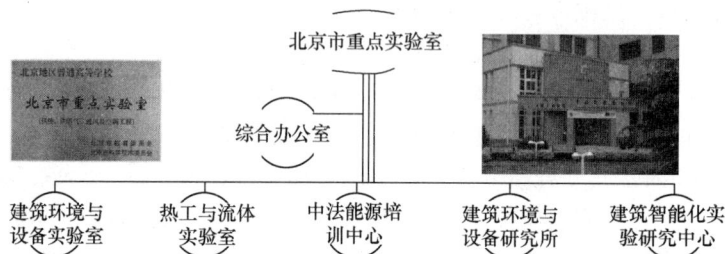

(2) 基地建设情况：目前，重点实验室现有实验室面积 3475 平方米，设备总值 2530 万元，下设建筑环境与设备实验室、热工与流体实验室、中法能源培训中心、建筑环境与设备研究所、建筑智能化实验研究中心、重点实验室办公室。经过多期建设，其科研条件及设施的总体综合水平达到全国高校同类实验室的先进水平，十万元以上的高精密测试仪器 46 台套，是服务于北京建筑节能、城市清洁能源的利用，节约和降低城市居民能源消耗，提高北京市民用建筑人居环境质量的开放式实验研究中心。

重点实验室积极培养和引进青年技术骨干和高层次拔尖人才，形成了合理的师资结构。建立了一支年富力强、学术水平高、具有开拓创新精神的师资梯队。实验室主任李德英教授为全国高校"建筑环境与设备工程"学科专业指导委员会委员，学术骨干经常参与相关领域的发展论证决策工作，为首都城市建设和发展做出贡献。重点实验室现有骨干教师 11 人，其中：教授 6 人，副教授 4 人、硕士生导师 10 人，流动研究人员 26 人。近五年毕业硕士研究生 170 余人。

2014 年暖燃基地共申请北京市教委专项 350 万，购置仪器设备 38 台套，召开学术委员会会议 3 次，学术讲座近 20 余人次，发表学术论文 60 余篇，其中 SCI 论文 11 篇，EI 期刊论文 10 篇，EI 会议检索 4 篇，核心 7 篇，专利 10 项，省部级二等奖 1 项，进展良好，预计能完成立项目标。

【绿色建筑与节能技术北京市重点实验室】

(1) 基地概况："绿色建筑与节能技术"北京市重点实验室自 2010 年 10 月北京市教育委员会批准认定后，经过 4 年的建设，由基础建设进入了平稳发展时期。

1) 关于重点实验室的研究方向与发展思路重点实验室的总体定位

以"人文北京、科技北京、绿色北京"为服务方向，依托我校的现有科研基础，将建筑学、土木工程、材料科学、环境科学等多学科进行交叉与融合，结合北京的城乡建设需求，致力于绿色建筑与节能技术领域的基础研究、应用研究以及关键技术研究，为北京城市建设发展中所遇到环境和资源方面的问题、可持续发展方面的问题提供解决方案。重点实验室的主要研究方向。绿色建筑设计理论及方法、绿色结构设计理论及方法、绿色能源（水资源）系统设计理论及方法、可持续性建筑材料及产品研发与应用、建筑环境检测与模拟分析 5 个方向。

重点实验室的总体建设目标。逐步将实验室建设成为一个在"绿色建筑与节能技术"领域具有显著特色和重要影响力的开放式研究中心和人才培养基地。

重点实验室的发展思路。近期，重点实验室将根据北京市"十二五"发展建设的需要，结合我校现有科研条件，组建和培育多个不同学科交叉与融合的研究团队，为北京市的绿色发展提供全方位的服务。如，2011 年成立的绿色医院研究团队和既有居住建筑改造研究团队，完成的《医院建筑使用后功能和环境评估标准体系研究》及《既有居住建筑综合改造技术导则》的研究成果，为北京市近期开展的老旧社区改造和公共医疗设施建设提供了科技支撑。远期，为了使重点实验室能够在"绿色建筑与节能技术"领域的研究具有显著特色，体现自主创新的科研能力，2012 年成立了建筑风环境理论与技术研究团队和 2013 年成立的复杂建筑表皮研究团队，目前已经开始了"高层（超高层）建筑气动噪声影响研究"和"复杂建筑表皮"生态意义两项自主课题研究，以及 2013 年成立的低碳校园评价技术导则研究团队和 2014 年公共机构环境能源效率提升课题研究团队。

2）关于重点实验室的运行与管理

绿色建筑与节能技术是一个多学科交叉的研究领域。因此，我校在申报重点实验室阶段就决定将建筑学、土木工程、建材、环能等专业相关领域的研究人员整合为一体，即重点实验室是由建筑与城市规划学院承办横跨五个学院多个学科的研究机构。其组织构架为：

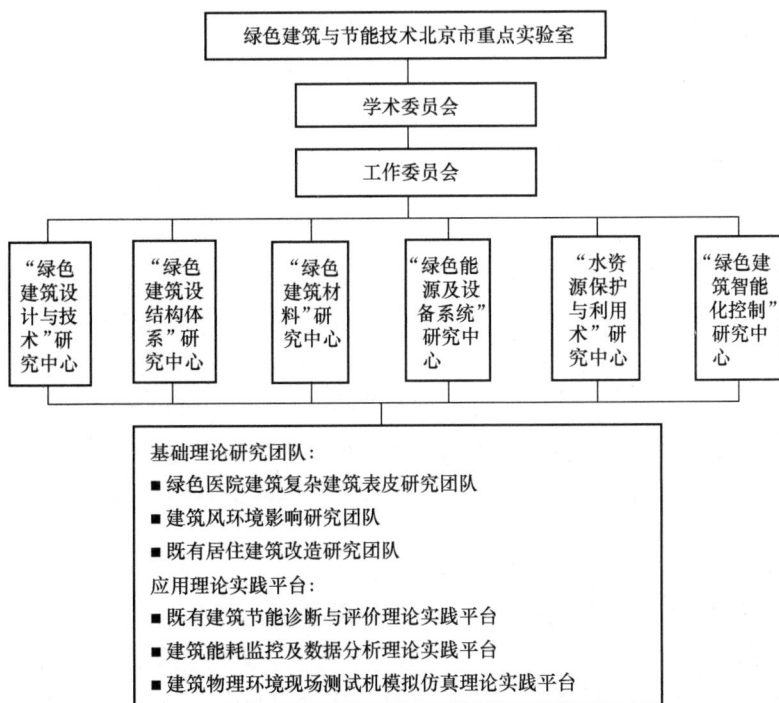

基地采取的具体措施是加强校级领导的作用，由一位校领导担任实验室主任，以便统筹调动校内资源，实现学院之间的组织与协调；增设重点实验室工作委员会（成员由不同学院的人员组成），采取联合办公的方式负责实验室的经费、设备、选题、计划安排等日常管理工作，以便加强不同院系的合作；以科研团队为纽带，搭建多学科交叉融合的研究平台，将分散在不同院系的科研人员整合为一体，实现对"绿色建筑与节能技术"综合研

究。经过 4 年的磨合、优化与整合，这种运行与管理方式比较适合我校科研活动的开展，目前重点实验室已进入了平稳发展阶段。

（2）基地建设情况：

1）关于重点实验室的科研水平与贡献

4 年来，重点实验室承担多项国家级、省部级和北京市重要科研课题，如"十一五国家科技支撑计划典型住宅及居住区综合改造技术集成与工程示范－既有居住建筑综合改造技术导则"、"科技部水体污染控制与治理科技重大专项课题－城市节水关键技术研究与示范"、"国家自然科学基金资助项目－高层（超高层）建筑气动噪声影响研究"、"北京市百项节能标准－低碳校园评价技术导则"、"十二五"科技支撑计划课题"公共机构环境能源效率综合提升适宜技术研究与应用示范"等。

4 年以来，重点实验室主要研究成果为：获得国家科技进步二等奖 1 项——固体废弃物循环利用新技术及其在公路工程中的应用（2011）、获得教育部自然科学一等奖 1 项——可持续污水处理理论创建与技术构建（2010）。目前共申请国家发明和适用新型专利 9 项，授权 9 项，部分研究成果及相关技术已直接转化应用于北京市场，创造了显著的经济效益。

4 年来，重点实验室积极为北京市生态环境建设和可持续发展战略提供服务，如："固体废弃物循环利用新技术及其在公路工程中的应用"成果，建成了国内首条年处理建筑垃圾 100 万吨的生产线和年产 30 万吨试验示范基地；在道路工程中实验了钢渣利用的新突破，仅北京就成功"消灭"了首钢 290 万吨、占地面积 300 亩的钢渣山，为北京市的节能减排工作做出了突出的贡献。由本实验室参与申报的北京腾达大厦，是第一个获得北京市绿标委认证的建筑运行星级的建设项目。为了解决北京市"停车难"的问题，重点实验室组织开展了"北京地区地下车库使用情况调查"的工作，为科学地制定地下车库出入口的数量提供了可靠的基础资料。

2）关于重点实验室的队伍建设与人才培养

重点实验室自建设以来，非常注重自身的队伍建设与人才培养。引进了 5 位具有博士学位的青年教师参与课题研究。为了拓宽他们的研究思路和学术视野，实验室利用合作研究课题将他们派往专业研究机构，与专家学者共同解决课题中的关键问题。如，为了分析高层（超高层）建筑环境气动噪声的生成机理，将青年教师派往中国科学院力学所高铁研究中心，利用其强大的运算能力模拟研究风环境，在交叉学科的融合中使他们得到更大的锻炼。

3）关于重点实验室开放与交流

重点实验室为了不断地提高科研水平，积极开展国内外的学术交流。2011 年 1 月起先后邀请夏云先生（西安建筑科技大学）、刘少瑜先生（香港大学建筑学院）和美国建筑师王乔极先生为实验室的客座教授，来校进行"生态可持续建筑"的专题讲座。2011 年 11 月以"基于低碳战略的建筑和城市"为主题，举办了第三届建筑与土木热点问题国际学术研讨会，邀请美国、英国、法国、意大利、波兰、亚美尼亚、韩国、中国等专家学者，一起探讨建筑和城市发展问题，进一步促进了国际交流与合作。

重点实验室利用开放课题和合作研究的方式，邀请相关领域的专家学者来实验室开展课题研究。2011 年度，重点实验室公开向全社会征集了 5 个开放课题，邀请了清华大学建筑学院、中国建筑科学研究院、住建部科技科技发展中心、首都医科大学宣武医院等专家学者来实验室参与科研工作。2013 年度，重点实验室公开向全社会征集了 5 个开放课题，邀请了南京大学、天津大学、北京住宅设计研究院、国家住宅与居住环境工程技术研究中心参与科研工作。

2013 年为了加强与兄弟院校的交流合作，重点实验室组织科研团队负责人走访了港大、东南、南大、浙大、同济、天大和西建大 7 所院校，与相关领域的专家学者进行了深层次的学术交流，并于 2014 年分别开展了不同形式的学术交流活动。

【通用航空技术北京实验室】2011 年 10 月 19 日北京市经济和信息化委员会正式发布了《北京市通用航空产业发展规划（2011－2020）》，指出北京应成为国内通用航空的技术研发、生产制造、运营服务、人才培训、金融会展、运动休闲的领导者，世界通航产业转移的重要承载区和世界通航产业亚太地区的中心。

通用航空技术北京市实验室的作用是：建设通用航空发动机、通用航空电子系统及飞行服务研发平台，实施产学研协同创新，攻克通航关键技术，开展通航人才培养、国际交流合作以及产业规划和政策咨询，提升北京市通航产业核心竞争力。

通用航空技术北京实验室主要从以下两个方面开展工作：

（1）通用航空发动机、航空电子系统及飞行服务 3 个研发平台建设

瞄准北京市通用航空产业需求，建设通用航空发动机、航空电子系统及飞行服务研发平台，开展应用基础理论与核心技术攻关，研制通航发动机和高集成度通航航电系列产品，研发通航飞行服务站。

（2）产学研协同创新运行机制建设

通用航空技术北京实验室由北京航空航天大学与北京建筑大学、北京通用航空（集团）有限公司、北京合众思壮科技股份有限公司、民航数据通信有限责任公司、北京民航天宇科技发展有限公司共建，共同形成产、学、研开发机制，使北京通用航空产业直接与国际接轨，成为国际通用航空产业链的重要节点。

我校在通用航空技术北京实验室的团队中承担了建设通用航空基础设施的规划与安全防灾技术的研究工作，在已有安全防控、行人疏散模拟仿真研究的基础上，进一步扩大实验室建设，为通用航空基础设施建设标准、规范的制订提供依据，成为产业部门的科研基地，并在此基础上开展三维运动捕捉系统的建设，完成对行人集散过程中各种特性的模拟测试等相关研究，发表相关论文，并为通用航空基础设施建设培养高级研究人才。

【工程结构与新材料北京市高校工程研究中心】工程研究中心成立于 2010 年 1 月，建筑面积达 5000 平方米，科研设备总价值约为 4500 万元。具有北京市高校唯一的"工程结构与建筑材料"工程检测资质；拥有国家设计甲级资质的北京建工建筑设计研究院和全国行业领先的北京建工京精大房工程建设监理公司。该中心依托北京市建设领域龙头企业北京建工集团、北京市建筑设计研究院、北京市市政工程设计研究总院，北京市政路桥控股有限公司等 4 家企业，为北京的城市建设提供必要技术支撑，旨在提升首都北京在工程结构节能、抗震，耐久性，环保和可持续发展结构工程材料应用的整体水平。

工程研究中心的主任由土木与交通工程学院院长吴徽教授担任，学术委员会主任由中国建筑材料科学研究院院长姚燕教授级高工担任。中心研究人员总数 72 人，其中固定人员 58 人，固定研究人员中具有高级职称的 40 人。

工程研究中心目前有五个主要研究方向：

1）工程结构抗震新技术研究和应用：开展工程结构相关的抗震新技术和国外先进抗震技术的国产化研究。

2）工程结构节能新技术研究和应用：开展节能新型墙体的研发和应用研究，对新型居住建筑结构保温体系－新型蒸压加气混凝土外挂墙板性能和连接节点构造及在高层建筑中应用的研究。

3）既有工程结构的检测、鉴定与维修加固：开展工程结构的材料检测、结构检测、检测鉴定和加固新技术的研究。

4）地下结构抗震新技术研究和应用：开展了地下结构抗震方面理论和数值方法的研究，并应用于北京新建地铁建设中。

5）建筑垃圾资源化、再生环保节能和可持续性结构材料的研究和应用：开展建筑垃圾资源化、再生结构材料关键技术和规模化生产技术研究。

6）环保型可持续发展城市道路工程材料：开展环保型城市道路材料的关键技术研究，积极开展热再生技术、温拌沥青混合料技术的成果转化。

工程研究中心目前承担973、863、国家科技支撑计划、国家自然科学基金、国家自然科学基金等研究项目共计56项，研究经费达850万元。发表相关论文100余篇，其中被三大检索收录46篇；出版专著12余本；获得省部级奖励9项，其中徐世法教授的研究成果"公路废旧沥青混合料循环再生成套技术"获得教育部科技进步奖二等奖，戚承志教授的研究成果"岩土动力学基础理论研究及工程应用"获得中国岩石力学与工程学会自然科学二等奖；申请专利20项，获批15项，其中发明专利6项。

工程研究中心研究的防屈曲支撑技术在日本、美国已有技术上进行了改进，开发了具有中国自主知识产权的技术并已完成了全部试验研究，正在推广试点应用阶段。在建筑垃圾处理及再生砖利用方面，已经建立了垃圾处理生产线，并有一些示范工程，如北京旧城改造－四合院仿古再生砖示范工程、再生砖与再生混凝土新农村建设中的应用工程、建成国内第一座再生混凝土实验楼。完成再生沥青路面的研究和试点工程，完成河南省内第一条高耐久性高速路的试点工程，温拌沥青技术已在奥运工程中得到使用，取得了较好的社会效益和经济效益。对北京地铁马连洼北路站、九龙山十字换乘站和长春地铁文化广场换乘站进行抗震分析。

【北京市建筑安全监测工程技术研究中心】

（1）基地概述：北京市建筑安全监测工程技术研究中心成立于2011年，目前研究方向包括：①建筑结构安全检测研究；②建筑运行环境状态研究；③建筑施工装备及系统的安全工程研究；④建筑安全物联网系统研究；⑤特种机器人及其在建筑安全监测中的应用研究；⑥建筑安全管理与安全评价技术方法研究等。现有专职人员数量54人，其中副高级（含）以上职称数量及所占比例为54％，具有博士学位数量占比例为57％。中心现有科研面积3500平方米，现有仪器设备300多台。

（2）基地建设情况：中心成立三年来，中心相关人员积极开展工作，高水平地完成了中心2011－2013年主要工作规划任务、实验室研发投入与科研条件和配套设施改善计划任务、队伍建设及人才培养计划任务，达到了预期目标。主要表现在以下几个方面：

在实验条件的改善与提升方面：主要是建立大型复杂建筑工程结构安全动态监测技术

及应用实验室（实际名称：建筑结构安全监测系统实验室）；成立了建筑安全仿真实验室（实际名称：建筑火灾监测实验室）；完成了建筑安全监测实验室的改造与建设（实际名称：建筑消防安全监控实验室）；成立了建筑结构疲劳分析实验室（备注：实验设备安置在建筑火灾实验室与建筑消防安全监控实验室）。

在建立成果转化平台方面：主要是建立钢结构支架模型与电液伺服安全监测试验平台，完善了建筑安全监测及相关技术与装备。

在建立试点工程方面：主要是承接了中央电视台新台址建筑结构安全分析，凤凰国际传媒中心建筑结构安全分析，央视新址火灾后结构安全评估，金属支架结构安全监测，地下综合体——新奥购物中心行人特征与火灾荷载调查，人员安全疏散软件研发并应用于北京地铁北关站行人流分析等项目。此外中心还积极申请或参与国家、省部级基金项目的研究工作，并开展以专利申请与高水平论文发表等形式的科研成果总结工作。

实验室研发投入与科研条件和配套设施改善方面：通过广泛调研，进行了先进的建筑安全监测技术平台建设，经费主要来源于：

1）2011年北京市科委阶梯计划项目50万元，主要用于异形钢结构建筑安全监测关键技术研究。主要包括：各类建筑安全检测传感器对钢结构的在线监测应用和信号处理技术、建筑结构安全动力监测信号采集及无线传输技术的研究、建筑结构安全监测信号实时存储的研究、建筑结构安全分析系统的研究、建筑健康过程的全生命周期管理系统的研究以及工程验证方案。该项目基于动力次声检测技术，以异形钢结构实体模型为研究和监测对象，搭建的一个适用于钢结构形变监测的建筑安全动力次声网络监测系统。该系统为钢结构受力形变及失效预测分析的研究提供了基础平台和依据，有重要的实践意义及推广价值。该项目借鉴国际先进技术，开展建筑安全监测等技术的研究，解决了建筑安全监测关键性、基础性和共享性技术问题，为社会建筑安全服务。

2）2012年北京市经费支持487.247万元，主要是采购建筑安全监测技术开发和验证系统的设备，包括建筑结构安全监测传感器、控制器及其开发系统、高性能数字示波器、多域信号分析仪、电液伺服建筑安全监测模拟实验平台、建筑结构安全分析软件、ARCGIS软件等。其中：①电液伺服建筑安全监测模拟实验平台由四台作动器、四立柱、主梁、副梁、靴梁、底座及撑角组成。两台竖向作动器固定在副梁上且可根据需要调整上下、左右、前后的位置，副梁采用丝杠调整空间，两台水平向作动器可上下调整。微机控制电液伺服建筑安全监测模拟实验平台可完成对桥梁及建筑结构领域内住、梁、板、墙、节点、框架等的机械性能试验，通过多种加载方式，模拟试验工件不同的工作环境，通过监测系统记录试验工件的安全情况；本中心研发的传感器及建筑安全监测系统在已在此试验平台完成结构实时安全监测的试验验证。②为了验证建筑结构安全监测系统的有效性并开展相关试验，中心自主设计了钢结构支架模型作为系统的实验结构。此模型总体外形尺寸（长，宽，高）：$2m \times 1.5m \times 2m$，可模仿钢结构机械杆件的振动，通过传感器传感器及安全监测系统对其杆件强刚度进行在线监测和预警分析。建筑结构安全监测系统在本中心实验室中可对钢结构支架结构进行监测试验，并与信息化设备连接，实现在控制室大屏幕实时在线显示。该实验平台为建筑结构安全监测系统的实际工程应用提供研究基础和理论依据。③ArcGIS整合了数据库、软件工程、人工智能、网络技术、云计算等主流的IT技术，宗旨在为用户提供一套完整的、开放的企业级GIS解决方案。通过使用ArcGIS提供的空间分析、时间分析和网络分析功能，可便捷的构件建筑消防火灾中的消防进攻路线、疏散路线等。

3）2012 年北京市经费支持 169.96 万元，主要进行了建筑安全监测平台信息化系列设备和传感器系列设备的采购等工作。中心对国内和国外的光纤光栅传感器及解调器进行了调研，并购买了具有代表性的设备。通过对典型传感器的分析、测试，逐步研究出可以同时测量不同方向上应力、应变的光纤光栅多维传感器，并已申请了发明专利。

4）2012 年北京市经费支持 63.9 万元，主要进行实验平台建设，如实验台、置物柜的购置以及已有相关设备综合调试等。

5）2013 年北京市经费支持 496.3382 万元，主要用于采购或搭建动态\静态光纤光栅解调器及分析软件、传感器及其配件、建筑钢结构安全监测结构化分析软件、多通道数据采集及分析系统、塔式起重机转台、建筑次声监测传感器系统、隧道烟气控制测试分析系统、物联网模拟系统和 BDS 套包、高层建筑电梯火灾状况下安全运行的研究实验平台等。其中：①隧道烟气控制测试分析系统由手持数字风速计、手持测距仪、手持测距仪、测距望远镜、望远镜、红外测温仪、红外测温仪、热流计、热流计显示仪表、表面应变计、内埋式应变计、便携式读数仪、无线式建筑热工温度自动测试系统（八通道）等组成。用于北京市自然科学基金重点项目"城市地下交通空间安全防灾技术研究"的地下隧道火灾烟气控制实验研究。②BDS 套包为 BIM 设计工具，用于构建建筑（含大型、异型建筑等）信息模型，并对模型进行相关的渲染和展示。它提供建筑消防信息，为消防指挥人员、消防战斗员提供可视化的三位建筑结构模型；同时，它还为可视化消防数字预案、消防设施设备管理提供基础，为可视化人员定位系统提供三维可视化的基础平台；它是后续火灾安全相关研究的基础。物联网模拟系统为物联网定位设施用于消防战斗员的位置定位。结合 BIM 模型，它能将人员的精确位置展示于 BIM 模型中。在火灾现场的极端条件下，它能为消防指挥人员提供警力部署、紧急救援等提供决策辅助依据。③高层建筑电梯火灾状况下安全运行的研究实验平台，针对疏散楼梯是迄今为止最受信任的疏散手段，但是其存在致命缺陷等问题，拟就电梯能否应用于火灾疏散进行深入研究，为人员疏散提供第二条出路。研究火场对电梯前室、电梯井道、电梯机房的影响，以便在后续研究中提出建筑平面布局及电梯的防护、设备自身安全性等方面的技术措施；为了开展实验，购置了相关设备，以进行必要的温度、热辐射、能见度、毒性、风速、风压等物理量的实时变化曲线、场分布等的监测。

（3）队伍建设及人才培养方面：一方面，积极从单位其他二级单位调入具有科研经验的高级或优秀人才 5 人（王佳、张雷、魏东、周小平、赵东拂），从国内外知名高校如清华大学、北京航空航天大学、北京理工大学等 985、211 院校引进 7 名优秀博士、博士后（刘敬远、牛聚粉、苗新刚、赵保军、张楠、于淼、卢宁）从事科研与管理工作。一方面，积极培养青年教师，2013 年中心 1 名青年教师获得青年拔尖人才称号，2 名青年教师获青年英才称号，1 名青年教师获长城学者称号。培养博士研究生 2 名，硕士研究生近 30 名，本科生 40 余名。

（4）技术成果水平方面：工程中心完成的代表性成果主要包括：中央电视台新台址建筑结构安全分析、凤凰国际传媒中心建筑结构安全分析、央视新址火灾后结构安全评估、建筑安全动力次声网络系统 实验平台、钢结构支架监测实验平台研究、微机控制电液伺服建筑安全监测模拟实验平台研究、金属支架结构安全监测项目、古建筑安全监测技术研究、多维光纤光栅应变传感器研发、地下综合体——新奥购物中心行人特征与火灾荷载调查、人员安全疏散软件研发并应用于北京地铁北关站行人流分析等研究项目。

其中，央视新址火灾后结构安全评估主要完成的试验研究有钢吊住节点试验研究、过火后混凝土简支梁试验研究、过火后混凝土约束力静力试验研究、过火后混凝土材料试验研究，主要完成的计算机模拟分析有钢网架、钢桁架、混凝土构件、楼板的耐火极限分析，根据结果分析，提供了央视新址火灾后的修复建议，研究达到世界先进水平。

中心与北京中量动力次声科技有限公司合作开展基于动力次声检测技术的钢结构安全监测方法的研究，并设计研发了适用于钢结构形变监测的声波矢量膜传感器及建筑安全动力次声网络系统。通过对建筑钢结构安全事故和建筑安全监测研究现状的分析，以钢结构模型为研究和监测对象，搭建系统实验平台，完成系统试运行测试实验，验证了该系统的可行性。

中心自主设计了钢结构支架模型用于模仿钢结构机械杆件的振动，通过传感器及安全监测系统对其杆件强刚度进行在线监测和预警分析，验证建筑结构安全监测系统的有效性。系统与信息化设备连接，实现在控制室大屏幕实时在线显示。该实验平台为建筑结构安全监测系统的实际工程应用提供研究基础和理论依据。

中心自主设计的微机控制电液伺服建筑安全监测模拟实验平台，可完成对桥梁及建筑等结构的机械性能试验，通过多种加载方式，模拟试验工件不同的工作环境，通过监测系统记录试验工件的安全情况，本中心研发的传感器及建筑安全监测系统已在此试验平台完成结构实时安全监测的试验验证。

金属支架结构安全监测项目中，建筑结构安全监测系统在金属支架结构上成功应用，且具有较好稳定性和准确性，这对建筑安全监测技术的后续研究有着重要的实际意义和指导作用。

古建筑的安全监测是古建筑保护与修缮中必要且必须的重要环节。前期中心已完成对妙应寺白塔现状、安全问题及其成因的调查研究，并针对白塔的安全问题制定塔身加固修复与塔体安全监测的技术方案。下一步，中心将在实验研究与模拟仿真研究的基础上，根据技术方案对妙应寺白塔实施加固修复，并通过光纤光栅安全监测系统实现白塔整体结构应变及温度的远程实时监测与在线评估。

工程中心还自主设计研发了多种多维光纤光栅应变传感器，用于特殊或复杂结构安全监测系统中，实现对应变参数的多维实时在线监测，解决了传统光纤光栅应变传感器只能轴向传感，不能对复杂结构多个方向实时在线监测的问题。

地下综合体-新奥购物中心行人特征与火灾荷载调查，实地调查了新奥购物中心内行人密度及火灾荷载大小，研究成果为地下综合体的消防设计提供了帮助。

人员安全疏散软件研发，并应用于北京地铁北关站行人流分析，通过人员疏散软件的模拟分析，确定了北关站的楼梯布置数量及运行方式，为北关站的安全设计提供帮助。

中心完成的以上代表性项目以及发表的 30 余篇三大检索论文（SCI、EI、ISTP）、授权的多项发明专利充分说明中心建筑安全监测相关成果达到了国际先进、国内领先水平。

（5）队伍建设与人才培养方面：工程中心主任：在管理委员会领导下开展工作，负责工程中心全面运营工作，组织实施工程中心年度经营计划；组织制定规章制度并负责实施；领导副主任开展工作；负责财务工作；及时向管理委员会报告工程中心运营状况，为工程中心运营效益负责。

副主任：在主任领导下开展工作，负责贯彻主任下达的工作任务和安排，及时向主任报告分管工作运营状况。

工程技术带头人：为项目申报提供了可供借鉴的思路、方法，承接项目后为项目实施方案、技术路线的确定提供指导，为工程实践现场提供专业的现场指导。

创新团队建设：中心研究队伍由机械、土木、信息、安全等学科科研骨干组成，人员总数已达 54 人，其中高级职称 29 人，讲师（或实验室）25 人；其中具有博士学位 31 人、硕士 19 人、本科 4 人；40 以上高级职称 25 人，高级 40 岁以下 4 人，30 岁以下 3 人。形成了六个科研团队及主要研究方向：建筑结构安全检测研究；建筑运行环境状态研究；建筑施工装备及系统的安全工程研究；建筑安全物联网系统研究；特种机器人及其在建筑安全监测中的应用研究；建筑安全管理与安全评价技术方法研究。

【北京市城市交通基础设施建设工程技术研究中心】 北京市城市交通基础设施建设工程技术研究中心依托北京建筑大学，联合北京市市政工程设计研究总院和北京市政路桥建设控股（集团）有限公司组建，2012 年被北京市教育委员会、北京市科学技术委员会正式认定，现任工程技术研究中心主任为徐世法教授，技术委员会主任为钱七虎院士。

（1）研究方向：

1）交通枢纽规划设计；

2）交通基础设施综合防灾减灾；

3）交通基础设施全寿命设计；

4）交通基础设施施工新技术。

（2）研究成果：本中心以国家"863"计划、国家"十一五"科技支撑课题、国家自然科学基金项目等为依托，在交通枢纽规划设计、交通基础设施综合防灾减灾、全寿命设计、施工新技术等方面进行了大量的研究工作。近三年来获得国家科技进步奖一等奖 1 项、二等奖 5 项；省部级科技进步奖 22 项；国家优质工程设计银奖 4 项，省部级优秀设计奖 16 项；国家、地方、行业各类技术标准 54 项；专利及知识产权 75 项；国家级工法 5 项，省部级工法 10 项。

（3）研究团队：本中心形成了相应的职称、年龄、学历及学缘结构合理的研究队伍，共 120 人左右，由 110 位固定研究人员和 10 位客座人员组成，其中，教授 23 人，全国设计大师 1 人，教授级高工 17 人，副教授 16 人，享受国务院特殊津贴 3 人，长江学者 1 人，长城学者 1 人，北京市新世纪百千万人才 1 人，北京市高层次人才 1 名，北京市百名领军人物 1 人，北京市拔尖创新人才 4 人，北京市科技新星 2 人，北京市教学名师 3 人，97％以上人员具有硕士、博士学位。

（4）开放交流：本中心面向海内外设置开放课题，吸引国内外同行在本研究中心开展科学研究。与美国田纳西大学、美国阿拉巴马大学、美国加州大学、哈尔滨工业大学、北京工业大学、同济大学等多所国内外院校保持良好的技术交流关系，并与北京市政建材集团、北京市市政工程设计研究总院和北京市政路桥建设控股（集团）有限公司开展研发合作，促进研究成果转化。

【北京建筑文化研究基地】

（1）基地概述：北京建筑文化研究基地是由北京市教委和北京市哲学社会科学规划办

公室共同在 2010 年底批准成立，自 2011 年起具体组织实施建设，挂靠在北京建筑大学文法学院。目前，是北京建筑大学的唯一一个省部级人文社会科学研究基地。学校将其列入十二五规划进行重点立项建设。目前，北京建筑大学副校长、博士生导师宋国华教授任基地主任，校党委组织部部长兼思想政治理论课教研部主任高春花教授、文法学院院长孙希磊教授、建筑学院院长刘临安教授、文法学院党总支书记肖建杰教授任基地副主任，住房与城乡建设部原科技司、外事司司长、中国建筑学会副理事长、重庆建筑大学博士生导师李先逵教授任基地首席专家和学术委员会主任。研究基地共有专兼职研究人员 61 人，正高职称 28 人，副高职称 26 人，90％以上研究人员具有博士学位。

（2）基地建设情况：北京建筑文化研究基地依照北京市和北京建筑大学的相关管理规定，设置了基地学术委员会和基地工作委员会两个运行机制。在 2014 年，进一步完善了《基地章程》、《基地管理办法》、《基地会议制度》、《基地课题招标办法》、《基地科研资助办法》、《基地科研成果署名及奖励办法》等一系列的规章制度，初步形成现代科研组织运作模式和合作机制。进一步完善基地组织机构，健全基地署名、奖励等管理制度，探索以柔性引进为主、引培并举的研究人员队伍运行机制，以制度创新带动基地工作的新突破；以基地开放课题为孵化器形成"四大"工作抓手，即：培育大项目、打造大平台，建设大团队，形成大成果；以社会需求为导向，以学科前沿为引领，实现"两个提升"的建设目标，即紧紧围绕北京市城乡建设需求，促进科技成果转化，提升基地服务能力；以学科前沿为引领，扩大国内外学术交流，占领学术制高点，提升基地辐射力。在 2014 年，北京建筑文化研究基地主要科研人员张溢木博士获得国家社会科学基金项目 1 项。李志国教授、常宗耀副教授、金秋野副教授、杨娜讲师、王丹博士分别获得北京市社科基金基地项目 1 项，共计 5 项。张守连博士获得北京市社科基金项目 1 项，另有多名科研人员获得司局级以上科研奖励。

在 2014 年，北京建筑文化研究基地紧紧围绕"三个北京"建设的发展目标，借助北京建筑大学建筑传统优势资源，结合行业特点，充分利用北京建筑大学的建筑学、伦理学、环境学等多个优势学科为研究平台，整合哲学、法学、管理学、语言学等新型资源，形成北京建筑文化特色、建筑伦理和北京建筑文化遗产保护等交叉学科和研究团队，实现有机嫁接，合作多赢。历经 2011 年至 2013 年的第一期建设，在 2014 年 4 月 15 日顺利经过北京市验收专家组对 2011—2013 年三年的一期建设情况进行实地考察和验收，并启动 2014 年～2016 年的二期建设。在新的建设期内，北京建筑文化研究基地将基地的总体定位凝练为：普及建筑文化知识的科普平台，建筑文化领域交叉学科研究、人才培养的教育平台，北京建筑文化特色、建筑伦理和建筑文化遗产保护公共政策研究的交流与社会服务平台。同时，以建设这"三个平台"为目标，力争通过三到五个建设期，将北京建筑文化研究基地建成政府部门的高水平智库，并着力打造创新人才的培养平台，以期形成高水平的建筑文化数据中心、信息中心、资料中心和科研中心，最终将其建造成有一定国际影响的学术高地。

【北京应对气候变化研究和人才培养基地】气候变化以及与之相关联的低碳发展观念和发展模式已经成为国际社会的一项重要议题，并将对人类社会今后的发展模式、生活方式和国际利益的分配格局产生长远的影响。当前，世界上很多先进的城市，高瞻远瞩，开始系统地把气候变化内容纳入到地方战略规划、政策的制定和执行之中，并正在制定专门的应对气候变化方案，这正反映了世界应对气候变化的努力正在以城市为中心的区域付诸实施。为了增强北京市应对气候变化的基础研究能力，充分利用首都科教资源优势，为全市应对气候变化工作提供有力的科学支撑和人才资源，使北京市应对气候变化的能力和行动走在世界城市的前列，市发改委和市教委于 2012 年 3 月共同组建"北京应对气候变化研究和人才培养基地"（以下简称"基地"），基地英文名称为：Beijing Climate Change Response Research and Education Center，（简称"BCCRC"）。

（1）建设目的：基地建设的目的是培育和增强本市在应对气候变化相关领域的基础研究能力、实践创新能力和人才培养能力，为本市在应对气候变化相关战略与政策的决策、行动计划与方案的制定以及各项具体工作的开展提供科学咨询和技术支持，并为应对气候变化工作提供具体建议。促进高校气候相关领域的学科交叉与融合，培养和提升本市应对气候变化研究人才队伍，普及应对气候变化基础知识，提高应对气候变化的认识和意识，为本市应对气候变化提供人才支撑和资源储备。

（2）基本任务和定位：整合北京市在气候研究领域的各种资源，在北京市政府有关部门的指导下，致力于跟踪气候变化问题的国际、国内形势及动态，分析气候变化对北京市经济社会的影响及应对措施，并针对北京市急需的应对气候变化领域的重大课题进行专题研究；培养和储备北京市应对气候变化的专业人才，形成北京市研究应对气候变化战略和培养相关人才的合力，并能及时有效的将研究成果应用到北京市低碳发展的决策之中。

1）北京市应对气候变化智库

基地的宗旨是紧密围绕北京市应对气候领域的需求，以服务政府决策为核心，为北京市有效应对气候变化提供战略、政策、管理和技术支撑。

2）北京市应对气候变化信息服务中心

基地将收集，评估和分析国内外在应对气候变化领域的最新成果，最佳实践和最有潜力的创新措施。基地还将保持与国内外应对气候变化领域的其他智库的联系和合作，力求掌握该领域的最新动态和发展趋势，并不定期的将该领域的最新动态反馈给政府决策部门和基地的有关研究课题组。

北京市应对气候变化战略研究、措施研究和技术交流的平台

基地中心设立在北京建筑大学，该中心将服务于北京市从事应对气候变化研究的各高校和研究部门，并构建与气候变化紧密相关的行业的联系、形成北京市应对气候变化研发的网络。

3）北京市应对气候变化研究、示范和推广的组织、协调中心

基地将服务于北京市政府，协助北京市有关部门协调和管理有关应对气候变化领域的政策和技术研究、示范和推广项目。

4）北京市应对气候变化专业人才培养与人力资源储备中心

基地将高层次专业人才培养与应对气候变化的宣传教育有机结合起来，开发并实施高层次人才培养计划和社会宣传教育计划，确保北京市应对气候变化的人才需求和人才储备要求，不断提升全社会应对气候变化的意识。

（3）人才队伍：气候基地研究人员构成来源于环境科学、环境工程、市政工程、化学与化工、生物技术、城市规划、交通工程、管理等多学科，核心研究人员主要由环境科学与工程学科和市政工程学科的 27 位科研骨干教师组成，其中：教授 6 人，副教授 16 人，

22位教师具有博士学位。研究队伍总体年龄和知识结构合理，学历层次较高。

（4）研究方向：基地组建与气候变化紧密相关的能源、交通、建筑、环境、生态、经济与金融、规划与管理等跨学科研究力量，紧密跟踪气候变化问题的国际国内形势及动态，系统全面的分析气候变化对我市经济社会和环境的影响，研究本市应对气候变化的总体战略，应对机制与技术，应对计划与方案。主要研究方向与内容包括：1）开发相关发展战略和政策标准的研究；2）搭建北京市应对气候变化信息交流和研发网络；3）开展应对气候变化技术研究，包括基础研究、适应气候变化能力的研究、提升温室气体减排水平的研究、温室气体减排及相关低碳政策在短期内的经济社会影响研究等。

【国家建筑遗产保护研究和人才培养基地】建筑遗产研究院是北京建筑大学直属的主要从事建筑遗产保护、工程设计、技术咨询与培训、研究生培养等为一体的综合性研究机构，于2013年6月经学校批准正式成立。

研究院的成立，是基于北京建筑大学在建筑遗产保护领域深厚的历史积淀和已经形成的学科专业优势。目前下设历史城市与村镇保护研究所、建筑遗产信息化研究所、建筑遗产结构安全与加固研究所、建筑遗产保护法律研究所等多个研究所。主要研究领域涵盖了历史城市与古村镇保护、建筑遗产保护修缮、建筑遗产遥感监测与数字化、建筑遗产环境影响评估、建筑遗产法律法规研究等多个学科方向、形成了社会科学、自然科学、工程技术科学各具特色又交叉融合的建筑遗产保护交叉学科体系。

基于科教兴校的宏观战略，建筑遗产研究院的主要职责一是科学研究：组织多学科和多单位合作的各级科研课题申报，包括参与国家文物局前期科研立项研究、申报国家文物局课题、国家自然科学基金课题等工作。二是项目设计：组织建筑遗产保护与利用的项目规划与设计，包括历史城市与街区保护规划、文物保护规划、城市设计、建筑遗产保护工程设计、建筑遗产遥感监测、数字化、文物环境影响评估、文物环境保护与整治设计等实际工程设计。三是教育培训：配合各学院开展建筑遗产保护方面各类非学历培训学习班，在师资队伍组织、课程安排等方面提供咨询与服务。四是学科建设：主要在多学科合作方面参与学校的学科建设工作，为各学科合作，介入建筑遗产保护领域以及国际国内合作提供咨询、信息、服务。需要时出面组织相关的交流活动和合作项目。五是国内外交流：借助各方面资源，在学校层面组织建筑遗产保护领域的国际及国内交流活动。

【北京节能减排关键技术协同创新中心】北京节能减排关键技术协同创新中心依托成立于2013年，遵照"科学研究、学科建设、人才培养"的宗旨，针对国家文化战略建设任务对城乡建筑节能减排的重大需求，立足于解决城乡建筑行业当前面临的节能减排技术与可持续发展问题，选择建筑设备高效用能与建筑节能综合利用技术、新型防火型保温墙体成套技术、可持续建筑材料与固体废弃物综合利用技术和可持续水循环利用技术作为主要研究任务，集中国内优势高等学校、研究院所和骨干企业，凝聚国内一流的学术队伍，探索形成协同创新模式和机制，显著提升建筑行业的自主创新能力，力争在建筑节能减排领域的自主创新能力达到国内领先水平，引领和主导城乡建筑节能减排的发展方向，成为城乡建筑节能减排在应用理论与方法研究、技术传承与创新研发、高端人才培养的中心之一。

在协同创新形式上，中心按照"战略框架下的项目合同制"，开展校地、校校、校院、校企，国际合作等多种形式的"官产学研用"协同创新。即协同创新各方签订一个框架合作协议，制定总的合作意向和原则。具体到项目，则以解决项目问题为内容，与相关企业签订具体协议，明确责权利。最终形成以协议为导向，研发合同为基础，产学研优势互补，协调联动，共同研发的协同创新模式。目前，协同创新中心以北京建筑大学、清华大学和北京工业大学三所大学为核心单位，联合中国建筑科学研究院、北京建工集团、北京燃气集团、北京建筑设计研究院、北京热力集团、北京排水集团、金隅集团等单位为协同单位，共同组成协同创新体。协同创新中心形成约120人构成的学术队伍，其中，定编人员60人，外聘人员20人。中心设有四个主要研究方向：（1）建筑设备高效用能与建筑节能综合利用技术；（2）新型防火型保温墙体成套技术；（3）可持续建筑材料与固体废弃物综合利用技术；（4）可持续水循环利用技术。

中心建立以来承担国家和省部级科研项目20余项，获国家技术发明二等奖1项，国家科学技术进步二等奖1项，省部级奖励6项。中心培养国家级百千万人才1名、北京市级百千万人才1名、国务院特殊津贴专家1名、北京市科技新星1名，以及北京市拔尖人才、青年英才等各类骨干教师10余名；培养研究生160余人，与国际高校、科研组织交流学习人才4名。同时，吸引一批国内外高水平研究人才在中心开展工作，促进协同创新中心国际交流和开放合作。

【首都世界城市顺畅交通协同创新中心】 2012年，在北京市政府的支持下，针对保障绿色北京城市交通的重大地方需求，聚焦解决北京城市交通拥堵、环境破坏、灾害频发三大难题，由北京工业大学联合北京建筑大学、清华大学等大学、北京市交通委员会、北京市水务局等北京市政府部门、交通运输部公路科学研究院及北京市路桥集团等交通行业企业建立了"首都世界城市顺畅交通协同创新中心"，英文名为 Beijing Collaborative Innovation Center for Metropolitan Transportation。

本中心具有跨单位、跨行业、跨部门及跨学科的优势，实行理事会领导下的主任负责制，下设技术委员会和管理委员会。近3年来，中心已建立了汇聚人才、队伍和共享资源的特殊管理模式和有利于资源汇聚和共享的规章制度通过体制机制，进一步汇聚、整合各协同单位的优势资源，提升整体了中心的创新能力。

中心以北京为依托，聚焦北京城市交通的三大难题，基于北京交通需求激增的背景，围绕建设安全、可靠、高效的可持续交通系统这一主线，重点开展的研究领域：1）交通拥堵仿真及顺畅交通保障，2）交通运行安全监测、预警与控制，3）城市发展与交通系统协同机制，4）环境控制及灾害防治，5）可持续发展的交通基础设施。

北京建筑大学围绕协同创新中心总体建设目标，面对北京资源缺乏、废弃物围城、环境污染和内涝等突出问题，系统开展了节能环保型再生路面、透水净水型路面材料与结构的研究工作，建立了有利于解决复杂综合性难题的多学科交叉协同创新团队和管理机制，并与北京市道路工程质量监督站、北京市政工程设计研究总院、北京市政路桥建设控股集团等行业龙头单位紧密结合，建立了有利于科技成果推广的官产学研示范基地，取得了很好的经济和社会效益。

主要研究成果：

（1）节能环保型温拌再生沥青混合料成套技术

实现了沥青混合料再生、温拌及改性技术的整合，同传统的沥青混合料相比，生产温度降低 35℃ 以上，减轻沥青老化 80%，实现废旧料掺配率提高到 45% 以上的重大突破，同时减少废气排放 40% 以上。发表科研论文 25 篇，国家发明专利 2 项，获省部级科技进步奖 3 项。

（2）透水净水型沥青混合料成套技术

对影响 OGFC 路面透水/净水效果的主要因素进行了系统的室内试验研究，揭示了孔隙率对混合料的稳定度、水稳定性等路用性能及渗水系数的影响规律，创新提出了单层 OGFC 半透式、双层 OGFC 半透式、多层 OGFC 全透式三种透水净水型路面结构，实现城市道路径流消减达 30% 以上。采用混合料骨料、路侧净化层、净水汲水管等三种净水控制技术提高 OGFC 路面对 SS 和 COD 的净化效果，其吸附力可以达到 90% 以上，达到城市绿化用水的质量标准。

（3）混凝土结构耐火关键技术及应用

为提高地铁交通、大型交通枢纽防灾减灾能力，系统开展了混凝土结构耐火技术的研究工作。通过大量的室内试验研究了普通混凝土耐热稳定性，并通过现代建模仿真技术系统分析了火灾环境下混凝土的破坏机制，并通过研发耐温骨料、耐温掺和剂，减小高温环境下骨料的体积变形，控制水泥水化产物在高温下的脱水作用，提高火灾环境下混凝土的抗裂性能。发表科研论文 15 篇，国家发明专利 4 项，获 2014 年国科技进步奖 1 项。

主要的科技成果转化及应用情况

技术	应用成果	应用单位	应用情况
节能环保型温拌再生沥青混合料成套技术	沥青路面旧料高效环保再生利用成套技术	北京市政路桥集团	白马路东延工程试验段全部使用乳化沥青冷再生混合料获得成功，有效利用废旧沥青混合料约 600 万吨、节约成本 1500 万元
	济宁至祁门高速公路高速公路节能、经济型沥青混合料抗车辙技术开发及应用	河南中原高速公路有限责任公司	技术应用在济祁高速公路建设过程中，硫磺抗车辙温拌技术有效降低了有害气体及粉尘的排放、有利于道路建设中的节能减排，利用废旧沥青混合料 1800 万吨、节约成本 3700 万元
	准兴重载交通高速路冷拌沥青混合料抗滑表层与防水连接层技术开发与应用示范	准兴重载交通高速路有限公司	针对内蒙古准行高速公路的特点，中心为其开发了超薄降噪抗滑表层和防水连接层两种新型冷拌冷铺沥青混合料，实现了沥青混合料常温拌合施工的技术突破，直接经济效益 6000 万元，社会影响巨大
透水净水型沥青混合料成套技术	采用单层 OGFC 全透式沥青路面结构，净化采用净化型汲水管	深圳光明新区管委会	针对深圳市光明新区建设的实际情况，依托国家水专项课题，开发研究了具有透水和净化功能的 OGFC 沥青混合料，消减路表径流 30%，实现了路表降水的合理利用，经济效益与社会效益显著

【北京建筑大学建筑科技大学科技园】北京建筑大学建筑科技大学科技园是依托北京建筑大学的优势学科及科技创新资源，面向首都城乡建设，集聚创新创业人才，扩散高新技术，建设知识创新和科研成果转化及产业化的中心；是为首都城市规划、建设与管理提供科技支撑和智力支撑的创新创业基地；是产学研合作引领产业结构优化升级的高新技术企业集聚区；是首都城乡建设创新人才培养的高地。

科技园以建筑科技为主导，围绕城乡规划、建设与管理，是重点开展建筑结构、建筑施工、建筑材料、建筑节能、建筑监理、智能建筑以及城市基础设施建设的研究、设计、实验、应用、信息等产业化基地。

科技园重点发展城镇规划与建筑设计、古建筑保护、建筑结构与施工、新型建筑材料研发与应用、市政工程建设技术、水资源可持续利用技术、可再生能源利用技术、建筑节能技术、建筑智能化技术、数字城市、城市基础设施新技术等领域。

依托学校的科技优势，经过多年的不断发展，科技园在园企业已初步形成由设计-施工-工程监理组成的一条龙服务产业。目前共有 7 个单位，其中建工建筑设计研究院为甲级资质设计院，京精大房监理公司为建设部批准的全国第一家综合甲级资质监理公司。多年来，校办产业依托学校的学科专业优势，为社会提供了大量的服务。建工建筑设计研究院完成了多项古建修复设计。京精大房监理公司在国内外（完成和正在）承担的监理项目有：国家体育馆、中央电视台新台址主楼、外交部新闻中心、北京国际中心、地铁 8 号线、地铁 9 号线、地铁 10 号线、凤凰国际传媒中心、中央政府驻澳门办公楼、哈萨克斯坦北京大厦等多项重要工程，已完成的项目中有多项工程获詹天佑奖、国家鲁班奖，尤其是在奥运工程监理中充分运用科技手段进行监理，被奥组委评为"科技奥运先进集体"，总监理师被评为"奥运建设标兵"。

第六章　人才队伍建设

一、基本情况

截至 2013 年 12 月 31 日，我校共有教职工 999 人，其中专任教师 693 人。专任教师中正高 106 人、副高 277 人、中级 274 人、初级 4 人。2013 年新增和减少教职工情况详见附录一，教师岗位高级职称人员名单详见附录二。

二、教师培养

（一）人才项目

截止 2013 年底我校受资助的市教委"创新团队建设提升计划项目"1 个，"长城学者培养计划项目"2 人，"特聘教授计划项目"3 人，"青年拔尖人才培养计划项目"17 人，"青年英才计划项目"20 人。具体名单如下：

各类人才项目获得者情况一览表

序号	单位	项目类别	负责人	项目编号	立项年度	资助金额
1	土木学院	创新团队	戚承志	IDHT20130512	2012 年	900 万
2	土木学院	特聘教授	顾金才	IDHT20140232	2013 年	每年最高 20 万
3	环能学院	特聘教授	吴海洲	IDHT20140233	2013 年	每年最高 20 万
4	环能学院	特聘教授	赵东叶	IDHT20140234	2013 年	每年最高 20 万
5	土木学院	长城学者培养计划	季节	CIT&TCD20130318	2012 年	300 万
6	机电学院	长城学者培养计划	刘永峰	CIT&TCD20140311	2013 年	300 万
7	计信部	青年拔尖人才培育计划	侯妙乐	CIT&TCD201304064	2012 年	30 万
8	环能学院	青年拔尖人才培育计划	张群力	CIT&TCD201304065	2012 年	30 万
9	理学院	青年拔尖人才培育计划	俞晓正	CIT&TCD201304066	2012 年	30 万
10	环能学院	青年拔尖人才培育计划	陈红兵	CIT&TCD201304067	2012 年	30 万
11	环能学院	青年拔尖人才培育计划	祝磊	CIT&TCD201304068	2012 年	30 万
12	土木学院	青年拔尖人才培育计划	廖维张	CIT&TCD201304069	2012 年	30 万
13	土木学院	青年拔尖人才培育计划	杨海燕	CIT&TCD201304070	2012 年	30 万
14	理学院	青年拔尖人才培育计划	任艳荣	CIT&TCD201304071	2012 年	30 万
15	测绘学院	青年拔尖人才培育计划	吕书强	CIT&TCD201304072	2012 年	30 万
16	测绘学院	青年拔尖人才培育计划	危双丰	CIT&TCD201404070	2013 年	30 万
17	土木学院	青年拔尖人才培育计划	焦朋朋	CIT&TCD201404071	2013 年	30 万

序号	单位	项目类别	负责人	项目编号	立项年度	资助金额
18	环能学院	青年拔尖人才培育计划	王建龙	CIT&TCD201404072	2013 年	30 万
19	研究生处	青年拔尖人才培育计划	李海燕	CIT&TCD201404073	2013 年	30 万
20	研究生处	青年拔尖人才培育计划	汪长征	CIT&TCD201404074	2013 年	30 万
21	机电学院	青年拔尖人才培育计划	陈志刚	CIT&TCD201404075	2013 年	30 万
22	环能学院	青年拔尖人才培育计划	王崇臣	CIT&TCD201404076	2013 年	30 万
23	环能学院	青年拔尖人才培育计划	刘建伟	CIT&TCD201404077	2013 年	30 万
24	环能学院	青年英才计划	宫永伟	YETP1645	2013 年	15 万
25	文法学院	青年英才计划	杨 娜	YETP1646	2013 年	15 万
26	测绘学院	青年英才计划	刘建华	YETP1647	2013 年	15 万
27	土木学院	青年英才计划	张国伟	YETP1648	2013 年	15 万
28	环能学院	青年英才计划	付昆明	YETP1649	2013 年	15 万
29	土木学院	青年英才计划	胡春梅	YETP1650	2013 年	15 万
30	测绘学院	青年英才计划	李 飞	YETP1651	2013 年	15 万
31	经管学院	青年英才计划	彭 斌	YETP1652	2013 年	15 万
32	建筑学院	青年英才计划	牛 磊	YETP1653	2013 年	15 万
33	理学院	青年英才计划	苏欣纺	YETP1654	2013 年	15 万
34	理学院	青年英才计划	张 蒙	YETP1655	2013 年	15 万
35	机电学院	青年英才计划	秦建军	YETP1656	2013 年	15 万
36	科技处	青年英才计划	周理安	YETP1657	2013 年	15 万
37	党政办公室	青年英才计划	许 亮	YETP1658	2013 年	15 万
38	文法学院	青年英才计划	金焕玲	YETP1659	2013 年	15 万
39	电信学院	青年英才计划	周小平	YETP1660	2013 年	15 万
40	环能学院	青年英才计划	张 蕾	YETP1661	2013 年	15 万
41	环能学院	青年英才计划	王思思	YETP1662	2013 年	15 万
42	计信部	青年英才计划	冯利利	YETP1663	2013 年	15 万
43	土木学院	青年英才计划	杜红凯	YETP1664	2013 年	15 万

（二）政府特殊津贴

截止 2013 年底，全校在职职工享受政府特殊津贴专家共 6 名。名单如下：

享受政府特殊津贴人员名单

序号	姓名	从事专业	专业技术职务	学历/学位	批准年份
1	李德英	供热供燃气通风与空调工程	教授	研究生/博士	1995 年
2	王晏民	地图制图学与地理信息工程	教授	研究生/博士	1998 年
3	王瑞祥	供热供燃气通风与空调工程	教授	研究生/硕士	2006 年
4	刘临安	建筑历史与理论	教授	研究生/博士	2000 年
5	宋国华	应用数学	教授	研究生/博士	2012 年
6	徐世法	道路与铁道工程	教授	研究生/博士	2012 年

（三）北京市科技新星

2013 年，学校新增科技新星 1 人，截止 2013 年底，我校入选的科技新星共 6 人。名单如下：

科技新星人员名单

序号	姓名	从事专业	专业技术职务	最高学位	批准年份
1	李海燕	环境科学	副教授	博士	2006 年
2	侯妙乐	计算机科学与技术	副教授	博士	2008 年
3	陈红兵	供热供燃气通风及空调工程	副教授	博士	2011 年
4	陈韬	市政工程	副研究员	博士	2012 年
5	刘扬	地理信息系统	副教授	博士	2012 年
6	牛润萍	供热供燃气通风及空调工程	副教授	博士	2013 年

（四）高校教师资格申请和认定

经个人申报并体检，由教师资格专家审查委员会进行资格审查，2013 年 11 月，最后由市教委审核批复，给予 18 名教师办理高校教师资格证。名单如下：

2013 年取得高等学校教师资格证人员名单

序号	姓名	所在院系	任教课程	申请学科
1	邓世专	经管学院	管理经济学	A120202—企业管理
2	窦文娜	文法学院	大学英语	A050211—外国语言学及应用语言学
3	段之殷	环能学院	液体力学与液体机械	C560401—建筑设备工程技术
4	李惠民	环能学院	环境科学	A083001—环境科学
5	李昆鹏	文法学院	大学英语	A050201—英语语言文学
6	李利	建筑学院	城市规划	B080702—城市规划
7	刘国东	经管学院	管理科学与工程	B110109—管理科学与工程
8	刘淼	文法学院	图书馆学	A120501—图书馆学
9	刘娜	经管学院	人力资源管理	B110205—人力资源管理
10	马全宝	建筑学院	建筑设计	B080701—建筑学
11	潘剑彬	建筑学院	园林植物与观赏园艺	A081303—城市规划与设计
12	彭浩	环能学院	专业技术应用概论	B080501—热能与动力工程
13	沈冰洁	文法学院	大学英语	A050211—外国语言学及应用语言学
14	王东亮	计信部	计算机应用技术	A081203—计算机应用技术
15	王晶	建筑学院	风景园林规划与设计	A081303—城市规划与设计
16	张晓然	环能学院	有机化学	A083002—环境工程
17	张质明	环能学院	环境科学	A083001—环境科学
18	周命端	测绘学院	测绘学	A081601—大地测量学与测量工程

（五）教师出国研修工作

2013 年，学校通过各种途径，派出 11 名教师到国外进行研修。名单如下：

2013 年教师出国研修情况一览表

序号	姓名	性别	技术职务	培训学校	进修内容	进修时间	备注
1	王晓静	女	副教授	奥本大学	访问学者	6 个月	学校派出
2	郝 莉	女	教授	奥本大学	访问学者	6 个月	学校派出
3	俞晓正	男	副教授	格莱摩根大学	双语培训	3 个月	学校派出
4	黄尚永	男	讲师	格莱摩根大学	双语培训	3 个月	学校派出
5	王少钦	女	讲师	格莱摩根大学	双语培训	3 个月	学校派出
6	王晓虹	女	讲师	格莱摩根大学	双语培训	3 个月	学校派出
7	徐 鹏	男	讲师	赫尔大学	攻读博士	2 年	学校派出
8	王文宇	女	讲师	卡尔加里大学	攻读硕士	一年半	学校派出
9	郝晓地	男	教授	美国奥本大学	访问学者	3 个月	学校派出
10	陈 韬	女	副研究员	弗吉尼亚理工大学	访问学者	一年	留学基金委
11	王 丹	女	讲师	俄亥俄州立大学	访问学者	一年	高师中心派出

（六）中初级专业技术职务聘任

2013 年 3 月和 9 月，学校共组织两次中初级专业技术职务聘任工作，聘任王少钦等 30 人为中级专业技术职务，聘任丁丁等 11 人为初级专业技术职务。

（七）在职攻读博士学历人员

2013 年，全校共有 8 人在职攻读博士学历。名单如下：

2013 年教师进修情况一览表

序号	姓名	性别	攻读学位	所读学校	所学专业	学习时间
1	周小平	男	博士	中国人民大学	计算机应用技术	2013.09～2016.07
2	李 蓬	男	博士	北京师范大学	计算机应用技术	2013.09～2016.07
3	武 烜	男	博士	中国人民大学	英语语言文学	2013.09～2016.07
4	徐 鹏	男	博士	英国赫尔大学	暖通专业	2013.02～2016.07
5	齐 勇	男	博士	北京科技大学	思想政治教育	2013.02～2017.07
6	彭培炎	男	博士	中国矿业大学（北京）	工程力学	2013.09～2016.07
7	李长浩	男	博士	中国矿业大学（北京）	思想政治教育	2013.09～2017.07
8	霍丽霞	女	博士	首都经济贸易大学	人力资源与人才发展	2013.09～2017.07

（八）教师岗前培训

为了提高青年教师教学基本功，提高青年教师教学素养，根据北京市高等学校师资培训中心的计划，学校共组织 47 名教师参加 65 期和 66 期岗前培训工作。

（九）新教工培训

10 月 20 日，由人事处组织的 2013 年新教工培训工作安全顺利结束。共有 60 名新教工参加了本次培训，培训成效明显，为新教工在我校的职业生涯建立了良好的开端。

10 月 15 日下午，在教 1 楼 223 教室召开了校内培训大会，各相关职能部门负责人分别就本部门的工作情况和有关管理规章制度向新教工做了介绍，教务处处长邹积亭老师介绍了教学管理有关规章制度和教学运行情况；学工部主任黄尚荣老师主要介绍了我校学生的特点、优势，分析了当前存在的问题并提出解决方法；研究生处处长陈静勇老师则介绍了我校学科建设和研究生培养情况；科技处处长白莽老师介绍了我校近几年科研工作中取得的成绩，讲解了科研立项、成果的申报等情况。

10月18日开始，新教工在虎峪山庄接受了为期3天的第二阶段新教工培训。在当天培训中，校级优秀教师、校级教学成果一等奖获得者陈秀忠老师结合多年的教学经历，就如何做好教学工作介绍了经验；北京市教育创新标兵秦建军老师则就青年教师如何开展好科研工作和大家一起分享了他的工作体会；财务处副处长孙文贤老师介绍了学校财务管理规章制度；最后是人事处处长孙景仙老师介绍了人事管理制度和职业发展路径和环境。

随后，新教工分组共同参加拓展训练。拓展训练是新教工培训里旨在激发潜能、熔炼团队的培训项目，极具挑战性，今年的拓展训练包括破冰起航、团队建设、信任背摔、穿越电网、孤岛逃生、七巧板、盲人方阵、高空单杠、逃生墙等。本次拓展训练中除去部分个人项目，更多的则是团队项目。通过拓展训练不仅使每名参训者挑战了自己的心理极限，克服恐惧心理，还使受训者彼此间建立起坚定的信任关系，增进协作意识，培养团队精神。

（十）国内访学及研修

理学院杨宏参加北京市属高校教师发展基地的研修，聂平俊和贾海燕分别到北京航空航天大学和北京师范大学进行访学。

（十一）教学管理研究高级专业技术职务评审

经市教委摸底、分配名额，由本人申报，学校答辩推荐，市教委评委会评选，学校纪委书记何志洪被评为教学管理研究系列研究员，学校办公室副主任李大伟被评为副研究员。

三、人事管理（考核、聘任、奖励等）

（一）2013年考核情况

2012/2013学年共有受聘教师教辅岗、科级及科以下管理岗和校产后勤职工866人参加了考核，其中考核优秀129人，考核合格716人，考核未定等级21人。7人未参加考核。

（二）2013年工资情况

（1）2013年北京市按年人均1500元核增事业单位绩效工资，同时分别按人均4000元、2500元核增事业单位一次性绩效工资。

（2）2013年学校调增校内聘任津贴30％。

（三）2013年聘任结果

教授二级岗：（8人）

| 刘临安 | 戚承志 | 徐世法 | 李德英 | 郝晓地 | 王晏民 | 高春花 | 崔景安 |

教授三级岗：（25人）

张忠国	马英	郭晋生	樊振和	欧阳文	何淅淅	刘栋栋	季节	张怀静
龙佩恒	李俊奇	王瑞祥	张明顺	赵西安	杜明义	陈志新	王佳	蒋志坚
杨建伟	刘永峰	何佰洲	姜军	赵世强	秦红岭	郝莉

教授四级岗（含教辅四级岗）：（49人）

孙　明　陈静勇　胡雪松　林　川　田　林　范霄鹏　李　沙　谭述乐　董　军
韩　森　宋少民　张新天　穆静波　王孟鸿　刘　军　李地红　曹秀芹　车　伍
解国珍　李　锐　吴俊奇　许淑惠　张世红　霍　亮　罗德安　石若明　陈秀忠
王亚慧　张少军　赵春晓　李英姿　魏　东　王跃进　陈宝江　尤　完　郭　立
秦　颖　周晓静　张　原　李英子　陶　庆　孙希磊　肖建杰　贾荣香　李志国
黄　伟　梁昔明　杨慈洲　郭燕平

副教授五级岗（含高级实验师一级岗、教辅五级岗）：（49人）

孙克真　荣玥芳　丁　奇　金秋野　李春青　杨　琳　罗　健　张　蕊　侯云芬
李崇智　张艳霞　赵东拂　冯萃敏　郝学军　马文林　王崇臣　王文海　张金萍
孙金栋　赵江洪　朱　凌　黄　明　张　雷　栾　茹　马鸿雁　王怀秀　周　明
唐伯雁　田洪森　王　平　王红春　张　俊　刘国朝　陈　品　常宗耀　刘炳良
郑　宁　王晓静　魏京花　杨　谆　马黎君　宫瑞婷　康　钧　施海波　吕　橙
邱李华　张　堃　魏楚元　陈红月

副教授六级岗（含高级实验师二级岗、教辅六级岗）：（123人）

晁　军　赵可昕　徐怡芳　冯　丽　孙　立　陆　翔　邹　越　黄　莉　冯　萍
李　英　滕学荣　赵希岗　靳　超　钟　玲　朱　军　焦朋朋　戴冀峰　邓思华
杨　静　赵赤云　洪　桔　王毅娟　祝　磊　廖维张　张国伟　彭丽云　周文娟
仇付国　宫永伟　李　颖　刘建伟　牛润萍　任相浩　王建龙　王俊岭　许　萍
闫全英　杨　晖　于　丹　詹淑慧　张群力　冯利利　那　威　王　敏　贾海燕
刘旭春　吕书强　蔡国印　丁克良　危双丰　刘　扬　张健钦　庞　蕾　钱丽萍
张　琳　刘辛国　岳云涛　张立权　谭　志　田启川　刘静纨　龚　静　阴振勇
陈志刚　高振莉　高嵩峰　秦　华　周素霞　周庆辉　窦蕴平　朱爱华　连香姣
周　霞　张　宏　刘　娜　孙　杰　张　丽　戚振强　邵　全　王炳霞　晁　霞
郭晋燕　武　烜　张晓霞　吴逾倩　陈素红　张　华　汪琼枝　郭晓东　金焕玲
高春凤　孟　莉　石　萍　白　羽　许传青　聂传辉　余丽芳　高雁飞　吕亚芹
俞晓正　王俊平　张鸿鹰　刘世祥　刘长河　代西武　薛颂菊　孙瑄瑄　朱静华
张　胜　智颖新　刘梦飞　万珊珊　张　勉　李敏杰　郭志强　曹　青　王启才
王雅杰　何大炜　蔡时连　刘春梅　赵燕湘　潘兴华

副教授七级岗（含高级实验师三级岗、教辅七级岗）：（58人）

王　佐　郝晓赛　蒋　方　段　炼　陈晓彤　许　政　房志勇　杨　晓　王　亮
侯敬峰　李　飞　刘　飞　冯圣红　刘　蓉　徐　鹏　杨海燕　岳冠华　侯书新
周　琦　董素清　胡云岗　周乐皆　廖丽琼　王文宇　胡玉玲　衣俊艳　孙卫红
张翰韬　陈一民　秦建军　孙　义　赫　亮　卢　宁　张惠生　刘建利　张　卓
刘国东　董艳玲　吴彤军　王天禾　陈南雁　王彩霞　左金凤　王俊梅　李宜兰
任艳荣　侍爱玲　王秀敏　毕　靖　张士杰　曹宝新　曹辉耕　胡德刚　代浩然
李　金　李芳社　李　敏　朱晓娜

2013年岗位聘任职员六级岗聘任结果如下：（68人）

齐　勇　张　俊　陈　娟　王　燕　张　岩　陈　栋　高瑞静　高　蕾　曹洪涛

106

关海琳　武　全　秦立富　孙　强　刘　伟　姚　远　丁建峰　郑环环　娄　旭
李增彪　张瑶宁　李　阳　李　月　车晶波　倪　欣　赵林琳　梁　凯　李　冰
吴　菁　蔡思翔　王东亮　周理安　刘　芳　房雨清　卜聪敏　张　莉　赵翠英
王志东　陈　茹　葛秀芬　李晶哲　李　鹏　高士杰　贾瑞珍　李素景　李满瑞
佟启巾　王志兵　黄　兴　宋桂云　王　培　郝永军　王建宾　许东晖　刘志刚
康　健　刘小红　卫　巍　高兰芳　赵　亮　曲　杰　张媛媛　刘　星　李守玉
李长浩　王恒友　孙绪华　朱洁兰　齐　群

（四）北京市优秀教师

韩　淼　秦红岭

（五）北京市有突出贡献的科学、技术、管理人才

王晏民

（卜聪敏　何其锋　赵翠英　张　莉　孙景仙）

第七章　对外合作交流

一、国际交流与合作

（一）概况

国际合作与交流处（港澳台办公室）是学校国际和港澳台地区交流与合作、涉外教学、教育的归口负责部门，兼有行政管理和外事服务功能。主要职责：（1）贯彻执行党和国家涉外工作的方针、政策、规定，为学校对外交流工作的决策提出意见和建议，制定学校国际交流工作的政策和规则；（2）管理、指导及协调学校的对外交往和国际、港澳台交流活动；接待学校来访的重要外宾以及港澳台来宾；（3）为因公出国（境）人员和利用校际关系自费出国留学人员（含部分学生）提供出国咨询和服务，办理出访手续，管理因公出访证照；（4）负责长、短期外国文教、科技专家的聘任和管理；（5）负责与国外大学、科研机构等单位的联络，拓展与国外大学、研究机构、企业的合作与交流，促进教学单位与国外大学和科研机构的深入合作；（6）中外合作研究机构、中外合作办学项目、国际会议的申报和管理；（7）负责留学生在华合法手续及来华留学生奖学金等管理工作。

2013年，国际合作与交流处紧密围绕学校中心工作，结合学校"十二五"发展战略规划及2013年工作目标和任务，以重点项目为突破口，加大学校国际化人才培养力度，引进国外智力，加大境外培训，促进国际化师资队伍建设，大力发展留学生教育，积极促进和推动学校各个层面的国际学术交流与合作，在巩固已有的国际交流成果的基础上，积极开拓，不断进取，使学校国际交流工作稳步发展。

（二）合作院校

2013年我校与国（境）外高等学校新签订校际合作协议（备忘录）三个，分别为韩国湖西大学、马来西亚吉隆坡建筑大学、韩国光州科学研究院，至此，共与23个国家和地区的38所高等学校建立了合作关系，进一步增强了学校多层次、多渠道的对外交流与合作的能力。

序号	洲别	国家或地区	院校或组织	签约时间
1	亚洲	中国	北京建工集团海外项目部	2009/3/12
2	亚洲	中国台湾	台湾首府大学	2012/2/22
3	亚洲	中国台湾	宜兰大学	2007/9/26
4	亚洲	中国台湾	台湾致远管理学院	2009/9/21
5	亚洲	中国香港	香港理工大学企业经营人才发展中心	2008/3/3
6	亚洲	韩国	韩国京畿工业大学	2010/12/28
7	亚洲	韩国	光州科学研究院 湖西大学	

序号	洲别	国别	院校或组织	签约时间
8	亚洲	日本	东京大学	2011/9/10
9	亚洲	马来西亚	智达教育集团	2008/9/17
10	亚洲	马来西亚	吉隆坡建筑大学	
11	亚洲	蒙古国	蒙古科技大学建工学院	2010/11/22
12	亚洲	越南	河内建筑大学	2010/4/20
13	北美洲	美国	奥本大学	2011/5/17
				2012/6/12
14	北美洲	美国	北达科他州立大学	2009/12/18
15	北美洲	加拿大	卡尔加里大学舒立克工学院	2009/11/27
16	大洋洲	澳大利亚	南澳大学	2005/3/7
17	大洋洲	澳大利亚	迪肯大学工学院	2006/12/2
18	大洋洲	新西兰	UNITEC理工大学建筑学院	2003/9/9
19	大洋洲	新西兰	Anckland大学	2006/5/18
20	欧洲	俄罗斯	圣彼得堡建筑工程大学	2009/6/30
21	欧洲	俄罗斯	莫斯科建筑学院	2001/9/27
22	欧洲	意大利	意大利罗马·拓·委瑞伽塔大学	2007/6/15
23	欧洲	意大利	马尔凯工业大学	2008/7/8
24	欧洲	意大利	奈普勒斯帕森诺普大学	
25	欧洲	英国	萨尔福德大学	2009/4/21
26	欧洲	英国	格拉摩根大学	2006/9/4
27	欧洲	英国	格拉斯哥卡里多尼亚大学	2004/6/21
28	欧洲	英国	诺丁汉大学	2003/10/22
29	欧洲	法国	马恩河谷大学	2007/2/4
30	欧洲	法国	昂热大学	2008/12/10
31	欧洲	法国	拉浩石勒大学	2008/6/7
32	欧洲	亚美尼亚	埃里温国立建筑大学	2008/11/19
33	欧洲	波兰	琴斯特霍夫理工大学	2008/11/19
				2011/9/7
34	欧洲	德国	柏林工业大学	2003/3/3
35	欧洲	荷兰	代尔夫特理工大学	2006/9/15
36	欧洲	爱尔兰	高威理工学院	2009/5/7
37	欧洲	瑞士	伯恩应用科学大学	2006/3/28
38	欧洲	瑞典	鲁鲁阿科技大学	2007/4/11

二、友好往来

2013 年度我处共负责并参与接待校级国（境）外 15 个团组来我校访问，分别是：韩国湖西大学、马来西亚吉隆坡建筑大学、美国奥本大学校长团和师生团、韩国光州科学研究院、芬兰赫尔辛基大学、俄罗斯青年联盟、加拿大阿尔伯特大学、英国卡迪夫大学、朝鲜代平壤建筑综合大学、英国南威尔士大学、新泽西州立大学（又名：罗格斯大学）、法国马恩河谷大学、美国奥瑞刚大学、美国明尼苏达大学、澳大利亚卧龙岗大学。

11 月承办"中法能源培训中心"第二期合作第七届联合管理委员会会议及"高效能源培训项目展示"会议。会议包括"公共建筑热工改造项目"和"可再生能源建筑节能技术平台"的揭幕仪式、改造项目与技术平台的现场参观和相互交流等内容。中、外嘉宾 100 余人出席了会议，见证了中、法两国基于中法能源培训中心长达 14 年的教育培训项目合作成果。法国驻华大使白林女士、法国克莱泰学区区长 Florence ROBINE（罗缤）女士、法国环境与能源控制署国际部部长 Dominique CAMPANA（康贝娜）女士、马克西米利尔·佩雷学校校长吕内出席了会议；住建部节能与科技司武涌司长、教育部科技司李楠处长、北京市教委郑登文副主任、出席了会议。参加会议的嘉宾还有法国使馆文化、教育、科技部门的官员，住建部建筑科技发展促进中心、北京市住建委、北京市市政市容管委等相关部门负责人；中法能源培训中心合作过的法国企业代表、中国企业代表和行业媒体等单位。

11 月美国奥本大学常务副校长 Boosinger 博士一行六人代表团的来访进一步密切了姊妹校的友谊，双方一致同意继续推进两校之间的教师交流及学生联合培养等交流与合作，并进一步探讨未来开展"3+2"模式的本硕联合培养项目。

学生交流方面，我校通过姊妹校的合作平台，积极探索我校学生赴国（境）外进行长、短期交流的项目。借助《北京市高等学校学生公派境外奖学金项目管理办法》，全面启动我校本、硕学生"走出去"发展战略。2013 年共有来自土木学院、环能学院、经管学院、国际教育学院的 30 名学生。利用"北京市高等学校学生公派境外奖学金"赴境外合作院校进行了长、短期交流学习。

三、因公出国境

（一）概况

根据中央八项规定和反对浪费条例等对于因公出访工作提出的新要求，我校严格遵照指示，从严把握出访任务，严格执行中央的有关要求。

2013 年度因公派出工作共完成 32 个团组 69 人次院内审批及有关公派手续，其中包含两个境外培训团组，分别是北京市属高等创新团队建设与教师职业发展计划美国培训及北京市属高等创新团队建设与教师职业发展计划英国培训，共有 4 名教师赴境外培训。

（二）重要出访活动

2013 年出访的 32 个团组中，张雅君等 5 人赴法团参加"北京建筑工程学院——中法能源培训中心"理事会。宋国华等 2 人赴美团组以及齐勇 2 人赴美团组作为当年重要出访团组，其出访总结材料送至市外办参加优秀团组评选活动。江苏等 5 人赴俄罗斯参加土木热点问题国际会议，进一步加强了我校与国际知名大学的交流。

四、外专外教

2013 年度聘请了 5 名长期外籍教师（美国 2 人、法国 1 人、印度 1 人、叙利亚 1 人）和 1 名中国台湾地区教师在学校从事各种教学及管理工作，同时，协助聘请多名国际知名专家到我校参加重点专业、重点学科建设并承担讲课和讲座等任务，共同开展科学研究。我处为其办理签证、专家证、居留证、就业证等手续工作并协调有关教学及日常管理事务。

五、中外合作办学

我校与美国奥本大学合作举办的给水排水工程专业本科教育项目于 2012 年 6 月获得教育部批复（编号：MOEIIUSZA20121205N）。其中 2013 年招收 32 人。其次，我校与美国奥本大学合作举办中外合作办学机构"北京建筑大学奥本大学国际学院"的合作项目已于 2013 年 9 月通过北京市教委、市政府审查。由于我校更名，重新整理有关更名后材料，12 月上报至教育部。

六、北京市财政专项

顺利完成 2013 年《北京市高等学校外国留学生奖学金》80 万元以及 2013 年《北京市高等学校学生公派境外奖学金》49 万元的发放工作。

七、来华留学

2013 年，我处为七名学生办理了《外国留学生 JW202》表，分别来自蒙古、哈萨克斯坦、伊朗等国。

在我校承办的第 52 届首都大学生运动会上，首次设立外国留学生专门参赛事宜。我处协助体育部积极争取上级部门的支持并完成有关上报、联络、组织、参赛等诸多繁琐细致工作，确保此次运动会圆满举行，得到了市教委、市大体协等多家部门的肯定。

（李　昕　赵晓红）

第八章 学 生 发 展

一、本科生招生工作

（一）概况

2013 年，招生办公室牢固树立"服务人才培养，加大招生宣传、提高生源质量"的工作目标，紧紧围绕高招宣传和高招录取开展工作，积极探索，不断创新。在学校领导和全校教职工的大力支持下，招生办公室积极拓展宣传途径，加大宣传力度，提升了学校在京内、京外地区的知名度和社会认可度；顺利完成了 2013 年高招录取工作，保持了高招录取工作中"零违规、零失误、零投诉"的良好成绩，使学校高招录取成绩再上一个新的台阶。

（二）招生政策

国家教育部、北京市教育委员会、北京教育考试院等上级部门规定普通高等学校实行"招生学校负责、省市招办监督"的录取管理制度。即：在思想政治品德考核和身体健康状况检查合格、统考成绩达到同批录取控制分数线的考生中，由招生学校确定调阅考生档案的比例（一般在学校招生计划数 120％以内），决定考生录取与否及所录取专业，并负责对未录取考生的解释及其他遗留问题的处理。省（直辖市、自治区）招生委员会实行必要的监督，检查学校执行国家招生政策、招生计划的情况。

根据上级部门的有关规定，北京建筑大学招生录取期间成立学校招生录取工作领导小组，由校长担任领导小组组长，主管教学的校长、纪委书记为副组长，招生录取工作领导小组下设录取工作组、纪检工作组和技术保障组，招生录取工作领导小组对学校本科招生实行统一组织领导。同时成立由纪委副书记为主任的招生监察办公室，成员由学校纪检监察干部、特邀监察员等相关人员组成。招生监察办公室在学校招生领导小组的领导下，具体实施对本校招生录取的监督工作。

2013 年，北京建筑大学高招录取的录取规则为：

学校在录取考生时，全面贯彻实施高校招生"阳光工程"，本着公平、公正、公开的原则，严格按照市高校招生办公室公布的批次、科类进行录取，专业录取时按照分数优先原则结合考生志愿顺序，全面审核，择优录取，给排水科学与工程（中美合作 2＋2 项目）与理科实验班只录取填报该专业志愿的考生，给排水科学与工程（中美合作 2＋2）要求英语单科成绩在 100 以上。

在进行专业录取时，承认各省级规定的照顾加分。

学校各专业录取无男女生比例限制，所有专业不设美术加试。

学校优先录取第一志愿考生；北京地区第一批录取时，根据平行志愿高分考生的数量情况，预留出 20％左右的比例录取平行志愿考生。建议考生一志愿报考，专业选择余地较大。

（三）招生计划

2013年北京建筑大学招生计划为1800人，其中北京计划1020人，外地计划750人，另有少数民族预科计划30人。学校继续面向全国31个省市自治区投放计划，将外省招生比例扩到45.72%。根据生源情况以及区域特点，实现了23各省市及自治区的一批次招生，其中：在天津、河北、辽宁、吉林、福建、河南、贵州、西藏、陕西、青海、宁夏共计11个省市完全实行本科一批次招生；在北京、山西、内蒙古、黑龙江、江西、山东、广西、海南、重庆、四川、云南、甘肃共计12个省市按专业分别参加本科一、二批次招生；其余上海、江苏、浙江、安徽、湖北、湖南、广东、新疆共计8个省市为本科二批次招生。

（四）录取情况（录取分数、录取新生、新生奖学金等）

【录取分数】2013年北京建筑大学在北京地区本科一批次理科录取最高分为674分（比理科一本线高124分），最低分为555分（比理科一本线高5分），文科录取最高分为645分（比文科一本线高96分），最低分为555分（比文科一本线高6分）；本科二批次理科录取最高分为644分（比理科二本线高139分），最低分为528分（比理科二本线高23分），文科最高分为553分（比文科二本线高59分），最低分为507分（比文科二本线高13分）。

在京外一批次录取省市及自治区，北京建筑大学的录取分数线基本都在当地一批次分数线上30分左右，其他二批次省市及自治区录取分数也均在当地一本线上下10分左右。

2013年全国各省市录取分数统计

地区	批次	2013年全国各省市高考分数线				2013年我校录取分数线			
		理科		文科		理科		文科	
		一批线	二批线	一批线	二批线	最高分	最低分	最高分	最低分
北京	一批	550	505	549	494	674	555	645	555
	二批					644	528	553	507
天津	一批	521	436	533	474	601	549	559	549
河北	一批	538	478	561	551	611	572	581	572
山西	一批	493	440	507	459	537	514	—	—
	二批					514	496	510	505
内蒙古	一批	482	399	474	409	572	542	—	—
	二批					541	477	476	465
辽宁	一批	538	470	554	499	597	565	575	573
吉林	一批	535	421	510	401	575	546	520	520
黑龙江	一批	527	437	504	424	594	560	—	—
	二批					568	527	529	501
上海	二批	405	331	448	403	434	378	421	413
江苏	二批	338	312	328	299	344	336	327	314
浙江	二批	617	—	619	—	577	567	557	556

地区	批次	2013年全国各省市高考分数线				2013年我校录取分数线			
		理科		文科		理科		文科	
		一批线	二批线	一批线	二批线	最高分	最低分	最高分	最低分
安徽	二批	490	429	540	498	520	502	538	536
福建	一批	501	401	513	431	570	549	543	538
江西	一批	517	456	532	484	563	548	—	—
	二批					520	513	533	525
山东	一批	554	—	570	—	629	593	—	—
	二批					613	587	581	572
河南	一批	505	443	519	465	558	537	535	528
湖北	二批	527	462	531	480	562	528	514	506
湖南	二批	495	423	557	502	524	495	563	553
广东	二批	574	516	594	546	588	573	575	564
广西	一批	510	413	541	467	586	556	—	—
	二批					538	500	559	537
海南	一批	608	541	667	590	728	684	—	—
	二批					631	606	675	667
重庆	一批	520	462	556	499	579	547	—	—
	二批					—	—	551	514
四川	一批	562	492	567	505	615	582	—	—
	二批					578	556	549	546
贵州	一批	449	360	522	446	530	499	547	546
云南	一批	495	425	520	455	608	565	—	—
	二批					519	481	551	524
西藏	一批	290	235	310	265	328	302	319	319
陕西	一批	485	435	540	486	579	533	576	556
甘肃	一批	489	430	503	451	537	491	—	—
	二批					531	462	553	451
青海	一批	383	340	435	382	470	383	455	444
宁夏	一批	455	417	484	450	518	475	506	495
新疆	二批	443	378	460	394	511	439	468	397

2013 年北京市录取分数统计及全市分数排名

批次	科类	学院	专业名称	最高分	全市排名	最低分	全市排名	平均分	全市排名
一批	理工	建筑学院	建筑学	674	1399	615	7179	634	5020
			城乡规划	640	4420	596	9566	606	8264
			风景园林	657	2779	593	9995	609	7901
			环境设计	631	5335	594	9850	606	8264
			历史建筑保护工程	666	1982	587	10888	605	8386
		土木学院	土木工程（建筑工程方向）	648	3658	578	12268	597	9426
			土木工程（城市道路与桥梁工程方向）	635	4917	571	13352	586	11040
			土木工程（城市地下工程方向）	624	6116	566	14143	576	12576
			交通工程	626	5887	559	15316	579	12114
			无机非金属材料工程（建筑材料方向）	617	6940	556	15849	584	11345
		测绘学院	测绘工程	618	6820	556	15849	566	14143
			地理信息科学	621	6465	555	16028	583	11499
		环能学院	建筑环境与能源应用工程	621	6465	566	14143	585	11192
			给排水科学与工程	625	6001	566	14143	580	11960
			给排水科学与工程（中美合作2＋2）	651	3367	555	16028	578	12268
			环境工程	618	6820	555	16028	580	11960
			环境科学（资源循环利用）	647	3753	555	16028	574	12886
			能源与动力工程	623	6231	558	15493	576	12576
		经管学院	工程管理	598	9288	562	14801	570	13509
	文史	建筑学院	城乡规划	612	1212	564	3378	582	2391
			风景园林	597	1739	574	2086	586	2209
			环境设计	645	405	555	3932	580	2488
			历史建筑保护工程	645	405	562	3497	563	3437
二批	理工	机电学院	机械工程	571	13352	536	19106	543	17993
			车辆工程（汽车工程）	566	14143	536	19106	543	17993
			车辆工程（城市轨道交通车辆方向）	548	17220	537	18941	541	18301
			工业工程	558	15493	531	19953	536	19106
		电信学院	自动化	644	4038	535	19273	545	17687
			电气工程及其自动化	574	12886	540	18458	549	17059
			计算机科学与技术	549	17059	533	19611	540	18458
			建筑电气与智能化	556	15849	537	18941	544	17840
		理学院	信息与计算科学	549	17059	528	20471	532	19781
			电子信息科学与技术	544	17840	530	20125	534	19441
			数学类（理科实验班）	611	7661	548	17220	565	14305
		经管学院	工商管理	548	17220	532	19781	538	18778
			市场营销（市场运营与策划）	546	17533	528	20471	533	19611
			公共事业管理（招标采购方向）	567	13983	528	20471	537	18941
		文法学院	法学	534	19441	528	20471	531	19953
	文史	经管学院	工商管理	553	4057	533	5268	543	4641
			市场营销（市场运营与策划）	553	4057	520	6139	531	5403
			公共事业管理（招标采购方向）	548	4357	520	6139	532	5335
		文法学院	法学	550	4240	509	6866	520	6139
			社会工作	543	4641	507	6995	518	6273

【录取新生】 2013 年北京建筑大学实际录取新生为 1852 人。其中，北京地区录取新生 1002 人，外省市录取新生 850 人（含 2012 年预科转入学生 56 人，内地新疆班学生 21 人，内地西藏班学生 6 人），此外，2013 年录取少数民族预科班学生共计 45 人，少数民

族预科班学生预科期间将就读于南昌工学院，学制为一年。

【新生奖学金】2013 年，北京建筑大学共有 84 名新生获得新生奖学金 51.9 万元整。其中，北京地区 55 名新生获得新生奖学金 31.7 万元，京外地区 29 名新生奖学金 20.2 万元。

北京地区新生奖学金

类　　别	金额（万元）	人　　数	合计（万元）
本科一批理科前三名	0.80	3	2.40
本科一批文科前三名	0.80	3	2.40
本科二批理科前三名	0.80	3	2.40
本科二批文科前三名	0.80	5	4.00
本科一批理科各专业第一名	0.50	21	10.50
本科一批文科各专业第一名	0.50	2	1.00
本科二批理科各专业第一名	0.50	14	7.00
本科二批文科各专业第一名	0.50	4	2.00
总计		55	31.70

外省市新生奖学金

类　　别	金额（万元）	人　　数	合计（万元）
理科高于当地一本线 50 分	0.80	18	14.40
文科高于当地一本线 50 分	0.80	1	0.80
理科高于当地一本线 30 分	0.50	7	3.50
文科高于当地一本线 30 分	0.50	3	1.50
总计		29	20.20

（五）招生宣传

为进一步扩大学校的社会影响力，提升学校的社会认知度，提高学校的生源质量，招生办公室在全校教职工的大力支持下，开展了一系列招生宣传活动。

【承办 2013 年北京市全国高招联合咨询会】2013 年北京首场且规模最大的全国高招联合咨询会在北京建筑大学大兴校区体育场举行。包括北京大学、清华大学、北京师范大学在内的 93 所高校到场参加，中央电视台、北京电视台、北京青年报、北京日报等多家媒体对咨询会进行报道，近五万多名考生及家长参加了咨询活动。

【积极参加北京市高招咨询会和校园开放日】学校先后组织参加了北京市高校及中学举办的 25 场招生宣讲与咨询会。各学院领导、专业负责人、学科带头人等积极参与，为广大考生和家长提供详细、耐心、细致、周到的咨询服务。

2013 年北京建筑大学京内招生咨询会汇总表

序号	时间	主办单位	序号	时间	主办单位
1	4月20日（周六）	首都经济贸易大学	14	4月27日（周六）	北京二中
2	4月20日（周六）	首都师范大学	15	4月28日（周日）	景山学校
3	4月20日（周六）	北京市第九中学	16	4月28日（周日）	北京市八十中学
4	4月20日（周六）	北京信息科技大学	17	4月28日（周日）	八一中学
5	4月20日（周六）	北京服装学院	18	4月28日（周日）	北京师范大学第二附属中学
6	4月20日（周六）	北京工业大学	19	4月28日（周日）	清华大学附属中学
7	4月20日（周六）	陈经纶中学	20	4月28日（周日）	北京十二中
8	4月21日（周日）	北京农学院	21	4月29日（周一）	北京师达中学
9	4月21日（周日）	北方工业大学	22	4月29日（周一）	北京石油化工学院
10	4月26日（周五）	北京四中	23	4月30日（周二）	北京工商大学良乡校区
11	4月26日（周五）	北京师范大学附属中学	24	5月4日（周六）	北京交通职业技术学院
12	4月27日（周六）	北京一六六中学	25	5月5日（周日）	北京城市学院
13	4月27日（周六）	首都师范大学附属中学			

【首次大规模参加京外高招咨询】 2013 年北京建筑大学受邀前往 23 个省市自治区参加了 30 场高招咨询会，这是学校第一次大规模派人前往京外地区参加高招咨询活动。咨询活动得到了全校教职工的大力支持，并取得了良好的效果。

2013 年北京建筑大学京外高招咨询会汇总表

序号	时 间	所在省份	地 点
1	6月16日	吉林	吉林建筑大学
2	6月16日	内蒙古	内蒙古大学
3	6月16日	河北	保定图书馆
4	6月22日		石家庄第二十四中学
	6月24日		石家庄市第一中学
5	6月24日	重庆	重庆会展中心
6	6月23日	四川	成都市新国际会展中心
7	6月23日	贵州	贵阳医学院
8	6月23日	广西	广西南宁国际会展中心
9	6月23日	甘肃	兰州大学
10	6月24日		西北师范大学
11	6月23日	云南	昆明国际会展中心
12	6月25日	湖北	华中师范大学
13	6月24日	湖北	武汉国际会展中心

序号	时　间	所在省份	地　点
14	6月25日	安徽	安徽农业大学校园内
15	6月25日	陕西	陕西省西安中学
16	6月25日	天津	天津城建大学
17	6月25日	黑龙江	哈尔滨工业大学
18	6月25日	福建	福州
19	6月26日	山东	威海二中南校区
20	6月25日	山东	淄博国际会展中心
21	6月26日	山东	青岛国际会展中心
22	6月26日	湖南	湖南长沙红星国际会展中心
23	6月25日	河南	河南农业大学
24	6月27日	河南	河南新乡第一中学
25	6月29日	广州	深圳市第一职业技术学校
26	6月28日	广州	广州中国进出口商品交易会琶洲展馆
27	6月29日	江西	南昌国际展览中心
28	7月1日	海南	海南工商职业学院
29	6月25日	江苏	南京
30	6月25日	山西	太原市

【开展多种形式的招生宣传活动】

（1）咨询电话：招生宣传期间，招生办公室两部咨询热线电话01068322507、01068332396，一周七天，每天上午八点至下午五点，不间断为考生和家长答疑。同时，在招生办网站上向社会公布两部咨询手机，为考生和家长提供每周七天，每天早上七点到晚上十点半的咨询服务。

（2）在线访谈：学校积极参加新华网教育频道为考生推出的2013年高招系列访谈和腾讯网举办的《高校招办发言人·2013》等等一系列访谈活动，和教育部阳光高考组织的在线答疑活动。

（3）新媒体：学校招生办还开通了官方微博：腾讯、新浪微博：@北京建筑大学招生办，在线咨询qq：806963946，考生还可登录北京建筑大学百度贴吧进行提问咨询。

（徐敬明　李雪华）

二、就业工作

（一）概况

2013年，招就处紧紧围绕学校中心工作，以"质量为本、市场为先、服务至上"为理念，扎实开展就业教育、指导和服务工作，2013年全员就业率为97.15％，全员签约率为91.76％。

（二）毕业生就业情况

【毕业生就业基本数据】

2013 年各学院签约率、就业率一览表

序号	学院	全员签约率	全员就业率
1	土木学院	97.51％	99.55％
2	文法学院	96.97％	99.24％
3	建筑学院	94.97％	99.50％
4	机电学院	92.81％	97.01％
5	理学院	92％	96％
6	测绘学院	91.10％	100％
7	环能学院	88.62％	95.69％
8	电信学院	87.83％	92.17％
9	经管学院	82.06％	95.35％
	全校合计	91.76％	97.15％

注：本科数据截至 2013 年 8 月 31 日，研究生数据截至 2013 年 12 月 31 日，北京建筑大学招生就业处制表。

2013 年本科生分专业签约率、就业率一览

序号	学院	专业	总人数	签约率	就业率
1	土木	交通工程	31	100.00％	100.00％
		土木工程	279	98.92％	99.64％
		无机非金属材料工程	57	98.25％	98.25％
		合计	367	98.91％	99.46％
2	文法	法学	64	96.88％	100.00％
		社会工作	68	97.06％	98.53％
		合计	132	96.97％	99.24％
3	建筑	城市规划	21	100.00％	100.00％
		工业设计	15	80.00％	93.33％
		建筑学	41	97.56％	100.00％
		合计	77	94.81％	98.70％
4	机电	工业工程	30	96.67％	100.00％
		机械工程及自动化	128	92.97％	96.09％
		合计	158	93.67％	96.84％
5	理学	信息与计算科学	25	92.00％	96.00％
		合计	25	92.00％	96.00％
6	测绘	测绘工程	64	98.44％	100.00％
		地理信息系统	56	82.14％	100.00％
		合计	120	90.83％	100.00％

序号	学院	专业	总人数	签约率	就业率
7	环能	给水排水工程	57	85.96%	92.98%
		环境工程	50	90.00%	98.00%
		建筑环境与设备工程	94	91.49%	94.68%
		热能与动力工程	33	87.88%	100.00%
		合计	234	89.32%	95.73%
8	电信	电气工程及其自动化	97	88.66%	90.72%
		计算机科学与技术	56	87.50%	96.43%
		自动化	56	85.71%	87.50%
		合计	209	87.56%	91.39%
9	经管	工程管理	139	86.33%	95.68%
		工商管理	86	76.74%	91.86%
		市场营销	64	79.69%	98.44%
		合计	289	82.01%	95.16%
		本科生合计	1611	91.37%	96.59%
		全校合计	1966	91.76%	97.15%

注：数据截至 2013 年 8 月 31 日，北京建筑大学招生就业处制表。

2013 年研究生分专业签约率、就业率一览

序号	学院	专 业	毕业生数	签约率	就业率
1	建筑	建筑设计及其理论	40	95.00%	100.00%
		建筑历史与理论	6	100.00%	100.00%
		建筑技术科学	5	80.00%	100.00%
		城市规划与设计	21	95.24%	100.00%
		设计艺术学	15	86.67%	100.00%
		建筑学硕士	35	100.00%	100.00%
		合计	122	95.08%	100.00%
2	测绘	地图制图学与地理信息工程	20	95.00%	100.00%
		建筑与土木工程（测绘工程方向）	6	83.33%	100.00%
		合计	26	92.31%	100.00%
3	土木	结构工程	28	96.43%	100.00%
		桥梁与隧道工程	5	100.00%	100.00%
		防灾减灾工程及防护工程	3	100.00%	100.00%
		岩土工程	3	100.00%	100.00%
		道路与铁道工程	10	90.00%	100.00%
		建筑与土木工程	20	80.00%	100.00%
		建筑与土木工程（结构工程方向）	3	66.67%	100.00%
		建筑与土木工程（岩土与地下工程方向）	2	100.00%	100.00%
		合计	74	90.54%	100.00%

序号	学院	专　　业	毕业生数	签约率	就业率
4	电信	控制理论与控制工程	15	86.67%	100.00%
		建筑与土木工程（建筑电气与智能化方向）	6	100.00%	100.00%
		合计	21	90.48%	100.00%
5	环能	建筑与土木工程（供热、供燃气、通风及空调工程方向）	13	100.00%	84.61%
		建筑与土木工程（市政工程方向）	3	66.67%	100.00%
		供热、供燃气、通风及空调工程	36	80.56%	100.00%
		环境工程	23	86.96%	91.30%
		市政工程	16	93.75%	100.00%
		合计	91	86.81%	95.60%
6	经管	管理科学与工程	6	66.67%	100.00%
		技术经济及管理	2	100.00%	100.00%
		项目管理	4	100.00%	100.00%
		合计	12	83.33%	100.00%
7	机电	建筑与土木工程（建筑设备设计方法及理论方向）	4	75.00%	100.00%
		供热、供燃气、通风及空调工程	5	80.00%	100.00%
		合计	9	77.78%	100.00%
		研究生合计	355	90.70%	98.87%
		全校合计	1966	91.76%	97.15%

注：数据截至 2013 年 12 月 17 日，研工部制表。

（三）就业指导与服务

【职业类课程建设】

1. 完善课程组织机构，成立大学生职业生涯教研室：2013 年，根据学校职业生涯教育工作开展的实际需要，进一步提升学生职业生涯教育的水平与能力，在教务处等部门协助下，招生与就业处成立了大学生职业生涯教研室。旨在依托职业类课程体系建设专项，加强学校职业生涯教育师资、课程、咨询、日常教育辅导等方面的建设。职涯教研室目前有专职校内师资 1 人，兼职校内师资 21 人，校外兼职师资 1 人。

2. 做好课程师资培训：2013 年年初，招就处对现有师资队伍进行梳理，有计划地进行分层次师资培养。先后组织培训 12 名年轻辅导员参加职业课程教师试讲，其中 9 人顺利通过试讲，有效补充了师资，为课程的顺利开展奠定基础。积极开展职涯教育技能型培训：2013 年 5 月在大兴校区开办 TTT 内训班，培训师资 23 人；同年 8 月选拔 8 人参加 GCDF（国际职业生涯咨询师）培训；同年 9 月，输送 4 人参加北京市教委创业课程培训；同年 10 月，选派 3 名资深辅导员参加人保部高级人力资源管理师培训。扎实开展课程督导活动，有经验的教师与青年教师一对一结对子。

3. 增加选修课程开设门类：2013 年，招生与就业处职业生涯教研室将职业类选修课增加到 4 门，分别是《大学生职业生涯与发展规划》、《大学生 KAB 创业基础》、《大学生职业发展与就业指导》、《大学生职业适应力训练》，全年开课达到 30 门次，较好地满足了学生对职业类课程的需求。

【加强就业动员和分类指导】2013 年，面对严峻的就业形势，为了提升学生的就业信心和就业能力，招生就业处协助各学院大力开展就业动员分类指导，尤其针对京外生源、非传统专业学生、少数民族学生、女生、家庭经济困难学生等不同就业群体进行专门指导，取得良好效果。11 月 9～10 日，招就处协同研究生工作部举办"家庭经济暂时困难毕业生就业专题会议暨大学生职业发展培训"。校党委副书记张启鸿出席启动仪式并讲话，研究生工作部（处）部长陈静勇、学生工作部（处）部长黄尚荣、招生就业处副处长朱俊玲参加会议，会议由研究生工作部（处）副部长李云山主持。此后 2 为期两天的培训主要围绕"个人职业兴趣、职业素养、团队协作能力"探索与提升等方面展开。2013 年 10～12 月，针对毕业生开展"就业讲座超市"系列主题讲座及活动 24 场。

2013 年"就业讲座超市"活动一览表

会议时间	会议	主　要　议　题
10 月 14 日	讲座	"就业讲座超市"计划（普及类）之公务员备考系列指导
10 月 15 日	讲座	"就业讲座超市"计划（普及类）之就业政策与程序
10 月 15 日	讲座	"就业讲座超市"计划（普及类）之毕业生考研专题讲座
10 月 21 日	讲座	"就业讲座超市"计划（普及类）之公务员备考系列指导
10 月 22 日	讲座	"就业讲座超市"计划（普及类）之毕业班班长专题讲座
10 月 22 日	讲座	"就业讲座超市"计划（普及类）之大学生村官、支教、社区工作专题讲座
10 月 22 日	讲座	"就业讲座超市"计划（普及类）之如何签好三方协议
10 月 29 日	讲座	"就业讲座超市"计划（普及类）之毕业班导师如何做好领航人
10 月 29 日	讲座	"就业讲座超市"计划（普及类）之档案的重要性与注意事项
10 月 29 日	讲座	"就业讲座超市"计划（工作坊类）之简历制作指导（1）
11 月 5 日	讲座	"就业讲座超市"计划（工作坊类）之求职技巧（1）
11 月 7 日	讲座	"就业讲座超市"计划（工作坊类）之简历制作指导（2）
11 月 9 日	讲座	"就业讲座超市"计划（普及类）之毕业生就业力提升
11 月 12 日	讲座	"就业讲座超市"计划（普及类）之研究生就业专题讲座
11 月 12 日	讲座	"就业讲座超市"计划（工作坊类）之简历制作指导（3）
11 月 12 日	讲座	"就业讲座超市"计划（工作坊类）之求职技巧（2）
11 月 13 日	讲座	"就业讲座超市"计划（普及类）之少数民族毕业生如何高效求职
11 月 14 日	讲座	"就业讲座超市"计划（普及类）之求职礼仪与面试技巧
11 月 19 日	讲座	"就业讲座超市"计划（工作坊类）之简历制作指导（4）
11 月 19 日	讲座	"就业讲座超市"计划（工作坊类）之研究生职业生涯规划短程训练
11 月 21 日	讲座	"就业讲座超市"计划（普及类）之女生就业专题
12 月 3 日	讲座	"就业讲座超市"计划（工作坊类）之定向生就业专题讲座
12 月 3 日	讲座	"就业讲座超市"计划（工作坊类）之心理调适与成功就业
12 月 10 日	讲座	"就业讲座超市"计划（工作坊类）之三方协议与劳动合同

（四）就业市场

【毕业生双选洽谈会】2013 年，招生就业处共举办毕业生双选洽谈会 4 场（含就业见习双选会 1 场）。其中双选洽谈会每场提供有效职位 2000 个，就业见习双选会基本满足我校主干专业大三年级学生的见习需求。

2013 年毕业生双选洽谈会一览表

时　　间	地　　点	类　型	参会单位
2013 年 3 月 26 日 13：30～17：00	西城校区大学生活动中心	毕业生双选会	建工集团、住总集团共计 90 家
2013 年 7 月 7 日 13：30～17：00	西城校区大学生活动中心	见习双选会	中国新兴发展总公司等 28 家
2013 年 11 月 26 日 13：30～17：00	西城校区大学生活动中心	毕业生双选会	北京建工集团、新兴建设集团、北京住总集团、中铁十二局、天元建设集团、辽宁本溪建筑设计研究院等共计 129 家
2013 年 12 月 10 日 13：30～17：00	西城校区大学生活动中心	毕业生双选会	北京城建集团、中铁六局、住总集团、中机十院国际工程有限公司、中国航天共计 136 家

【校内专场招聘会】2013 年，招生就业处共举办专场招聘会 47 场，协助各学院举办招聘会 16 场。

2013 年专场招聘会一览表

时间	单位名称	招聘专业
2013 年 10 月 14 日 18：30～21：00	华夏幸福基业有限责任公司	建筑、土木、电气、工程管理
2013 年 10 月 15 日 13：00～17：00	悉地国际（CCDI）	建筑、土木、电气、工程管理
2013 年 10 月 15 日 18：30～21：00	北京龙湖物业服务公司	建筑、土木、机电、电气、自动化
2013 年 10 月 17 日 18：30～21：00	思源经纪	不限
2013 年 10 月 24 日 14：30～16：30	北京嘉寓门窗幕墙股份有限公司	建筑、结构、土木工程、暖通
2013 年 10 月 21 日 18：30～21：00	协信地产	建筑、结构、土木工程、暖通
2013 年 10 月 24 日 18：30～21：00	世联地产	土木、建筑、经管
2013 年 10 月 28 日 13：00～15：00	中交第四公路工程局有限公司	电气、结构、热能、施工、工程管理
2013 年 11 月 05 日 18：30～21：00	上海华东城建集团	建筑学、土木类
2013 年 11 月 07 日 18：30～21：00	中南集团	土建类

时间	单位名称	招聘专业
2013 年 11 月 15 日 18：30～21：00	天职（北京）国际工程项目管理有限公司	土木工程、工民建、暖通及给排水、工程造价管理、铁路及交通工程、计算机、工程管理
2013 年 10 月 22 日 14：00～17：00	北京江河幕墙系统工程有限公司	土木工程、市场营销等相关
2013 年 10 月 24 日 18：30～21：00	兴唐通信科技公司	计算机、自动化
2013 年 10 月 15 日 08：00～12：00	中国建筑第六工程局	土木工程（房建、道桥、岩土、隧道）、道路工程、桥梁工程、建筑学、结构工程、工程管理、工程造价、建筑工程技术、建筑材料（无机非金属材料）、给排水、暖通、电气工程及自动化、机电一体化、测量工程
2013 年 10 月 14 日 10：00～12：00	北京爱普电力工程有限公司	机电、市场营销、工程造价
2013 年 10 月 17 日 13：00～15：00	GOA 绿城东方	建筑、土木、暖通、给排水
2013 年 10 月 31 日 19：00～21：00	多维联合集团	土木工程、市场营销、机械自动化、建筑学城市规划
2013 年 11 月 19 日 18：30～21：00	北京伟业联合房地产顾问有限公司	市场营销、工商管理
2013 年 10 月 22 日 15：00～17：00	中粮置地北京公司	机电自动化、暖通、给排水、土木工程、工程管理、工民建相关专业
2013 年 10 月 17 日 18：30～21：00	中建三局工程局	土木、工程管理、物流
2013 年 10 月 22 日 15：00～17：00	中原地产	建筑类、土木类
2013 年 10 月 29 日 18：30～21：00	EC Harris	暖通、土木、建筑、电气、结构、机械
2013 年 11 月 04 日 14：00～17：00	中铁二十二局集团房地产开发有限公司	土木、暖通、财务、法律、规划、物业管理、给排水、计算机
2013 年 10 月 24 日 17：30～18：30	中交三公局	土木相关
2013 年 11 月 05 日 18：30～21：00	博天环境能源公司	建筑类、土木类
2013 年 11 月 06 日 18：30～21：01	大洋控股有限公司	土木工程与工程管理

时间	单位名称	招聘专业
2013 年 10 月 28 日 10：00～12：00	链家地产	建筑类、土木类
2013 年 10 月 29 日 18：30～20：00	国内贸易工程设计研究院	建筑学、建筑设计及其理论、城市规划、结构工程、土木工程、电气及其自动化、工程管理、给水排水工程、环境工程、供热、供燃气、通风及空调工程
2013 年 10 月 30 日 18：00～20：00	北京住总集团海外部	工民建（土建）或建筑工程、暖通、土建预算、给排水
2013 年 10 月 29 日 14：00～16：00	方大集团	土木、暖通、给排水、计算机
2013 年 10 月 31 日 15：40～17：00	中铁航空港	土木、暖通、物业管理、给排水、计算机
2013 年 11 月 07 日 18：30～20：00	易居中国校园招聘	土木、暖通、计算机
2013 年 10 月 30 日 15：00～17：00	航天万源实业公司校园宣讲	建筑类、土木类
2013 年 10 月 29 日 15：00～16：20	筑福国际	建筑类、土木类
2013 年 10 月 31 日 18：30～20：30	博科人才	建筑、土木、工程造价、给排水、机械等
2013 年 11 月 05 日 09：00～12：00	中铁建工集团国际工程公司	土木工程、给排水工程、电气工程及其自动化、建筑环境与设备工程等
2013 年 11 月 05 日 19：00～21：00	中铁六局	土木工程类、给排水、自动化、建筑类、法律类
2013 年 11 月 12 日 18：00～20：00	中标建设	工程管理、造价预算、建筑设计
2013 年 11 月 13 日 15：00～17：00	北京市住宅建筑设计研究院有限公司	建筑、土木、水暖电
2013 年 11 月 11 日 14：00～17：00	北京燕化天钲建筑工程有限责任公司	建筑与土木工程（研究生）、土木工程、工程管理、无机非金属材料
2013 年 11 月 12 日 14：00～16：00	中国建筑科学研究院建筑设计院	建筑学、城市规划、建筑学、结构工程、建筑给排水、暖通空调、电气、风景园林
2013 年 11 月 12 日 14：30～16：00	华阳国际	建筑学、城市规划、结构工程、电气工程与自动化、给水排水工程、暖通空调、管理培训生（专业不限）、职能部门助理（公共管理类、人力资源管理）
2013 年 11 月 18 日 14：00～16：00	中信银行北京分行	专业不限

时间	单位名称	招聘专业
2013 年 11 月 21 日 18：00～20：00	泛华体育	建筑、土木、水暖电
2013 年 11 月 18 日 15：00～17：00	葛洲坝集团	土木工程、电气工程及自动化、工程管理、法律、计算机
2013 年 11 月 22 日 14：00～16：00	北林苑景观及建筑规划设计院有限公司	建筑专业、城市规划专业
2013 年 11 月 28 日 18：30～20：30	市政路桥	
2013 年 12 月 17 日 14：00～16：00	住总集团	建筑学、建筑设计、景观园林设计、建筑工程、土木工程、工民建、设备工程、水电、电气、给排水、暖通、材料工程、机械工程、自动化、工程管理、工程造价、安全工程、市场营销、人力资源管理、法学
2013 年 12 月 19 日 13：30～14：30	北京力拓寰球建筑工程有限公司	工程管理、建筑、土木工程、工民建等
2013 年 12 月 23 日 14：30～16：30	北京翔鲲水务建设有限公司	工程造价、物业管理、环境工程及工程测量
2013 年 12 月 30 日 09：30～11：00	北京市地铁运营有限公司	机械设计制造及自动化、电气工程及自动化、电子信息工程、通信工程、土木工程、交通运输、交通工程、安全工程、车辆工程、机电一体化、工程预算、法律、会计、财务管理、人力资源管理、企业管理

【京外就业市场拓展】2013 年，为了更好地服务于京外毕业生就业，促进京外生源毕业生高质量就业，进一步提高我校就业工作水平。招生就业处组织学校相关学院赴山东、河南、安徽开拓京外就业市场，先后走访调研用人单位 15 家。同时，学校参加首届全国建筑类高校就业联盟年会，也同十余家京外建筑企业达成了初步合作意向。

2013 年京外就业市场拓展活动一览表

时间	地点	参加人员	走访单位
2013 年 5 月 11 日	济南	朱俊玲、蔡思翔	参加全国建筑类高校就业联盟年会，同青建股份、天元集团、烟建集团、荣盛地产等十余家建筑企业初步达成合作意向
2013 年 7 月 29 日	济南	张启鸿、李雪华、何立新、陈红兵、朱俊玲、王秉楠	济南市市政公用事业局、济南勘察测绘研究院、山东省建筑设计院第六分院、济南港华燃气有限公司、济南城建集团、济南城建设计研究院
2013 年 8 月 5 日	青岛	丁 奇、康 健、蔡思翔、李小虎、张忠国	青岛市建筑设计研究院、青岛市规划设计研究院、烟台市建筑设计研究院
2013 年 8 月 11 日	郑州	周 春、朱俊玲、王震远、王秉楠、魏 强、郝 迈	河南省交通设计院、郑州市市政院、河南省交通科研院、郑州交通设计院
2013 年 8 月 13 日	合肥	朱俊玲、李云山、吴建国、黄 琇	安徽城建设计研究院、合肥轨道交通公司

（徐敬明　朱俊玲　李雪华　李云山　陈静勇）

三、校友工作

（一）概况

2013 年 12 月"北京建筑工程学院校友会"借着"北京建筑工程学院"更名为"北京建筑大学"的契机正式更名为"北京建筑大学校友会"。2013 年校友会紧紧围绕学校"更名工程"和"申博工程"等重心工作开展工作，积极而又广泛的联系海内外校友，并协调和组织诸多知名校友参与到"更名工程"和"申博工程"中来。通过校友会的积极而又富有成效的工作，各届校友返校参观和纪念达到了一个今年来的高峰，同时在校友会的协调和帮助下山东校友分会和河南校友分会正式成立。纵观 2013 年全年工作，校友会真正成了校友与母校之间增进交流、密切联系的合作共赢的桥梁；成了校友们和母校之间情感联系的纽带；成了校友们永远的温暖家园。2013 年是校友会发展过程中一个里程碑式、具有纪念意义的一年，在这一年里，通过校友会的工作，调动广大校友的积极性、支持母校建设、扩大母校影响；通过校友会的工作，积极推进学校建设发展、科研成果的应用和推广；通过校友会的工作，使得校友对于学校教学科研、学生就业等领域的作用进一步发挥，为学校在向综合性和高水平大学迈进的征途中发挥作用、贡献力量。

（二）校友会工作

2013 年期间，校友会以服务广大校友为目标，开展了一系列与之相关的工作：

(1) 第三届校友理事会换届工作；
(2) 校友会法人等手续更换工作；
(3) 北京市社会团体（高校校友会）评估工作；
(4) 北京市民政局社团年审工作；
(5) 山东校友会、河南校友会筹备工作；
(6) 开通校友手机报、校友微信公众号、校友腾讯和新浪官方微博；
(7) 毕业生校友卡制作和发放工作；
(8) 校友会档案的清理和数字化工作。

（三）校友活动

2013 年，在校友会的组织和协调下，共接待了 4 批校友的返校活动：

序号	时 间	返校人员	人 数	接待地点
1	5 月 18 日	建 419 班	25 人	第三会议室
2	5 月 18 日	建 21 班	23 人	第二会议室
3	9 月 20 日	79 级	85 人	西城校区
4	9 月 26 日	54 级	38 人	教 1—126 教室

（四）校友捐赠

序号	捐赠人员	捐赠时间	捐赠物品	参加校领导
1	七七、七八级校友	7 月 7 日	人民币玖万捌仟玖佰元整	朱光、何志洪
2	七七、七八级校友	7 月 7 日	西城校区碑石	朱光、何志洪
3	道八三级校友		大兴校区石榴树	
4	杨斌		人民币壹万元整	

（五）校友风采

北京建筑大学校友名单

序号	姓 名	性别	毕业时间	专业	工作单位	职务
1	魏成林	男	1987	建筑学	北京市国土资源局	局长
2	许 健	男	1982	工民建	北京重点项目建设指挥部办公室	党组书记
3	张 忠	男	1997	给排水	中央组织部	局长
4	冀 岩	男	1986	道桥	北京市丰台区	区长
5	周正宇	男	1982	道桥	北京市政府	副秘书长
6	杨 斌	男	1983	给排水	北京市通州区区政府	区委书记
7	张 闽	男	1984	道桥	首发(集团)有限公司	董事长
8	刘桂生	男	1984	道桥	北京市市政工程设计研究总院	院 长
9	于春全	男	1982	道桥	北京市公安局	副局长
10	向连方	男	1982	道桥	北京市市政工程设计研究总院	党委书记 董事长
11	李大维	男	1985	暖通	北京市热力集团	总经理
12	吴宏建	男	1982	道桥	北京轨道交通建设管理公司	总经理
13	王国忠	男	1981	工民建	北京电力建设总公司	总经理
14	李佩勋	男	1981	工民建	中国京冶工程技术有限公司，中国冶金研究院	董事长兼总经理院长兼书记
15	张力兵	男	1985	工民建	曾任北京对口支援和经济合作工作领导小组	办公室副主任
16	王 钢	男	1983	工民建	曾任北京市住房和城乡建设委员会	副主任
17	张 仁	男	1982	道桥	北京市交通委员会	总工程师、委员
18	张 汛	男	1982	道桥	北京市政路桥建设控股(集团)有限公司	总工
19	石银锋	男	1990	道桥	北京市政路桥建设控股(集团)有限公司	副总
20	段喜臣	男	1987	燃气	中国建筑文化中心	副主任
21	石玉贵	男	1984	给排水	石景山区政府	副区长
22	吴 江	男	1982	给排水	中国土木工程公司	党委副书记
23	金 晖	女	1992	工民建	北京东城区政府	党委常委，宣传部长
24	戴孟东	男	1982	给排水	北京市重大项目指挥部办公室	副主任
25	张 宇	男	1987	建筑学	北京建筑设计研究院	副总经理
26	郑 琪	男	1992	工民建	北京建筑设计研究院	副总经理
27	胡 越	男	1986	建筑学	北京建筑设计研究院	总建筑师
28	李荣庆	男	1983	测绘	北京市住建委	副主任
29	包琦玮	女	1981	道桥	北京市市政工程设计研究总院	总工程师
30	穆祥纯	男	中专		北京市市政工程设计研究总院	副院长
31	李雅兰	女	1985	燃气	北京市城市燃气集团公司	副总经理
32	曾力军	男	1984	燃气	北京市煤气工程公司	副总经理 总工程师

序号	姓 名	性别	毕业时间	专业	工作单位	职务
33	刘勇	男	1985	道 桥	北京市市政工程设计研究总院	副院长、副总工
34	刘群	男	1988	机电	中时集团公司集团董事	副总裁
35	李培彬	男	1981	工民建	中国电子工程设计院	副院长
36	冯跃	男	1981	工民建	北京建工集团	总工
37	潘一玲		1982	燃气	北京市规划院设计研究院	副院长
38	曲琦	女	1985	工民建	建设部	副司长
39	马铁山	男	1983	工民建	北京建工集团	副总经理
40	张万峰	男	1983	测 绘	国家测绘局行管司	副司长
41	杨伯刚	男	1983	测 绘	北京测绘设计研究院	副院长
42	韩有朋	男	1981	工民建	北京瑞坤置业有限责任公司	总经理
43	靳建国	男	1983	建机	中国建设机械总公司	副总经理
44	田金凤	男	1987	暖 通	北京市热力集团	副总经理
45	赵峰	男	1991	暖 通	北京市热力集团	副总经理
46	常卫军	男	1989	工民建	交银国际（亚洲）有限公司	董事总经理
47	赵金花	女	1984	暖 通	市委办公厅	副主任
48	胡颐蘅	女	1982	设 备	北京住宅建筑设计研究院	党委书记
49	沈小克	男	1982	工民建	北京勘察设计研究总院	院 长
50	孙中阁	男	1984	道 桥	北京市交通委路政局	局 长
51	杨宝林	男	1983	给排水	北京首都开发股份有限公司	总经理助理
52	李鹏	男	1982	工民建	林业设计院	副院长
53	成子桥	男	1989	道 桥	中国水电建设集团路桥工程公司	总工
54	马海志	男	1983	测 绘	北京城建勘测设计研究院	院长
55	牟晓岩	男	1987	道 桥	济南城建集团有限公司	总经理
56	潘军	男	1987	道 桥	济南市勘察测绘研究院	院长
57	李鹏	男	1987	道 桥	山东建筑设计研究院分院	院长
58	马清	男	1987	道 桥	青岛规划设计院	院长
59	康宝奇	男	1987	道 桥	枣庄市住建局	局长
60	马德举	男	1987	道 桥	枣庄市规划设计研究院	书记
61	韩文忠	男	1987	道 桥	枣庄市政管理处	处长
62	胡艳秋	女	1987	道 桥	淄博市公路局	局长
63	王文宇	女	1987	道 桥	烟台市规划设计研究院有限公司	院长
64	王晓燕	女	1978	工民建	中国交远国际经济技术合作公司	总经理

北京建筑大学校友名单(退休)

序号	姓 名	性别	毕业时间	专业	工作单位	职务
1	刘淀生	男	1981	暖 通	北京市热力集团	党委书记董事长
2	白宗全	男	1963	给排水	北京市昌平区	原区委书记
3	何万荣	男	1965	道桥	北京市政路桥建设控股(集团)有限公司	原副总经理
4	杨胜博	男	1963	工民建	北京市西城区	原区委副书记、原人大常委主任
5	孙尧东	男	1975	道 桥	北京工商大学	党委书记
6	王寿松	男	1977	工民建	金隅集团	(退休)
7	徐 扬	女	1981	给排水	北京自来水集团	原副总经理(退休)
8	孙向东	男	1967	工民建	毛泽东纪念堂管理局(退休)	原副局长
9	范魁元	男	1965	财会班	北京市建筑业联合会(退休)	原副会长兼秘书长
10	赵通海	男	1966	道 桥	北京测绘设计研究院(退休)	原院长
11	涂克保	男	1977	给排水	北京大展集团总公司	董事长
12	王永童	男	1963	工民建	北京海淀区原地局	原副局长

（六）信息化工作

招生就业处自2013年成立以来，信息化建设主要完成以下主要内容：

（1）信息化顶层规划设计：根据北京市"十二五"信息化顶层设计文件精神和学校信息化建设委员会的具体要求。

（2）信息化大平台建设：新就业信息管理系统的上线、新招数信息系统的上线、档案管理系统上线。

（3）整理和细化校友会网站：首先，现行校友会网站是借助我校主页开发公司力量研发的子系统网站，但其功能展示、模块布局等方面存在一定问题，本学期已对网站进行更新、整理、细化及整合等工作，取得了一定的成绩。其次，增加了校友手机报和造价员培训模块，以方便校友更好地了解学校，为校友和在校生提供一个提升自我素质的平台。

（4）开通校友手机报、微信平台、微博平台、腾讯平台：目前校友会已开通手机报、微信、微博、QQ群等平台，校友手机报和微信是每月一次给所有校友（可联系上的）推送我校发展的重大新闻信息，使得校友及时了解母校的发展变化，微博等实时发布。通过这些平台促进了校友和学校之间信息交流与共享，加强校友之间、校友与在校生之间的交流，获得了校领导和校友的一致好评。

（5）完善造价员考证培训体系：为更好地服务于校友和在校生，2013年度进一步完善造价员培训体系。在原有基础上，对造价员培训工作加强了宣传，主要体现于：宣传材料的更新及调整、宣传内容的变化、宣布方式的调整（整体上覆盖本部校区和大兴校区，局部上覆盖各个院校，细微上宣传到宿舍和人）、增加宣传海报数量等，目前该项工作已取得一定效果。

（徐敬明　李雪华）

第九章 管理与服务

一、党政管理

【概况】党政办公室作为学校党委和行政办事机构，是学校党、政工作的综合性管理部门，是领导的参谋和助手，发挥着承上启下、联系左右、沟通内外的枢纽作用。工作内容主要包括"综合、协调、服务、督察、研究、总结、立法、指导"八个方面。党政办公室下设：综合科、秘书科、信息科、综合档案室4个科室。挂靠单位有：高等教育研究室。现有职员14人，其中包括1名主任、2名副主任。

【开展党的群众路线教育实践活动】按照学校党委党的群众路线教育实践活动工作部署，党政办公室紧紧围绕落实"为民、务实、清廉"要求和中央八项规定、市委15条意见精神，主要领导以身作则、带头示范，聚焦反对"四风"，把教育实践活动作为切实改进作风、推动工作进步的重要途径。在活动中，办公室全体成员主动深入师生、服务师生，以实际行动转变作风。通过这次教育实践活动，大家理想信念更加坚定，工作作风明显改善，为高质量地做好办公室服务工作提供了正能量。

【制度建设】借助学校机关岗位聘任调整的契机，为充分发挥办公室的参谋助手、督促检查、综合协调、全面服务的功能作用，促进办公室工作制度化、科学化、规范化建设，根据各个工作环节的不同特点和要求，对办公室各岗位人员配置和工作分工进行了调整。调整后的办公室更加强调工作协同能力，继续深入实施"AB"岗工作制度，强调分工不分家。继续推进"提笔能写、开口能讲、问策能对、遇事能办"四种能力建设，进一步提升服务能力。继续强化内部执行力建设，确保政令贯彻、制度执行、机制运行的实际效果，促进学校行政执行力的提升。进一步完善办公室工作规范和制度，优化工作流程。在内部管理制度方面，深化落实办公室的"首问负责制"，规范了办事流程，简化了办事程序，方便了师生。进一步修订完善工作岗位职责、办公室礼品管理、印章管理、接待制度、信访制度等规章制度，共废止规章制度24项，拟修改5项，新制定7项，适应了新的管理要求。在运行机制方面，确定了办公室工作的"一站式服务"工作机制，实施岗位服务"五个一"活动，做到"五好"服务：办公室工作人员坚持"一张笑脸相迎，一句好话舒心，一杯热茶暖情，一颗诚心办事，一定起身送行"，力争做到"好脸、好话、好心、好事、好送"，更好地塑造办公室良好的窗口形象。

【更名大学后各项标识系统的更新工作】2013年，学校成功更名为北京建筑大学。党政办公室根据学校更名需要，认真做好学校更名大学后新印章、新文号等各项标识的启用工作，营造崭新的大学形象。

1. 启用学校新印章，严格印章管理。学校于2013年6月份正式启用了党委、行政、各职能部门、各二级单位的新印章。为使学校印章管理规范化、制度化，保证印章的权威性和严肃性，党政办公室进一步完善了印章刻制和使用管理，明确了印章的使用权限和范围，严格事务审批程序，规范用印行为。一是加强印章刻制的必要性核查，及时与主管部门沟通，对确无必要刻制的印章不予办理。二是进一步完善印章使用的审批制度，对授权使用的合同专用章要求相关单位制定具体的使用办法并备案，并建立定时或不定时的抽查制度，确保学校用印安全。三是加强重点部位和关键环节的用印管控，规范党政办公室工作人员对重要用印文本的审查行为，提高用印安全防范意识，认真审核，严格登记，未发生任何事故。

2. 启用新的发文字号，规范公文管理。党政办公室认真贯彻落实中共中央办公厅、国务院办公厅下发的《党政机关公文处理工作条例》和《党政机关公文格式》，制定了《北京建筑大学党政公文处理办法》，进一步改进、规范公文处理工作，提高公文质量，推进学校公文处理规范化、标准化。一是统一发文规格，规范公文格式。启用了中共北京建筑大学委员会和北京建筑大学新的发文字号，严格区分上行文、平行文和下行文，严格界定各序列文号的发文范畴，根据业务范畴和工作重要性对应行文，充分体现针对性和实效性。二是遵守行文规则，规范制发程序。明确公文拟稿、审核签发、公文印制、公文下达四个程序。发文办理严格遵循"先核后签"的原则，确保公文内容合法、依据充分、事项明确、层次清楚、语言简练、表述准确、要素完整、格式规范。三是严格公文管理，加强督查力度。在党政公文办理流程中，对不规范的文件初次进行修正提示，再次执行退文处理，增强了办文人员的责任心，公文规范程度呈现新面貌。

3. 印制了新版信纸、信封、公文用纸和文件袋等展示学校新标识形象的相关材料，办公用品形象标识更新工作全部完成。改版更新了党政办公室网站，党政办公室形象焕然一新，展示了良好的大学风貌。

【公务接待与综合事务管理】 为做好学校更名挂牌仪式等大型活动的筹备工作，党政办公室精心筹划准备，确保相关工作顺利进行。2013 年是学校社会影响力和综合办学实力显著提高的一年。为保障学校接待工作的万无一失和重大活动的顺利举办，党政办公室从会议通知、人员协调、会场布置、路线考察、车辆调度、条幅制作等各个环节加强组织协调，做到了"组织超前、信息准确、综合运作、服务周全、勤俭高效"，承担的很多工作都得到了学校领导的肯定。圆满完成了首都第 51 届大学生运动会、学校更名仪式、全国大学生高考招生咨询会、迎接控烟检查验收、大学英语四六级考试、献血工作、本科和研究生新生迎新典礼、毕业典礼、美国奥本大学和英国南威尔士大学来访、校友纪念活动、首都高校"平安校园"检查验收等重要活动的组织协调工作，住建部、教育部、市委教育工委、市教委、市交通委等上级机关的考察接待工作，以及印刷学院、农学院、林大等兄弟院校来校调研的接待工作。同时，积极推进服务职能延伸，支持配合各学院完成了一系列大型活动的组织协调工作。具体参与了经管学院工程管理专业评估、建筑学院城乡规划学科评估的组织协调工作，积极支持中法能源中心理事会筹备工作，做好建筑学院、土木学院、环能学院等相关专业外部专家聘任的接待工作。

【公文处理与文秘工作】 2013 年，党政办公室继续改文风、转作风，加强对高等教育理论的研究与学习，加强对学校发展环境和形式的调研分析，力求深入了解学校发展实际，做好校领导的参谋和助手。按照"短、实、新"的要求，以更高的水平、更严的要求完成学校各类文件、材料、领导讲话等稿件的起草撰写工作，使文章言之有物、言之有理、言之有情。严把文稿质量关，所有文稿实行两校制，重要文稿实行拟稿人、分管主任、主任三校制，努力做到格式规范、内容充实、文字精练、表达准确。围绕学校中心工作，配合群众路线教育实践活动、党建先进校评比，认真起草并不断完善群众路线教育实践活动动员报告、学校交流材料、整改方案、总结报告等相关材料，撰写党建先进校综合报告和书记报告等材料。学校群众路线教育实践活动受到北京市领导肯定，相关经验在北京市群众路线教育实践活动总结大会上作交流发言。在做好重大活动材料撰写工作的同时，积极撰写党政工作要点、行政工作总结、学校年度综合性工作报告、总结、规划等文件材料以及开学典礼、毕业典礼、教师节表彰大会、中层干部会会议材料等常规性材料，保证各项工作的正常开展。

2013年，党政办公室规范收文处理程序，提高运转效率。以严谨的态度完成上级来文和校内发文的处理工作。做好党中央、国务院市委、市政府、市委教育工委、市教委等有关部门文件、函电的登记、拟办、阅办、催办、留存等公文处理程序，共办结、落实上级来电来文639份。始终以高度的政治责任感、组织纪律性和负责精神，做好秘密文件、资料的管理工作。

【会议管理与服务工作】2013年，党政办公室根据党委精简会议、改变会风文风的要求，学校增加了无会日天数，同时对召集的涉及三个以上部门的会议设定了严格的审批程序，坚决杜绝陪会现象。党政办公室严格执行党委要求，严格会议室使用审核，大大限制了会议召开的数量，提高了会议质量。周密组织和精心安排学校党委常委会、校长办公会、党委全委会、领导班子务虚会等会务工作，提升会务服务质量。切实做好议题的收集与印发、材料的汇总与整理、部门协调、会议记录、纪要整理与印发、决议执行单下发和决议督办查办等各环节的工作。2013年共召开27次常委会，17次办公会，2次务虚会，4次全委会。同时，认真做好学校每周主要活动安排表，力争活动安排精简高效。

【年鉴与文字材料工作】2013年，党政办公室认真做好《北京建筑大学2013年年鉴》的编撰工作以及《北京教育年鉴2014卷》的组稿、编辑工作，准确、客观地反映学校的发展状况。认真做好党建先进校评比的各项支撑材料的准备工作。落实党建评估长效机制，积极推进工作创新，做好2012年各部门工作总结和2013年的工作计划等相关资料的汇编工作，编制完成《北京建筑大学党委常委会、全委会、校长办公会会议纪要摘录（2010－2013）》。

【保密与信访工作】2013年，党政办公室按照"谁主管、谁负责"的原则，认真落实各项保密工作。在学校保密委员会的领导下，召开了全校保密委员会扩大会议，加强对涉密人员的保密教育和培训，涉密人员签署保密承诺书，协同相关部门完成涉密人员离岗或离校前的涉密清查。修订完善《北京建筑大学保密工作管理制度》，进一步规范了涉密文件的收发、处理程序，严格执行机要文件签字制度，有效地保证了涉密文及涉密介质的安全。适应北京市电子政务办公的需要，启用北京市电子政务内网公文传输系统，做到安全规范适应。

2013年，党政办公室针对每一个信访事项都坚持做到件件有回音，事事有结果。涉及师生切身利益的问题，主动与有关责任部门沟通协商，切实解决信访反映的实际困难和问题，进一步改进学校工作。热情耐心地接待群众来访，做好群众来电、来信记录，并积极联系主管部门解决问题，安排相关校领导予以接待，将校领导和相关部门的处理意见及时反馈给来访人、来信人。2013年，党政办公室共接待来访100多人次，处理信访20

余件。

【统计与信息工作】2013 年，党政办公室认真做好各类报表统计上报工作。一是组织了2013 年高等教育基层统计报表的统计上报工作，加大对各单位数据的核查力度，认真查找与上年变动较大的数据，及时查明原因，区分情况进行处理，圆满完成相关统计任务。二是圆满完成了北京市第三次全国经济普查暨 2013 年统计年报和 2014 年定期统计报表填报工作。

2013 年，党政办公室认真做好敏感期值班和信息报送工作，积极应对紧急突发事件，维护校园安全稳定。严格执行各项值班制度，加强敏感期的值班工作，规范值班工作程序，提高办事效率，及时发现、反映和处置各种紧急重大情况。严格执行信息报送制度，提高信息报送的政治敏感性和工作主动性，及时、准确地上报突发事件信息，严格报送时限，搞好上情下达，下情上传，确保学校正确应对各种情况，及时妥善处置各种突发事件，切实维护校园安全稳定。同时，加强校务、党务和信息公开工作。根据便利、实用、有效的原则，积极创新校务、党务和信息公开的载体和形式，使信息公开工作手段日益丰富，确保了信息公开的实际效果。收集和汇总了各单位校务 2013 年公开工作计划，继续对校务公开工作进行充实和完善。通过校园网、宣传橱窗、教代会、情况通报会等多种形式推进校务、党务和信息公开工作，让全校师生员工知校情、参校事、议校政。研究制定《北京建筑大学校务、信息公开工作管理规定》，建立健全校务、信息工作管理体制与运行机制，规范信息通报和报送形式，进一步推进学校校务、信息公开工作。

【档案工作】2013 年，党政办公室进一步加强档案队伍建设，提升档案数字化水平，推进档案工作新发展。一是加强培训、确保纸质档案与电子档案同步归档。针对兼职档案员队伍不稳定、每年都会有新上岗的兼职档案员的现状，开展兼职档案员手把手的培训工作，从如何将零散文件分类组卷，到登录系统录入相关信息等全套归档流程。培训的及时到位在一定程度上提高了档案立卷归档的完整率、准确率，从文件组卷、电子文件上传到归档验收全面实现网络化管理。做到电子文件与纸质文件同步归档，归档案卷质量逐年提高。二是加强与其他院校的交流，取长补短。积极参加北京市高校档案研究会的活动，参与学会的科研与论文交流活动，在活动中不断吸取外校的先进经验。比如新生录取名册的检索系统，就是借鉴其他院校的应用成果，使得这部分在毕业生就业过程中利用率很高的档案发挥了重要作用。三是收集归档工作严格把关。在布置、检查、验收归档工作时严格按照新修订的档案管理规章制度把关。在接收档案的过程中与兼职档案员加强沟通，反复强调归档案卷的齐全率、准确率对于案卷质量的重要性，并在日常的接待利用工作中加强档案意识的宣传工作，将依法治档贯穿在归档的各个环节，使档案制度化建设落到实处。加强档案文件目录录入工作，在确保当年档案收集、验收工作完成的基础上，认真进行往年已归档案卷的案卷级以及文件级目录的录入工作，目前已完成四万多条文件目录的录入工作。四是分批进行档案的数字化加工。2013 年完成了部分基建图纸的数字化加工以及继续教育学院历届新生录取登记表的扫描、加工、录入工作，基建档案在学校的建筑物修缮、改造过程中发挥着重大作用，新生录取登记表在毕业生的就业以及出国留学、工作调转等环节中发挥了重要作用。将扫描后的电子文件信息录入到档案管理系统中，可随时检索查询并打印下载，而不必翻阅档案原件，既保护了档案原件又提高了利用效率，深受广大教职工和毕业生的好评。五是做好档案利用服务工作。档案室积极配合学校重大活动，开展档案利用服务，取得良好效果。为不同层次的利用者提供快捷、优质、周到的服务，全年共接待校内外利用者 483 人次、2867 卷次，复印档案文件 8945 张，力争做到让每一位利用者满意而归。

（许　亮　齐　勇　王　燕　李大伟　赵金瑞）

二、财务工作

【概况】2013 年财务处在学校党委和行政的正确领导下，紧紧围绕学校"十二五"发展规划和 2013 年的工作重点，积极筹措办学经费，科学运筹资金，统筹兼顾，突出重点，开源节流，将资金用在刀刃上，提高资金使用效益，强化服务意识，做到财务服务于教学、科研，服务于师生，为全面提升学校的办学水平和办学层次，提供坚实的资金保障。

财务处办公人员 18 人，按照职能岗位设有会计科、财务管理科和预算科，会计科负责全校各项经费报销核算工作、财务网页及软件维护以及培训中心、工会、中国建设教育协会普通高等教育委员会账户代理记账工作；财务管理科负责学费收缴、职工工资酬金发放、公费医疗报销、凭证装订归档等工作；预算科负责学校预决算报表编制、财务报表报送、财政专项申报、国库集中支付及基建账户管理等工作。

财务处行为规范：爱岗敬业，遵纪守法；待人热情，服务优质；语言文明，答问耐心，举止适当，环境整洁。

【年度收支及各项经费使用情况】2013 年学校总收入为 721,014,272.03 元，比 2012 年的 731,576,975.44 元减少了 10,562,703.41 元，减少 1%。其中，财政拨款收入 587,338,687.97 元，占学校收入的比例为 81%，事业收入为 50,453,625 元，占学校收入比例为 7%，经营收入为 47,892,836.27 元，占学校收入比例为 7%，附属单位缴款 7,884,211 元，占学校收入比例为 1%，其他收入 27,444,911.79 元，占学校收入比例为 4%。

2013 年总支出 770,581,114.90 元，其中：基本支出 310,587,159.46 元，占总支出的 40%；项目支出 419,400,809.53 元，占总支出 54%；经营支出 26,019,015.81 元，占总支出的 3%。专款支出 14,574,130.10 元，占总支出的 2%。

【财务状况】北京建筑大学 2012～2013 年资产负债情况见下表。其中 2013 年末学校资产总额 1,682,396,961.21 元，比 2012 年增加了 153,273,719.26 元，增加了 10%；2013 年末学校负债总额为 304,791,958.16 元，比 2012 年增加了 38,994,537.35 元，增加了 15%；2013 年末学校净资产总额为 1,377,605,003.05 元，比 2012 年增加了 114,279,181.91 元，增长 9.05%。

北京建筑大学 2012～2013 年资产负债情况表 （单位：元）

项　　目	2012 年末	2013 年末
一、资产合计	1,529,123,241.95	1,682,396,961.21
二、负债合计	265,797,420.81	304,791,958.16

项 目	2012 年末	2013 年末
三、净资产合计	1,263,325,821.14	1,377,605,003.05
事业基金	419,312,155.52	362,534,973.19
非流动资产基金	633,284,376.97	789,534,498.09
专用基金	26,931,503.51	33,075,975.41
财政补助结转	145,378,536.77	148,182,880.75
非财政补助结转	38,419,248.37	44,276,675.61

【财务管理工作】学校财务工作紧紧围绕学校的中心工作，注重开源节流和提升财务保障能力，认真落实精细化管理要求，规范会计核算基础工作，推行并落实公务卡结算报销要求，完善财务管理制度建设，稳步推进预算管理改革，加强了绩效管理、内部控制建设及审计整改，努力增收节支，合理安排财力，为学校事业发展提供了较好的财力保障和财务服务。

（1）做好会计核算的基础工作，加强专项资金及日常资金的往来款项的清理工作，提高会计信息的质量。按照北京市在 2013 年全面实行公务卡管理的要求，出台了《北京建筑工程学院公务卡管理办法》，按照要求完成了全校在职教职工公务卡的统一开办，并对公务卡实施的相关政策进行多次专题培训，现公务卡报销工作已全面开展，确保按上级强制目录要求落实公务的结算及报销工作。

（2）按照预算管理精细化的要求，加强预算管理，强化资金的量化分配和预算基础工作。在做好 2012 年财务决算的基础上，2013 年学校财务处多方调研，以精细化和量化分配管理为抓手，科学编制了 2013 年财务预算。组织了 8 个学校评价层面 2011 年度财政专项的绩效评价工作。通过绩效评价，促进了项目负责人及相关人员对项目管理的认识，对今后加强项目管理起到了较好的促进作用。

（3）进一步加强财务制度建设，简化财务报销手续。修改和完善现行的财务管理制度，使得财务工作有章可循，有据可依，提高工作的严谨性、科学性、规范性。做好修订制度的宣传和培训工作，践行党的群众路线精神，全面提高财务工作质量。

（4）接受审计并及时完成整改工作。2013 年学校接受了北京市审计局对科研经费的审计，财务处积极配合审计工作的进行，保证了审计工作的顺利开展。针对市审计局提出的整改意见，落实到实处，责任到人，并引以为鉴，审计督查促进了财务基础工作的规范和提升。

（卫雅琦　贝裕文）

三、审计工作

【概况】2013 年，审计处紧紧围绕学校中心工作，认真贯彻执行上级审计法规及学校内部审计规定，充分发挥内部审计的"免疫系统"功能，合理使用审计资源，认真履行审计职责，较好地完成了各项工作任务。

【做好处级干部离任经济责任审计】2013 年 5 月 30 日，学校召开 2013 年处级干部离任经济责任审计工作布置会，纪委书记何志洪作了重要讲话，组织部部长高春花宣读了《关于对离任处级领导干部进行任期经济责任审计的决定》，审计处副处长曾晓玲宣读了审计工作方案，向审计对象下发审计通知书并提出具体要求。本次审计涉及 20 名处级领导干部的任期经济责任审计，学校审计处将本两批次完成离任审计工作。

【完成学校首次科研经费自查工作】我校领导高度重视科研经费的管理和使用工作，为加强科研经费管理，2013 年 10 月 22 日由审计处牵头，学校召开科研经费管理使用情况自查工作布置会，学校党委书记钱军、校长朱光、主管科研工作的副校长宋国华、纪委书记何志洪、各二级学院院长、科研副院长及相关职能部门负责人等参加会议，四位校领导从不同角度作了重要讲话，并提出自查工作的要求。本次自查工作范围为 2011 年 1 月 1 日至 2013 年 8 月 30 日的结题及在研项目，包括纵向及横向全部科研项目经费。自查时间为 2013 年 10 月 17 日至 11 月 25 日。我校 300 名项目负责人对在研的 833 个科研项目进行自查，对于自查中出现的问题进行了整改。

【完成《市属高校内部审计工作》入校检查工作】根据市教委《关于对市属高校内部审计工作进行检查的通知》安排，2013 年 10 月 16 日，以市教委审计处处长曹永模为组长的市教委检查组对我校内部审计工作开展情况进行了检查，包括基础工作情况和主要业务开展情况。通过检查对学校审计工作的评价意见是：学校重视内部审计工作，能执行教育部的《教育系统内部审计工作规定》和有关规定，独立设置审计机构，配备专职审计人员，内部审计制度较健全，工作较规范，能结合学校实际开展审计业务，尤其是在新校区建设中，学校内部审计做了大量工作，并取得了一定的成效。希望学校充实审计力量，进一步加强预算执行和决算审计工作。

【完善了审计工作制度】2013 年我校启动了规章制度废、改、立工作，审计处对现有的制度进行了梳理，2013 年修订了《北京建筑大学预算执行和决算内部审计实施细则》、《北京建筑大学建设工程和修缮工程项目审计实施办法》，新建了《北京建筑大学三公经费审计暂行办法》和《北京建筑大学科研经费审计实施办法》。

（刘海凌　孙文贤）

四、资产管理工作

【学校仪器设备类固定资产情况】

截止到 2013 年 12 月 31 日，学校仪器设备类固定资产总值 7.3831 亿元，基本情况如下：

2013 年学校仪器设备类固定资产汇总表

	数学使用	科研使用	行政办以使用	生活与后勤使用	其他	合计
台套数	168241	16807	13374	35083	913	234418
价值（万元）	26844	26883	4186	9284	6634	73831

【学校仪器设备采购管理与日常管理】2013 年涉及货物类的采购金额共计 18839.7229 万元：其中通过招投标采购完成的项目预算金额为 17722.8602 万元，占 94.1%；通过协议采购完成的预算金额为 179.1935 万元，占 1.1%；使用方自行采购完成的货物类的预算金额为 973.6692 万元，占 4.8%。2013 年组织招标 188 次，共计 113 个财政专项，涉及 6个归口部门，21 个使用单位；办理了 94 台贵重进口仪器设备的免税申请手续，共计 3547.9787 万元，为学校节省了资金。2013 年共签订设备采购合同 437 份，签订合同总金

额 18649.2244 万元；其中通过政府采购完成的合同为 257 份，签订金额 17417.0422 万元（招投标 200 份，17237.8487 万元；协议采购 57 份，179.1935 万元；）；自行采购完成的合同为 180 份，签订金额 926.3642 万元。2013 年共验收 134 个项目，验收项目金额 9510.6906 万元。

2013 年新增仪器设备类资产 17379 台件，资产总值 15663.81 万元，较 2012 年增长 26.38％。学校为了充分利用各种资源，及时报废处置废旧仪器设备，2013 年共交给华星环保集团处置废旧仪器设备 14 批，计 1936 台件，处置原值 614.9030 万元；2013 年共调拨仪器设备 320 批，计 1982 件，价值 697.98 万元。

【学校占地及校舍基本情况】截至 2013 年 12 月 31 日，我校占地面积共计 624005.04 平方米，其中，西城校区（含展览馆路 1 号 118070.14 平方米，大柳树路 5 号院 4615 平方米）占地面积 122685.14 平方米；大兴校区（永源路 15 号）占地面积 501319.90 平方米。

截至 2013 年 12 月 31 日，我校校舍建筑面积共计 365185.70 平方米（西城校区 201679.07 平方米，大兴校区 163506.63 平方米），其中，教学科研行政用房面积 203083.36 平方米（西城校区 91429.83 平方米，大兴校区 70672.51 平方米）。

【房产管理工作】进一步完善了学校房产管理制度，制定了《北京建筑大学大兴校区硕博公寓周转房临时床位管理办法（试行）》、修订了《北京建筑大学新职工周转集体宿舍管理办法》和《北京建筑大学大兴校区硕博公寓周转房管理办法》。

2013 年 9 月对两校教学科研行政用房区进行了普查，为统筹两校区用房管理，合理利用房产资源打下坚实基础。

经过学校审核公示 2013 年 6 月 30 日向市教委上报住房不达标职工 5 人、无房职工 78 人住房补贴信息。学校于 2013 年 10 月 15 日收到市教委、市房改办批复信息，2013 年 11 月 7 日完成开户工作。

【能源管理】2014 年 4 月 3 日，资产与后勤管理处完成 2013 年度二氧化碳排放核查报告，我校 2013 年全年二氧化碳排放量 10148.38 吨，并于 2013 年 12 月 9 日，完成了配额账户的注册登记和交易账户的开户办理及交易工作。2013 年 12 月 11 日，资产与后勤管理处完成了大兴校区能耗监管平台一期建设的上线运行及验收工作。北京建筑大学 2013 年荣获市教委"节能先进集体"，高士杰老师荣获市教委"节能先进个人"称号。

【防汛工作】2013 年 6 月 27 日，北京建筑大学党政办公室发布关于印发《北京建筑大学防汛应急预案》的通知，北建大资发〔2013〕1 号，建立了防汛工作应急指挥体系，明确了各部门职责。在 2013 年 6 月 1 日～9 月 15 日汛期期间，北京建筑大学启动了汛情预警和应急响应机制，确保了学校师生员工的人身安全和国有资产的安全。

【控烟检查工作】2013 年 9 月 19 日，北京建筑工程学院爱国卫生运动委员会制定《北京建筑工程学院控烟工作方案》，建院爱字〔2011〕1 号。2013 年 10 月 14 日，校园内已设立 4 个固定吸烟区，资产与后勤管理处发布《关于明确校园吸烟区的通知》，资后字〔2013〕52 号。2013 年 11 月 29 日，北京建筑大学党政办公室发布《关于做好迎接控烟工作效果评估检查的通知》，党政办〔2013〕8 号。2014 年 12 月 4 日，北京市疾病预防控制中心、北京市爱卫会对北京建筑大学的控烟工作进行效果评估检查。通过听取汇报、查阅资料、询问学生和教职员工及现场检查，检查小组认为我校整体禁烟、控烟情况良好，整个校园控烟气氛浓烈，达到无烟学校评估标准。

【卫生所工作】 2013 年 11 月 23 日、2013 年 11 月 30 日分别在西城校区和大兴校区组织学生无偿献血工作，两校区共献血 406 人。此次活动荣获 2013 年度"首都无偿献血工作先进个人"2 名，分别是西城校区卫生所张复兵和土木学院教师谷天硕，我校获得 2013 年度"首都无偿献血工作先进集体"荣誉。

（高士杰　杨湘东　周　春）

五、校园建设

【概况】 学校大兴新校区建设工作 2006 年正式启动，成立新校区建设指挥部。2008 年 8 月取得市发改委立项批复，2009 年 9 月征地方案或批复。2009 年 3 月 28 日新校区举行奠基仪式，2009 年 5 月 28 日第一栋建筑开工建设，2011 年 9 月，包括 5 栋学生宿舍、基础教学楼及报告厅、体育看台、综合服务楼、金工实训中心、经管环能、后勤楼、食堂、1 号、2 号硕博宿舍楼、锅炉房、教工俱乐部、临时大门、超市、5 座供配电室等 20 余项单体建筑，以及 12 万平方米市政道路、16 万平方米绿化园林、16 万平方米的体育设施以及校园的雨水、污水、部分中水、电力、热力、燃气等建设内容全部完成，投入使用，创造了校区建设速度的奇迹，也实现了几代人建设新校区的梦想。2009 年 10 月，原新校区建设指挥部撤销，规划与基建处全面接管新校区建设工作，并启动二期工程建设。二期工程包括图书馆、硕博宿舍 3 号、4 号楼、学生宿舍楼 7 号、9 号楼、机电与汽车工程学院楼、电气与信息工程学院楼、土交学院教学办公实验楼、测绘学院教学办公实验楼，以及雨水实验室、地下工程实验室、膜体育馆、3 座供配电室等共计 12 万平方米的项目建设，同时配套市政道路 3.5 万平方米、园林 9 万平方米、人工湖区 3 万平方米以及雨水、污水、电力、热力、弱电等工程。二期工程预计 2014 年底前完成。

　　2013 年是校区建设工作持续发展的一年，规划与基建处进一步围绕学校中心工作，以提升为教学科研服务的意识和水平、提高基建工作效率和管理水平为核心，不断加强和完善各种规章制度，按照学校基本建设"六统一"的原则，全力做好大兴校区的建设工作，同时完成好大兴和西城两校区的建筑改造装修等工作。

【做好决策会议服务和保障工作】 2013 年，规划与基建处进一步完善和改革基建工作例会和例会议题制度，努力提高工作效率，扎实落实具体工作措施，全面提升基建工作的管理水平。规划与基建处共召开基建工作例会 41 次（第 51～92 次例会），讨论议题 93 个，重大事件上报学校办公会议题 10 个，收到学校决议执行单 4 份，并按照学校决议积极落实相关工作。

2013 年学校党委常委会、校长办公会决议执行单及完成情况一览表

时　间	执行单主要内容事项	执行情况
2013 年 7 月 8 日	研究大兴校区电信学院楼报告厅改建问题： 经研究，原则同意报告厅方案，即由 2 维平面图改进为具有 3D 视觉呈现的综合报告厅。会议责成电信学院与建筑学院、测绘学院等学院就建设的必要性及方案进行充分论证，与图书馆就建设地点进行沟通；责成财务处就建设的资金需求、来源及专项申请情况进行充分调研	已落实。费用申报专项，分期实现功能，基建配合施工

时　　间	执行单主要内容事项	执行情况
2013 年 9 月 25 日	研究新校区建设资金问题； 　　经研究决定，明确到今年年底前学校能够支付的额度为 1.8 亿，责成基建处与财务处协调，积极完成付款工作，并责成财务处做好今年贷款 3000 万元的有关工作	已落实
2013 年 10 月 16 日	两校区改造、改扩建情况综合汇报。 　　决议：1. 规范两校区改造、改扩建行为，基建处审核项目是否可行，财务处审核资金是否到位，协调一致后提交校长办公会审批；2. 土交地下工程实验室立足于缓建。建材（结构施工实训）展示实验室沟通情况后确定；3. 拟新建及改造项目各部门要提供详细报告经基建把关后再提交学校办公会；4. 已完成项目，尽快完成支付	1 和 3 条已落实具体办法； 　2. 展示中心确定在金工实训楼加盖 4 层； 　4. 已落实
2013 年 11 月 27 日	土木学院地下工程实验室建设问题 　　经研究，同意在大兴校区建设土木学院地下工程实验室，工程单体直接建筑安装总价控制在 1200 万元以内	已按要求开工建设

【建设工作大事记】

2013 年基建取证、开工、封顶、竣工、交接、投入使用情况一览表

时　　间	工作阶段及事项
2013 年 1 月 9 日	机电、电信学院组区，取得施工许可证
2013 年 1 月 21 日	学生综合服务（6 号楼）验收备案工作全部完成
2013 年 3 月 27 日	土交、测绘学院组团取得开工许可证
2013 年 4 月 2 日	土交、测绘学院楼组团正式开工建设

【财政专项情况一览表】

时间	序号	项目名称	预算批复金额（万元）	完成金额（万元）
2013 年 1 月～12 月	1	基础设施改造—大兴校区节能改造与计量监测（2013 年新竣工楼配套）	418.680000	414.278800
	2	基础设施改造—报告厅空调节能改造（2013 年）	42.890000	42.890000
	3	基础设施改造—大兴校区 1 号操场排水沟及体育楼防水整修（2013 年）	72.380000	72.380000
	4	基础设施改造—大兴校区 6 号、7 号高压变电室及管线（2013 年）	504.870000	502.887756
	5	基础设施改造—大兴校区部分校舍整修（2013 年）	31.240000	31.220000
	6	基础设施改造—大兴校区机电等学院周边景观园林（2013 年新竣工楼配套）	329.460000	329.012687
	7	基础设施改造—大兴校区文化广场（2013 年）	137.350000	134.566357
	8	基础设施改造—给水外线二期（2013 年）	119.460000	118.718960
	9	基础设施改造—热力外线二期（2013 年）	260.180000	259.160515
	10	基础设施改造—食堂燃气、排水、降噪改造（2013 年）	39.140000	39.140000
	11	基础设施改造—室外给水、消防水系统改造（2013 年）	37.250000	37.250000
	12	基础设施改造—西城校区绿化改造工程（2013 年）	112.864807	111.940564
	13	基础设施改造—中水系统（2013 年）	66.140000	66.008656

时间	序号	项目名称	预算批复金额（万元）	完成金额（万元）
	14	基础设施改造—大兴校区1♯操场安装照明灯塔（2013年）	105.606783	105.280200
	15	基础设施改造—大兴校区太阳能浴室改造工程（2013年）	220.890000	192.155100
	16	基础设施改造—大兴校区运动场周边环境整治（2013年）	45.160000	45.160000
	17	基础设施改造—图书馆楼控（2013年新竣工楼配套）	141.810000	141.592180
	18	基础设施改造—图书馆周边景观园林（2013年新竣工楼配套）	597.548700	596.683642
	19	基础设施改造—西城校区体育楼改造（2013年）	313.715400	0.000000
	20	基础设施改造—西城校区消防基础维修改造项目（2013年）	71.530607	71.530607
2013年1月～12月	21	基础设施改造—学生食堂装修改造及学院各楼加装智能计量电表（2013年）	54.950000	54.950000
	22	基础设施改造—大兴校区抢险维修工程（2013年追加）	598.130000	598.130000
	23	基础设施改造—大兴校区学生宿舍走廊吊顶整修和食堂售饭窗口改造工程（2013追加）	37.585400	37.585400
	24	基础设施改造—测绘信息遥感实验中心环境改造（2013年追加）	18.465200	18.465200
	25	基础设施改造—大兴校区看台入口改造（2013年追加）	28.824300	28.824300
	26	基础设施改造—建筑学院教学与学术环境装修改造工程（2013年追加）	48.765300	48.765300
	27	信息化建设—大兴校区新建楼宇校园网综合布线系统建设项目（2013年新竣工楼配套）	141.843450	127.603239
		合计	4596.729947	4226.179463

2013年财政专项共批复27项，累计金额4596.73万元

（邵宗义）

六、安全稳定工作

【概况】2013年，在学校党委和行政的领导下，保卫处全面落实有关维护校园安全稳定的要求和学校党政工作要点对保卫工作提出的任务，以深入推进"平安校园"创建工作为中心，以做好校园更名、开放日和学生大运会等校园大型活动的安保工作为着眼点，努力推进北京建筑大学安全稳定工作的全面持续发展。目前，保卫处设有治安科、安全科、综合

科三个科室，共有管理人员 10 名，其中干部岗 8 名，工勤岗 2 名；两校区配备保安 92 名；师生群防群治队伍 80 余名。

【"平安校园"创建】

1. 召开平安校园动员大会：2013 年 4 月 24 日，学校在学宜宾馆多功能厅召开 2013 年安全稳定暨"平安校园"创建动员会，学校党委书记钱军、学校党委副书记张雅君、张启鸿及全校科级以上干部参加了会议。会上，学校党委副书记张启鸿做了《维护校园安全稳定，确保"平安校园"创建工作达标验收》的工作报告；会议现场，学校党委书记钱军代表学校与 10 个二级学院签订了《2013 年维护校园安全稳定任务书》，并对我校"平安校园"创建工作提出了具体要求。

2. 做动员报告：2013 年 9 月 26 日下午，学校举办"平安校园"创建工作辅导报告会，北京市委教育工委副书记唐立军应邀做了题为《学习贯彻党的十八大精神，推进平安校园创建迈上新台阶》的辅导报告，报告由学校党委书记钱军主持。校领导、全体中层干部、机关科级以上干部、后勤集团骨干员工及学生代表近 400 人参加了报告会。

3. 活动宣传：为深入推进"平安校园"创建工作，保卫处制作、发放各种安全稳定材料：一是形成"平安校园"创建基础文件一千多册，140 盒；发放任务分解书 100 余册，发放"平安校园"宣传手册 8000 余册；完成我校技防建设画册一部；完成"平安校园"创建汇报 PPT 文件，全面展示了我校"平安校园"创建过程及成果。

4. 一综合三特色报告：2013 年 11 月形成"平安校园"创建一个综合报告：《深入推进"平安校园"创建工作，为建设有特色、高水平建筑大学提供坚强保障》；三个特色报告：《加强校园安全文化建设，构建"文化创安"格局》、《提升就业质量，助学生和谐发展，促学校平安校园建设》、《实施 EAP（员工帮助计划），强化教工身心监控管理，促进校园和谐》。

5. 迎接验收：2013 年 11 月 26 日，由市委教育工委、市教委、首都综治办、市公安局以及有关高校领导和专家组成的首都高校"平安校园"检查验收工作组进驻北京建筑大学。开展了为期一天的"平安校园"创建检查验收工作。市委教育工委常务副书记刘建、市委教育工委委员李中水担任检查组组长。校领导钱军、朱光、宋国华、汪苏、张启鸿、张大玉等陪同检查验收，各职能部门、各学院负责人参加了迎接检查验收的各项工作。

6. 获得平安校园示范称号：2014 年 2 月 28 日，"首都综治委校园及周边综治专项组会议暨高校安全稳定工作会议"在北京会议中心召开。会议宣布了"平安校园"创建达标学校和示范学校的决定，北京建筑大学通过了"平安校园"创建验收工作并获得"平安校园示范校"的荣誉称号和 100 万元专项奖励，学校党委副书记张启鸿代表学校上台领奖。

【治安管理工作】

1. 监控覆盖率 95％以上：2013 年学校投入 500 多万专项经费，完成西城校区监控点位 320 个，大兴校区监控点位 230 个，并对两校区的监控中心进行改造，实现了视频监控覆盖率 95％以上的目标。

2. 远程应急指挥系统：为了实现大兴、西城两校区视频的监控互联互通，2013 年建设成基于远程会议、远程监控的多校区远程应急指挥系统。

3. 开发学校 GIS 平台：结合学校地理信息专业，2013 年保卫处开发了校园安全管理

142

资源整合的 GIS 管理平台，为学校安全网格化管理奠定了基础。

4. 校园开放日安保：2013 年 4 月，北京市 2013 年高招咨询工作暨校园开放日在北京建筑大学大兴校区举办，当天有 50000 人参加了现场咨询，保卫处圆满完成了交通疏导和现场秩序维护的安保工作。

5. 第 51 届学生田径运动会安保：2013 年 5 月 16 日～5 月 19 日，由北京大体协主办、北京建筑大学体育部承办的首都第 51 届大学生田径运动会在我校大兴校区举行，共有 1500 余名教练和运动员参加了运动会，期间保卫处加强交通疏导、增派现场固定岗，保障了运动会的顺利进行。

6. 重点时期稳控：2013 年根据市委教工委、市教委和公安机关的部署和安排，根据社会面不稳定因素的影响，北京建筑大学加强安全防控，进行等级防控 90 天，布置敏感期防控任务 36 次，设置校园敏感部位 130 多处，实施了重点时期和重点位置的安全稳控，确保了校园安全。

【消防安全工作】为了迎接"平安校园"创建验收，2013 年投入 70 多万对西城校区消防设施进行升级改造，将设置在学校传达室、大学生活动中心的两台消防报警设备挪至教 5 楼 101 室，2013 年 10 月形成了监控和消控综合一体的应急指挥中心。2013 年投入消防经费 20 多万，完善了大兴校区新建楼宇的消防设施。

【交通安全工作】2013 年共办理固定停车证 1319 张，其中西城校区 559 张，大兴校区 760 张；两校区全年出入车辆 65 万两次。2013 年 3 月李增彪同志获得全国"文明交通志愿者"荣誉证书。

【安全教育】2013 年 10 月，完成 2012 级、2013 级两个年级大学生安全教育的授课、考核，共计 3505 人。

【户政服务工作】2013 年全年办理户籍落户和迁出共计 1300 多人次。2013 年办理一卡通授权 6000 多人次，临时卡 800 多人次，上传门禁数据近 150000 人次，完成师生求助咨询 300 多人次。

（于志洋）

七、大兴校区管委会工作

【概况】大兴校区管委会成立于 2011 年，2013 年根据《关于调整大兴校区管理委员会的通知》（建院党字〔2013〕25 号）文件，结合大兴校区工作实际，经党委常委会研究同意调整大兴校区管理委员会（简称大兴校区管委会）组成机构。大兴校区管委会下设综合管理办公室、后勤管理办公室两个工作机构，学工部（处）、保卫部（处）在大兴新校区设立学生工作办公室、安全保卫工作办公室。

2013 年是学校完成了"申博、新校区建设、更名"三大工程，正式更名北京建筑大学后的第一年，学校发展战略的调整期、酝酿期，学校发展的新起点。大兴校区承担着学校本科教学的中心任务，肩负着学校做"大"的战略定位，校区管委会继续坚持以"统一领导、职能延伸、以条为主、条块结合、科学管理、精简高效"和"条条负责、块块协调"的工作原则，不断加强校区管理的制度化、规范化、人文化和精细化建设，积极拓宽服务渠道，努力提升服务水平和办学效益，为建设特色鲜明的高水平建筑大学做好坚实的保障。

【制度建设】加强校区管理制度化、规范化建设，不断提高工作效率。大兴区管委会（以下简称"管委会"）成立后，进一步加强校区各项工作的统筹。2013年6月3号，大兴校区管委会召开了工作例会，通过了《北京建筑大学大兴校区运行管理办法》、《北京建筑大学大兴校区管委会例会议事规则》和《大兴校区值班制度》等文件，进一步加强了校区管理制度化建设。为更好的保障校区运行，管委会2013年共召开了5期管委会工作例会，研究校区运行各项事宜，明确分工，落实任务，通过切实可行的运行机制，确保了校区工作平稳运行。以制度建设和运行机制调整为契机，本着校区服务人文化、校区管理精细化原则，在总结校区运转，深入探索两校区办学规律基础上着手制定《大兴校区管理运行手册》，进一步明确工作职责、细化工作流程、提高工作效率，提升校区办学效益。

2013年12月11日，市教委"双标"检查组入校评定2个学生食堂为标准化食堂，学生1~5号公寓楼为标准化公寓，标志着大兴校区后勤管理迈上了一个新台阶。

【综合服务工作】

1. 积极协调大兴区各部门各单位，服务驻区经济社会发展，校、区关系结硕果。2013年12月5日，市交通委主任刘小明、大兴区副区长金卫东、市公安交管局、路政局、运输局、市公交集团等单位领导和大兴区政府有关单位领导到我校就进一步解决我校大兴校区交通环境状况调研。

2. 认真做好会议服务接待工作。配合学校办公室等相关部门，做好了沈阳建筑大学、北京经济管理职业学院、吉林建筑大学以及英国南威尔士大学、美国奥本大学等国内内外高校共计34次、合计300余人的参观考察和会议服务工作。

3. 积极开展校园文化建设。2013年11月30日至12月25日组织开展"魅力校区、和谐建大"大兴校区专题摄影作品征集活动，共征集作品165份，展现了大兴校区崭新的风貌，记录了校区建设过程和校园生活掠影，浓郁了校园文化、传承了建大精神。

4. 统筹安排值班工作。管委会2013年共计安排了校区处级干部等人员周末和节假日值班107次，并协调和监督了校区学工部、保卫部、医务室、新宇物业管理服务中心等单位值班工作。

5. 严格发放校区补助。管委会2013年严格按照校区补助文件执行校区补助的审核和发放工作，一年来共计审核上报校区补助3654000元，有效保证了校区的有序运转。

6. 实行电话费用银行托收。2013年大兴校区187部电话费用全部改为银行托收方式，各单位交纳电话费用进一步方便便捷。

【后勤保障工作】2013年5月18日至19日，首都高校第51届大学生田径运动会在大兴校区召开；2013年11月26日，由市委教育工委、市教委、首都综治办、市公安局以及有关高校领导和专家组成的首都高校"平安校园"检查验收工作组进驻我校开展了为期一天的"平安校园"创建检查验收工作；2013年4月19日，我校2013年校园开放日暨全国高校高招联合咨询会在大兴校区举行。针对大型活动，管委会认真做好工作准备，安排新宇物业对设备设施、水电管网进行了检查和维修，与公交集团合作增加多趟摆渡车，方便出行，积极协助联系住宿，做到每项工作事前有方案、事中有监督、事后有总结，有效保障了各项活动顺利完成。

【服务校区师生学习和生活】

1. 积极改善硬件设施：2013 年，管委会多方统筹先后投入资金 380 多万元，采购了厨房设备、大学生田径运动会就餐所需自助餐炉、120 台饮用水净化器和物业维修与绿化设备设施。并改造了食堂顶层隔音板、食堂后厨下水道、餐厅收残处瓷砖、学生公寓 3、5 号楼楼道贴瓷砖、6 套木门和楼道大厅墙漆等后勤服务条件。设备设施的改善，提高了后勤服务能力和工作效率，保障了食堂后厨操作安全，基本解决了食堂风机噪音对学生一号楼学生的影响，营造了良好的学习生活环境。

2. 完成校区维保收尾工作：校区通过组建队伍、制定方案、提前摸排等手段，对维保到期的 16 万平方米建筑单体和水电设备设施，配合基建处做好维保工程的进场协调、配合和分项验收，严把质量关，推动维保收尾工作，维护学校的工程质量和利益。

3. 完成了 26 部电梯的代维招标：2013 年 4 月至 12 月，校区先后接收了学生 5 号楼等单体电梯的维保工作，经过招标由北京挚诚恒远电梯有限公司承担 26 部电梯维保工作，并制定了科学合理的工作程序，确保了电梯的安全保障。

4. 畅通推进民主管理　师生参与共建：管委会重视民主管理工作，经常利用各种场合主动征求师生对校区工作的意见和建议，一年来书面回复院系有关提案 5 次，主动召开学生干部和代表座谈会 8 次，积极关注贴吧意见和建议并回复学生、家长意见和建议 6 次，年底发放后勤调查问卷 400 份（其中老师 100 份、学生 300 份），通过在学生食堂设置学生值班经理等形式，将征集到的意见、建议及时反馈给新宇物业，监督新宇立即整改或做出解释、承诺，从而建立畅通的沟通渠道，为建立和谐校区发挥积极作用。

【其他工作】

1. 完成新宇第三期物业合同的签订：2013 年 8 月，根据学校与浙江大学新宇集团的总体合同，结合校区实际，我们按照程序完成了第三期物业合同的签订工作，并于 11 月份接收一期绿化维护 214626㎡，按照二级养护规范，交付新宇物业维护保养。

2. 推进节约型校园建设：2013 年 12 月，协助资后处启动能源监管平台，协调新宇物业安排 2 人值守监控室，后勤办完成《2013 年大兴校区能源消耗报告》。2014 年，大兴校区图书馆、机电电信组团、7 号和 9 号学生公寓等单体将先后投入使用，机电学院、电信学院等单位整体搬迁，三年级学生将大部分留在大兴校区，校区任务更加繁重，管委会将继续在校党政的正确指导下，结合校区实际，朝着管理工作精细化、服务保障人文化的方向努力，围绕学校中心工作，加强对内统筹、对外协调，围绕广大师生需求，主动服务为校区实现更大的办学效益积极努力。

（董新华　冯宏岳）

八、后勤服务工作

【概况】后勤服务产业集团根据京后改办〔2000〕001 号文件精神，在原总务处的基础上，于 2000 年 12 月正式组建运行。集团实行董事会领导下的总经理负责制，以契约方式为学校提供后勤保障服务，模拟企业化管理方式，自主经营、自负盈亏、自我约束、自我发展。集团下设工程修缮与动力管理服务中心、计划财务中心、综合管理服务中心、膳食管理服务中心、学生公寓管理服务中心、校园管理服务中心、运输管理服务中心七个中心和一个集团办公室，承担全校西城校区师生员工的后勤保障服务工作。

集团一直秉承"师生至上、服务第一"的理念，以"三服务、三育人"为宗旨，坚持社会效益与经济效益并重的原则，并加强"天道酬勤、勤和致业；荣辱与共、共谋发展"的集团文化建设。运行至今，集团共获校级以上奖励60余项，通过ISO 9001质量管理体系认证和ISO 22000食品安全管理体系认证，通过学生公寓、学生食堂及物业的"标准化"验收。后勤服务产业集团将进一步提升服务意识和管理水平，保证优质、安全的校内服务，实现持续、稳定、快速的发展。

【党建工作】

1. 加强"学习型"、"服务型"、"创新型"基层党组织建设：2013年5月15日集团党总支召开理论中心组扩大学习会，组织集团全体党员集中观看了纪实电视系列片《为你而歌》，播放学习了其中《一个外来工的北京故事》、《凡人解烦事》、《托起希望的人》、《东太平街的幸福生活》四部短片。光盘中的事例鲜活、生动，贴近大家的日常工作与生活，引得大家深思和学习。

2013年5月，集团总支召开主讲主问学习会并创新"主讲主问"学习形式，由以前的"多问一讲制"变为了"一问多讲制"、由以前的理论专题的讲问变为了现实问题的探讨。

2013年9月集团总支组织全体党员参观红旗渠，使大家结合群众路线深入学习红旗渠精神——"自力更生，艰苦创业，团结协作，无私奉献"。

通过创新载体、创新形式，组织系列、规范、联系实践的全面学习，广大党员率先垂范以昂扬向上的精神风貌、更加突出的工作业绩，服务学校发展、服务师生、服务群众。

2. 将党风廉政建设工作落到实处：2013年7月在集团大会议室召开党员大会，进行党风廉政教育学习，播放了与后勤工作相关的"营养餐"和"小金库"两个"以案说纪"短片，教育警示全体党员严格遵守党风党纪，警钟长鸣，在岗位中清廉律己。

2013年10月再次召开关键岗位人员廉政培训会，强调规范管理，保障经济活动、业务往来的公平与公正，杜绝腐败现象的发生和"吃、拿、卡、要"等不正之风，从自我做起，从小事做起，在岗位中坚决维护党风廉政建设。

2013年11月认真开展了2013年党风廉政建设责任制自查工作。集团全年未发生违规违纪现象。

【自身建设】

1. 两个体系工作：集团于2013年11月顺利通过了ISO9001质量管理体系和ISO22000食品安全管理体系两个体系再认证的第二次监督审核，推动各项服务与管理工作科学化、制度化、规范化、标准化。

2. 队伍建设：2013年，集团对公寓管理、教室管理、物资采购等重要岗位进行了人事调整，确保了重点岗位工作的稳定性与可持续性；并在合理设置岗位的基础上，进行了全员定岗定编，同时制定了新的《后勤集团合同制职工劳动分配办法》。

3. 自身建设取得成绩：工程中心与校园中心被评为2013年北京高校物业工作先进集体。集团党总支被评为北京高校后勤思想政治工作先进集体。

【业务工作】

1. 餐饮保障工作：食堂（含承包食堂）全年营业额 9757709.24 元，毛利率 30%，就餐累计近 200 万人次。投入专项资金 1096300 元用于食堂环境改造与设备更新工程，其中环境改造 515300 元，设备更新 581000 元，共更新厨房设备 154 件、就餐桌椅 140 套，为师生员工提供了更加舒适的就餐环境。根据规定，清真食堂全部聘用了回族师傅，提高了饭菜质量，稳定了少数民族师生就餐工作。在校园网后勤集团主页开办了网上商城，提供米、面、粮、油、肉、蛋等几十种食品原材料代购业务。全年共发生业务 30 余笔。

2. 公寓管理工作：在硬件条件差、住宿人数多的情况下，强化队伍管理、安全方面培训，加强管理人员责任心、爱心、热心、耐心、细心教育，严格学生住宿管理，完成了近 5000 人的住宿任务，无重大安全事故发生。暑假前，短时间内高效率完成 1836 名毕业生离校、278 间宿舍清扫收拾工作，为大兴 1448 名学生回迁做好准备工作。暑假中为建筑学院新生 161 名、专升本 78 名、研究生 482 名新生入学做好住宿准备工作。寒暑假期间接待外国留学生住宿两批。完成了 2 号楼"8 改 6"住宿学生宿舍调配工作。全年为学生发放信件、包裹、快递 7000 余件；寒暑假为外地回家学生订火车票共计 492 张；代售洗衣币 21550 枚；为学生配钥匙 1880 把。

3. 物业管理工作：教室管理工作，除完成正常教学保证任务之外，还承担了大学英语四、六级考试、继续教育学院英语三级考试、研究生入学考试等各项任务。各项保障有力，未出现任何差错。全年接零小修报修 6314 件，回收维修费用 480286.79 元。完成院内绿化改造、路灯改造、食堂环境改造、工会俱乐部、老干部活动室装修改造、行政一号楼地下室漏水改造等多项修缮改造工程，总造价 200 余万元。水电气暖各项动力运行保障工作平稳运行。回收供暖费 369593.88 元、全院家属水电费 371045.6 元（不含工资扣除部分）、房租 71251.53 元、经营性水电费 367458 元，累计金额 1179349.01 元。

4. 车辆运输工作：克服人员少、限号、交通拥堵等困难，合理安排车辆，圆满完成学生实习、大兴班车、校领导用车以及其他各部门公务用车任务。

5. 专项工程：校园绿化与照明改造工程投入专项资金 1049215.64 元，完成绿化改造 3000 余平方米，其中更换新植草皮 3000 平方米，树木调整、移栽、新种 50 余棵，喷灌铺设 1000 米，增设景观石 2 处；完成全院路灯改造，其中增设高杆路灯 26 盏，增设、调整庭院灯 36 盏。绿化与照明的改造，为师生员工的学习、生活提供了舒适与方便。

【培训总结工作】 2013 年，集团以职业技能、规范服务、安全生产、防火防盗等方面为重点，进行了集团与中心两个层面的职工学习与培训工作，提升员工综合素质，为促进后勤工作发展、向师生提供优质服务，起到了有力的推动作用。

2013 年 5 月 21 日，与校保卫处在教 1－404 教室召开"平安校园创建治安消防安全培训"会，集团全体员工参与培训。

2013 年 11 月 8 日，集团办公室与学生公寓中心组织全体员工前往中国消防博物馆进行消防安全知识学习及体验。

（宫雪娇　聂跃梅）

第十章 党建与群团工作

一、组织工作

【概况】2013 年，党委组织部认真贯彻党的十八大和十八届三中全会精神，严格落实中央八项规定和市委十五条意见要求，以学校处级领导干部聘任工作和党的群众路线教育实践活动为重点，全面加强干部队伍建设和基层党组织建设，为推进"创建有特色、高水平建筑大学"提供坚实的组织和政治保证。

【基层党组织与党员队伍建设】

1. 召开党务干部培训班：2013 年 1 月 7 日至 1 月 8 日，为深入学习贯彻党的十八大精神，进一步提高党务干部的综合素质和履职能力，党委对各党总支（直属党支部）书记、副书记、机关党务干部、教工党支部书记、组织员及党校教师等 130 余人进行培训。党委书记钱军作了题为"以十八大精神为指导，建设特色鲜明的高水平建筑大学"的专题辅导报告。党委副书记张雅君作了题为"如何做好新时期党建工作"的专题辅导报告。纪委书记何志洪作了题为"学习党的十八大精神，加强党风廉政建设"的专题辅导报告。培训会上，与会人员分为五组，围绕如何学习贯彻党的十八大精神推进学校党建工作、如何当好党总支、党支部书记等，进行了热烈的讨论，交流工作经验和体会，探讨如何以十八大精神为指导加强党建工作创新，并对我校《发展党员工作指导手册》进行讨论，提出了修改意见。

2. 开展党总支（直属党支部）工作现场检查：2013 年 6 月 5 日至 6 月 14 日，工作组对党总支（直属党支部）工作进行现场检查。工作组由张书记任组长，纪委、宣传部、离退休工作办公室等部门负责人和组织部全体干部为成员，党委书记钱军，纪委书记何志洪、副书记张启鸿参加了检查，并做总结讲话。检查组首先听取党总支（直属党支部）书记全面汇报 2010 年以来党建和思想政治工作以及特色工作，听取行政负责人汇报党建和思想政治工作如何促进本单位事业发展；之后检查组成员查阅相关支撑材料，并就检查中发现的问题与参会人员进行现场沟通交流；最后带队校领导讲话，对党建工作开展情况给予点评，并就今后工作提出了意见和建议。

3. 召开 2013 年党代表年度会议：2013 年 7 月 5 日，党委书记钱军代表党委向各位党代表报告 2012 年以来学校工作情况。党委副书记张雅君受党代表提议工作组的委托，向大会报告代表提议征集情况。全校近 90 名党代表参加了会议。

4. 召开党的群众路线教育实践活动动员大会：2013 年 8 月 18 日，市委教育实践活动第 31 督导组组长、原首都师范大学校长许祥源同志，督导组副组长、北京联合大学纪委书记张楠同志，以及来自北京市教工委、北京印刷学院、北京工业大学的其他 3 位督导组成员出席大会。全体校领导、处级干部、教授代表、北京市的党代会代表、人大代表、政协委员、部分校党代会代表、校工会教代会代表等近 300 人参加了大会。校党委书记钱军同志就深入开展党的群众路线教育实践活动进行动员部署，并对学校各级党组织开展好教育实践活动提了三点意见。许祥源组长在大会上讲话，对我校党委围绕扎实开展教育实践活动所做的前期工作给予充分肯定，对开展好教育实践活动提出明确要求。

5. 举办群众路线教育实践活动报告会：2013 年 9 月 12 日，北京市委党校教授，北京党建研究基地研究员薛梅作题为"坚持群众路线，为民务实清廉"的辅导报告。薛梅教授从我党群众路线的产生发展讲起，结合大量鲜活、生动的实例，分析了新形势下坚持党的群众路线，特别是党群关系、干群关系出现的新情况、面临的新问题，重点就构建为民务实清廉的长效机制提出了一些思考。全校处级以上干部、党支部书记以及部分教师和学生代表近 300 人参加了报告会。

6. 举办"牢记宗旨信念，自觉践行党的群众路线"主题党课：2013 年 9 月 18 日，党委书记钱军为题为处级以上干部、党支部书记上党课。钱书记通过对群众路线内涵、形成、发展及其在党的历史上的重要地位和作用的历史回顾，详细解读了群众路线是党的生命线和根本工作路线，以及开展党的群众路线教育实践活动的现实意义和重要性。并深入剖析了"四风"不同表现形式的理论根源及其在我校的具体表现形式，指出了"四风"问题交织形成制约我校发展的"观念更新"、"能力不足"、"管理粗放"等三大突出问题。最后，钱书记对强化组织领导，注重长效机制，确保教育实践活动收到实效提出几点要求。朱校长希望同志们把学习教育的要求贯穿教育实践活动始终，结合个人和本单位（部门）实际，聚焦"四风"问题，边学边整边改，认真践行为民务实清廉的价值追求。

7. 举行党的群众路线教育实践活动第二场辅导报告会：2013 年 10 月 15 日，中央党校党史教研部教授、中国现代政党史教研室副主任卢毅作"延安整风的回顾与思考"专题辅导报告。卢毅教授运用大量生动详实的党史资料，从延安整风的"主要起因"和"历史条件"对延安整风的历史背景进行了梳理，从"思想动员"、"整顿三风"、"总结历史经验"三个阶段解读了延安整风的基本过程，深入分析了延安整风所产生的深远影响。校领导、处级干部、部分教职工党员近 300 人参加了报告会。

8. 党支部调整和发展党员工作：2013 年，4 个基层党总支进行了部分党支部设置调整，调整后全校共有党总支 12 个，直属党支部 4 个，基层党支部 130 个，其中教工党支部 66 个，本科生党支部 33 个，研究生党支部 19 个，退休党支部 12 个。调整后的支部设置结构更为优化，更有利于发挥基层党组织战斗堡垒作用。按照"学习型、创新型、服务型"党支部建设要求，在支部设置调整后，统筹安排各基层单位开展新任党支部书记培训，加强对基层党组织的工作职责、党组织负责人的职责与任务以及党务知识等进行培训，选好配强支部书记。做好发展党员工作，进一步规范发展工作程序，提高发展质量。截至 2013 年 12 月 31 日，共发展党员 452 名，其中教工发展 5 人，预备党员转正 362 名。

【领导班子和干部队伍建设】

1. 干部任免：2013 年 1 月 16 日，市委决定，张启鸿同志任中共北京建筑工程学院委员会副书记。2013 年 1 月 29 日，市政府决定，张大玉任北京建筑工程学院副院长（试用期一年）。

2. 召开 2013 年干部培训会：2013 年 1 月 21 日至 1 月 22 日，培训会以"学习宣传贯彻十八大精神 推动学校科学发展"为主题，总结梳理过去五年来学校快速发展所形成的好做法、好经验，结合学习宣传贯彻党的十八大精神，对学校如何更好更快发展进行深入研讨。校领导班子成员及全体处级干部参加了会议。校长朱光作培训会动员报告。与会人员分为五组，围绕培训会主题进行了热烈、深入的交流、研讨。北京大学国际关系学院朱锋教授作了"周边形势与中国梦"专题报告。党委书记钱军作总结讲话。

3. 召开干部换届聘任工作动员部署会：2013 年 3 月 5 日，全校处级干部、后备干部、教授、系主任、支部书记、科级以上干部参加大会。党委书记钱军作动员讲话，深刻论述了这次干部聘任工作的重要意义，分析了这次干部聘任工作的特点，并对做好干部聘任提出总体要求。党委副书记张雅君就本次聘任机构设置和干部职数、任职条件和资格、聘任方式、聘任安排、聘任程序、相关政策等作了六点说明，对聘任工作作了具体部署。

4. 开展处级单位年度考核和处级干部届满考核工作：2013 年 3 月，处级干部围绕三年来德、能、勤、绩、廉，特别是履行职责、完成工作计划及各项任务的情况撰写述职报告，并在校园网内网公示。机关职能部门、二级学院、体育部、计信部、图书馆、继续教育学院、校产办分别召开考核述职测评会，正、副处级干部分别进行 8 分钟和 5 分钟的述职。述职结束后，进行民主测评。2009～2012 年处级干部届满考核中 22 位处级干部考核等级为优秀，66 位处级干部考核等级为称职。2012 年处级单位年度考核中 12 个单位考核等级为优秀，18 个单位考核等级为良好，6 个单位考核等级为一般。

5. 召开教学单位的正处级干部聘任公开答辩和民主推荐会：2013 年 3 月 28 日，公开答辩包括竞聘演讲和答辩两个环节；民主推荐包括陈述和回答问题两个环节。每个岗位每人时间为 10 分钟，每个环节 5 分钟。问答环节包括抽题和随机提问。考评组根据应聘者的表现进行测评。经过个人自荐、组织推荐、资格审查，符合条件的 15 位应聘者就 11 个院长（主任）岗位进行了公开答辩，13 位应聘者就 9 个党总支书记岗位进行了民主推荐环节的陈述和回答问题。

6. 举办全国"两会"精神辅导报告会：2013 年 4 月 12 日，国务院研究室信息研究司巡视员向东围绕政府工作报告的形成过程和背景，分析了五年来的巨大成就和存在问题，解读了今年政府工作的总体要求、预期目标和宏观经济政策，并对 2013 年政府的重点工作进行了深入分析和解读。全校中层以上干部、后备干部、部分教职工和学生代表等 300 余人参加了报告会。

7. 召开机关管理部门、群团组织、教辅单位副处级干部聘任公开答辩和民主推荐会：2013 年 4 月 14 日，公开答辩包括竞聘演讲和答辩两个环节；民主推荐包括陈述和回答问题两个环节。考评组根据应聘者的表现进行测评。经过个人自荐、组织推荐、资格审查，符合条件的 54 位应聘者就 24 个岗位进行了公开答辩和民主推荐。

8. 处级干部换届：2013 年 3 月至 5 月，处级干部集中换届。换届工作分四个阶段进行。第一阶段为学校机关管理部门、群团组织、教辅单位、校产经营开发管理办公室、后勤服务产业集团的正处级领导干部的聘任；第二阶段为教学单位的正处级领导干部的聘任；第三阶段为学校机关管理部门、群团组织、教辅单位的副处级领导干部的聘任；第四阶段为教学单位的副处级领导干部的聘任。换届后，处级领导干部结构得到了优化。截止到 2013 年 12 月底，全校共有处级干部 99 人，其中正处级干部 47 人，副处级干部 52 人，中共党员 89 人，女干部 34 人，少数民族干部 5 人。处级干部的平均年龄为 43.72 岁，正处级干部平均年龄 47 岁，副处级干部的平均年龄 40.7 岁。

9. 举行"建设有特色高水平建筑大学"首场专题报告会：2013 年 5 月 30 日，北京市教委副主任付志峰同志围绕"学科建设"这一主题，指导我校如何进行有特色、高水平大学的学科建设。这是我校开展"建设有特色、高水平建筑大学"大讨论活动的第一场报告会。校领导、处级干部、处级后备干部、党支部书记、系主任、学科带头人、机关科级以上干部相关工作人员 100 多人听取了报告。

10. 举行"创建有特色高水平建筑大学"专题辅导报告会：2013 年 6 月日，中国石油大学党委书记蒋庆哲做了《关于建设高水平行业特色型大学的实践与思考》专题报告，从中国石油大学的发展现状出发，结合国际、国内形势和行业发展现状，详细地介绍了中国石油大学创建有特色高水平行业大学的经验。校领导、处级干部、师生代表 200 余人听取了报告会。

11. 组织新提任副处级干部任职廉政谈话暨参观廉政教育展活动：2013 年 11 月 6 日，纪委书记何志洪与 2013 年新任副处级干部进行了任职廉政集体谈话。何书记从认真履行职责，正确对待、行使权力；认真履行党风廉政建设责任，坚持民主集中制，严格执行"三重一大"的规定；加强工作作风建设，改进、转变工作作风等三个方面对新上任副处级干部提出了具体的廉政要求。在任职廉政谈话的基础上，结合党的群众路线教育实践活动要求，学校组织新提任副处级干部到北京市廉政教育基地，位于明代十三陵昭陵的"明镜昭廉"明代反贪尚廉历史文化园进行参观。

12. 召开党的群众路线教育实践活动领导班子专题民主生活会：2013 年 11 月 22 日，市委第 31 督导组许祥源组长，督导组成员、北京印刷学院组织部副部长李新宇同志，市教委何劲松主任，市委教育工委干部处副处长朱德福同志，市教委监察处副处长于静同志等参加了会议。在专题民主生活会上，党委书记钱军代表班子做了对照检查，深入分析检查了学校党委班子在"四风"方面存在的突出问题和原因剖析，提出了今后的努力方向和改进措施。领导班子成员按照"照镜子、正衣冠、洗洗澡、治治病"的总要求，认真开展批评与自我批评，深入查找在"四风"方面存在的突出问题，深刻分析原因尤其是主观方面的原因，明确了今后的努力方向和整改措施。督导组组长许祥源对民主生活会进行了点评。市教委副主任何劲松发表讲话。认为本次民主生活开得很成功，达到了市委的预期要求。

13. 举行十八届三中全会专题辅导报告会：2013 年 12 月 3 日，国家发展改革委员会经济体制综合改革司宋葛龙司长作题为"充分发挥经济体制改革牵引作用，推动全面深化改革"的十八届三中全会辅导报告。参加报告会的有校领导、处级干部及部分教职工代表。

14. 举行校领导班子专题民主生活会情况通报会：2013 年 12 月 6 日，市委教育实践活动第 31 督导组副组长、北京联合大学纪委书记张楠同志，督导组成员秦蕾同志出席了大会。全体校领导出席大会，党委书记钱军通报了学校领导班子开展党的群众路线教育实践活动专题民主生活会情况。朱校长希望大家继续多提宝贵意见，进一步提高思想认识，认真学习领会学校领导班子民主生活会精神，结合工作和学校实际抓好贯彻落实。全体校领导、退休老领导代表、处级干部、教授代表、北京市的党代会代表、人大代表、政协委员、部分校党代会代表、校工会教代会代表等 130 人参加了大会。

15. 召开群众路线教育实践活动"回头看"自查专题交流会：2013 年 12 月 17 日，交流会以研讨形式汇报自查情况、交流体会，进一步增强搞好教育实践活动的自觉性、主动性。市委第 31 督导组组长张楠、成员邓丽娜，校领导班子成员参加会议，会议由党委书记钱军主持。党委书记钱军首先从六个方面通报了学校领导班子"回头看"自查情况，一是坚持学深学透、真学真用，学习教育扎实推进。二是坚持反复聚焦、找准查实，查摆问题真实准确。三是坚持动真碰硬、触及灵魂，自我剖析深刻到位。四是坚持坦诚相见、推心置腹，谈心交心深入充分。五是坚持揭短亮丑、互相帮助，开展批评真诚友善。六是坚持即知即改、善做善成，边查边改务实高效。校领导班子成员先后汇报个人"回头看"自查情况和收获体会。市委第 31 督导组副组长张楠在讲话中充分肯定了我校群众路线教育实践活动取得的成绩和工作实效。

【党校工作】

1. 开展学生入党积极分子培训：2013 年，党校和教务处及各二级学院密切配合，继续开设《党的基本知识》选修课，本学年共举办 14 个班次的教学，培训学生近 1710 名。举办 4 期入党积极分子培训班，培训入党积极分子 1060 名。

2. 加强党课师资队伍建设：继续加强教学和师资队伍建设，坚持以老带新、实行试讲准入制度，通过分组开展集体备课，组织教学观摩活动，规范教学工作环节，提高党课教学质量。

【人才工作】

1. 组织教师申报市委组织部优秀人才培养资助项目：2013 年，共有 55 人申报，17 人成功获批项目，资助金额共计 57.7 万元，为历年最多。

2. 组织开展政工职评资格审查、申报：2013 年，有 1 名同志被评为高级政工师。

3. 组织开展第六批"人才京郊行"人员选派工作：2013 年，推荐土木学院 1 名教师到门头沟区环卫中心挂职，任主任助理。

4. 组织开展第 14 批博士服务团成员选派工作：2013 年，推荐环能学院 1 名教师赴重庆市城口县挂职，任县长助理。

（张　岩　赵海云　高春花）

二、宣传思想工作

【概况】2013 年宣传思想工作以邓小平理论、"三个代表"重要思想和科学发展观为指导，深入学习宣传贯彻党的十八大精神与十八届三中全会精神，实施"理论引领工程"，分专题多形式开展理想信念教育，以学校更名为契机，开展创建有特色高水平建筑大学大讨论活动，围绕中心，突出重点，选好载体，发挥新闻宣传引导作用，大力推进校园文化建设，加强师德建设，为凝心聚力、推动学校科学发展提供坚实的思想保障和有力的舆论支持。

【理论教育工作】

1. 依托"建大讲堂"，政治理论和形势政策教育常抓不懈。围绕"北京精神"、"两会精神"、"中国梦"、"党建历史"、"群众路线教育实践活动"、"党风廉政建设"、"平安校园"、"十八届三中全会精神"等主题，邀请知名学者专家举办了8场高水平辅导报告会。

2. 举办"我的梦 建大梦 中国梦"主题宣传教育活动，引导师生坚定理想信念。精选优秀思政课教师、优秀辅导员以及长期从事理论研究和实务经验丰富的管理干部组成我校"中国梦"主题宣讲团，宣讲团成员围绕"中华民族的百年强国之梦"、"高扬社会主义核心价值体系"、"北京建筑大学的起源与实业兴邦"、"高校辅导员成长的心路历程"四个专题在全校范围进行宣讲。同时，组织师生收看电视片"正道沧桑—社会主义500年"、举办"我的梦 建大梦 中国梦"主题演讲、摄影、征文等。

3. 开展暑期社会实践活动，拓宽青年教师思想政治工作途径。学校层面，共选派36名青年教师带领千余名学生参加"共筑中国梦"思想教育主题实践活动、"寻找党的足迹"爱国主义学习调研活动、"乡土情 基层行"活动、"青年服务国家"志愿服务行动、"绿色生态 大美中国"生态文明建设实践调研行动、"科技筑梦 助力发展"科技创新行动等九大类的社会实践活动项目，3名青年教师参加了北京市教工委组织的三期社会考察活动。

4. 坚持学以致用原则，加强两级理论中心组学习。党委理论中心组发挥带头和示范作用，采用分层次有侧重的学习机制，扩大学习范围，注重学习效果。根据不同专题，党委理论中心组将学习范围扩展到党委委员、纪委委员、处级干部、处级后备干部、学科带头人、系主任等。2013年结合学校发展实际，围绕中国特色社会主义理论体系、党风廉政建设、群众路线、延安精神、十八届三中全会、创建有特色高水平建筑大学等内容开展学习活动18次，以报告会、讲座、主讲主问、研讨等多种形式为领导班子及党员领导干部的能力建设提供服务。各党总支（直属党支部）中心组、二级理论中心组片组结合各单位实际工作开展理论学习活动，在学习的制度化、规范化、实效性上下功夫，成效显著。

这些活动，进一步深化了广大师生员工对中国特色社会主义和实现中华民族伟大复兴的"中国梦"的认识，理想信念教育收到实效。2013年，学校获得北京高校青年教师思想政治工作优秀项目奖。

【新闻宣传工作】紧紧围绕学校更名、承办北京最大规模京内外高招咨询会、创建有特色高水平建筑大学大讨论、承办北京市第51届大学生田径运动会、党的群众路线教育实践活动、平安校园创建活动、党建先进校创建活动等中心工作，进行前期策划，选好网络、广播、橱窗、校报、官方微博以及社会媒体等不同载体进行宣传，收到了良好宣传效果。

1. 找准传统媒体与新媒体的定位与结合点，扬长避短，优势互补，努力提高宣传工作的传播力。注重综合运用不同媒体的宣传功能。比如，"创建有特色高水平建筑大学大讨论"活动，将网络新闻时效性强与校报新闻可作深度挖掘的特点相结合，通过在校园网及校报开设专栏，广泛发动教职工围绕学科建设、师资队伍建设、内部管理体制改革、校园文化建设等问题，积极建言献策，搭建了统一思想、形成共识的平台，为下一步学校的改革营造了良好的舆论氛围。

发挥新媒体在突发事件中独特的宣传引导作用。比如，上半年针对百度"北京建筑大学吧"中，学生关注在交通事故中受伤同学的发帖，我们采取的措施是把贴吧作为信息发布的重要平台，将受伤学生的救治情况及其家长的安抚情况、公安机关对逃逸肇事司机的追捕情况等信息及时发布，并引导学生为受伤同学祈福，有效避免了因信息不畅而引发的种种不实言论的传播。这就在新闻发生时用最快的速度对新闻事实进行了真实、准确的报道，做到了关键时刻不失语、重大问题不缺位。

此外，宣传橱窗、校报、广播台等传统媒体在舆论宣传中继续发挥着重要作用。全年共制作橱窗 24 期 72 版；制作并播出广播节目 360 期；编辑出版校报 14 期；完成了 2013 版学校宣传画册、北京建筑大学宣传片、党建成果宣传片的制作。

2. 坚持"三贴近"，践行"走、转、改"，努力增强宣传工作的感召力。

结合党群众路线教育实践活动，坚持"贴近实际、贴近生活、贴近群众"的工作原则，建立了宣传部每位工作人员与各单位的对接制度，即每人负责联系几个部门及学院，一方面把握思想动态，了解教职工对宣传工作的需求；另一方面帮助各单位挖掘新闻线索，以促进发展为目的，帮助各单位进行校内外宣传策划。通过"走基层、转作风、改文风"，使更鲜活的、能够吸引师生眼球的、"接地气"的新闻报道逐渐增多，拓宽了报道覆盖面。

3. 坚持"请进来"与"走出去"相结合的原则，加强与新闻媒体的联系与合作，不断提高对外宣传的影响力。中心工作宣传重沟通。比如，围绕学校更名大学、承办北京市第 51 届大学生田径运动会、举办大型京内外高招咨询会、创建有特色高水平建筑大学等重点工作，提前与主要媒体记者沟通情况，加深记者对我校工作的了解，使记者直接参与到我们的宣传策划中。

特色工作宣传重推介。比如，与建筑学院合作，通过策划举行"演绎老天桥——北京建筑大学承办建筑学专业八校联合毕业设计成果发布会"，实现与媒体的零距离接触，有助于把新闻背后的故事讲深讲透。北京日报等 10 家主流媒体对我校建筑学专业创新人才培养模式情况进行了报道，数家主流网络媒体进行了转载。

常规工作宣传重挖掘。比如，通过邀请记者来校参观重点实验室，准确定位学校工作与媒体关注点的契合处，进而挖掘事件的广度和深度。科技日报以"废旧沥青'重回青春'"为题，报道了我校一支年轻的科研团队的新成果。

维护媒体关系重服务。通过配合社会媒体自身选题需求，从采访对象、拍摄场地等方面提供全方位服务，不失时机地拉近与媒体的关系，抓住机遇扩大学校的社会影响力。比如协助西藏卫视完成"雪域飞鸿"电视片拍摄工作，间接宣传了我们为西藏培养建筑类专门人才的情况。

正是通过上述精心策划与不懈努力，2013 年围绕学校改革与发展、教育教学、学生培养、招生就业、教学名师、学生课外科技活动、科学研究、校产发展、学科发展等，在报纸、杂志、电视和广播等传统媒体上发表对外宣传稿件 100 余篇，其中大部分稿件被人民网、中国日报网、北青网、凤凰网、千龙网、网易、光明网、中青网、搜狐网、新浪网等网络媒体多次转载。在网络媒体直接发稿 20 余篇。

4. 开设官方微博扩大正能量的覆盖面。在已有新浪官方微博基础上，2013 年在腾讯和人民网又开设了北京建筑大学官方微博，并加强了管理和维护工作。同时加强对学校其他单位也开通官方微博的登记管理，这些官方微博形成了一个矩阵，经常互相配合，协同扩大影响。

【校园文化工作】继续开展校园文化建设和师德建设，发挥文化引领作用，弘扬、培育和践行建大精神。

1. 启动学校形象识别系统设计工作：利用学校更名大学的契机，多方收集并举办学校发展历史老照片展，这既是对校史校情的宣传，也是传承学校精神的一次教育活动。通过重新确定学校标识色、建设新网站，特别是面向校内外征集新校徽、组织专家研讨、面向全校师生进行网上投票并最终选出新校徽、确定新校旗的过程，是总结学校发展文脉，挖掘学校历史积淀，提炼学校内在精神和办学理念的过程，活动收到了塑造学校新形象，增强师生对学校的认同感和凝聚力的效果。

2. 开展校园文化建设调研：成立"校园文化建设专家咨询委员会"并采取逐个访谈专家的形式，收集到专家们对校园文化建设具体而翔实的意见建议。同时还开展了京内外高校校园文化建设情况调研、参加了高校校史馆及校园文化建设研讨会，初步形成了进一步打造以建筑为内涵的特色校园文化调研报告。

3. 大力营造优良校风教风学风，不断探索形成具有北建大特色的师德建设文化品牌。制定了《北京建筑大学加强和改进青年教师思想政治工作实施方案》，把学习师德规范纳入青年教师培训计划，作为新教师岗前培训和在职培训的重要内容。结合修订学校职业道德规范，以党总支为单位，开展学习教育部《高等学校教师职业道德规范》活动。同时，在新闻网和校报上分别开设"教学改革进行时"、"学风建设"专栏，为校风、教风、学风"三风"建设营造良好舆论氛围。在前期调研基础上，启动了2014年"师德榜样"评选活动的方案研讨和制定工作，为选树师德典型做准备。

（高瑞静　孙冬梅）

三、统战工作

【概况】2013年，我校统战工作以邓小平理论、"三个代表"重要思想和科学发展观为指导，认真贯彻市委、市教育工委会议精神，以学习宣传党的十八大精神、党的十八届三中全会精神为主线，充分调动统战成员的积极性和主动性，围绕学校"创建有特色高水平建筑大学"大讨论活动建言献策，为学校事业科学发展贡献力量。

党委统战部认真组织好党的十八大精神与十八届三中全会精神的学习宣传，深化政治共识。以多种形式组织开展学习教育活动，通过组织统战成员自学、集中观看十八届三中全会学习光盘、邀请统战成员参加国家发展改革委员会经济体制综合改革司宋葛龙司长做的十八届三中全会专题辅导报告会等形式，引导统战成员准确理解和把握党的十八大和十八届三中全会精神，巩固"思想上同心同德、目标上同心同向，行动上同心同行"的良好局面。

发挥专长，直接吸纳统战成员参加学校中国梦主题教育宣讲活动。在"我的梦·建大梦·中国梦"的宣讲活动中，党外人士王锐英老师被选为学校宣讲团成员，在收集整理校史资料的基础上，面向全校师生，详细讲述了我校的发端、起源和演变过程，与大家分享了他对强国梦、实业兴邦梦、教育发展梦相融共生的理解。这对于增进政治共识起到了很好的宣传教育效果。

【党外代表人士工作】贯彻落实《中共中央关于加强新形势下党外代表人士队伍建设的意见》（中办〔2012〕4号）和《中共北京市委教育工委关于加强新形势下北京高校党外代

表人士队伍建设工作的意见》(京教工〔2013〕3号)精神。继续落实好党委领导班子成员与党外人士的联系制度;加大对党外代表人士的培训力度。将党外代表人士及党外后备干部的培训纳入到学校干部教育培训的总体规划,加强政治把握能力、参政议政能力、组织协调能力和合作共事能力等方面的培养和锻炼。采取集中培训和个性培训相结合,日常教育和专题培训相结合,努力探索党外代表人士培训的有效途径和方法。

副校长、党外代表人士汪苏参加了党外领导干部研修班。民盟盟员季节被推荐参加了北京高校党外代表人士培训班。党外人士王锐英、李飞被中央统战部六局聘为"党外知识分子信息联络员"。

【民主党派基层组织工作】协助民主党派做好发展新成员的考察工作。本年度协助民盟支部发展盟员1位,九三学社支社发展社员1位。

积极支持和鼓励民主党派开展活动。10月、11月民盟支部分别考察了重点文物保护单位柏林寺和法海寺,将支部活动与学校相关专业结合,为党派成员专业成长,以及发挥优势服务社会提供了平台。

做好每年对党派成员的慰问工作。1月份分别看望了九三社员吴永平与民盟盟员李靖森。同时,对患重病的一位民盟成员持续关注,通过不间断的电话问候、推荐医院、多次前往医院看望慰问等,给他送去了组织的关怀。

【民族宗教、港澳台侨工作】

1. 继续做好抵御和防范校园传教渗透工作:继续深化思想政治理论课的教育教学改革,积极主动用科学理论占领各种思想阵地,在初级党课中加入有关党的民族宗教政策的内容,加强对学生的思想引导,通过形势政策课、选修课、主题党团日活动,积极开展民族团结教育,宣传党的民族宗教政策,提高学生运用马克思主义的立场观点和方法认识对待宗教问题,引导大学生树立正确的世界观和人生观。鼓励和引导少数民族同学积极参加学校举办的五四文化节、学生社团节、社会实践等系列文化教育活动,以及献血等志愿活动,在健康、积极、向上的校园文化氛围中健康成长。同时,注重对少数民族学生的人文关怀,会同学工部、研工部,在中秋节、古尔邦节等传统节日为少数民族同学送去祝福。

2. 进一步做好侨联工作:积极开展活动,凝聚侨心、汇集侨智、发挥侨力、维护侨益。9月,组织侨务知识问答,帮助归侨侨眷了解侨务政策、归侨侨眷权益等;组织"迎中秋 共团聚 共谋学校发展"联谊会,慰问归侨侨眷;召开在职及部分退休归侨侨眷座谈会,探讨学校侨联组织如何发挥作用,同时引导大家关注学校发展,反映实际问题;参加北京市侨联"党的群众路线教育实践活动"调研座谈会,就市侨联工作作风、工作机制、对基层组织的指导等方面发表意见、建议。此外,侨联积极开展困难归侨的帮扶工作,了解情况,争取上级组织的帮助;看望生病的老归侨。

探索与区侨联、街道侨联共同开展活动的新途径,为侨联发挥作用提供更广阔的平台。侨联副主席詹淑慧当选展览路街道侨联副主席。12月,与区侨联和街道侨联联合举办讲座,学习党的十八届三中全会精神和中国归侨侨眷第九次代表大会精神;与西城区展览路、什刹海、椿树、牛街、陶然亭五家街道侨联、中国外文局侨联联合举办健康知识讲座;积极组织参加第六届"首都新侨乡文化节"系列活动。

利用好市侨联系统理论研究的平台,充分发挥专业优势服务社会,在服务社会的同时,也促进了侨联委员、在职归侨侨眷的个人成长。我校侨联完成的重点课题《天然气利用与节能减排降耗研究》获得 2012 年市侨联系统理论研究和调查研究工作"建言献策类优秀成果一等奖";《社会主义核心价值体系引领高校校园文化建设研究》获得"建言献策类优秀成果三等奖"。

我校侨联主席武才娃教授荣获 2013 年"全国侨联系统先进个人"荣誉称号。

【开展"心桥工程"主题活动】

1. 围绕学校中心工作，搭建平台为学校事业发展建言献策：积极参与"创建有特色高水平建筑大学"大讨论活动，立足岗位、建言献策。6 月，召开统战人士情况通报会及"创建有特色高水平建筑大学"征求意见会，党委书记钱军、纪委书记何志洪参加了征求意见会，统战成员围绕师资队伍、学科建设、教学管理等方面提出了 15 条具体的意见与建议。12 月，召开征求意见会，统战成员围绕师德建设与校园文化建设提出了 10 条意见与建议。在为期两个月的大讨论活动"师生共话有特色高水平建筑大学"专栏中，统战人士积极撰文投稿，建言献策，占投稿数量的 41%。

继续坚持以"党委出题、党派调研"的工作模式，围绕更名大学后新校徽等校园文化开展专题调研。宣传部成立的校园文化专家咨询委员会中近一半是党外人士。通过邀请他们参与宣传部的校外调研、校内访谈等，为学校更名后即将启动的校园文化建设提出了很好的思路和富有建设性的意见。九三学社社员、建筑学院院长刘临安，民盟支部主委陆翔，党外人士欧阳文等积极参与新校徽方案的讨论和征集，党外代表人士王锐英直接参与了校徽征集评审全过程工作。经过层层筛选、党委常委会讨论、师生投票等环节，最终欧阳文老师带领学生团队设计的新校徽方案被采纳。

2. 发挥统战成员专业优势，服务首都社会发展：民盟盟员秦红岭教授作为第十四届人大代表认真履职。在 2013 年市人大会议期间，秦红岭教授提出了《关于成立望京地区交通中队的建议》、《关于重新设置并科学规划望京地区交通拍照探头的建议》、《关于尽快开通望京地区断头路的建议》、《关于完善社区图书馆运行机制并提升服务能力的建议》、《关于加强和完善城乡规划法中监督检查制度的建议》等五项提案。10 月受聘为第六届北京法院特邀监督员，先后四次参加法院活动。12 月参加市十四届人大二次会议前代表与"一府两院"负责同志以城市建设与管理为主题的座谈会，就如何从城市规划视角提升北京城市文化软实力等问题进行了发言；参加 2014 年市政府拟办重要实事意见座谈会，并在调查群众意见的基础上提出建议。民盟盟员、副主任医师张复兵参加民盟北京市委组织的赴辽宁阜新大五家子镇义诊活动，受到好评。

2013 年多位民盟盟员在"心桥工程"主题活动中发挥了积极作用，取得优异成绩。秦红岭教授被评为北京市优秀教师；季节教授荣获北京市"三八"红旗奖章称号，第七届"中国公路百名优秀工程师"称号；赵希岗副教授指导的学生在全国海洋文化创意设计大赛中获优秀奖；他本人的剪纸作品《风清水洁　出泥不染》在教育部主办的以"中国梦·廉洁情"为主题的第二届全国高校廉政文化作品大赛中荣获艺术设计类作品一等奖。

（高瑞静　孙冬梅）

四、纪检监察工作

【概况】2013年纪检监察工作认真贯彻党的十八大、中央纪委二次全会、十八届三中全会精神，全面落实教育部、北京教育系统反腐倡廉建设各项部署，坚持标本兼治、综合治理、惩防并举、注重预防的方针，围绕中心，服务大局，以维护广大师生员工根本利益为宗旨，以领导班子作风建设为重点，以党风廉政建设责任制为抓手，以廉政风险防控为载体，扎实推进惩防体系建设，为学校改革、发展、稳定提供了坚强有力的政治保证。

【党风廉政建设责任制】认真落实党风廉政建设责任制，逐层化解责任，严格督促检查，深入推进廉政风险防控管理工作。

1. 召开党风廉政建设工作大会：2013年5月22日，学校在第二阶梯教室召开党风廉政建设工作大会。校领导、全校处级干部、纪委委员、各总支纪检委员、在职教职工党支部书记、人财物重点岗位负责人、各专项经费负责人、后勤集团各中心主任、校产各企业负责人等近200人参加了大会。党委书记钱军同志作了题为《严明纪律 改进作风 在清正廉洁中创建特色鲜明的高水平建筑大学》的廉政党课。此外，党委书记和校长与9院2部以及校产、图书馆的党政负责人签订了党风廉政建设责任书，校长与9院2部以及校产、图书馆的行政负责人签订了经济责任书，其他单位的党风廉政责任书和经济责任书在会下签订完成。

2. 检查各党总支（直属党支部）党风廉政建设工作情况：2013年6月5日至6月14日，学校对15个党总支（直属党支部）的党风廉政建设工作逐一进行检查。检查的重点为落实党风廉政建设责任制情况；开展党风廉政宣传教育情况；完善机制、健全制度情况；加强监督、强化制约情况；领导干部廉洁自律情况；（党）校务公开情况；科研经费监管情况；廉政风险防控管理工作等8个方面的内容。

3. 召开廉政风险防控管理工作推进会：2013年10月8日，学校召开廉政风险防控管理工作推进会。党政各职能部门及图书馆、计信部、校产办等27个单位的主要负责人参加会议。同时，学校结合实际情况，确定了党政办公室、组织部、宣传部、研究生部（处）、学工部（处）、教务处、科技处、人事处、招生就业处、财务处、国际交流合作处、基建处、资产后勤处、图书馆、校产办等15个部门为重点单位，进行"三个体系"建设。

4. 检查各部门落实党风廉政建设责任制落实情况：2013年12月31日，学校召开党委常委会，认真听取了各主要相关职能部门负责人以及学校党政领导副职履行党风廉政建设责任制情况的汇报。汇报会在全校各部门、各单位根据党委《关于开展2013年党风廉政建设责任制检查的通知》要求，全面自查本部门、本单位一年来围绕学校中心工作，贯彻落实十八大精神，改进作风，全面贯彻执行党风廉政建设责任制，推进廉政风险防控管理工作的基础上，重点听取了干部聘任、招生、科研项目管理和科研经费使用、教师职务聘任、学校经费的管理和使用、公务用车管理、设备采购及招投标管理、工程建设项目管理等方面落实廉政责任的情况汇报。各部门（单位）汇报结束后，校级党政副职领导对照与学校签订的《党风廉政建设责任书》的要求，向常委会汇报了自身落实党风廉政责任制、廉洁自律等方面的情况，以及其分管的职能部门（单位）从源头上采取预防措施、制定配套制度、规范管理所取得的实际效果及存在的问题。

【宣传教育】 2013年学校党风廉政宣传教育以加强思想教育和党员领导干部廉洁自律为重点，坚持党委统一领导，宣传、组织、纪检、监察、人事、学工等部门共同参加的反腐倡廉宣传教育工作格局，发挥"党风廉政宣传教育联席会"协调统筹作用，以加强廉政文化建设为契机，结合学校工作和党员干部思想实际，有效开展党风廉政教育宣传活动。

1. 新任处级干部廉政谈话：2013年4月15日，学校召开新任处级干部培训班，对新上任处级干部提出廉洁自律要求，纪委书记何志洪以"廉洁自律，认真履行党风廉政建设责任制"为题，与新任正处级干部进行了廉政集体谈话。11月6日，纪委书记何志洪与2013年新任副处级干部进行任职廉政集体谈话。在任职廉政谈话的基础上，学校组织新提任副处级干部到北京市廉政教育基地，位于明代十三陵昭陵的"明镜昭廉"明代反贪尚廉历史文化园进行参观。

2. 建筑学院老师剪纸作品获奖：2013年12月，建筑学院赵希岗老师的剪纸作品《风清水洁 出泥不染》，在教育部主办的以"中国梦·廉洁情"为主题的第二届全国高校廉政文化作品大赛中，荣获艺术设计类作品一等奖。此次全国高校廉政文化作品大赛从2013年6月开始征稿，经过初赛、复赛、决赛与网上投票等环节，层层严格把关。我校赵希岗老师的剪纸作品凭借扎实的功底、新颖的创意与出众的艺术表现力在进入决赛的247件艺术设计类作品中脱颖而出，拔得头筹。

【干部廉洁自律】 严格要求，切实促进党员领导干部廉洁从政。

1. 干部兼职取酬专项检查：2013年4月至10月，学校根据上级要求，在全校处级以上党员领导干部中开展了兼职取酬自查自纠工作。经自查，我校处级以上领导干部能够严格遵守《中国共产党党员领导干部廉洁从政若干准则》、《中共中央纪委、教育部、监察部关于加强高等学校反腐倡廉建设的意见》和《中共北京市委教育工作委员会关于进一步加强高校党员领导干部兼职管理的通知》的各项规定，不存在违反规定在经济实体、社会团体等单位中兼职或兼职取酬，以及从事有偿中介活动的情况。

2. 会员卡专项清退活动：2013年6月，学校在校纪委委员和专兼职纪检监察干部中开展会员卡专项清退活动，9人填报《会员卡个人清退情况报告表》。9月至10月，全校在校领导、处级干部中（不含校纪委委员及专兼职纪检监察干部），开展了会员卡专项清退活动，8名校级领导、92名处级干部填报了《个人会员卡零持有报告》。

【监督工作】 学校将招生、教育收费等纳入预防腐败体系重要内容，找准容易滋生腐败的关键环节，切实把好源头关，最大限度将腐败现象消灭在萌芽状态。

1. 招生监察：2013年7月17日，市教育纪工委书记王文生、教委监察处副处长滕继辉、王海伟、李春治等一行四人来我校检查2013年招生录取工作。在听取了我校相关情况报告之后，纪工委书记王文生对我校的招生录取工作进行了评价，并对我校招生及招生监察工作予以了肯定。

2. 教育收费检查：2013年9月27日，纪委书记何志洪带领学校治理教育乱收费工作领导小组对后勤集团、图书馆、计信部、继续教育学院等单位的教育收费情况进行检查，并就教育收费问题进行专题调研。调研是结合学校秋季教育收费自查工作，在各单位自查的基础上开展的，学校根据各单位自查和学校抽查情况，形成了学校自查报告报北京市教育收费治理办公室。

（关海琳　彭　磊）

五、工会、教代会工作

【概况】2013年，北京建筑大学工会以党的十八大精神为指导，深入贯彻落实习近平总书记系列重要讲话精神。紧紧围绕和服务于学校的根本任务和中心工作，坚持促进学校发展与维护教职工权益相统一的维权原则，在促进和谐校园建设中发挥了凝心聚力的作用。

【民主管理工作】

1. 开展二级单位民主管理测评：2013年3月，组织二级单位教职工对本单位2011/2012年民主管理工作进行测评，内容包括二级教代会（或二级教职工大会）发挥作用情况、党政领导支持分工会工作情况以及院务公开执行情况。

2. 召开第七届教代会暨第七次工代会预备会：2013年6月19日，第七届教代会暨第七次工代会预备会在第二阶梯教室召开。第七届教代会暨第七次工代会正式代表出席会议。会议由纪委书记、第六届工会、教代会主席何志洪主持。

大会首先由校工会常务副主席刘艳华汇报大会筹备情况，并作了代表资格审查报告（草案），与会代表审议通过了代表资格审查报告（草案）及大会议程。代表们听取了由第六届教代会副主席、提案工作委员会主任王锐英、第六届工会经费审查委员会主任曾晓玲、校福利工作小组成员张莉分别作的《六届六次教代会提案受理情况和七届一次教代会提案征集情况的报告》、《第六届工会经费审查委员会工作报告》和《2008年1月～2012年12月在职教职工福利费使用情况的报告》，大会宣布了各代表团正副团长名单，代表们审议通过了大会主席团成员和秘书长建议名单。

各代表团召开分团讨论会，就第七届教代会执行委员会委员、工会委员会委员、经费审查委员会委员候选人建议名单、《第七届教代会暨第七次工代会选举办法》（讨论稿）、总监票人、监票人建议名单进行了讨论。10：30大会主席团第一次会议在第一会议室召开，听取了各代表团讨论情况汇报，审议通过了《第七届教代会暨第七次工代会选举办法》（草案）及第七届教代会执行委员会委员、工会委员会委员、经费审查委员会委员候选人建议名单，并讨论了总监票人、监票人建议名单，确定了总计票人、计票人名单。

3. 召开第七届教代会暨第七次工代会：2013年6月21日，北京建筑大学第七届教代会暨第七次工代会在第二阶梯教室召开，第七届教代会暨第七次工代会正式代表及列席代表出席会议。

大会开幕式上，校长朱光作了2012年学校行政工作报告。纪委书记、第六届教代会、工会主席何志洪代表第六届教代会执行委员会暨第六届工会委员会做了题为"快乐工作、幸福生活，为构建和谐校园、建设高水平建筑大学努力奋斗"的工作报告。各代表团讨论了学校行政工作报告，讨论并审议了教代会（工会）工作报告、工会财务工作报告、工会经费审查工作报告和在职教职工福利费使用情况的报告，讨论了《选举办法》（草案）和总监票人、监票人建议名单。分团讨论后，大会主席团第二次会议听取了各团讨论情况汇报，并讨论了《北京建筑大学第七届教代会暨第七次工代会决议》（草案），确定了总监票人、监票人建议名单。下午各代表团继续讨论第七届教代会执行委员会委员、工会委员会委员、经费审查委员会委员候选人建议名单及《北京建筑大学第七届教代会暨第七次工代会决议》（草案）。

下午大会以无记名投票方式选举产生了第七届教代会执行委员会委员、工会委员会委员、经费审查委员会委员，并通过了教代会专门工作委员会组成方案、教代会（工会）工作报告、工会财务工作报告、工会经费审查工作报告、在职教职工福利费使用情况的报告和大会决议。

大会闭幕式上，纪委书记、第七届教代会执行委员会委员、第七届工会委员会委员何志洪代表新当选的委员讲话。党委书记钱军代表学校党委和行政向第七届教代会暨第七次工代会的成功召开表示热烈的祝贺，并对第七届教代会、工代会代表提出了希望与要求。

4. 召开第七届教代会（工代会）代表提案工作专题培训会：2013年5月17日，第七届教代会（工代会）代表提案工作专题培训会在第三阶梯教室举行，90余名代表参加了培训。会议邀请第六届教代会提案工作委员会主任王锐英对代表们进行了提案专题培训。

5. 召开大兴校区硕博公寓周转房管理办法意见征集座谈会：2013年9月11日组织教职工代表在第三会议室召开大兴校区硕博公寓周转房管理办法意见征集座谈会。

【女工工作】

1. "三八节"慰问全校女教职工：2013年2月28日，组织"三八节"慰问活动，慰问全校459位女教职工。

2. 举办"三八节"系列讲座：2013年3月7日~8日，由校工会、女工委员会、女教授协会和后勤集团分工会联合举办的"三八节"系列讲座——"手工丝绢花制作"、"我型我塑——美丽从头开始"、"图说21世纪中国女性主义艺术"在教工之家举行，讲座共吸引了87人次女教职工参加。

【文体工作】

1. 召开2012年教工社团总结交流会：2013年1月19日，2012年教工社团总结交流会在西城校区教工之家组织召开。纪委书记、工会、教代会主席何志洪出席会议，各教工社团负责人及成员代表参加了交流。

2. 举办系列主题休养活动：2013年，面向全校教职工举办了五期以文化演出、亲子家庭、即将退休人员适应生活等为主题的休养活动，内容包括28场文化演出、2次外出郊游。

3. 举办"快乐工作 幸福生活"系列健康讲座：

2013年7月3日，"快乐工作 幸福生活"系列健康讲座在大兴校区教工之家举办，体育部施海波老师以"传统导引养生体育与健康"为题给大家作了精彩的讲座。

2013年7月3日，由校工会和后勤集团分工会联合举办的素质工程公益大讲堂暨"快乐工作 幸福生活"系列健康讲座在第三阶梯教室举行。活动邀请北京市总工会素质工程专家讲师团专家、朝阳区卫生防疫站著名疾病防控专家李银河大夫进行了"慢性疾病预防"主题公益宣讲，200余名非在编职工参加了活动。

2013年10月16日，由校工会、图书馆、宣传部、学工部、校团委联合组织的"健康人生"主题讲座在大兴校区基础楼A-215举行，讲座由医务室张复兵大夫主讲。

2013年11月12日，校工会和计信部分工会在大兴校区教工之家举办了题为"美丽甘南爱心行"的讲座，由计信部李敏老师主讲。

2013 年 11 月 19 日，高校教师"生命银行"之亲子沙龙在大兴校区教工之家举行，学生工作处李梅老师就如何正面"管教"孩子为大家作了专题讲座。

4. 举办第十二届教职工运动会：2013 年 10 月 29 日、11 月 5 日，第十二届教职工运动会分别在西城校区和大兴校区举行。运动会的主题是"以运动之道，养健康之身，谋高效工作"，并提倡趣味参与、快乐运动。运动会由校工会常务副主席刘艳华主持，纪委书记、工会、教代会主席何志洪致辞并宣布运动会开幕。现场进行了跳长绳和同舟共济团体项目以及趣味快走、高尔夫推杆、沙包掷准、击物打远等个人项目。

5. 组织京南高校篮球友谊赛：2013 年 11 月 13 日～29 日，由京南高校（北京建筑大学、公安大学、北京印刷学院、北京石油化工学院）工会联合组织的篮球友谊赛在中国人民公安大学举行。

6. 举办专题摄影作品征集活动：2013 年 11 月 29 日，由大兴校区管委会、党委宣传部、校工会、校团委、校教工摄影协会联合举办"魅力校区 和谐建大"大兴校区专题摄影作品征集活动。

【温暖服务工作】

1. 慰问退休劳模：2013 年 1 月 14 日、16 日，纪委书记、工会、教代会主席何志洪、校工会常务副主席孙冬梅看望慰问 6 位已退休的全国劳模、北京市劳模和北京市先进工作者，感谢他们从教以来为学校做出的突出贡献，并送去了北京市总工会和学校的新年祝福。

2. 为教职工办理中国保险互助会投保手续：2013 年 4 月，为教职工办理了中国保险互助会投保手续。为 89 名新教工办理了中国保险互助会入会手续，为 370 位保险已到期的在编在岗女教职工办理了《在职女职工特殊疾病互助保障计划》，为 101 位保险已到期的在编在岗教职工办理了《在职职工重大疾病互助保障计划》，为 959 名在编在岗教职工办理了《在职职工意外伤害互助保障计划》和《在职职工住院津贴互助保障计划》。

3. "六一节"慰问教职工 14 岁以下子女：2013 年 6 月 1 日，为 363 名教职工 14 岁以下子女发放节日慰问金。

4. 慰问三十年教龄教职工：2013 年 9 月 10 日，向 16 位从事教育工作满三十年的教职工颁发了北京市教育工会奖章和证书，并发放了慰问金。

5. 举办属蛇教职工集体生日会：2013 年 9 月 27 日，北京建筑大学更名后第一次集体生日会在西城校区教工之家举办，纪委书记、工会教代会主席何志洪代表学校现场向每位属蛇教职工赠送了生日报作为礼物。党委副书记张雅君，纪委书记、工会教代会主席何志洪出席生日会。活动由校工会常务副主席刘艳华主持。此次面向属蛇教职工的生日会由校工会、女工委员会和各分工会联合组织，来自各单位近 40 位属蛇教职工及分工会主席欢聚一堂，度过了一次简朴却难忘的集体复诞礼。

6. 开展首都教职工爱心基金捐款活动：2013 年 10 月 22 日～11 月 5 日，面向全校教职工开展北京市温暖基金会——首都教职工爱心基金捐款活动。全校筹集捐款共计 14736 元，全部上交北京市温暖基金会。

7. 开展困难在职教职工送温暖活动：2013 年 12 月 3 日，面向困难在职教职工开展送温暖活动，最终给予 10 位教职工共计 13700 元送温暖慰问金。

8. 慰问单身教职工：2013 年 12 月 30 日，向 114 位单身教职工进行了慰问。

9. 元旦、春节慰问全校教职工：

2013 年 12 月 25 日，向全校 1012 位工会会员发放了以"高效工作 幸福生活"为主题的 2014 年工作小秘书。

2013 年 12 月 30 日，对全校 1012 位工会会员进行了 2014 年元旦、春节慰问。

【教师发展中心工作】

1. 举办外语教学观摩活动：2013 年 5 月 14 日，由校工会与教务处、教师发展中心项目组与文法学院联合举办的外语教学法观摩活动在实甲 2 号楼 304 教室举行。活动邀请北京语言大学郭鹏教授作为专家对文法学院张宁娇老师的讲课进行了现场点评。校工会常务副主席刘艳华、教务处副处长张艳、教师发展中心项目负责人、宣传部部长孙冬梅以及文法学院副院长刘国朝参加活动，文法学院 50 余名教师和 10 余名学生到场观摩。

2. 组织教师参加北京高校第八届青年教师教学基本功比赛：2013 年 5 月 30 日，文法学院张宁娇老师代表学校参加了北京高校第八届青年教师教学基本功比赛文史 B 组的比赛。校工会常务副主席刘艳华、教务处副处长张艳到场，文法学院教师观摩了比赛。最终张宁娇老师获得文史 B 组二等奖。

3. 举办分工会主席、副主席专题培训会：2013 年 12 月 6 日，分工会主席、副主席专题培训会在大兴校区四合院会议室召开。纪委书记、工会、教代会主席何志洪出席会议，会议由校工会常务副主席刘艳华主持。此次专题培训分为教工之家实地研讨、会议研讨、交流学习三个部分。12 月 13 日完成了团队拓展训练。

（张瑶宁　刘艳华）

六、学生工作

【概况】2013 年，学生工作部（处）在市教工委、教委和校党委、行政的坚强领导下，以深入学习宣传贯彻党的十八大精神为主线，以社会主义核心价值体系为引领，以立德树人为根本任务，以更名大学为契机，着力提升服务和思想引领能力，全面推进、突出重点、破解难题、增强实效，探索创新、打造品牌，着眼于学生的成长成才，不断提高工作的科学性和实效性，扎实开展各项工作。一是坚持以学习宣传党的十八大精神为重点，突出思想引领，提高大学生思想道德教育的实效性。深入开展好"学理论、铸信念"、"我的中国梦"、"益学讲堂"等学习教育活动，将社会主义核心价值观融入学生思想教育，加强学生思想政治教育。依托红色"1+1"活动，大力加强学生党建工作。结合学校重大活动深入开展学生思想教育和管理工作，注重引导学生在重大事件和活动中培养学生的综合素质，学生在学校更名评估、平安校园评估、党建评估、无偿献血活动等活动中表现出了较高的政治素质、大局意识、责任意识。二是坚持以服务学生成长发展为中心，进一步强化大学生思想政治教育工作效果。通过联合教务处等部门，深入推进第一、第二课堂融合，切实实施新生引航工程，大力提升学风建设水平。实施"三级网络"心理健康服务体系，建设积极心理学视角下的团体辅导式心理健康教育体系，稳步推进心理素质教育工作。完善学生资助服务体系，助力学生成长。深化住宿学生教育管理，加强学生文明养成教育。组织"宿舍文化节"开展文明宿舍建设与评比等活动，2012～2013 学年共评选出 92 间校级"文明宿舍"，10 间校级"文明标兵宿舍"。组织开展公寓文化建设活动，丰富学生住宿生活。三是夯实大学生思想政治工作基础，不断推进工作的专业化科学化。组织辅导员参加"北京高校辅导员专业化培训"、"首都大学生思想政治教育科研培训"、"新上岗辅导员培训"等校内外培训。推进辅导员交流与研究工作，举办辅导员深度辅导专题论坛、思德论坛等交流活动12次。联合多部门举办了2013年我校首届辅导员职业技能大赛，进一步激励和引导辅导员队伍专业化、职业化发展，不断提升我校大学生思想政治教育科学化水平。开展新任辅导员和班级导师培训会，为12名新任辅导员配备6位有经验的职业指导老师；完善本科生班级导师条例，组织开展班级导师聘任和不同层次的培训活动、班级导师量化考核与评优工作，以此为契机，加强了班级导师考核激励工作。不断提高大学生思想政治教育课题研究水平，加强对工作中热点难点问题的研究，加强课题成果交流和转化，以高水平研究成果推动工作科学发展。2013年，我校学生工作系统教师共计7项课题中标2014年度首都大学生思想政治教育课题，其中1项获得重点课题。在2013年全国高校学生工作优秀学术成果评选中，辅导员论文、研究报告共有十二项获奖。

【思想政治教育工作】学校高度重视大学生思想政治教育工作，多渠道、立体化、全方位加强思想教育工作。以学习宣传党的十八大精神为重点，突出思想引领，提高大学生思想道德教育的实效性突出理想信念教育。深入开展了"学理论、铸信念"、"我的中国梦"、"益学讲堂"等学习教育活动，将社会主义核心价值观融入学生思想教育，突出理想、信念教育；以更名大学为契机，加强学生爱校教育，成立学习宣传贯彻党的十八大精神大学生宣讲团，开展宣讲活动；组织开展了"我的梦 建大梦 中国梦"主题教育活动，开展演讲比赛、征文等丰富多彩的活动进行理想信念教育，主题教育活动注重学校、学院、班级等多个层面结合，覆盖面广。

1. 红色1＋1活动有突破：学校切实加强学生党支部建设。按照教工委要求，举办了红色"1＋1"等形式多样、主题鲜明的教育活动，坚持不懈地用马克思主义中国化最新成果武装学生头脑，用社会主义核心价值观引领青年学生思想成长，突出理想、信念教育，积极唱响时代主旋律。2013年，组织200余学生党员参加北京高校红色1＋1活动，并推选10个支部参加了全校红色"1＋1"活动评选和总结活动。经过精心策划、认真筹备，在北京高校红色"1＋1"示范活动评选中荣获二等奖。

2. 学生党员先锋工程取得新成效：与组织部联合开展学生党员先锋工程，各学院成立工作领导小组，制定了工作实施计划，制定并落实了理论学习导师制度、"一对一"帮扶困难学生、朋辈辅导员帮扶、党员宿舍挂牌、学生党支部联系班集体等有关制度。引导学生党员在学风建设、思想引领和困难帮扶等工作中大力发挥先锋模范作用。2013年，学生党员一对一帮扶学习困难学生270人。

3. 注重将思想引领和信念教育贯穿到学校各类重大活动和实践中：2013年，首都高校第51届学生田径运动会在我校大兴校区举行，2500名学生参加开幕式团体操展演，600余名学生参加各类志愿服务工作，共占到校区学生总数的85%。参加团体操表演的学生经过长时间的艰苦训练，包括18次30个小时的大合练和更多次数的分组练习，在开幕式上呈现出一场震撼人心的精彩演出。学生志愿者用自己高标准的工作内容和要求，赢得了与会领导、老师、裁判员、运动员和现场观众的充分认可与肯定，进一步培育和凝练了青年学生"不怕吃苦、敢打硬仗"的拼搏精神和"服从指挥、顾全大局"的团队精神。

结合学校重大活动深入开展学生思想教育和管理工作，注重引导学生在重大事件和活动中培养学生的综合素质，学生在学校更名评估、平安校园评估、党建评估、无偿献血活动等活动中表现出了较高的政治素质、大局意识、责任意识；2013 年，我校共有 500 余名学生积极报名志愿献血。

在全体学生中开展广泛的国防教育，圆满完成 2013 级本科新生校内军训工作和军事理论课教学工作，加大征兵宣传力度，2013 年应征入伍学生 16 人。结合征兵工作，以爱国主义教育为核心，采取经常教育与集中教育相结合、普及教育与重点教育相结合方式，进行国防理论、国防知识、国防历史、国防形势与任务内容的教育。我校荣获 2013 年西城区征兵先进单位、北京市征兵工作先进单位等称号。

4. 发挥先进典型示范作用：将德育工作与学生成长成才紧密结合，以正能量的"发现者，表达者和传播者"为目标，创办"北建大榜样"人物访谈系列活动。通过发现、宣传学生群体之中的正面人物和正面事迹，如优秀毕业生、退伍好士兵、学习好学子、献血热心人等等事迹和先进典型，以学生身边的事感染、带动学生成长，创新品德教育新模式，进而促进大学生综合素质的全面发展。

5. 举行"我的梦 建大梦 中国梦"学生主题演讲比赛：6 月 7 日，由学工部、研工部、宣传部、组织部、团委主办，经济与管理工程学院承办的"我的梦 建大梦 中国梦"学生主题演讲比赛决赛在大兴校区学院楼 B 座报告厅举办。党委副书记张启鸿、学工部部长黄尚荣、经管学院党总支书记张庆春、院长姜军、环能学院党总支书记陈红兵、文法学院党总支书记肖建杰、团委书记朱静、组织部副部长赵海云、宣传部副部长孙强、国教学院副院长丁帅、学工部副部长冯永龙以及各二级学院党总支副书记、团总支书记、辅导员和学生入党积极分子共 300 余人观看了比赛。"我的梦 建大梦中国梦"主题演讲比赛自 4 月启动以来，经过各学院初赛推荐，共有 15 名选手脱颖而出，进入决赛。选手们结合自身经历感受和人生规划，结合身边的人与事，结合我校更名北京建筑大学的重要历史时刻和对建设有特色高水平建筑大学的设想，激情讲述自己的"中国梦"，抒发自己的"建大情"，为中国喝彩，为建大加油。

6. 召开党的群众路线教育实践活动学生代表座谈会：9 月 12 日，党的群众路线教育实践活动学生代表座谈会在西城校区第一会议室举行。学校党委书记钱军、校长朱光、副书记张雅君、副校长张大玉以及学工部部长黄尚荣出席会议，来自各学院的学生代表参加了会议。会议由学工部部长黄尚荣主持。会上，各位学生代表围绕开展反对"四风"和学校发展建设的中心工作，开诚布公，畅所欲言，提出了学习和生活中遇到的问题和困惑，对学校的学生管理、课程设置、专业辅修、科研立项、考风考纪、宿舍管理、研究生管理、少数民族学生教育以及后勤服务等诸多方面提出了许多中肯的意见和建议。同时，学生代表还就改进机关作风、提升工作效率等方面提出了建议。与会校领导耐心听取并记录了学生代表的发言，并不时与学生代表进行了交流沟通，详细询问细节问题，回答学生的各种疑惑。最后，党委书记钱军作了重要讲话。钱书记对同学们提出的意见建议表示感谢，认为这次座谈会开得很成功，同学们结合自身学习和生活，经过思考，为学校提供了有价值的意见和可借鉴的建议。钱书记强调，开展党的群众路线教育实践活动与群众反映强烈的突出问题结合起来，学校多与学生沟通，及时了解学生的思想和学习情况，并有针对性、有重点的解决学生提出的各种问题，努力增强服务师生的意识，师生共同努力，不断促进教育教学和人才培养质量的提高。

7. 举行 2013 级本科学生开学典礼暨军训开营式：9 月 10 日，2013 级本科学生开学典礼暨军训开营式在大兴校区隆重举行。校党委书记钱军、校长朱光、党委副书记张雅君、纪委书记何志洪、副校长汪苏、副校长李维平、副书记张启鸿和副校长张大玉等学校领导出席了本次典礼。学校杰出校友、北京市住房和城乡建设委员会杨斌主任应邀出席了本次活动。学校办公室主任赵金瑞，军训团团长、中国人民解放军 66325 部队赵健少校，军训团政委、武装部部长黄尚荣以及各二级学院负责人等出席了本次典礼并在主席台就座。各职能部门、各二级学院相关负责人、承训部队教官、部分学生家长以及全校本科新生近 2000 人参加了典礼。大会由党委副书记张启鸿主持。校长朱光教授代表学校做了重要讲话，党委副书记张雅君教授宣读了《关于颁发 2013 级新生奖学金的决定》，在主席台前排就座的各位领导为获得新生奖学金的同学颁发了证书。学校杰出校友、北京市住房和城乡建设委员会杨斌主任，国家科技进步奖获得者、土木学院张怀静教授，军训团教官代表等进行了发言。承训部队现场演示队列、军体拳等项目，为同学们带来精彩的训练科目表演。

【队伍建设】学校组织辅导员参加"北京高校辅导员专业化培训"、"首都大学生思想政治教育科研培训"、"新上岗辅导员培训"等校内外培训。推进辅导员交流与研究工作，举办辅导员深度辅导专题论坛。举办了 2013 年首届辅导员职业技能大赛，全校 16 名辅导员参加了复赛，从中选拔 12 人进入决赛。经过激烈角逐，最后评选出了第一、二、三等奖和优秀奖。为促进辅导员学习交流，今年启动了"思德论坛"等相关主题活动平台，推动辅导员工作交流、共同提高，切实关心辅导员生活和成长，组织开展"学工生日会"等身心解压、凝聚鼓劲的团队建设活动。组织开展辅导员岗位绩效考评工作，共评出 7 名校级优秀辅导员。完成市教工委开展的"辅导员工作"自查，加强辅导员队伍自身建设。做好学生工作队伍职称评聘工作，新任学生思政系列副教授 6 人。推进《北京建筑工程学院本科生班级导师条例》（建院学字〔2011〕13 号）的贯彻执行，组织班级导师聘任、培训工作，开展了班级导师量化考核与评优工作。通过学生工作例会、深入二级学院等途径，上下联动，形成校内学工系统合力，打造一支"政治强、业务精、纪律严、作风正"的学生工作队伍。学校加强大学生思想政治工作的科学研究与成果转化。不断提高大学生思想政治教育课题研究水平，加强对工作中热点难点问题的研究，加强课题成果交流和转化，以高水平研究成果推动工作科学发展。2013 年，学生工作系统教师共计七项课题中标 2014 年度首都大学生思想政治教育课题。北京建筑大学申报的《紧密围绕"一体两翼"加强新生教育管理》获得第三届首都大学生思想政治教育工作实效奖获奖优秀奖。在 2013 年全国高校学生工作优秀学术成果评选中，共有十二项成果获得奖励。

1. 荣获十二项 2012 年度全国高校学生工作优秀学术成果：大力加强学生工作队伍专业化建设，学生工作教师紧密结合工作实际，积极撰写学术论文，开展工作研究，通过研究促进工作，形成了工作与研究相互结合、相互促进的良好局面。在日前进行的 2012 年度全国高校学生工作优秀学术成果评选中，学校共有十二项成果获奖，其中获得一等奖 2 项，二等奖 10 项。

2. 举行 2013 年学生工作年会：1 月 16 日，学校召开学生工作研讨会。党委副书记张雅君、校长助理张启鸿出席会议，全体学生工作教师参加了会议，会议由校长助理张启鸿主持。会议分两个阶段，第一阶段是分组讨论，共分三组进行。第一组以党总支副书记为主，讨论主题是"加强辅导员队伍专业化建设"；第二组以团总支书记为主，讨论主题是"加强大兴校区校园文化建设"；第三组以学生辅导员为主，讨论主题是"加强深度辅导，提升深度辅导实效性"。第二阶段是全体会议，首先由各组代表做主题汇报发言。党总支副书记组代表牛磊从"顶层设计"、"制度保障"、"政策倾斜"、"交流培训"和"学习研究"等几个方面谈了加强辅导员队伍建设方面的体会；团总支书记组代表王秉楠从"建工精神引领"、"品牌活动彰显"和"形成合力统筹"等几个方面谈了促进校园文化建设的设想；学生辅导员组代表卫巍重点围绕"拓展深度切入点"详细分析了推进深度辅导的具体举措；团委书记黄尚荣解析了2013年我校共青团组织的主要工作；学工部部长杨光重点分析了学生工作下一阶段的主要任务；党委副书记张雅君做重要讲话，指出要从战略的高度认识大学生思想政治教育工作。

3. 召开2013年学生工作推进会：5月3日下午，学校在大兴校区四合院会议室召开2013年学生工作推进会。党委书记钱军、党委副书记启鸿出席会议，组织部、研工部、学工部、保卫部、大兴校区管委会、招就处、团委负责人、各二级学院党总支副书记、团总支书记、辅导员和学工部、团委全体人员参加会议。会议由党委副书记张启鸿主持。会议首先由各部门负责人围绕学生工作做主题发言。组织部部长高春花结合本次干部聘任工作对学生工作队伍的结构稳定、合理流动和优化予以了肯定，并就党建先进校申报和学生党建工作提出了相关要求；研工部部长陈静勇重点从"以学风建设为引领"和"以就业工作为保证"两个方面阐述了完善研究生教育与管理体系的主要构想和安排；保卫部部长于志洋对平安校园创建工作做了详细说明，并与学生安全稳定相关的工作提出了希望和要求；招就处处长李雪华介绍了前期就业调研工作的主要情况，对全力以赴做好2013届毕业生就业工作进行了重点说明；大兴校区管委会常务副主任冯宏岳从"为学生工作做好保障"和"相互支持、重视理解"两个方面谈了服务学生成长和发展校园文化的构想；学工部部长黄尚荣对近期学生工作进行了总结，并从"抓热点"、"强重点"、"解难点"、"创亮点"四个方面对本年度学生工作做了全面梳理和部署；团委书记朱静围绕发挥共青团组织"组织青年"、"引导青年"、"服务青年"的功能谈了主要举措和安排。张启鸿副书记讲话指出，希望各有关部门和人员要牢固树立全局意识，围绕"做好全校学生工作，服务学生成长成才"这一中心任务，大力配合、全力协作、统筹推进，形成有效合力。钱军书记做重要讲话，指出学工队伍要立足更高的标准和要求，抓好队伍建设，打造一支素质和能力更高、战斗力更强的学生工作队伍，并勉励承担学生工作的各个部门和全体人员加快成长，为学校发展和学生成长成才做出更大贡献。

4. 辅导员在北京高校辅导员职业能力大赛上获佳绩：5月19日，2013年北京高校辅导员职业能力大赛在北京师范大学落下帷幕。我校环能学院专职辅导员卫巍作为我校辅导员代表参加大赛。本届大赛由北京市教工委主办、北京师范大学承办，历时三天。经过初赛笔试，共有8名高校辅导员进入决赛，卫巍最终取得第四名并荣获2013年北京市高校辅导员职业能力大赛三等奖。

5. 获2013年北京市高校辅导员职业能力大赛"优秀组织奖"：北京市委教育工委主办的"2013年北京市高校辅导员职业能力大赛"中，学工部认真组织精心准备，积极参加本次比赛的相关工作，并得到了上级肯定，荣获"2013年北京市高校辅导员职业能力大赛优秀组织奖"，学校通过组织校内相关比赛或交流，并参加辅导员市级以上职业能力大赛，为辅导员搭建高水平的学习交流平台，进一步促进辅导员队伍建设。

6. 举办"思德论坛"：7月13日，学校在大兴校区教工之家举行的北京建筑大学辅导员"思德论坛"。邀请北京理工大学团委副书记、2011年"全国辅导员年度人物奖"获得者方蕾和北京交通大学机电学院党委副书记、2011～2012年度"北京高校十佳辅导员"者王烜两位老师做专题报告，并与我校辅导员就实践中遇到的问题进行研讨。

7. 七项课题获2014年度首都大学生思想政治教育课题立项：根据中共北京市委教育工作委员会下发文件，学校共有7项课题获2014年度首都大学生思想政治教育课题立项。获得立项课题项目有：党委书记钱军教授主持的《多校区办学模式下大学生思想政治教育机制的优化研究》（重点课题），学工部武全老师主持的《高校心理危机干预体系与〈精神卫生法〉冲突分析及修正研究》（一般课题），电信学院党总支副书记武岚老师主持的《调剂研究生学习适应性问题深度辅导方案设计与实践研究》（支持课题），测绘学院高兰芳老师主持的《辅导员工作模式下班级导师的职责及其履行途径研究》（支持课题）。另有三项获得一线专项课题立项，分别是：学工部陈亚飞老师主持的《首都高校心理委员"闲职化"和"实效性"问题研究》，电信学院辅导员裴晨老师主持的《辅导员开展少数民族大学生深度辅导方案设计及应用研究》，文法学院张守连老师主持的《大学生思想政治教育与专业对接的方法与路径探索——以北京建筑大学为例》。

8. 举行2013级新生班级导师辅导员培训会：9月5日，学校举行2013级新生班级导师、辅导员培训会。校党委副书记张启鸿、学工部、教务处、保卫部、团委等部门负责人、各二级学院党总支副书记、2013级新生班级导师和辅导员以及部分高年级辅导员等50余人参加了培训会。会议由学工部部长黄尚荣老师主持。本次培训会邀请了北京市委教育工委宣教处寇红江副处长和首都师范大学心理学专家蔺桂瑞教授作专题报告。寇红江副处长作了题为《北京高校大学生思想政治形势分析》的报告，蔺桂瑞教授针对大一新生特点进行了详细分析，并提出了有针对性的教育管理对策。校学工部黄尚荣部长、教务处邹积亭处长、保卫部于志洋部长、团委朱静书记等部门负责人分别就学生工作、学生教学管理、安全保卫、校园文化及学生骨干培养等工作进行了介绍和说明。我校"十佳班级导师"代表焦朋朋老师围绕学生工作，和大家一起分享了工作心得和体会。优秀辅导员代表卫巍老师作了题为《注重态度，精益做事》的经验报告。校党委张启鸿副书记和教务处邹积亭处长为荣获2012年度"十佳班级导师"荣誉称号的教师颁奖并发放奖金。校党委副书记张启鸿老师作了总结讲话，对班级导师和辅导员提出三点要求：一是要有责任心，本着对学生负责的态度切实做好学生工作。二是要相互配合，形成合力。三是要注重工作方式方法，深入班级、深入学生中间，倾听学生诉求，帮助学生解决实际问题。

9. 举办首届辅导员职业技能大赛决赛：12月27日，首届辅导员职业技能大赛决赛暨颁奖典礼在大兴校区举行。校党委副书记张启鸿出席活动，大兴校区管委会、学工部、人事处、工会、研工部、招就处、保卫部、团委等部处负责人以及各学院相关领导和教师参加了活动并担当评委。各学院辅导员和学生代表到现场观摩助威。本次决赛，分为三个环节，分别是主题演讲、案例分析和情景模拟。比赛结束后，人事处处长孙景仙、土木学院党总支书记何立新以及电信学院党总支书记杨光老师分别对比赛作了点评。此次比赛由学工部、人事处、校工会联合举办，此次辅导员职业技能大赛既是对全校辅导员专业素质和技能的一次全面检阅和展示，也是加强辅导员队伍建设的重要举措，进一步激励和引导辅导员队伍专业化、职业化发展，不断提升我校大学生思想政治教育科学化水平，展现了广大辅导员昂扬的精神风貌、高尚的道德品质和追求卓越的精神品质，积极营造辅导员立足本职岗位创先争优的氛围，增强了辅导员的职业自豪感，唱响了立德树人的主旋律。

【基层组织建设】2013年，学工部坚持以邓小平理论、"三个代表"重要思想、科学发展观为指导，以加强党的先进性和纯洁性建设为主线，以坚定信念、增强党性、提高素质、发挥作用为重点，推进工作创新，搭建实践平台，大力加强学生党员队伍建设，在服务学生成长成才中充分发挥学生党员先锋模范作用，团结带领广大学生为实现"有特色、高水平"建筑大学的"建大梦"、实现中华民族伟大复兴的"中国梦"努力奋斗。学校下发了《中共北京建筑大学委员会学生党员先锋工程实施方案》（北建大党发〔2013〕18号），详细部署了学生党员先锋工程具体实施方案。文件要求坚定理想信念，增强党性观念，把学生党员培养成为坚定的青年马克思主义者；提高党员素质，彰显党员的先进性，使学生党员成为大学生中的表率和先锋；接受师生监督，树立良好形象，提高学生党员在师生中的满意度；推进工作创新，建立长效机制，形成学生党员队伍建设的先进经验和品牌活动。通过健全机制、规范运作，取得了显著成效。学生党员在理论学习、实践锻炼等方面的先锋模范作用日益凸显。

1. 我校获北京高校"我的班级我的家"示范班集体等多项荣誉：在北京市教工委主办的2013年北京高校"我的班级我的家"优秀班集体创建评选活动中，我校建筑学院建101班成绩突出，获得"示范班集体"荣誉称号，环能学院给排水111班和环科112班表现优秀获得北京高校"我的班级我的家"优秀班集体荣誉称号。

2. 召开2013年红色"1+1"活动总结评审会：11月15日，召开2013年红色"1+1"活动总结评审会。组织部、学工部、研工部、各学院等负责老师参加了本次活动并担任此次活动的评委。建筑学院学生党支部深入北京郊区和革命老区村庄开展广泛调研，环能学院学生党支部积极利用专业知识，联合顺义区高丽镇文化营村党支部开展"传播生态文明，建设美丽中国"为主题的共建活动，电信学院学生党支部深入平谷区熊儿寨乡东沟村党支部，参观人才培养和就业创业基地，测绘学院学生党支部利用暑期，赴河南省兰考县与焦裕禄纪念陵园党支部共同开展学习共建活动，学习和感受焦裕禄时代精神等。在各项共建活动中，学生党支部紧密结合学科专业特点和共建党支部的实际需求开展共建活动，收到了很好的成效，得到了对接当地基层党支部和群众的一致好评。此次评审会共评出一等奖1名，二等奖2名，三等奖3名。

3. 获北京高校红色"1+1"示范活动二等奖：12月24日，由北京市教工委主办的北京高校红色"1+1"示范活动评选在北京大学举行，经过视频成果展示、评委提问答辩等环节的评审，我校测绘学院本科生党支部荣获北京高校红色"1+1"示范活动评选二等奖的历史好成绩。今年我校党委组织部、学工部联合相关部门组织实施我校学生党支部红色"1+1"活动，共有10个学生党支部取得了显著成果，在校级评优基础上，我校测绘学院本科生党支部脱颖而出，该支部与河南兰考焦裕禄纪念园管理处党支部共建，共同完成了"红色梦·泡桐情"为主题的焦裕禄精神调研与实践活动，并做了深入学习和思考。

【学风建设】2013年学校开展学风建设专项工程，学工部牵头组织开展了加强学风建设的各项具体活动，深入落实推进学风建设的各项具体要求，主要包括：发动各学院各班级开展优良学风讨论，引导学生从班级范围、在思想层面查找问题、分析原因、明确措施、形成共识；在学生公寓实行限时上网，引导学生形成良好的学习、生活习惯；开展早晚自习活动并组织日常检查，联合教务处、文法学院、理学院组织任课教师参加学生自习活动，充实自习内容，提升自习效果；成立校区学风督察小组，对迟到、早退等现象进行抽查并通报；开展学生党员与学习困难学生帮扶活动，帮助学困学生跟上班级；推进高低年级交流活动，促进朋辈辅导深入开展；进行优良学风班、优良学风宿舍评比活动的动员与宣传，用集体目标带动个人；开展考风专题教育，组织全体新生签署考试诚信承诺书；加强职业生涯规划教育，组织学生职业生涯规划大赛；加强与家长的沟通联系，给每名新生家长寄去一封信等。各学院结合本学院实际制定与落实了加强学风建设的多项举措，具体组织了形式多样、内容丰富、衔接紧密、特色突出、注重实效的学风建设活动。学生的高数期末考试及格率等较往年有明显地提高。

1. 制定《北京建筑大学学风建设实施方案（2013～2014 学年)》：出台了"北京建筑大学学风建设实施方案（2013～2014 学年)"以及"大兴校区优良学风班中期检查评比通知"、"优良学风宿舍评比通知"、"早晚自习制度"等一系列配套措施、办法、细则，取得较好实施效果。宿舍是学生生活、学习的重要场所，也是校园文化建设的重要阵地。安全、文明、和谐、凝聚一直都是学校宿舍文化建设的重要目标。学校大力开展宿舍建设，积极发挥宿舍在思想教育、学风提升、文化建设过程中的重要作用。

2. 争当宿舍标兵 建设文明寝室：6月25日，"文明标兵宿舍"答辩与评选在西城校区和大兴校区同时展开，共有24个宿舍参与评选。学工部部长黄尚荣、大兴校区管委会后勤办主任赵文兵、学工部副部长冯永龙、吴建国、新宇集团总经理杨晓波以及学工部、保卫部、宿管中心、新宇集团公寓中心的老师出席了活动。各学院团总支书记、各宿舍楼管理员担任评委。最终，有19个宿舍获得"文明标兵宿舍"荣誉称号，5个宿舍获得入围奖。

3. 召开学生干部座谈会：9月10日，在大兴校区召开学生干部座谈会。校党委副书记张启鸿、学工部部长黄尚荣、团委书记朱静等相关人员以及校学生会、研究生会、各二级学院学生会主要学生干部参加了本次座谈会。座谈会由团委书记朱静主持。本次座谈会主要围绕校学生会、研究生会、各二级学院等相关工作进行了交流汇报。座谈会上，学生干部就学生科技活动、社团活动、社会实践、红十字会、组织宣传、学生干部队伍建设等方面结合自身实际，畅所欲言，有针对性地提出了自己的意见和建议，对工作中存在的困难和问题也进行了探讨。校党委副书记张启鸿做了讲话，对大家一直以来为学校建设所付出的辛勤劳动表示衷心感谢，对同学们的想法和建议给予了充分肯定，对学生干部所提出的疑问进行了解答，并对在座的学生干部提出了相应的要求。

4. 召开学风建设推进会：10月23日，在大兴校区后勤楼114会议室召开学风建设推进会。校长朱光、党委副书记张启鸿、学工部、招就处、研工部、团委负责人与各学院党总支副书记参加了会议。会议由校党委副书记张启鸿主持。会上，各职能部门负责人将本学期的学风建设相关工作安排做了强调与说明。建筑学院紧密结合"新生引航"工程，带领新生参观北京设计周青年营，以专业认知带动学风建设；土木学院针对学习困难学生开展党员帮扶，将任课教师引入学风建设全过程，形成全员合力；电信学院充分利用新生家长会、分专业家长会、困难生家长会等契机，积极发挥学校、家庭在学风建设中的联动作用；经管学院充分发挥班集体和班干部作用，以抓好日常检查为基础，以竞赛活动为载体，多方位激发学生学习动力；环能学院实施朋辈辅导员三进活动，开设"英华论坛"，实现多年级学风共建；机电学院全员重学风，班子成员深入一线，带头查考勤、促学风；测绘学院坚持一条主线，三个抓手，将班级建设、学生骨干培养、活动开展与学风建设融为一体；文法学院开展具有本学院特色的早晚自习制度，坚持"四个严格"，力求大一新生养成良好习惯；理学院强化教师与学生的协调互动，师生共同努力推动学风建设。校党委副书记张启鸿就当前学风建设情况讲话，指出学风建设是学校发展、学生成长的重要途径与抓手，各部门、各学院在工作中要高度重视学风建设，在目前阶段要通过早晚自习、课堂纪律、学业帮扶等方面工作全面推进学风建设。校长朱光作重要指示，他指出，抓学风建设要全面、清晰地分析形势，立足学校、学院实际，抓住主要矛盾，防止形式主义，狠抓落实，切实改善学风，努力形成学风建设的长效机制，在学风建设中突出学院特点与实际效果。

5. 校领导与学生骨干畅谈学风建设特色活动和校园生活：学校推出一系列措施加强学风建设和校园文化建设，为了解政策落实情况及学生反响，10月30日，校领导与学生干部代表在四合院会议室召开座谈会，校党委书记钱军，校党委副书记张启鸿，大兴校区管委会常务副主任冯宏岳，学工部部长黄尚荣，校团委全体老师及部分学院团总支书记参加了会议。研究生会主席时彪、校学生会主席卜璇、校团委书记助理匡红宇首先就研究生会和两校区学生会上一阶段工作进行了总结。各学院学生干部代表均就自己学院的学风建设成果、团学活动情况和学院特色活动进行了汇报，各学生代表就校园生活各方面提出了诸多建议。党委书记钱军对学生代表们的工作和建议给予了充分的肯定，并阐述了"学生骨干"应该是"生活在学生中，比普通学生优秀"，在紧抓学风的大方针下，学生骨干应该发挥中流砥柱的作用，传递正能量。最后钱书记对学生代表们提出两点希冀：一是要珍惜大学期间的学生骨干经历，努力提高自己的领导能力。二是学生骨干要多走出学校，做影响力大的品牌活动。党委副书记张启鸿对座谈会做了总结，对学生代表们一直以来为学校建设、发展所付出的努力表示衷心感谢，对同学们所提出的部分疑问进行了解答，并希望学生骨干要多想学生所想，梳理学生要求，归纳同学建议，主动反馈给相关领导部门，便于学校领导寻找学校政策与学生需求的共同点。

6. 严抓考风考纪 促进学风建设：11月19日进行的2013级《高等数学》期中考试，是2013级学生正式入学以来首场大规模考试。学校各级领导对本次考试高度重视，要求各职能部门及相关单位根据我校加强教风学风建设的精神做好本次考试的组织实施工作。考前，教务处对原有试卷模板进行了重新修订，加入了有关诚信考试的字样，再次提醒考生作弊的危害性；学工部组织每位2013级学生签署了诚信考试的承诺书。考试当天，副校长张大玉及相关职能部门负责人对考场进行了巡视。2013年7月10日，校长办公会讨论修订了《北京建筑大学学士学位授予细则》，再次强调从2013级开始"因考试作弊受到记过（含）及以上处分者"不能授予学士学位，从严惩治考试作弊。

7. 党委书记钱军主持召开学风建设座谈会：12月3日，党委书记钱军主持召开学风建设座谈会，就如何进一步加强学风建设听取意见。大兴校区管委会、学工部、教务处负责人，经管学院、文法学院、理学院班子成员，部分学工系统教师参加座谈。会上，经管学院和理学院详细汇报了本学期开展学风建设的主要措施和工作成效。学工部汇报了早晚自习活动的组织开展情况、学风建设的主要举措以及下一步加强学风建设的计划安排。教务处就抓教风促学风的有关情况做了汇报。与会人员就如何发挥教师在学风建设中的积极作用，通过教风带动学风；如何进一步加强对早晚自习的管理和内容设计；如何激励任课教师深入班级、深入自习教室，为学生答疑解惑，针对性地做好学生学业指导等方面提出很多富有建设性的意见和建议。

8. 首届大学生职业规划大赛成功举办：12 月 26 日，北京建筑大学首届"我的大学我做主"职业规划大赛决赛在基础教学楼 A 座 139 教室举行。学工部副部长冯永龙、招就处副处长朱俊玲、就业指导中心主任蔡思翔、学工部秦立富、招生就业处胡德俊等老师担任本次大赛评委，各学院一年级辅导员出席。本次职业规划大赛由学工部、招就处联合主办，主要面向低年级同学，旨在提高低年级同学职业规划意识，及早规划大学生活，激发前进动力。大赛自 11 月份启动以来，受到了同学广泛关注，来自 8 个学院，三个年级的 143 名同学参加了比赛。经过专业评审组对初赛职业规划书的评选，共有 13 名同学参加决赛。决赛分为 ppt 现场演示、职业情景现场模拟和评委提问三个环节，经过激烈角逐，来自测绘学院测 131 班杨婉鑫和来自环能学院环 121 班的徐若水同学获得一等奖，经管学院商 131 班张文狄、商 132 班黄悦、文法学院社 131 班朱瑞兴、土木学院土 132 班王博获得二等奖，文法学院法 112 班杨杨、经管学院公管 132 班李康华、商 122 班肖美云、机电学院车 122 班胡昱、机 132 班王嘉玥、电信学院智 131 班杜凯菲、理学院信 131 班孙莹璠获得三等奖。

【学生事务管理】 学工部严格按照教委关于国家奖学金、国家助学金评定程序，共评选出本科生国家奖学金 16 名，发放奖金 12.8 万元，国家励志奖学金 236 名，发放奖金 118 万元，研究生国家奖学金 27 名，发放奖金 54 万元；严格按照我校奖学金评选程序，共评选出校级新生奖学金 73 名，发放金额 45.2 万元，校级综合、单项及团体奖学金 2259 人次，发放奖金 198.769 万元，校级优秀学生 518 名；严格按照我校建工-京精大房奖学金、许京骐-方烨奖学金及张若萍奖学金评选办法，评选出建工-京精大房奖学金 14 名，发放金额 2.52 万元，许京骐-方烨奖学金 9 名，发放金额 1.62 万元，张若萍奖学金 13 名，发放金额 0.77 万元。

【学生资助与勤工助学】 在学生资助与勤工俭学工作中，注重物质支撑和精神引导"两个层面"，给学生成长提供有力支持。一方面，把国家和学校的五项主要资助政策——"奖、贷、助、减、免"进行整合，优化配置资助资源；另一方面，针对家庭经济困难学生的思想发展状况，分别进行"感恩"、"诚信"、"成才"等主题指导，帮助他们在不同的发展阶段接受不同的成长教育。

1. 学生资助：学工部严格按照教委关于家庭经济困难学生的认定标准，对全校家庭经济困难生进行了登记、审核和认定，确定 1191 名同学为 2013～2014 学年家庭经济困难学生。2013 年共发放国家助学金共 358.256 万元，覆盖所有家庭经济困难学生。发放学生临时困难补贴 100 余人次，7 万余元，发放其他补贴 20 万余元。协助银行完成助学贷款，共发放 6 笔，3.6 万元。办理生源地贷款 186 笔，107.42 万元。

2. 勤工俭学：学工部坚持资助与能力提升双向发展，全校共设置勤工助学岗位和研究生三助岗位 600 个。

3. 少数民族学生教育：认真落实对少数民族学生的各项资助政策，关心他们的学习生活，切实解决实际问题。组织开展少数民族学生传统节日联欢和集体参观、座谈交流会等活动，帮助少数民族学生更好地适应与融入大学生活，关注心理、经济、学业等方面困难学生群体，开展针对性的帮扶活动。

【国防教育】2013年，北京建筑大学武装部从思想政治高度开展国防教育和征兵退伍工作，结合国家国防形势开展形式多样的教育工作，增强学生国防意识，鼓励同学携笔从戎，进入部队保家卫国，安排好退伍学生相关事项。

1. 征兵及退伍工作：2013年，征兵工作由冬季改为夏季，北京建筑大学专门下发《关于做好2013年夏季学生征兵工作的通知》，在学校开展了各种形式的征兵宣传工作，在西城和大兴两校区同时开展两天集中宣传，发放传单6000份。最终，我校有17名同学光荣入伍。2013年，北京建筑大学武装部荣获"征兵工作先进单位"。2013年，北京建筑大学2011年入伍同学正式退伍。本次退伍学生共15人，其中有3人在部队考上军校，2人在部队入党，3人担任了班长职务，12人获得优秀士兵称号。

2. 国防教育：北京建筑大学积极引导同学参与各种国防教育活动，邀请空军指挥学院李国强为全体新生进行了国防形势报告；组织1785名学生参加了国防知识网络知识竞赛，并荣获优秀组织奖；派出代表队参加北京高校军事定向越野比赛，获得女子团体第六名；组织教师参加国防教育论文比赛，荣获一等奖2项，二等奖2项，三等奖2项。2013年，北京建筑大学武装部荣获"国防教育先进单位"。

3. 2013夏季征兵宣传工作：6月17日、18日，学校夏季征兵集中宣传活动在校本部和大兴校区同时举行。学工部、武装部及各二级学院学生工作负责人、各学院辅导员和由我校退伍复学的学生组成的"老兵连"参加了本次活动。学校高度重视大学生征兵工作，专门成立了征兵工作领导小组，全力推进我校征兵工作。6月17日，学工部秦立富老师带领我校30名大学生赴中国人民大学参加了首都高校征兵工作启动仪式。17、18日两天在两校区同时进行了校内征兵的集中宣传活动。在集中宣传现场，老师和"老兵连"同学们冒着酷暑向同学们发放传单，应答咨询，耐心地向同学们解释了在校大学生应征入伍的优抚优待政策，整个活动过程共发放宣传材料2000余份。为强化征兵宣传效果，在校园网上发布了《致全体同学的一封信》，并通过校园广播站、宣传展板、条幅、宣传单等多种宣传方式，扩大宣传范围，并将征兵工作和我校德育中心工作结合起来，将征兵活动引向深入，此次征兵过程将于9月份结束。结合北京市的相关政策要求，学校征兵活动与军事训练、军事理论课教学、素质拓展、"老兵连"学生活动等多种形式相结合对学生进行国防教育和爱国主义教育。

4. 2013级学生军训工作：2013级学生军训于9月10日～9月20日在大兴校区操场举行。本次军训共历时11天，2013级全体新生参加军训，中国人民解放军66325部队担任承训任务，学工系统抽调19名教师参与军训。在军训期间还进行了国防、校史、安全等入学教育内容。

5. 2013级学生军训结业仪式在大兴校区成功举办：9月20日，学校2013级学生军训结业仪式在大兴校区隆重举行，学校党委书记钱军、校长朱光、党委副书记张雅君、副校长宋国华、纪委书记何志洪、副校长汪苏、副校长李维平、党委副书记张启鸿、副校长张大玉、军训团团长66325部队赵健少校、党政办主任赵金瑞、大兴校区管委会常务副主任冯宏岳、教务处长邹积亭、军训团政委、校学工部部长兼武装部部长黄尚荣，以及来自学校各部门、各学院的领导出席了本次活动，结业仪式由军训团政委黄尚荣主持。朱光校长检阅了学生军训方队；分列式表演中，校旗方队和十二支学生方队以高昂的士气通过主席台，步伐整齐、口号洪亮，充分展现了军事训练所取得的成果；在今年军训科目汇报表演中，擒敌拳、匕首操、防暴队形、反恐战术、三声三像等科目的精彩表演，充分展示了我校学生良好的精神面貌。军训团团长赵健少校作军训工作总结，分别从领导重视、组织严密、老师负责、工作到位，同学认真、要求严格等几个方面对军训工作进行了总结，高度评价了我校师生在军训中所表现出来的优秀品质和良好精神风貌，总结提出了本次军训具有管理规范、秩序井然，氛围浓厚、活动丰富，后勤保障、高效有力三大特点。同时对我校各级领导对学生军训工作的高度重视表示了感谢。党委副书记张雅君宣布军训团嘉奖令，授予赵建、宋威、陈隆、王荣伟、张秉楠、李珂葵、赵明、梁珊、朱彦儒、王心等357名学生"军训先进个人"称号，授予1号楼532、618，2号楼608、618，3号楼225等30个宿舍"内务标兵宿舍"称号。主席台就座领导为获得荣誉的先进集体和个人代表颁发了证书。党委书记钱军代表学校向承训部队赠送锦旗，衷心感谢承训部队官兵为我校新生军训工作所付出的辛勤工作和努力。"飒爽英姿显军人风采，高尚美德彰军人本色"是对承训部队官兵的真实写照。党委副书记张启鸿总结讲话，代表学校向为此次军训付出艰辛劳动的承训部队官兵以及学校军训带队教师表示感谢，并充分肯定了2013级新生在短短10天时间内取得的优良军训效果，高度赞扬了学生在军训中所表现出来的"吃苦耐劳、艰苦奋斗、坚韧不拔"的斗志和"勇于坚持、战胜困难、超越自我"的精神。

6. 获2013北京高校学生军事定向运动联赛女子团体第六名：由校武装部带队，以测绘学院为主体组成的代表队在2013北京高校学生军事定向运动联赛中，和北京大学、清华大学、中国地质大学、北京科技大学、首都师范大学等40余所高校代表队同场竞技，获得了高校女子组总团体第六名。北京高校学生军事定向运动联赛由北京高校国防教育协会主办。

7. 召开2013年退伍学生欢迎会：12月13日，学校召开2013年退伍学生欢迎会。党委副书记张启鸿，学工部、武装部、教务处、保卫处等部门负责老师及相关学院总支副书记与2013年退伍学生参加了欢迎会。会议由学工部、武装部部长黄尚荣主持。党委副书记张启鸿首先代表学校向光荣退役的学生表示热烈欢迎，并感谢同学们过去两年为祖国的国防建设做出的贡献。2013年退伍的学生们分享了入伍的感受和经历，他们感谢学校各级领导和老师的关心、帮助，他们认为两年的军旅生涯丰富了自己的人生经历，是一笔宝贵的人生财富，同时也认识到了学习知识和本领的重要性。他们纷纷表示一定会把部队学到的好作风、好传统和好习惯带回校园，更加努力刻苦地学习，以优异的成绩回报学校、回报家人、回报祖国。欢迎会上，相关学院党总支副书记向退伍学生返校表示欢迎并热情寄语，武装部、教务处、保卫处等相关职能部门负责老师详细解答了退伍同学们关于复学手续、转专业、学籍、资助优待等方面的问题。

【大学生心理健康教育】实施"三级网络"心理健康服务体系，即在对每位学生进行详细调查的基础上，对大部分学生进行心理知识普及，对部分可能存在心理问题的学生进行筛查访谈（初级网络）；其次是建立有效的预警和发现体系，依据学生具体情况提供适当帮助和有效干预（二级网络）；最后是在危机事件发生后快速反应、有效处理，将危害程度降至最低（三级网络）。"三级网络"的心理健康服务体系着眼于促进学生内心和谐。在此基础上做到三个"全覆盖"。普查全覆盖：本学年，对全校新生进行100%心理健康普查，共接待咨询 303 人次。实施危机干预 30 人次。聘任北京大学、北京交通大学、首都医科大学、安定医院和回龙观医院等校外 12 位心理专家担任我校兼职心理咨询师和督导专家，加强学校之间、学校和医院之间心理教育素质教育、专业督导和危机干预与治疗等方面的合作交流。课程全覆盖：开设心理健康课程 28 门次，实现了 2013 级本科学生心理健康课程的全覆盖，开展对班级心理委员、宿管人员及其他有关人员的培训工作。活动全覆盖：开展第十二届大学生心理健康节品牌系列活动，扩大活动影响力，加强班级心理委员联合会、心扉社等学生组织的建设和培训，组织开展校、院、班多级多种形式的积极心理学指导下的团体辅导活动，推进活动影响"全覆盖"。

1. 实施新生护航计划：2013 年，结合学工部开展的新生引航工程，中心开展实施了新生护航计划，主要通过新生交友与新生心理普查两项工作来实施：2013 年 9 月 9 日在全校范围内开展了新生交友活动，2013 级 58 个班级的 1800 余名新生参与了本次活动；2013 年 11 月 12 日启动 2013 级新生心理健康普查工作，历时两个月，完成了 1800 余名新生普查工作，并完成了相关数据分析筛查以及重点人群的访谈工作。

2. 举办"5.25"心理健康节：4 月至 5 月期间，心理素质教育中心组织召开了本校的第十二届大学生心理健康节。本届心理健康节以"中国梦 校园情 快乐心"为主题，开展内容丰富，形式多样的各项活动，在广大学生中间传递了"青春、梦想、友爱、快乐"的正能量。

3. 创建"北京建筑大学心理委员联合会"：4 月 23 日，北京建筑大学心理委员联合会成立。5 月各二级学院心联会分会也相继成立。5 月～7 月，心联会紧紧围绕 525 心理健康节开展了丰富多彩的校园心理活动（详见 2013 年第十二届大学生心理健康节主要活动一览表），在活动中，队伍得到了锻炼。9～12 月，为进一步提高心联会成员的专业化水平，制定了"苦练内功、紧跟潮流"的工作指导思想。苦练内功有两个含义：一是校级心理委员联合会干部的自身成长；二是心理委员联合会的成长——组织建设。为此，校心联会组织及领导二级学院分会开展了一系列活动。"紧跟潮流"方面，开设了"北建大心联会"微信平台，及进一步加强"北建大心联会"人人网平台建设。另外，对于新生心理委员，在其参加"心理委员课程"后，会要求其开展一次班级心理团体活动，9 月～12 月共有 30 位（50%）2013 级新生心理委员参加了课程学习且按照要求完成了本班的小组活动任务。

4. 学生心理社团管理：助人自助是心理健康教育工作的原则，学生的自我管理与自我成长是心理健康教育的目标。为此，2013 年，心理素质教育中心进一步加强了对学生心理社团的管理工作，上半年进一步发挥了学生心理社团在 525 心理健康节中的作用。下半年，西城校区心扉社与大兴校区心蓝图社合并一社，统称心扉社，活动办公主要在大兴校区。

5. 日常心理咨询：2013 年心理咨询制度运行良好。预约方式采用当面预约、电话预约和短信预约等。截至 12 月 20 日，累计接待学生咨询 303 人次。

6. 心理危机预警和干预工作：2013 年学校的层级上报、快速反应的危机预警、干预制度运行良好，咨询中心与二级学院密切合作，共危机干预 17 人，共计 30 人次。在做好危机排查工作的基础上，咨询老师和学院老师陪同就诊 6 人，接待、帮助和指导学生家长 13 人。

7. 心理素质课程建设：2013 年，中心开设了大学生心理健康、大学生心理健康与自我成长、大学生心理适应与发展等选修课共 28 门次，共外聘 3 位教师，2690 名学生完成选修课程，有效普及了心理健康知识。

8. 加强心理素质教育中心建设：2013 年，在学校领导的大力支持下，心理素质教育中心根据我校两校区办学的新形势，进一步加强了中心的建设工作。中心的建设和发展为我校心理健康教育工作的开展提供了有力的保障。目前，我校心理素质教育中心人员配备完整，设施齐全，各项工作运转有序，平稳运行。人员配备方面，目前有 3 位在岗的心理专职教师，9 名兼职教师，基本满足我校开设心理健康课程、日常心理咨询等各项工作的需要。硬件设施方面，与我校党建评估、更名、平安校园建设工作相结合，装修西城校区咨询室，为来访者提供更加适宜的咨询环境；大兴校区新增团体咨询室 1 间，我校共有心理健康教育专用场地面积 400 平方米。

9. 队伍建设和人员培训：2013 年心理素质教育中心共安排 5 人次参加了 2 次学术、工作交流会议；组织了 9 场危机干预系统人员（包括心理专兼职教师、学工人员、教务员、宿管人员、心理委员）的心理相关培训。此外，中心于 2013 年 10 月起隔周开展案例督导和专业学习活动，并将其制度化，督导邀请安定医院主治医师刘军大夫作为督导师，专业学习则由中心的各位教师轮流分享学习或培训心得。中心的一系列措施有效提高了我校心理健康教育工作人员及危机干预系统人员的专业化水平，提高了业务能力。

10. 科研及获奖情况：科研是工作创新发展的重要途径。2013 年，中心继续多角度开展相关研究工作，以期在大学生心理健康教育的工作中取得新的突破。

2013 年科研活动一览表

课题名称	课题性质	状态
关于高校大学生"无气力症"心理障碍的筛查与矫治研究	北京市"十二五"高等教育科学研究课题	在研
建院心理委员选拔及培养机制研究	校内教育科研课题	在研
建筑类大学心理素质教育模式改革与创新	北京市侨联理论研究和调查研究课题	在研

【专题教育（入学、毕业）】学工部紧抓入学和毕业两个重要教育节点，入学教育以校史、安全、大学规划为主，以校院两级模式开展"益学"讲堂，帮助新生尽快适应大学生活，合理规划大学学习。毕业教育以文明离校、突出特色为原则，号召毕业生文明离开校园，突出感恩母校的主题。在教育中实行分类分层教育，针对不同专业、不同群体采取有针对性的教育。通过开展"毕业季 建大情"、"入学季 学长情"等专题，开展大学生思想政治教育工作。

1. 入学教育：2013 年，学工部制定了新生引航工程的详细方案，从新生入学起即全面启动入学教育工作。新生入学第一天，学校召开新生家长代表座谈会，各学院分别召开全体新生会、新生家长会。新生入学第二天，借助心理素质教育和社会工作专业力量，组织各班开展"新生交友"活动，帮助新生迅速踏上"破冰之旅"，增强班级凝聚力。军训期间，结合军事技能训练高度一致化的特点，面向全体新生开展纪律教育、责任教育、安全教育，引导新生逐步适应大学的生活节拍与要求。开课以后，入学教育结合学风建设继续深入开展，贯穿整个学期。入学教育内容包括校史爱校教育、理想信念教育、安全教育、规章制度教育等十个方面。除学校统一开展的"北建大校史引航"、"2013 版学生手册解读"、"大学生职业生涯规划大赛"等，各学院结合本学院实际组织开展了多种形式的入学教育活动。所有新生均参加了入学教育的各个环节，不同侧重、不同方面的教育内容为新生的健康成长、稳步前行提供了坚实保障。

2. 毕业教育：2013年，学工部专门组织召开了2013届毕业生座谈会，与毕业生畅谈在校感受，欢迎他们持续关注学校发展，对学校提出建议；相关部门负责人以及20余名毕业生代表举行了"捐植纪念树 心系母校情"活动，表达对母校情怀，为加强对毕业生党员教育，专门召开毕业生党员大会，邀请学校领导、相关部门和优秀毕业生代表加强对党员的教育。

3. 举行2013届毕业生座谈会：7月1日，我校在西城校区第三会议室举行2013届毕业生座谈会。校党委副书记张启鸿、副校长张大玉、学工部部长黄尚荣、招就处处长李雪华、团委书记朱静、学工部副部长吴建国、招就处副处长朱俊玲等出席了座谈会。各学院20余名毕业生参加了座谈。座谈会由学工部部长黄尚荣主持。与会的毕业生代表对在校期间学校和老师对同学们的教育、管理和服务表达了衷心的感谢，围绕人才培养、课程设置、校园文化、学风建设、就业、管理服务以及学校的整体发展等方面进行了讨论，并提出了自己的意见和建议。相关处室领导与大家进行了交流，并就有关问题进行了答复。副校长张大玉在会上作了讲话，祝贺同学们圆满完成学业顺利毕业，并感谢同学们为母校发展和建设所做出的贡献，向在座的毕业生提出两点希望，一是希望毕业生做到"六好"：好品德、好本事、好谋划、好态度、好心气、好身体。二是希望毕业生在今后的日子里能够取得更大的成就和更佳的业绩，为母校和行业增光添彩。校党委副书记张启鸿在会上作了总结讲话，对同学们为学校发展建设所发挥的作用和奉献的智慧表示衷心的感谢，对同学们所反映的意见和建议表示感谢，并指出将把上述意见和建议反馈给相关部门，在今后的工作中予以改进，不断改善学校的育人环境。

4. 捐植纪念树 心系母校情：7月1日，在西城校区举行了"捐植纪念树 心系母校情"活动。学工部和招就处等部门负责人以及毕业生代表参加了本次活动。作为我校2013届毕业生毕业教育系列活动之一，本次活动目的在于让毕业生给母校留下一片浓荫，在母校为毕业生留下一份牵挂。老师们和同学们一起为银杏树培土、浇水，并一同合影留念。广大毕业生同学心系母校，在临近毕业之际种下一棵银杏，反映了同学们对母校的热爱、对建大的留恋之情。并寄语全体毕业生，期待即将奔赴祖国各地的学子们勇创佳绩。

5. 举行2013届毕业生党员大会：7月1日下午，我校在第二阶梯教室隆重举行了2013届毕业生党员大会。党委副书记张启鸿、党委组织部部长兼党校副校长高春花、学工部部长黄尚荣、招生就业处处长兼校友工作办公室主任李雪华、我校校友、原土038班学生刘鑫出席了大会。参加大会的还有部分二级学院党总支副书记、党支部书记、学生辅导员和全体2013届毕业生党员近300人。大会由党委组织部副部长赵海云主持。全体参会党员面对党旗举起右拳，重温了入党誓词，使全体毕业生党员的思想再一次得到了升华。原土木学院学生会副主席、土03-8班班长，现在北京住总集团有限责任公司党委组织部工作的刘鑫受邀给毕业生党员做了生动、精彩的报告。建筑学院建082班杨皓、电信学院计092班李雪雁代表毕业生党员上台发言。党委副书记张启鸿代表党委向毕业生党员提出希望和要求：希望毕业生党员时刻谨记自己的党员身份，坚定理想信念，筑牢实现"中国梦"的崇高理想；锤炼高尚品德，为实现"中国梦"汇聚青春正能量；矢志艰苦奋斗，在实现"中国梦"的生动实践中建功立业。此次大会进一步加强了毕业生党员的党性观念和党员意识。毕业生党员们纷纷表示，一定会牢记学校的教导和自己的身份，时刻以党员标准严格要求自己，脚踏实地，奋发向上，"为党旗增辉，为母校争光"。

6. 举行2013届毕业典礼：7月5日，北京建筑大学2013届本科生毕业典礼在西城校区运动场隆重举行。校党委书记钱军、校长朱光、党委副书记张雅君、副校长宋国华、纪委书记何志洪、副校长汪苏、副校长李维平、党委副书记张启鸿、副校长张大玉，各院部、职能处室负责人和老师及部分毕业生家长出席了毕业典礼。毕业典礼由校党委副书记张启鸿主持。党委书记钱军宣读了《关于授予贾宁等48名同学"北京市优秀毕业生"荣誉称号的决定》。副校长张大玉宣读了《关于表彰2013届校级优秀毕业设计（论文）的决定》。今年我校共有48名同学荣获"北京市优秀毕业生"称号，61名同学获得校级优秀毕业设计奖，校领导向获奖学生代表颁发了荣誉证书。党委副书记张雅君宣读了《准予2013届毕业生毕业的决定及授予2013届毕业生学士学位的决定》。环能学院毕业生杨一帆代表全体毕业生发言，表示会弘扬母校传统，牢记母校"求实、团结、勤奋、创新"的校训，走向社会后将以实际行动在自己的岗位上拼搏进取，努力奋斗，为母校的辉煌添彩，为祖国建设奉献青春。学工部部长黄尚荣向校友工作办公室主任李雪华移交了2013届毕业生名册。校长朱光发表了热情洋溢的讲话，朱校长与毕业生共同追忆了他们精彩而充实的大学生活，作为北京建筑大学的首届毕业生，既享有了"先驱者"的荣耀，又肩负着"创业者"的艰辛，见证了学校在创建有特色、高水平建筑类高校的道路上阔步前进、不断跨越。面对即将毕业的莘莘学子，朱校长提出了三点希望与同学们共勉：一是胸怀大志，顶天立地；二是坚定信念，放平心态；三是坚持学习，强健体魄。最后朱校长祝福毕业生在光芒绽放的青春中，创造不朽的业绩；在充满未知的世界里，书写首届建大毕业生的人生华章。同时，希望大家常回家看看，母校随时欢迎大家。全体校领导为毕业生们颁发毕业证书，并进行拨穗正冠仪式。党委副书记张启鸿宣布2013届毕业生典礼圆满结束，并祝福建大学子们前程似锦。

7. 2013级新生聆听"中国梦，我的大学"校史教育讲座：9月10日，大兴校区体育场举办了一场别开生面的校史教育讲座，讲座主题为"中国梦·我的大学"。主讲人为我校图书馆馆长王锐英教授，讲座由学工部（武装部）部长黄尚荣主持。王教授从维新派教育救国讲到近代学堂的起源，将近代中国实业兴邦的历程与我校建校历史相结合，在收集整理校史资料的基础上，详细讲述了我校的发端、起源和演变过程，与大家分享了对强国梦、实业兴邦梦、教育发展梦相融共生的理解，感受到我校伴随"平民实业教育"的发展不断成长的发展历程。

（孙　强　秦立富　黄尚荣）

七、离退休工作

【概况】北京建筑大学离退休工作办公室是负责宣传、贯彻、落实党和国家的离退休干部工作方针、政策的职能部门。按照离休工作一级管理、退休工作两级管理的原则，全面负责学校离退休干部的管理服务工作，做好离休干部政治、生活待遇的落实工作，配合党总支、直属党支部做好退休干部的管理服务工作。现有工作人员3人，主任1人，下设一个综合管理科。2013 年学校离退休工作根据北京市老干部局、北京市教育工委离退休工作要点，围绕学校的中心工作，以深入开展党的群众路线教育实践活动为重点，以实现中华民族伟大复兴之梦为主要内容，认真贯彻落实十八大精神，以加强离退休"两项建设"，深入开展"创先争优"为动力，认真落实"同心共筑中国梦、共建小康乐晚年"工作主题，做到工作有计划，落实要到位，注重收成效。截至 2013 年 12 月 31 日北京建筑大学共有离退休 704 人，其中离休人员 31 人，党员 28 人，建立了一个离休直属党支部；退休人员 673 人，党员 304 人，建立了 14 个退休党支部。2013 年新增退休人员 18 人，去世离休人员 3 人，去世退休人员 12 人。

【党建工作】 离休党支部作为全校支部党员年龄最大的直属党支部，始终重视自身建设，不断丰富和创新学习形式、方法和内容，坚持每月一次组织活动，强调学习内容"少而精"，学习形式"多而活"，学习方法"多样化"，形成一套独具特色的工作模式与学习机制。学校党委高度重视退休支部书记的培训工作，设立专项经费用于每年一次的退休党支部书记集中培训，目的在于积极调动退休支部书记的积极性，集思广益，不断探索、创新学习方法、活动形式和活动内容。

2013 年 9 月 23 日至 25 日，北京建筑大学离退休工作办公室组织全校离退休党支部书记进行专题培训。会上组织支部书记观看了学校党委书记钱军同志给党员干部做的党课（录像），结合反对"四风"，进行了深入广泛的讨论，使大家统一了思想、提高了认识、明确了责任。离退休工作办公室在会上还传达了学校中层干部会议精神和 2013 年下半年学校重点工作，希望离退休支部书记配合学校中心工作，抓好离退休党建和思想政治工作，继续创先争优，不忘使命，不断进取，为创建有特色、高水平建筑大学尽力。

【落实政治待遇】 学校党委在高度重视离退休干部工作的同时，认真落实离退休干部政治待遇，发挥离退休干部在学校改革发展中的作用。在加强"二项建设"和探索创新组织活动内容和形式工作中，逐步建立起适合离退休工作的长效机制，以制度保证离退休干部政治待遇落到了实处。学校党委一直坚持向离休干部、退休局职干部和退休党支部书记通报学校发展情况和上级有关文件精神的制度，坚持重大节日、重点离退休干部的走访慰问制度，坚持校级领导联系离退休干部制度，坚持设立专项经费为离退休干部订阅报纸和刊物制度，坚持重大决策听取离退休干部的意见，重大问题和离退休干部商量，重大活动请离退休干部参加，重要报告请离退休干部一起听的制度等。

【落实生活待遇】 学校统筹资源，决定从 2013 年起每年拨款十万元建立退休教职工大病特困补助机制。学校制定了退休教职工解困救急帮扶管理办法，成立了"退休教职工大病特困专项经费管理小组"，统筹协调，管好、使用好大病特困专项经费。2013 年度共有 11 人享受了大病特困补助，累计发放补助 9.8 万元。2013 年学校发放离休人员一次性困难补助 3.9 万元，享受人员 13 人；发放退休人员一次性困难补助 2.32 万元，享受人员 37 人。

【老干部队伍建设】 学校党委重视离退休干部队伍建设，根据学校实际和工作要求，为离退休工作配备高素质的干部，建立健全岗位责任制。2013 年学校中层干部换届，党委本着配好、配强离退休工作主要领导的原则，聘任新的离退休工作办公室主任，保持离退休工作队伍的稳定性和连续性。同年还在离退休工作办公室设立了综合管理科。

【文体活动】 为庆祝建国 64 周年举办全校离退休人员书画摄影展览。共展出书画、摄影作品共计 118 幅（书画 72 幅、摄影 46 幅）。广大老同志或挥毫泼墨，或妙手丹青，用一幅幅精湛、美妙的书画、摄影作品，表达了他们热爱党、热爱祖国、坚持改革开放的高尚情怀，展示了他们积极乐观、健康向上的精神风貌。2013年是学校离退休老年社团成立第十个年头，离退休工作办公室经过精心筛选，将离退休教职工优秀作品制作了《翰墨盛世摄影情怀老年书画摄影作品集》，《作品集》共收录书画、摄影作品121幅（书画77、摄影44幅），作品艺术形式丰富多彩，给大家以视觉和精神上双重享受。我校离休干部王秀桐的国画"富贵牡丹"、退休教授黄友邦的书法对联在"共筑中国梦 笔墨绘小康"北京高校老同志书画作品展双双获得一等奖，

【老有所为工作】2013年7月9日"同心共铸中国梦"北京高校离退休干部党建工作座谈会在地质大学召开。会上表彰了北京高校离退休干部"学习之星"、"乐为之星"、"健康之星"。学校离休干部许秀当选为"学习之星"，退休教授孙厚钧当选为"乐为之星"。

2013年5月24日上午，学校老年书画社将《荷塘畅游》、《寒岁三友》、《盛世花开春满园》三幅画卷赠予学校，庆祝学校更名成功，祝北京建筑大学明天更美好。赠画仪式在校第一会议室举行，学校党委书记钱军同志、校长朱光同志、书画社离退休老同志代表出席了赠画仪式。

为了推进学校老科教协的工作，按照北京市老科总和老教总的工作部署和要求，2013年6月23～25日在平谷教工疗养院召开学校老科教协会第五届理事会工作研讨会，出席会议有本届全体理事、组长、校离退休办公室和工作人员等23人。本次会研讨的主题是：认真学习贯彻党的十八大精神，坚持民主办会，加强组织建设，激发基层活力，凝聚会员力量，深入推进"四大工程"，努力建设学习型、服务性、创新性的老科教工作者协会。

为了深入学习实践党的十八大精神，贯彻市委市政府关于"中国梦"的学习宣传教育活动，机关退休第二党支部与校机电学院本科生第一党支部共同举办一次"两代齐携手共话中国梦"的学习座谈活动。老同志通过自己的经历和学习体会谈了学习"中国梦"的认识和理解，并寄语同学们为要为要"中国梦"增添正能量。此次主题党日活动在北京市教育系统退休干部党支部优秀主题党日评选中获得一等奖，在"关心下一代优秀主题教育活动"中获得三等奖。

（王京梅）

八、机关党总支工作

【概况】根据《北京建筑工程学院党政管理机构、教学单位及干部职数设置方案》（建院党字〔2014〕18号），机关党总支工作对象涵盖24个职能部门，其中党政管理部门20个、群团组织2个、教辅单位3个。党总支下设21个党支部，其中在职教工党支部18个，退休教工党支部3个。截至2013年12月31日，共有党员255人，其中在职党员152人，退休党员103人。2013年党总支以党的十八大精神为指导，紧紧围绕建设特色鲜明的高水平建筑大学，以建设学习型、服务型、创新型机关为重点，扎实推进机关党建工作创新，积极发挥机关在学校党政和教学工作中的作用，努力为学校中心工作服务，为基层和师生服务，促进学校又好又快发展。

【拓展宣传教育平台　建设机关总支网站】2013年7月5日，机关党总支网站制作完毕并正式开通上线。2013年机构调整及干部聘任后，党总支提出了建设机关总支网站的任务，并确定了搭建信息发布、工作交流、理论学习、形象展示"四个平台"的网站设计思路。在计信部、宣传部的支持与配合下，完成了网站的设计工作。机关党总支网站的开通，在形象展示、信息发布、沟通交流、宣传教育等方面发挥了积极作用。

【组建宣讲团队　开展中国梦巡回宣讲活动】在2013年北京建筑大学"我的梦·建大梦·中国梦"主题教育活动中，机关党总支精心设计活动方案，组建了内容各有侧重的"中国梦"、"建大梦"、"平安校园"三支宣讲团队，在学校、各部门各单位开展不同层次不同范围的巡回宣讲活动16场次，机关党总支书记王德中在校内外宣讲12场次。宣讲活动覆盖学校师生2000人次以上，在北京建筑大学"中国梦"宣讲活动中起到了较好的示范作用和辐射带动作用。6月8日，机关党总支组织了教职工"参观园博会　感受中国梦"参观教育活动，进一步丰富了"中国梦"的活动形式和内容，受到了机关教职工的欢迎。

【开展"一支部一棵树 一党员一奉献"捐树造绿活动】2013年4月，机关党总支以"捐树造绿、美化校园"为主题，以党支部党性实践活动为载体，组织14个在职党支部开展"捐树造绿美化校园"党性实践活动。活动通过"一支部一棵树，一党员一奉献"，倡导植树造绿、爱绿护绿的生态文明理念，抒发"美丽校园"人人有责，"美丽校园"从我做起的爱校护校情怀，将十八大建设"美丽中国"的治国理念落到实处。14个在职党支部、139名在职党员，捐种玉兰2棵、元宝枫6棵、国槐7棵共计15棵苗木，价值34000多元。

【在群众路线教育实践活动中试行二级理论中心组片组学习制度】在2013年群众路线教育实践活动中，机关党总支创新理论学习形式，试行二级理论中心组片组学习制度。按照合理控制规模有利于充分参与的原则、部门交叉有利于加强党政不同部门沟通交流的原则、综合考虑部门工作性质、党支部设置、两校区人员分布等因素，将处级干部分为4个片组，分别开展党的群众路线集中学习活动。从2014年8月中旬，4个片组按照党委要求开展片组学习，较好地完成了处级干部为期3天的集中学习教育活动。

（王德中）

九、共青团工作

【概况】2013年，共青团北京建筑大学委员会认真按照共青团北京市委员会和北京建筑大学党委的工作部署和要求，始终以理想信念教育为核心，以成长成才服务为根本，以基层组织建设为保障，把握重点，突出特点，夯实支点，以思想引领、青年服务、基层基础工作为着力点；积极探索、有效规划、深入实践，不断创新，充分发挥了党的助手和后备军作用，成为党联系团员青年的牢固桥梁和纽带。

【思想引领】校团委坚持以党建带团建、以党风促团风，积极组织专职团干部、广大团员青年深入学习宣传，深刻领悟，围绕党的十八大、团的十七大、"我的中国梦"主题以及敏感时期开展多种形式活动，切实引领青年学生思想潮流。

【学习党的十八大和团的十七大精神】2013年，校团委通过社会实践、学校研讨、主题团日活动等多种形式，深入开展党的十八大学习实践活动。6月，校共青团组织在团十七大闭幕后迅速召开会议集中学习宣传团十七大精神，全校专职团干部、校、院两级学生会成员组织召开专题会议，学习传达大会精神。同时，要求各级团学组织、团干部要畅谈学习感受和体会，仔细研读共青团五年工作部署，认真贯彻团十七大精神，把校院两级团组织的工作提升到相应理论高度。

【"我的中国梦"主题教育实践活动】为积极响应并贯彻落实"共青团北京市委关于开展'我的中国梦'主题教育实践活动的通知"，校、院两级团组织在全年的工作中贯穿"我的中国梦"主题，帮助大学生"筑梦"，"寻梦"。校团委与心理素质教育中心联合举办了"中国梦·校园情·快乐心"主题团日活动，深度挖掘大学生的"中国梦"和"校园情"，激励同学们的"快乐心"；举办了"我的梦 建大梦 中国梦"主题演讲比赛、"My Chinese Dream"英语演讲大赛、"中国梦 建大情 家乡美"主题书画摄影大赛等一系列主题赛事；各二级学院围绕"我的中国梦"在五四青年节、学校艺术节、重大纪念日等开展系列主题活动。"我的中国梦"已经成为全校团学系统开展思想教育、社会实践、科技活动、校园文化活动的一条主线，不断激励同学们在实现中国梦的生动实践中放飞青春梦想。

【敏感期主题教育活动】校团委注重在重大事件及敏感期开展主题教育活动。寒暑假后，校、院两级团组织通过座谈会、主题班会、个别访谈等形式，对全校学生开展思想状况调查，摸清摸透团学青年的思想状况，找准关键点，以开展行之有效的思想引导工作。3月，结合"向雷锋同志学习"题词50周年纪念日，广泛开展"弘扬雷锋精神 争做时代先锋"学雷锋主题团日活动，大力弘扬社会主义核心价值体系，推动学雷锋活动常态化。5月，为表达建大学子喜迎更名的激动心情，校团委以"为北建大喝彩"为主题开展了系列活动，如，广大在校及海内外毕业学子共畅建大未来、共谱青春之梦的感言征集活动；建大之声——中央民族乐团专场音乐会；"放飞梦想——我的建大情"主题风筝设计及展览活动；"为北建大喝彩"第六届服装服饰设计大赛等等。6月，结合毕业季，开展"建大育我、我爱建大"毕业生主题团日活动，回望大学生活，畅想美好未来，以实际行动报答母校的培育之情。6月、12月，结合考试季，开展"诚信考试，文明考风"主题团日活动，倡导诚实守信，杜绝作弊行为。10月，开展"防邪知识进家庭"主题团日活动，进一步深化反邪教警示教育活动，提高大学生群体防范抵御邪教的能力。

【组织建设】

1. 专职团干部队伍建设：2013年，学校进行了机构改革和聘任，共有专职团干部15人，校团委6人，二级学院团总支书记9人，其中副处1人，正科10人，副科2人，科员2人，均具备硕士学位，平均年龄29岁，男女比例1:2。加强共青团干部队伍建设，尤其是专职团干部队伍建设，是做好共青团工作的有力保障。2013年，校团组织抓住有利契机，通过三条途径大力推进团干部队伍建设：校内研讨会和总结会、兄弟院校调研交流以及换岗借调锻炼。

5月3日，召开2013年学生工作推进会，学校领导对共青团工作提出了明确要求。5月20日～5月28日，赴沈阳、吉林等地调研兄弟高校学生工作及共青团工作，汲取经验，开阔视野。5月31日，共青团专职教师赴北京理工大学专题调研共青团工作。6月14日，召开共青团工作推进会，会议围绕"使命"和"责任"解析了共青团工作的发展方向。9月3日，召开共青团工作研讨会，凝练总结特色工作，强调六个要点，即思想教育工作、校园文化活动、课外科技活动、社会实践、骨干队伍培养、学风建设。12月，1名专职团干部（理学院团总支书记陈思源）赴团中央志愿者工作部借调锻炼半年。一系列的研讨交流、换岗锻炼，有效推进了北建大共青团干部的队伍建设，为打造一支让党组织放心、让学生满意的高素质团干部队伍打下了坚实的基础，保证了学校共青团工作的有序开展。

2. 大学生骨干培养：2013年，校团委依托校、院两级团校分层分类进行骨干培训。10～12月，北京建筑大学2013年团校暨学生骨干培训班举办，骨干班邀请张大玉副校长、人际沟通培训专家鞠远华、团市委副书记杨海滨、北京市住建委委员秦海翔为同学们进行了培训，并同期进行了素质拓展以及研讨交流，培训学生骨干近300人。各二级学院分别举办了形式多样的院级团校，培训人数达500人。各级团校及骨干培训开拓了学生干部的视野，提高了综合素质，为学校学生干部队伍的壮大打下了坚实的基础。

3. 共青团基础建设：校团委始坚持固本强基，把团建工作和评优表彰等工作相结合，让团建成果体现在基层，不断加强组织建设，切实为学校共青团事业发展提供坚实保障。

截至2013年底，全校共有共青团员7865人，其中保留团籍的党员为1281人，共有254个团支部，在做好基层基础数据统计的同时，做好评优表彰工作。五四期间，开展全校范围内的"五四达标创优"竞赛活动，并开展"十佳"评比，共评选出"十佳优秀团支部"、"十佳优秀团员"、"十佳优秀学生干部"共计30人；优秀团支部47个、最佳团日活动24个、优秀共青团员350人、优秀团员标兵51人、优秀学生干部126人。5月7日，学校在大兴校区举行了隆重的达标创优评比表彰大会。

在2013年市级评优中，北京建筑大学获得北京市"先锋杯"优秀团支部10个，北京市"先锋杯"优秀基层团干部10名，北京市"先锋杯"优秀团员10名。申报"北京市先进班集体"3个，"北京市三好生"10名，"北京市优秀学生干部"3名。2013年，团组织充分做好推优入党工作，不断为党组织输送人才，全年经共青团推优入党的团员数为371人。

北京建筑大学2013年度共青团情况统计汇总表

团员数据信息							发展新团员	超龄离团数	受纪律处分	流动团员		下辖团组织信息		
现有团员			团员入党情况									团委数	团总支数	团支部数
总数（人）	14周岁至28周岁青年数（人）	团员年度团籍注册数（人）	申请入党团员数（人）	团员入党数（人）	经"推优"入党的团员数（人）	保留团籍的党员数（人）	总数（人）	总数（人）	总数（人）	流入数（人）	流出数（人）	总数	总数	总数
7865	8180	7865	3496	371	371	1281	18	3	0	0	0	1	9	254

注：数据统计截止时间为2013年12月31日。

【宣传工作】2013年校团委在宣传工作上主要就宣传阵地建设工作展开，在纸制媒体《团学导讯》、广播等传统宣传媒体的巩固创新的基础上，大力发展微博、人人等新媒体平台建设，同时积极开展宣传基础工作培训，对校团委各级学生组织进行新闻宣传工作的培训。

1. 宣传阵地建设：2013年为贯彻落实《共青团中央办公厅关于贯彻落实全国宣传思想工作会议精神深入推进青年思想引导工作的通知》的工作要求，校团委决定扩大团委宣传部的宣传工作范围，改变团委宣传部的单一的纸质媒体工作局面，将校团委新媒体平台建设工作以及广播台工作纳入团委宣传部的工作范围中。

2013年11月7日，党委宣传部对团委宣传部、校记者团、电视台、广播台、各学院宣传部的学生干部进行宣传基础工作培训。

2. 新媒体平台建设：为积极响应团中央学校部推广的高校团组织微博体系建设工作，校团委分别于2012、2013年开通腾讯微博和新浪微博，并完成认证工作。同时为扩大校园媒体宣传的覆盖面，校团委在原有人人主页"北建大校团委学生会"的基础上进行扩建与推广，更名为"北京建筑大学团委"，实时对校园活动进行更新和报道，以此关注度达2000人。为加强基层团支部宣传文化建设，团委宣传部针对大兴校区班级微博进行管理。2013年已将各班微博账号分发至各班，并请学院负责人协助对各班微博进行管理。督促部门及班级及时更新微博内容，丰富校园文化生活。

3. 传统宣传媒体的巩固创新：校团委宣传部编辑并出版了25期团刊，其中包括上半年的《大兴校区团学导讯》主刊6期，副刊4期，在下半年进行改版的《北建大团学导讯》主刊10期，副刊5期。2013年团刊在封面设计、各版内容以及版面的更新方面作出了一定的改动，其中主刊主要增加了"我的中国梦"，"我看十八大"等版块。通过成员们与学院负责人的积极联络以及及时更新每周的安排工作，使得"团学导讯"定时出稿并发送到老师及同学手中。下半年，为践行低碳环保的口号，校团委将"团学导讯"做成电子版上传至团委主页及学生会人人主页，以减少纸质版的印刷。在传统媒体稳固发展的基础上进行创新，结合新媒体平台，建立完整的宣传阵地。

【社会实践】2013年，校团委响应共青团中央、北京团市委号召，结合学校专业特点和学科优势，组织暑期社会实践和寒假社会实践，发扬实践育人的宗旨，不断创新实践载体，丰富项目内容，在服务社会中奉献自我。

1. 暑期社会实践：2013年，校团委以"实践激扬青春志，奋斗成就中国梦"为主题，精选出部分骨干教师和优秀学生近千人，组成64支社会实践示范小分队奔赴祖国各地，开展了"青年服务国家"大学生志愿服务行动、"绿色生态，大美中国"生态文明建设实践调研行动、"科技筑梦，助力发展"大学生科技创新成果转化行动、"创业圆梦，开拓进取"大学生就业创业状况考察及创业实践活动、"共筑中国梦"思想教育主题实践活动、"寻找党的足迹"爱国主义学习调研活动、"共聚社区青年汇"大学生城市发展服务计划行动、"乡土情，基层行"共建实体化"大团委"活动、"圆梦中国"全国大中专学生"三下乡"活动九大类别的社会实践活动。

7~9月，校团委联合《中国科学报》、兰考电视台、北京团市委等相关媒体，对实践活动进行了及时的宣传报道，同时，充分利用微博、微信、人人平台等广泛宣传跟进社会实践动态。9月，校团委积极验收成果，上报团市委暑期社会实践优秀团队10支，优秀社会实践成果25项，先进个人5人，先进工作者5人。10月29日，召开2013年暑期社会实践表彰大会。

学校	京内/京外	项目类别	项目名称	实践地区	实践项目简介	实践成果形式
测绘学院	京外	"寻找党的足迹"爱国主义学习调研活动	红色梦·爱国心·泡桐情	河南省兰考县	从焦裕禄工作的兰考县城着手调研，感受焦裕禄精神的传承下兰考人民的精神风貌	图片、总结、人物访谈、宣讲会
测绘学院	京内	"青年服务国家"大学生志愿服务行动	践行公益，关爱'夕阳	大兴区黄村镇西芦城夕阳情老年公寓	通过一系列有效的微公益活动去关爱老年人。并将此打造成为学校首个挂牌的大学生德育实践基地	调查报告、总结报告、活动照片、DV 短片
测绘学院	京内	"创业圆梦，开拓进取"大学生就业创业状况考察及创业实践活动	测绘专业学生就业状况分析	北京市测绘专业相关单位	联系部分接收过北建大测绘毕业生的企业，调查毕业生的发展情况，了解企业对测绘大学生的要求以及他们职业发展中的影响因素	成果调查报告、活动照片、DV 短片成品
土木学院	京内	"绿色生态，大美中国"生态文明建设实践调研行动	保障性住房节能设计	1. 金隅丽景园 2. 弘善家园 3. 旗胜家园	通过对北京市保障房小区在节能方面的不足针的现场考察，形成一套可行的节能设计技术方案	调查报告、论文、图片
土木学院	京内	"科技筑梦，助力发展"大学生科技创新成果转化行动	保障性住房能耗现状调查研究	1. 金隅丽景园 2. 弘善家园 3. 旗胜家园	走访北京市保障房小区，考察其在节能设计中的不足，以期对保障性住房节能设计做出实践依据	调查报告、论文、图片
土木学院	京内	"科技筑梦，助力发展"大学生科技创新成果转化行动	北京市保障性住房户型设计的深化研究	丰台区金隅丽景园小区等保障性住房小区	建立保障性住房户型设计的引导性尺度标准。提出具有创新性地精细化设计及可变性设计	论文、BIM 模型实例
土木学院	京内	"科技筑梦，助力发展"大学生科技创新成果转化行动	钢筋混凝土梁高温后刚度损伤研究	校结构实验室、中国建筑科学研究院建筑安全与环境国家重点实验室防火实验室	针对钢筋混凝土梁在高温后的刚度损伤情况，通过简支梁过火试验和简支梁静力核载试验两大试验，分析试验数据得出实验结论以及在实际工程中的建议	论文、DV、照片、数据及分析
土木学院	京内	"科技筑梦，助力发展"大学生科技创新成果转化行动	城市大型立交桥车辆荷载规律调研及实用疲劳荷载谱的建立与分析	北京市大兴区大兴桥	考察大兴桥交通情况，将复杂的交通流量简化为模型车辆，确定其频值谱。符合我国交通情况	论文

学校	京内/京外	项目类别	项目名称	实践地区	实践项目简介	实践成果形式
土木学院	京内	"科技筑梦，助力发展"大学生科技创新成果转化行动	地下综合交通枢纽标识指示效率研究	北京南站	综合轨道交通枢纽内行人标识系统研究	论文
	京内	"科技筑梦，助力发展"大学生科技创新成果转化行动	北京旧城历史文化保护区传统居住建筑保护与翻修技术研究	西城区古建沿线	北京旧城历史文化保护区传统居住建筑保护与翻修技术研究	论文
	京内	"科技筑梦，助力发展"大学生科技创新成果转化行动	现役桥梁抗震加固方法比较	北京市	有针对性地对现役桥梁结构抗震加固方法进行优化	论文
	京内	"科技筑梦，助力发展"大学生科技创新成果转化行动	现代矮塔斜拉桥关键结构特征调研与应用前景分析	北京通州区玉带河大桥	调研期间，我团队针对矮塔斜拉桥关键构造、使用优势、目前的局限性进行调研并展开原因分析，为使其具有更大的发展空间和使用的必要性提出可行性改良方案	调研报告
	京内	"科技筑梦，助力发展"大学生科技创新成果转化行动	北京古木建筑的保护与加固	北京市拥有古木建筑的地区	调北京古木建筑的现存情况，包括数量位置以及破坏情况，研究其最具可行性且最高效的加固方法	论文、实验成果
	京内	"科技筑梦，助力发展"大学生科技创新成果转化行动	新型抗侧钢框架支撑体系试验研究	北京市西城区展览馆路	实现钢框架和斜支撑杆在竖直方向上的位移独立	专利、论文
	京内	"科技筑梦，助力发展"大学生科技创新成果转化行动	HIHouse	北京市西城区展览馆路	"HIhouse"提出以"人性化，工业化，可持续性"为设计理念，解决现有房屋的弊端	专利、论文、视频、模型
	京内	"科技筑梦，助力发展"大学生科技创新成果转化行动	停车场出入口通道通行能力于服务水平研究	金融街、前门与西单、北京站和东单、海淀区中关村及西客站、国贸	提出停车场出入口通道通行能力的概念，并建立了相应计算模型，对停车场出入口通道服务水平进行指标选取和分级研究，并针对性地提出提高停车场效率的措施	论文
	京内	"科技筑梦，助力发展"大学生科技创新成果转化行动	新型节能保温配筋砌体墙板保温材料对比及性能调研	北京市	介绍几种具有代表性的新型节能保温配筋砌体墙板保温材料，并进行对比及性能调研	论文

学校	京内/京外	项目类别	项目名称	实践地区	实践项目简介	实践成果形式
文法学院	京外	"青年服务国家"大学生志愿服务行动	建大社工在香港	香港特别行政区	进驻香港社工专业机构，运用专业知识与技能帮助香港地区儿童、低收入者获得更好地生活质量	照片、VCR、社会实践总结报告
	京内	"共筑中国梦"思想教育主题实践活动	"共筑中国梦"	北大红楼	走访参观北大红楼，更好地了解"五四"运动	论文
	京内	"寻找党的足迹"爱国主义学习调研活动	"寻找党的足迹"	北京市	追随党走过的路，听老一辈讲述关于党的经历	DV、论文、实践照片
	京内	"寻找党的足迹"爱国主义学习调研活动	寻找北京的红色足迹	北京五四大街29号	走访参观北大红楼、李大钊故居，了解北京早期共产主义小组活动	论文
	京内	"圆梦中国"全国大中专学生"三下乡"活动	"三下乡"	北京	"三下乡"——是指文化、科技、卫生三下乡	论文、DV、照片
理学院	京内	"创业圆梦，开拓进取"大学生就业创业状况考察及创业实践活动	创业考察	北京青年创业园石景山园 实兴东街11号	通过对大学生青年创业园的实地考察和对青年创业典范的走访，深入了解大学生就业创业的现状	调查报告、论文、总结报告、活动照片、DV短片
	京内	"创业圆梦，开拓进取"大学生就业创业状况考察及创业实践活动	实地创业考察	青年创业园	"创业圆梦，开拓进取"大学生就业创业状况考察及创业实践活动	报告、照片、DV
	京内	"青年服务国家"大学生志愿服务行动	志愿者服务	北京某社区	当社区志愿者，为北京社区服务	照片、志愿服务后感
	京内	"绿色生态，大美中国"生态文明建设实践调研行动	绿色生态行	北京市的远郊区、东城区东四街道	调查北京的城市、自然部分生态环境，得出一些对生态环保、节约、循环发展的认识、观点	DV短片、总结报告、活动照片、课题成果
	京内	"创业圆梦，开拓进取"大学生就业创业状况考察及创业实践活动	创业实地考察	北京青年创业园房山园	了解创业的过程	DV短片

学校	京内/京外	项目类别	项目名称	实践地区	实践项目简介	实践成果形式
机电学院	京外	"科技筑梦，助力发展"大学生科技创新成果转化行动	"青春逐梦"之挑战之旅	苏州大学、浙江大学、上海交通大学、上海复旦大学、上海PTC公司亚太区总部、博实机器人技术有限公司	了解挑战杯的发展，及感受国赛挑战杯的更高水平，前往相关院校及合作公司进行学习以及培训，以进一步提高自己作品的水平，从而能够优化方案，实现生产与应用	论文、照片、视频
	京内	"青年服务国家"大学生志愿服务行动	青年服务国家	春晖养老院、蓟门里社区、五棵松体育馆	积极开展关爱帮扶、文明宣传、义务劳动相关等项目服务	照片，录像，论文
	京内	"寻找党的足迹"爱国主义学习调研活动	红色小分队	中国人民抗日战争纪念雕塑园、卢沟桥	参观位于北京市丰台区的抗日战争雕塑园和七七事变发生地卢沟桥	观后感，照片
	京内	"寻找党的足迹"爱国主义学习调研活动	红色七月	北京延庆县香营乡东白庙村	与农村老党员交流；调研农村青年的闲暇文化生活情况；参观"平北抗战纪念园"	新农村建设成果视频、总结报告
	京内	"乡土情，基层行"共建实体化"大团委"活动	建大机械科技智囊团	北京延庆县香营乡东白庙村	调研农村农业机械运用情况，指导服务基层农民使用现代设备；指导果农对自己发明的设备申请专利	调研报告、专利、总结报告
电信学院	京内	"青年服务国家"大学生志愿服务行动	青年志愿服务	北京市大兴区清源西里校区	开展关爱帮扶、文明宣传、文化教育、义务劳动等相关志愿服务活动	照片、报告
	京内	"乡土情，基层行"共建实体化"大团委"	结对共建 促进发展	北京市平谷区熊儿寨乡	与乡镇团委结对，共同发展进步	DV、照片、报告
	京内	"共聚社区青年汇"大学生城市发展服务计划行动	社区青年汇	丰台区海户西里小区	以知识类和文体类内容为重点，开展各类政策宣讲、知识普及培训、文艺活动等活动	DV、照片、报告
	京内	"青年服务国家"大学生志愿服务行动	社区服务志愿者	北京市朝阳区八里庄北里	开展相关志愿服务活动	DV、照片、报告

学校	京内/京外	项目类别	项目名称	实践地区	实践项目简介	实践成果形式
经管学院	京内	"寻找党的足迹"爱国主义学习调研活动	实践部学长访谈	北京市大兴区	了解学长们成长经历和走上社会后的感受、对大学生活的反思	总结、活动照片、DV短片
	京内	"青年服务国家"大学生志愿服务行动	青协志愿者	北京市大兴区	青年志愿者服务实践活动	课题成果、报告、照片、DV
	京内	"科技筑梦，助力发展"大学生科技创新成果转化行动	科技部科技立项	北京市大兴区	基于"挑战杯"大学生科技立项实践活动	课题成果、总结报告、活动照片、DV短片
	京内	"创业圆梦，开拓进取"大学生就业创业状况考察及创业实践活动	可圈可点	北京市大兴区	大学生自主创业	课题成果、总结报告、活动照片、DV短片
建筑学院	京外	"圆梦中国"全国大中专学生"三下乡"活动	"我的中国梦"之美丽乡村调研	1. 台湾省 2. 北京延庆县 3. 安徽省大别山、岳西县请水寨村（革命老区）	学习台湾省乡村规划先进理念与技术，对北京市门延庆县及安徽省大别山岳西县请水寨村进行乡村规划，并为老区乡村提供村庄规划政策宣讲、咨询服务等志愿活动	村庄规划一套（村镇规划）、村庄发展咨询报告一份、DV短片、照片
	京内	"科技筑梦，助力发展"大学生科技创新成果转化行动	古镇寻理	1. 北京市延庆县岔道城、营城子等村镇 2. 重庆市西沱古镇 3. 山东省泰安 曲阜一带	对村落进行走访调研，记录村镇发展与地缘关系，探寻古镇肌理与聚落空间。最终完成调研论文，并建相关资料用于学校的特色资源库建设	调研报告、DV短片、校特色资源库——建筑分库网络资源
环能学院	京外	"寻找党的足迹"爱国主义学习调研活动	红色青年-延安精神放光芒	陕西省延安市杨家岭革命旧址、延安革命纪念馆	参观杨家岭革命旧址，感受革命精神。寻找当地党员同志进行交流，向老党员学习，提升自身思想觉悟和精神境界	实践相片、活动专用微博、DV视频、总结、调研报告
	京内	"科技筑梦，助力发展"大学生科技创新成果转化行动	"应用于特殊环境的颤振式风能发电机"应用效果实践	地铁一号线	将"应用于特殊环境的颤振式风能发电机"向产品进一步推广，并将实物在地铁一号线进行安装试运行	论文、实物、PPT、视频短片、报告

学校	京内/京外	项目类别	项目名称	实践地区	实践项目简介	实践成果形式
环能学院	京内	"绿色生态，大美中国"生态文明建设实践调研活动	污水处理厂对于周边环境的影响实践调研	北京大兴区黄村	进行有关污水处理对周围环境产生的影响进行调研，其中包括水质调查，民众意见调查，及水处理	照片、报告、论文、指导书、纪录片、PPT
	京内	"绿色生态，大美中国"生态文明建设实践调研行动	植根大兴，践行生态理念——大兴西红门地区生态环境现状实践调研	北京大兴区西红门镇	了解当地环境现状和政府主管部门对环境保护的规划，最后通过我们的问卷结果和监测数据咨询相关领域专家学者关于现状改善的技术方法和途径	视频、时间报告、采访记录、实验数据
	京内	"共筑中国梦"思想教育主题实践活动	共筑中国梦美丽中国人	北京市区	宣扬模范带头人的先进事迹来激励当下青年人对于中国梦的理解	照片、报告、论文、DV、PPT
	京内	"绿色生态，大美中国"生态文明建设实践调研活动	GreenUs（让我们变成绿色）	北京市石景山区锦绣大地	到北京石景山区的锦绣大地批发市场，宣传我们的环保理念和生活中可以节能减排的知识	DV、PPT、研究报告、照片、数据统计报表
	京内	"绿色生态，大美中国"生态文明建设实践调研活动	水美北京	北京主要河流	将北京水环境以相片的形式表现出来，展示京城水系治理成果，呈现北京水环境存在的问题和不足	报告，纪录片，ppt说明，展板，照片等
	京内	"绿色生态，大美中国"生态文明建设实践调研行动	四合院的通风理念对现代建筑的启示	北京市东城、西城四合院；大兴校区四合院	通过对四合院实地走访、观察。找出四合院的通风理念并与当下高层建筑的通风理念做出对比。对两种通风理念进行初步浅显的分析	调研类照片、实验数据、实践报告、成果论文、PPT
	京内	"创业圆梦，开拓进取"大学生就业创业状况考察及创业实践活动	Dreamer——大学生创业状况考察记实录	北京市区各高校及企业	为了让大学生更加了解创业的过程，以及更加顺利的创业，我们小组决定采访几名创业成功者，提取经验	调研报告、照片、活动中制作的一切东西、ppt、DV
	京内	"寻找党的足迹"爱国主义学习调研活动	红色寻迹队——门头沟区斋堂镇马栏村冀热察挺进军司令部遗址参观	门头沟区斋堂镇马栏村冀热察挺进军司令部遗址	深刻理解"延安精神"。提升党员思想觉悟，增强非党员入党热情、树立正确的入党动机	实践相片集锦、活动专用微博、DV视频、活动总结

学校	京内/京外	项目类别	项目名称	实践地区	实践项目简介	实践成果形式
环能学院	京内	"青年服务国家"大学生志愿服务行动	志愿服务行动	北京昌平区十三陵镇南新村	义务劳动,并进入当地敬老院与幼儿园进行志愿者服务	照片、报告、论文、DV、PPT
	京内	"绿色生态,大美中国"生态文明建设实践调研活动	北京建筑采暖及与制冷装置节能状况调研	北京相关地区建筑	调研北京各建筑采用的节能方式与室内环境控制装置,调研室内环境舒适度	照片、报告、论文、指导书、纪录片、PPT
	京内	"绿色生态,大美中国"生态文明建设实践调研活动	北京应对气候变化的研究绿色宣传者	北京	通过调查问卷统计和调查民众对气候变化的认知和了解情况	照片、报告、论文、指导书、纪录片、PPT
	京内	"绿色生态,大美中国"生态文明建设实践调研活动	景山公园绿色梦想	北京市景山公园,大兴校区	通过调查问卷统计和调查民众对气候变化的认知和了解情况	照片、报告、宣传过程DV
	京内	"绿色生态,大美中国"生态文明建设实践调研行动	垃圾处理方式与建筑节能改造工程调查研究	北京朝阳区	列举出现已实施的节能方法,垃圾处理方式及分析节能改造的可执行性与前景	报告、DV、PPT、实验数据、论文、个人心得、指导教师点评
	京内	"创业圆梦,开拓进取"大学生就业创业状况考察及创业实践活动	圆梦创收——大学生创收情况攻略指导	北京市各高校	采访不同创收者的经历,让大学生对自主创收活动得到充分认识	《在校大学生创收指导手册》、DV视频
	京内	"绿色生态,大美中国"生态文明建设实践调研行动	En-green生态森林调研团队	奥林匹克森林公园	我们实践小组将对奥林匹克森林公园进行社会实践调查其环保设计理念以及原理	实践ppt
	京内	"寻找党的足迹"爱国主义学习调研活动	"绿色生态,大美中国"	国家博物馆	中国国家博物馆、北京市规划展览馆、李大钊故居参观	报告、照片、ppt、录像
	京内	"绿色生态,大美中国"生态文明建设实践调研活动	奥林匹克森林公园参观生态调查	北京朝阳区北辰东路	奥林匹克公园参观生态文明建设、调研	word、照片
	京内	"绿色生态,大美中国"生态文明建设实践调研活动	北京景山公园环境生态调查	北京景山公园	北京景山公园进行问卷调查,推广环境保护知识	总结、照片、调查问卷

学校	京内/京外	项目类别	项目名称	实践地区	实践项目简介	实践成果形式
校团委	京内	"共筑中国梦"思想教育主题实践活动	北京建筑大学政策宣讲团	北京西城区	促进区校共建	DV、照片、论文、报告
	京内	"创业圆梦，开拓进取"大学生就业创业状况考察及创业实践活动	创业圆梦，开拓进取——追寻北京青年创业者足迹	八达岭国家森林公园	走访了北京青年创业示范园区，考察大学生就业创业状况，体验大学生科技创新成果，为以后的职业规划打下良好的基础	个人总结、照片和视频形式组成社会实践总结报告

2. 寒假社会实践：2013年寒假期间，校团委联合就业指导中心针对12级学生开展了"学长访谈"、针对11级学生开展了"直击人才市场"寒假社会实践活动，让一年级学生增加对所学专业的认识，增强专业认同感，让二年级学生了解人力资源市场、体验竞争，建立规划观念，指导自己的学习与实践。参与人数近3500人。

【志愿服务】

1. 全国高校高招联合咨询会志愿服务：2013年4月13日，校园开放日暨全国高校高招联合咨询会在北京建筑大学大兴校区顺利拉开帷幕。开放日当天，校区人流涌动、热闹非凡，但秩序井然、有条不紊。在人流里，统一着装的志愿者们以饱满的服务热情、强烈的工作责任心、熟练的服务技能和克服困难的坚韧毅力，圆满出色地完成了志愿服务工作，给前来参加高招会的考生、家长以及参会单位留下了非常深刻的印象。

2. 首都高等学校第51届学生田径运动会志愿服务：2013年5月，首都高等学校第51届学生田径运动会在北京建筑大学召开，为保障各项赛事的有序进行，校团委经过前期与组委会对接，对赛会志愿者招募工作进行了统筹安排，制定了《首都高等学校第51届学生田径运动会赛会志愿者岗位简述及人员招募计划》，设立了竞赛类、服务类、支持类三大志愿者，同时又细分为18类专项志愿者，共有632名志愿者成为比赛顺利进行的坚强后盾，为大运会赛场增添了一道最美丽的蓝色风景线。

3. 第九届中国（北京）国际园林博览会志愿服务：2013年5月18日至11月18日，第九届中国（北京）国际园林博览会在北京举办，北建大报名园博会志愿者共计244人，经过严格的笔试面试，录入正式志愿者48名，替补志愿者35名。在园博会运行期间，志愿者们完美完成志愿服务项目，向游客传递了园博小V蜂"青春、自信、志愿、绿色"的正能量。

4. 与俄罗斯青年联盟代表团交流志愿工作：2013年11月，应全国青联的邀请，以俄罗斯青年联盟副主席安德烈特罗茨基为团长的俄罗斯青年联盟代表团到北京建筑大学参观访问，并与校团委、青年志愿者协会就双方青年志愿者工作进行交流和探讨。本次交流成为双方良好友谊的开端，也为学校更好地做好志愿者工作提供了宝贵的思路和建议。此外，学校专职团干部利用带领学生游学、社会实践等机会赴美国、中国台湾地区等地交流，增强了互访交流，拓展了国际视野。

5. 积极对接社区青年汇：社区青年汇是团市委2013年的重点工作，学校团委立足服务社会、管理创新，加强对所对接青年汇的组织覆盖和有效联系，努力把社区青年汇建成身边的地域性活动平台和团组织主导的区域性基层青年组织。其中，"牵手新青年学堂，助梦社区新青年"项目由校团委指导，经管学院承办，志愿者们利用暑假为在丰台区花乡新发地团支部、大兴西红门街道兴海团支部学习的青年们提供成人高考免费培训，给他们一个重新学习知识的机会，项目获得了团市委的好评和奖励。11月，房山区十渡镇团委也率数十名青年及村官来学校交流共建，双方在充分交流和沟通之后签订了长期合作意向书。

【学生会和研究生会工作】北京建筑大学学生会和研究生会是校团委下属学生机构，由团委指导。校学生会经过2013年中期组织整改由校团委学生会，成立青年志愿者协会、大学生科学技术协会、社团联合会、红十字会学生分会四大协会以及学生会。学生会有七个部门包括办公室、外联部、宣传部、文艺部、体育部、学习部和生活部，共200余人。学生会与研究生会换届工作于每年6月份完成，干部任免公示于每年9月开学初进行。

1. 校学生会品牌活动：9月19日北京建筑大学2013年大学生艺术节开幕式暨新生中秋文艺晚会：在大兴校区大学生活动中心举行。迎新晚会是北京建筑大学最为传统的活动之一，在新生军训期间作为娱乐休闲活动展现给新生们以迎接新生们的到来，旨在让新同学了解建大。11月5日"建大之星"校园歌手大赛：是北京建筑大学最受欢迎、集全校师生关注的活动之一。11月24日京南六校文艺晚会：秉承着增强各高校之间的友谊与联系的精神，提供了一个交流各学校学生会工作经验的空间与机会，从而使各高校之间文艺及各项活动开展的更加丰富，出彩。在增进友谊的同时，丰富校园内的文化氛围。

"学院杯"篮球赛：由北京建筑大学校学生会体育部主办，以学院为单位报名参赛，是学校学生体育比赛中的重要组成。

骑行邀请赛：是京南高校中大型自行车赛事，由骑行社和校学生会联合举办的骑行邀请赛，参赛选手包括本校的骑行爱好者、中国人民公安大学、中国石油大学、北京印刷学院、北京石油化工学院、北京工商大学等高校骑行高手和两轮单车俱乐部青年队的运动员。

"高雅艺术进校园"活动：旨在提高大学生的艺术鉴赏水平，丰富校园生活，在同学中享有很高的声誉和不错的反响。

2. 校研究生会品牌活动介绍：组织举办第十一届研究生学术论坛：为活跃研究生学术气氛、加强研究生之间的学术交流、培养研究生的论文讲演能力，同时也为研究生创造更多的锻炼和展示机会，校研究生会举办了第十一届研究生学术论坛，于3～6月进行论文征集、论文评审工作，7月出版了《北京建筑大学第十一届研究生学术论坛论文集》。

举办闪"硕"青春，"研"续梦想——北建大研究生金秋联欢会：为了丰富研究生的校园文娱生活，同时也为了让研一的同学感受北建大的活力和激情。校研究生会于10月29日晚在西城校区大学生活动中心主办了的研究生金秋联欢会，300余名新老研究生共聚一堂演绎了一场异彩纷呈的联欢会，这次联欢会展现了研究生同学热情活泼、多才多艺的一面，加强了同学间的配合，增强了同学们的集体凝聚力，为研究生生活开启一段崭新的乐章。

【学生社团】2013年，6大类注册学生社团共75支，学生社团在校团委、各院系团总支的指导下，在大学生社团联合会的管理下，按照《北京建筑工程学院社团管理条例》（2008年6月18日校长办公会讨论通过）的要求举办了形式多样、具有思想性、艺术性、知识性、趣味性的社团活动，吸引了广大学生积极参与其中，成为校园文化的一个主要阵地，对校园文化建设有着重要作用。

1. 注册社团规模化发展：2013 年共有学生社团 6 大类 75 支，其中艺术类 12 支、文化类 14 支、体育 17 支、实践公益类 11 支、理论类 13 支、科技类 8 支。从学生社团的数量来看，学生社团以较快的速度实现规模化发展。从社团类别的角度看，文体类的社团依然是学生关注的重点，而学术科技类社团和爱心志愿服务类社团正在受到越来越多同学的瞩目。

北京建筑大学 2013/2014 学年学生社团一览表

社团类别	序号	社团名称	负责人	所属校区	指导老师	所属部门	级别
艺术类社团	1	心灵美术社	李新	大兴	张宏	经管学院	校级
	2	校体育舞蹈社团	王愧莹	大兴	朱静华	体育部	校级
	3	书法协会	赵阳	大兴	秦立富	学生处	校级
	4	手工社	李昕濛	大兴	张宏	经管学院	校级
	5	魔术社	刘凯懿	大兴	磨琪卉	艺术教育中心	校级
	6	康康舞社	康瑞兰	大兴	杨举	文法学院	校级
	7	建大觅音	张晨晨	大兴	李阳	艺术教育中心	校级
	8	BDR 街舞社	刘意	大兴	李阳	艺术教育中心	校级
	9	jd 街舞社团	孙浩杰	西城	康健	建筑学院	院级
	10	全音社	李昭然	西城	康健	建筑学院	院级
	11	TINY 手绘社	杨斯涵	西城	范霄鹏	建筑学院	院级
	12	理学院街舞社	卞佳辉	大兴	陈思源	理学院	院级
文化类社团	13	粤语社	章艺伶	大兴	李晨	测绘学院	校级
	14	心澈五子棋社	陆源	大兴	杨举	文法学院	校级
	15	土建人文社	祝曼格	大兴	杨谆	理学院	校级
	16	莫道文学社	黄玉颖	大兴	宋宗耀	土木学院	校级
	17	国安社	张馨予	大兴	孙强	宣传部	校级
	18	冬之花火 Cosplay 社团	庞悦	大兴	李英子	经管学院	校级
	19	藏族文化社	索朗旦塔	大兴	磨琪卉	艺术教育中心	校级
	20	running man	赵佳怡	大兴	李守玉	经管学院	校级
	21	M. W. 漫研社	方卓睿	大兴	周慧欣	图书馆	校级
	22	ENJOY 桌游社	刘欣悦	大兴	杨举	文法学院	校级
	23	（这儿是）桌游社	郭焕琳	大兴	杨兴坤	经管学院	校级
	24	棋社	庄小推	西城	康健	建筑学院	院级
	25	电信繁星俱乐部	张维奇	大兴	史晓霞	电信学院	院级
	26	文玩社	谢春颖	大兴	刘星	机电学院	院级

社团类别	序号	社团名称	负责人	所属校区	指导老师	所属部门	级别
体育类社团	27	健美协会	梁少凡	西城	康钧	体育部	校级
	28	乐享羽毛球社	化振	大兴	智颖新	体育部	校级
	29	瑜伽社	陈佑琳	大兴	张君枝	环能学院	校级
	30	武术协会	张珂嘉	大兴	施海波	电信学院	校级
	31	网球社	胡小磊	大兴	智颖新	体育部	校级
	32	跆拳道社	曹鹏辉	大兴	刘金亮	体育部	校级
	33	速赢台球社	印定坤	大兴	康钧	体育部	校级
	34	桥牌社	郑晋鹏	大兴	何志洪	纪委	校级
	35	骑炙协会	任奕	大兴	刘金亮	体育部	校级
	36	绿茵闪电足球社	赵昕宇	大兴	刘文	体育部	校级
	37	啦啦操	张潇允	大兴	李鑫	体育部	校级
	38	京飘儿社团	蔡立强	大兴	谷天硕	土木学院	校级
	39	滑板社	高陆	大兴	刘金亮	体育部	校级
	40	钢筋工橄榄球社	卢迪	大兴	智颖新	体育部	校级
	41	乒乓乒乓乒乓球社	杨梓岩	大兴	王桂香	体育部	校级
	42	shiny 拓展社	李瑶	大兴	张宇	体育部	校级
	43	土木慢跑社	马域喆	大兴	刘倩	土木学院	院级
实践公益类社团	44	游历学社	刘歆一	西城	范霄鹏	建筑学院	校级
	45	就业新干线	贾磊	西城	蔡思祥	招生就业处	校级
	46	就业新精英	张楠	西城	王子岳	研究生部就业中心	校级
	47	考研社	谢庭	大兴	谷天硕	土木学院	校级
	48	红十字会社团	任磊	大兴	贾瑞珍	校医院	校级
	49	出国留学社	刘腾超	大兴	张婉奇	心理咨询中心	校级
	50	职业规划社	朱诗宇	大兴	孙强	宣传部	校级
	51	土木阳光互助社	苏海龙	大兴	刘倩	土木学院	院级
	52	经管青协志愿者社	张泽鑫	大兴	李守玉	经管学院	院级
	53	经管青协礼仪社	杨安娜	大兴	李守玉	经管学院	院级
	54	经管勤工俭学社	常世博	大兴	李守玉	经管学院	院级
理论类社团	55	心扉社	邓伊恩	大兴	张婉奇	心理咨询中心	校级
	56	玩转数学社	王玮	大兴	袁晓娜	理学院	校级
	57	逻辑思维社	刘悦	大兴	于健	理学院	校级
	58	赋语辩论社	欧坤	大兴	杨举	文法学院	校级
	59	聆听讲堂	郝宇辰	大兴	孙强	宣传部	校级
	60	求索社	李颖欣	西城	康健	建筑学院	院级
	61	启思社	杨宣	西城	康健	建筑学院	院级
	62	理学院齐飞社	王洋	大兴	陈思源	理学院	院级

社团类别	序号	社团名称	负责人	所属校区	指导老师	所属部门	级别
理论类社团	63	经管团校社团	孟可姗	大兴	李守玉	经管学院	院级
	64	经管理论先锋社团	李可	大兴	曹晓云	经管学院	院级
	65	环能觉新社	王齐	大兴	卫巍	环能学院	院级
	66	测绘求是社	赵琦	大兴	赵亮	测绘学院	院级
	67	就业促进社	靳婷婷	大兴	赵亮	测绘学院	院级
科技类社团	68	喂森vision摄影社	王林申	大兴	曹洪涛	校党室	校级
	69	绯月梦工坊	许可心	大兴	车晶波	校团委	校级
	70	i拍电影社	高晓媛	大兴	李守玉	经管学院	校级
	71	diy创意环保社	潘贝	大兴	张婉奇	心理咨询中心	校级
	72	ad shop	蒋蒙巍	大兴	刘静纨	电信学院	校级
	73	e源电影社	魏江涛	西城	康健	建筑学院	院级
	74	环能绿炫环保社	刘爽	大兴	卫巍	环能学院	院级
	75	测绘定向运动协会	严雪慧	大兴	赵亮	测绘学院	院级

注：数据统计截止时间为2013年9月22日。

2. 社团活动多样化开展：2013年4月，理论类社团"心蓝图社"协助学生工作部心理素质教育中心举办了学校第十二届大学生心理健康节，在一个半月的时间里，共开展心理活动50余场，活动内容丰富，受到了广大学生的喜爱。

5月30日晚，心蓝图社、小觅音社共同承办了心理健康节闭幕式暨"青春梦想"音乐会，让广大同学在活动中收获了快乐，促进了学生心理健康和谐的发展。

10月10日，60余个学生社团在大兴校区面向全体同学进行了招新活动，各社团不仅进行活动宣传展示，而且进行特色的才艺表演和活动体验来吸引新生，通过招新，社团成员数量得到极大补充，为社团活动的开展建立了良好的基础。

10月10日，由乐享羽毛球社主办的第一届"乐享杯"羽毛球赛在大学生活动中心举行，共160名选手参加，并邀请羽毛球社教师在比赛赛场进行了表演赛。

10月21日～25日，为响应当前社会的节约号召，经管学院青年志愿者协会联合大兴校区食堂，在大兴校区开展"杜绝舌尖上的浪费——光盘行动"，此项活动引起了学校师生们的广泛关注与参与，活动反响十分热烈，"集齐五张印花可以兑换一张十元代金券"更是给活动增加了不少趣味和实惠。

11月24日，骑行社参加由北京市环境保护宣传中心指导，北京市大学生服务中心主办的第一届北京市大学生自行车骑行比赛中，与来自北京体育大学、北京交通大学、清华大学等27所的近300名大学生进行角逐，最终夺得了团体组亚军和男子个人组季军，为学校赢得了荣誉。

2013年全国大学生桥牌锦标赛上，校桥牌队队员一举夺得了公开团体赛三等奖、公开双人南北方向第二名、公开双人东西方向第四名、混合双人南北方向第七名的好成绩。

【大学生艺术教育】2013年是校园文化建设的蓬勃发展之年，校团委紧紧围绕先进青年文化建设的需要，对内动员学生广泛参与、对外组织团队积极交流，在艺术节设计规划、文化名人、艺术团体的维护和建设上也积累了一定的经验，在培养校园文化和深化艺术内涵方面都取得了突破，为今后的校园文化建设提供了宝贵经验。

1. 开设艺术教育课程：2013 年，艺术教育中心在本部和大兴校区共开设艺术选修课程 12 门次，选课人数 1211 人次。艺术教育课程授课教师由北建大教师 5 人、外聘教师 2 人开展授课工作，课程涉及艺术理论、艺术赏析与艺术实践三类课程方向。全年课程进行顺利，未发生一例教学事故。

北京建筑大学 2012/2013 学年第二学期和 2013/2014 学年第一学期艺术选修课程一览表

序号	课程名称	学时	学分	周学时	任课教师	教室要求	时间要求	是否限制人数	开课校区
1	交响乐赏析 1 班	32	2	3	史倬龄	教一 104	周一	120 人	本部
2	交响乐赏析 2 班	32	2	3	史倬龄	教一 104	周四	120 人	本部
3	收藏与鉴赏	24	1.5	3	李广居	教一 423	周一	120 人	本部
4	收藏与鉴赏	24	1.5	3	李广居	教学 409	周日	120 人	大兴
5	篆刻艺术赏析	24	1.5	3	张庆春	教一 223	周四	120 人	本部
6	篆刻艺术赏析	24	1.5	3	张庆春	教学 304	周日	120 人	大兴
7	艺术排练课（器乐合奏）	33	1	3	史倬龄	团委学生活动室	周日 08：00～10：20	93 人	本部
8	艺术排练课（戏剧）	33	1	3	王珩 史倬龄	大学生活动中心（舞台）	周日 13：00～15：20	40 人	本部
9	艺术排练课（合唱）	33	1	3	李阳	大学生活动中心（舞台）	周日 18：00～20：20	80 人	本部
10	艺术排练课（舞蹈）	33	1	3	韩文丽 李阳	大学生活动中心（舞台）	周二 18：00～20：20	50 人	本部
11	基本乐理	24	1.5	3	李阳	教一 104	周三	108	本部
12	基本乐理	24	1.5	3	李阳	基础 A213	周三	120	大兴

2. 开展文化艺术活动：2013 年 9 月，北京建筑大学首届大学生艺术节隆重拉开帷幕，校团委以首届大学生艺术节为依托，主办了一系列艺术活动以丰富校园文化生活，校、院两级团组织共组织大型艺术活动近 30 项，参与学生近 15000 人次，取得了良好效果。

2013 年北京建筑大学校级文化艺术活动汇总

序号	活动时间	活动名称	参与人数
1	4.16～17	五四文化活动——《安妮日记》进校园	观众 1000 人
2	5.7	建大之声——中央民族乐团专场音乐会	观众 1200 人
3	5.21	北京建筑大学爱乐室内乐团专场音乐会	观众 600 人
4	6.5	北京建筑大学第七届学生社团风采展演晚会	观众 1200 人
5	6.7	"我的梦 建大梦 中国梦"学生主题演讲比赛	观众 300 人
6	9～11 月	北京建筑大学首届书画摄影大赛	全校学生
7	9.18～19	首届大学生艺术节开幕式暨新生中秋文艺晚会	演员 167 人，观众 2400 人

序号	活动时间	活动名称	参与人数
8	9.25	中国音乐学院专场音乐会	演员 30 人，观众 800 人
9	9.26	北京建筑大学"My Chinese Dream"英语演讲大赛	选手 20 人，观众 500 人
10	10.22	"我的大学"主题演讲比赛	选手 20 人，观众 300 人
11	10.24	幽兰雅韵——京剧艺术进校园	演员 26 人，观众 800 人
12	10.29	"闪烁青春、研续梦想"研究生金秋联欢会	参加学生 400 人
13	10.31	北京电视台名嘴与建大学生面对面（北京电视台主持人秦天、相声演员方清平、音乐人包胡尔查、著名设计师魏佳松）	观众 600 人
14	11.5	2013 年建大之星校园歌手大赛	选手 22 人，观众 1400 人
15	11.24	京南六校学子文艺展演暨艺术节闭幕式（北京人民公安大学、北京石油化工学院、北京印刷学院、北京邮电大学世纪学院、首都师范大学科德学院）	演员 183 人，观众 1000 人
16	11.26～28	世界经典话剧进校园——《安妮日记》	演员 20 人，观众 1200 人
17	12.5	"开卷·我的大学"读书活动之第一届汉字听写大赛	观众 300 人

注：数据统计截止时间为 2013 年 12 月 31 日

3. 参加第四届北京大学生艺术展演：2013 年 10 月 14 日至 10 月 27 日，第四届北京市大学生艺术展演隆重举行，北京市大学生艺术展演三年一届，是北京市高等学校艺术教育成果的汇集和北京市各高校展现风采的平台。北京建筑大学大学生艺术团舞蹈团、合唱团、管弦乐团和戏剧社成员从 2013 年 9 月初开始备战大艺展的集训，最终全部获奖，取得了历史性的突破。

第四届北京市大学生艺术展演北京建筑大学获奖情况一览表

活动时间	活动类别	参与人数	所获奖项
10.15、10.16	舞蹈比赛（群舞）	艺术团舞蹈团 22 人	二等奖、三等奖
10.19	戏剧比赛（短剧）	艺术团戏剧社 8 人	二等奖
10.21	合唱比赛（大合唱）	艺术团合唱团 55 人	二等奖
10.25	器乐比赛（管弦合奏）	艺术团管弦乐团 28 人	二等奖

【课外学术活动】2013 年，在校大学生科学技术协会、各二级学院团总支和学生会的支持下，按照科普工作计划安排，分别在科技类竞赛的举办、科普知识的普及、科技竞赛的服务、科技立项工作的进行以及科技文化的宣传教育等方面组织开展了一些活动，取得了一定的社会效益。团委联合各二级学院成功举办了"方兴杯"第七届全国大学生房地产策划大赛总决赛、第二届北京市大学生建筑结构设计竞赛、第五届北京市高等学校大学生测绘实践创新能力大赛、"鲁班杯"大学生学术科技作品竞赛（"挑战杯"校内选拔赛）、第五届节能减排社会实践与科技创新大赛、第六届机械创新设计大赛校内选拔赛中期答辩会、第五届北京市大学生模拟法庭大赛校内选拔赛、全国大学生英语、物理、化学、数学建模竞赛校内选拔赛等大型科技竞赛近 30 项。在各类科技活动中学校学生积极参与，活动覆盖学生 2000 余人，获得市级以上奖项 150 项，其中国家级奖项 107 项，获市级以上奖项 124 人，取得专利 3 项，国内外核心期刊上发表论文 5 篇。

1. 参加第八届"挑战杯"中国大学生创业计划竞赛：在第八届"挑战杯"中国大学生创业计划竞赛决赛中，环能学院的王杰、叶雨澄同学、经管学院的夏鹏飞、赵文娟同学完成的作品《卓恩卫浴有限责任公司》喜获铜奖，此作品获得首都"挑战杯"大学生创业计划竞赛金奖（机电学院秦建军等老师指导），在全国及北京市创业计划竞赛系列活动中充分展现了北建大学子的良好精神风貌和综合素质。

2. 第七届"挑战杯"首都大学生课外学术科技作品竞赛获佳绩：在第七届"挑战杯"首都大学生课外学术科技作品竞赛中，全校送审作品的 15 项作品中有 13 项获奖。柳珊、刘承荣、金维、蒋科学、华岩、何旭国、马瑞、何振龙同学的作品《Proteus Robot》取得本次比赛一等奖的好成绩。此外还获得二等奖 4 项，三等奖 8 项。

第七届"挑战杯"首都大学生课外学术科技作品竞赛获奖名单

序号	作品名称	项目负责人	作品类型	获奖情况	指导老师
1	Proteus Robot	柳珊	集体	一等奖	秦建军、杨建伟
2	建筑用风光互补的遮阳及通风换气装置	徐平	集体	二等奖	许淑惠、刘辛国
3	颤振式风能发电机	黄山石	集体	二等奖	魏京花、王文海
4	站路重组－基于运行效率提升的公交中途站设计	孙思瑾	集体	二等奖	范霄鹏、苏毅、康健
5	迁变——北京旧城搬迁居民生活路径变迁追踪调查	邓啸骢	集体	二等奖	范霄鹏、孙立、丁奇、康健
6	HI house	鲁增辉	集体	三等奖	秦建军、张国伟
7	iBed	任思雨	个人	三等奖	秦建军、陈娟
8	北京市建筑垃圾资源化管理研究	郭昊	集体	三等奖	李英子
9	停车场出入口通道通行能力与服务水平研究	冉墨文	集体	三等奖	杨静
10	基于雨量传感器的城市防汛精细化监测和预警	崔雅铭	集体	三等奖	刘扬
11	钢筋混凝土梁高温后刚度损伤研究	王轩	集体	三等奖	赵东拂
12	山茶籽粉吸附去除废水中染料的性能研究	张佳	集体	三等奖	王崇臣
13	现代矮塔斜拉桥关键构造特征调研与应用前景分析	高金桥	集体	三等奖	董军

【共青团文件汇编】

1. 建院团字〔2013〕：

建院团字〔2013〕1 号关于印发《共青团北京建筑工程学院委员会 2013 年工作要点》和《2012～2013 学年第二学期团学工作月重点》的通知

建院团字〔2013〕2 号关于开展"温暖衣冬——为最需要的人送去一份寒冬里的温暖"活动的通知

建院团字〔2013〕3 号关于做好寒假返校学生思想状况调查的通知

建院团字〔2013〕4 号关于开展"弘扬雷锋精神争做时代先锋"主题活动的通知

建院团字〔2013〕5 号关于举办首届"鲁班杯"大学生学术科技作品竞赛

建院团字〔2013〕6 号关于做好 2012～2013 学年第二学期团费收缴及团员情况统计工作的通知

建院团字〔2013〕7 号关于做好 2012～2013 学年寒假社会实践材料总结报送的通知

建院团字〔2013〕8 号做好 2012 年大学生课外学术科技项目成果结题和 2013 年大学

生课外学术科技项目申报立项工作的通知

建院团字〔2013〕9 号关于做好 2013 年本科生科研训练项目专项经费使用管理工作的通知

建院团字〔2013〕10 号关于推进我校团组织微博建设和使用工作的通知

建院团字〔2013〕11 号关于研究生会学生干部任免的公示

建院团字〔2013〕12 号关于举办北京建筑工程学院第十一届研究生学术论坛的通知

建院团字〔2013〕13 号关于统计我校大学生各级各类竞赛获奖情况的通知

建院团字〔2013〕14 号关于开展北京建筑工程学院第六届服装服饰大赛的通知

建院团字〔2013〕15 号关于研究生会学生干部任免的决定

建院团字〔2013〕16 号关于做好 2013 年校园开放日志愿服务工作的通知

建院团字〔2013〕17 号关于开展 2013 年度"五四达标创优"竞赛活动的通知

建院团字〔2013〕18 号关于开展第 32 届田径运动会精神文明奖评选活动的通知

建院团字〔2013〕19 号关于共青团北京建筑工程学院委员会书记任免的请示

建院团字〔2013〕20 号 2013 年"五四达标创优"竞赛活动表彰集体和个人的决定

建院团字〔2013〕21 号关于开展"中国梦·校园情·快乐心"关注心理健康主题团日活动的通知

建院团字〔2013〕22 号关于开展 2013 年首都高校大学生暑期社会实践活动的通知

建院团字〔2013〕23 号关于开展"文明考风，诚信考试"主题团日活动的通知

建院团字〔2013〕24 号关于开展在毕业生中开"建院育我　我爱建院"主题团日活动的通知

建院团字〔2013〕25 号关于共青团系统科级干部的认定

建院团字〔2013〕26 号关于公布北京建筑工程学院第十一届研究生学术论坛优秀论文名单的通知

建院团字〔2013〕27 号关于开展学习宣传实践共青团十七次全国代表大会精神的通知

2. 北建大团发〔2013〕：

北建大团发〔2013〕1 号关于印发 2013～2014 学年第一学期团学工作月重点的通知

北建大团发〔2013〕2 号关于收缴团费和团员统计的通知

北建大团字〔2013〕3 号关于校团委、学生会学生干部拟任免的公示

北建大团发〔2013〕4 号关于做好 2013 年社会实践总结表彰工作的通知

北建大团发〔2013〕5 号 关于进行 2013～2014 学年学生社团申报和注册的通知

北建大团发〔2013〕6 号关于做好暑假返校学生思想状况调查的通知

北建大团发〔2013〕7 号关于校团委、学生会学生干部拟任免的决定

北建大团发〔2013〕8 号关于研究生会学生干部任免的公示

北建大团发〔2013〕9 号关于研究生会学生干部任免的决定

北建大团发〔2013〕10 号关于举办北京建筑大学"我的大学"主题演讲比赛的通知

北建大团发〔2013〕11 号关于举办北京建筑大学"建大之星"校园歌手大赛的通知

北建大团发〔2013〕12 号关于 2013～2014 学年学生社团申报注册情况通报

北建大团发〔2013〕13 号 2013 年社会实践活动表彰先进个人以及优秀团队的决定

北建大团发〔2013〕14 号关于举办北京建筑大学"大学生活，我们该走向何方"主题辩论赛的通知

北建大团发〔2013〕15 号关于开展"防邪知识进家庭"主题团日活动的通知

北建大团发〔2013〕16 号关于举办北京建筑大学"一二九"升国旗和环校长跑的通知

北建大团发〔2013〕17 号关于开展"温暖衣冬——为最需要的人送去一份寒冬里的温暖"活动的通知

北建大团发〔2013〕18 号北京建筑大学第五届"全国高等院校学生斯维尔杯 BIM 系列软件建筑信息模型大赛"通知

北建大团发〔2013〕19 号关于在我校开展市级三好学生、优秀学生干部、先进班集体评选工作的通知

北建大团发〔2013〕20 号关于举办北京建筑大学首届"鲁班杯"大学生创业计划竞赛的通知

北建大团发〔2013〕21 号关于开展"文明考风，诚信考试"主题团日活动的通知

（朱　静）

第十一章 院 系 工 作

一、建筑与城市规划学院

（一）学院概况

建筑与城市规划学院（简称建筑学院）设建筑系、城乡规划系、设计系、历史建筑保护系、设计基础教学部、建筑技术部、建筑史论部、实验中心等教学部门。在本科教育方面，设置有建筑学、城乡规划、风景园林、工业设计、历史建筑保护工程、环境设计等6个专业。在研究生教育方面，学校获批"建筑遗产保护理论与技术国家特需人才博士培项目"，专门培养遗产保护方面博士研究生与专门人才，并获批设立建筑学博士后科研流动站。具有建筑学一级学科硕士学位授权点，下设建筑历史与理论、建筑设计及其理论、建筑技术科学等6个二级学科硕士学位授权点。在学科建设方面，建筑学院拥有建筑学、城乡规划学、风景园林学、设计学四个一级学科。在2012年教育部发布的学科评估排名中，建筑学名列第9；城乡规划名列第12；风景园林名列第15，在全国相关学科的整体排名中居于前列地位。二级学科中，建筑设计及其理论学科为北京市重点学科，建筑历史与理论、城市规划与设计学科为北京市重点建设学科。"绿色建筑与节能技术实验室"为北京市重点实验室。

在专业建设方面，建筑学专业为教育部特色专业建设点、北京市特色专业，自1996年以来已连续5次通过全国建筑学专业（学士、硕士）教育评估，2012年首次通过7年评估有效期评估；城乡规划专业2011年首次通过专业评估，2013年通过中期考核，依托中国建筑设计研究院与中国城市规划设计研究院分别建立了建筑学专业与城乡规划学专业二个北京市级高等学校校外人才培养基地。

建筑学院拥有学术造诣、教学水平及科研能力较高、梯队结构合理的师资队伍，借助地利和广泛的社会办学资源优势，积极依托城乡建设行业开放办学，形成了突出的办学特色。建筑学院与国内名校如清华大学、同济大学、东南大学、天津大学等交流合作紧密，与美国、英国、德国、日本、意大利等国家，以及香港、台湾等地区的相关院校建立了良好的合作关系，保持留学、学者访问以及经常性的交流；定期举办学术讲座，使学生可以最快地掌握国内外学科专业发展动态。建筑学院各专业具有良好的教学环境和条件，强调"厚基础、宽口径、强能力、高素质"专业培养主旨，围绕"立足首都，面向全国，依托建筑行业，服务城乡建设"办学目标，培养服务城乡建设领域需求的高层次应用型专门人才。

（二）师资队伍建设

【我校建筑学院召开清华大学杨锐教授聘任仪式】11月7日，清华大学建筑学院杨锐教授受聘我校建筑学院兼职教授聘任仪式在我校召开，我校朱光校长、张大玉副校长、人事处孙景仙处长出席了聘任仪式。

聘任仪式由张大玉副校长主持，朱光校长首先介绍了我校的发展历程及基本情况，以及广义建筑学科在美丽中国、生态宜居人居环境建设中的重要地位。建筑学院院长刘临安教授、党总支书记牛磊老师、副院长马英教授、党总支副书记丁奇老师以及来自建筑学院、学校职能部门的相关负责人员列席该聘任仪式。

【全国高等学校工业设计教育研讨会 2013 年年会圆满落幕，我校建筑学院教师参会】12月 11 日至 13 日，由教育部高等学校工业设计专业教学指导分委员会、中国机械工业教育协会工业设计学科教学委员会、中国工业设计协会教育委员会主办，广州美术学院承办的"2013 年全国高等学校工业设计教育研讨会"在广州美术学院隆重召开。来自中国、中国香港和美国等地的工业设计教育界、工业设计界和产品制造界的专家学者、设计精英、领军人物 200 余人应邀参加会议。

本次研讨会以"创新中国工业设计人才培养模式"为核心研讨内容，以"成长＋引领（Growing＋Leading）"为主题，构建工业设计教育改革领域新思路、新观点、新知识、新经验分享与撞击的平台。活动为期三天，内容包括主题演讲、院长高峰论坛、分会场论文交流、课程示范工作坊、珠三角设计考察等。

我校建筑学院教师阚玉德的论文《中国古典家具的认知与解读——以明代圈椅为例》获得宣讲资格。在 12 日上午的论文交流会上进行了 15 分钟的汇报演讲，与现场人员进行了研讨。

【建筑学院到天津大学和天津城建大学学习调研】12 月 20 日，由建筑学院党总支书记牛磊老师带队，副书记丁奇老师、办公室主任刘志刚、团总支书记康健、辅导员李小虎、资料管理员张小林、研究生教务秘书常瑾等老师一行七人赴天津大学和天津城建大学进行学习调研。

（三）学科建设

【建筑学院举行 2013 年"五四"表彰大会暨城乡规划学专业（硕士）评估动员会】2013年 5 月 6 日晚，建筑学院在学校第二阶梯教室顺利举行 2013 年"五四"表彰大会暨城乡规划学专业（硕士）评估动员会。北京市建筑设计研究院副总建筑师、科技质量部郑实部长，北京市建筑设计研究院人力资源部刘振国部长，校招生就业处处长李雪华老师，建筑学院院长刘临安老师，建筑学院党总支书记牛磊老师，建筑学院副院长张忠国老师，建筑学院副院长马英老师等领导出席了大会，大会由建筑学院团总支书记康健老师主持。

【我校举行城乡规划学专业（硕士）评估工作】5 月 8 日～10 日，建设部高等教育城市规划专业教育评估视察组组长、中国城市规划设计研究院党委书记、教授级高级城市规划师陈锋教授，专家组成员山东建筑大学规划研究中心主任闫整教授，哈尔滨工业大学建筑学院副院长冷红教授，上海市城市规划管理局副总规划师、教授级高级工程师蒋宗健教授进驻我校对我校进行为期三天的城乡规划学专业（硕士）评估视察工作。

评估专家通过听取汇报、参观教学设施及展览、听课、检查毕业设计、检查教学资料、参观学生课外科技活动展、观看学生服装服饰演出等方式考察我校城市规划专业（硕士）建设、教育教学及学生精神风貌等各方面情况。评估专家组一致认为，北京建筑大学的城乡规划学（硕士）研究生教育自评报告及补充材料内容比较完整，自评报告客观如实地反映了城乡规划学专业（硕士）研究生的教育情况，符合评估文件的要求。并认为我校充分利用了首都北京的地缘优势，促进教学发展。在肯定学校的同时，评估专家建议我校一是进一步改善城乡规划学科办学条件；二是进一步凝炼自身办学特色；三是进一步加强师资队伍建设，优化师资队伍的职称结构和研究方向；四是进一步加强校内实践基地建设。

【我校成功承办2013年全国高等教育城乡规划专业评估委员会全体会议】5月11日上午，由住房和城乡建设部主办，我校承办的"2013年高等教育城乡规划专业评估委员会全体会议"如期举行并圆满结束。住房和城乡建设部赵琪、何志方、高延伟等领导，及全国高等教育城乡规划专业评估委员会23名专家成员出席了会议。会议开幕式上，我校校长朱光教授参加了开幕式并致辞。住房与城乡建设部人事司赵琪司长讲话并宣读了组建第四届评估委员会文件，向新一届的评估委员会成员颁发了聘书。全国高等教育城乡规划专业评估委员会主任、同济大学彭震伟教授代表评估委员会致辞

在随后的评估委员会内部讨论和表决会议上，委员会审查了2013年申请城乡规划专业评估的八所学校（中山大学、北京建筑大学、中南大学、深圳大学、南京工业大学、西北大学、福州大学、湖南城市学院）的专家视察意见，并根据各视察小组汇报情况投票表决并宣布评估结果。表决之后，委员会研讨了评估委员会相关工作并对大会进行了总结。

【建筑学院邀请教育部工业设计专指委主任何人可教授到校指导工作】2013年10月18日下午，教育部高等学校工业设计专业教学指导分委员会主任、湖南大学设计艺术学院院长何人可教授应邀访问我校。设计学学科负责人、校研究生工作部（处）部长陈静勇，建筑学院党总支书记牛磊，工业设计系主任杨琳、副主任朱宁克、张笑楠及建筑学院相关教师共同参加了会议研讨。

何人可教授作为中国工业设计专业的领军人物，承担和参与了国家教育部、国家"九五"、"十五"多项科技攻关项目，主持教育部工业设计专业教学规范、教学评估条例的编制工作，并担任德国IF（中国）设计奖评委，中国工业设计红星奖评委会主席等多项职务，业内影响力极高。座谈中，何人可教授以创新设计为主题，介绍了在全球化、信息化背景下的工业设计发展现状及趋势，以及湖南大学近年来在此背景下进行的教学改革和取得的成绩。建筑学院的教师和何人可教授就工业设计专业建设、人才培养、科学研究等方面进行了热情洋溢的教学经验交流，为双方的相互了解与合作提供了良好的开端。

（四）教学工作

【我校成功举办2013年建筑学专业全国八校联合毕业设计开幕式活动】1月28日上午由我校建筑与城市规划学院主办的2013年建筑学专业全国八校联合毕业设计活动在第二阶梯教室成功开幕。副校长张大玉、建筑学院院长刘临安出席开幕仪式并致辞，出席开幕仪式的领导还有教务处处长吴海燕、建筑学院党总支副书记牛磊，开幕式由建筑学院副院长马英主持。

本次毕业设计为第7次全国八校联合毕业设计活动，参与的院校为清华大学、同济大学、东南大学、天津大学、重庆大学、浙江大学、中央美术学院和我校，共计近30名来自各高校的教师和83名学生参与了此次开幕式。开幕仪式后由特邀的相关专家学者举行了专题报告与讲座，并在接下的三天中组织教师与学生进行场地的调研走访、专业参观、专业辅导与调研汇报等系列活动。同学们在精心组织的系列活动中获得了很大的收益，促

204

进了院校之间的紧密交流与合作。建筑学院的马英老师、张路峰老师、汤羽扬老师、高龙老师带领组织 8 名学生参与此次联合毕业设计教学活动。

【我校成功举办 CIID"室内设计 6＋1"2013（首届）校企联合毕业设计开题系列活动】 3 月 2 日，由中国建筑协会室内设计分会 CIID 主办，北京建筑工程学院承办，西安建筑科技大学协办，中国建筑设计研究院牵头命题的中国建筑学会室内设计分会 CIID"室内设计 6＋1"2013（首届）校企联合毕业设计开题仪式于 8：20 在我校学宜宾馆报告厅举办。本次联合毕业设计的题目为《赛后商事——国家体育场赛后改造室内设计》。参与此次 6＋1 联合毕设的高校有同济大学、哈尔滨工业大学、华南理工大学、西安建筑科技大学、北京建筑工程学院、南京艺术学院。开题仪式首先由 CIID 邹瑚莹理事长、北京建筑工程学院张大玉副校长致辞，建筑学院刘临安院长、联合毕业设计指导教师代表哈建大吕勤智教授发言。参加开题活动的还有教务处处长吴海燕、建筑学院党总支副书记牛磊，活动由建筑学院设计学系系主任杨琳主持。

当天上午，开题活动还邀请到中国建筑设计研究院建筑总院环艺院室内所所长郭晓明高级建筑师进行联合毕设课题宣讲，邀请到李存东、谭泽阳、胡建丽几位参与鸟巢设计的教授级高级工程师为同学们进行专题培训。还安排有琚宾先生、张震彬先生、吴诗中先生的精彩讲座。

【"四校四导师实践教学"在清华大学美术学院拉开序幕】 3 月 16 日，第五届四校四导师环境设计本科毕业设计实验教学开题汇报在清华大学美术学院举行，标志着本届"四校四导师实践教学"活动的全面展开。建筑学院党总支书记陈静勇教授、设计学系杨琳主任、李沙教授、滕学荣和阚玉德老师出席了开题仪式。"四校四导师实践教学"活动由中央美术学院、清华大学美术学院、北京建筑工程学院、天津美术学院、哈尔滨工业大学、东北师范大学、苏州大学、山东师范大学、青岛理工大学、内蒙古科技大学和吉林艺术学院等国内 11 所著名高校联合举办。

【建筑学院师生参加 2013 年中英建筑学生工作坊联合教学活动】 为进一步加强中英两国高校在建筑教育上的深入合作和交流，中国建筑学会和英国驻华大使馆文化教育处于 2013 年 4 月在北京共同主办 2013 中英建筑学生工作坊活动。这是继双方在 1998 年举办"2050 年白塔寺街区"中英建筑学生设计竞赛之后组织的第二次此类活动。

中方参与此次工作坊的院校包括：清华大学建筑学院，北京建筑工程学院建筑与城市规划学院，北京工业大学建筑与城市规划学院，北方工业大学建筑与城市规划学院，中央美术学院建筑学院，北京交通大学建筑与城市规划学院。英方院校包括：肯特大学、英国皇家艺术学院、卡迪夫大学、牛津布鲁克斯大学。每个院校派一名指导教师和三名学生参加工作坊活动。参与师生采取混合编组形式分为 6 个小组，每个小组由两名指导教师和五至六名学生组成，中英人员各占一半。

此项活动得到了中国科学技术协会的大力支持，北京市规划委员会、首都钢铁集团公司、北京市建筑设计研究院等单位向本次活动提供了大力帮助。

【建筑学院成功举办《对话》中国建筑人才现状浅析活动】 4 月 27 日，由建筑学院、慧诺国际建筑咨询公司共同主办的《对话》中国建筑人"Design in China 设计足迹"——中国建筑设计人才现状浅析活动在我校第三阶梯教室隆重举行。学校副校长张大玉、建筑学院院长刘临安、党总支书记牛磊、副院长马英出席了本次活动，北京建筑设计研究院总建筑师刘晓钟、CCDI悉地国际副总裁张明慧、ZNA建筑设计事务所总经理王旭等多位建筑行业精英作为嘉宾出席，另外新浪乐居、建筑师、DOMUS、北京晚报、新地产、新京报、楼市、地产中国、房龙网、网易等媒体也参加并报道了本次活动。

【**我校学生在2013年度全国城乡规划学科专业指导委员会上获得佳绩**】2013年度全国城乡规划学科专业指导委员会年会于9月25日～29日在哈尔滨工业大学隆重举行，来自全国包括港澳台地区的百余所院校的近四百名教师代表参加了此次盛会。在专指委委员会上，我校专指委委员张忠国教授汇报了所负责的北京片区所办城乡规划专业院校的学科专业建设情况，并应邀交流了由我校牵头从2011年开始主办的全国六校城乡规划联合毕业设计的进展情况。会上，正式发布了《全国高等院校城乡规划本科指导性专业规范》，这本规范对于全国已办城乡规划专业的188所院校和正在申办城乡规划专业的院校来说，具有重要的指导意义，张忠国教授作为编制人员之一参加了专业规范的编制工作。

在专指委全体会上，还对今年的获奖作品进行了表彰。我校孙立、张忠国的教研论文《思变、司便、思与辨—规划评析课程多元互动式教学改革初探》获得优秀论文奖，并应邀在大会上作了宣讲；学生范金龙、赵洪民、李嘉宇、付乐的《"单停单行"方案分类深化》获得城市交通出行创新实践竞赛三等奖，指导教师是范霄鹏；学生李静岩、王潇的《摇滚七巧板》获得城市设计竞赛佳作奖，指导教师是孙立、苏毅；学生王煦立、李晨卉的《倏忽怡然》获得城市设计竞赛佳作奖，指导教师是苏毅、孙立。

【**"本土设计的再思考"崔愷近期作品巡展：北京建筑大学站隆重开展**】2013年11月14日下午2：00，明快的秋日午后，中国工程院院士、国家勘察设计大师中国建筑设计研究院（集团）副院长、总建筑师崔愷先生的近期作品巡展在北京建筑大学大学生活动中心隆重开幕。

本次开幕活动由建筑与城市规划学院副院长马英教授担任主持人，并由《世界建筑》主编、清华大学建筑学院教授张利、北京建筑大学副校长张大玉、建筑与城市规划学院院长刘临安、建筑与城市规划学院党总支书记牛磊对崔愷院士以及到场嘉宾、参会人员的到来发表了欢迎致辞。

崔愷院士曾获得"全国优秀科技工程者"、"国务院特殊津贴专家"、"全国人事部有突出贡献的中青年专家"、"国家百、千、万人工程"人选、"法国文学与艺术骑士勋章"、"梁思成建筑奖"等荣誉；曾获得国内外41项奖项。受邀参加过11项国内外大型展览。出版学术著作包括《工程报告》、《德胜尚城》、《本土设计》、《中间建筑》等。《世界建筑》于今年第十期出版了"本土设计的再思考：崔愷"专辑，并筹备组织了崔愷院士作品的六校巡展。开幕式结束后，崔愷院士在第二阶梯教室进行了题为"本土设计——以土为本的理性主义"的专题学术报告。

【**我校顺利通过城乡规划专业本科评估中期检查**】2013年12月18日，住房和城乡建设部城乡规划专业指导委员会委派中国城市规划学会副理事长兼秘书长石楠教授和哈尔滨工业大学建筑学院副院长冷红教授前来我校进行城乡规划专业本科教育评估中期检查与督查。

专家认为，我校自2011年5月评估以来，城乡规划专业取得了喜人的发展与进步，学校将城乡规划专业作为学校的龙头专业予以支持，在教学经费、人才引进、教学条件改善等方面有了很大的改进，同时城乡规划专业教师在科研、教学、教研等方面均取得了很大的进步与成绩，同意通过我校城乡规划专业评估中期检查。

此外专家建议我校在目前城乡规划专业招生规模不断扩大和设立景观专业的背景下，继续加大师资队伍引进与建设力度，继续引进高层次人才，同时加强青年教师培养力度，不断提高教师的科研水平，以回应学校升格为大学，以及城乡规划学升级为一级学科的发展需要。同时建议学校拟实施有利于规划专业教学与学校规划设计机构紧密衔接的管理体制，尽快建立独立的规划设计研究院、教授工作室以及研究所等机构，以便有力的支撑和推进城乡规划学科专业的教学和科研发展。

【建筑学院召开建筑学专业卓越计划培养方案专家论证会】 2013 年 12 月 23 日，建筑学专业卓越计划专家论证会在建筑学院会议室如期召开。此次论证会是建筑学专业卓越计划实施中的重要环节之一，通过校外企业专家对卓越培养方案的审查与论证，对建筑学专业卓越计划实施的有效性与合理性提出建设性意见。

会议由建筑学院教学副院长马英教授主持，邀请到的专家有清华大学建筑设计研究院刘玉龙院长、中国建筑设计研究院建筑院景泉院长、北京市建筑设计院邵韦平创作室刘宇光高级建筑师，校内参与人员有教务处副处长孙建民教授、建筑学院党总支书记牛磊老师、一至五年级课程负责人等。

（五）科研工作

2013 年建筑学院承担的各类科研项目一览表

序号	项目名称	负责人	项目来源	项目级别	合同经费（万元）	起止时间	项目类别
1	京郊乡村环境建设中乡土艺术的应用研究	朱军	北京市教委	省部级	5	2009-01-01～2015-05-06	基础研究
2	当代中国城市公共空间中宗教空间的研究	金秋野	教育部	省部级	7	2011-01-01～2015-01-04	应用研究
3	2009 年度北京郊区特色风貌村落中的两个村的保护与规划	丁奇		企事业单位委托科技项目	24	2009-10-08～2014-01-13	应用研究
4	二级注册建造师继续教育及管理制度的研究	李勤		省、市、自治区科技项目	23.8	2010-04-01～2014-06-30	应用研究
5	关于地铁车站导室内装饰系统的研究	杨琳		其他课题	2	2010-12-10～2014-03-10	应用研究
6	北京市门头沟区 109 国道沿线村庄规划与节能改造	丁奇		企事业单位委托科技项目	29	2011-03-30～2014-01-15	应用研究
7	济空后勤培训中心建筑室外夜景照明设计	刘博		其他课题	8	2011-04-14～2013-05-31	其他科技服务

序号	项目名称	负责人	项目来源	项目级别	合同经费（万元）	起止时间	项目类别
8	中国世界自然遗产地信息系统建设研究	张忠国		主管部门科技项目	24	2011-07-01～2014-06-30	应用研究
9	安徽省淮南市寿州窑遗址保护规划	张笑楠		企事业单位委托科技项目	10	2011-09-30～2013-10-10	应用研究
10	文物建筑利用风险及其监测指标体系研究	张笑楠		企事业单位委托科技项目	3	2011-09-30～2013-06-20	应用研究
11	山东金乡和谐花园小区、新疆天山物流园、劳动出版社大兴基地三项	赵可昕		企事业单位委托科技项目	16	2011-11-05～2014-11-05	应用研究
12	陕西渭南临渭区双王办许村安置小区规划	李勤		企事业单位委托科技项目	7.5	2011-12-09～2013-12-30	应用研究
13	迁西县中心村规划	孙克真		企事业单位委托科技项目	62	2012-01-01～2015-10-31	应用研究
14	揭阳阳美玉文化园城市设计方案竞赛-城市空间组织及布局专题	张忠国		企事业单位委托科技项目	40	2012-01-01～2013-06-30	应用研究
15	关于地铁车站设施系统的研究	杨琳		其他课题	2	2012-01-02～2014-04-01	应用研究
16	关于地铁车站导引系统的研究	杨琳		企事业单位委托科技项目	2	2012-01-10～2014-03-31	应用研究
17	关于地铁车站商业设置的研究	杨琳		其他课题	2	2012-01-20～2014-04-20	应用研究
18	新疆昌吉新城规划设计	胡雪松		企事业单位委托科技项目	3	2012-03-18～2013-08-18	应用研究
19	新疆骑马山小区、阿克苏酒店、友谊宾馆综合楼三项	赵可昕		企事业单位委托科技项目	13	2012-04-10～2014-06-10	应用研究
20	大运河济宁段泉林整治设计	田林		企事业单位委托科技项目	10	2012-04-10～2013-01-30	应用研究
21	河南安阳古城保护整治复兴规划（规划部分）	孙立		企事业单位委托科技项目	10	2012-06-01～2013-06-01	应用研究

序号	项目名称	负责人	项目来源	项目级别	合同经费（万元）	起止时间	项目类别
22	北京"东四南"历史文化保护区建筑风貌和历史价值评估	何力		企事业单位委托科技项目	7	2012-06-05～2013-03-20	研究与发展成果应用
23	寿光市城市总体规划（2010～2030）	张忠国		企事业单位委托科技项目	25	2012-07-01～2014-12-31	应用研究
24	德州市天衢投资建设公司小区环境设计	赵希岗		其他研究项目	1	2012-08-10～2013-11-10	实验与发展
25	河南省郑州市苑陵故城遗址文物保护规划	张笑楠		企事业单位委托科技项目	15	2012-09-10～2015-12-30	应用研究
26	宜居背景下西安城区集合住宅的维护更新与监测	李勤		企事业单位委托科技项目	7	2012-10-01～2014-10-31	应用研究
27	宁阳文庙及神童山石刻保护方案	田林		企事业单位委托科技项目	10	2012-11-10～2013-11-10	应用研究
28	东城区有保护价值历史建筑调查	何力		主管部门科技项目	7	2012-12-05～2014-09-05	研究与发展成果应用
29	北京中心城区交通拥堵策略研究	张忠国		省、市、自治区科技项目	10	2012-12-20～2013-12-20	应用研究
30	幸福典藏西镇景观设计	丁奇		其他课题	8	2013-03-20～2014-01-20	应用研究
31	编制公共机构建筑节能培训教材	李英		国务院其他部门	40	2013-04-03～2013-09-03	应用研究
32	湖南省澧州古城墙文物保护规划	欧阳文		企事业单位委托科技项目	8	2013-04-05～2014-12-31	应用研究
33	四川富顺南环路东三片区总体规划及城市设计	王佐		企事业单位委托科技项目	20	2013-04-09～2013-11-20	应用研究
34	怀来县绿化系统规划	丁奇		企事业单位委托科技项目	18	2013-04-15～2014-04-21	应用研究
35	北京城市中心商业区交通缓堵研究	张忠国		企事业单位委托科技项目	10	2013-04-15～2013-12-31	应用研究

序号	项目名称	负责人	项目来源	项目级别	合同经费（万元）	起止时间	项目类别
36	青岛即墨商贸城片区城市设计	王佐		企事业单位委托科技项目	15	2013-05-23～2013-07-25	应用研究
37	江西省共青城LDC云计算数据中心概念性总体规划项目咨询顾问服务	林川		企事业单位委托科技项目	24	2013-06-01～2014-05-31	应用研究
38	河北省张家口市下花园黑山梁山地公园概念规划	丁奇		企事业单位委托科技项目	24	2013-06-01～2014-12-31	应用研究
39	龙泉历史文化名城保护规划专题研究	张笑楠		企事业单位委托科技项目	24	2013-06-01～2014-12-31	应用研究
40	古崖居艺术家工作室设计咨询	晁军		企事业单位委托科技项目	4	2013-06-15～2013-10-23	应用研究
41	沈阳市于洪区国家级现代农业产业区概念规划	丁奇		企事业单位委托科技项目	20	2013-06-17～2014-01-20	应用研究
42	赤峰元宝山区宝山仕家项目绿色建筑申报咨询服务	郭晋生		企事业单位委托科技项目	8	2013-08-01～2014-12-31	应用研究
43	乐清市绿色生态新城绿色交通专题研究	王晶		企事业单位委托科技项目	110	2013-08-20～2014-05-31	应用研究
44	五道江镇总体规划	张忠国		企事业单位委托科技项目	20	2013-09-15～2014-05-30	应用研究
45	土木工程施工安全管理研究	李勤		企事业单位委托科技项目	10	2013-09-24～2015-09-30	应用研究
46	韩城历史文化名城保护规划-古城选址与建筑风貌专题研究	张笑楠		省、市、自治区科技项目	45	2013-09-30～2015-10-15	基础研究
47	北京城市中心商业区交通缓堵研究	张忠国		企事业单位委托科技项目	9	2013-10-01～2013-11-18	应用研究
48	乐山大佛文物保护规划编制	赵晓梅		企事业单位委托科技项目	25	2013-10-10～2014-01-20	应用研究
49	土木工程施工安全管理研究	李勤		企事业单位委托科技项目	10	2013-10-10～2015-09-25	应用研究
50	通化市五道江镇总体规划	王晶		企事业单位委托科技项目	1.5	2013-10-21～2014-05-30	应用研究

序号	项目名称	负责人	项目来源	项目级别	合同经费（万元）	起止时间	项目类别
51	五道江镇城市总体规划（2013-2030）	张忠国		企事业单位委托科技项目	9	2013-10-25～2014-12-31	应用研究
52	新疆生产建设兵团66团规划	荣玥芳		企事业单位委托科技项目	45	2013-10-30～2014-04-01	应用研究
53	六十六团（中心团场）金梁子镇发展战略、总体规划	荣玥芳		企事业单位委托科技项目	45	2013-11-15～2013-12-31	应用研究
54	安徽省淮南市九龙岗民国建筑群保护规划	李春青		企事业单位委托科技项目	60	2013-12-02～2014-04-30	应用研究

2013 年建筑学院教师发表的学术论文一览表

序号	成果名称	第一作者	发表时间	发表刊物	刊物类别
1	论迈克尔·W·阿普尔的教师观及对我国教育改革的启示	常瑾	2013-01-01		期刊论文
2	教育语言是存在的家——兼论教育语言的特性	刘志刚	2013-01-14		期刊论文
3	宗达光琳与近代日本画的装饰性	仝朝晖	2013-01-15		期刊论文
4	Research on the Attribute and the role of Indemnificatory Housing	孙克真	2013-01-16		期刊论文
5	具体的传统	金秋野	2013-01-18		期刊论文
6	论王澍，兼论当代文人建筑师现象、传统建筑语言的现代转化及其他问题	金秋野	2013-01-21		期刊论文
7	闽南民居的营造艺术	马全宝	2013-03-01	线装书局	论文集
8	金门古城的价值和意义	许政	2013-03-03		期刊论文
9	The Effects of Urban Regeneration Methods for China's Villages	禹婧	2013-03-03	日本计划行政学会	论文集
10	传统聚落社会结构变迁与空间更新	范霄鹏	2013-03-04		期刊论文
11	浅析高校教工党支部在构建和谐校园中的作用	冯萍	2013-03-05	兵器工业出版社	文章
12	纸间美意	赵希岗	2013-03-10		期刊论文
13	防护工程设计规范中有关结构专业需要修订的几个问题	冯丽	2013-03-19		期刊论文
14	幸福是教育的终极追求	常瑾	2013-04-01		期刊论文
15	国画作品 10 幅	谭述乐	2013-04-05		期刊论文
16	广州宗教空间分布初探	于丁	2013-04-19		期刊论文

序号	成果名称	第一作者	发表时间	发表刊物	刊物类别
17	全面回忆	金秋野	2013-04-19		期刊论文
18	在建筑史论教学中讲授人文社会科学研究方法的意义	赵晓梅	2013-05-01		期刊论文
19	北京报废公交车的建筑化再利用的途径思考	李春青	2013-05-05		期刊论文
20	雍亲王府建筑沿革浅考	李春青	2013-05-15		期刊论文
21	观察法在英国医疗建筑设计研究与教学中的应用	郝晓赛	2013-05-20		期刊论文
22	门诊部声环境现状及静音设计方法	李英	2013-05-26		期刊论文
23	以空间设计为核心，以生态\社会\美学三元价值观为导向	丁奇	2013-05-30		期刊论文
24	传统建筑装饰与文化传承	朱军	2013-06-01	天津人民出版社	论文集
25	基于绿色交通理念的交通供求关系导向策略研究	陆化普	2013-06-01		期刊论文
26	国画作品3幅	谭述乐	2013-06-05		期刊论文
27	从污染摄影家到鬼城建筑师	金秋野	2013-06-07		期刊论文
28	批评的镜子	丁奇	2013-06-10		期刊论文
29	做"有观念"的建筑人	金秋野	2013-06-13		期刊论文
30	略论当代中国城市宗教空间的公共性问题	金秋野	2013-06-14		期刊论文
31	感觉的尺度——建筑教育三问	金秋野	2013-06-14		期刊论文
32	Huapu LU, Jing WANG, Analysis of the Relationship between Urban Land Use and Carbon Emission	陆化普	2013-06-23	WCTR2013委员会	论文集
33	由建筑学本科生课内外学时量统计分析而引发的思考	李春青	2013-06-25		期刊论文
34	建筑学专业本科生专业英语教学初探	李春青	2013-06-25		期刊论文
35	中国における都市計画中の住民参加の実態に関する研究	孙立	2013-06-26	日本计划行政学会	论文集
36	Investigation of Three Dimensional Afforestation of Modern Urban Space in China	冯萍	2013-06-27	彼得堡大学	论文集
37	在土木工程专业课程中树立深入学习规范的理念——以房屋建筑学课程中学习《住宅设计规范》为例	冯萍	2013-07-01		期刊论文
38	意大利安科纳市历史中心区城市保护与历史建筑再利用	王兵	2013-07-10		期刊论文

序号	成果名称	第一作者	发表时间	发表刊物	刊物类别
39	构建"一体化"院级教学督导体系的研究与探讨	陈霞妹	2013-08-01		期刊论文
40	学者翰墨隶而兼行	谭述乐	2013-08-05		文章
41	传统山水画的认知方式与构图	谭述乐	2013-08-05	江苏省美术家协会	论文集
42	也谈新中式景观	丁奇	2013-08-30		期刊论文
43	基于基本空间语言能力和中国人文属性的建筑设计教学改革	李春青	2013-08-31		期刊论文
44	Continuity of Dong traditions through development of Zhaoxing	赵晓梅	2013-08-31		文章
45	北京家具行业的绿色发展内涵与措施研究	冷一楠	2013-09-01		期刊论文
46	我国农村土地征收法律问题研究	陈霞妹	2013-09-01		期刊论文
47	院级教学督导体系构建研究	陈霞妹	2013-09-01		期刊论文
48	"可持续观念下的中国医院建筑设计与建设"主题沙龙	刘玉龙	2013-09-17		期刊论文
49	思变，司便，思与辩-规划评析课程多元互动式教学改革初探	张忠国	2013-09-20	中国建筑工业出版社	论文集
50	瞿县寺建筑彩画形式美研究	刘鹏	2013-10-01		期刊论文
51	绿色城市与居住区规划问题研究——"城市·社区·住区"图示关系分析	孙克真	2013-10-01	中国建筑学会编，中国建筑工业出版	论文集
52	历史文化名村的精髓、保护、传承与发展——以北京焦庄户历史文化名村为例	孙克真	2013-10-01	中国建筑学会编，中国建筑工业出版社	论文集
53	工业遗产保护 ——大连港区第15号仓库再利用实践研究	赵晓梅	2013-10-09	西安建筑科技大学	论文集
54	数字化设计支持下的工业设计教育探索	朱宁克	2013-10-09	机械工业出版社	论文集
55	养在深闺的庐陵传统营造技艺	马全宝	2013-10-11		期刊论文
56	北京高层居住区噪声源及其影响研究	李英	2013-10-12	国家住宅中心	论文集
57	"技术等与进步？——使用计算机作图软件过程中的几点思考"	葛国栋	2013-10-18	中国建筑工业出版社	论文集
58	统一而不同一	赵希岗	2013-10-20		期刊论文
59	侗族居住建筑演变研究	赵晓梅	2013-10-22	中国建筑学会	论文集
60	基于智慧城市理念的广州地下文物埋藏预保护	徐怡芳	2013-10-30	住房与城乡建设部信息中心	论文集

序号	成果名称	第一作者	发表时间	发表刊物	刊物类别
61	Contemporary Needs and Structural Dilemmas for Developing Sustainable Hospital Buildings in China：Sino-for-eign comparison，social investigation and design practice	郝晓赛	2013-10-31	The Symposium on Healthcare Architecture in Asia 2013	论文集
62	论混合式光源照明在展示空间的应用	张静	2013-11-01		期刊论文
63	On Innovation of Sustainable Interior Design	滕学荣	2013-11-01		期刊论文
64	哈萨克斯坦共和国建筑装饰设计市场现状研究	丹尼	2013-11-01	中国水利水电出版社	论文集
65	等待	杨晓	2013-11-01		期刊论文
66	意大利安科纳市历史建筑适宜性再利用模式研究	王兵	2013-11-01	中国文物学会传统建筑园林委员会	论文集
67	Study of Hospital Spatial Guiding Lo-go Design	黄莉	2013-11-06	2013 亚洲室内设计联合会	论文集
68	空间，城镇化与治理改革	陈晓彤	2013-11-06		期刊论文
69	多元化的联合——2013室内设计"6+1"校企联合毕业设计实践与思考	朱宁克	2013-11-19	中国水利水电出版社	论文集
70	保障性住房节能设计思考	刘啸	2013-11-25		期刊论文
71	新时期建筑学教学改革的核心要素分析——"实践·信息·教学"图示关系	孙克真	2013-12-01	兵器工业出版社	论文集
72	圆明园空间研究	何力	2013-12-05		期刊论文
73	中国古典家具的认知与解读——以明代圈椅为例	阚玉德	2013-12-13	北京理工大学出版社	论文集
74	Research on Urban Indemnificatory Housing with Suitable Crowd and its Housing Component Type	孙克真	2013-12-14	Atlantis Press	论文集
75	文明的造型	金秋野	2013-12-20		期刊论文
76	鸟巢之后的李兴钢	金秋野	2013-12-20		期刊论文
77	无意于书乃佳	金秋野	2013-12-20		期刊论文
78	从民间剪纸中寻找现代图形设计的灵感启示	赵希岗	2013-12-20		期刊论文
79	香港随感录	金秋野	2013-12-27		期刊论文
80	影响高校教师激励机制的环境因子浅析	常瑾	2013-12-28	兵器工业出版社	论文集
81	以卓越工程师计划位培养目标的顶岗实习学生管理体系的探索	陈霞妹	2013-12-28	兵器工业出版社	论文集

2013 年建筑学院教师发表的著作信息一览表

序号	成果名称	第一作者	发表时间	出版单位	著作类别
1	建筑模型设计与制作（第三版）	郎世奇	2013-01-01	中国建筑工业出版社	正式出版教材
2	代建筑思想评论丛书——尺规理想国	金秋野	2013-01-04	江苏人民出版社	学术专著
3	一级注册建筑师考试辅导教材（第九版）	曹纬浚	2013-01-15	中国建筑工业出版社	编著
4	一级注册建筑师辅导试题集（第九版）	曹纬浚	2013-01-15	中国建筑工业出版社	编著
5	中国城中村现状及其人居环境整治	孙立	2013-05-15	中国建筑工业出版社	学术专著
6	当代书画名家丛书-谭述乐	谭述乐	2013-05-20	天津人民美术出版社	学术专著
7	素描基础	靳超	2013-06-04	中国建筑工业出版社	国家级规划教材
8	中国设计史纲要	赵希岗	2013-08-01	江苏美术出版社	国家级规划教材
9	苏州香山帮建筑营造技艺	刘托	2013-08-31	安徽科学技术出版社	学术专著
10	闽南民居传统营造技艺	杨莽华	2013-08-31	安徽科学技术出版社	学术专著
11	欧式建筑细部设计法则	黄运昇	2013-08-31	中国建筑工业出版社	编著
12	高等学校城乡规划本科指导性专业规范	张忠国	2013-09-20	中国建筑工业出版社	国家级规划教材
13	天工筑韵岭南风-广州传统民居建筑装饰与构件图集	徐怡芳	2013-09-28	广东人民出版社	编著
14	2014 一级注册建筑师考试教材第三分册建筑物理与建筑设备	曹纬浚	2013-10-01	中国建筑工业出版社	正式出版教材
15	一级注册建筑师考试教材	曹纬浚	2013-10-12	中国建筑工业出版社	正式出版教材
16	聆听居住之美	丁奇	2013-10-15	江苏科技出版社	编著
17	一级注册建筑师考试辅导习题集（第十版）	曹纬浚主编	2013-10-15	中国建筑工业出版社	编著
18	一级注册建筑师考试建筑技术设计（作图）应试指南（第九版）	樊振和	2013-11-01	中国建筑工业出版社	正式出版教材
19	一级注册建筑师考试教材第六分册建筑方案技术与场地设计（作图）（第十版）	樊振和	2013-11-01	中国建筑工业出版社	正式出版教材
20	CIID"室内设计6＋1"2013（首届）校企联合毕业设计：赛后商机卷——国家体育场改造室内设计	陈静勇	2013-11-01	中国水利水电出版社	编著
21	赛后商机-国家体育场改造室内设计	杨琳	2013-11-19	中国水利水电出版社	正式出版教材
22	赛后商机——国家体育场改造室内设计	朱宁克	2013-11-20	中国建筑工业出版社	正式出版教材
23	书画名家谭述乐人物画	谭述乐	2013-12-05	中国邮电出版社	学术专著
24	谭述乐画荷花	谭述乐	2013-12-05	中国邮电出版社	学术专著
25	谭述乐花鸟画	谭述乐	2013-12-05	中国邮电出版社	学术专著
26	一级注册建筑师考试辅导教材（第十版）	曹纬浚主编	2013-12-15	中国建筑工业出版社	编著

2013 年建筑学院教师发表的获奖信息一览表

序号	奖励名称	成果名称	获奖完成人	获奖日期	获奖等级
1	省级优秀设计二等奖	方城县域村镇体系规划（2009-2020）	荣玥芳	2013-03-20	二等奖
2	中华剪纸创作成就奖	现代剪纸艺术	赵希岗	2013-04-01	特等奖
3	2013 年北京市教委特色"中国古塔（二期）"	2013 年北京市教委特色资源库优秀资源包	许政	2013-04-30	其他奖
4	优秀指导教师奖	第二届全国高等院校建筑与环境设计专业学生美术作品大奖赛	钟铃	2013-05-08	其他奖
5	第二届全国高等院校建筑与环境设计专业学生美术作品大奖赛	三等奖　素描	沈澹宁	2013-05-10	三等奖
6	优秀指导教师奖	第二届全国高等院校建筑与环境设计学生美术作品大奖赛	靳超	2013-05-17	其他奖
7	2013 年第二届全国高等院校建筑与环境设计学生美术作品大奖赛水彩三等奖	辅导学生获奖：2013 年第二届全国高等院校建筑与环境设计学生美术作品大奖赛水彩三等奖	杨晓	2013-05-20	三等奖
8	2013 年第二届全国高等院校建筑与环境设计学生美术作品大奖赛水粉优秀奖	辅导学生获奖：2013 年第二届全国高等院校建筑与环境设计学生美术作品大奖赛水粉优秀奖	杨晓	2013-05-20	四等奖
9	2013 年第二届全国高等院校建筑与环境设计学生美术作品大奖赛优秀指导教师奖	2013 年第二届全国高等院校建筑与环境设计学生美术作品大奖赛优秀指导教师奖	杨晓	2013-05-20	其他奖
10	第二届全国高等院校建筑与环境设计专业学生美术作品大奖赛素描三等奖	辅导学生获奖	靳超	2013-05-20	三等奖
11	北京市教育教学成果奖一等奖	注重中国文化传承的建筑学专业创新人才培养体系的探索和实践	金秋野	2013-05-23	一等奖
12	优秀指导教师奖	第二届全国高等院校建筑与环境设计专业学生美术作品大奖赛创意素描	朱军	2013-05-30	其他奖
13	室内设计"6＋1"2013 首届校企联合毕业设计优秀指导教师奖	室内设计"6＋1"2013 首届校企联合毕业设计二等奖	杨琳	2013-06-12	二等奖
14	北京市教委 2012 年度高等学校特色教育资源库建设项目优秀资源包	北京清代王府建筑与文化（二期）资源包	李春青	2013-06-19	一等奖
15	室内设计"6＋1"2013（首届）校企联合毕业设计优秀指导教师奖	室内设计"6＋1"2013（首届）校企联合毕业设计二等奖	朱宁克	2013-06-20	二等奖

序号	奖励名称	成果名称	获奖完成人	获奖日期	获奖等级
16	指导研究生获北京建筑大学2013届夏季优秀硕士学位论文奖	北京建筑大学2013届夏季优秀硕士学位论文奖	王海瑞	2013-07-02	其他奖
17	北京建筑大学2013届夏季优秀硕士学位论文奖	北京焦庄户历史文化名村保护与利用研究	孙克真	2013-07-02	其他奖
18	第七届创意中国设计大奖优秀指导教师奖	一院旧房-学生作业-葛洁琪	李春青	2013-08-01	一等奖
19	第7届创意中国设计大奖优秀指导教师奖	视、界	蒋方	2013-08-30	其他奖
20	2013"合成·新人杯"全国大学生室内设计竞赛优秀奖	住宅室内设计	高朋辉	2013-09-01	其他奖
21	北京市高等教育教学成果奖	探寻设计的原点——环境艺术设计人才培养模式研究与实践	李沙	2013-09-01	二等奖
22	指导研究生参加国际建筑设计竞赛获奖	2013年台达杯国际太阳能建筑设计竞赛优秀奖	学生何彩虹，李英唯一指导教师	2013-09-16	其他奖
23	2013全国城乡规划教师论文竞赛优秀论文奖	思变，司便，思与辩-规划评析课程多元互动式教学改革初探	张忠国	2013-09-20	特等奖
24	首届中装杯全国大学生空间与环境艺术设计大赛优秀指导教师奖	首届中装杯全国大学生空间与环境艺术设计大赛推荐作品一等奖	杨琳	2013-09-26	一等奖
25	首届中装杯全国大学生空间与环境艺术设计大赛优秀指导教师奖	首届中装杯全国大学生空间与环境艺术设计大赛一等奖	朱宁克	2013-09-27	一等奖
26	2013第十一届中国环境设计学年奖城市设计奖	城市设计奖	陈闻喆	2013-09-30	其他奖
27	2013年中国建筑学会年会论文优秀论文奖	绿色城市与居住区规划问题研究——"城市·社区·住区"图示关系分析	孙克真	2013-10-01	其他奖
28	2013年中国建筑学会年会论文优秀论文奖	历史文化名村的精髓、保护、传承与发展——以北京焦庄户历史文化名村为例	孙克真	2013-10-01	其他奖
29	首届"CCDI优秀青年教师奖教金"	入围奖	金秋野	2013-10-10	其他奖
30	中华文化促进会"中华剪纸创作成就奖"	"中华剪纸创作成就奖"	赵希岗	2013-10-10	特等奖
31	首届全国高校微课教学比赛北京优秀奖	建筑光学课程	刘博	2013-10-11	其他奖

序号	奖励名称	成果名称	获奖完成人	获奖日期	获奖等级
32	研究生优质课程建设	近现代建筑引论	金秋野	2013-11-15	一等奖
33	中国建筑学会室内设计分会2013年会优秀论文	论混合式光源照明在展示空间的应用	李沙	2013-12-01	其他奖
34	招商地产2013年绿色建筑设计大赛创意奖	招商地产2013年绿色建筑设计大赛	乔岩	2013-12-01	其他奖
35	中国当代大学生艺术作品年鉴最佳指导老师	中国当代大学生艺术作品年鉴学生作业	李春青	2013-12-01	一等奖
36	2013年第23届（哈尔滨）年会优秀论文	论混合式光源照明在展示空间的应用	李沙	2013-12-02	其他奖
37	中国室内设计卓越成就奖	中国室内设计卓越成就奖	李沙	2013-12-05	其他奖
38	精瑞科学技术奖室内设计金奖	锦州建国酒店室内设计	杨琳	2013-12-18	特等奖
39	教育部全国廉政文化作品大赛	风清水洁　出泥不染	赵希岗	2013-12-20	一等奖
40	省级优秀规划设计	社旗县村镇体系规划（2009～2020）	荣玥芳	2013-12-31	三等奖

【我校主编的《车库建筑设计规范》顺利通过专家评审会】由我校作为主编单位，建筑学院郭晋生教授、马英教授作为主编人，主持修编的《车库建筑设计规范》工作已完成送审稿。2013年1月8日在银龙苑宾馆召开了规范修编工作的专家审查会，副校长张大玉教授、建筑与城市规划学院院长刘临安教授出席了会议并致辞。

本次修编工作以我校为主编单位，联合了北京市建筑设计研究院有限公司、清华大学建筑设计研究院有限公司、上海建筑设计研究院有限公司、中建国际（深圳）设计顾问有限公司、中国中元国际工程公司等国内著名设计企业为参编单位，组建了修编小组。修编小组经过几年的调研、反复论证与研究，最终完成《车库建筑设计规范》的送审稿。本次专家审查会由国内各地区知名设计单位的建筑设计大师与总建筑师组成，何玉如建筑设计大师为审查会主任委员，与会专家经过仔细认真的评审，认为本次车库建筑设计规范修编工作具有完整的阶段性成果，技术依据充分，数据翔实，有较强的适用性和可操作性，具有一定前瞻性，达到国内领先水平，给予高度评价。

《车库建筑设计规范》的修编工作，对于提升我校知名度与社会影响，促进校企合作、产学研结合起到了很大的推动作用。

【建筑与城市规划学院师生在中国建筑学会2013年会论文征集和优秀论文评选中取得优异成绩】在10月21日至23日召开的2013年中国建筑学会年会论文征集和优秀论文评选中我校建筑与城市规划学院师生取得了优异的成绩。今年召开的2013年中国建筑学会年会暨中国建筑学会成立六十周年纪念活动，中国建筑学会组织了论文征集活动。论文征集主题为：繁荣建筑文化，建设美丽中国。征文内容包括：繁荣建筑文化，建设美丽中国及绿色城市、2013当代青年建筑师创作、可持续发展的建筑结构、环保新型建材的推广应用、乡土建筑传承与美丽乡村建设、建筑施工 BIM 应用、建筑地基基础与城市地下空间等 7 个议题。

经过中国建筑学会论文集编辑评审委员会及有关分会专家的审阅，共有 74 篇论文被收录到《繁荣建筑文化，建设美丽中国——2013 年中国建筑学会年会论文集》中，并由中国建筑工业出版社出版。其中共有 24 篇论文被评选为优秀论文。在中国建筑学会评审的 24 篇优秀论文中，我校有 5 篇论文获优秀论文奖，其中建筑学系孙克真老师、建筑史论部赵晓梅老师、建研 11-1 班白雪同学的三篇优秀论文在分论坛："乡土建筑传承与美丽乡村建设"论坛上进行了论文宣讲交流。

（六）学生工作

【专业启迪，放飞梦想——建筑学院举办专业认知讲座】2013 年 9 月—12 月，建筑学院为增强新生专业认知举办了院长见面会、"回溯历史中的北京"参观文化古迹、参观实验中心等系列活动，均取得了良好的效果。

【诚信科学——建筑学院大一新生参加北京市科学道德和学风建设报告会】2013 年 12 月 5 日，14 点 30 分，北京市科学道德和学风建设宣讲系列报告会在我校大学生活动中心隆重召开，建筑学院组织大一新生参加本次活动，同时此次讲座也是思想政治教育课程的重要学习内容。

【引领航路——建筑学院院长系部主任与新生见面会成功举办】2013 年 10 月 31 日，建筑学院 2013 级新生引航工程活动之一的院长系部主任见面会在西城校区教 5-218 教室举办。建筑学院院长刘临安、党总支书记牛磊、副院长张忠国、副书记丁奇及建筑学系、城乡规划学系、设计学系、历史建筑保护工程系主任、副主任出席了活动。

首先，建筑学院院长刘临安老师向全体大一新生们介绍了学校的概况以及建筑学院学科发展的优势条件，鼓励大家刻苦学习，健康成长，茁壮成才。随后建筑学系主任欧阳文、城乡规划学系主任荣玥芳、设计学系主任杨琳、历史建筑保护工程系副主任王兵以及党总支副书记丁奇分别介绍了建筑学、城乡规划学、环境设计、历史建筑保护工程及风景园林 5 个专业的专业特色，勾画了不同专业未来发展与职业规划蓝图，为新生明确了方向，并向大家送上美好祝福。通过本次活动，同学们对各自的专业有了更深刻的了解，坚定了学习的信心，并纷纷表示受益匪浅。

【建筑学院组织 2013 级新生参加中国建筑设计青年建筑师颁奖典礼】2013 年 9 月 28 日，为庆祝北京国际设计周的成功开幕，暨 D21 中国建筑设计青年建筑师颁奖典礼，中国梦、中国建筑的复兴专题讲座于 15：00 在国贸会展中心隆重召开。国内外诸多建筑业，设计业领导、前辈莅临出席。我校建筑学院 100 余名学生受邀参加，团总支组织了 70 余名 2013 级新生参加此次活动，让同学们亲身感受建筑师的风采。

会上，颁发了此届青年建筑师奖项及特殊成就奖，获奖者包括毕业于北京建筑工程学院建筑系的马岩松、天津大学建筑系的李兴刚、清华大学建筑系的华黎以及全国在建筑领域作出杰出贡献的十余个公司。

【建筑学院开展无偿献血活动，同学们踊跃参与献爱心】2013 年 11 月 23 日星期六，建筑学院有 86 名同学积极报名参加学校组织的义务献血活动，其中有 66 名同学成功献血，有 11 名同学是第二次献血，建研 134 班的邱凡同学更是第三次献血。同时，我院对四位较为突出的同学进行了采访。

【传承优秀，再创辉煌——建筑学院举办 2012～2013 学年"优良学风班"评比答辩会】
2013 年 11 月 14 日下午 1 点，建筑学院在西城校区教 1-102 举行了 2012～2013 学年"优良学风班"评比活动，共有 2009～2012 级 4 个年级 15 个班级参加评选。此次活动邀请学工部部长黄尚荣老师、建筑学院党总支书记牛磊老师、党总支副书记丁奇老师以及各班级导师作为评委参与活动并进行评分。

【首届"中装杯"全国大学生空间与环境艺术设计大赛颁奖典礼暨第二届启动仪式在我校隆重举行】 2013 年 9 月 27 日，首届"中装杯"全国大学生空间与环境艺术设计大赛颁奖典礼暨第二届启动仪式在北京建筑大学举行。北京建筑大学校长朱光、副校长张大玉，中国建筑装饰协会会长李秉仁，中国建筑装饰行业百强企业负责人及大赛评审团专家、高校师生代表出席了本次活动。会上公布了大赛获奖名单，并举行了获奖学生就业实习意向书的授予仪式。我校建筑学院设计学系王主、关剑、刘然然作品《鸟巢赛后改造室内设计》获一等奖、刘彭（研究生）作品《香山宗镜大昭之庙室内设计》获三等奖。

【我校工业设计专业学生获得"iColor 未来之星"梦想空间设计大赛三等奖】 2013 年 5 月 27 日，由 iColor 网站与立邦公司共同举办的 iColor 未来之星设计大赛颁奖典礼在北京中央美术学院隆重举行。我校建筑与城市规划学院工业设计专业刘婷婷同学荣获了本次大赛的三等奖。在北京电视台的"北京您早"栏目中播出了对此次盛会的报道，并对刘婷婷同学进行采访，提升了我校的社会声誉。

刘婷婷同学参赛作品的题目为"香山静怡园宗镜大昭之庙空间与展示设计"，该设计围绕北京地区的文化发展脉络进行选题，体现了我校设计学系的办学特色。经过五个月的不懈努力，该设计呈现出较理想的艺术效果，并在大会中取得了优异的成绩。

未来之星设计大赛以"梦想空间"为主题，展开对中国梦的设计解读和设计延续。由立邦公司联合《中国建筑装饰装修》杂志、全国 200 所高等设计院校、十五家实力超群的设计企业，共征集到来自全国众多设计院校的 807 份学生设计作品，经来自中央美术学院、清华大学等数十位院校导师、专家的初评和复评，最终产生了 50 个入围作品。在终评现场，由 30 位专家教授当场评选出 11 位 iColor 未来之星。在本次盛会中，我校学生作品脱颖而出，也意味着我校学生的设计能力得到了社会认可。

【"四校四导师"实践教学在中央美术学院降下帷幕我校工业设计本科生获三等奖】 第五届四校四导师环境设计本科毕业设计实验教学终期汇报 5 月 25 日在中央美术学院举行，5 月 27 日举行隆重的颁奖仪式，标志着本届"四校四导师"实践教学活动圆满结束。由李沙和阚玉德、滕学荣老师指导的我校建筑学院林婉怡和刘婷婷同学分别荣获第五届"四校四导师"实践教学以及 2013 梦想空间设计大赛三等奖。建筑学院设计学系杨琳主任出席了颁奖仪式。

第五届"四校四导师"实践教学活动由中央美术学院、清华大学美术学院、北京建筑大学、天津美术学院、哈尔滨工业大学、东北师范大学、苏州大学、山东师范大学、青岛理工大学、内蒙古科技大学和吉林艺术学院等国内 11 所著名高校联合举办。由中央美术学院王铁教授担任课题组长，清华大学美术学院环境艺术设计系张月主任担任副组长，我校李沙教授等任实验教学课题责任导师。并邀请一批有社会影响力的知名设计师共同组成实践导师组，各校学生在导师组共同指导下独立完成毕业设计作品。中间组织了 5 次阶段性汇报交流。

【建筑学院开展以"青春中国梦·美丽乡村行"为主题的暑期社会实践活动】 2013 年 7 月下旬，建筑学院一年一度的暑期社会实践活动正式启动。为深入学习贯彻党的十八大精神和习近平总书记"五四"重要讲话精神，推进"我的中国梦"教育实践活动及党的群众路线教育实践活动，今年的"三下乡"社会实践活动以"青春中国梦·美丽乡村行"为主题，围绕美丽乡村村镇规划调研为主要内容开展。建筑学院党总支副书记丁奇老师带队，团总支书记康健老师、辅导员李小虎老师及城市规划专业陈闻喆老师共同参与，学生党员、学生会及研会成员积极响应，一同走访调研延庆县柳沟村。

【建筑学院建 98 级校友庆祝毕业十周年】 2013 年 9 月 7 日上午，我校建 98 级近 40 名校友齐聚建筑学院教四 107，共同庆祝毕业 10 周年。建筑学院院长刘临安、土木学院党总支书记何立新、建筑学院党总支书记牛磊、原建筑系党总支副书记张丽慧、招就处副处长朱俊玲、建筑学院党总支副书记丁奇、原建筑系团总支书记刘晖，以及建筑学院基础教学部主任欧阳文、建 98 班级导师郎世奇等多位领导老师参加了校友聚会活动。为表达对学院、学校的感激之情，建 98 级全体同学向学校捐赠玉兰树一株。

　　（七）对外交流

【新西兰知名景观设计及主题环境大师贾金杰、郝天娜教授来我校建筑学院讲学】 2013 年 3 月 15 日下午，郝天娜教授和贾金杰教授来到应邀前来我校，在本部教四 104 会议室举行了题为"身临其境的世界"的演讲。

　　贾金杰教授是国际顶级景观设计师和主题环境设计大师，曾受到英国女王伊丽莎白二世的接见，并为沃尔沃、耐克、时代啤酒以及可口可乐等世界 500 强公司制作商业广告。郝天娜教授是一位杰出的电视节目艺术指导，在新西兰制作了一系列大受欢迎的电视节目。他们的曾获艾勒斯莱花卉展"国际最高成就奖"；2010 年，他们设计的上海世博会新西兰国家馆屋顶花园，获得了最佳主题类银奖。

【我校建筑学院学生喜获海峡两岸旧城更新设计竞赛优胜奖】 2013 年 3 月 7 日由台中市都市发展局和台湾景观环境学会举办的"都发 101 海峡两岸旧城区空间活化"创意竞赛暨论坛中，由我校丁奇老师、蔡宗瀚老师、牛磊老师及陈栋老师指导的由王洁新、杨珊珊、于丁、屈辰、陆远方、王哲等风景园林、城市规划、建筑学多专业研究生及本科生组成的设计团队作品《脉点》获得了本次竞赛优胜奖（第 3 名），奖金 1 万元新台币。

　　在主办方的邀请及建筑学院的大力支持下，获奖学生杨珊珊前往台中市参加颁奖仪式，并在同期举办的闭幕式上领奖。丁奇老师和蔡宗瀚老师受邀参加论坛并进行了交流发言。

　　本次竞赛参赛队伍主要有逢甲大学、成功大学、东海大学、台中科技大学等台湾高校建筑系及空间设计学系的研究生与本科生组成，评奖分为优胜奖、佳作奖和入围奖三个等级。获奖作品将在台中市政府大楼及台湾相关高校中进行展出。

【香港大学刘少瑜教授来校举办绿色建筑专题讲座】 2013 年 4 月 2 日下午，香港大学建筑学院刘少瑜教授应"绿色建筑与节能技术"北京市重点实验室和建工建筑设计院共同邀请来我校举办了绿色建筑专题讲座。在讲座之前，校科研处举办了一个小型的欢迎仪式，欢迎刘教授一行来我院举办讲座，感谢香港大学绿色建筑研究团队对我院的大力支持，在欢迎仪式上宋国华副校长向刘教授颁发了"绿色建筑与节能技术北京市重点实验室学术委员"的聘书。

【建筑学院邀请哥伦比亚大学教授举办主题为"弹性城市"学术讲座】2013年6月17日，在学校学生工作部的大力支持下，应建筑与城市规划学院的邀请，美国建筑师协会会员、Cooper Robertson & Partners事务所资深助理董事、城市设计国际事务总监、哥伦比亚大学建筑学院兼职教授Earl Jackson先生在三阶做了主题为"弹性城市"的学术讲座。学院党总支副书记丁奇老师、团总支书记康健老师及广大师生参加了讲座。丁奇老师主持了本次讲座，我校05级毕业生现哈佛大学硕士钱睿做翻译。本次活动得到了《城市·环境·设计》杂志社和《中外景观》杂志社等媒体的支持和报道。

【建筑学院邀请法国国家科学研究院罗琳教授举办主题为"陕北窑洞营造"学术讲座】为不断推进建筑学院"中国梦·学术梦"主题教育活动的深入开展，丰富大家学习生活，开阔同学们专业视野，2013年6月18日，建筑学院邀请法国国家科学院研究员、近现代中国研究中心、法国社会科学高等研究员科学家罗琳（Caroline Bodolec）教授到我校开展学术讲座。建筑学院党总支副书记丁奇老师、设计学系主任杨琳老师、建筑史论部赵晓梅老师及广大师生参加了讲座。丁奇老师主持了本次讲座。

此次学术讲座首先放映了由罗琳及她的伙伴带来的窑洞营造的纪录片。该纪录片以一个法国人的视角，他们在陕北考察窑洞文化长达17年之久，拍摄了延安地区建造窑洞的过程，逐步呈现今天石匠师傅、木匠师傅、风水先生和居民们的文化传统以及窑洞居住的现状，通过人们的日常生活和建筑的每个细节去描述一幅当下窑洞文化的生动图景。该纪录片不仅生动的向同学们展示了陕西延川传统的窑洞技艺及延川人民现在的生活，更传达出了一种对于窑洞文化发展与传承的关注及当地人们的质朴与可爱。

【建筑学院邀请美国密歇根大学教授举办"弹性与可持续城市"主题学术讲座】2013年6月26日，由校学生工作部主办、建筑与城市规划学院承办的"我的中国梦之学术梦"系列主题教育活动中，建筑学院邀请到美国密歇根大学城市设计项目创始人、建筑学终身教授Roy Strickland先生，举办了以"弹性＋可持续城市——纽约与伊斯坦布尔案例"为主题的学术讲座。建筑学院党总支副书记丁奇老师、团总支书记康健老师及广大师生参加了讲座。丁奇老师主持了本次讲座，我校05级毕业生现哈佛大学硕士钱睿做翻译。本次活动得到了《城市·环境·设计》杂志社和《中外景观》杂志社等媒体的支持和报道。

【海峡两岸青年规划师与建筑师研习营系列学术讲座在我校举行】围绕着2013年海峡两岸青年规划师与建筑师研习营主题"从南京到北京——古都之历史文化街区再生"，8月30日上午8：00在我校西城校区第三阶梯教室举办了系列学术讲座。

【海峡两岸青年规划师与建筑师研习营系列学术讲座在清华大学建筑学院举行】由我校主办的2013年海峡两岸青年规划师与建筑师研习营北京站交流活动，系列学术讲座第三场和第四场于8月31日下午3：00在清华大学建筑学院二楼多功能厅举行。

【我校成功举办海峡两岸青年规划师与建筑师研习营系列学术讲座与结营仪式】9月2日上午9：00，2013年海峡两岸青年规划师与建筑师研习营北京站系列学术讲座的第五场和第六场，在我校西城校区教1-102举行。我校张大玉副校长和建筑学院刘临安院长出席了结营仪式的欢送晚宴并致辞，称赞了本届研习营的活动尤其是系列学术报告的组织，强调加强海峡两岸文化学术交流对于开拓学生思维的重要性，以及今后进一步开展与各校学术交流的设想。本届研习营在各校学生互赠礼品和交换联系方式的热烈气氛中画上了圆满的句号。

【美国注册建筑师王弄极先生来校举办建筑思想和设计讲座暨复杂建筑表皮设计讨论会】
2013 年 11 月 27 日下午，美国注册建筑师王弄极先生应"绿色建筑与节能技术"北京市重点实验室郭晋生教授的邀请，在国谊宾馆商务楼多功能厅举办了王弄极的建筑思想和设计讲座。

本次讲座主题为"王弄极的建筑思想和设计"，讲座内容来源于他 20 多年来在参数化设计领域的成果及他对未来建筑发展的设想。首先，建筑学院刘临安院长作了简单的开场白。接下来进行讲座，王弄极先生用平实的语言讲解了事务所起名叫双栖弧的缘由并阐释了多年来他始终如一坚持的参数化建筑设计思想，他认为，参数化建筑设计是一个不断在完善中的巨大的数据库，在不断地扩充后得到更为丰富的结果，目前参数化设计领域局限于表皮设计上是由于电脑科技还不够发达，还不能够容纳进建筑内部空间的参数，在未来，参数化设计会更加的完善。王弄极先生还演示了他对未来人类居住空间的设想，人类将会探索其他可驻扎的星球并在新的星球上利用机器人和参数化建筑设计建造新的家园。

【建筑学院与朝鲜平壤建筑综合大学交流团进行座谈】 12 月 6 日，我校国交处与建筑学院共同接待了平壤建筑综合大学的建筑交流社代表团，并联合各学院专家与对方就城市规划的问题进行了座谈。

平壤建筑综合大学由朝鲜已故领导人金日成于 1953 年 10 月 1 日创立，是朝鲜最高建筑规划专业学府和高水平一流大学，金正恩现担任该学校名誉校长。平壤建筑综合大学在朝鲜国内具有很高的学术地位和政治地位，在朝鲜国内建设中发挥了重大作用。为规划建设朝鲜的罗先经济开发新区，平壤建筑综合大学建筑技术交流社曹秀男（音译）社长带队，组织了朝鲜国内高水平的中青年建筑、规划、设计专家，考察北京城市规划、地标建筑、建设工程，并来我校进行接触座谈，以更好地为其国内建筑吸取经验。

出席接待座谈的北京建筑大学领导及专家包括：外事处处长赵晓红，建筑学院院长刘临安，副院长张忠国，规划系主任荣玥芳，副系主任孙立，电信学院专家李英姿、土木学院专家张艳霞等。

座谈会上，首先由两校领导分别介绍了学校的办学背景和发展情况。针对本次代表团的主要目的即为新区规划汲取经验信息，刘临安教授及张忠国教授分别从不同侧重谈了对城市规划的经验和建议。之后，朝鲜各位专家围绕个人不同的专业领域提出了问题，我校教授分别作出了解答，进行了充分的探讨。作为两校直接的初次学术交流，双方均表示：希望以专业为契机，两校建立更长远深入的联系与合作，更好地促进城市规划及建设的发展，发挥展现各自作为专业院校的技术优势，承担起应负的社会责任。

（八）党建工作

【建筑学院举办"知党史 畅梦想"赴北京市委党校参观活动】 2013 年 4 月 9 日，在团总支书记、学生党支部书记康健老师带领下，建筑学院 20 余人本科生党员及学生会干部到北京市委党校参观学习，开展"知党史畅梦想"主题教育活动。进入党校大门，同学们被院内厚重的历史感所震撼，对这闹市之中的宁静深院肃然起敬。建筑学院有幸邀请到北京市委党校退休干部沈昌瑞老师及市委党史研究室宋传信老师为同学们讲解党校文物及北京党史。

【电信学院建筑学院二级中心组开展党的群众路线教育实践活动片组集中学习】 2013 年 8 月 30 日上午 9 点，电信学院与建筑学院领导班子成员在建筑学院会议室开展了党的群众路线教育活动二级中心组片组集中学习。电信学院党总支书记杨光主持学习会。中心组成员分别就群众路线教育实践活动学习体会进行深入交流。

【电信学院与建筑学院片组开展群众路线专题研讨活动】8月31日上午，电信学院与建筑学院片组在建筑院教4-106开展专题学习研讨活动，联络组成员赵京明老师参与讨论会，会议由电信学院党总支书记杨光主持。与会同志紧密围绕群众路线的时代内涵、本单位四风问题的具体表现和危害以及"为民务实清廉"的具体要求等内容进行了深入讨论，并针对学校和学院工作实际展开研讨。

【建筑学院召开群众路线系列教师座谈会】2013年9月10日下午，建筑学院在教四一层会议室召开系部中心主任及教授副教授教师座谈会，副校长李维平及建筑学院全体班子成员出席会议。会议由建筑学院党总支书记牛磊主持，会议由两部分组成。

第一阶段，学院组织系部中心主任、学科带头人等教师针对群众路线四风问题听取系部主任意见建议，并结合教育思想大讨论，围绕"创建有特色高水平建筑学院"的目标、任务和途径，就学科专业发展、青年教师培养、人才引进等战略规划展开了深入的讨论。

第二阶段，学院召开全体教授、副教授座谈会，征求各位教授就正在开展的群众路线所提出的四风问题的意见建议，与会老师就校院教学管理改革、加强实验室建设、学科专业发展、青年教师培养、改革教师岗位聘任考核和职称晋升、产学研结合、机关作风、财务管理、后勤管理等问题，提出了个人意见和建议。研讨会上，李校长与教师代表进行了热烈的沟通与交流。

【建筑学院召开党的群众路线征求青年教师意见座谈会】2013年9月16日中午，建筑学院在教四一层会议室召开"深入贯彻党的群众路线教育实践活动"征求青年教师意见座谈会。建筑学院院长刘临安、党总支书记牛磊、党总支副书记丁奇出席了会议。会议由丁奇老师主持。

会上，每位青年教师就青年教师培养、教学与科研工作量的计算、教学公开课的设置、实验室课程设置、专业学科发展、教职工住房及子女上学等与自身实际关系密切的问题提出了建议。除此之外，与会老师还分别就西城校区食堂饭菜价格、图书馆借书限制及学校网络等问题发表意见。

党总支书记牛磊代表学院班子表示学院将会对大家的意见和建议认真梳理研究，归纳问题向相关职能部门反映，对于学院发展提出的建议积极改正，努力搭建青年教师发展成长平台，真正将党的群众路线落到实处。

【建筑学院召开党的群众路线征求班级导师及学生意见座谈会】2013年9月17日下午，建筑学院在教四一层会议室召开"深入贯彻党的群众路线教育实践活动"征求班级导师及学生意见座谈会。建筑学院党总支书记牛磊、副院长张忠国、副院长马英、党总支副书记丁奇出席了会议。会议分三个阶段，由丁奇老师主持。

【建筑学院各基层系部结合部门建设和发展开展教育思想大讨论活动】11月19日下午，建筑学院各系部按照学院统一安排，结合部门建设发展深入开展教育思想大讨论活动。建筑学院班子成员分别参加了相关部门的研讨活动。

建筑系紧密围绕毕业设计目标任务和质量监控、设计院实习时间安排及考核方法、必修课与选修课的比例、快题辅导、卓越人才培养与传统教学之间的关系等问题展开热烈研讨。城乡规划系紧密围绕新一轮的学科专业评估、培养方案的制定、各年级课程的衔接、城市规划专业及风景园林专业的协同发展等问题深入探讨、交流想法。艺术设计系则主要围绕产学研协同开展的角度展开研讨，并就研究生培养方向、工业设计专业和环境设计专业的发展定位、目标和特色等问题畅谈看法。历史建筑保护系围绕学科专业建设、课程设置、人才培养特色、团队建设等问题展开研讨。设计基础教学部从围绕培养方案调整、课程建设内容、人才培养特色、对外交流等方面深入交流，形成了逐步加强各专业基础教学的想法和思路。

研讨会中，大家一致认为，随着学校更名，建设有特色高水平建筑大学的新目标，学校一是应继承和发扬优良的教学传统，有特色大学的建设离不开传统特色的传承。二是要抓好质量监控和目标管理，确保教学质量和人才培养质量。三是要勇于创新，要加大基层开展教学改革的支持力度。四是产学研相结合很有必要，但要注重协调发展，协同推进。五是要为教职工营造更好的工作、研究环境，以更好的服务教师的教学、科研和对外交流。

【建筑学院本科生第一党支部进行"凝聚支部力量，共同专业进步"系列实践活动】 2013年11月至12月上旬，建筑与城市规划学院本科生第一党支部开展了"凝聚支部力量，共同专业进步"系列活动。

在学院党总支的指导下，党支部以党的十八届三中全会关于"党员服务群众"、"党员创新"等理论为指导，开展了以凝聚支部力量、搜集学科资源、促进学生提升专业学习能力等为目标的系列支部活动。同时积极鼓励党员同学参加学科竞赛，促使各年级同学在专业学习上共同进步。

【建筑学院城乡规划学研究生党支部进行"做人民的规划师"系列实践活动】 2013年11—12月上旬，建筑与城市规划学院（以下简称建筑学院）城乡规划学研究生党支部以"做人民的规划师"为主题，积极开展了相关的实践活动。

在学院党总支的指导下，党支部以党的十八届三中全会关于"健全城乡一体化体制机制"的决定为契机，结合城市规划专业密切联系国家政策与人民群众的专业特点，采取理论课程学习、与老师面对面、参观实践等方式针对"做人民的规划师"的主题开展实践活动。

【建筑学院建筑历史与技术研究生党支部进行"领略古城新韵，品味建筑人生"系列党性实践活动】 由建筑学院建筑历史与建筑技术研究生党支部组织策划的主题为"领略古城新韵，品位建筑人生"建筑学术体验系列活动于2013年10月下旬正式启动。围绕这一主题，本支部经过前期调研与策划，于12月上旬启程，去往本次活动的第一站——我国最具历史文化魅力的古都西安。举办与专业相关的学术体验系列活动不仅增强了支部同学的专业素养，营造良好的学术氛围，为同学们搭建了一个建筑知识学术交流与实践的平台。

【建筑学院召开群众路线教育实践活动"回头看"自查专题交流会】 根据学校党的群众路线教育实践活动工作要求，建筑学院党总支于2013年12月25日下午召开领导班子成员群众路线教育实践活动"回头看"自查专题交流会，联络员赵京名老师参加了本次会议，会议由党总支书记牛磊主持。

交流会上，首先由党总支书记牛磊代表学院班子汇报了群众路线教育实践活动的工作步骤、工作内容及活动效果，进一步明确了班子下一步整改方案的具体措施、完成时限及责任人，尤其重点在规章制度梳理完善、科研平台和团队建设、学科专业的特色发展、青年教师培养体制机制、基层系部及老师工作积极性的调动、培养方案的完善和人才培养特色的凝练等方面寻求突破、加大实践。

随后，班子成员先后汇报了个人"回头看"自查情况。联络员赵京明老师边听边做记录，在发言他表示，建筑学院教育实践活动各项工作做的很实，班子及个人在梳理问题中要求高、问题准，在整改措施的制定上很务实、操作性强，敢于正视问题并积极思考，对下一步建筑学院工作发展起到了积极的促进作用。

最后，党总支书记牛磊要求班子成员，要在接下来的群众路线教育实践活动中进一步密切联系群众，切实推进各项工作，对于整改措施说到做到，务求取得实效。

【建筑学院召开群众路线处级领导班子民主生活会】根据党的群众路线教育实践活动总体要求及校党委统一部署，12 月 6 日下午，建筑学院召开处级领导班子党员领导干部专题民主生活会。副校长李维平同志作为联系建筑学院校领导，参加了此次专题生活会，会议由党总支书记牛磊主持。

根据深入学习理论、查找突出问题、普遍谈心谈话、撰写检查材料等环节的工作要求，建筑学院领导班子在充分准备的基础上，召开了此次民主生活会。会上，党总支书记牛磊首先就建筑学院领导班子存在的"四风"问题进行了梳理，分析了原因，提出了整改意见。随后，党总支书记牛磊、副院长张忠国、马英、党总支副书记丁奇逐一从各自分管的工作、思想建设、学习体会等方面进行了深刻剖析，认真查摆了存在的"四风"问题与不足，并深入分析了其形成的原因，同时在意见征集和谈心谈话基础上收集的意见建议提出了改进措施和下一阶段工作的努力方向。最后，副校长李维平同志对民主生活会进行了点评，并对建筑学院领导班子提出工作要求。

（九）工会工作

【建筑学院召开 2012 年学术年会暨教职工（代表）大会】2013 年 1 月 11 日—12 日，建筑与城市规划学院召开 2012 年学术年会暨教职工代表大会。此次会议分三部分内容，一是近年来新入职博士教师工作汇报，二是按一级学科分三组研讨各学科发展，三是全体大会听取分组讨论情况及学院党政、分工会 2012 年工作总结。

为加强对青年教师的培养和指导，学院于 1 月 11 日上午组织 2008 年以来入职的青年博士教师进行工作汇报会，会上有 10 多名教师就本人在入职后的教学、科研等工作进行汇报，并对未来几年的工作进行了计划和展望。11 日下午，建筑学院各系（部、中心、室）分三个会场召开建筑学、城乡规划学、风景园林学、设计学四个一级学科的专题讨论会，会议由相关专业系主任主持，学院领导班子、各系部专业老师、学生工作老师和办公室职员根据学科专业方向及工作侧重分散到各组参加讨论。1 月 12 日上午，学院召开2012 年工作会议，大会由建筑学院党总支书记陈静勇同志主持。工作会议分两个阶段进行，一是建筑学系、城乡规划学系、设计学系三个系主任代表学科分组讨论情况，汇报2012 年工作并对 2013 年工作进行展望。二是学院分工会工作汇报、党政领导工作汇报。

【建筑学院举办青年教师职业规划专题讲座】为帮助我校青年教师更好地树立职业生涯规划意识，能够及早规划未来，合理进行教学、学习、生活，科学的规划人生，4 月 9 日下午，我校建筑学院联合校工会、校教师发展项目组、校学生处，邀请了资深高校职业生涯教育专家，新精英生涯高校事业部总监，全球职业规划师（GCDF）认证培训师，中华英才网特聘职业规划专家李春雨老师，在建筑学院多功能厅举办了主题为"你是自己的设计师"的青年教师职业规划专题讲座，校宣传部部长孙冬梅、建筑学院党总支副书记牛磊出席了本次活动，建筑学院 20 多名青年教师以及土木学院、电信学院、机电学院、校图书馆的部分青年教师参加了本次讲座。活动由建筑学院党总支副书记牛磊主持。

【建筑学院为八十周岁以上退休教师集体过生日】 4 月 24 日上午，建筑学院在教四 106 为 80 周岁以上的退休教师举办集体生日祝福活动。校党委副书记张雅君、研工部部长陈静勇、建筑学院院长刘临安、党总支书记牛磊和 80 岁以上退休老师以及退休教工党支部全体党员一同参加了此次活动，活动由学院党总支书记牛磊主持。

张雅君书记代表学校向老寿星们祝贺生日，并向在座的退休教师介绍了学校近年来所取得的成绩。建筑学院院长刘临安把学院近年来学科专业建设及专业评估、博士项目建设、师资引进、学生招生等情况向各位老同志进行了汇报，并对老同志所奠定的发展基础表示感谢。会议最后，党总支书记牛磊对学校长期以来给予建筑学院的指导关怀表示感谢，对老同志长期给予学院的支持理解表示感谢，尤其对退休党支部一直以来发挥桥梁纽带作用协助学院联系广大退休教师表示感谢，并表示将发扬优良传统为老同志服好务。

会后，党委副书记张雅君和与会退休教师在学校大门口集体合影留念。在庆祝午宴上，刘院长、牛书记亲自为过生日的老教授切生日蛋糕，赠送生日礼物，并一起同吃长寿面。退休教师纷纷表示学院提供这次团聚的机会非常感动，并表达了感激之情，一致表示虽然大家年事已高，但是还会尽自己所能继续为学校学院的发展献言献策，贡献力量。

（十）实验室建设

【我校"绿色建筑与节能技术"北京市重点实验室前往西安建筑科技大学进行学术交流访问】 2013 年 4 月 13—15 日，由建筑与城市规划学院刘临安院长带队成员一行 6 人，参加了由西安建筑科技大学及中国建筑设计研究院等承办的中国工程院土木、水利与建设学部"建筑设计与绿色建筑论坛"。并应邀前往西安建筑科技大学"绿色建筑研究中心"进行了学术交流访问。

【北京建筑大学"绿色建筑与节能技术"北京市重点实验室 2013 年学术委员会会议】 2013 年 12 月 16 日上午九点，北京建筑大学"绿色建筑与节能技术"北京市重点实验室在国谊宾馆迎宾楼第四会议室召开了 2013 年学术委员会会议。

"绿色建筑与节能技术"北京市重点实验室依托于北京市高等教育委员会组建，是学校根据首都北京建设世界城市发展的需要，发挥学校学科专业优势，依托建筑学、土木、环能北京市重点学科，按照学科交叉与融合创新的理念，整合绿色建筑设计、绿色建材以及建筑节能技术等重点研究方向的人才与力量而组建的科研基地。

会议由科技处高岩副教授主持，校领导钱军书记、朱光校长、实验室学术委员会成员、建筑学院领导、科技处负责人和实验室的教师们出席了此次会议。

（王　璇　刘志刚　牛　磊）

二、土木与交通工程学院

（一）概况

土木与交通工程学院的前身是创建于 1907 年的北平市立高工，1936 年本校开设的土木工程专业一直延续至今，是北京历史最悠久的土木工程学科之一，为首都城市建设行业培养了大批技术骨干和高级管理人才，其中包括建筑工程领域的杰出领导人李瑞环同志，九位全国工程勘察设计大师，一位中国工程院院士，为首都建设做出了巨大的贡献。

学院下设五个系、一部、一个中心、三个研究所和两个工程研究中心（省部级）。即：建筑工程系、道路桥梁工程系、交通工程系、地下工程系和材料工程系；专业基础部；实验教学中心；土木工程应用技术研究所，交通工程研究所，城市地下空间开发研究所，"工程结构与新材料"北京市高校工程研究中心和北京市"城市交通基础设施建设"工程技术研究中心。研究生教育始于1982年，现有土木工程、交通运输工程两个一级学科硕士授予权，六个二级学科硕士点，即：土木工程一级学科下的结构工程，防灾减灾工程及防护工程，岩土工程，桥梁与隧道工程；和交通运输工程一级学科下的道路与铁道工程，交通规划与管理；此外，还有建筑与土木工程工程硕士专业学位授予权和中澳合作办学土木工程硕士项目。土木工程专业2006年通过住建部土木工程专业评估和2011年复评，为国家教育部"卓越工程师计划"试点单位。2008年被评为北京市土木工程一级重点学科，并荣获"北京市特色专业"称号。2009年经教育部批准，荣获"国家级特色专业"项目。2011年建筑与土木工程荣获"全国工程硕士研究生教育特色工程领域"荣誉称号。本学院所有专业在北京地区和全国大部分省份均为一本招生，生源质量不断提高。

学院在七十多年的发展过程中，以行业为依托，与北京市各大设计院、建筑公司、市政路桥公司、地铁建设公司、建设监理公司、房地产开发公司等大型土建企业和研究机构保持着密切的合作关系。学院注重工程实践，20世纪80年代以来创建了北京建工建筑设计研究院、京精大房建设监理公司、致用恒力建材检测公司、远大工程施工公司。拥有工程设计国家甲级资质、建设监理甲级资质以及北京市高校唯一的工程结构与建材检测资质。

学院注重国际学术交流，与美国科罗拉多大学、戴维斯加州大学、佛罗里达州立国际大学、北达科他州立大学、纽约布法罗大学、南澳大利亚大学、日本武藏工业大学、德国Wupptal大学、俄罗斯圣彼得堡建筑大学、波兰琴斯托霍瓦科技大学、亚美尼亚国立建筑大学建立了良好的合作关系，并与部分学校建立了教师、学生的交流计划。学院开设用英语讲授的系列基础与专业课程，与发达国家高等教育迅速接轨。学院具有很高的国际声誉，每年都有一批优秀毕业生经学院推荐，荣获世界名校奖学金，赴美国、英国、澳大利亚、加拿大等发达国家继续深造。同时，学院接受一定数量的外国留学生和外国研究生。

伴随着首都北京向着世界城市宏伟目标的迈进，土木与交通工程学院正以崭新姿态，建设世界一流的应用型城市建设人才培养基地，为首都北京乃至全国土建行业继续培养优秀人才，并逐步发展为本学科应用科学技术的研究中心。

（二）师资队伍建设

【概述】截止2013年末，学院共有教职员工80人，其中，长江学者特聘教授1名、科技北京百名领军人才1名，长城学者1名、教授20名、副教授24名，90%的教师具有硕士以上学位，70%以上教师具有博士学位。近半数的教师毕业于世界著名学府，曾在美国、英国、日本、俄罗斯等国长期工作、学习或讲学。学院充分利用首都北京科研院所集中及行业界强大的校友优势，聘请数十位全国知名专家担任研究生导师。自2011年开始，两年共新资助11位青年教师攻读博士学位。2013年，建材实验室和结构实验室初步完成了教师新老接替的工作。

【新老领导班子接替】学院原领导班子为，院长：吴徽；教学副院长：龙佩恒；科研副院长：戚承志；书记：何立新。2013年5月换届，吴徽院长由于退休之前工作时间不满一个聘期，不再担任院长职务。现领导班子组成为，院长：戚承志，分管人事、国际交流、科研；副院长：龙佩恒，分管研究生、实验室；副院长：韩淼，分管本科教学。书记：何立新。

【加强教师队伍的建设】2013年度，从浙江大学、西南交通大学再引进两位博士，地下工程系马伯宁和道桥系侯苏伟。作为应用型大学师资培养的重要组成部分，学院要求新进青年教师要过"三关"，即：工程关、教学关和科研关。2013年学院派遣马伯宁到北京市市政设计总院。

【访学】2012.11-2013.5派遣李之红赴美国华盛顿大学进修英语教学与科研，为期半年。

【开设全英语授课研究生班】从2011年秋季起，在我校率先开设全英语授课的外国研究生班，尽快与发达国家土木工程研究生教育接轨。

（三）学科建设

【概述】2013年土木学院在学科建设上取得了较大的进步。学院在学校各级领导的大力支持和协助下，以北京市土木工程一级重点建设学科建设为龙头，加强学术团队的建设，重点支持几个重要的学科生长点，在人力和资金投入，都做了不少工作。2013年交通工程一级学科硕士点又得到进一步发展，使本学院两个一级学科协调发展。材料学科、工程力学和公共安全将是我院下一步需建设的重要学科方向。在学校的统一部署下，学院及时抓住机遇，使土木工程为基础的国家特殊需求"申博工程"得以实施，配合学校申博工程取得了决定性胜利。

【研究生工作】2013年研究生的招生工作，土木学院在总结上年经验的基础上，进一步完善了研究生奖学金试行办法，招生总人数达到92人，创历史新高。其中本校学生考取研究生有：交09-1班丁俊强、孙拓、高丽燃、刘美琪、马浩、李鑫、、汪京、靳明洋；地下土09-7班葛振义、陈昊祥、魏小琨、刘天添、尤田、王剑烨、张思扬、王婉晨。材料，材09-1郭丹、陈安亮、材09-2李雪、赵思儒、刘建英、董汇标、丁鲁波、土10-5，6班石越峰、韩昊岳、刘鑫、刘寅枫、刘洋、杨晨威、王珣等48人；13级研究生按助教、助研和助管的岗位进入岗位，研究生教育开始进入一个良性发展的阶段。获得美国哥伦比亚大学等大学奖学金继续深造的共有24人。

【研究生教育管理】研究生培养质量方面，在强调研究生导师作为研究生培养主要责任体的基础上，针对在校研究生科研投入不够问题，对研究生参加职业资格考试做了相关规定，制定了研究生助教、助岗、助研岗位责任制，并在学期末根据学生工作情况进行考核，目的是通过过程管理加强学生责任意识和整体素质的培养。

为鼓励研究生科研方面的投入，在研究生奖励工作方面，制定了《土木与交通工程学院研究生优秀论文评选办法》《土木与交通工程学院研究生优秀毕业生评选办法》《土木与交通工程学院研究生国家奖学金评选办法》，各种制度中的评价指标体系突出了研究生科研成果数量及水平所占比例与权重，使学业真正优秀的研究生得到各种奖励，形成一种激励研究生科研投入的机制，逐步提高土木与交通工程学院研究生的总体水平。

【研究生获奖】韩淼教授、祝磊副教授指导的硕士生季亮同学获得中国可再生能源学会风能专业委员会和舍弗勒集团共同设立的"绿色风能-研究生优秀学位论文"奖励基金鼓励奖，获得奖金 2000 元。

（四）教学工作

【概述】 在本科教学日常管理工作中，坚持管理制度的建设与执行，注重教学过程管理与控制，依据校院两级教学督导专家组对各教学环节检查的反馈意见，依靠学院教学工作委员会的决策机制，对各个教学环节实施质量检查与评价，及时解决各教学环节出现的各类问题，通过认真组织、协调和实施各项教学工作，使得我院教学质量逐步提高，教学秩序良好。根据北京建筑工程学院第十一次教学工作会议精神，以学生及格率、毕业率、学位率和四级通过率为考核点，通过与理学院、文法学院的密切配合，搞好学生基础课程及英语课程的学习。通过本学院学风建设、上课考勤及任课教师与班主任工作，提高学生对本专业的认同和学习的主动性。同时，注重学风建设，严抓上课出勤率，及格率、毕业率、学位率和就业率，实现了年初制定的教学目标。2013 年，各项科技竞赛及社会实践均紧密结合教学环节开展，邀请各教研室专业教师广泛参与，保证和学生的课程学习步调一致，为培养学生成长成才起到积极作用。加强日常学风建设工作的引导和督察，通过每学期学习委员座谈会，了解我院教风学风现状，并向学院党政班子通报。对四、六级通过的同学进行表彰，提高学生学习英语的积极性；实行宿舍检查、不定期进课堂巡查登记、学生工作办公室随机抽查等制度，促进学风转变。总结毕业生成长成才经历，组织其中部分优秀毕业生分别对各年级学生进行座谈、采访，形成树典型、宣传典型、学习典型的氛围。

根据高等教育质量工程建设的总体工作部署，2013 年围绕土木学院专业建设、课程建设、教材建设、教学名师与教学团队建设、校外生产实习基地建设、实验示范中心建设开展工作。土木与交通工程学院下设五个专业方向，既有基础雄厚的土木工程专业，也有年青的无机非金属材料专业和交通工程专业，在充分发挥强势专业龙头作用的基础上，积极开展新办专业的建设工作。经过全院教师的长期建设和积累，在全院教师的共同努力下，取得"土木工程教育部特色专业"，"国家级工程实践教育中心"，"土木工程市级优秀教学团队"，"北京市教学名师"，"北京市优秀教师"、两个"市级校外人才培养基地"，三个"市级学术创新团队"，"土木学院校级实验教学示范中心"，以及北京市精品课"土木工程施工"，三本北京市精品教材"土木工程概论"、"土木工程施工"、"土力学"等一批代表我院特色、优质的精品课程、精品教材等质量工程标志性成果。穆静波为首的施工教研室，获得北京市教学成果二等奖、三等奖各一项。

【英语四级通过率】 在 2013 年四级英语考试中，土木学院四级英语一次通过率：土木工程专业 70.1%，交通工程专业 53.1%，无极非金属材料专业 46.7%。较 2012 年有了明显提高。

【学位率】 09 级学位率达到 97%，实现了对学校的承诺。

【结构承载力大赛】 结合我院二年级学生《材料力学》和三年级《结构力学》课程的学习，与我院专业基础部、结构教研室老师共同开展《北京建筑工程学院结构承载力大赛》、科技活动周等活动。通过此类竞赛的开展，为师生间提供了一个比课堂教学更互动的交流机会。从不同角度增强学生对课程的认识，为学生求学、老师教学都增添了动力。同时，为在整个土木学院内部形成良好的学习、育人、学术交流的氛围起到了促进作用。

【大学生课外科技项目】 2013 年土木学院申报获批校级大学生课外科技项目 24 项，共有 19 位专业教师指导学生开展科技项目，共有 144 位学生参与。

【寒假社会实践活动】2013 年寒假，土木学院面向 11、12 级学生开展"学长访谈"和"直击人才市场"寒假社会实践活动，两个年级全体同学全员参与。2013 年暑假，面向 10 级学生，和就业指导中心共同指导学生参加。同时，积极和各专业生产实习进行结合，各教研室在暑假前将生产实习手册发至学生手中，土木学院韩淼副院长与我校招生就业处朱俊玲副处长共同为学生做暑期社会实践的动员与培训，并有部分同学将暑期就业见习与生产管理实习进行结合。在活动最后，土木学院联合中航国际共同举办了土木学院 2010 级毕业生生产管理实习评优会，土木学院 10 级 19 名毕业生依次针对他们暑期就业见习和生产管理实习的实习内容、发现的问题与实习收获进行汇报，每位同学汇报结束后，评委会对同学们的汇报内容进行专业提问，评选出优秀见习个人。

【交通科技大赛】2013 年，我院成功组织第三届交通科技大赛，并推荐优秀队伍参加全国和北京市交通科技大赛，其中杨修涵、马泓煜、张骁、段竞泽和缪佳艺共同完成的《信号控制交叉口黄灯缓冲区设置》项目，在第三届北京市大学生交通科技大赛中获得本届大赛三等奖；冉墨文、冯杨乃惠、孙哲等同学完成的作品《停车场出入口通道通行能力与服务水平研究》入围在北京工业大学举办的第八届全国交通科技大赛，并取得优秀奖的佳绩。

【青年教师培养】针对土木与交通工程学院青年教师较多、工程能力和教学能力不够的情况，继续实行青年教师到工程单位实习一年制度，培养其解决工程问题的能力。同时，为加强青年教师教学能力的培养，在为每位青年教师配备导师负责日常教学能力培养的基础上，组织了"第四届青年教师（40 岁以下）教学基本功比赛"。从比赛结果看，青年教师在教学基本功方面有了普遍提高，为我院青年教师过教学能力关奠定了基础。

【教学质量长效机制】继续坚持教学质量长效机制建设，在教学过程控制、教学质量检查与评定、教学基础资料的检查与存档、院系两级教学管理工作方面开展工作，特别是对新入职的青年教师，做专门的培训、要求与检查。

【质量工程建设】在继续开展既有各级质量工程项目建设的基础上，重点开展省部级教研项目申报工作。2013 年结合"卓越工程师"培养申报的《土木工程专业卓越计划企业培养模式研究》获住建部立项。

【专业建设成绩】专业建设是学院永恒的中心工作，而本科教学管理工作又是学院的重点工作内容之一，培养合格人才是学院的基本工作任务，也是学院未来发展的基础。2013 年，学院以土木工程专业"卓越工程师"试点为抓手，积极开展专业建设工作，认认真真总结土木工程应用型人才培养的成功经验。通过到兄弟高校进行调研，与企业探讨人才培养需求，对"卓越工程师"培养计划进一步调整，选取了四门实践性强的课程请企业教师参与授课。聘请北京建工建筑设计研究院金良生高工参与《房屋建筑学》课程联合授课，北京市市政工程设计研究总院和坤玲教授级高工、北京国道通设计院李毓教授级高工、中咨集团高宏教授级高工等参与《道路勘测设计》课程联合授课，北京市市政工程设计研究总院王欣高工参与《地下空间规划与设计》课程联合授课，北京建筑设计研究院孙宏伟教授级高工参与《基础设计》联合授课。

【高校专业调研】为了学习和借鉴其他高校在专业建设方面的先进经验，各专业教研室对东南大学、合肥工业大学、南京工业大学、沈阳建筑大学、中南大学、长沙理工大学、华中科技大学、同济大学，长安大学、北京工业大学和武汉理工大学的土木工程专业、无机非金属材料专业、交通工程专业开展了调研工作。通过此轮对兄弟高校的调研，进一步梳理了各专业的人才需求、发展趋势、培养目标、课程设置、实验室建设等方面的经验，为我校 2014 版培养方案及教学大纲的修编提供了非常好的基础。

【北京市优秀教师】 张怀静获得北京高校教学名师称号，韩淼获得北京市优秀教师称号。

【精品教材】 张怀静主编的《土力学》获得北京市高等学校精品教材。

（五）科研工作

【概述】 学院始终以教学、科研为中心，以理论联系实际和面向国际大都市建设为特色，全面提高人才培养质量。学院的科研领域涉及建筑结构工程、防灾减灾、现代施工技术、路基路面工程、市政桥梁工程、地铁建设和地下空间开发及利用、现代大都市交通系统和高性能混凝土材料等。近五年获得国家科技进步奖、省、部级科技成果奖、教材奖 40 余项，其中，国家科技进步奖一等奖一项，二等奖三项。公开发表学术论文 650 余篇。目前承担十余项国家科技部"863 计划项目"、"973 计划项目"、国家自然科学基金项目和大量横向科研项目。近年来，北京市政府加大了办学投入，2011 年在研科研项目经费达 3000余万元，2009 年以来，土木与交通工程学院每年各类专项建设经费近 2000 万元，大部分实验设备已进入北京市高校先进行列，达到发达国家研究型大学的条件。

2013 年土木与交通学院承担的各类科研项目一览表

序号	项目名称	负责人	项目来源	项目级别	合同经费（万元）	起止时间
1	城市地下道路建造与运营安全关键技术研究-地下道路交通标志及出入口关键指标研究	刘栋栋	科技部	国家级	17.5	2013-01-01～2015-12-31
2	面向实时交通管理和信息服务的在线动态 O-D 反推模型与算法	焦朋朋	国家自然科学基金委员会	国家级	25	2013-01-01～2015-12-31
3	钢板屈曲后的拉力场特性对既有钢筋混凝土连梁延性的影响机理研究	程蓓	国家自然科学基金委员会	国家级	25	2013-01-01～2015-12-31
4	高层钢框架自复位结构体系创新和性能化设计研究	张艳霞	国家自然科学基金委员会	国家级	80	2013-01-01～2016-12-31
5	基于轮轨接触几何状态的地震作用下高速列车过桥安全性指标研究	龙佩恒	北京交通大学	国家级	3	2013-05-01～2015-10-30
6	建筑垃圾资源化利用对策研究	李颖	全国哲学社会科学规划办公室	国家级	18	2013-06-10～2015-12-30
7	深埋盾构无障碍始发关键技术研究	刘军	2013 年北京市教育委员会	地市级	50	2013-01-01～2014-12-31
8	风力发电机组塔架的结构体系	祝磊	北京市教委	省部级	30	2013-01-01～2015-12-31
9	北京在役索网幕墙结构体系长期受力性能分析与补强方法研究	王孟鸿	北京市自然科学基金委员会	省部级	14	2013-01-01～2015-12-31

序号	项目名称	负责人	项目来源	项目级别	合同经费（万元）	起止时间
10	空间网格结构超弹性-混合耗能多维隔震支座的减震性能研究	庄鹏	北京市自然科学基金	省部级	14	2013-01-01～2015-12-31
11	考虑土-桥台-结构相互作用的曲线桥地震破坏机理研究	焦驰宇	2013 年北京市教育委员会	地市级	15	2013-01-01～2015-12-31
12	火损后型钢高强混凝土梁柱节点的地震损伤研究	李国华	2013 年北京市教育委员会	地市级	15	2013-01-01～2015-12-31
13	火损后型钢高强混凝土梁柱节点的地震损伤研究	李国华	北京市教育委员会	省部级	15	2013-01-01～2015-12-31
14	碳纤维增强混凝土智能材料的研究	王琴	碳纤维制备技术国家工程实验室开放基金		5	2013-03-01～2015-03-31
15	基于家庭决策行为的北京城市土地利用与交通发展模式优化研究	焦朋朋	住房和城乡建设部		8	2013-06-01～2014-12-31
16	新型生态护坡材料性能研究	卞立波	北京建筑大学	校级	0.8	2013-07-01～2014-07-30
17	新型装配式 SRC 梁 -SRC 柱节点抗震性能研究	曲秀姝	北京建筑大学	校级	3	2013-07-01～2015-06-30
18	超高和大型复杂结构工程施工过程模拟研究	王作虎	北京建筑大学	校级	3	2013-07-01～2015-07-01
19	考虑材料力学性质和配筋的面外水平荷载作用下砌体墙板人工智能模型	潘登	北京建筑大学	校级	3	2013-07-01～2015-07-30
20	地毯式沥青路面研究及快速养护维修技术	季节	北京市交通行业科技项目	地市级	60	2013-10-01～2015-12-31
21	美国大学土木工程与环境科学"基于标准的学业成就评价"研究与借鉴	郭晋燕	中国建设教育协会	省部级	4	2013-11-28～2016-12-30
22	新奥购物中心行人及火灾荷载调查研究	刘栋栋	企事业单位委托科技项目	横向	15	2013-04-01～2013-12-3
23	门头沟区潭柘寺镇旅游公交可行性方案研究	林建新	企事业单位委托科技项目	横向	18.5	2013-04-01～2013-12-30
24	西城区地安门外大街（地安门-鼓楼）现状交通调查分析	林建新	企事业单位委托科技项目	横向	10	2013-04-07～2013-12-31
25	首都国际空港核心区及周边交通规划	林建新	企事业单位委托科技项目	横向	15	2013-05-08～2014-12-04

序号	项目名称	负责人	项目来源	项目级别	合同经费（万元）	起止时间
26	新首钢高端产业综合服务区交通专项规划	戴冀峰	企事业单位委托科技项目	横向	30	2013-05-31～2014-04-30
27	香山中心区道路机动车交通量调查	戴冀峰	其他课题	横向	9.9	2013-06-01～2014-05-31
28	国贸CG区一体化改造工程国贸地区现状交通调查分析	戴冀峰	企事业单位委托科技项目	横向	30	2013-06-05～2015-06-05
29	基于绿色出行理念的重点区域慢行系统规划——自行车系统现状调查与分析及评价体系研究	戴冀峰	企事业单位委托科技项目	横向	30	2013-06-20～2013-12-31
30	声屏障对房山高架地铁线路影响评估	刘军	企事业单位委托科技项目	横向	21	2013-06-21～2014-06-20
31	北京潘家园古玩艺术品交易中心及周边现状交通状态与特征分析	张蕊	其他课题	横向	25	2013-07-07～2013-12-07
32	MPC灌浆加固液化砂土的动三轴试验数据分析	彭丽云	企事业单位委托科技项目	横向	3.96	2013-07-10～2014-01-31
33	西城区什刹海地区道路交通量调查	戴冀峰	企事业单位委托科技项目	横向	21	2013-07-12～2014-12-31
34	MICP灌浆加固液化砂土的动三轴试验数据分析	彭丽云	企事业单位委托科技项目	横向	3.96	2013-08-10～2014-03-10
35	北京市东城区西革新里危改项目交通调查及需求预测报告	张蕊	企事业单位委托科技项目	横向	15	2013-09-26～2013-11-11
36	解毒铬渣作混凝土掺合料的应用研究	李飞	企事业单位委托科技项目	横向	15	2013-10-15～2014-04-30
37	基于抗滑排水及渗水过滤功能的路面技术在景观道路中的应用	徐世法	企事业单位委托科技项目	横向	30	2013-11-11～2015-09-21
38	央视电视文化过火结构安全评估	刘栋栋	企事业单位委托科技项目	横向	46	2013-11-30～2013-11-30
39	受火后热轧不锈钢钢材拉伸性能研究	李飞	企事业单位委托科技项目	横向	1.8	2013-12-15～2014-06-30
40	某高层建筑钢结构风光发电塔楼结构分析技术开发	祝磊	企事业单位委托科技项目	横向	4	2013-12-17～2014-01-27
41	城市地下道路建造与运营安全关键技术研究-地下道路交通标志及出入口关键指标研究	刘栋栋		国家级	17.5	2013-01-01～2015-12-31

234

序号	项目名称	负责人	项目来源	项目级别	合同经费（万元）	起止时间
42	面向实时交通管理和信息服务的在线动态 O-D 反推模型与算法	焦朋朋	科技部	国家级	25	2013-01-01～2015-12-31
43	钢板屈曲后的拉力场特性对既有钢筋混凝土连梁延性的影响机理研究	程蓓	国家自然科学基金委员会	国家级	25	2013-01-01～2015-12-31
44	高层钢框架自复位结构体系创新和性能化设计研究	张艳霞	国家自然科学基金委员会	国家级	80	2013-01-01～2016-12-31
45	基于轮轨接触几何状态的地震作用下高速列车过桥安全性指标研究	龙佩恒	国家自然科学基金委员会	国家级	3	2013-05-01～2015-10-30
46	建筑垃圾资源化利用对策研究	李颖	北京交通大学	国家级	18	2013-06-10～2015-12-30
47	深埋盾构无障碍始发关键技术研究	刘军	全国哲学社会科学规划办公室	地市级	50	2013-01-01～2014-12-31
48	风力发电机组塔架的结构体系	祝磊	2013 年北京市教育委员会	省部级	30	2013-01-01～2015-12-31
49	北京在役索网幕墙结构体系长期受力性能分析与补强方法研究	王孟鸿	北京市教委	省部级	14	2013-01-01～2015-12-31
50	空间网格结构超弹性-混合耗能多维隔震支座的减震性能研究	庄鹏	北京市自然科学基金委员会	省部级	14	2013-01-01～2015-12-31
51	考虑土-桥台-结构相互作用的曲线桥地震破坏机理研究	焦驰宇	北京市自然科学基金	地市级	15	2013-01-01～2015-12-31
52	火损后型钢高强混凝土梁柱节点的地震损伤研究	李国华	2013 年北京市教育委员会	地市级	15	2013-01-01～2015-12-31
53	火损后型钢高强混凝土梁柱节点的地震损伤研究	李国华	2013 年北京市教育委员会	省部级	15	2013-01-01～2015-12-31
54	碳纤维增强混凝土智能材料的研究	王琴	北京市教育委员会		5	2013-03-01～2015-03-31
55	基于家庭决策行为的北京城市土地利用与交通发展模式优化研究	焦朋朋	碳纤维制备技术国家工程实验室开放基金		8	2013-06-01～2014-12-31
56	新型生态护坡材料性能研究	卞立波	住房和城乡建设部	校级	0.8	2013-07-01～2014-07-30

序号	项目名称	负责人	项目来源	项目级别	合同经费（万元）	起止时间
57	新型装配式SRC梁-SRC柱节点抗震性能研究	曲秀姝	北京建筑大学	校级	3	2013-07-01～2015-06-30
58	超高和大型复杂结构工程施工过程模拟研究	王作虎	北京建筑大学	校级	3	2013-07-01～2015-07-01
59	考虑材料力学性质和配筋的面外水平荷载作用下砌体墙板人工智能模型	潘登	北京建筑大学	校级	3	2013-07-01～2015-07-30
60	地毯式沥青路面研究及快速养护维修技术	季节	北京建筑大学	地市级	60	2013-10-01～2015-12-31

2013年土木与交通学院教师发表的学术论文一览表

序号	成果名称	第一作者	发表时间	发表刊物	刊物类别
1	VB调用AutoCAD绘制结构工程配筋图程序设计方法	陈嵘，白如君	2013-01-01	北京交通大学学报	ISTP
2	聚羧酸减缩剂JS-1的合成与性能研究	王海骄（学），李崇智	2013-01-22	混凝土技术	一般期刊
3	Dynamic Response Analysis of Lining Structure with Primary Defects for Tunnel under Moving Train Loading	崔玉萍（外），董军	2013-01-26	Key Engineering Materials	国外期刊
4	风力发电机组塔架的结构形式及其风载、地震作用综述	祝磊，季亮（学），姚小芹（外），杨洪源（外）	2013-01-31	特种结构	一般期刊
5	基于FLAC-3D的强度折减法判据的研究	陈冉（学），刘飞	2013-02-08	岩土工程技术	一般期刊
6	The Relationship Between Freeze-Thaw Resistance and Pore Structure of Concrete	金珊珊	2013-02-15	Geotechnical practice publication	国际学术会议论文集
7	纵向划分研究生党支部探索	杜红凯	2013-03-01	北京建筑工程学院党建和思想政治工作的探索和实践	
8	研究生支部建设刍议	杜红凯	2013-03-01	北京建筑工程学院党建和思想政治工作的探索和实践	
9	某机库钢结构网架屋盖整体提升施工方案设计	王涛（学），廖维张	2013-03-01	建筑技术开发	一般期刊
10	浅析高校教工党支部在构建和谐校园中的作用	冯萍，董军	2013-03-05	北京建筑工程学院党建和思想政治工作的探索与实践	

序号	成果名称	第一作者	发表时间	发表刊物	刊物类别
11	多因素耦合作用下混凝土劣化机理研究现状	侯云芬	2013-03-08	北京建筑工程学院	一般期刊
12	Usage of iron mine sand on concrete	侯云芬	2013-03-09		国际学术会议论文集
13	醚酸比对聚羧酸系减水剂的组成与性能的影响研究	李崇智	2013-04-02	中国混凝土外加剂	一般期刊
14	Study on Mechanical Behavior of Steel Plate Support with Oval Bolt Hole in Space Frame Structure Under Combined Action of Shear Force and Tensile Force	王孟鸿	2013-04-09	3rd/2013 International Conference on Civil Engineering, Architecture and Building Materials (CEABM 2013) (EI)	国际学术会议论文集
15	北京市旧城区行人过街问题改善措施研究	吴海燕,林建新	2013-04-10	北京规划建设	
16	SMA-橡胶支座恢复力的实用模拟	庄鹏	2013-04-28	振动与冲击	EI
17	The Stability Analysis of Construction Pit When Using GFRP Bars in Shield Engineering	刘军	2013-05-01	he Stability Analysis of Construction Pit When Using GFRP Bars in Shield Engineering	ISTP
18	风力发电机组塔架底部地震剪力、弯矩计算方法研究	季亮(学),祝磊,叶桢翔(外),艾伟	2013-05-10	《土木工程学报》增刊	国内学术会议论文集
19	钢筋混凝土梁温度场有限元分析与研究	高志新(学),李国华	2013-05-15	建筑结构	
20	Study on Damage Diagnosis of Steel Grid Structure after Fire	曾杰,李国华	2013-05-18	Procedia of Energy	
21	现代混凝土技术的哲学思考	宋少民	2013-05-20	混凝土世界	一般期刊
22	Research on Ultimate Moment of Top-and-seat Angle Connections in Semi-rigid Steel Frames	李国华	2013-05-25	Applied Mechanics and Materials	EI
23	Compared Performance Analysis of Wbs and SW Connection in Moment Frame	张艳霞	2013-06-01	Proceedings of the 5th International Conference On Contemporary Problems In Architecture And Construction	国际学术会议论文集

序号	成果名称	第一作者	发表时间	发表刊物	刊物类别
24	Experimental research on Impact Resistance Properties of RC Beams strengthened with High strength Steel Wire Mesh and high performance Mortar	廖维张	2013-06-01	5th International Conference on Contemporary Problems of Architecture and Construction	国际学术会议论文集
25	Experimental Study on Strength and Other Performance of Solid Concrete Bricks Made from Recycled Coarse Aggregate	何淅淅，张涛（学）	2013-06-01	Applied Mechanics and Materials	EI
26	Experimental Study on Drying Shrinkage Performance of Solid Concrete Bricks Made from Recycled Coarse Aggregate	何淅淅，张涛（学）	2013-06-01	Advanced Materials Research	EI
27	The maintenance of Manual Excavation for Repair Shaft in Tunnel Shield	刘飞	2013-06-06	圣彼得堡国际会议论文集	国际学术会议论文集
28	Difficulties and Countermeasures on Energy-saving Reconstruction of Exterior Insulation of Existing Building	穆静波，廖维张，王作虎，张世玉（学），艾伟	2013-06-16	建筑热点问题国际会议-彼得堡	国际学术会议论文集
29	Queue Spillback in Braess's Paradox Considering Dynamic Traffic Assignment	魏贺（学），戴冀峰	2013-06-16	Advanced Materials Research Vol. 790 （2013）	EI
30	Public Bike System Station Deployment and Scale Prediction	戴冀峰	2013-06-16	Advanced Materials Research Vol. 790 （2013）	EI
31	Application of Steel Plates on the Retrofitting of Current Reinforced	程蓓	2013-06-18	Advanced Materials Research	EI
32	硫酸盐对聚羧酸减水剂分散性能的影响	刘娟红（外），宋少民	2013-06-19	建筑材料学报	EI
33	Effect of mineral admixture on performance of self-compacting concrete	侯云芬	2013-06-25	第6届土木建筑热点问题国际会议	国际学术会议论文集
34	Application of Virtual Simulation Construction in Retaining and Protection for Excavations	王亮	2013-06-25	Proceedings of 5th International	国际学术会议论文集
35	Cellular Automata Model of Laterally Loaded Masonry Wall Panel Base on FEA	潘登	2013-06-25	5th International Conference on Contemporary Problems of Architecture and Construction	国际学术会议论文集
36	Effects of bolt connection on the retrofitting method of current reinforced concrete coupling beams	程蓓	2013-06-25	Proceedings of the 5th International Conference on Contemporary Problems in Architecture and Construction	国际学术会议论文集

序号	成果名称	第一作者	发表时间	发表刊物	刊物类别
37	monitoring and analysis of a deep foundation pit excavation in one station of beijing metro	彭丽云	2013-06-25	Proceedings of the 5th International Conference on Contemporary Problems in Architecture and Construction	国际学术会议论文集
38	RETROFITTING AXIALLY LOADED CHS T-JOINTS BY EXTERNAL STIFFENERS	祝磊	2013-06-25	Proceedings of the 5th International Conference on Contemporary Problems in Architecture and Construction	国际学术会议论文集
39	Experimental studies on seismic behavior of full-scale recycled concrete interior joints	吴徽	2013-06-25	The 5th International Conference on Contemporary Problems of Architecture and Construction	国际学术会议论文集
40	Numerical Analysis of Influence of Large-Diameter EPB Shield Tunneling on Ground Deformation in Beijing Area	戚承志	2013-06-25	Proceedings of the 5th International Conference on Contemporary Problems in Architecture and Construction	国际学术会议论文集
41	The nature of dynamic size effect of quasi-brittle materials	戚承志	2013-06-25	Proceedings of the 5th International Conference on Contemporary Problems in Architecture and Construction	国际学术会议论文集
42	Test study on spring limiting deformation of base isolation layer under near-field ground motion	韩淼	2013-06-25	5th International Conference on Contemporary Problems in Architecture and Construction	国际学术会议论文集
43	The influence of a column collapse to the bending bearing capacity of beams in reinforced concrete frame structures under accidental load	赵赤云	2013-06-29	彼得堡，第五届土木与建筑热点问题国际会议	一般期刊
44	Comparisons of Mechanical Performance Between Dual Coupling Beam and Its Equivalent Models	赵赤云	2013-06-29	彼得堡，第五届土木与建筑热点问题国际会议	一般期刊
45	Numerical Analysis on End-plate Connected Replaceable Shear Links for Eccentrically Braced Steel Frames under Cyclic Loading	赵赤云	2013-06-29	彼得堡，第五届土木与建筑热点问题国际会议	一般期刊

序号	成果名称	第一作者	发表时间	发表刊物	刊物类别
46	The Principle of Mechanics of an Inverted V-shaped Vertical-load-free Bracing for Steel Frames	赵赤云	2013-06-29	彼得堡，第五届土木与建筑热点问题国际会议	一般期刊
47	Investigation on the relationship between highest fire temperature and change of microstructure in concrete	赵东拂	2013-06-29	2013 Fourth International Conference on Digital Manufacturing and Automation	国际学术会议论文集
48	Time-history analysis of a 600kW wind turbine under Wenchuan seismic excitation	祝磊，叶桢翔（外）	2013-06-30	The 23rd International Offshore（Ocean）and Polar Engineering Conference	国际学术会议论文集
49	火灾后钢吊柱及其节点受力性能有限元分析	叶吉健（学），张艳霞	2013-07-01	中国钢结构协会房屋建筑钢结构分会 2013 年学术年会论文集	国内学术会议论文集
50	防屈曲支撑加固既有 RC 框架结构抗震性能研究	吴徽	2013-07-01	土木工程学报	EI
51	Optimization strategies of intersection based on non-motor vehicle priority in old city	杜林（学），焦朋朋	2013-07-01	The International Conference on Remote Sensing, Environment and Transportation Engineering（RSETE 2013）	国际学术会议论文集
52	计算流体力学原理及其在复杂空间结构表面风压数值模拟中的应用	钱胜（学），王孟鸿	2013-07-08	《工业建筑》增刊	国内学术会议论文集
53	基于两种混凝土收缩徐变预测模型的高层钢-混凝土混合结构施工过程分析比较	张艳霞	2013-07-10	钢结构 2013 增刊	一般期刊
54	三拱立柱式地铁站抗震实验的数值对比分析	戚承志	2013-07-16	城市建设理论研究	一般期刊
55	Experimental study on simply supported reinforced concrete after fire	韩萧（学），赵东拂	2013-07-26	Material and Environmental Science, Building Engineering Biomedical and Bioinformatics Technologies	国际学术会议论文集
56	Research on Initial Stiffness of Top-and-seat Angle Connections in Semi-rigid Steel Frames	李国华	2013-07-27	Applied Mechanicsand Materials	

序号	成果名称	第一作者	发表时间	发表刊物	刊物类别
57	Discussion on seismic reinforcement methods of current bridges	焦驰宇	2013-07-28	Applied Mechanics and Materials	EI
58	On the possibility of unified description of zonal disintegration in surrounding deep level tunnel rock mass	戚承志	2013-08-02	Proceedings of the 3-rd sino-Russian joint scientific-technical forum on deep-level rock mechanics and engineering	国际学术会议论文集
59	Quantifying Overall Performance of Highway Design, Construction, and M&R Practices Using ECC & ASL	Yichang Tsai（外），许鹰	2013-08-01	Advanced Materials Research	EI
60	基于非机动车优先的交叉口优化策略	陈帅（学），焦朋朋	2013-08-01	北京建筑工程学院学报	一般期刊
61	Finite element modeling of RC shear wallinfilled steel frame	李国华	2013-08-01	Proceedings of the 4th International Conference on Contemporary Problems in Architecture and Construction	
62	非接触性动态位移测试方法的研发及应用验证	戚承志	2013-08-01	应用基础与工程科学学报	EI
63	Pedestrian Guiding Signs Optimization for Comprehensive Transportation Terminal	林建新	2013-08-02	The 4th International Conference on Green Intelligent Transportation System and Safety	国际学术会议论文集
64	拟地震动多点激励在超长结构响应中的应用	宋飞达（学），王孟鸿	2013-08-06	北京建筑工程学院学报	一般期刊
65	Research on transfer waiting time between subway and bus at multi-modal transit hub	李之红	2013-08-07	2013 international conference on information technology and industrial engineering	国际学术会议论文集
66	液体粘滞阻尼器在市政桥梁抗震加固中的优化研究	薛恒丽（外），焦驰宇，薛恒丽（外）	2013-08-10	第 22 届全国结构工程学术会议论文集第 I 册	国内学术会议论文集
67	钢框架梁柱新型塑性铰外移节点抗震性能研究	张艳霞	2013-08-10	工程力学增刊	国内学术会议论文集
68	复掺聚合物和纤维对砂浆性能的影响	李崇智（学），李崇智	2013-08-27	河南科技大学学报：自然科学版	一般期刊

序号	成果名称	第一作者	发表时间	发表刊物	刊物类别
69	纵向剪切地震波作用下非线性地基基床系数大于地下区间隧道动力响应的影响	戚承志	2013-09-01	世界地震工程	一般期刊
70	测绘专业学生学习创新能力培养模式研究	郭明，霍亮，潘登	2013-09-01	中国建设教育协会普通高等教育委员会教育教学改革与研究论文集	
71	隧道拱顶曲率对于隧道围岩块体稳定性的影响研究	戚承志	2013-09-07	第九届全国工程安全结构防护会议论文集	国内学术会议论文集
72	隧道在纵向地震作用下的动力响应分析	戚承志	2013-09-07	第九届全国工程安全结构防护会议论文集	国内学术会议论文集
73	地下结构在成层地基中的地震响应规律分析	戚承志	2013-09-07	第九届全国工程安全结构防护会议论文集	国内学术会议论文集
74	地下隧道条形基础承载力影响因素正交分析	戚承志	2013-09-07	第九届全国工程安全结构防护会议论文集	国内学术会议论文集
75	CFRP 索股粘结型锚具锚固机理试验	侯苏伟，龙佩恒	2013-09-15	中国公路学报	EI
76	深基坑开挖对地铁区间结构影响分析	刘军	2013-09-20	2013 海峡两岸岩土工程/地工技术交流研讨会	国内学术会议论文集
77	Reology property at different structural levels of rock mass	戚承志	2013-09-25	the International Symposium and 9th Asian Regional Conference of the International Association for Engineering Geology and the Environment	国际学术会议论文集
78	准脆材料动力强度的本质和侧向惯性约束的作用	戚承志	2013-10-01	地下空间与工程学报	一般期刊
79	可液化场地框架式地铁车站结构振动台模型试验与数值模拟的对比分析	戚承志	2013-10-01	岩土工程学报	EI
80	基于最优圆拟合原理的非接触性动态位移测试方法及可视化软件研发	戚承志	2013-10-01	岩土工程学报	EI
81	自复位平面钢框架推覆分析	张艳霞	2013-10-01	第八届全国结构减震控制学术会议论文集	国内学术会议论文集
82	Seismic Performance Of A New Precast Prestressed Beam-to-Column Connections With Bolted Web Friction Device	张爱林（外），张艳霞	2013-10-01	10th Pacific Structural Conference（PSSC）	国际学术会议论文集

序号	成果名称	第一作者	发表时间	发表刊物	刊物类别
83	Static Elastic-Plastic Analysis Of Self-Centering Steel Moment-Resisting Plane Frames	张艳霞	2013-10-01	IStructE Conference on Structural Engineering in Hazard Mitigation 2013	国际学术会议论文集
84	Laboratory Evaluation on the Long-term Aging Characterization of Warm Modified Binders	季节，许鹰	2013-10-02	13th COTA International Conference of Transportation Professionals (CICTP 2013)	
85	Study on thawing settlement and its influenced factors of embankment in seasonal frost area（最新提交）	彭丽云	2013-10-05	Advanced Materials Research	国际学术会议论文集
86	study on temperature field and settlement of thawing soil under static and dynamic loading	彭丽云	2013-10-10	sciences in cold and arid regions	国外期刊
87	Study on temperature field and settlement of thawing soil under dynamic loading（最新提交）	彭丽云	2013-10-14	Sciences in cold and arid regions	国外期刊
88	玻璃纤维筋拉伸力学性能试验研究	周洪（学）（学），周洪（学），刘军，卞立波	2013-10-15	北京建筑工程学院学报	一般期刊
89	Study on the temperature fields and thawing settlement of a thawing soil under dynamic loading	彭丽云	2013-10-15	Sciences in Cold and Arid Regions	国外期刊
90	Fractal analysis of effect of air void on freeze－thaw resistance of concrete	金珊珊	2013-10-15	Construction and Building Materials	SCI
91	联络通道施工盾构管片力学行为研究	刘军	2013-10-21	岩土工程学报	EI
92	焊缝建模对T型圆钢管节点轴压承载力计算的影响	祝磊	2013-10-23	《建筑结构》增刊	国内学术会议论文集
93	Experimental results of squat recycled concrete structural walls under cyclic loading	彭有开（外），吴徽	2013-10-24	TheIStructE Conference on Structural Engineering in Hazard Mitigation 2013	国际学术会议论文集
94	冷弯型钢组合墙体抗剪试验研究	古瑞康（学），吴徽	2013-10-25	第十一届全国土木工程研究生学术论坛论文集	国内学术会议论文集

序号	成果名称	第一作者	发表时间	发表刊物	刊物类别
95	采用粘滞阻尼器结构的减震分析	徐超（学），吴徽	2013-10-25	第十一届全国土木工程研究生学术论坛论文集	国内学术会议论文集
96	防屈曲支撑与普通钢支撑RC框架抗震性能试验研究	杨晨（学），吴徽	2013-10-25	第十一届全国土木工程研究生学术论坛论文集	国内学术会议论文集
97	Comparison of effect of iron tailing sand and natural sand on concrete properties	侯云芬	2013-10-28	Silicate Building Materials2013	国际学术会议论文集
98	多桩型复合地基计算方法与应用综述分析	殷辰鹏（学），张怀静	2013-10-29	高层建筑抗震技术交流会论文集	国内学术会议论文集
99	Deformation Design Guidelines of Retrofitted Deep Coupling Beams by Restrained Steel Plates	程蓓	2013-10-30	IStructE Conference on Structural Engineering in Hazard Mitigation	国际学术会议论文集
100	防屈曲支撑作为可替换耗能元件抗震性能试验研究	吴徽，张艳霞	2013-11-01	土木工程学报	EI
101	Influence of hydration heat of fly ash concrete on size effect	何浙浙	2013-11-04	Progress in industrial and civil engineering	国外期刊
102	冬季室内外养护及试件尺寸对粉煤灰混凝土强度的影响	何浙浙	2013-11-12	建筑技术	一般期刊
103	基于ABAQUS的双T板极限承载力的非线性有限元分析	杨旭（学）（学），杨旭（学），邓思华	2013-11-20	建筑技术开发	一般期刊
104	预制SP板楼盖体系计算机辅助设计系统研制	王月（学）（学），王月（学），邓思华	2013-11-20	建筑技术开发	一般期刊
105	椭圆型螺栓孔网架支座节点受力性能研究	王孟鸿	2013-12-09	《北京建筑工程学院学报》	一般期刊
106	Nonlinear Finite Element Analysis of the Ultimate Bearing Capacity of the Arch Plate Based on the ABAQUS	邓思华	2013-12-14	Applied Mechanicsand Materials	国际学术会议论文集

序号	成果名称	第一作者	发表时间	发表刊物	刊物类别
107	Key technology of overall structure monitoring of super-huge and profiled steel structure based on FEA simulation and LIDAR	郭明，潘登，王国利	2013-12-20	Information Technology Journal	EI，国外期刊
108	竖向荷载下长径比对单桩竖向承载力的影响	孙岳（学），张怀静	2013-12-20	城市建设理论研究	一般期刊
109	Research based on modal curvature and wavelet transform for identifying damage of reticulated shell structures	王孟鸿	2013-12-20	The 3rd International Conference on Civil Engineering and Transportation（ICCET 2013）（EI）	国际学术会议论文集
110	某斜交V型墩刚构桥抗震性能研究	刘陆宇（学），焦驰宇	2013-12-30	山西建筑	一般期刊
111	博物馆连体结构设计分析	陈嵘	2013-01-01	建筑技术开发	核心期刊
112	基于长期损伤累积作用下隧道结构的抗震动力学分析	崔玉萍（外），董军	2013-01-08	公路	核心期刊
113	新意法及其预约束施工技术（最新提交）	任伟明（学），彭丽云	2013-01-15	施工技术	核心期刊
114	预制混凝土结构连接方式研究综述	黄宇星（学），祝磊，叶桢翔（外），王元清（外），石永久（外）	2013-01-15	混凝土	核心期刊
115	防屈曲支撑加固混凝土框架抗震性能分析	刘珩（学），吴徽	2013-02-01	工程抗震与加固改造	核心期刊
116	缓释型聚羧酸系减水剂TP2000的试验研究	李崇智	2013-02-20	混凝土	核心期刊
117	近断层区橡胶支座隔震结构限位研究	韩淼	2013-02-25	世界地震工程	核心期刊
118	高强混凝土过火温度与微观结构变化关系研究	赵东拂	2013-03-05	建筑科学	核心期刊
119	基于有条件模拟方法的桥梁抗震分析	龙佩恒	2013-03-15	工程力学	核心期刊

序号	成果名称	第一作者	发表时间	发表刊物	刊物类别
120	考虑支座摩擦和墩柱损伤的桥梁用液体粘滞阻尼器参数确定方法	焦驰宇	2013-03-21	振动与冲击	EI，核心期刊
121	震后可恢复功能的预应力钢结构体系研究展望	张爱林（外），张艳霞	2013-04-16	北京工业大学学报	EI，核心期刊
122	铁尾矿砂对混凝土工作性的影响	侯云芬	2013-04-25	粉煤灰综合利用	核心期刊
123	再生混凝土长柱的抗震性能试验研究	彭有开（外），吴徽	2013-05-01	东南大学学报：自然科学版	EI，核心期刊
124	鄂尔多斯游泳馆钢屋盖结构分析与设计	宋文晶（外），程蓓	2013-05-01	钢结构	核心期刊
125	一类水工混凝土结构受氯离子侵蚀的数学模型研究	侯菲（学），白羽，董军	2013-05-01	施工技术	核心期刊
126	国内外砂浆折压强度试验方法研究	周文娟	2013-05-06	新型建筑材料	核心期刊
127	虚拟仿真施工技术在深基坑支护工程中的应用	王亮	2013-05-10	施工技术	核心期刊
128	配箍率对型钢混凝土柱钢梁节点受力性能影响的试验研究	司建超（外），司建超（学），吴徽	2013-05-15	建筑结构	核心期刊
129	地下水与隧道施工对既有地铁车站结构的影响研究	董军	2013-05-15	施工技术	核心期刊
130	近断层地震作用下基础隔震层组合限位分析	韩淼	2013-05-20	建筑结构（增刊）	核心期刊
131	公共交通优先发展模式下的道路空间再分配——以北京市旧城为例	戴冀峰	2013-05-25	城市交通	核心期刊
132	不承受竖向荷载八字形钢框架支撑体系工作原理有限元分析	赵赤云	2013-05-29	建筑结构	核心期刊
133	端板连接可替换式耗能梁段偏心支撑钢框架在循环荷载作用下的有限元分析	刘旎（学），赵赤云	2013-05-29	建筑结构	核心期刊

序号	成果名称	第一作者	发表时间	发表刊物	刊物类别
134	近断层地震动特征参数对基础隔震结构地震响应的影响分析	韩森	2013-06-25	土木工程学报	EI，核心期刊
135	影响聚合物砂浆抗裂性的因素分析	李崇智（学），李崇智	2013-06-27	兰州理工大学学报	核心期刊
136	钢筋归并对钢筋混凝土框架结构超强特性的影响	王树和（外），赵赤云	2013-06-30	北京科技大学学报	EI，核心期刊
137	尾矿细砂砂浆试验研究	周文娟	2013-07-07	混凝土	核心期刊
138	平面交叉口优化方法及其适用性研究	陈帅（学），焦朋朋	2013-08-01	交通信息与安全	核心期刊
139	粘土对聚羧酸减水剂性能的影响及机理研究	王林	2013-08-01	武汉理工大学学报	核心期刊
140	近场橡胶支座隔震设计探讨	韩森	2013-08-05	工程抗震与加固改造	核心期刊
141	近断层地震作用下基础隔震层弹簧软限位分析	韩森	2013-08-20	福州大学学报（自然科学版）	核心期刊
142	SMA 温拌再生沥青混合料性能试验	季节，许鹰	2013-09-03	中国公路学报	EI，核心期刊
143	人工挖孔在盾构检修井中的应用	郝丁	2013-09-15	建筑技术	核心期刊
144	SMA 温拌再生沥青混合料性能试验	徐世法	2013-09-15	中国公路学报	核心期刊
145	近断层地震对基础隔震结构响应影响的振动台试验研究	韩森	2013-09-20	世界地震工程	核心期刊
146	基于有限元理论的行人流社会力模型改进研究	张蕊，杨静（交）	2013-09-26	城市交通	核心期刊
147	土木工程专业道桥方向实践教学体系改革研究	焦驰宇	2013-10-01	武汉理工大学学报（社会科学版）（增刊）	核心期刊
148	空间网格结构动力检测时测点优化布置研究	王孟鸿	2013-10-09	《建筑技术开发》	核心期刊

序号	成果名称	第一作者	发表时间	发表刊物	刊物类别
149	玻璃纤维筋拉伸力学性能试验研究	周洪（学），刘军	2013-10-15	北京建筑工程学院学报	一般期刊，核心期刊
150	临近地铁车站的基坑开挖基于FLAC3D数值模拟（最新提交）	任伟明（学），彭丽云	2013-10-15	岩土工程学报	EI，核心期刊，权威期刊
151	临近地铁车站的基坑开挖基于FLAC3d数值实现	任伟明（学），彭丽云	2013-10-15	岩土工程学报	EI，核心期刊，权威期刊
152	高层建筑施工对近邻地铁车站影响分析	刘军	2013-10-21	防灾减灾工程学报	核心期刊
153	联络通道施工盾构管片力学行为研究	刘军	2013-10-21	岩土工程学报	EI，核心期刊
154	近断层地震作用下基础隔震层弹簧限位振动台实验研究	韩淼	2013-10-25	工程抗震与加固改造	核心期刊
155	基于模态曲率与小波变换的网壳结构损伤识别研究	王孟鸿，曹秀芹	2013-11-04	《建筑技术开发》	核心期刊
156	椭圆型螺栓孔网架支座在不同拉力作用下的抗侧刚度研究	王孟鸿	2013-11-05	《钢结构》	核心期刊
157	对钢筋混凝土矩形柱小偏心受压计算方法的讨论	祝磊	2013-11-15	建筑结构	核心期刊
158	建筑工程施工中的常见设计问题分析	杨静	2013-11-18	施工技术	核心期刊
159	混合结构T形梁半刚接耗能节点受力性能试验研究	张艳霞，徐斌（外）	2013-11-20	建筑结构	核心期刊
160	基于双层规划模型的公交枢纽内部流线优化	焦朋朋，杜林（学），陈帅（学）	2013-12-01	武汉理工大学学报（交通科学与工程版）	核心期刊
161	基于双折减系数法的土坡稳定性分析	刘飞	2013-12-01	防灾减灾工程学报	核心期刊
162	酸醚比对聚羧酸系减水剂组成与性能的影响研究	李崇智	2013-12-05	新型建筑材料	核心期刊
163	单调轴压荷载下考虑尺寸效应的FRP加固混凝土圆柱应力-应变关系	王作虎	2013-12-30	建筑科学与工程学报	核心期刊

【参加国际会议】季节参加 2013 年 COTA 国际会议，2013 年中美小型学术交流研讨会—旧沥青材料最新再生技术等，并在大会上发言。

（六）学生工作

【概述】2013 年学院学生工作主要做了三方面的主要工作：加强学生的思想政治教育工作、加强学风建设、教育服务中影响引领全院学生的成长成才工作。

【学生思想教育工作】深入开展"弘扬五四精神、绽放青春风采"主题教育实践活动和"中国梦"主题教育活动，以爱国、进步、民主、科学的五四精神以及实现民族伟大复兴的中国梦凝聚和丰富校园文化，贯彻落实科学发展观的长效机制。学院具体开展"乘五四之志 扬青春之彩 铸大学之魂 圆中国之梦"主题教育活动，以红色主题参观实践活动、"小粉纸"行动、"成大学之梦"教授讲坛、"辅成长之路"与青年博士面对面、"让青春在奉献中闪光"主题团日活动等，坚定学生理想信念，引导广大青年学生在实现民族复兴的中国梦中贡献自己的青春力量。

【主题教育活动和纪念活动】结合纪念五四运动九十四周年纪念和"中国梦"主题教育契机，开展"乘五四之志 扬青春之彩 铸大学之魂 圆中国之梦"主题教育活动。结合党的群众路线教育实践活动开展学生党员"先锋工程"实践活动，坚定党员信念、增强党性修养、提高自身素质、发挥表率作用。

在 2013 年 4 月 9 日至 5 月 9 日为期一个月的时间中，土木学院开展的"乘五四之志 扬青春之彩 铸大学之魂 圆中国之梦"主题教育活动共分为五个篇章，即："回顾奋斗历程、坚定理想信念"，"秉承科学精神、坚持开拓创新"，"勇于承担责任、坚守高尚品行"，"汲取榜样力量、坚实学习动力"以及"展现建工风貌、坚毅人生目标"。

根据 2013 年下半年党中央精神，校园有关党的群众路线教育实践活动部署要求，土木学院学生党支部中开展"先锋工程"实践活动。土木学院党总支邀请了 8 名来自我校党委机关、学校其他职能部门和学院内部从事多年党务工作的教师担任学院学生党支部的理论学习导师，其中我校党委常委张素芳老师、组织部部长赵海云老师、资产与后勤管理处处长周春老师、学生工作部部长黄尚荣老师、土木学院党总支书记何立新老师、土木学院院长戚承志老师、土木学院交通工程系主任张蕊老师分别担任土木学院第一至第七学生党支部 7 个支部的理论学习导师，我校机关总支书记王德忠老师担任土木学院 4 个研究生党支部理论学习导师。理论导师们自 2013 年下半年受聘以来，带领土木学院全体学生党支部以集中学习、小组讨论、主讲主问等方式进行《党章》、"党员先进性"、"厉行节约，反对浪费"、"论群众路线"、"加强理论与实践结合"、"中国梦"、"党的十八届三中全会精神"等多个主题的理论学习活动共计近 20 次，从而为土木学院学生党员们的理论学习教育提供了强有力的支持与保障。在理论学习的基础上，学生党支部、党员根据划分区域，开展一班级、一宿舍和一同学的帮扶活动，并在学院第一学生党支部中，针对大一、大二各班级开展"学生讲堂"活动，带领低年级学生培养良好的学习习惯。

【学生党建工作】切实把党员发展、争先创优、理论学习和教育引导有机结合，以学生党员述学测评工作为契机，以党建联系人为重要工作环节，对重点培养对象进行教育与考核，分步骤、有重点地推进党员发展工作，规范发展流程，慎重发展，尤其做好党员的教育培训工作。

2013 年土木学院拥有本科生党员 147 人，占学生总数 10.91%，研究生党员 155 人，占学生总数 46.83%；本年度学生党支部共发展党员 93 人，占学生总人数 5.24%，入党积极分子 495 人，递交入党申请书 406 人，参加初级党课班学习 495 人，完成高级党课班培训 144 人。

进一步深化"小粉纸"行动。在土木学院学生党支部特色活动"小粉纸"行动的基础上，各班学生党员和入党积极分子主动向任课教师承诺他们将严格遵守课堂纪律、积极与老师互动、及时了解同学们的学业难点、组织同学们进行期末复习、带动并帮扶学业困难学生学习，充分发挥党员的先锋模范带头作用。本次深化"小粉纸"行动，使学生党员更加明确自身的责任和义务，让"小粉纸"由对学生党员的监督转变为学生党员主动承诺。

进行开展"学生讲堂"活动。各班由学生党员、积极分子和班委成员共同商议，根据自己班级的实际情况，结合学习成绩、所在宿舍、人际关系、兴趣爱好等方面，对班级成员进行了分组，实行"学习小组制"，并确定了每个小组的负责人及总负责人，制定了相应的班级学习小组分组计划和晚自习计划。每组事先在组内开会，分析组内成员的实际情况，组长给出相应的解决方法，由组内自行安排时间、地点进行统一的答疑、复习。每位组长要写出小组复习计划并发到班级公邮中，保证每位组员的出勤，并写好总结。然后召开班会，确定每天晚自习的内容及课程。每天晚自习时，根据不同的课程由各科成绩好的学生党员为大家进行该课程的例题及难点的讲解，并针对一些问题大家进行共同探讨。同时，对于英语和材料力学等核心课程，还邀请到任课老师参与进行讲解辅导。此外，在本学期的学生讲堂过程中，同学们还将班级辩论赛、大学生职业生涯发展规划等内容加入到"学生讲堂"之中，丰富了"学生讲堂"的内容。

注重学生党员的教育工作。组织学生党员赴中国人民抗日战争纪念馆、"一二·九"运动纪念亭、梅兰芳故居等进行主题教育活动，并在鲜红的党旗下重温入党誓词，使党员们进一步了解党的奋斗历程，深化学生党员的理想信念，增强荣誉感和使命感。

【学生骨干的培养工程】健全并完善学生骨干培养制度，注重学生干部队伍建设，探索、巩固和发展学生骨干的培训内容、层次和资源。选树典型，奖励交流，营造良好的育人环境和学习氛围。

为加强学校学风建设，提高学生骨干的凝聚力，培养学生骨干的工作和学习能力。土木学院在 2013-2014 学年第一学期 10 月开展了"知行合一 卓越土木"第五届土木学院学生骨干培训活动。本次培训活动旨在凝聚学生骨干力量、提升学生骨干能力、发挥学生骨干的先锋作用。本次骨干培训活动面向 12 级、13 级各班班长支书，团总支、学生会副部及以上干部，将这些学生骨干们分为五队进行活动。培训分为六大板块，内容涵盖理论培训、专题讲座、社会实践、素质拓展等，培训方式侧重实践训练、自我教育和意识培养等方面。本次骨干培训总共进行了五次活动：开班典礼、古代建筑博物馆参观、国际建筑双年展参观鸟巢户外拓展、杨进学长讲座、结业典礼。

【主题团日活动】通过规范班级干部选举办法、开展主题团日活动、定期的班长支书例会等工作，指导各班开展班级工作，及时传达各项信息，促进基层团支部建设。

在 2013 年 5 月，为切合五四主题，土木学院在大兴校区 20 个班级团支部开展了"让青春在奉献中闪光"主题团日活动。旨在使同学们重温五四精神，了解五四精神的真正意义，也使新时代的大学生认真践行五四精神实质，同时分享寒假社会实践心得体会，制定本学期班级的学习计划。

在 2013 年 9 月-10 月，针对新学年各年级的不同情况，土木学院在大兴与西城校区 30 个团支部中分别开展了结合本年级实际情况的主题团日活动。向大一各班团支部下发了开展"路在脚下梦在心中"主题团日活动的通知，旨在让刚进入大学校园的新同学们明确自己在大学中理想，确立奋斗目标。与此同时在大二同学在开展"准确定位，扬帆起航"主题团日活动，希望大二同学通过本次团日活动总结大学一年来的得与失并且根据专业实际情况重新为自己定位，坚定自身理想信念。同时要求各班团支部在团日活动中与同学们一起制定出本班本学期的学习计划。同时在西城校区大三年级开展"明确专业动向实现人生理想"主题团日活动，此次团日活动旨在使同学们接触专业课后更多了解所学专业的发展，并对自身有一定的规划，更加有目标的顺利完成大三的学业。

为了更好地服务全土木学子，从本学期初到期末，土木学院团总支于每周一的晚上九点召开班长支书例会。在例会上，不仅有学生干部及时向班长、团支部支书传达学校、学院的重要通知，号召同学们参加各类校级、院级活动，还邀请了辅导员老师参加，指导常规学生工作的有序进行。通过班长支书例会，构建了一座"老师——学生干部——同学"的沟通有力桥梁，带给学生很多学业信息与帮助。

【维护校园稳定】 学院负责学生工作教师根据学校安排，通过学生干部及班级导师，在每学期初对学生思想动态进行及时排查工作；并结合本年度学校的党建评估工作、学校更名工程及党的十八大会议期间，由学院领导、班级导师为全体学生做思想动员、在行为举止、文明礼仪，学风方面进行全面动员，以年级会议、班会的形式进行正向引导与规范。

【学生实践创新】 在第一课堂和第二课堂中形成师生互动、教学相长的良好局面，坚持各项科技竞赛及社会实践与教学环节紧密结合，邀请各教研室专业教师广泛参与，继续打造学院的品牌竞赛项目。做好北京市大学生建筑结构设计竞赛的筹备和组织工作，以此为平台展现我校学生良好的精神风貌和科研动手能力，并将其打造成学校一项长期开展的学生课外科技品牌活动。

【承办第二届北京市大学生建筑结构设计竞赛】 于 2013 年 9 月承办了由北京市教育委员会主办的第二届北京市大学生建筑结构设计竞赛，在学校领导、学院领导、专业教师的大力支持和全力配合之下，大赛经历了赛题的商议确定、下发邀请函、组织报名到最终竞赛的成功举办。本届比赛共吸引了 13 所北京高校以及 1 所京外高校的教师和学生，共有二十三支参赛队伍共计 500 余名学生参加，共评选出一等奖 5 名、二等奖 7 名、三等奖 11 名、优秀指导奖 6 名以及大赛优秀组织奖 1 名，我校师生共获得一等奖 2 项、二等奖 1 项以及优秀组织奖一项。土木学院将代表我校作为北京市大学生建筑结构设计竞赛的长期承办单位，此项比赛也将成为我院一项特色赛事。

【参加全国性科技竞赛】 2013 年，学院师生共参与全国性大学生课外科技竞赛三项，获奖 5 项。其中：

在第四届全国大学生混凝土材料设计大赛中，在我校指导教师卞立波老师的带领下，由丁鲁波、果田田、李雪等同学组成的参赛队以总成绩第一获得第四届全国混凝土设计大赛院校组一等奖；赵冰心、李然等同学组成的参赛队获得第四届全国混凝土设计大赛院校组二等奖；此外，我校荣获大赛组织奖。

在第八届全国大学生交通科技大赛中，由我校杨静老师和张蕊老师指导的《停车场出入口通道通行能力与服务水平的研究》成功入围决赛，冉墨文等三名学生经过细心的准备和认真的答辩，最终在激烈的比赛中喜获优胜奖。

在第七届全国大学生结构设计竞赛中，由我院祝磊老师为指导教师，学生陈宇、孙继源、张岩3名同学组成的北京建筑大学代表队的作品《比翼双飞》获得本届竞赛优秀奖。

【参加北京市科技竞赛】2013年，学院师生共参与北京市级大学生课外科技竞赛三项，获奖8项。其中：

在第七届"挑战杯"首都大学生课外学术科技作品竞赛中，由我校秦建军、张国伟老师指导，学生王洪森、付广宇等参与的作品《HI house》、由我校秦建军、陈娟老师指导，学生白宏博，任思雨等完成的作品《iBed》、由我院杨静老师指导，学生冯杨乃惠、孙哲、冉墨文等同学完成的作品《停车场出入口通道通行能力与服务水平研究》、由我院赵东拂老师指导，学生王轩、刘洋、王宏凯等同学完成的作品《钢筋混凝土梁高温后刚度损伤研究》等均获得三等奖。

在第三届北京市大学生交通科技大赛中，由我院交通工程专业教师杨静老师指导、学生杨修涵、马泓煜、张骁、段竞泽和缪佳艺共同完成的《信号控制交叉口黄灯缓冲区设置》项目获得本届大赛三等奖。同时，我校还获得大赛优秀组织奖。

在"京东方"杯北京高校联合纸桥承重大赛中，我院由赵菲、武昊、孙瑶、邓博文组成的第一组代表队刷新去年最好成绩轻松夺得本次比赛的冠军，由李思童、黄翔、蔡立强组成的第二组代表队则以同样不俗的成绩夺得亚军。

【举办北京建筑工程学院第五届结构承载力大赛】本届结构承载力大赛经过初审和预赛，共有来自全校14组作品进入决赛。本次比赛模拟高级别建筑结构设计竞赛模式由现场模型制作、预赛加载以及决赛答辩三个环节组成，邀请学土木学院院长戚承志老师、吴徽老师、理学院力学系教授唐晓雯老师、学院专业基础部教授董军老师、学院结构实验室主任张国伟老师以及学院专业基础部李国华老师担任评委，最终，大赛评选出一、二、三等奖各一名，优秀奖6名，最优结构分析奖、最优模型解说奖、最优主题创意奖、最优模型设计奖各一名。

【开展低年级学生的学风建设工作】在一、二年级采取多种形式全方位进行专业教育，尤其是一年级新生的专业认知教育。为了能够让大一新生清楚地认识自己所学专业，对自己的未来的大学生活有个合理的规划和安排，学院举办了丰富多彩的新生入学教育活动。其中，举办了专业认知实践参观5场、校友讲座2场、学籍管理制度与学位授予政策专题讲座1场等。继续实施"新生引航工程"、"朋辈助新计划"，为新生适应大学生活、健康成长发展提供指导。为了帮助13级新生更好更快地适应大学生活，土木学院继续实施开展"朋辈助新计划"，为每个13级新生班级配备了2名12级学生朋辈辅导员，帮助他们解决平时日常生活和学习中遇到的各种问题。为了让13级学生在大学学习和生活中调整好心态，明晰大学发展道路，了解专业背景，坚定脚步，学院举办了1次新生校园行活动，1场考研交流会，1场"游学美国"交流会，1次参观天津七座名桥的专业认知活动，特邀05级学长杨进为13级新生做专业认知讲座。学院还将12级朋辈的力量引入到13级新生晚自习的"学生讲堂"当中去，帮助他们更好地完成自主学习。

继续抓好学生的早读和晚自习工作，动员全院力量确保大学英语四、六级的参考率及通过率。为了营造良好的学习风气和氛围，辅导员严格按照学校规定督促学生参加早读和晚自习，并和各位任课老师保持了密切的联系，对于早读和出勤有问题的同学可以第一时间发现并进行关注。同时，对每次的英语四、六级模拟考试成绩及时进行总结分析，并发给各位班级导师。在大学英语四、六级开考之前，还进行了四级动员班会，动员各位同学按时参加考试，从而有效地保障了我院的大学英语四、六级参考率和出勤率。最终，我院于 2013 年 6 月的全国大学生英语四、六级考试中，四级通过率达 68%。

继续以创建优良学风班为纲，完善考勤、任课教师意见反馈等制度，深度访谈，定期交流，适时召开家长会，引导低年级学生形成良好的学习习惯。为及时掌握学生的考勤情况，辅导员与任课老师保持了密切的联系和良好的沟通，对于问题学生可以及时发现并共同关注。对于期末考试成绩较差，不及格科目较多的同学，及时通知其家长并邀请家长来校参加学业困难学生家长会，土木学院于 2013 年共举办学业困难学生家长会 3 场。与会教师会向学生家长介绍我院学生工作队伍人员配备和开展工作的状况，以及学生班级管理体系、学生思想教育、心理教育、就业情况及宿舍管理等情况。

【高年级及研究生的学风建设】三、四年级积极开展社会实践，就业见习工作，利用优秀的校友资源和专业教师的力量，结合专业生产实习，与教学环节紧密相连，继续创建和维护好社会实践和就业见习岗位基地，调动学风、服务就业；开展好高低年级的交流活动，以学长树榜样，引领学风。研究生积极开展学术研究和论坛研讨等工作，提升专业水平，带动本科生科研创新。

2013 年暑假期间，由土木学院和就业指导中心共同发起，在土木学院 10 级同学中开展"暑期就业见习"社会实践活动。让三年级同学抓住机遇到各个企业单位进行实际工作实习，利用实习这个机会使同学和用人单位彼此磨合熟悉。土木学院 7 月 10 日在西城校区召开了实习动员会，同期召开双选会，参加双选会的共有 28 家企业单位，为同学们提供了 200 余个工作岗位。在同学们进行就业见习之前，土木学院对同学们进行了专业知识培训，旨在使同学们以最好的状态投身到实践之中。后期，土木学院联合中航国际在 11 月 5 日共同举办了土木学院 2010 级毕业生生产管理实习评优会，土木学院 10 级 19 名毕业生依次针对他们暑期就业见习和生产管理实习的实习内容、发现的问题与实习收获进行汇报，每位同学汇报结束后，评委会对同学们的汇报内容进行专业提问，评选出优秀见习个人。

【班集体建设】以增强班集体的凝聚力为核心目标，加强对班集体建设的指导，加大对班级学生干部的培养，充分发挥班集体在学生日常教育管理中的全覆盖作用。开展好五四达标创优和各项评优评比工作，扩大优秀学生的覆盖面和影响力，加大对优秀班级、个人的宣传，培养榜样意识，增强学生的自我管理能力，创造争先创优的良好氛围。

在日常工作中，辅导员老师结合班级导师为班级组织的主题团日活动、春游、秋游、联欢会活动实施方案和具体环节予以指导，意在推动班级凝聚力建设，促进学生干部综合能力的培养。同时，土木学院注重优秀学生和优秀班级的在学生群体中榜样的力量，借助学风建设大会和五四达标创优表彰大会契机，为优秀学生和班级颁发证书，以示鼓励，并为学院营造良好的学习氛围，使全体同学备受鼓励与启迪，在保持和提高学院的优良学风做出了不懈努力。

【学风建设研究和考风建设】从专业教师、团学工作、辅导员等不同角度推进学风建设工作，增强学风建设的原动力和实效性。加强考风建设，以考风促学风，同时探索和健全研究生思想教育模式，加强研究生的思想教育工作，发挥研究生在学院学术交流、理论探讨、学风建设方面的作用。

学院领导、辅导员借助多重契机向全体学生强调考试纪律，同时，学院领导和辅导员老师坚持参与巡考工作。在考试前夕，学院统一要求班级导师围绕"诚信考试、文明考风"召开主题班会，鼓励学生努力复习、积极备考，并带领学生签订考试诚信承诺书。在考试周期间，学院组织在学生宿舍、教学楼内的信息宣传栏中张贴考试作弊学生处分文件，希望学生以此为戒。

【学生工作研讨会】2013 年 11 月，学院召开了学生工作研讨会，会上班级导师与学生工作的老师就学生就业及其他常遇的各种问题进行了交流与探讨，并邀请了我校招生就业处李雪华处长为班级导师们就学校招生、培养与就业进行专题讲解。在每次的期中考试、期末考试和大学英语四、六级考试前，我们都会动员班级导师召开主题班会，强调考试纪律，避免作弊现象的出现。同时，辅导员会协助班级导师培养班级学生骨干，配合班级导师指导班级开展活动，从而有效地推动班级建设并充分发挥班集体在学生日常教育管理中的全覆盖作用。

【2013 届就业】2013 届土木学院 2013 届本科毕业生 367 人就业率 99.46%，签约率 98.91%；研究生毕业生 74 人，就业率 100%，签约率 79.73%。

【新媒体、载体应用】为了深入推进深度辅导工作，拓展深度辅导的形式与载体，学院进一步优化"北建土木"（http://www.renren.com/480716432/profile）的人人主页，并在 2013 年 9 月 创办了"北建土木的小围脖"新浪微博网络平台；2013 年底，创立"北建土木"微信平台，"团总支学生会"微信群，便于学生的网络沟通与交流，通过学生的网络状态深入了解学生的日常思想动态。

【贫困生资助】2013 年共评选出励志奖学金 47 名，贫困生 236 人，其中获得一等助学金学生 125 人，二等助学金 111 人；为 94 名家庭经济困难学生安排勤工助学岗位。

【关注贫困生】2013 年土木学院借助"阳光互助"社团，对学院贫困生组织了"月缘土木"庆中秋活动、带领他们进行爱心捐助活动、敬老院慰问活动以及元旦包饺子互动。

【学生奖学金】根据我校《学生手册》奖学金评定规定，2013 年度共评选出综合一等奖学金 39 名、综合二等奖学金 60 名、综合三等奖学金 107 名、学习优秀奖学金 35 名、学习进步奖学金 35 名、京精大房奖学金 3 名、张若萍奖学金 3 名、许京骐奖学金 1 名、优秀学生 104 名、单项奖学金 10 名、团体奖学金 56 名；国家励志奖学金 47 名、国家奖学金 2 名。

【学长访谈】2013 年度首次规范了学长访谈社会实践活动，为学生悉心整理近五年校友信息，并按校友工作单位性质进行分类，让一年级每个班级的学生都能够访谈到施工单位、设计单位、建设单位、事业单位和考研校友，并针对访谈内容和访谈技巧为学生进行培训，细化规范社会实践上交成果，借助主题团日活动让学生就社会实践活动成果进行分享。出版了土木与交通工程学院 2013 年"学长访谈"寒假社会实践活动优秀作品集锦。

【课余文化生活】为丰富学生的课余生活，土木学院组织学生参加第五十一届大学生运动会；带领学生举办土木学院"青春杯"班级篮球赛和羽毛球团体对抗赛和跳绳比赛；并组织学生参加全校的新生篮球赛和新生杯足球比赛等体育类活动。结合五四契机，开展"韶华时光 青春飞扬"班级风采展示活动。

【宿舍文明建设】2013 年 4 月 25 日开展参加第五十一届大学生运动会，共吸引了近 110 个宿舍约 440 名同学报名参加；其中，80 余个宿舍完成文化衫作品的创作；最终，经过活动组织委员会的初步挑选，共选出 30 组 120 件作品进行展示。我校土木学院 79 级校友现任北京建工集团有限责任公司副总经理马铁山、我校校长朱光、副校长张大玉、校教务处处长邹积亭、校学工部部长黄尚荣、大兴校区管委会主任冯宏岳、土木学院党总支书记何立新等作为投票者都参与了此次活动。该活动进一步推进学生宿舍的文明建设，为同学营造温馨舒适的学习生活环境，同时给大家提供了一个展示自我的舞台，培养了同学们集体意识，增强宿舍同学们的凝聚力，也使我校的校园文化建设有了更深层次的发展。

（七）对外交流

【概述】2013 年学院积极开展对外交流，包括组织教师参加各类国际会议，组织学生出国游学等。

【第五届土木与建筑热点问题国际会议】2013 年由土木学院牵头，组织了在彼得堡举行的第五届土木与建筑热点问题国际会议的征文工作。2013 年六月底，受我校的派遣，由汪苏副校长带队，我院五名师生随队前往彼得堡参加了本次会议，多名老师宣读了论文，并与参会的外观学者交流，增进了学术交流，和友谊，提高了我校的学术知名度。

【本科生暑期游学】2013 年我院获得了 13 个游学名额，我院组织了学生成员的选拔工作，由刘倩老师带队与 2013 年 7 月赴美国东部访问多所世界名校，开阔了学生们的视野。

【申请国际合作示范中心】向北京市科委提交了市级国际合作示范中心的申请，将于 2014 年 1 月 8 日答辩。

【与国际院校合作】2013 年 10 月 11 日宋国华副校长会见了美国南加州大学土木与环境工程学院院长 Lucio Soibelman 教授。南加州大学是美国著名高等学府，其工学院在世界上享有很高的声誉。Lucio Soibelman 教授此次来访，主要与我校有关部门，讨论土木与环境工程专业"卓越工程师"项目的合作事宜。双方就两校土木与环境工程师生交流进行了广泛的讨论。会见结束后，Lucio Soibelman 教授参观了我校 BIM 实验室、环境实验室、结构实验室，并为我校研究生和教师，作了题为"BIM 技术在建筑工程中应用"的学术报告。美国科罗拉多大学席云平教授、澳大利亚南昆士兰大学诸葛燕教授也分别访问我校，与学院起草了合作意向书。

（八）党建工作

【思想建设】为迎接 2014 年北京市对我校党建先进校评选进行积极准备。围绕"十八大"、"十八届三中全会"精神的学习和"创办有特色、高水平建筑大学"教育思想和提高教育教学质量的大讨论。通过贯穿全年的思想教育工作，使全体师生的思想意识，尤其是对现代大众化的高等教育有了更深刻的认识和理解，为学校和学院下一步的发展奠定了深厚的思想基础。在 2013 年下半年开展党的群众路线教育实践活动中，土木学院党组织紧紧抓住这个有利契机，进入深入系统的学习，不仅自己学，而且还和兄弟院系的党员干部共同学习，取长补短、共同进步。学院党员干部与测绘学院、图书馆党员干部分别于 8 月 30 日和 8 月 31 日一起学习了《论群众路线——重要论述汇编》中的理论知识，并交流学习心得体会；此外，在 2013 年 12 月 11 日，土学院领导干部、支委成员还与测绘学院、图书馆党员干部共同学习了十八届三中全会精神，深入学习公报中的重点内容和新提法。学院内部根据学校党委"先锋工程"的统一部署，为加强学生党员的理论学习，提升学生党员党性觉悟，更好发挥学生党员在学生群体中的模范带头作用，土木学院党总支，为每个学生党支部聘请了一名理论学习导师，导师们由来自我校党委机关、学校其他职能部门和学院内部从事多年党务工作的教师担任，进而为土木学院学生党员们的理论学习予以指导。

2013年11月为迎接北京市对我校的"平安校园"建设的检查，学院党组织以高度的政治责任心带领全院师生认真学习相关文件，领会创建精神，查找工作和学习生活中的不稳定、不安全因素，积极健全、完善相应的规章制度，同时也在"平安校园"的创建过程中，学院党总支召开了领导班子座谈会，认真学习了有关会议精神，并组织召开学院大会传了相关要求。针对实验室安全管理，学院要求党员同志严格遵守相关规章制度，避免事故发生。学院党总支注重"以人为本"，在学生群体中，党员同志发了先锋模范带头作用，热心帮扶特殊群体同学；在教职工中，及时对于在职及离退休的困难教师给予帮扶和关爱，营造出了和谐的学院氛围。"平安校园"的创建和检查不仅查找和完善了我们日常工作中存在的问题，而且使广大师生受到了安全稳定是第一责任的深刻教育，是党员和干部人事到安全稳定是最大的政治。

【组织建设】 2013年，在校党委的领导下，根据民主推荐、干部竞聘，顺利平稳地完成了学院新旧领导班子的交接，不仅为学校输送了干部，而且在学院内部也形成了干部的专业化和年轻化。

2013年9月顺利完成党支部换届工作，并将道桥与交通工程教工党支部调整为道路与桥梁工程系教工党支部和交通工程系教工党支部，支部设置与专业设置更加契合，更便于党支部结合专业发展开展建设。新当选的党支部书记结构合理、党龄相对较长，党性觉悟高，专业素质高，党员群众基础牢，组织能力比较强，适应教工和学生党支部建设的工作需要。2012年底，学院本科生党员比例为12.3%，研究生党员比例为61.5%。截止到2013年底，学院本科生党员比例为11.16%，研究生党员比例为52.27%。学生党员中85%以上都获得过奖学金，较好地起到模范带头作用。在加大学生党员发展力度与保证党员发展质量的同时，学院党总支也高度重视青年教师的党员发展工作。

【作风建设】 根据2013年学校党委关于深入开展党的群众路线教育实践活动的部署，土木学院党总支按照学校党委要求，于2013年8月31日，利用一天的时间，召开了土木学院党支部书记会议、土木学院深入开展党的群众教育实践活动动员大会、土木学院全体党员大会及二级理论中心组学习会，通过集体学习"北京建筑大学党的群众路线教育实践活动校内动员讲话"、观看视频和小组学习讨论的方式，使土木学院党总支全体对贯彻中央的群众路线精神有了进一步的理解，明确了贯彻落实群众路线的重点，同时也为学院党的群众路线教育实践活动的工作指明了方向。在随后开展的土木学院党的群众路线教育事件活动中，学院党总支在9月10日至17日之间，邀请学校党委领导、院系教授、专业教师和广大学生，按照"照镜子，正衣冠，洗洗澡，治治病"的要求，围绕形式主义、官僚主义、享乐主义、和奢靡之风"四风"问题，为深入贯彻落实党的群众路线，切实改进党的作风，开展了四场"土木与交通工程学院领导干部深入贯彻党的群众路线教育实践活动"征求意见座谈会，听取学校领导对学院工作的指导意见、学院师生对领导班子工作意见，学院领导班子成员认真分析研究各类意见和建议，并及时进行整改，从而促进学院发展符合院系师生需求，使党的群众路线教育实践活动落实到实处。在2013年底，学院党总支部署的党员考核测评工作中，将党员关于党的群众路线教育实践活动中的整改措施和实行效果作为其的考核测评工作的一项重点内容，经过教工党支部开展的批评与自我批评民主生活会以及学生党支部开展的党员述学测评大会，土木学院党员测评考核满意度为 100%。

【党风廉政建设】 在领导班子理论中心组坚持专题学习，2013 年重点学习的是党的群众路线的理论和先进典型以及《党员领导干部廉政从政若干准则》。继续加强和完善"民主集中制"和"三重一大"的学习和制度的坚持，确保学院的各项工作的科学与民主。2013 年学院为进一步加强对经费使用和管理的规范性，提高项目负责人的责任意识，学院与各位项目负责人签订了《土木与交通工程学院项目负责人经济责任承诺书》。

(九) 实验室建设

【概述】 2013 年以成立"土木与交通工程学院实验中心"为契机，在梳理实验中心工作内容的基础上，从管理入手，制定了一系列规章制度。目的是从制度上管理实验中心各项工作，力争将"土木与交通工程学院实验中心"打造成为本科与研究生教学、科学研究、社会服务为一体基地，更好地为学院师生提供服务，实现实验中心安全、高效的目标。

【实验室教师队伍建设】 针对目前学院实验教学、科研任务的不断增多，目前实验室出现人员不足的问题，同时考虑新校区实验室建成后实验室人员将更为紧缺。为解决实验室教师严重不足和实验室教师队伍建设的问题，学院着手从学院内部挖掘潜力，鼓励年轻教师（博士）进入实验室工作，一是解决实验室教师短缺问题，二是提高实验室教师队伍的整体素质，为学院未来的发展奠定基础。下一步准备制定鼓励青年教师进入实验室工作的激励机制，形成教师愿意进入实验室工作的局面。

【制定实验室管理规章制度】 2013 年制定了一揽子实验室管理相关的规章制度，《土木与交通工程学院实验中心管理办法》、《土木与交通工程学院实验中心安全管理规范》、《土木与交通工程学院设备购置管理规定》、《土木与交通工程学院实验中心科研实验管理办法》、《土木工程实验中心社会实验服务管理办法》、《关于非工作时间使用实验室的规定》《仪器设备借用制度》、《仪器设备损坏（遗失）赔偿制度》、《教学和科研实验人员申请进入实验室的管理办法》等相关规定。

（张　蕊　王秉楠　龙佩恒　韩　淼　何立新　戚承志）

三、环境与能源工程学院

(一) 概况

【概述】 环境与能源工程学院成立于 1984 年，前身为城建系，2006 年 6 月正式更名为环境与能源工程学院。学院现有 5 个本科专业：建筑环境与能源应用工程、热能与动力工程、给排水科学与工程、环境工程和环境科学；5 个硕士学位授予点：供热、供燃气、通风及空调工程、热能与动力工程、市政工程、环境科学和环境工程。建筑环境与能源应用工程专业是国家级和北京市特色专业，给排水科学与工程是北京市特色专业。拥有 2 个北京市重点学科——供热、供燃气、通风及空调工程和市政工程、1 个校级重点学科——环境工程、1 个北京市重点实验室——供热、供燃气、通风及空调工程北京市重点实验室、

1个教育部重点实验室——城市雨水系统与水环境省部共建教育部重点实验室及2个培训、教学中心——中法能源培训中心和北京市"水环境实验教学示范中心"。2005年，建筑环境与设备工程专业和给水排水工程专业通过了建设部高等教育专业评估，并于2010年通过建设部高等教育专业复评。

目前，环境与能源工程学院在能源利用转换、燃气燃烧、供热空调系统节能、建筑节能技术和室内环境质量监控、纳米冷冻机油、空调制冷设备；雨水综合利用与污染控制、环境规划与管理、环境景观设计、污水脱氮除磷、中水回用技术、城市节水与需水量预测等方面已形成明显的学科专业特色和优势。近年来先后承担了国家"七五"、"八五"、"九五"科技攻关项目、国家重大水专项、科技支撑项目、国家自然科学基金项目及北京市科委、教委等各类科研项目，参与863、973等国家重大课题项目，多项科研成果获得省部级奖励。学院配备了先进的科研设备，实验仪器设备总值5000万元，培养和形成了一支高水平的学术队伍，为科学研究、开发和生产力转化奠定了基础。已经成为城市建设和环境保护的科学研究和人才培养基地。

在教学方面，也已形成本科生、硕士研究生、中外合作等多层次的培养体系。学院现有本科生918人，研究生262余人；教授14人。目前，从该院毕业的4000多名毕业生，大都成为首都城市建设的生力军，在工程建设、设计、施工、管理、教学及科研等各条战线发挥着重要作用，为首都城市建设和发展做出了重要贡献。

（二）教学工作

【概述】 环境与能源工程学院共有5个本科专业，其中1个国家级特色专业、2个北京市级特色专业、2个卓越计划试点专业，并有1个"2+2"国际合作本科生培养项目，2013年招生261人，毕业233人，年底在校生993人，毕业年级毕业率和学位率均超过97%。2013年，环能学院有教职工83人，专任教师62人。其中，暖燃学科专业教师16人，市政学科专业教师12人，环境科学专业教师9人，环境工程专业教师9人，热能与动力学科专业教师8人，重点实验室6人，实验中心12人；教授12人，副教授31人，讲师30人；博士49人，硕士24人。

【获批国家级实验教学示范中心】 以水环境实验教学示范中心验收为契机，进一步凝练实验教学成果，整合校内外资源，突出教学科研融合、校企联合等办学特色，水环境实验教学中心被评为国家级实验教学示范中心。

【获得北京市教育教学成果奖一等奖】 以学校"建设有特色、高水平建筑大学"教育思想大讨论为契机，深化人才培养在高等学校中的作用，凝练总结给排水科学与工程专业的办学特色，"基于"水质水量并重"的给水排水工程专业人才培养模式探索与实践"获北京市教育教学成果奖一等奖。

【获国家级大学生校外实践教育基地】 给排水科学与工程专业代表北京建筑大学和中国新兴建设开发总公司联合建设的"北京建筑工程学院-中国新兴建设开发总公司工程实践教育中心"被评为国家级大学生校外实践教育基地，进一步促进高校和行业、企事业单位等联合培养人才新机制的建立，提升高校学生的创新精神、实践能力、社会责任感和就业能力。

【实验室建设】 2013年，环境与能源工程学院成功申请国家水环境实验教学中心。

（三）科研工作

【概述】 2013 年，环境与能源工程学院纵向科研经费 1334 万元，约占学校纵向经费的二分之一；横向科研经费 458.9 万元，约占学校横向经费的五分之一。总经费 1792.9 万元，约占学校横纵向课题经费的三分之一。

2013 年，环能学院发表 SCI 论文 19 篇、EI 论文 40 篇、授权发明专利 5 项、授权实用新型专利 16 项目，获得 4 项软件著作权。

2013 年，环能学院王随林教授荣获第十五届中国专利优秀奖和华夏科技进步二等奖。

2013 年，环能学院获得国家自然科学基金 4 项，其中面上项目 1 项，青年项目 3 项目。

2013 年环能学院承担的各类科研项目一览表

序号	项目名称	负责人	项目来源	项目级别	合同经费（万元）	起止时间	项目类别
1	节能高效土壤源吸收式热泵供能应用基础研究	高岩	教育部	省部级	50	2013-11-25	一般
2	采用综合管理措施促进拆船行业可持续发展	张明顺	欧盟项目（UNIVERSITAT FUR BODENKULTUR WIEN）	国家级	100.8481	2013-08-22	一般
3	微藻动态载体高密度富集的污水深度净化研究	胡沅胜	国家自然科学基金委员会	国家级	25	2013-08-21	一般
4	室内香烛燃烧产生的多环芳烃的散发特征、分配规律及暴露风险	张金萍	国家自然科学基金委员会	国家级	80	2013-08-21	一般
5	磷在人工湿地植物根表生物膜/水微界面的反应过程及形态转化	杜晓丽	国家自然科学基金委员会	国家级	25	2013-08-21	一般
6	高氨氮废水应用 CANON 工艺之 N_2O 释放机理研究	付昆明	国家自然科学基金委员会	国家级	25	2013-08-21	一般
7	太阳能相变地板采暖系统蓄换热特性研究	牛润萍	建筑安全与环境国家重点实验公平室开放基金资助课题	国家级	3	2013-08-19	一般
8	小流量离心式制冷压缩机设计及特性研究	高峰	北京建筑大学	校级	3	2013-06-27	一般
9	室内邻苯二甲酸酯的暴露研究	王立鑫	北京建筑大学	校级	3	2013-06-27	一般

序号	项目名称	负责人	项目来源	项目级别	合同经费（万元）	起止时间	项目类别
10	基于尾气废热的喷射式蓄能型汽车空调制冷系统机理与特性研究	胡文举	北京建筑大学	校级	3	2013-06-27	一般
11	中高温槽式太阳能集热中传热与流动特性研究	熊亚选	校博士基金	校级	3	2013-06-27	一般
12	建筑垃圾资源化利用对策研究	李颖	全国哲学社会科学规划办公室	国家级	18	2013-06-10	一般
13	燃气锅炉烟气冷凝热能回收装置	王随林	住房和城乡建设部标准定额司	省部级	50	2013-06-01	一般
14	两相生物除臭技术及设备研发	刘建伟	国家科技支撑计划子课题	省部级	37	2013-05-28	一般
15	脆弱性评估指标体系研究	刘建伟	2012年北京市适应气候变化能力建设工程	地市级	35	2013-05-13	一般
16	适应气候变化关键领域适应能力评估指标体系研究	马文林	北京市发展和改革委员会	省部级	20	2013-05-13	一般
17	处理后污水淋激式换热器强化换热和抑垢特性研究	那威	北京市自然科学基金委员会	省部级	14	2013-02-25	一般
18	某类大型公共建筑火灾条件下电源分区控制的可行性研究	杨晖	北京市可持续发展促进会	企事业单位	5	2013-08-28	一般
19	太阳能光伏空调技术开发	徐荣吉	海尔集团技术研发中心	企事业单位	50	2013-06-28	一般
20	建筑室内颗粒物污染特征及其被动控制策略研究	于丹	远大空品科技有限公司	企事业单位	60	2013-06-20	一般
21	高温熔盐流量计标定系统开发	熊亚选	北京工业大学	企事业单位	8	2013-04-08	一般
22	无扇叶送风空调研发	徐荣吉	海尔集团技术研发中心	企事业单位	64	2013-01-01	一般

2013 年环能学院教师发表的学术论文一览表

序号	成果名称	第一作者	发表时间	发表刊物	刊物类别
1	Adsorption of Methylene Blue and Methyl Violet by Camellia seed powder: Kinetic and Thermodynamic Studies	王崇臣	2013-12-23	Desalination and Water Treatment	SCI
2	Countermeasure study on disposable tableware pollution in China	李颖	2013-12-01	Journal of Food, Agriculture & Environment	SCI
3	Passive atmospheric oxygenation to increase nitrification potential in non-planted vertical flow constructed bed system	杜晓丽	2013-12-01	Polish Journal of Environmental Studies	SCI
4	Effects of pH, Temperature, Dissolved Oxygen, and Flow Rate on Phosphorus Release Processes at the Sediment and Water Interface in Storm Sewer	李海燕	2013-11-15	Journal of Analytical Methods in Chemistry	SCI
5	Effect of pH, Temperature, Dissolved Oxygen, and Flow Rate of Overlying Water on Heavy Metals Release from Storm Sewer Sediments	李海燕	2013-11-14	Journal of Chemistry	SCI
6	Effects of thermal mass and flow rate on forced-circulation solar hot-water system: comparison water-in-glass and U-pipe evacuated-tube solar collector	高岩	2013-11-07	Solar Energy	SCI
7	Comments on "Reduction in carbon dioxide and production of methane by biological reaction in the electronics industry" by Kim et al., International Journal of Hydrogen Energy 2013; 38: 3488-3496	刘然彬	2013-10-17	International Journal of Hydrogen Energy	SCI
8	Preparation and anti atomic oxygen erosion properties of OPPOSS/PI composites	Wei-pingLi	2013-10-10	International Journal of Minerals, Metallurgy and Materials	SCI
9	Influence of Anode Area and Electrode Gap on the Morphology of TiO2 Nanotubes Arrays	王敏	2013-08-23	Journal ofNanomaterials	SCI
10	Measuring the characteristic parameters of VOC emission from paints	熊建银	2013-06-28	Building and Environment	SCI
11	Thermal Stability of Paraffin and Fatty Acid Mixtures	闫全英	2013-05-15	Asian Journal of Chemistry	SCI
12	Synthesis, Structure and Luminescent Properties of Three Silver (I) Complexes with Organic Carboxylic Acid and 4, 4'-Bipyridine-Like Ligands	王崇臣	2013-05-06	transition metal chemistry	SCI

序号	成果名称	第一作者	发表时间	发表刊物	刊物类别
13	Comparison of the structural, spectroscopic characteristics of fulvic acid fromBaiyangdian lake sediments	袁冬海	2013-05-01	Fresen. Environ. Bull.	SCI
14	Treatment of Low-turbidity Source Water by Permanganate Pre-oxidation: In-situ Formed Hydrous Manganese Dioxide as Filter Aid	RuipingLiu	2013-04-18	Separation and Purification Technology	SCI
15	Looking beyond struvite for P-recovery	郝晓地	2013-04-10	Environmental Science & Technology	SCI
16	Synthesis, characterization and luminescent properties of series silver (I) complexes with organic carboxylic acid and 1, 3-bis (4-pyridyl) propane	王崇臣	2013-03-13	Transition Metal Chemistry	SCI
17	Synthesis and Crystal Structure of three Mixed-ligand Silver (I) Complexes Constructed from 1, 2-Di (4-pyridyl) ethylene and Different Organic Carboxylate Anions	王崇臣	2013-02-15	Russian Journal of Coordination chemistry	SCI
18	Effects of Preprocessing Method on TVOC Emission of Car Mat	王敏	2013-01-23	Journal of Thermal Science	SCI
19	Two Sodium and Lanthanide (III) MOFs based on Oxalate and V-shaped 4, 4'-oxybisbenzoate Ligands: Hydrothermal Synthesis, Crystal Structure, and Luminescence Properties	王崇臣	2013-01-15	Journal of Molecular structure	SCI

2013 年环能学院教师发授权的专利与软件著作权一览表

编号	专利名称	专利设计人	专利类型	授权（申请）号	授权（申请）年度
1	一种加压水泵与透平释气器同轴的溶气释气装置	王文海，赵静野，张沙，张雅君，许萍，任雪，冀四梅	发明专利	ZL201110285050.5	2013
2	一种动态膜净化反应器和用于再生水除磷的方法	孙丽华，许萍，张雅君，汪长征	发明专利	ZL201110304234.1	2013
3	一种动态膜净化反应器和去除再生水中氨氮和有机物的方法	孙丽华，许萍，张雅君，汪长征	发明专利	ZL201110304246.4	2013
4	一种废水换热器除污系统	孙方田，王娜，李德英，王瑞祥，史永征	发明专利	ZL201210063221.4	2013

编号	专利名称	专利设计人	专利类型	授权（申请）号	授权（申请）年度
5	储水容器的自净系统	黄忠臣、冯萃敏、韩芳、王丽华、王文海	发明专利	zl201210104157.x	2013
6	孔径连续可调的恒温水浴锅加热孔	韩芳，冯萃敏，黄忠臣，王丽华	实用新型	ZL201220335895.0	2013
7	一种太阳能驱动的冷热源供应装置	孙方田，王娜，李德英，史永征	实用新型	ZL201220085929.5	2013
8	基于热泵技术的多温段开水炉	孙方田，王娜，李德英，史永征	实用新型	ZL201220216985.8	2013
9	一种白板笔支架	史永征，徐鹏，那威	实用新型	ZL201220238079.8	2013
10	水力驱动生物转盘反应池及生物转盘处理系统	黄忠臣，吴俊奇，王文海	实用新型	ZL201220439475.7	2013
11	一种抗垢的污水热能回收装置	那威，宋艳	实用新型	ZL201220462309.9	2013
12	一种污水换热器	那威，宋艳	实用新型	ZL201220462817.7	2013
13	除盐系统综合实验装置	黄忠臣，韩芳	实用新型	ZL201220533894.7	2013
14	污泥比阻测量装置	黄忠臣，王文海	实用新型	ZL201320161163.9	2013
15	阀门调节特性的教学演示装置	史永征，那威，路作龙	实用新型	ZL201320105133.6	2013
16	一种房间空调器	那威，宋艳，史永征	实用新型	ZL201320174676.3	2013
17	一种用于风冷冷凝器的微雾辅助降温装置	石里明，李冉，白云飞	实用新型	ZL201320207374.1	2013
18	滞留式生态树池	黄忠臣，闫苹	实用新型	ZL201320161177.0	2013
19	生态树池	闫苹，黄忠臣	实用新型	ZL201320028624.5	2013
20	一种户用空调冷凝换热器	那威，宋艳，史永征	实用新型	ZL201320175031.1	2013
21	一种去藕罐原理教学演示装置	史永征	实用新型	zl201320207389.8	2013
22	自然水体溶解氧模拟软件	张质明	软件著作权	2013SR150291	2013
23	自然水体氨氮模拟软件	张质明	软件著作权	2013SR149596	2013
24	自然水体硝态氮模拟软件	张质明	软件著作权	2013SR150768	2013
25	自然水体碳生化需氧量模拟软件	张质明	软件著作权	2013SR150847	2013

2013 年环能学院教师获得奖励一览表

序号	奖励名称	成果名称	获奖完成人	个人排名	单位排名	获奖年度	获奖级别	获奖等级	发证机关
1	中国专利奖	一种利用烟气冷凝热能的复合型防腐换热装置	王随林	1	1	2013	省部级	优秀奖	国家知识产权局
2	华夏建设科学技术奖	高效装配式低温辐射供暖板模块化技术与成套工程应用技术	王随林	1	1	2013	省部级	二等奖	华夏建设科学技术奖励委员会
3	优秀科技论文奖	中国制冷学会优秀科技论文奖	解国珍	1	1	2013	省部级	二等奖	中国制冷学会

【北京市工程技术研究中心申报】2013 年，环能学院组织申报"电子废物资源化"北京市国际科技合作基地、"建筑能源可持续利用"和"可持续城市水系统构建与风险控制"北京市工程技术研究中心 3 个省部级科研基地。

（四）学生工作

【概述】学生工作是环境与能源工程学院人才培养体系的重要组成部分。环能学院学生工作遵循"注重思想引领、强化学风建设、搭建发展平台"的基本思路，学生教育管理工作有序推进，有效开展。

【主题教育寓意深刻】2013 年 3 月 13 日，环境与能源工程学院研究生会召开 2012～2013 年度第二学期第一次全体会议，对上学期的工作进行总结的同时讨论、规划本学期工作。环能学院党总支副书记黄琇老师、辅导员卫巍老师、环能研会全体成员出席此次会议。

2013 年 3 月 21 日，环能学院在大兴校区举办了"优秀学长交流会—研究生专场"活动。环能学院 12 级四个专业的大一学生迎来了 12 名优秀学长的到来。

2013 年 4 月至 7 月，环能学院将"我的中国梦"主题教育活动与深入学习贯彻党的十八大精神紧密结合起来，开展主题为"树建筑之魂·成筑巢之梦"的"我的中国梦"系列主题教育活动，旨在通过开展一系列丰富多彩的活动，引导广大同学励志青春、放飞梦想，为实现国家富强、民族复兴、人民幸福的伟大"中国梦"而发奋学习、不懈奋斗。

2013 年 4 月 9 日，环能学院举办主题为"筑梦——在科技实践中勇担责任"的"2013 年度大学生科技立项师生双选会"。双选会吸引了环能学院以及其他兄弟学院两校区 200 多名学生参加，来自环能学院各个系部的多位老师给同学们带来了 30 多个选题方向，达成立项意向 40 余项。该活动旨在丰富提高同学们的专业认识，丰富大家的课余生活，创造一个相互学习的机会，同时也能借此促进学院的学风建设。

2013 年 4 月 16 日至 18 日，环能学院举办五四达标创优评比暨我的中国梦主题演讲活动和优秀团支部及先进个人答辩活动。学工部部长黄尚荣老师，环能学院党总支副书记黄琇老师、学工部陈思源老师、测绘学院李晨老师、环能学院辅导员齐勇老师、卫巍老师、王刚老师分别出席了各项活动。

2013 年 4 月 23 日至 25 日，环能学院学生会联合学校图书馆开展"书香惠满园"大型图书赠阅及好书传递活动，旨在在青年学生中传播青春正能量，激发同学们对实现中国梦的信心与力量。环能学院党总支副书记黄琇老师，团总支书记齐勇老师参与了此次活动。

2013 年 5 月 9 日，为了继续深入开展"我的中国梦"主题教育活动，激励学生党员更好地发挥模范带头作用，环能学院水本支部召开"习近平总书记五四讲话精神"学习会。

2013 年 11 月 24 日，为了让大一、大二班长明确自己的工作职责，更好地为班级服务。环能学院的 25 个班级的"一班之长"汇聚一堂，参加在大兴校区举办的星火干部培训班之"一班之长的职责与成长"的分享活动。

【学风建设突出实效】2013 年 1 月 4 日，环境与能源工程学院邀请住房和城乡建设部科技中心、建筑节能发展处的郝斌处长为研究生和本科生作了题为"建筑节能的实践与思考"的学术讲座，旨在营造良好的学术研究氛围。

2013 年 3 月 27 日，环能学院研究生会组织研究生新生参观北京市重点实验室——中法能源培训中心。

2013 年 4 月 5 日，环能学院"英华论坛"开讲，活动邀请环能学院党总支书记周春老师，文法学院法律系石磊老师为学院大兴校区的同学举办大学生涯规划专题讲座。

2013 年 4 月 16 日，环能学院在环能报告厅举办"英华论坛"活动，本次论坛邀请文法学院外语系武煊老师和加拿大驻中国使馆韩志鹏先生为低年级同学作英语之魅力的讲座。环能学院王刚老师和环能学院 11、12 年级的同学参加本次活动。

2013 年 4 月 24 日，环能学院邀请英国赫尔大学的赵旭东教授、De Montfort University 张毅教授及来自英国诺丁汉大学的 Saffa Riffat 教授，为环能学院的研究生和本科生举办专业讲座。环能学院李德英老师、陈红兵老师和王随林老师参加此次学术讲座。

2013 年 7 月 3 日，环能学院"最牛考研宿舍"出炉。2013 届毕业生中西城校区 4 号-315 宿舍的 4 人顺利考入 4 所 985 重点院校——张凯扬、卢阳、宋易南、洪志强四位同学分别被北京大学、西安交通大学、北京理工大学和北京化工大学顺利录取。

2013 年 8 月 20 日，环能学院组织暖通专业的学生参加第 21 届人工环境学科"大师讲堂"活动，和行业大师面对面，现场聆听了"快乐暖通"与"暖通职业生涯规划"的专题讲座。

2013 年 10 月 19 日，环能学院举办主题为"我与院长书记面对面"的英华论坛活动。本次论坛向新生介绍了学院发展历史、人才培养理念、专业设置、研究生培养、科研教学基地和师资情况等，引导新生如何做优秀大学生。环能学院院长李俊奇、党总支书记陈红兵、党总支副书记黄琇、辅导员、班级导师以及全体 2013 级学生参与此次活动。

2013 年 10 月 28 日至 11 月 7 日，环能学院在大兴校区各班开展 2013 级《学生手册》和《培养方案》的讲解会。环能学院副院长冯萃敏老师和教务员田园老师、辅导员卫巍老师参加了此次活动。

2013 年 10 月 28 日，环能学院举办杰出校友"开讲啦"的英华论坛活动。本次论坛邀请校友韩晓清、肖青先生为低年级学生作了"激情成就梦想，梦想成就未来"和"立足社会、形成品牌"的讲座。环能学院院长李俊奇老师，学院党总支副书记黄琇老师、辅导员老师和12、13级学生参加此次活动。

2013年10月31日，环能学院举办研究生学术论坛。论坛就学术能力提升、科技论文写作、职业规划等问题展开交流。

2013年11月5日，环能学院研究生会邀请美国劳伦斯伯克利国家实验室逄秀锋博士作题为"建筑技术研究"的学术讲座。

2013年11月21日，环能学院研究生会邀请中国中元国际工程公司环境技术总监项卫中博士作题为"将绿色建筑设计带入信息时代"的学术讲座。

2013年12月10日，环能学院在大兴校区召开学风建设推进大会，全面总结学院学风状况、表彰和树立了学习典范、推进部署学风建设新工作。学工部部长黄尚荣、环能学院院长李俊奇、环能学院党总支书记陈红兵、学工部副部长冯永龙、环能学院党总支副书记黄琇、环能学院班级导师代表、辅导员和12、13级全体同学参加大会。

【职业规划教育落地有声】2013年1月11日，环境与能源工程学院为2013届暖研专业毕业生召开了就业专题座谈会，为同学们在择业过程中面临的问题、难题"把脉会诊"。

2013年4月2日，环能学院开展"中国梦·我的就业梦"主题教育活动。旨在使大三学生对于即将到来的毕业季有更加清醒的认识和规划，为2014届的毕业生就业工作奠定基础。

2013年4月17日，环能学院启动"名企HR进校园"系列活动。首场活动邀请北京燃气集团有限责任公司的人力资源总监王亮先生，与学生就职业发展定位、应聘技巧、职场心理转换等问题进行"零距离"交流。

2013年4月24日，环能学院研究生会举办职业规划沙龙，邀请4位校友，为在校研究生分享关于工作、学习、职业规划等方面的经验。

2013年6月27日，环能学院举办"传递梦想，点亮未来"毕业生出国及考研交流会。交流会邀请09级考研成功、出国深造的学长们与同学分享经验，答疑解惑。环能学院院长李俊奇、党总支书记陈红兵、热动系主任王瑞祥、建筑热能系主任李锐参加此次交流会。

【党团建设形式多样】2013年3月12日，环境与能源工程学院召开新学期学生干部会，总结2012年度工作，部署2013年度工作，团总支书记齐勇老师以及两校区全体团总支、学生会干部参加会议。

2013年3月9日～3月20日，环能学院开展"畅谈寒假见闻、规划未来理想"主题团日活动。旨在总结工作，交流经验，鼓励先进，把学习十八大精神通过社会实践活动引向深入，进一步推动社会实践活动向长期化、项目化、规范化方向发展。

2013年5月26日，环能学院学生会组织学生会干事和第49期入党积极分子培训班的同学们开展大兴校区食堂体验日活动。

2013年11月，环能学院本科生党支部联合举办素质拓展教育活动。活动增强了学生党员的凝聚力，提升了学生党支部的战斗力，有利于发挥学生党员的先锋引领作用。

【科技创新硕果累累】2013年3月25日，环境与能源工程学院举办"2013国际学生环境与可持续发展大会"遴选活动。活动通过海报展示、答辩、专家点评等环节遴选优秀作品。

2013年4月9日，环能学院举办2013年度大学生科技立项师生双选会，双选会吸引了环能学院以及其他兄弟学院两校区 200 多名学生参加，来自环能学院各个系部的老师给同学们带来了 30 多个选题方向，并亲临现场与同学互动交流，环能学院党总支副书记黄琇、团总支书记齐勇参加活动。

2013 年 5 月 21 日，环能学院承办北京建筑大学第五届节能减排社会实践与科技创新大赛。大赛共收到 110 多件作品，经过初审、初赛最终有 23 件作品进入决赛，经过专家严格评审，最终评出一等奖 2 项，二等奖 4 项，三等奖 8 项，优秀奖 8 项。

2013 年 5 月 28 日，环能学院在大兴校区举办第五届化学实验竞赛宣讲会。向同学们介绍北京建筑大学第五届化学实验竞赛的内容、赛制情况以及大赛注意事项等内容。

2013 年 6 月 5 日，环能学院组织学生参加 2013 国际学生环境与可持续发展大会（ISCE），参会同学与国内外高校学生共同讨论以"食品"、"健康"、"生态系统"、"绿色城市"、"绿色消费"为专题的国际热点话题。其中环研 11 级李盼盼同学的研究报告"关于实行生活垃圾分类收集和处理的问题研究"喜获 2012 年度"绿色未来奖"。

2013 年 7 月 5 日，环能学院选派两支代表队参加"大金空调杯"第七届中国制冷空调行业大学生科技竞赛（华北赛区）决赛。经过实践技术、作品答辩和知识抢答等环节，环能学院代表队的"一种内置服务器蒸发制冷降温装置"荣获综合组一等奖和"实践技术优胜奖"；"一种浸没式大型电子设备制冷降温装置"荣获创新组二等奖；北京建筑大学被授予"大金空调杯—第七届中国制冷空调行业大学生科技竞赛最佳参赛学校"奖。

2013 年 8 月 6 日，环能学院组织学生参加"力诺瑞特"杯第六届全国大学生节能减排社会实践与科技竞赛决赛。经过作品展示、作品答辩和专家点评等环节，北京建筑大学代表队获得二等奖 1 项、三等奖 3 项，北京建筑大学同时荣获"优秀组织奖"。

2013 年 10 月 16 日，环能学院组织学生参加"绿色北京建设——2013 年北京市教育系统节能减排知识竞赛"。经过抢答和必答等环节的激烈角逐，最终获得高校组三等奖。环能学院团总支书记卫巍、王刚老师带队参加了该活动。

2013 年 10 月 29 日，环能学院举办北京建筑大学第六届节能减排社会实践与科技创新大赛经验交流会。科技竞赛指导教师和参赛学生就如何选题、如何立项、如何参赛等内容进行了交流分享。

2013 年 11 月 12 日，环能学院区举办第六届节能减排大赛宣讲会。

【社会实践深入基层】2013 年 6 月 1 日，环境与能源工程学院学生会组织 30 多名优秀学子赴行知农民工子弟学校开展大手牵小手"六一"志愿服务活动，陪同那里的孩子共同过一个美好而又有意义的六一儿童节。

2013 年 7 月 1 日，环能学院"深入·提升"环境调研小组在北京大兴区西红门镇展开"植根大兴，践行生态理念——北京大兴西红门地区生态环境现状实践调研"的暑期社会实践活动。

2013 年 7 月 6 日-7 日，环能学院组织绿炫环保社学生骨干赴北京林业大学参加北京高校环保社团骨干培训。

2013 年 7 月 15 日，环能学院本科生第三党支部与顺义区高丽营镇文化营村开展了"红色 1＋1，绿色环保行"支部共建活动。

2013 年 7 月 30 日，环能学院暑期社会实践 Greenus 团队参与应对气候变化领域的调研活动。

2013 年 8 月 2 日，环能学院暑期社会实践 Dreamer 团队来到位于北京市东城区鼓楼西大街的时间囊咖啡馆，专程"邂逅"一名大学生创业之星——时间囊咖啡馆的学长老板。

2013 年 8 月 9 日，环能学院暖 121 班 8 名同学组成的暑期社会实践团队来到位于西城区后海和东城区皇城根的四合院居民区进行建筑环境的调研活动。

2013 年 12 月 12 日，环能学院"星火"学生骨干培训班落下帷幕。培训班历时三个月，涵盖了 16 个班级的学生党员和学生干部，组织专题培训共 11 场，发放并收集培训记录册 97 本。

【文体活动生动活泼】2013 年 3 月 25 日，环境与能源工程学院研究生会举办研究生篮球赛。

2013 年 4 月 9 日，环能学院举办第二届趣味运动会，活动本着友谊第一，比赛第二的原则，以宿舍为单位，以娱乐身心，展现风貌为宗旨，大兴校区一二年级的所有宿舍参加活动。

2013 年 5 月 9 日，环能学院研究生会举办足球赛。

2013 年 6 月 11 日，环能学院为外地留校学生举办端午联谊活动，使外地学生在端午佳节感受到"家"的温馨。辅导员王刚老师和 70 余名外地学生参加联谊活动。

2013 年 6 月 25 日，环能学院举办主题为"建梦，一切从心开始"的 2013 毕业季文艺晚会。校长朱光和校党委副书记张启鸿为学院 2013 届毕业生送上殷切期望和美好祝福。晚会饱含了毕业生们的青春感怀和梦想憧憬、送上了学院师生对毕业生们的美好祝福和殷切期盼。

2013 年 9 月 17 日，环能学院举办了"青春心起点"新生风采展示暨 2013 迎新文艺汇演，奏响了 2013 级新生"引航"的序曲。

2013 年 9 月 27 日，环能学院举办 2013 级研究生迎新晚会。

2013 年 12 月 3 日-11 日，环能学院研究生会举办羽毛球赛。

2013 年 12 月 11 日-17 日，环能学院开展"为你的宿舍点赞"文明宿舍创建活动。本次活动分为"当环保遇上艺术"变废为宝大赛和"温馨宿舍"评比展示两大部分，共 102 间宿舍参与此活动。

（五）对外交流

【多名研究生获批境外学习奖学金】2013 年，环境与能源工程学院有 6 名研究生申报 2013 年北京市境外学习奖学金计划。

【中法能源中心项目展示】2013 年 1 月 15 日，北京建筑大学在西城校区中法能源培训中心成功举办了"高效能源培训项目展示"会议。会议包括"公共建筑热工改造项目"和"可再生能源建筑节能技术平台"的揭幕仪式、改造项目与技术平台的现场参观和相互交流等内容。中、外嘉宾 100 余人出席了会议，见证了中、法两国基于中法能源培训中心长达 14 年的教育培训项目合作成果。

法国驻华大使白林女士、法国克莱泰学区区长 Florence ROBINE（罗缤）女士、法国环境与能源控制署国际部部长 Dominique CAMPANA（康贝娜）女士、马克西米利尔·佩雷学校校长吕内出席了会议。住建部节能与科技司武涌司长、教育部科技司李楠处长、北京市教委郑登文副主任、北京建筑大学党委书记钱军、校长朱光、副校长宋国华、相关职能部门负责人出席了会议。参加会议的嘉宾还有法国使馆文化、教育、科技部门的官员，住建部建筑科技发展促进中心、北京市住建委、北京市市政市容管委等相关部门负责人；中法能源培训中心合作过的法国企业代表、中国企业代表和行业媒体等单位。参会嘉宾和代表在出席揭幕仪式后，实地参观了中法能源培训中心的技术平台和节能改造建筑实验楼，并在冷餐会的友好气氛中相互交流，共同祝愿中法能源培训中心在中法教育和科技交流以及推进建筑能源行业人才培养和技术进步取得更大的发展。

【跟韩国湖西大学签订合作协议】2013 年 4 月 19 日，北京建筑大学和韩国湖西大学代表团共同签订了友好合作协议，两校将在教师及学生的学术交流、互访、参加学术年会、交换学术资料、开发特定的短期学术项目以及开发双方教师的培训计划等方面开展合作。合作协议包括学生交流项目及文化研修项目。中、韩两校将开展交换生，"4＋2"以及"4＋2＋3"等项目的交流与合作。会后，韩国湖西大学代表团参观了环境与能源工程学院实验室、中法能源培训中心、图书馆、食堂和宿舍、操场等学校基础设施，期望通过更多的了解加深彼此的合作领域和规模。随后，湖西大学代表团与环能学院及经管学院负责教授及学科负责人在学宜宾馆报告厅，围绕环境保健与风险管理等领域进行了学术交流。经过此次互访，双方明确表达将进一步开展多渠道、多形式、多层次的交流与合作。环能学院、研究生处及国交处参与了外事接待及交流活动。

【热力过程节能技术北京市重点实验室获批】2013 年 7 月 5 日，北京建筑大学与中科院理化所共建的"热力过程节能技术北京市重点实验室"获批准成立。

【聘请奥本大学 Xing Fang 担任我校客座教授深化 2＋2 合作】2013 年 7 月 26 日，美国奥本大学 Xing Fang 教授来访，被聘任为北京建筑大学客座教授。围绕中美"2＋2"给排水科学与工程专业教学和城市水文领域开展的研究进行了深入交流。

【中法能源中心二期揭幕仪式】2013 年 11 月，中法能源培训中心举办中法能源培训中心二期揭幕仪式及其培训。参与和组织接待美国奥本大学、明尼苏达大学、日本东京大学、加拿大阿尔伯特大学、韩国光州科技大学、荷兰伊拉斯姆斯大学的教师和科研人员来环境与能源工程学院进行学术交流。

【王随林教授获中国发明专利优秀奖】2013 年 11 月 13 日，北京建筑大学王随林教授等发明的专利荣获第十五届中国专利优秀奖。在揭晓的第十五届中国专利奖评审公告中，由中国工业防腐蚀技术协会推荐，环能学院王随林教授等发明的专利荣获优秀奖，这是北京建筑大学首次获得该奖项。

【我校教师参加中组部和团中央第十四批博士团】2013 年 11 月 18 日，北京建筑大学中组部、团中央第"14"批博士服务团成员刘建伟到重庆市城口县开始为期一年的挂职锻炼。11 月 27 日，城口县县长、副县长等一行 7 人来北京建筑大学进行合作洽谈。双方表示，今后将在城乡规划与建设、环境保护、生态建设、人才培养和干部交流等方面建立长期、紧密的合作关系，积极探索北京建筑大学与城口县政府的校-地合作模式。城口县领导一行还参观了城市雨水系统与水环境教育部重点实验室，了解了重点实验室研发的基于低影响开发的城市雨洪利用模拟系统、人工降水模拟设施的运行情况以及北京市应对气候变化研究与人才培养基地研究的气候变化的减缓、适应战略与技术等。

【"工业余热利用与节能研究所"与"北京建筑大学—华通热力节能环保科技中心"揭牌仪式】2013 年 11 月 27 日北京建筑大学召开"工业余热利用与节能研究所"与"北京建筑

大学—华通热力节能环保科技中心"揭牌仪式,仪式结束后举行了学术报告会。北京建筑大学党委书记钱军、校长朱光、副校长宋国华、华通热力集团董事长赵一波、总裁王英俊等领导出席了会议,中国中元国际工程有限公司原院长徐华东、英国斯特克莱大学能源研究所技术董事唐德超教授、韩国 Green and Global partners Company 金东昊先生应邀出席了会议。科技处和环能学院有关领导、研究所和科技中心主任王随林教授及师生和公司代表参加了会议。会议由环能学院党总支书记陈红兵主持。

【加拿大阿尔伯特大学教授来我校交流访问】 2013 年 12 月 3 日,加拿大阿尔伯特大学(Alberta University)农业、生命与环境科学学院院长 John Kennelly 教授、Walter Dixon 教授及院长助理 Marta Gomez-Wu 女士,化学与材料工程学院清洁煤和清洁能源及矿物加工中心主任 Qingxia Liu 教授一行四人访问环境与能源工程学院,此次访问是其继清华大学、中国农业大学之后在中国访问大学的第三站,之后将赴陕西、福建和江苏等高校进行学术交流访问。北京建筑大学出席交流活动的人员有国际交流合作处赵晓红处长、国际教育学院吴海燕院长、环能学院李俊奇院长、陈红兵书记、张群力副院长和冯利利副教授。在观看北京建筑大学宣传片后,John Kennelly 院长、Qingxia Liu 主任和陈红兵书记分别介绍了学院概况。赵晓红处长介绍了北京建筑大学国际交流合作政策和实施情况。吴海燕院长介绍了北京建筑大学国际教育教学的组织和实施情况。双方就教学、科研(环境保护、气候变化、绿色建筑材料和新能源)及人才培养等方面进行了广泛交流。对以后开展深入学术交流与科研合作表达了意愿。随后参观了科研楼污水实验室和节水实验室。

(六)党建工作

【"平安校园"检查验收】 2013 年 11 月 26 日,由市委教育工委、市教委、首都综治办、市公安局以及有关高校领导和专家组成的首都高校"平安校园"检查验收工作组进驻北京建筑大学开展了为期一天的"平安校园"创建检查验收工作。环境与能源工程学院参加了迎接检查验收的各项工作,市委教育工委委员李中水为组长的检查组在大兴校区实地考察了环能学院化学实验室、化学药品室,听取了环能学院党总支书记陈红兵老师的专题报告,查阅了相关支撑材料,李委员对环能学院在安全稳定工作方面所做的工作给了高度评价,他认为学院安全稳定大局意识强、硬件建设水平高、管理规范,取得了较好的效果。

【党建先进校迎评促建】 2013 年 2 月 27 日,为了做好专家组进校考察的各项准备工作,校领导钱军书记,朱光校长,张启鸿副书记深入环境与能源工程学院检查党建先进校准备工作。活动由环能学院党总支书记陈红兵主持。环能学院党总支书记陈红兵介绍了全体环能党员和广大师生坚持学习实践科学发展观和党的群众路线教育实践活动,并围绕总支概况,主要工作,特色工作和努力方向四个方面进行了工作汇报。环能学院院长李俊奇从事业发展、抓党建促发展和总结与展望三个方面进行了补充。校领导钱军书记指出,这次党建先进校的汇报工作关系到全校的发展,学院的汇报工作准备得很充分,但是有些地方还需要有待补充和完善,环能学院应该以此次党建先进校评估为契机,以评促建,解放思想、统筹规划、齐心协力、攻坚克难,提升党组织的服务能力,抓党建,促和谐,推动学院快速发展。朱光校长强调环能学院在汇报中应该强化自己的特色工作,突出重点,紧接着,张启鸿副书记指出学院的汇报工作应该体现党委的实践能力以及环能学院党总支的工作特色,并且添加人才培养工作的内容,突出学生管理的亮点。

【群众路线教育实践活动】 2013 年 8 月 29 日,学院二级理论中心组进行了集中学习,结合学院未来 3～5 年发展规划，和本学期重点工作进行了讨论，统一思想、达成共识。8 月 30 日、31 日，班子全体成员参加了二级中心组片组集中学习，结合学院和学校实际情况，主要针对形式主义、官僚主义、享乐主义和奢靡之风等四风方面查找问题，开展批评与自我批评，提出了改进意见与措施，并就教学、科研和行政管理等各项工作中存在的问题进行了剖析和研讨。9 月底前，各党支部将以"主讲主问制"形式开展一次为期 1 天的专题学习研讨活动，同时开展以"党建路桥工程"为载体的党性实践活动。

2013 年 9 月 3 日，环能学院对全体党员教师进行了"群众路线"教育活动的动员，全体党员教师积极参与了动员活动。总支书记陈红兵老师主持了动员大会，对教育活动的目标、宗旨、意义和校院相关教育学习安排进行了解读和布置。希望全体党员教师以本次"群众路线"教育活动为契机，在学校更名、学院发展的关键历史时期，立足本职岗位，积极关注校院发展，对目前学校教育、管理过程中存在的问题深入思考与研究，为相关问题的解决与相关制度的完善献计献策，促进职能部门、管理机构转变工作作风，提高管理水平，促进学校、学院朝着更高层次的办学目标迈进。

2013 年 9 月 10 日，朱光校长参加了环能学院征求意见座谈会，参加此次座谈会的有院领导班子成员李俊奇、陈红兵、黄琇、张群力，以及教授代表曹秀芹和青年教师代表张晓然。会议由环能学院党总支书记陈红兵同志主持。此次座谈会主要围绕校领导班子、校职能部门和院领导班子在四风问题上的意见与建议展开，尤其是学校更名大学后各部门如何有效沟通，协调配合，进一步做好教学科研、人才培养和师资队伍建设等各方面工作。最后，朱校长总结讲话：学校将认真研究并制定整改方案，以此次群众路线教育实践活动为契机，多下基层调研，多听老师意见，带领全校师生共同努力、攻坚克难，争取早日把北京建筑大学建设成为有特色高水平的建筑大学。

2013 年 12 月 11 日，环能学院根据党的群众路线教育实践活动总体要求及校党委统一部署，在实验 2 号楼-210 召开了领导班子专题民主生活会。校长朱光和环能学院五位班子成员参加了此次民主生活会，会议由党总支书记陈红兵同志主持。根据深入学习理论、查找突出问题、普遍谈心谈话、撰写检查材料等环节的工作要求，环能学院领导班子在充分准备的基础上，召开了此次民主生活会。党总支书记陈红兵代表班子首先就领导班子存在的"四风"问题进行了梳理，分析了原因，提出了整改意见。党总支书记陈红兵，院长李俊奇，副院长冯萃敏，副书记黄琇，副院长张群力先后结合自己分管的工作，围绕群众关心的教师队伍建设、教学质量提升、科研工作完善、学生管理优化等工作，剖析自己存在的"四风"问题，并提出了整改措施，班子成员对每位成员提出了意见和建议。朱校长最后指出环能学院领导班子专题民主生活会氛围融洽，四风问题查找准确，原因分析透彻，措施切实到位，会议达到了预期的目标。

（冯萃敏　张群力　黄琇　李俊奇　陈红兵）

四、电气与信息工程学院

（一）概况

电气与信息工程学院拥有 1 个"控制科学与工程"一级学科，1 个"建筑数字化工程与技术"培育增列交叉学科，4个本科专业：自动化、电气工程及其自动化、计算机科学与技术、建筑电气与智能化，1个北京市优秀教学团队，1个北京市学术创新团队，自动化专业为北京市特色专业建设点，"建筑电气与智能化实验教学中心"为北京市实验教学示范中心，参与的"北京市建筑安全监测工程技术研究中心"于2011年通过北京市科学技术委员会认证；学院与美国罗克韦尔公司、德国西门子公司等多个国际国内企业共建了创新实验室。

学院在职教职员工58人，退休教师20人，全日制学生1005人，其中本科学生931人，硕士研究生74人。

（二）师资队伍建设

【概述】电信学院拥有一支结构合理的师资队伍，2013年，学院有教职工58人，其中教授8人，副教授16人，1名北京市教学名师，1名北京市优秀教师，1名北京市师德标兵，7名北京市优秀青年骨干教师。博士和在读博士教师占专任教师数的80.5%。同时还聘请了多名具有工程实践经验的校外高级工程师为兼职教授。2013年学院引进2名教师，其中1名副教授任电气系教师，1名学生辅导员；学院努力搭建青年教师发展帮助平台，营造老中青教师传帮带氛围，积极鼓励青年教师到国内外进修、交流研讨和到企业锻炼，促进青年教师的成长成才，在2013/2014学年的本科教学工作中，青年教师学生评教结果全部为优秀。

【聘任制度改革】2013年12月进行聘任改革，出台文件，量化出岗条件。调整各系、中心主任，年轻教师走上管理岗位。

【举行青年教师座谈会】2013年1月16日下午分别举行了新入职教师座谈会和近三年入职教师座谈会。进一步加强青年教师的培养工作，了解青年教师在教学、科研及日常工作中的状况，帮助他们尽快适应我校教学和科研的要求。

【举行师生学术报告】2013年7月2日，邀请北京理工大学兼职博士生导师、北京信息科技大学信息与通信工程学院院长苏中教授为我院师生做报告，题目为"创新——科学研究的源泉和倍增器"。

【举行师生学术报告】2013年11月6日，邀请美国劳伦斯伯克利国家实验室科学家Chris Marnay作题为"微电网经济与环境优化"学术讲座。

【举行师生学术报告】2013年11月12日，邀请北京建筑设计研究院副总工程师任红，作题为"建筑电气设计及节能"学术报告。

【督导组专家及院领导督导青年教师教学】2013年9月开始，学院组织督导组专家和学院领导对青年教师进行了全覆盖跟踪听课，并在听课完成后组织了青年教师座谈会，会上督导组专家对青年教师上课情况进行了点评，并就课堂纪律管理、教案准备、板书与多媒体课件结合、教学方法与手段等方面与青年教师进行了面对面交流；同时，学院还组织青年教师参加了教学优秀奖观摩课现场听课活动。

（三）学科建设

【概述】北京建筑大学电气与信息工程学院主要从事控制理论、检测技术、网络通信技术和计算机技术在建筑领域的应用研究。多年来，学院已形成了以建筑信息化技术、建筑电气与建筑智能化技术为专业特色，控制理论、检测技术、网络技术和信息处理技术相结合的人才培养体系。本学院是中国建筑节能协会建筑电气与智能化节能专业委员会常务理事单位，是中国勘察设计协会建筑电气工程设计分会成员单位，且是住房和城乡部建筑电气与智能化专业教学指导委员会成员单位。研究课题主要面向智慧城市中的信息技术和新能源应用技术，以及机器人控制、建筑设备优化控制与节能、城市和建筑环境与设备监测与控制、建筑数字化技术、建筑安全监测与控制和建筑遗产保护等方向，以解决国家目前急需的城市和建筑能源、节能、安全和文物保护方面的理论和技术问题。

【成立学科与专业发展指导委员会】2013 年 12 月，在各系设立了学科与专业发展指导委员会，进一步推进了院系两级管理，强化了教授治学。

【举办学科建设研讨会暨博士论坛】2013 年 7 月 14 日下午，电信学院在大兴校区四合院会议室举办了学院科学发展研讨会暨博士论坛。

【承办北京自动化学会年会】2013 年 11 月 23 日，由北京自动化学会主办，我校承办的主题为"智慧城市及智能建筑的控制与管理"的 2013 年北京自动化学会学术年会在学宜宾馆召开。

【学科建设成绩显著】近几年，相关学科教师共承担"863"项目、"十一五"国家科技支撑计划重点项目、国家和北京自然科学基金、住建部及企业项目 30 余项，在国内外发表论文 300 余篇，出版专著 30 余部，获国家发明二等奖 1 项，北京市科技进步二等奖 1 项，北京市教学成果一等奖 1 项、二等奖 1 项。

（四）教学工作

【概述】电气与信息工程学院设有自动化、电气工程及其自动化、计算机科学与技术和建筑电气与智能化四个本科专业，其中自动化专业为北京市特色专业；同时拥有一个控制科学与工程一级学科硕士学位授予点。

学院自 2008 年起率先与英国南威尔士大学开展了"3＋1"联合培养本科生项目，本学院本科生通过选拔后可以在大学四年级期间去英国学习一年，一年后成绩合格者可同时获得本校和英国年威尔士大学的学位证书。

【组织召开专业发展研讨会】2013 年 5 月 14 日下午，电气与信息工程学院全体教师在大兴校区四合院会议室召开学院专业发展研讨会。在前期深入调研的基础上，各系主任汇报了国内外相关学科领域的发展情况、科研平台建设、实验室建设等情况，深入分析了电气与信息工程学院的现状，并结合学科和专业发展探讨了电气与信息工程学院未来建设发展的设想。

【建筑电气与智能化市级实验教学中心顺利通过市教委验收】按照《北京市教育委员会关于开展北京市高等学校实验教学示范中心验收工作的通知》（京教函〔2013〕500 号）精神，我校建筑电气与智能化市级实验教学中心今年接受市教委验收，2013 年 11 月 28 日验收汇报会在我校召开。电信学院副院长魏东教授就建筑电气与智能化实验教学中心的建设情况和未来发展规划向各位专家做了汇报，验收专家在听取汇报并查阅有关资料后，对该中心的建设和发展提出了意见和建议。随后验收组专家现场考察了建筑电气与智能化实验教学中心。专家组成员经过认真评议，对中心的建设情况给予了高度评价，一致同意我校建筑电气与智能化实验教学中心通过验收。

【专业建设成绩显著】电气与信息工程学院为本科教育搭建了国内领先的实践教学平台，实验室建设水平位居全国同类高校前列。学院拥有一个北京市特色专业——自动化专业，同时学院下设的实验中心 2007 年获评北京市实验教学示范中心，并且在 2013 年以高分通过了北京市验收。

学院学生科技活动成果突出，近五年本科生在各类学科竞赛中获奖人数在同类高校名列前茅，特别是近两年取得了尤为显著的成绩，2013年学生参加省部级以上学科竞赛获奖90项，期中在全国大学生"西门子杯"工业自动化挑战赛中获国家级一等奖一项，在中国大学生机器人大赛中获国家级一等奖六项，在"西门子杯"工业自动化挑战赛中获国家级特等奖，显示了良好的科技创新能力。

由于办学特色突出、培养体系完善，毕业生综合素质受到普遍好评，就业率连续多年位于全校前列，近年来每年就业率都在95％以上。毕业生主要面向国家和北京市重点建筑设计院和研究院、高新技术企业、国家机关单位和施工单位等就业。

（五）科研工作

【概述】2013年电信学院承担各类科研项目12项，合同经费308.8万元。其中纵向科研项目6项，合同经费57.8万元，横向科研项目6项，合同经费251万元。发表各类论文43篇。

【召开北京市自然科学基金申报工作启动会】2013年6月4日，学院召开北京市自然科学基金申报工作启动仪式，会上向广大教师传达了申报政策与动向，并请曾获得北京市自然科学基金资助的老师传授经验。

2013年电信学院教师发表的学术论文一览表

序号	成果名称	第一作者	发表时间	发表刊物	刊物类别
1	Research on Framework of Network Protocol Taxonomy Oriented to Traffic Classification	钱丽萍	2013-12-30	PROCEEDINGS OF THE 2013 ASIA-PACIFIC COMPUTATIONAL INTELLIGENCE AND INFORMATION TECHNOLOGY CONFERENCE	国际学术会议论文集
2	Research on Information Integration Technology Based on Semantic Web	李蓬	2013-12-28	Asia-Pacific Computational Intelligence and Information Technology Conference (APCI-IT 2013)	国际学术会议论文集
3	The E-government Resources Sharing Framework Based on the Cloud Computing	史晓霞	2013-12-16	DEStech出版社 2013 Signal Processing, Biomedical Engineering, and Informatics Symposium (SPBEI 2013)	国际学术会议论文集
4	A Novel Data Exchange Model Based on P2P and Ontology	李蓬	2013-12-15	2013 2nd International Conference onMechatronic Sciences, Electric Engineering and Computer (MEC2013)	国际学术会议论文集

序号	成果名称	第一作者	发表时间	发表刊物	刊物类别
5	建筑环境电磁兼容技术的研究	岳云涛	2013-12-5	智能建筑电气技术	一般期刊
6	LabVIEW 环境下空调机组 PLC 控制程序的编制	冯营伟	2013-11-30	智能建筑	一般期刊
7	"计算机应用开发技术实验"内容、方法的研究	庄俊华	2013-11-15	实验室研究与探索	核心期刊
8	Application and Research of Subway Station Modeling System Based on VRML	张琳	2013-11-1	GRMSE 2013	EI，国际学术会议论文集
9	高水平实验教学示范中心教学改革的探讨与实践	蒋志坚	2013-10-10	2013 高等院校教育与教学研讨会论文集	国内学术会议论文集
10	The Development of Topic Model Based on Beta-Negative Binomial Process	刘亚姝	2013-9-30	Applied Mechanics and Materials	EI，国外期刊
11	基于神经网络的性别识别方法	白雪	2013-9-2	电子科技	一般期刊
12	Agent-based simulation of gas accidents emergency disposal methods	刘超	2013-9-1	2013 International Conference on Complex Science Management and Education Science (CSMES2013)	国际学术会议论文集
13	美国明尼苏达大学电路与电子技术实践教学研究	陈一民	2013-8-25	实验室技术与管理	核心期刊
14	自动化专业毕业设计教学改革的探索	张德	2013-8-13	2013 年自动化教育学术年会论文集	国内学术会议论文集
15	Research and implement of virtual building roamming system Based on VRML	张琳	2013-8-1	IWCSS 2013	ISTP，国际学术会议论文集
16	The Research on Fault Diagnosis of Building Electrical System Based on RBF Neural Network	吴茜	2013-8-1	Springer, Tiergartenstraße 17, 69121 Heidelberg, Germany, www.springer.com, Lecture Notes in Electrical Engineering	国外期刊
17	Estimation of view angles for gait using a robust regression method	张德	2013-8-1	Multimedia Tools and Applications	SCI

序号	成果名称	第一作者	发表时间	发表刊物	刊物类别
18	An Adaptive Complexion Extraction Method Based on Fuzzy Entropy and Fuzzy Inference	朱忠江	2013-7-25	2013 10th International Conference on Fuzzy Systems and Knowledge Discovery（FSKD 2013）	国际学术会议论文集
19	GPU-Based PSO Application in Multiuser Detection and Trajectory Parameter Estimation	孙雷	2013-7-1	Applied Mechanics and Materials	EI
20	The Evaluation Research about Building Comprehensive Capabilities of Disaster Prevention	毕小玉	2013-6-25	Applied Mechanics and Materials	国际学术会议论文集
21	Forecast of Power Generation for Grid-Connected Photovoltaic System Based on Grey Theory and Verification Model	李英姿	2013-6-24	4th International Conference on Intelligent Control and Information Processing	EI, 国际学术会议论文集
22	建筑防雷接地技术课程项目式教学研究	王晓辉	2013-6-1	科技创新导报	一般期刊
23	矿用多电平高压变频器的研究	岳云涛	2013-5-25	煤炭工程	核心期刊
24	THE Exploration of BIM Technology Application in The Building Fire Emergency Plan	毕小玉	2013-5-25	Applied Mechanics and Materials	国际学术会议论文集
25	The Dividing Area Control of Lighting System	魏青	2013-5-18	Materials Engineering and Automatic Control II	国际学术会议论文集
26	家用节电器的节电分析	李炳华	2013-5-15	现代建筑电气	一般期刊
27	3D 室内搜救系统在消防救援工作中的应用初探	毕小玉	2013-5-15	2013 年中国消防协会科学技术年会	国内学术会议论文集
28	A Safety Evaluation Model of Large Space Building Based on AHP Algorithm	孙慧颖	2013-5-1	ICEEAC 2012	国际学术会议论文集
29	基函数神经网络权值直接确定的图像复原	田启川	2013-4-15	计算机工程与应用	EI，核心期刊
30	光伏电池阵列改进 MPPT 控制算法研究	张俊红	2013-4-3	北京交通大学学报	核心期刊
31	无线传感器网络 RSSI 定位算法的研究与改进	谭志	2013-3-30	北京邮电大学学报	EI，核心期刊，权威期刊

序号	成果名称	第一作者	发表时间	发表刊物	刊物类别
32	A new Probabilistic Model for Bayes Document Classification	刘亚姝	2013-3-22	ICCSEE	国际学术会议论文集
33	大学生职业价值观教育路径探析	翟玮	2013-3-10	北京建筑工程学院党建与思想政治工作的探索与实践	国内学术会议论文集
34	"主讲主问制"学习模式引入学生新党员教育环节的思考	武岚	2013-3-1	北京建筑工程学院党建和思想政治工作的探索与实践	一般期刊
35	电动机再生电能回收技术研究	蒋志坚	2013-3-1	北京建筑大学学报	一般期刊
36	基于ZigBee无线传感网络系统中SQLCE的研究	王亚慧	2013-3-1	智能建筑电气技术	一般期刊
37	基于VSM的电子作业反抄袭系统的设计与实现	周小平	2013-3-1	实验技术与管理	核心期刊
38	An Adaptive Fingerprint Image Enhancement Algorithm Based on Frequency Domain Filtering	田启川	2013-3-1	International Journal of Intelligent Information Processing	国外期刊, 核心期刊
39	基于IFC标准的BIM技术在大型公共建筑消防的应用探讨	王佳	2013-2-28	土木建筑信息工程技术	一般期刊
40	嵌入式数据库在无线传感网络系统中的应用	王亚慧	2013-2-1	计算机工程与应用	核心期刊
41	Research of grid-connected operation control of PV cells inmicrogrid	王晓辉	2013-2-1	Applied Mechanics and Materials	EI
42	太阳能光伏并网系统发电量预测方法综述	王少义	2013-1-31	北京建筑工程学院学报	一般期刊
43	Design and Implementation of Rail Transit Emergency Communication System	谭志	2013-1-10	Urban Rapid Rail Transit	核心期刊

2013年电信学院承担的各类科研项目一览表

序号	项目名称	负责人	项目来源	项目级别	合同经费（万元）	起止时间	项目类别
1	具有自适应特性的弹性神经网络算法研究	衣俊艳	北京建筑大学博士基金	校级	3	2013.7.1-2015.7.1	一般项目
2	冰蓄冷空调冰槽建模与优化控制研究	陈一民	北京建筑大学博士基金	校级	0.8	2013.7.1-2015.7.1	一般项目

序号	项目名称	负责人	项目来源	项目级别	合同经费（万元）	起止时间	项目类别
3	复杂场景中的人体动作识别	张德	北京建筑大学博士基金	校级	3	2013.7.1-2015.7.1	一般项目
4	网络数据处理系统委托测试	钱丽萍	科技部"863计划"子课题	省部级	21	2013.4.15-2015.6.3	子课题
5	建筑集成光伏系统并网逆变器的建模与控制研究	张俊红	北京市教委科技计划	厅局级	15	2013.1.1-2015.7.1	面上项目
6	无线传感器网络在建筑节能环境监测中的应用	田乐	北京市教委科技计划	地市级	15	2013.7.1-2015.7.1	面上项目
7	24位矿井三分量地震仪研制	王怀秀	中国矿业大学（北京）	企事业单位委托科技项目	46	2013.1.1-2013.12.31	应用研究
8	大型数据机房电能质量监测与治理系统的研制	张雷	安工电子技术（北京）有限公司	企事业单位委托科技项目	20	2013.8.27-2014.8.27	应用研究
9	"神经网络非线性预测优化控制算法"应用于冰蓄冷及冷冻站节能控制系统研究	魏东	北京筑讯通机电工程顾问有限公司	企事业单位委托科技项目	15	2013.7.1-2015.12.31	应用研究
10	中国移动淮安呼叫呼叫中心弱电和能源规划	王佳	丹麦SHL事务所	企事业单位委托科技项目	75	2013.6.4-2014.6.6	其他科技服务
11	中国移动洛阳呼叫呼叫中心弱电和能源规划	王佳	丹麦SHL事务所	企事业单位委托科技项目	75	2013.6.4-2014.6.6	其他科技服务
12	电动机再生电能回收科研平台研制	蒋志坚	北京众之望科技有限公司	自选课题	20	2013.6.1-2015.12.30	应用研究

【召开学院科研工作会】2013年7月14日，电信学院全体教师在大兴校区四合院会议室召开全体教师大会，近三年引进的博士围绕自身研究方向及未来研究发展规划进行汇报，学院领导及在场教师针对研究方向进行探讨。希望青年博士走出去，详细调查了解国内外研究领域的发展现状，了解行业专家学者的研究动态，找出突破口进行深入性和创新性研究，并在理论研究基础上积极付诸实践，在实践中不断验证、总结，提升自身在领域内的知名度。

【召开学院科研工作会】2013年9月24日，电信学院全体教师在学宜宾馆报告厅召开全体教师大会，副校长兼学院院长汪苏教授作学院发展规划报告。

【召开市基金申报动员会】6月4日组织召开电信学院北京市自然基金项目申报动员会，邀请本院王亚慧教授为全院教师讲解申报策略与成功经验。本年度，全院申报12项。

（六）学生工作

【概述】电气与信息工程学院在校全日制学生1005人，其中本科学生931人，硕士研究生74人。学院以深入学习贯彻党的十八大精神为主线，以社会主义核心价值体系为引领，把大学生思想政治教育工作放在学院各项工作首位，始终坚持以学生为本的教育理念，认真贯彻落实学校全员育人的要求，以建设良好学风为根本，以提高就业质量为目标，将提高学生培养的质量与专业发展、学院发展紧密结合在一起，努力为学生的成长成才服务。

【学风建设活动——召开学风建设大会】2013年3月6日，电信学院召开优秀学生表彰暨学风建设动员大会，表彰过去一年来学风建设中涌现出的先进集体和先进个人，帮助广大学生明确成才目标和努力方向，发奋图强，勤奋进取，以实际行动推进学院的学风建设工作。

【新生引航工程——举办学籍管理规定讲座】2013年3月19日，电信学院举办学籍管理规定讲座，帮助学生明确学籍、学位管理相关规定，以便进一步规划未来的学习生活。

【社会主义核心价值观主题教育活动——举办"大手牵小手"志愿服务活动】2013年3月30日，电信学院开展了"慰问太阳村"系列志愿者活动，增强了学生的社会责任感，提高了学生的思想道德素质。

【新生引航工程——举办生涯规划讲座】2013年4月2日，电信学院开展职业生涯规划讲座，帮助学生初步设立职业生涯规划意识，引导学生科学规划大学生活，激发自我学习动力，为未来的职业生涯发展奠定基础。

【党员先锋工程——组织党员观影】2013年4月19日电信学院组织全体学生党员到青年宫电影城观看影片《飞扬的青春》，激励学生党员从自身做起，更好地服务人民、服务社会，让中国梦照进现实。

【新生引航工程——举办专业认知讲座】2013年4月19日，电信学院为自动化专业学生举办了优秀校友讲座，帮助学生提高专业认知感，明确专业发展前景，不断清晰大学奋斗目标。

【党员先锋工程——举办重温入党誓词活动】2013年5月9日，电信学院召开重温入党誓词——党员宣誓活动，培养了学生的爱国情怀，坚定了党员的理想信念，明确了当代共产党人所肩负的使命。

【社会主义核心价值观主题教育活动——举办"自强之星"演讲比赛】2013年5月15日，电信学院举办"自强之星"演讲比赛，比赛中选手充分展示了自己自强奋斗的故事，展现了当代大学生不畏惧困难，奋发向上的良好精神风貌。

【社会主义核心价值观主题教育活动——举办"中国梦"主题演讲比赛】2013年5月22日，电信团学举办了"我的梦 建大梦 中国梦"主题演讲比赛，引导学生为实现国家富强、民族复兴、人民幸福的伟大"中国梦"而发奋学习、不懈奋斗。

【社会主义核心价值观主题教育活动——举办"中国梦"党性实践活动】2013年6月9日，电信学院举办了让"中国梦"照进现实主题实践活动汇报会，入党积极分子培训班全体学员围绕"中国梦"这一主题，分别从环保、教育、科技三个方面对"中国梦"做出来阐述。

【学风建设活动——设立照片墙，展示学生风采】2013 年 6 月 30 日电信学院组织了电信各班照片墙展示，活动展示了电信优秀学子的风采，树立了学习的典型。

【社会主义核心价值观主题教育活动——开展暑期社会实践活动】2013 年暑期，电信学院组织学生开展以"青年服务国家"为主题的暑期社会实践活动，鼓励广大学生将"奉献、友爱、互助、进步"的志愿服务精神不断发扬光大。

【文体活动——举办班级篮球友谊赛】2013 年 9 月 25 日～29 日，电信学院学生会在大兴校区篮球场举办了新生班级篮球友谊赛。运动员们用自己的激情与汗水传达着对运动、对生活的热爱，传达着友爱互助的团队精神。

【新生引航工程——举办新老生见面会】2013 年 9 月 29 日，电信学院组织新生开展了新老见面会，老生们分享了自己在校学习生活的点点滴滴，帮助新生融入大学生活。

【新生引航工程——举办学籍管理规定讲座】2013 年 10 月 21 日，电信学院举办学籍管理规定讲座，帮助学生明确学籍、学位管理相关规定，以便进一步规划未来的学习生活。

【新生引航工程——举办"如何适应大学生活"专题讲座】2013 年 10 月 22 日，电信学院组织了"如何适应大学生活"的讲座，帮助学生了解如何面对挫折，保持良好心态，精彩度过大学四年学习生活。

【文体活动——举行"电力十足"歌手大赛】2013 年 10 月 17 日，电信学院举行了"电力十足"电信学院歌手大赛，此次活动促进了我院同学之间的交流，增进了同学们之间的了解，丰富了同学们的课余生活，也为同学们提供了展现自我的平台。

【学风建设活动——开展宿舍文化节活动】2013 年 11 月 1 日，电信学院举办宿舍文化节活动，本次活动营造互助互爱、积极愉悦、学习氛围浓厚的宿舍氛围，达到了共同构建和谐、温馨的校园宿舍文化的目的。

【新生引航工程——举办专业认知讲座】2013 年 11 月 12 日，电信学院组织了"职业 IT 成功之路"的讲座，帮助学生不断明确自己的发展方向，为就业做好准备。

【文体活动——举办"电舞青春，信心飞扬"迎新年晚会】2013 年 12 月 3 日，电信学院在大兴校区举办了"电舞青春，信心飞扬"迎新年文艺晚会，展示了我院学子的风采，同时表达了对全校师生新年的祝福。

【干部队伍建设——召开团学干部全体大会】2013 年 12 月 12 日，电信学院召开全体学生干部大会，对 2013 年的工作进行了总结，提升了学生干部的团队意识和服务意识，并对 2013 年的工作进行了展望。

【党员先锋工程——举办"冬至吃水饺，党员送温暖"活动】2013 年 12 月 22 日，电信学院全体学生党员在大兴校区食堂一层为外地新生举办"冬至到，吃水饺"包饺子活动，让外地新生感受到了来自集体的温暖和力量。

（七）对外交流

【概述】电气与信息工程学院与国际龙头企业美国罗克韦尔公司和德国西门子公司等共建了创新实验室。由于地处北京，学院与中国建筑科学研究院、中国建筑设计研究院、北京建筑设计研究院、中国科学院电工研究所等建立了良好的合作关系，学院定期邀请国内外合作单位专家来校作学术报告。学院近年来成功主办了海峡两岸信息科学与技术学术交流研讨会，并每年主办中国控制与决策学术会议"智能建筑控制与管理"分论坛，为教师和研究生提供与国内外优秀学者交流的机会。

【与美国罗克韦尔自动化公司签署战略合作协议】2013 年 7 月 24 日上午，我校与美国罗克韦尔自动化公司战略合作协议签署仪式在大兴校区举行。钱军书记与丁慧君总监签署了北京建筑大学与罗克韦尔自动化战略合作协议书。本次合作以罗克韦尔公司向我校捐赠价值 600 余万元的设备建立联合实验室为开始，今后，双方将继续通过学生竞赛、科研合作、学术交流、人员培训等项目开展长期、深入的合作。

【接待美国劳伦斯伯克利国家实验室科学家来我校交流】应我校电气与信息工程学院邀请，美国劳伦斯伯克利国家实验室的科学家 Chris Marnay 先生于 2013 年 11 月 6 日下午来我校进行交流访问。副校长兼电信学院院长汪苏、学院党总支书记杨光、副院长魏东、陈志新教授、王佳教授与 Chris Marnay 进行了会谈。Chris Marnay 先生为电信学院师生做了题为"微电网经济和环境优化"的学术报告。

【接待美国罗克韦尔自动化公司全球大学项目总监一行来我校交流座谈】2014 年 8 月 5 日上午，美国罗克韦尔自动化公司全球大学项目总监 Michael Cook 一行来我校，就北京建筑大学-美国罗克韦尔自动化公司共建实验室项目进行交流座谈。汪苏副校长对美国罗克韦尔自动化公司 Michael Cook 总监一行表示欢迎，并详细介绍了双方共建实验室的进展情况和未来建设思路。Michael Cook 总监介绍了美国罗克韦尔自动化公司全球大学项目的实施现状。朱光校长介绍了我校的办学历史、近几年取得的主要成绩以及未来发展的思路，希望校企双方之间不断加深交流，共同促进事业发展。随后，双方围绕网络化控制系统实验室的建设思路等方面进行了深入的交流。会后，与会人员参观了我校有关的实验室。

(八) 党建工作

【概述】学院党总支围绕中心开展党建和思想政治工作，深入改革，攻坚克难，与班子密切配合，进一步明晰了学院在党建、学科、科研、人才培养的发展规划；深入开展了党的群众路线教育实践活动，进一步加强了党的作风建设。在学院发展的重要问题上集中师生智慧，注重工作中的民主公开透明。按"坚持标准，保证质量，改善结构，慎重发展"的方针，坚决执行发展党员的工作制度，切实把好党员的质量关，学生党员比例达到 11.5％。学院党总支制定并实施了《电信学院学生党员"先锋工程"工作的实施方案》，开展"成才表率"标准大讨论，以"党建路桥工程"为载体，落实党员帮扶活动，2013 年学生党员述学测评活动中对学生党员的满意率为 100％。认真履行党风廉政建设责任制，做到无任何违纪现象发生。

【确认党政领导班子责任分工】新一届班子组建，2013 年 5 月 10 日召开党政联席会，通过了"关于电信学院党政班子分工及职责的通知"的文件，并在全院范围内发布。

【颁布电信学院关于认真落实党的建设和思想政治工作先进普通高等学校评选准备工作的方案】2013 年 5 月，发文成立工作组、明确具体分工、制定工作时间安排。

【电信学院与建筑学院片组开展群众路线专题研讨活动】2013 年 8 月 31 日上午，电信学院与建筑学院片组同志紧密围绕群众路线的时代内涵、本单位四风问题的具体表现和危害，以及"为民务实清廉"的具体要求等内容进行了深入讨论，并针对学校和学院工作实际展开研讨。

【党的群众路线教育实践活动启动】2013 年 9 月 3 日，电信学院党总支召开了党的群众路线教育实践活动动员大会，全体教师参加，部分退休党员参加。聚焦四风建设，学习党委书记钱军同志的重要讲话。把开展教育实践活动和学院中心工作紧密结合起来，切实把党员干部在活动中激发出来的工作热情和进取精神转化为强大动力，凝聚发展共识，用实际工作成效检验活动成效，做到两手抓、两促进、两发展。

【深入开展党的群众路线教育实践活动】2013年9月4日、5日组织青年教师座谈会、教授系主任座谈会和学生座谈会，学院班子听取来自教师和学生的意见和建议。院班子表示坚持走"群众路线"，坚持"从群众中来，到群众中去"，凝聚电信学院的师生力量，理清发展思路、理顺管理体制，促进电信学院又好又快发展。学院班子认真研究师生们提出的意见和建议，制定出相关的解决方案并落到实处。

【发布电信学院党员先锋工程工作实施细则】2013年10月，根据学校党员先锋工程工作实施办法，制定电信学院工作实施细则并发布。

【完成党风廉政建设责任制自查工作】2013年11月，电信学院党总支认真贯彻落实我校《学校党风廉政建设任务分工》、《党风廉政建设责任制实施办法》及《关于开展2013年党风廉政建设责任制检查的通知》等文件的要求，以干部为重点，以党员为主体，以制度来规范，以监督来强化，一手抓学院改革发展，一手抓党风廉政建设，为推进学院事业又好又快发展提供有力的政治保证。对学院落实党风廉政建设各项工作进行了严格自查，并撰写了自查总结报告，无违规违纪问题发生。

【2013年12月领导班子回头看】2014年12月11日，电信学院召开党的群众路线教育实践活动处级领导班子民主生活会，总结了自党的群众路线教育实践活动以来所开展的几项重要工作，通过深入理论学习、座谈和一对一谈心、查摆突出问题、对照检查等环节，汇报了电信学院领导班子在"四风"方面存在的问题，深入分析了原因，并提出了整改措施。电信学院领导班子将以党的群众路线教育实践活动为契机，进一步加强理论学习，用理论指导工作；努力克服形式主义和功利思想；营造和谐向上的氛围，时刻保持昂扬的斗志和艰苦奋斗的作风；牢固树立为人民服务的思想，加强宗旨意识；自身保持清正廉洁，杜绝享乐主义和奢靡之风。团结和带领全院师生紧跟学校发展步伐，艰苦奋斗，为建设高水平建筑大学贡献力量。

（九）工会工作

【概述】电信学院分工会始终坚持"围绕中心、服务大局、统一思想、凝聚力量"为主题，创造性地开展工作。在党政的领导下，推进二级教代会工作，积极贯彻民主管理民主监督，党政工全力配合，营造团结和谐工作氛围，推进电信学院工作健康稳定发展。在校工会的领导下，积极开展分工会工作，在教职工思想教育、教学基本功比赛、送温暖、文体活动等方面细致梳理，关心丰富教职工生活，全力做好后勤保障。

【通过电信学院教职工大会细则】2013年7月9日，经全体教职工大会，通过了"电信学院教职工大会工作细则"，进一步明确了教职工大会职权、工作程序以及组织制度，使学院实现民主管理民主监督有据可循。

【教代会代表参与学院工作研讨】2013年8月，教代会代表、系主任与学院领导班子一起研究电信楼使用分配方案。

【教代会代表参与学院聘任制度制定】2013年12月期间，根据学校聘任工作通知，电信学院多次召开党政领导与系主任、教师代表的研讨会，对学院新一期聘任文件制定进行充分调研、充分讨论，上上下下多次征求意见。最终形成文件，经教职工大会投票，一次性通过。

【关心退休教师生活】2013年5月，组织退休教师参观新校区，关心慰问退休教职工。

（十）实验室建设

【概述】2013 年，以大兴校区电信楼建设为契机，结合学科建设和专业建设目标，积极进行教学科研平台建设。以"建筑电气与智能化实验教学示范中心"市级实验教学示范中心验收为依托，进一步总结建设理念，归纳成功经验，凝练成果，积极推动实践教学改革与探索，进一步提高设计性、综合性实验的比例；积极探索行业高校产学联合培养人才的模式和机制，进一步推动"建筑电气与智能化实验教学示范中心"建设；逐步开展校外人才培养基地建设。

【召开北京市建筑电气与智能化实验中心验收工作准备会】2013 年 6 月 3 日起，召开电信学院"北京市建筑电气与智能化实验教学示范中心"验收准备会 19 次，检查验收材料、布置准备工作。

【召开北京市建筑电气与智能化实验中心验收会】2013 年 11 月 28 日，召开电信学院"北京市建筑电气与智能化实验教学示范中心"验收会，验收结论为优秀。

（十一）重大事件

2013 年 7 月 14 日，电气与信息工程学院举办学科发展研讨会暨博士论坛。

2013 年 7 月 24 日，与美国罗克韦尔自动化公司签署战略合作协议。

2013 年 8 月 22 日，我院学生获得我校学生荣获 2013 全国大学生"西门子杯"工业自动化挑战赛总决赛一等奖。

2013 年 9 月，我院学生在第八届全国大学生"飞思卡尔"杯智能汽车竞赛中获得华北赛区三等奖 4 项，优胜奖 2 项。

2013 年 11 月 6 日，美国劳伦斯伯克利国家实验室科学家来交流。

2013 年 11 月，学生在 2013 年中国机器人大赛暨 RoboCup 公开赛中共荣获一等奖六项，二等奖四项，三等奖四项。

2013 年 11 月 23 日，承办 2013 年北京自动化学会学术年会。

2013 年 11 月 28 日，建筑电气与智能化市级实验教学中心以优秀成绩通过市教委验收。

2013 年 12 月，学院进行聘任改革，量化出岗条件。调整各系中心主任。

2013 年 12 月，在各系设立了学科与专业发展指导委员会，强化教授治学。

全年，开展了党的群众路线教育实践活动，社会主义核心价值的主题教育，党员先锋工程，新生引航工程以及学风建设系列活动。

（田芳　魏东　张雷　武岚　杨光）

五、经济与管理工程学院

（一）概况

经济与管理工程学院（以下简称经管学院）设有三系三所三中心，即：工程管理系、工商管理系、公共管理系；工程管理研究所、工程法律研究所、经济管理与人居环境研究所；MBA 教育中心、经济管理实验中心、教育培训中心。在本科生教育方面，设置有工程管理、工程造价（2013 年新批）、工商管理、市场营销和公共事业管理（招标采购方向）等五个专业。在研究生教育方面，全日制学术型设置有管理科学与工程、工商管理两个一级学科硕士学位授权点，包含企业管理、会计学和技术经济及管理等二级学科硕士学位授权点；专业学位设置有 MBA（工商管理）、项目管理和物流工程硕士学位授权点；非全日制设置有项目管理领域和物流工程领域工程硕士学位授权点。管理科学与工程是北京市重点建设学科，工程管理专业是北京市级特色专业。

经管学院现有在校本科生 1300 名，研究生 200 名，专任教师 41 名，其中教授 10 人，博士生导师 2 人，副教授 15 人。

经管学院毕业生定位于为北京地区经济建设和城市建设管理各行业服务，以其知识面广、专业知识扎实、应用能力强，既懂技术又懂管理的特点和优势受到用人单位的欢迎和认可，一大批毕业生成为公司经理、项目经理或总监。

（二）师资队伍建设

【概述】经管学院拥有一支结构合理、兼具学术研究、应用研究和实践经验的师资队伍。共有专任教师 41 名，其中教授 10 人，博士生导师 2 人，副教授 15 人。现有教职员工 52 人，其中专任教师 41 人，其他人员 11 人。有教授 10 人、副教授 15 人、讲师及其他 27 人。

【新引进人员名册】

经管学院 2013 年调入人员情况一览表

序号	姓名	性别	学历	类型	报到时间
1	刘国东	男	博士	专任教师	2013.07.03
2	李文超	男	硕士	学生辅导员	2013.07.09
3	邓世专	男	博士	专任教师	2013.08.29
4	左一多	男	硕士	学生辅导员	2013.08.30

【青年教师挂职】2013 年 9 月起，经学校批准经管学院教师金占勇，在北京市医药管理局挂职锻炼一年。

（三）学科建设

【概述】经管学院现有两个一级学科，即管理科学与工程和工商管理。

管理科学与工程学科起源于土木工程的施工管理专业，研究生教育始于 1981 年。于1998 年成为管理科学与工程硕士学位授权点。2008 年 4 月，其支撑专业工程管理继清华大学后通过建设部专业评估，2009 年被评为北京市特色专业。管理科学与工程于 2010 年被列为北京市一级重点建设学科。

工商管理学科发展至今，经历了 17 年的发展历程。从 1997 年，我校管理系成立，到2002 年 9 月工商管理本科专业和市场营销本科专业第一届学生入学；再到 2006 年 1 月技术经济及管理二级硕士点开始招生，并设立企业管理二级硕士点和 2011 年 3 月，工商管理一级学科获得批准。

【学科建设成绩显著】管理科学与工程学科在原有学科的基础上，进一步凝练研究方向，形成了工程项目管理、工程建设法规与合同管理、建筑节能与可持续发展、建筑物流与供应链管理的四个有特色研究方向。通过北京市教委学科验收，取得良好的成绩。

工商管理学科至今已经历了 17 年的发展历程。进一步凝练研究方向，形成了建筑技术分析与评价、建筑与房地产企业经营管理、建筑财务与管理、建筑节能经济与管理和工程合同管理五个方向。

【召开学科建设成研讨会】成功召开管理科学与工程学科建设研讨会。研讨会上对管理科学与工程学科的建设现状、研究方向、学科前沿问题及我院管理科学与工程学科建设中存在的问题进行深入讨论。并邀请天津大学王雪青教授、北京工业大学黄鲁成教授分开探讨了天津大学、北京工业大学管理科学与工程学科的建设经验。

成功召开工商管理学科建设成研讨会。2013年7月3日，学院邀请香港理工大学建筑及房地产学系建设管理系主任兼建设及环境学院副院长沈岐平教授和澳洲西悉尼大学商学系营销学终身教职讲师胡宇城博士参加经管学院举办的工商管理学科建设学术交流活动。2013年11月，学院邀请了台湾云林科技大学何肇喜教授和苏南教授来校分别做了题为"两岸建筑法比较"和"论台湾的物业管理发展与未来"的学术讲座，拉开了两岸学术交流的序幕。

【狠抓硕士研究生培养质量提升】结合行业的特点，在学校2012版培养方案基础上进一步对管理科学与工程及工商管理2013版培养方案进行了修订，使培养方案更符合我校培养应用型人才的定位。

成立管理科学与工程及工商管理学科联合教师指导小组，针对课程和毕业论文研究联合进行指导，要求教师定期讨论各自担任课程的最新信息交流情况，及时给予研究生理论与实践结合的行动指导，在指导研究生毕业论文中，教师注重不同学科研究生的理论与实践研究，对不同学科研究生论文题目进行统筹比对，结合不同学科研究生自身的要求一起确定每位研究生的研究领域和毕业论文题目，在论文的写作过程中，除了学院要求的开题、中期检查外，小组老师要根据不同学科研究生的特点和要求，给出分别指导，由研究生指导教师最后把关，使学生的培养不偏离学科方向要求。

对研究生定期的召开学术报告会。邀请行业内专家到校为学生做学科前沿报告（如住房与城乡建设部倪虹司长，中国光大银行王衍行总经济师）。通过研讨和报告，拓宽了学生的思维和对学科前沿发展问题的把握。

对研究生提出增加实践环节的教学要求。要求研究生必须从事与本学科相关的课外实践活动一次，包括到企业调研或实践。

（四）教学工作

【概述】经管学院院领导、系主任与教师协同配合，紧跟学校的统一步伐，加强教学常规管理，深化课堂教学改革，认真落实课程计划，落实教学常规，大力推进素质教育，努力提高教学质量，取得了一定的成绩。

【工程管理专业第2次通过专业评估】5月7日至9日，住房和城乡建设部高等教育工程管理专业评估视察组组长、大连理工大学李忠富教授，专家组成员中南大学王孟钧教授，清华大学张红教授，深圳市地铁集团有限公司刘卡丁教授级高工，中国建设工程造价管理协会吴佐民教授级高工到校，通过考察学校教学设施，听取工程管理专业建设汇报，查阅教学成果，检查毕业设计，召开教师、在校学生以及毕业生座谈会，听取部分课程等方式，考察我校工程管理专业建设、教育教学及学生精神风貌等各方面情况。5月23日住房和城乡建设部高等教育工程管理专业教育评估委员会议上，我校工程管理专业以全票顺利通过了住房和城乡建设部高等教育评估委员的复评。

【申报工程造价专业获批】组织完成2013年工程造价、物流管理两个新专业申报工作，其中工程造价专业获得批准，将于2014年7月首次招生。

【召开工程管理专业建设发展研讨会】2013 年 12 月 1 日，来自全国 10 所高校的管理学院院长（系主任）出席了我院召开的"工程管理专业建设发展研讨会"。重庆大学建设管理与房地产学院院长任宏教授、哈尔滨工业大学王要武教授、大连理工大学李忠富教授、沈阳建筑大学刘亚臣教授、山东科技大学贾宏俊教授、山东建筑大学徐友全教授、北方工业大学刘永祥教授、吉林建筑大学许超教授、安徽建筑大学段宗志教授、我院赵世强教授等以"工程管理专业发展建设的经验及改革设想"为主题，从各自学校工程管理专业发展历程、科研与学科建设的关系、理论和实践教学的特色与现存主要问题、结合十八届三中全会提出的未来改革发展方向等方面展开了热烈的研讨。院长姜军教授做了总结发言。研讨会为学院工程管理专业人才培养的改革创新奠定了良好基础。

【遗留毕业生成绩档案整理移交工作完成】经过教务工作人员的不懈努力，完成了历年积存的 2007 届、2008 届、2009 届、2011 届、2012 届和 2013 届毕业生成绩档案整理移交工作。

【教学质量工程课程建设又有新成果】

　　成功申报校级教学质量工程课程建设项目四项，获批四项，其中一个重点项目，三个一般项目；成功申报高等教育学会十二五教材建设项目一项获批。

　　（五）科研工作

【概述】经管学院 2013 年科研工作在全体教师的共同努力下取得了较好成绩。申请批准的项目共计 15 项。其中获得国家自然科学基金项目 1 项，省部级项目 5 项，其他项目 9 项。到校经费共计 148.3 万元。共发表学术论文 64 篇。其中 EI 等检索论文 16 篇，核心期刊论文 22 篇，其他论文 26 篇。

【承担科研项目数量和质量均有增加】

2013 年经管学院承担的各类科研项目一览表

序号	项目名称	负责人	项目来源	项目级别	合同经费（万）	起止时间	项目分类
1	北京建筑大学学科建设项目	杨兴坤	学校社科项目	校级	3	2013-06-30～2013-12-31	校设科研基金
2	企业员工援助计划有效性评估体系构建	余玲艳	学校社科项目	校级	2	2013-07-01～2015-06-30	校设科研基金
3	北京市房地产经纪行业信息共享管理体系构建研究	刘建利	学校社科项目	校级	2	2013-07-01～2015-06-01	校设科研基金
4	既有建筑节能改造服务体系研究	樊瑜	学校社科项目	校级	0.5	2013-07-01～2015-06-30	校设科研基金
5	市域城乡基础设施建设一体化管理体系研究	万冬君	教育部人文社科研究项目	省部级	8	2013-05-21～2015-12-30	教育部
6	机器人操作系统、软件仓库及模块化硬件平台开发-机器人硬件平台环境实验测试	陈雍君	"863" 计划	省部级	4.8	2013-04-01～2014-04-30	科技部
7	企业应急供应链管理研究	王红春	省、市、自治区社科基金项目	省部级	13	2013-01-01～2015-12-31	省、市、自治区科技项目

序号	项目名称	负责人	项目来源	项目级别	合同经费（万）	起止时间	项目分类
8	大型公建节能主体协同运行机制研究	郭立	国务院其他部门	省部级	5	2013-12-01～2014-12-01	国家其他部委项目
9	战略人力资源管理中人力资本理论的应用研究	刘娜	省、市、自治区社科基金项目	地市级	5	2013-01-01～2015-12-31	主管部门科技项目
10	企业供应链应急管理研究	王红春	省、市、自治区社科基金项目	地市级	13	2013-01-01～2015-12-31	主管部门科技项目
11	基于BIM标准的工程合同体系研究	何佰洲	省、市、自治区社科基金项目	地市级	15	2013-01-01～2014-12-31	主管部门科技项目
12	战略人力资源管理中的人力资本理论应用研究	刘娜	北京市教委	地市级	5	2013-03-01～2015-12-20	其他研究项目
13	北京市财政专项——公共事业管理新专业建设（2013）	张俊	省、市、自治区社科基金项目	省部级	87.1558	2012-10-18～2013-12-30	各类教学改革与教育研究项目
14	基于复杂网络理论的供应链应急管理研究	王红春	国家自然科学基金项目	国家级	25	2013-01-01～2015-12-31	国家自然科学基金资助项目
横向课题							
1	建筑产业现代化与项目管理创新研究	尤完	企事业单位委托项目	开发	3	2013-12-25～2014-12-25	应用研究
2	常电扩建工程项目取水系统技术及管理创新评价与研究	尤完	企事业单位委托项目	开发	6	2013-10-27～2014-12-31	应用研究
3	基于精益建造理论的施工项目管理体系及评价模型研究	尤完	企事业单位委托项目	开发	10	2013-09-30～2014-09-30	应用研究
4	DSM试点城市考核评价研究	秦颖	企事业单位委托项目	服务	25	2013-09-02～2014-03-02	应用研究
5	厦门兰迪经贸有限公司市场战略研究	周晓静	其他研究项目	服务	3	2013-09-01～2015-08-31	应用研究

（六）学生工作

【概述】2013年经管学院学生工作在校学工部、处的指导下，在经管学院党总支和行政班子领导下，在全体教职员工的支持下，以努力提高学生德育素质为核心，以促进学生综合能力全面发展为目标，各项工作均取得了长足的进步，顺利完成了今年的学生教育和管理等各项工作。

【辅导员队伍建设】 学院学生工作2013年新进2名辅导员，配齐了工作队伍。学院组织辅导员参与培训，定岗定责，助力辅导员快速成长，确保班导师队伍持续健康发展，通过开展培训，使班级导师及时了解工作内容，尽快进入角色。经过一年建设，学院学生工作队伍焕发勃勃生机，辅导员积极参加校辅导员技能大赛，2名辅导员晋级决赛，1人获得二等奖，1人获得三等奖；班级导师参与学生活动出席率超过80%。

【学生就业】 经管学院重视学院学生就业工作，领导班子多次专题研究就业工作，听取就业工作汇报，制定了《经济与管理工程学院关于进一步推进2013届毕业生就业工作的意见》；邀请招就处领导到院开展就业形势讲座，增强全员就业观念；在教工党支部中开展帮扶就业困难学生活动；通过QQ群、短信平台及时向学生发布就业信息，针对不同需求学生开展分类指导；走访就业单位、行业协会，拓宽就业渠道；发挥学生骨干队伍开展结对子帮扶。在全院教师的共同努力下，经管学院学生一次就业率超过95%，基本完成了就业工作目标。

【学生科技活动】 学院积极开展学生课外科技立项，召开双选会，53个项目达成意向，20名教师参与其中，教师参与率创新高；在师生联动下，经管学院学生在2013年屡创佳绩，在"挑战杯"首都大学生课外学术科技作品竞赛中4名学生获三等奖，全国高等院校"广联达杯"软件算量大赛中3人获全国三等奖，北京青年创新创业大赛中2人铜奖，全国高等院校斯维尔杯BIM软件工程管理专项比赛中5人获全国二等奖。

11月30日承办全国大学生房地产策划大赛，并组织学生参加。我校学生获特等奖2项，综合二等奖2项，综合三等奖4项的好成绩。其中经管学院学生获1项特等奖，1项二等奖，3项三等奖。创历史最好成绩。

【学风建设】 学院注重发挥榜样引领作用，积极开展活动表彰先进个人、集体，开展典型事迹报告和交流，充分动员和号召各班级和广大学生向先进学习，传递正能量。在先进的感召下，2013年经管学院涌现出一批优秀集体与个人，商121获得北京市"先锋杯"团支部、北京市先进班集体称号；1人获国家奖学金，1人获研究生国家奖学金，27人获一等奖学金，42人获二等奖学金，79人获三等奖学金，40人获励志奖学金。2013年6月，管112班四级一次通过率达到74.1%，全院平均通过率基本达到60%。

关注学业困难学生，结对子帮扶，助力学业进步。学院下半年认真梳理了有不及格课程学生情况，对于挂科门次多的学生，进行重点谈话，通过发警示通知、通报家长、重点结对子帮扶等形式加强学生教育帮助；学院还为不及格门次超过4门的学生，部分少数民族学生，安排学习优秀学生党员结对子，开展1帮1，助力学业进步。

学院邀请专家开展讲座，培育学生专业思想。学院邀请云林科技大学苏南教授、何肇喜教授到校讲座；联合中国建设工程造价管理协会（CECA）与英国特许土木工程测量师学会（ICES）举办"中东、非洲地区建筑业及其发展——工程项目采购及涉外法律的解读与实践"公益讲座；邀请香港理工大学沈岐平教授到校讲座，邀请北大纵横咨询集团合伙人李方博士做《正能量与企业文化》讲座等等，学生参与积极，在学习中开阔了视野，增强了专业认知，取得了良好效果。

组织学生走进企业，使学生在实践中快乐成长。学院组织学生赴星巴克企业管理有限公司进行实践活动，组织学生参观北京14号线在建工程，组织学生赴方兴地产公司"亦庄·金茂悦"项目实地考察，选派学生参与第六届中国房地产策划师年会。活动的开展，加深了学生实践认知，学生参与热情高涨，收获良多。

【安全稳定】经管学院将学生学习、生活与活动区域划分成若干责任区，安排学生党员、干部担任负责人，联系班级、宿舍，及时掌握动态。学院还安排党员、干部联系学业困难学生、少数民族学生、家庭经济困难学生，结成帮扶对子，关心他们日常学习生活中的困难，及时排忧解难，发现问题及时反馈汇报。将不稳定因素降至最低。

经管学院每学期定期开展排查心理问题学生、家庭经济困难学生、少数民族学生，给困难学生安排勤工助学岗位，组织申报奖助学金，安排少数民族学生参与保卫处安全岗，担任学生安全员，指导心理困难学生找心理中心老师咨询，化解情绪。敏感日、节假日、放假前，学院都会通过信息平台、召开学生大会等形式，进行安全教育，提醒学生注意安全。

经管学院关心贫困生和少数民族学生。学院贫困生共 195 人，其中 118 人获得一等助学金资助，77 人获得二等助学金资助。少数民族学生中，有 77 人家庭经济困难，全部得到资助，学院还通过临时困难补助的形式，帮助少数民族学生渡过难关。

【主题教育】经管学院以十八大为契机，学生党员先锋工程为引领，加强学生思想政治教育。先后开展了"中国梦·经管梦"系列主题教育活动、"我的梦·建大梦·中国梦"主题演讲比赛、"我的大学生活"主题演讲比赛、班徽班训设计及"以实际行动让班徽闪光"主题实践活动、"党员先锋工程"专题讲座等，活动的开展，为实现中国梦而努力成长成才观念深入人心，成为广大学生的行动指南。

【志愿服务】经管学院积极搭建学生志愿服务平台，为学生提供实践平台。一年来学院依托大兴新秋老年公寓等单位，结合校院重大事件，开发志愿服务项目，积极开展志愿服务活动，使学生在志愿奉献中锻炼成才。2013 年，经管学院共有 3 支获社会实践团队获校优秀团队称号，3 个社会实践成果获校优秀成果称号，162 人获 51 届大运会优秀志愿者称号，13 人获校级"社会实践先进个人"，1 项社会实践成果申报北京红色"1＋1"优秀实践成果，2 项申报北京市暑期社会实践优秀成果。

（七）对外交流

【概述】经管学院本年度对外交流取得新进展。

【与台湾大学开展交流活动】2013 年 8 月姜军教授、赵世强教授、周晓静教授、郭立教授等 4 位教授组团代表经管学院赴台湾云林科技大学和台湾实践大学就教师交流、互换学生等相关合作事宜进行调研和考察。随后，我校与台湾云林科技大学正式签署了两校合作备忘录和学生交流协议书。2013 年 12 月 1 日正式启动了赴台湾云林科技大学 2014 年秋季班交换生的项目。

【与法国开展学术交流活动】2013 年 3 月 20 日-3 月 27 日，姜军教授随北京建筑工程学院党委副书记张雅君教授率团赴法国参加中法能源培训中心理事会并考察意大利马尔凯理工大学。代表团于 3 月 20-23 日参观考察了意大利马尔凯理工大学建筑学院和管理学院，并与建筑学院和管理学院的部分教师交流座谈。

（八）党建工作

【概述】经管学院党总支狠抓党的自身建设及教职工思想政治工作取得新成绩，切实发挥了政治核心作用，为学院发展提供了有效的思想、组织保证。

【开展党建及思想政治工作先进校建设工作】按照学校统一部署完成了学院新一届领导班

子的聘任工作。新班子注重自身建设，带领大家完成了 6 月份和年底两次，为迎接北京市党建先进校评估开展的学校内党建及思想政治工作检查全部材料准备及评估汇报工作，受到学校党委肯定。

【开展党的群众路线教育实践活动】 按照学校统一部署，组织全体党员开展了党的群众路线教育实践活动。学院领导班子、党员领导干部、教师党员、学生党员均按不同要求，参加了文件学习和体会分享、对照检查材料撰写、与党员、群众谈心、召开专题民主生活会、开展批评与自我批评及学院领导班子何领导干部整改"回头看"专题交流会等活动，完成了预定任务，取得了很大成绩。

【完成新一轮党支部委员会建设】 根据经管学院系、部中心领导干部调整，进行了党支部书记及委员的改、增选，党支部委员会建设得到进一步加强，党支部的战斗堡垒作用得到进一步加强。各党支部紧紧围绕中心工作开展的党性实践活动活动、发挥了应有的作用，取得了一定成绩。

【开展政治思想教育活动】 通过组织党员和教职工参加学校组织的报告会、座谈会、研讨会，完成了党员、教工和学生学习党的十八大精神的阶段学习任务。特别是党总支组织的创新性的党员在线学习任务完成较好，获学校好评。党员领导干部在线学习任务全部完成。

【学生党员先锋工程实施】 积极推进学生党员先锋工程，在学生思想政治教育中发挥引领作用。学院发布了《学生党员先锋工程实施细则》，先后开展了"党员先锋工程"专题讲座、"中国梦·经管梦"系列主题教育活动、"我的梦·建大梦·中国梦"主题演讲比赛、"我的大学生活"主题演讲比赛、班徽班训设计及"以实际行动让班徽闪光"主题实践活动、"党员先锋工程"专题讲座等，活动的开展，为实现中国梦而努力成长成才观念深入人心，成为广大学生的行动指南。

【党员发展工作取得新成绩】 截止到 2013 年 12 月，共发展学生党员 51 人，其中女生 35 人，少数民族 1 人。积极分子共有 162 人，其中女生 87 人，少数民族 5 人。申请入党学生 503 人，其中女生 271 人，少数民族 20 人。

【完成平安校园建设任务】 学院高度重视安全稳定工作，在学校党委总体部署及要求下，学院领导与学校领导签订维护校园安全稳定责任书，学院领导与学院内各系及实验中心等签订维护校园安全稳定责任分解任务书，顺利完成了学校交给学院"平安校园"创建工作评估全部任务。

【坚持党风廉政建设工作】 认真贯彻党风廉政建设责任制，开展廉政风险防范工作和廉政制度建设。要求党员干部做到廉洁自律，秉公办事，遵章守纪，本年度未发生违犯廉政纪律事项。

（九）工会工作

【概述】 经管学院分工会共有会员 53 人，其中在编人员 52 人，非在编人员 1 人。下设四个工会小组，分别是：工程管理系工会小组、工商管理系工会小组、公共管理系工会小组、机关工会小组。分工会主席由党总支书记张庆春兼任。

【工会自身建设】 2013 年，分工会根据经管学院系、中心领导调整的实际情况，组织进行了工会小组长改选。一批有能力、有潜力的工会干部积极参与到工会工作，给工会工作的开展注入了一股新鲜的血液，使得机构设置和人员配备进一步合理和完善。为了让这些新干部早日胜任工作，专门请学校工会常务副主席刘艳华为他们上了一次培训课，同时还组织新上任工会干部参观校内先进教工之家。通过此项培训为经管学院分工会下一步工作提出了更高要求。

【制定经管学院教职工大会的细则】为进一步加强基层民主建设，完善学院教职工大会制度，依据《北京建筑工程学院二级教学单位教职工（代表）大会工作细则》（建院工字〔2012〕24 号）文件的规定，结合学院实际，制定了《经管学院教职工大会的细则》。为经管学院教职工参加和监督经管学院各项工作，提供了制度保障。

【组织会员参与学院民主管理和监督】经管学院分工会能够经常教职工分别以执委会委员、教工代表、工会委员等身份参加院系重要会议，参与院系重大决策工作。特别是在遇有与教职工切身利益相关的工作，如教职工年度考核及聘任等，工会能够做到参与其中，积极提出意见和建议并保证各项工作的公平与公开，推动民主管理，推进院务公开，搭建学院与教职工参与、沟通、交流的平台，与去年同期相比，其参与的广度和深度有较大进步。

【关心青年教师成长】近几年，经管学院新引进青年教师数量较多，他们都很关心自己的成长问题。针对他们工程实践经验不足的问题，组织青年教师赴吉林建筑大学、天津滨海新区、北京地铁 14 号线东湖渠段在建工程等地方调研参观学习；为了让他们尽快学习掌握教学技能，组织青年教师积极参加学院和学校教学基本功比赛。经管学院教师张宏、余玲艳在首届全国高校微课教学比赛北京赛区复赛中，获得优秀作品奖。余玲艳获得学校青年教师教学基本功比赛三等奖。李守玉获学校首届辅导员职业技能大赛二等奖、李文超学校首届辅导员职业技能大赛获三等奖。

【开展送温暖活动】2013 年，工会继续慰问经管学院生病住院教职工，看望和慰问生小孩教师，共发放慰问金 2000 元；为家中老人去世的教职工发放慰问金 700 元。

组织教职工积极参与《学校硕博公寓租赁管理办法》的制定工作。工会组织数次会议、详细研究解读学校相关文件精神，并广泛听取教职工的意见，站在每位教职工的实际立场考虑他们的处境心声，并将反映的意见归类整理后，如实上报到上级机构。对学校硕博公寓租赁管理办法的正式形成发挥了作用。

（十）实验室建设

【概述】经管学院"经管模拟实验中心"，设有管理模拟实验室、沙盘模拟实验室、工程项目数字化实验室、BIM 实验室、物联网实验室和信息中心六部分组成，建筑面积 620 平方米，仪器设备 550 多台套，设备总值 780 余万元。开设实验课程 19 门，专职教师 2 人。经管实验中心主要支撑"工程管理"、"工商管理"、"市场营销"、"公共事业管理"等五个专业的本科生教学和部分研究生教学，面向全校本科生、研究生开放，每年承担本科生1900 多人实验教学任务，开放时数约 2360 小时，接待国内外参观交流近 400 人次。

【实验室建设】

2013 年经管学院实验室建设项目一览表

序号	项目名称	负责人	项目来源	实验设备（套/台）	实验场地（平方米）	合同经费（万元）	起止时间
1	经管实验中心教学实验平台	陈雍君	北京市财政专项	8		230	2013.08.30～2013.11.18

（十一）重大事件

2013年3月12日，经管学院召开了2009～2012年处级干部届满考核大会。党总支书记张庆春代表经管学院班子向教职工大会述职后，党总支书记张庆春、院长何佰洲、党总支副书记孙强和副院长张俊同志分别进行了个人述职述廉。学校党委副书记张启鸿到会，并做总结讲话。他肯定了经管学院在过去3年来取得的成绩，表示愿加强与经管学院全体教职工的沟通，全力支持经管学院的发展，相信经管学院会越来越好。

2013年3月26日，经管学院召开2012年度教职工大会。大会由工会主席张庆春主持。会上院长何佰洲代表学院班子向大会做2012年度工作报告，学院分工会副主席邹娥代表工会向大会做2012年度工会工作报告，大会表决通过了《经管学院教职工大会细则》。

2013年4月9日，经管学院召开2012年度工作表彰大会，有21名教师受到表彰。经管学院党总支副书记孙强宣读了《关于表彰2012年指导学生获得科技竞赛奖项教师的决定》和《关于表彰2012年英语四级考试达标班级导师的决定》。经管学院教学副院长张俊宣读了《关于表彰2012年在国家级科研项目申报中做出成绩教师的决定》和《关于表彰2012年学院青年教师教学基本功比赛获奖人员的决定》。之后，学院领导分别为学院青年教师基本功比赛获奖教师颁发了获奖证书。最后，经管学院院长何佰洲对此次表彰会作了总结讲话。

2013年4月12日，组织学院退休教师参观新校区。让退休老师感受学校近年来的发展变化，活动既增进了退休教师与校院的联系，也加强了退休教师之家的沟通联络。

2013年5月7日～9日，住房和城乡建设部高等教育工程管理专业评估视察组组长、大连理工大学李忠富教授，专家组成员中南大学王孟钧教授，清华大学张红教授，深圳市地铁集团有限公司刘卡丁教授级高工，中国建设工程造价管理协会吴佐民教授级高工到校，考察我校工程管理专业建设、教育教学及学生精神风貌等各方面情况。

2013年5月23日，在住建部高等教育工程管理专业教育评估委员会议上，我校工程管理专业以全票顺利通过了住建部高等教育工程管理专业教育评估委员的合格复评。

2013年10月15日，中国建筑学会建筑施工分会BIM应用专业委员会在我校正式召开成立大会。清华大学张建平教授任BIM专委会理事长，秘书处设在我校经管学院和北京工业大学建筑工程学院，经管学院院长姜军教授被聘为BIM专委会副理事长，张俊副教授聘为BIM专委会副秘书长。

2013年11月30日，由中国建设教育协会、中国房地产策划师联谊会、中国房地产业协会主办，北京建筑大学、房教中国承办，方兴地产协办的"方兴杯"第七届全国大学生房地产策划大赛总决赛在我校大兴校区隆重举行。我校获得特等奖两项、二等奖两项和特殊贡献奖。

2013年12月1日，北京建筑大学工程管理研究所成立大会在学校西城校区召开。来自住房和城乡建设部业务主管部门领导及行业协会、兄弟高校等七十余位专家和学者莅临大会。校党委书记钱军教授，校长朱光教授，副校长宋国华教授出席会议。大会由经管学院院长姜军教授主持。

副校长宋国华宣读了《关于成立"北京建筑大学工程管理研究所"的通知》。校党委书记钱军、中国建筑装饰协会会长李秉仁为"北京建筑大学工程管理研究所"揭牌。

经管学院尤完教授担任北京建筑大学工程管理研究所所长。

2013 年 12 月 1 日，经管学院举办"新型城镇化与项目管理创新论坛"，论坛邀请了专业协会、兄弟院校、企业各界多位专家出席。

2013 年 12 月 19 日，经管学院院长姜军被北京市属医院运行保障专家委员会聘为副主任委员，学校另有 9 名教师入围该委员会专家库。

2013 年 12 月 21 日，经管学院校友分会正式成立，成立大会在西城校区第二阶梯教室举行。经管学院邀请了已经退休的经管学院老领导和老教师及 200 余名校友代表到会，大家共同见证了这一历史时刻。

（邹　娥　周晓静　魏　强　赵世强　张庆春　姜　军）

六、测绘与城市空间信息学院

（一）概况

2013 年，测绘与城市空间信息学院在校党委、行政的正确领导下，在学校各机关部门和兄弟学院的大力支持以及全院教师的积极参与下，依据《北京建筑工程学院 2013 年党政工作要点》及《测绘与城市空间信息学院 2013 年工作计划》，紧紧围绕学校中心工作，着眼学院长远发展，进一步凝练办学特色、提高办学质量，积极开展基层党建和思想政治工作、教学科研工作、学科专业建设工作、学生工作和工会工作等，取得了显著成绩。

师资队伍方面引进青年教师 1 人，教工总数达到 43 人，其中专职教师 37 人，具有博士学位的老师 34 人，占教师总数的 92％。教师中有国务院政府特殊津贴 1 名，北京市教学名师 1 名，北京市拔尖创新人才 2 名，校级教学名师 2 名，博士研究生导师 4 名，北京市创新团队 2 个，分别服务于两系一部一中心，即测绘工程系、地理信息工程系、基础教学部、测绘信息遥感实验中心。

教学方面积极申报遥感科学与技术专业，认真梳理测绘工程专业、为工程教育专业认证做准备，并注重以赛促教风和学风，获得北京市教学成果奖二等奖 1 项，第七届全国高等学校测绘学科青年教师讲课比赛一等奖 2 项、二等奖 1 项，第二届全国大学生 GIS 应用技能大赛一等奖 2 项，"则泰杯"第六届全国高等学校测绘学科大学生科技论文大赛一等奖 2 项、三等奖 2 项。

学科建设方面参加了教育部学科评估，获得并列第九名的好成绩，参加了服务国家特殊需求"建筑遗产保护理论与技术"博士人才培养项目建设、1 名导师列入 2013 年博士导师，首次组织"建筑遗产保护理论与技术"硕士学位交叉学科硕士研究生招生考试，组织了多次针对教师、研究生和高年级本科生的学术讲座。

科研方面新增国家自然科学基金 2 项、973 子课题 1 项、国家支撑计划项目子课题 1 项、横向课题 16 项，获得授权国家发明专利 4 项，申请发明专利 7 项，2013 年总到校科研经费 477 万元。获得地理信息科技进步奖二等奖 1 项、测绘科技进步奖三等奖 1 项，并成功地承办了第二届全国激光雷达大会，邀请刘先林院士、国家测绘地理信息局李维森副局长、科技司张燕平司长、澳大利亚昆士兰大学刘燕教授、加拿大约克大学王建国博士等做了十余场高水平学术交流会。

学生工作方面狠抓学风建设、重视思想教育、以赛促学，10级四级通过率54%、11级四级通过率43%、12级四级通过率（A班）100%，13人考取研究生，毕业生就业率100%，签约率平均为88%；获得全国大学生英语竞赛一等奖1项，天地图应用设计比赛二等奖1项；北京市高数竞赛二等奖2人、三等奖2人，北京市挑战杯科技竞赛三等奖1人，第七届"挑战杯"首都大学生课外学术科技作品竞赛三等奖4人；组织了"红色梦·泡桐情"暑期社会实践焦裕禄精神调研，该活动参加北京市高校红色"1＋1"示范活动评选并荣获二等奖的好成绩。

此外，学院也重视教师的凝聚力建设及教师身心健康的引导，学院分工会组织了教师羽毛球和篮球比赛、棋牌比赛、元旦联欢会等多项活动，并注意关心每位教师的特殊情况，帮助困难教师申请补助金、组织慰问生病教师、将教师的建议作为提案交给学校等，充分发挥学院分工会维护教职工的合法权益、凝聚人心等方面的作用。

（二）师资队伍建设

【青年教师培养】测绘与城市空间信息学院继续关注青年教师的教学基本功的培养，2013年对新入职的8名青年教师进行了专业岗前培训，讲解了教学过程中的关键注意事项，并为每位新进教师配备了教学经验丰富的教师作为教学导师。要求青年教师随堂听课，并进行适当的试讲。帮助青年教师迅速适应教学环节，提高教学水平。

【教学名师】经过测绘与城市空间信息学院党政联席会研究决定，推荐杜明义教授参加2013年度北京建筑大学教学名师评比，最后获得北京建筑大学第三届校级教学名师。

【教学讲课竞赛】积极组织我校教师参加学校的相关教学竞赛和全国本学科的相关竞赛，并组织青年教师现场观摩，资深教师现场指导，取得了较好的效果。

组织青年教师进行北京建筑大学第九届青年教师教学基本功比赛的学院预赛，要求青年教师现场观摩，通过无记名投票选拔教师参加北京建筑大学第九届青年教师教学基本功比赛，获得二等奖一项。

组织教师进行"中海达"杯第七届全国高等学校测绘学科青年教师讲课比赛的院内预选赛，通过无记名投票推选三名教师参加"中海达"杯第七届全国高等学校测绘学科青年教师讲课比赛，青年教师黄鹤、刘祥磊分获"测量平差"、"摄影测量学"课程一等奖，危双丰副教授获"地理信息系统原理与应用"课程二等奖。

（三）学科建设

测绘学院"测绘科学与技术"一级学科是北京市重点学科。含有大地测量与测量工程、摄影测量与遥感、地图制图学与地理信息工程3个二级学科。经过多年建设，"测绘科学与技术"已经在3个二级学科与现代城市测绘等形成特色研究方向。

2013年测绘与城市空间信息学院在学科建设方面取得了较大的进步。

1. 参加了2012年教育部学科评估，2013年1月份评估结果出炉，获得并列第九名的好成绩；

2. 参加了"地图制图学与地理信息工程"北京市重点建设学科验收，已经提交验收材料，验收结果目前尚未下达。

3. 参加了服务国家特殊需求"建筑遗产保护理论与技术"博士人才培养项目建设，1名导师列入2013年博士导师，"建筑遗产数字化保护"和"建筑遗产环境保护工程与技术"中的建筑遗产环境监测方向，作为我院重点建设的方向。2013年首次进行了招生入学考试和课程建设。

4. 首次组织"建筑遗产保护理论与技术"硕士学位交叉学科硕士研究生招生考试；

5. 在全日制硕士研究生规模难以突破的前提下，努力挖掘非全日制专业硕士学位的需求，今年在校非全日制学生规模达到了近20人；

6. 组织了多次针对教师、研究生和高年级本科生的学术讲座。

（四）教学工作

测绘与城市空间信息学院根据北京建筑大学2013年工作计划和教务处工作重点，围绕教学质量工程，在专业建设、教师队伍建设、教改研究、教学运行、教风学风建设、教学质量过程监控、教学基础设施建设等方面开展了工作。在专业建设、教风学风建设、教师教学技能竞赛、教学基础建设等方面取得了明显的进步。

【专业建设成绩显著】

（1）遥感科学与技术：2013年测绘与城市空间信息学院根据学院专业发展的部署，组织遥感方向的骨干教师调研了国内部分高校本专业设置情况，对遥感、科学与技术新专业申报材料进行了精心的撰写，按照学校要求提交遥感科学与技术新增专业的申请报告。

（2）测绘工程专业工程认证：认真梳理测绘与城市空间信息学院测绘工程专业的现状，分析工程教育专业认证体系的具体要求，进一步认清我校教学管理和国际标准的差异，加强了教学质量过程监控，突出教学运行和管理的持续改进，有利于后续的整改工作，为今后进行工程专业认证奠定了基础。

（3）专业综合改革：继续深化测绘工程专业综合改革试点项目，积极鼓励教师在课堂教学和实践教学进行教学研究和教学改革。资助支持4门核心课程建设。积极拓展校外实习机会，GIS专业和测绘工程专业分别与企业联合进行实习。

【以赛促学，改善学风】

（1）测绘技能竞赛：2013年6月举行了北京建筑大学第六届测绘技能实操大赛，选拔了16名同学代表北京建筑大学参加第五届北京市普通高等学校大学生测绘实践创新能力大赛。

2013年7月北京建筑大学测绘与城市空间信息学院承办了第五届北京市普通高等学校大学生测绘实践创新能力大赛。大赛在北京建筑大学大兴校区举行，有清华大学、北京交通大学、中国矿业大学、中国地质大学、华北科技学院、北京工业职业技术学院、防灾科技学院和北京建筑大学八所高校参赛。北京建筑大学参赛队在本届竞赛中取得了优异成绩，获得专业类综合一等奖两项、综合二等奖两项、非专业类综合二等奖两项，优秀指导教师1名。

（2）第二届全国大学生GIS应用技能大赛：2013年11月，组织指导教师和参赛学生参加了中国地理信息产业协会教育与科普工作委员会主办的第二届全国大学生GIS应用技能大赛，全国33所高校47支参赛队188名博士生、硕士生和本科生参赛，北京建筑大学测绘与城市空间信息学院本科生王顺富、腾永核、王骞、宋楠、罗晓蕾、韦宇飞、杨琦、张计岩组成的两组参赛选手均获得了本次大赛的"一等奖"。指导教师赵江洪、蔡国印、沈涛、刘扬获得"优秀指导教师奖"。

赛后学生们表示，抛开大赛本身给学生个人专业技能带来的提高，以一个团队的形式参加大赛，也让他们更加懂得同学爱，珍惜同学之间的情谊，增加了对专业的热爱。

（3）"则泰杯"第六届全国高等学校测绘学科大学生科技论文大赛："则泰杯"全国高等学校测绘学科大学生科技论文大赛由教育部高等院校测绘学科教学指导委员会、中国测绘学会测绘教育委员会与北京则泰集团联合举办。参赛的选手是测绘学科的本科生，其目的是激发测绘学科的广大学生崇尚科学、勤奋学习、挑战未来的进取精神，为中国测绘事业的发展培养创新型人才。

测绘与城市空间信息学院组织了2013届四名本科毕业生参加"则泰杯"第六届全国高等学校测绘学科大学生科技论文大赛，获得一等奖2项，三等奖2项。

【教学研究】 积极鼓励教师进行教学研究和教学改革，对青年教师明确提出申报要求，2013年申报教研教材项目数明显增加。2013年获批教研项目3项，教材项目1项。新申报教研教材项目7项，比往年有大幅度提供，教师进行教学研究热情提高。

【培养方案修订】 根据教务处的2014版培养方案修订指导精神，组织教师调研了多家用人单位、兄弟院校，分析2009版培养方案与现在专业最新发展的差距，完成了2014版培养方案的修订。

【课程建设】 测绘与城市空间信息学院积极推进课程建设，建立了以教授负责的核心课程负责制度，由教授牵头、骨干教师参与，对骨干专业课程按照课程组的形式组织教学活动，其中4门课程得到教务处认可并得到资助。另外，《地理信息系统原理》通过校级精品课验收。

【教风建设】 配合教务处和学工口进行教风建设，增加听课次数。要求学院领导班子、学院督导组成员、系主任和专业负责人每周听课一次。积极组织教学研讨活动，利用周二下午业务学习时间进行各项教学研讨活动。严格监考流程，对担任监考任务的教师进行严格要求。提高实践教学质量，学院督导组不定期、不定时对实践教学进行检查，督促指导教师严格按照学校要求进行实践教学指导。通过一年的努力，测绘与城市空间信息学院的教风得到明显提高。

【主要教学成果】 2013年测绘与城市空间信息学院围绕本科教学质量工程，积极进行教学改革和研究，主要取得的成果如下：

（1）北京市教学成果奖二等奖1项（2013年正式下达）。

（2）新申请遥感科学与技术本科专业。

（3）第七届全国高等学校测绘学科青年教师讲课比赛一等奖2项，二等奖1项。

（4）北京建筑大学第九届青年教师教学基本功比赛二等奖1项。

（5）北京建筑大学第三届校级教学名师1名。

（6）第五届北京市普通高等学校大学生测绘实践创新能力大赛专业类综合一等奖2项、综合二等奖2项、非专业类综合二等奖2项，优秀指导教师1名。

（7）第二届全国大学生GIS应用技能大赛一等奖2项。

（8）"则泰杯"第六届全国高等学校测绘学科大学生科技论文大赛一等奖2项，三等奖2项。

（9）《地理信息系统原理》通过校级精品课验收。

（10）获批校级教研项目3项，教材项目1项。

（五）科研工作

测绘学院一贯重视科研工作的计划、组织与管理工作，并通过科研活动逐步形成了重视科研的良好氛围，提高了教职员工的科研积极性。

2013年，测绘学院在科研方面取得了显著成果。

【立项】国家自然科学基金2项，973子课题1项，国家支撑计划项目子课题1项，横向课题16项。

【经费】2013年总到校科研经费为477万元。

【专利】获得授权国家发明专利4项，申请发明专利7项。

【论文】发表论文总计22篇，其中SCI检索2篇，EI检索1篇，中文核心期刊15篇。

【获奖】获得地理信息科技进步奖二等奖1项，获得测绘科技进步奖三等奖1项。

【学术交流】成功地承办了第二届全国激光雷达大会，提高了学校的知名度。成功举办了城市测绘新技术学术交流会，刘先林院士等6位专家在会上作了学术报告。还邀请了国家测绘地理信息局李维森副局长、科技司张燕平司长、澳大利亚昆士兰大学刘燕教授、加拿大约克大学王建国博士等作学术报告。

【重点实验室评估】现代城市测绘国家测绘地理信息局重点实验室顺利通过国家测绘地理信息局的评估，成绩为良，排名第9。

（六）学生工作

测绘学院一贯重视对学生的思想品质、实践技能、科研能力和创新意识的多元化培养。2013年，在全院师生的共同努力下，主要开展了以下工作，并取得了较好的成绩。

【以开展主题教育实践活动为载体，加强大学生思想政治教育】

（1）全院开展主题教育系列活动：一是开展了为期一个月的"测青春理想航程，绘建大美丽蓝图"——纪念五四运动九十四周年主题教育系列活动；二是5～10月间开展了"中国梦·建大梦"主题系列教育活动，包括参与首都大运会的学生风采展、举办中国梦·建大梦演讲比赛、摄影比赛等。

（2）"青年服务国家"——以建设服务型党支部为主题开展实践活动：学院党支部开展了"青年服务国家"大学生志愿服务行动、"践行公益、关爱夕阳"北京夕阳情老年公寓活动、北京新立村青年汇社区志愿服务、走访新智心语幼儿园、结合大运会志愿服务、红色"1＋1"、寒暑假社会实践、"学雷锋 树新风"等主题实践活动。

（3）积极开展学生党员先锋工程，强化学生骨干和党员的引领作用：按照学校党委的要求，开展"学生党员先锋工程"活动，参加党员数96人，积极分子45人，活动取得了阶段性成果。

一是加强了学生骨干培训。包括干部素质拓展、邀请心理素质中心老师进行培训、团队活动等，通过学习交流，使学生干部得到锻炼；二是开展了学生党员公开承诺。各支部学生党员进行公开承诺，并结合党支部民主评议、民主生活会等工作，开展"做最好的党员"、"学生党员讲坛"等活动，实施"成才表率"培育计划，组织学生党员开展"成才表率"标准大讨论，督促学生党员完善理论学习与实践锻炼记录手册；三是组织各支部积极开展党员先锋实践活动。活动主题有"感恩·成才——一帮一活动"、"朋辈引航、助力新生"、"服务民族生，搭建连心桥"、"学雷锋、树新风"；四是构建"阳光型"党支部—积极开展入党积极分子答辩。学院选拔出来的拟发展对象既得到了老师的好评和广大学生的认可，又提升了党建工作科学化水平。2013年学院共发展党员26人，全部经过答辩。

【以丰富多彩的主题团日活动为依托，加强班团集体建设】本学年团总支积极开展团日活动十余次。包括4月下旬四川雅安发生7.0级地震后，各班积极展开为雅安祈福的团日活动；为让大家认清邪教的危害，开展"反邪教"活动；期中期末前夕，开展"文明考风，诚信考试"活动，号召同学们诚信考试。同时，为深入贯彻落实党的十八大精神，认真学习贯彻习近平总书记五四青年节的重要讲话精神，充分发挥实践育人的优势，学院有效搭建了"认识社会、回报社会"的多途径平台。

学院于9～11月期间，分别举办了"移动的焦裕禄纪念馆，永恒的焦裕禄精神"—焦裕禄精神主题图片展、焦裕禄精神宣讲会，并邀请焦裕禄干部学院教授为学生做焦裕禄精神报告会，焦裕禄的事迹在学生中广为流传，也让广大学生从思想上接受教育。

【强化顶层设计，抓实日常工作，提升学风建设水平】

（1）不断提高对加强学风建设工作的认识：一是组织学生党员、团总支学生会干部及班干部认真学习学校的有关学风建设文件，并召开动员大会，使他们明确开展学风建设的含义、目的；二是召开全院学生表彰暨学风建设动员大会，表彰52名学生；三是各班召开主题班会，使学风建设入耳入脑。

（2）营造良好的学习氛围，建立学风建设的长效机制：一是严抓早读晚自习的出勤，对迟到、旷课做好思想教育，对违规者给予适当处分；二是开展优良学风班活动，营造全学院优良学风氛围；三是以评优为契机，对先进班集体、优秀三好学生加强宣传，并举办报告会感染教育全体学生，以他们为榜样带动全院学生争先创优，从而掀起学风建设的新高潮；四是帮扶落后学生。本学年学业警示学生达37人，班级导师及辅导员对他们进行逐一谈话并电话通知到家长，同时由各班学习优秀的学生党员、学生干部分别进行"一对一"帮扶，为他们制定学习目标、督促学习、答疑解惑。

（3）以四级、考研为重点，开展学习交流活动：本学年共开展五次交流活动，并出台激励措施（个人300元，宿舍1000元），陆续开展英语活动月、词汇大赛、英语模拟测试、考研经验交流会、重点辅导、做好备考工作，保证出勤率。2013年10级四级通过率54%；11级四级通过率43%；12级四级通过率（A班）100%。有13人考取研究生。

（4）运用"第二课堂"强化学生实践技能：一是选拔优秀本科生进入学院科研团队。使学生尽早参与到教师科研项目中，培养理论、科研水平较强的本科学生，目前2011级50%的学生和2012级20名学生已经通过学院教授和专业教师的面试和选拔进入到各个研究所和实验室中；二是组织学生参加学院组织的学术报告会、学术交流活动、博士论坛共20余场。三是组织参加校级测绘实践技能大赛、北京市测绘实践技能大赛，取得优异成绩；四是结合专业特色，积极开展定向越野活动。2013年共举办两次全校性的定向越野活动，学生参与性较高，取得良好效果。

【加强就业指导，拓宽就业渠道，扎实推进毕业生就业工作】学院2013届毕业生共有146人，其中地图制图学与地理信息系统研究生26人，测绘工程本科生64人，地理信息系统本科生56人。学院在学工办、就业指导中心和学院领导、老师们的大力支持和帮助下，圆满完成了2013届毕业生就业工作，学院毕业生就业率达到100%，签约率平均为88%。

【学院特色活动】

（1）新生引航工程：为了让 2013 级新生尽快融入大学生活、充分了解学院的整体情况、专业特色及发展前景、提前做好学业规划，学院在新生专业教育中采用逐级递进的方式打造新生引航工程，开展了一系列形式多样，内容丰富的专业教育活动。如测绘仪器展、班级导师答疑解惑、博士论坛、邀请国家测绘地理信息局李维森副局长学术报告会等。

（2）测绘学院"红色梦·泡桐情"暑期社会实践焦裕禄精神调研：2013 年 8 月测绘学院团总支书记赵亮老师带领部分学生党员到兰考进行了焦裕禄精神调研活动。测绘学院"红色梦·泡桐情"暑期社会实践焦裕禄精神调研团的学生在兰考得到当地电视台的广泛报道，引起广泛关注，同时与焦裕禄纪念馆、兰考县民政局、兰考县文化局举行"北京建筑大学大学生思想政治教育基地"的挂牌仪式，团总支、求是社积极配合，在 11 月份成功地举办了焦裕禄精神图片展"流动的焦裕禄纪念馆，永恒的焦裕禄精神"。11 月中旬，学院请来了焦裕禄干部学院的董来柱老师，团总支对他进行了一次专访。12 月，该活动参加北京市高校红色"1+1"示范活动评选，并荣获了二等奖的好成绩。

（3）贴近学生的文体活动：

一是"温暖师生"活动。在教师节为老师们送祝福、写寄语，表达学生们对老师的祝愿和感谢；在烈日炎炎的夏日里，为军训学生送冰棍祛暑；在中秋团圆夜，与外地新生一起制作月饼，学院领导为大一新生分发中秋水果，月饼；开展一年一度的师生足球赛、篮球赛和羽毛球赛。通过组织学院学生与老师之间的互动交流，从而加深彼此的了解，增进感情，加深友谊。

二是宿舍吉尼斯，彰显青春风采活动。2013 年 10 月 2 日～11 月 8 日开展宿舍吉尼斯活动，共 200 人参与此次宿舍评选，入选宿舍 20 间，最终根据身高、卫生、体重、学习等特点，评选出 10 间优秀宿舍，充分展现了同学们的风采和自我。

三是国际大学生节文艺晚会。2013 年 11 月 19 日，由学生自己组织、编排的国际大学生节文艺晚会在大兴校区上演，充分展示了测绘学院学生的风采和活力。

【学生取得的部分成绩】 国家级奖励：2013 年 5 月全国大学生英语竞赛一等奖 1 人；2013 年 10 月第二届全国大学生 GIS 应用技能大赛一等奖 3 人；2013 年 11 月天地图应用设计比赛共 4 名同学获得了二等奖；第六届全国大学生测绘科技论文竞赛获得一等奖 2 人、三等奖 1 人。

市级奖励：北京市优秀团员 1 人；北京市"先锋杯"优秀团员 1 人、北京市"先锋杯"优秀团干部 1 人；北京市测绘实操创新能力大赛一等奖 2 人、二等奖 6 人；2013 年 5 月北京市高数竞赛二等奖 2 人、三等奖 2 人；北京市挑战杯科技竞赛三等奖 1 人；第二届北京市交通科技大赛优秀奖 1 人首都高等学校第五十一届学生田径运动会大型团体操先进个人 30 人，优秀志愿者 14 人；第七届"挑战杯"首都大学生课外学术科技作品竞赛三等奖 4 人；第五届北京市高等学校测绘实践创新能力大赛中取得了优异成绩，获得专业类综合一等奖两项、综合二等奖两项、非专业类综合二等奖两项；本科生党支部荣获了北京市高校红色"1+1"示范活动二等奖。

（七）重大事件

1 月 29 日，测绘学院举办与韩国首尔市立大学学术交流活动，首尔市立大学城市科学学院高俊焕院长、崔允秀教授、测绘学院王晏民院长、赵西安书记、杜明义副院长参加交流，测绘学院黄鹤老师翻译。双方就两所学校测绘专业的研究方向、学科专业设置、教师的聘用和管理制度等进行了深度交流，并探讨在两校的测绘专业交换学生培养、教师学术交流、共同举办学科竞赛的可能性。

3月6日，国家测绘地理信息局科技与国际合作司张燕平司长与测绘学院老师做学术交流，测绘学院王晏民院长、赵西安书记、杜明义副院长，以及测绘学院各研究所所长和科研基地办公室主任参加学术交流。张司长提出了当前测绘地理信息领域的科研前景、方向、思路、遇到的部分理论和现实问题等，希望我校发挥文物保护、精密工程、城市、建筑等领域的科研优势，在测绘地理信息领域的基础科学研究方面做出更大的贡献。

5月21日，测绘学院组织召开城市测绘与地理信息新技术应用交流会。中国工程院刘先林院士、北京东方道迩信息技术股份有限公司张生德博士、中国测绘科学研究院李成名研究员以及我校测绘学院王晏民、杜明义、霍亮教授分别作了精彩的学术报告。来自测绘教育委员会和工程测量专业委员会的50余位会员以及测绘学院教师、研究生参加交流会。

6月27日，测绘学院举办与俄罗斯远东联邦大学尼古拉·谢思特科夫博士的学术交流活动，测绘学院赵西安书记、测绘系丁克良主任等十余位教师和研究生参加交流会。尼古拉·谢思特科夫博士介绍了俄罗斯远东联邦大学测绘专业的学科建设、科研情况以及本科学生的基本情况，并做了题为"GPS观测得到俄罗斯远东现今地壳运动和GNSS网地球动力学优化设计"的学术报告。随后，尼古拉博士与我院师生共同交流了测绘领域在全世界的发展现状以及未来的发展趋势。

7月5～7日，第五届北京市高等学校大学生测绘实践创新能力大赛在我校大兴校区隆重举行。本次大赛由北京测绘学会测绘教育委员会主办，北京建筑大学承办。共有八所高校参赛分别是：清华大学、北京交通大学、中国矿业大学、中国地质大学、华北科技学院、北京工业职业技术学院、防灾科技学院和北京建筑大学。参赛的指导教师、裁判员、志愿者及八大高校选手共150余人。本届比赛分为A类（测绘专业）与B类（非测绘专业）两大块。测绘专业组（A类）由22支参赛队通过抽签分成三个大组，每大组参赛队交替进行四等水准测量、导线测量、数字测图三个项目的比赛。非测绘专业组（B类）由14支参赛队通过抽签分成三个大组，每大组参赛队交替进行普通水准测量、图根导线测量、极坐标点位测设三个项目的比赛。我校在本届竞赛中获得专业类综合一等奖两项、综合二等奖两项、非专业类综合二等奖两项，周乐皆老师荣获优秀指导教师。

10月8日，国家测绘地理信息局李维森副局长与我校教师在大兴校区四合院会议室做学术交流，我校朱光校长、测绘学院王晏民院长、赵西安书记、杜明义副院长、吕书强副院长及系主任、研究所所长和部分教师参加座谈会。座谈会上，全体与会人员首先观看了我校的宣传视频，随后，朱光校长向李维森副局长介绍了我校特别是测绘专业在高等院校教育评估中取得的优秀成绩，并向长期关心和支持我校工作的国家测绘地理信息局表示诚挚的感谢。王晏民院长从测绘学院的基本情况、办学层次、组织结构、师资情况、取得的优异成果以及代表性的工程项目等方面向李维森副局长进行了汇报。随后，李维森副局长与我校教师围绕全国地理国情监测工作的背景、进展、关键技术，以及在新时期下对测绘学生的培养等方面进行了热烈的交流。

10月11日，中国测绘地理信息学会第十次全国会员代表大会在京召开，我校校长朱光教授、测绘学院院长王晏民教授受邀参加了此次会议。会议通过差额投票的方式选举产生了学会新一届理事会理事181人，我校校长朱光教授当选为新一届理事会副理事长、测绘学院院长王晏民教授当选为新一届理事会理事。

10月25～27日，国际数字地球学会中国国家委员会主办，国家数字地球学会中委会激光雷达专业委员会、北京建筑大学和现代城市测绘国家测绘地理信息局重点实验室共同承办的第二届全国激光雷达大会在北京建筑大学大兴校区成功召开。本次大会由开幕式、主题报告、赞助商论坛、专题报告会、大会报告和闭幕式等六个模块组成。来自中国科学院、高等院校、科研机构和企事业单位的150余名代表欢聚在具有独特现代化建筑风貌的北京建筑大学大兴校区，共同就我国激光雷达技术的热点和发展展开了研讨。本次大会是一次全国激光雷达研究和从业领域覆盖最为全面的大会，为全国从事激光雷达研究和应用的科研人员和学生提供了非常完美的交流平台，并通过大会增强了多方的交流与合作。本次大会充分展现了国内一些特色研究团队的最新研究进展，明确了今后我国激光雷达技术的研究方向与应用领域，成为激光雷达系统研究及应用的学术盛会。

11月19日，加拿大约克大学王建国博士应邀到我校测绘学院进行学术交流，做了题为"离散卡尔曼滤波的可靠性概念和随机模型的验后估计"的学术报告。测绘学院王晏民院长、赵西安书记、杜明义副院长、吕书强副院长以及全体教师、研究生和部分本科生参加了报告会。报告会后，王建国博士与测绘学院领导及各研究所所长继续学术座谈，双方详细了解了两校测绘专业的教师、专业、学生情况和科研方向，并探讨了合作办学的模式以及涉及的双语教学、课程协调安排等事项，为进一步开展合作办学奠定了基础。

11月26日，现代城市测绘国家测绘地理信息局重点实验室在我校第一会议室召开2013年学术委员会会议。会议由国家测绘地理信息局科技与国际合作司张燕平司长主持，重点实验室学术委员会成员、我校张大玉副校长以及测绘学院杜明义副院长和各研究所所长及部分教师也参加了会议。重点实验室常务副主任王晏民教授汇报了重点实验室的基本情况、一年来的建设和发展情况以及2014年的工作计划。重点实验室副主任王丹研究员介绍了重点实验室开放基金的评审情况。学术委员会专家对此进行了认真的讨论和审议，并对重点实验室2014年开放基金的申请进行投票。之后，王晏民教授对国家测绘地理信息局科技计划项目进行了验收汇报，并由学术委员会专家进行质询并形成验收意见。专家们首先对重点实验室一年来取得的重要成果和突出成绩表示肯定，同时也对重点实验室的建设和发展提出了中肯的建议和希望，例如结合我校在三维激光扫描技术的优势结合其他测绘科学多领域学科共同发展，建立博士后流动站，广招有学术、创新能力的人才进校研究学习等。

（杜明义　王震远　吕书强　高兰芳　王晏民　赵西安）

七、机电与车辆工程学院

（一）概况

机电与车辆工程学院（简称机电学院）设机械工程系、机械电子工程系、车辆工程系、工业工程系、机电实验中心等教学部门及北京市建筑安全监测工程研究中心、北京市建设机械与材料质量监督检验站等科研服务单位。设置有机械工程、机械电子工程、车辆工程、工业工程共四个本科专业，其中车辆工程专业按汽车工程和城市轨道交通车辆两个方向招生。机电学院学科涵盖了机械工程一级学科和管理科学与工程学科，具有载运工具运用工程、检测技术与自动化装置等二级学科硕士学位授权点，招收载运工具运用工程专业、检测技术与自动化装置专业全日制研究生及机械工程、物流工程、工业工程专业工程硕士。

通过不断凝练，学院学科团队致力于在特种加工技术及应用、机电系统检测与控制、工程机械设计理论及应用、工程机械动力装置安全与节能、车辆运行品质及性能综合控制及生产过程管理与先进制造系统等方向开展研究，形成特色，服务城乡建设。

学院拥有城轨车辆运行状态监测、故障诊断与自牵引关键技术北京市学术创新团队、机械工程及自动化专业北京市优秀教学团队、北京市百千万人才 1 名、北京市长城学者 2 名、北京市青年拔尖人才 1 名、北京市青年学术骨干 5 人、北京市教学名师 1 人、"首都劳动奖章"、"北京市教育教学创新标兵"及"北京市优秀青年骨干教师"荣誉称号获得者。

自 2009 年以来，学院先后与北京地铁运营技术研发中心、住总集团等 19 家单位建立联合培养基地，与永茂建机、广达汽修等行业企业设立企业奖学金，服务学生成长成才。依托联合培养基地，学院大力开展学生科技创新计划，共获得国家级奖项 7 项，省部级奖项 45 项，学生为第一发明人的发明专利授权 10 余项，实用新型专利授权 50 余项。

三十年来，学院为首都城乡建设行业、高新技术企业培养了大批专业人才，历届毕业生受到了市场的欢迎，目前他们分布在北京市的各个企事业单位，从事设计、制造、技术开发、应用研究和管理等方面工作，他们中的大部分已成为单位的骨干或各级技术领导，为首都的经济建设做出了突出的贡献。毕业生就业率近年来连续保持在 100%，在全校名列前茅。

（二）师资队伍建设

【概述】机电学院拥有一支结构合理、兼具学术研究、应用研究和实践经验的师资队伍。2013 年，学院有教职工 42 人，其中专任教师 31 人（其中含科研岗 2 人，双肩挑干部 3 人），均为硕士以上学历，其中博士及以上学历 23 人，占专任教师总数 74.2%。40 岁以下青年教师 14 人，占总数 45.2%，40～50 岁教师 13 人，占 41.9%。专任教师中正高职称 5 人，占总数 16.1%，副高 15 人，占总数 48.4%，中级及以下职称 11 人。学院具有博士生导师资格 1 人，硕士生导师资格 24 人，硕士生校外导师 24 人。

【人才培养资助项目】11 月 4 日北京市教育委员会公布 2014 年度北京市属高等学校高层次人才引进与培养及创新团队建设计划资助名单（京教函〔2013〕529 号）机电学院车辆工程系教授刘永峰入选 2014 年度北京市属高等学校长城学者培养计划，机械电子工程系副教授陈志刚入选 2014 年度北京市属高等学校青年拔尖人才培育计划。同日，北京市教育委员会公布北京高校青年英才计划入选人员名单（京教函〔2013〕528 号），机械工程系副教授秦建军入选。

【人才招聘】年内引进辆工程系教师 1 名，由实验中心教辅岗转入机械工程系教师 1 名。

（三）学科建设

【概述】机电学院学科涵盖了机械工程一级学科和管理科学与工程学科，具有载运工具运用工程、检测技术与自动化装置等二级学科硕士学位授权点，招收载运工具运用工程专业、检测技术与自动化装置专业全日制研究生及机械工程、物流工程、工业工程专业工程硕士。通过不断凝练，学院学科团队致力于在特种加工技术及应用、机电系统检测与控制、工程机械设计理论及应用、工程机械动力装置安全与节能、车辆运行品质及性能综合控制及生产过程管理与先进制造系统等方向开展研究，形成特色，服务城乡建设。

【召开学术创新团队与学科建设研讨会】为积极推进内涵和特色建设，进一步夯实学院学科建设工作，7 月 13 日机电与车辆工程学院学术创新团队与学科建设研讨会在北京会议中心召开，探讨学院一级学科建设方案、学科团队建设方案和团队奖励计划。

【召开学科创新团队工作研讨会】11 月 22 日在展览馆宾馆召开学科创新团队工作研讨会，确定学院一级学科建设方案、学科团队建设方案和团队奖励计划。

【走访调研】年内，学院学科团队先后走访东南大学、南京航空航天大学、南京工业大学、南京工程学院、山西农业大学等 7 家单位，调研本科专业设置、研究生培养、博士生导师遴选、实验室建设工作，为学院学科方向凝练提供依据。

【申报机械工程专业学位硕士点】为进一步完善学院专业学位硕士点布局，形成本科机械工程专业、机械电子工程专业与研究生专业的新对接，学院积极组织机械工程专业学位硕士点申报工作，并以此为契机加强学科建设，为有效提高人才培养质量奠定了基础。

【设立专业学位硕士校外实践基地】为建设机械工程专业学位硕士点，学院先后与中国建筑科学研究院建筑机械化研究分院、北京建筑设计研究院复杂结构研究所、中国水电顾问集团北京勘测设计研究院有限公司、南车二七车辆厂、北京二七轨道交通装备有限责任公司、北京汽车股份有限公司、北京汽车新能源汽车有限公司、中煤北京煤矿机械有限责任公司等 19 家行业特点突出，技术力量雄厚，专业水平在业内居于领先地位、具备较好的实习实践条件的行业企业，签订了《专业学位硕士校外实践基地协议》。合作企业课题及项目丰富，工程技术人员专业水平高，具备授课、指导研究生的能力，此次合作为我院机械工程硕士专业学位硕士点申报奠定了坚实基础，为研究生实习实践创造了良好条件。

（四）教学工作

【概述】学院设有机械工程、车辆工程、机械电子工程、工业工程四个本科专业，其中车辆工程专业按汽车工程和城市轨道交通车辆两个方向招生，2013 年招收 5 个自然班，在校本科生共 20 个本科班级，共计 150 人。学院教师承担 5 个专业方向学科基础课、专业基础课、专业课及其他相关专业的机械类必修课和选修课，拥有机械工程及自动化专业北京市优秀教学团队，北京市级精品课 1 门，校级精品课 4 门，校级优秀课 12 门，主编教材 26 部，其中北京市精品教材 1 部，教师中有荣获"首都劳动奖章"、北京市教育教学创新标兵、北京市级和校级教学名师奖、北京市优秀青年骨干教师奖、"育人标兵"、"优秀德育工作者"等荣誉称号获得者。学院的办学宗旨是：坚持以本科教学为中心，重视教学过程管理；重视实践教学和创新意识培养；注重在教学环节中根据科技发展情况引入新技术和新方法；坚持以市场为导向调整专业结构，调整教学内容和改进教学方法，保持与学校总体办学指导思想、办学定位、办学特色相一致，使我院的教育体系和结构符合培养国家及首都经济社会发展需要的应用型人才。2013年学院认真组织开学初、期中、期末教学检查，无教学事故、教学差错，教学正常有序开展。

【召开学生座谈会】期中检查阶段，学院分别在西城校区、大兴校区各召开学生座谈会4次，针对学生反映的问题，学院及时处理、反馈，并制定一系列措施督导改进。

【教学评价工作】学院积极开展教学督导工作，年内完成领导听课、督导听课共计60人次，教学督导组完成94份教学资料检查工作，其中毕业设计资料34份、试卷资料22份、综合实验资料4份、课内实验资料29份、课程设计资料5份，形成听课记录60份、教学资料检查记录94份，对发现的问题及时反馈相关教师、教研室，进行整改并存档。教学督导工作及时有效开展，为学院教学平稳运行提供了有力保障。

【专业建设工作】2013年7月，学院积极组织申报机械电子工程专业并获得北京市教育委员会批准，自2014年9月开始招生。年内完成2013级培养方案调整，完成2014版教学培养方案的布置。

【教学质量成绩显著】刘永峰教授主编《热工基础与发动机原理》获批市级精品教材。高振莉副教授获批中国建设教育协会教学科研课题《见习机械设计工程师技术资格认证与本科教学课程一体化研究及实践》。校级实践教学专项基金项目立项3项，校级教育科学研究项目立项5项，校级教材立项1项。周庆辉副教授获得全国高校微课教学比赛三等奖，尹静副教授，袁美霞老师获得校青年基本功比赛一等奖。连香姣副教授，窦蕴平副教授获得校级教学名师荣誉称号。

【组织参加工程教育认证交流研讨会】11月15日教育部高等教育教学评估中心组织召开2013年工程教育认证交流研讨会，机电学院组织机械工程系、机械电子工程系、车辆工程系系主任参加会议，并明确了以专业认证标准进行专业建设的目标。

【召开企业座谈会】为突出专业培养方案在深化人才培养模式改革中的实效性，提高人才培养质量，了解行业和社会发展的需求，12月13日机电学院在北京展览馆宾馆组织召开企业座谈会，邀请数位行业专家和企业单位的高层管理人员和技术人员与学院专业教师一起座谈，就新版培养方案的调整和优化进行了交流。行业企业代表提出的建议进一步拓宽了2014版培养方案修订工作的思路和视野，为深化人才培养模式改革提供了宝贵的理论和实践财富。座谈会也进一步加强了机电学院与参会企业的深度交流与合作，机电学院将以此为契机，全面推动校企深度合作，携手共创合作新局面。

【校外实践教学基地】9月30日机电学院与北京住总集团签订实践教育基地合作协议，挂牌设立"北京建筑大学实践教育基地"及"北京住总集团人力资源培训基地"，并依托基地开展管理、实习、培训、人才输送及科研合作。

（五）科研工作

【概述】机电学院围绕服务城乡建设开展科研工作，教师申报科研项目的数量、层次和成果质量逐年上升，为企业或建设管理部门提供了大量的科技服务。学院下设北京市建筑安全监测工程研究中心、北京市建设机械与材料质量监督检验站等科研服务单位，为北京市的城市建设管理做出了巨大努力，得到了北京市建设部门的充分肯定。学院现有国家自然科学基金 3 项；国家"十二五"支撑计划、"863"计划等项目 13 项；北京市自然科学基金重点 1 项，面上 3 项；科研立项 65 项，授权专利 66 项，其中发明专利 19 项；近三年社会服务经费 2000 万元，到校科研经费为 812.4 万元；近三年论文 146 篇，核刊 34 篇，EI55 篇，SCI6 篇；北京市科学进步一等奖 1 项。其他省部级科技奖励 6 项。

【科研项目】2013 年在研纵向项目 17 项，其中国家级项目 3 项，省部级项目 2 项，地市级项目 9 项，校级项目 3 项。在研横向项目 42 项。纵向到校经费 85.8 万元，横向到校经费 189.7 万元，到校经费总计 275.5 万元。

【科研成果】2013 年获山西省高等学校科学技术奖一等奖 1 项。申请发明专利 6 项；获发明专利授权 1 项；实用新型专利授权 32 项。发表论文 39 篇，SCI 收录 1 篇，EI 收录 10 篇，核心期刊论文 9 篇；编写教材 3 部。

【科研基地和科研平台建设】学院将北京市建筑安全监测工程技术研究中心作为建设重点。完成 2014 年财政专项的调研、子项目评审和申报，2013 年项目招标、验收及上账等工作，搭建了光纤光栅动态、静态解调器、传感器及分析软件；建筑钢结构安全监测结构化分析软件；多通道数据采集及分析系统；塔式起重机转台；建筑次声监测传感器系统等试验平台。

【校企合作】学院与永茂建机、广达汽修建立了产学研及本科生和研究生培养基地，并获得两家企业提供的 15 万元奖学奖教金。

【举办申报国家自然科学基金专题讲座】12 月 13 日在第三阶梯教室举办申报国家自然科学基金专题讲座，邀请华中科技大学教授、博士生导师、长江学者特聘教授陈学东主讲。

【青年教师科研交流论坛】学院举办青年教师科研交流论坛，11 月～1 月每两周举办一次主题发言及交流活动，论坛为青年教师学术交流提供良好的平台。

【科技奖励】杨建伟教授作为第二完成人参与的《智能交通非线性动力学特性及其控制研究》课题荣获山西省高等学校科学研究优秀成果（科学技术）自然科学一等奖。

（六）学生工作

【概述】机电学院以培养和提高学生综合素质为主线，以创造良好学风为重点，加强学生的思想政治教育，搭建学习实践平台，丰富课余文化生活，实施学生党员先锋工程，充分发挥了学生教育工作在学院的稳定与发展中的积极作用。

【我的中国梦系列活动之"五四达标创优"优秀团支部评选大会】4 月 19 日，机电学院举办"五四达标创优"优秀团支部评选大会。通过评选大会，每个团支部展示了特色和风采，加强了交流，为共同进步、创建更优秀团支部提供了交流平台。

【新生引航工程】学院以"明规章，拓眼光；培骨干，树榜样；凝团队，注分类"为主线开展新生引航工程，先后组织了院长、书记以及教务员专题报告会，邀请知名专家进行专业讲座，组织参观行业博物馆和实训中心，对首任班级干部进行多次培训，组织新生拔河友谊赛等，圆满完成了新生引航工程。新生引航工程系列活动对加强新生班级建设、凝聚人心、习惯养成起到了很好的作用。

【制定奖惩措施，明确奖惩制度】学院进一步强调了学风建设的奖惩办法，制定奖惩措施，表彰优秀学生，惩处违纪现象。学院以"学风激警卡"等形式明确了学校和学院的"奖助学金"和"违纪处分"等规定，树立了"奖和惩"的鲜明立场，营造了良好的学习氛围，引导同学们做到日日有对照，时时有约束，促进了自律和他律的有机结合，使创建优良学风的思想深入人心。学院根据大一和大二的学习特点，制定了 2012 级、2013 级奖励办法，结合高等数学期中考试，给予了满分同学表扬和奖励，激发了同学们的学习热情，起到了激励的作用。学院本着"早发现，早处理"的原则，给予了 5 名旷课同学校内警告处分，给予 2 名考试作弊同学留校察看和记过处分。学院从学生角度出发，将预警工作做在前面，在每一个班期末考试前，均在考场进行了最后一次纪律强调和宣传，把好最后一道门槛。

【学生携作品参加第二届首都大学生科技创新作品与专利成果展示推介会】 11 月 23 日、24 日，第二届首都大学生科技创新作品与专利成果展示推介会在北京工商大学良乡校区文体馆隆重举行。本次展会上，机电学院获第七届"挑战杯"首都大学生课外学术科技作品竞赛一等奖的"Protues Robot"作品参展。本届展示推介会汇集了来自 41 所高校的 535 项科技创新成果，涵盖了电子、机械、生物、医药、环保、新材料及新能源等领域。展会以各参会高校提供的大学生科技创新实物作品、专利发明为主，高校简介、论文、创意等内容为辅，运用展板、交互式多媒体、互动展品、实物模型等形式全方位地展示大学生科技创新作品与专利成果。

【第三届北京市大学生交通科技大赛取得佳绩】 11 月 24 日，"第三届北京市大学生交通科技大赛"在北京交通大学举办。北京建筑大学共有两组作品参赛，分别是机电学院代文鹏、季旭武等同学完成的作品《分层式十字路口》（指导教师：朱爱华老师）；机电学院王文腾、白景宸、魏祎聪等同学完成的作品《非机动车辅助爬坡系统》（指导教师：姚圣卓老师）。经过激烈的答辩和模型展示环节，两组参赛作品均获得大赛三等奖。

【召开"就业，你我同行"主题就业推进会】 为进一步推动机电学院 2014 届毕业生就业工作，有针对性地发现和解决毕业生就业过程中遇到的突出问题，加强对毕业生的择业引导，自 2013 年 11 月起，机电学院开展了主题为"就业，你我同行"的就业推进工作。就业推进工作的开展，使同学们更清晰地了解了目前就业形势，看到了个人找工作过程中的不足之处，并在真切感受面试氛围的过程中了解了简历制作和面试需注意的事项，在就业进程中有了更明确的目标，切实推进了个人就业工作。

【召开企业奖学金颁奖大会】 12 月 10 日下午，2013 年机电学院永茂建机奖学金、广达汽修奖学金颁奖大会在大兴校区隆重举行。2013 年度，共有 14 名同学获得一等奖学金，24 名同学获得二等奖学金；共有 78 名同学获得英语学习优秀奖；3 个宿舍获得英语学习优秀宿舍奖，3 个班级获得英语学习优秀班级奖。

【坚持服务"希望之家"孤儿院活动】 机电学院青年志愿者协会与"希望之家"孤儿院建立志愿服务关系，截至 2013 年年底已持续服务 6 个月，在学院志愿者的精心组织下，该项目成功地吸引了北京科技大学、北京电影学院、大兴一中、中央音乐学院附中等学校的志愿者。通过该志愿服务项目，孤儿们感受到温暖与快乐，志愿者们收获感动与爱，体会到了志愿服务的价值与意义，也取得了一定的社会影响。

【"远大杯"北京建筑大学第六届机械创新大赛】 2013 年 9 月，"远大杯"北京建筑大学第六届机械创新大赛启动，大赛由学校教务处和校团委主办、机电学院承办、北京建工远大市政建筑工程公司赞助，大赛主题为"幻·梦课堂"，赛期 9 个月。最终，来自机电学院、土木学院、环能学院的 23 组作品进入决赛。学院以"机电创新实践基地"为平台，坚持"以学科竞赛促进学风建设"的工作理念，为广大师生提供了一个交流平台，充分调动与激发学生的学习积极性，丰富学生第二课堂，促进了学院的学风建设。

【开展"爱上行业"主题专业教育】 结合 2013 年度经济人物评选活动，学院充分利用行业优势，加大对有突出贡献高技能人才的宣传力度，制作了"爱上专业 爱上行业 爱上学院"宣传卡，开展了"爱上行业"主题专业教育活动，通过多种渠道和形式，积极引导学生热爱所学专业，激发学生学习动力和兴趣。

【召开企业座谈会】 为突出人才培养的时效性，实现人才培养与行业需求的无缝对接，拓宽学生就业渠道，机电学院于 12 月 13 日召开企业座谈会，邀请中国机械工程学会专家、中铁工程设计院有限公司、北京京城重工机械有限责任公司、北京京港地铁有限公司、住总集团等行业企业代表与学院专业教师一起座谈，就新版培养方案的调整和优化、行业企业的用人需求、人才培养方式等进行了交流。此次座谈进一步拓宽了人才培养工作的思路和视野，在学生就业推介工作上取得积极进展。

（七）对外交流

【合作办学】 5 月 23 日，泰国高校访问团 18 人与机电学院进行合作办学洽谈。此次洽谈双方明确表达将开展多形式、多层次交流与合作的愿望，为学院打开国际知名度，进一步开展国际交流、合作办学提供了国际空间和机会。

（八）党建工作

【概述】 机电学院党总支共有党员 126 人，其中在职教职工党员 36 人、退休教职工党员 13 人、学生党员 77 人；正式党员人 96、预备党员 30 人；设有 9 个党支部，其中教职工党支部 4 个、退休教职工党支部 1 个、本科生党支部 3 个、研究生党支部 1 个。

【召开院领导班子民主生活会】 1 月 15 日，机电学院召开了院领导班子民主生活会，会上院领导班子成员总结了 2012 年工作，成员之间开展了批评与自我批评。党总支书记王跃进主持会议，副校长兼机电学院院长汪苏参加了会议。

【召开处级干部届满述职考核测评会】 3 月 12 日，机电学院召开了处级干部届满述职考核测评会。党委干部考核工作组汪苏副校长、孙冬梅老师、张莉老师，以及全院教职工参加了此次会议。会议由学院党总支书记王跃进主持。

【召开正处级干部任命会】 4 月 16 日，纪委书记何志洪代表学校党委宣布了对机电学院正处级干部的任命：王跃进任机电学院党总支书记、杨建伟任机电学院院长。校长朱光、副校长汪苏及机电学院全体教职工参加了会议。校长朱光、副校长汪苏及当选的干部分别讲话。

【召开副处级干部任免会及院更名会】 5 月 14 日，纪委书记何志洪代表学校党委宣布了对机电学院副处级干部的任命：李云山任机电学院党总支副书记、朱爱华任机电学院副院长。机电学院全体教职工参加了会议，新当选的干部分别讲话。同时宣布了《关于调整机电与汽车工程学院名称的通知》，机电与汽车工程学院调整名称为机电与车辆工程学院。

【机电-环能学院理论中心组（片组）学习】 5 月 29 日，机电、环能学院领导班子成员在机电学院会议室进行了新班子上任以来的第一次理论中心组（片组）学习。理论中心组（片组）按照党委的要求，集中学习了建院党字〔2012〕42 号《北京建筑工程学院二级学院党政联席会议制度（试行）》、建院党字〔2013〕10号《关于贯彻落实中央政治局改进工作作风，密切联系群众相关规定的通知》、中共中央政治局改进工作作风的"八项规定"。两个学院领导班子成员，围绕学习内容交流了学习心得和体会。针对如何建设有特色、高水平建筑大学双方在本科教学、卓越工程师计划实施、科研、学科、就业、学生工作以及中外合作办学等方面，进行了热烈的交流和讨论。

【校党建工作检查组到机电学院党总支检查党建工作】6月8日，校党委副书记张雅君率校党建工作检查组到机电学院党总支检查党建工作，党总支书记王跃进汇报了机电学院党建工作，组织部长高春花、党委常委张素芳、组织副部长赵海云、纪委副书记彭磊等参加检查工作。

【纪委书记何志洪宣布校党委对李云山同志的任免决定】7月9日纪委书记何志洪宣布了校党委对李云山同志的任免决定：李云山同志任研究生工作部副部长，免去其机电与车辆工程学院党总支副书记职务。

【机电—环能学院理论中心片组认真开展群众路线教育理论学习】8月30日机电—环能学院理论中心片组在机电学院会议室，认真学习群众路线教育实践理论。机电学院和环能学院的领导班子全体成员，采用集体集中学习的方式，认真学习了《论群众路线——重要论述摘编》。理论中心组成员学习了邓小平、江泽民、胡锦涛和习近平关于论群众路线的论述，并结合各自学院的实际，畅谈了学习体会。

【院理论中心组开展党的群众路线教育实践活动理论学习】学院理论中心组于8月18日开展党的群众路线教育实践活动集体理论学习。理论中心组采用集中学习的方式，组织认真学习了《党的群众路线教育实践活动学习文件选编》中，习近平总书记《在党的十八届一中全会上的讲话》、《认真学习党章严格遵守党章》、《在参观"复兴之路"展览时的讲话》、《在河北省阜平县考察扶贫开发工作时的讲话》、《在中央党校建校80周年庆祝大会暨2013年春季学期开学典礼上的讲话》等文章。

【机电环能学院理论中心组（片组）开展党的群众路线专题研讨会】8月31日上午机电—环能学院理论中心组（片组）召开了党的群众路线专题研讨会。朱光校长到会与机电、环能学院全体班子成员一起围绕群众路线的时代内涵、"四风"问题在学校及本单位的表现及危害、为民务实清廉等问题进行了热烈的讨论。朱校长认真听取了大家的发言；并重点征求了大家对校领导班子及学校各部门在"四风"方面存在问题的意见和建议；对两个学院在新的发展时期应重点把握的关键问题，提出了指导性意见。

【召开党的群众路线教育实践活动动员会】9月3日机电学院在教5-110教室，召开了党的群众路线教育实践活动动员会，会议由党总支书记王跃进主持，机电学院在职及退休教职工全体党员参加了动员会。党总支书记王跃进向大家传达了党中央和北京市委对此次教育实践活动的要求，并重点介绍了我校党委群众路线教育实践活动的开展情况，同时对此次群众路线教育实践活动提出了具体的要求。学院全体教职工（含退休教职工）党员集中观看了我校党委在8月18日召开的"北京建筑大学深入开展党的群众路线教育实践活动动员大会"的实况录像。学校联络组的宋颖慧和陈栋同志，按照学校的要求请相关教职工对机电学院领导班子及班子成员进行了"四风"情况测评。

【召开党的群众路线教育实践活动教师座谈会】9月3日机电学院党总支在机电学院会议室，召开了党的群众路线教育实践活动教师座谈会。学院各系主任、党总支委员、党支部书记、教授、教代会代表等参加本次座谈会。会议由党总支书记王跃进主持，学院领导班子全体成员参加座谈会。参会教师围绕"四风"问题在学院科研、教学、人才培养、思想政治等工作中的表现，以及教师关心的问题提出意见和建议。

【纪委书记何志洪到机电学院走访并参加党外人士及青年教师座谈会】9月11日下午，校纪委书记何志洪到机电学院走访听取师生意见，并参加机电学院党外人士及青年教师座谈会。会议由党总支书记王跃进主持，学院领导班子成员参加座谈会。参会教师围绕"四风"问题在学校科研、教学、人才队伍、教风学风建设、廉政建设等方面的问题，以及教师关心的热点问题提出意见和建议。校纪委书记何志洪与机电学院党外人士及青年教师一起进行了热烈的讨论。何志洪书记认真听取大家的发言，并重点征求了大家对校领导班子及学校各部门在"四风"方面存在问题的意见和建议；对机电学院在新的发展时期应重点把握的关键问题，提出了指导性意见。

【纪委书记何志洪宣布校党委对汪长征同志的任命决定】10月15日纪委书记何志洪宣布了校党委对汪长征同志的任命决定：汪长征同志任机电与车辆工程学院党总支副书记职务。

【召开"平安校园"创建工作迎评动员会】10月15日机电学院召开"平安校园"创建工作迎评动员会，党总支书记王跃进做了迎评动员，机电学院全体教职工参加会议。

【召开处级领导班子民主生活会】12月11日，机电学院召开处级领导班子党员领导干部专题民主生活会。纪委书记何志洪参加了此次专题生活会，会议由党总支书记王跃进主持。班子成员在此次民主生活会会前按照深入学习文件、认真查找问题、相互谈心谈话、撰写检查材料的准备工作要求，在会前做了充分准备。会上，党总支书记王跃进首先就机电学院领导班子存在的"四风"问题进行了梳理，剖析了原因，提出了整改措施和今后努力方向。随后，班子成员逐一对照中央八项规定和北京市的十五条意见，"四风"方面存在的突出问题和具体表现等方面进行了深刻剖析，并深入分析了其形成的原因，提出了改进措施和努力方向。会上班子成员间开诚布公的进行了批评与自我批评，相互提出了意见和建议。通过民主生活会增进了班子成员之间团结，交流了思想，提高了认识。纪委书记何志洪对学院领导班子民主生活会进行了点评，并对机电学院领导班子提出工作要求。

（九）工会工作

【概述】机电学院分工会努力建设团结机电之家，不断完善激励机制，高度重视全体教职工的身心健康发展，关爱教职工、维护教职工合法权益，充分发挥工会组织作用，保障学院稳定、快速发展。

【召开学院教职工大会暨学院改革与发展研讨会】1月10日，机电学院召开2012年教职工大会暨学院改革与发展研讨会。副校长兼机电学院院长汪苏出席会议。大会向全体教职工汇报了2012年党政、分工会、教代会工作，以及学院党政经费、分工会财务情况。大会举手表决通过了《机电学院教职工大会细则》。

【纪委书记何志洪到机电学院走访并参加党外人士及青年教师座谈会】9月11日下午，校纪委书记何志洪到机电学院走访听取师生意见，并参加机电学院党外人士及青年教师座谈会。参会教师围绕"四风"问题在学校科研、教学、人才队伍、教风学风建设、廉政建设等方面的问题，以及教师关心的热点问题提出意见和建议。校纪委书记何志洪与机电学院党外人士及青年教师一起进行了热烈的讨论。何志洪书记认真听取大家的发言，并重点征求了大家对校领导班子及学校各部门在"四风"方面存在问题的意见和建议；对机电学院在新的发展时期应重点把握的关键问题，提出了指导性意见。

【困难帮扶工作】学院分工会组织向困难教职工捐款7500元。

【教代会代表选举】5月14日召开教职工大会选举第七届教代会工代会代表，何志洪、王跃进、杨建伟、朱爱华、李云山、秦建军、袁美霞当选。

（十）实验室建设

【日常实践教学情况】实验中心对2013年度的实践教学资料进行了自查和抽查，实践教学指导书、实验报告齐全，实验设备良好，实验教师指导认真，实验教学效果良好，未有出现实验教学事故现象。

【校级实验教学中心验收】2013年11月，"机电与车辆工程实验中心"顺利通过校级实验教学中心验收。

【专项申报】完成2013年专项招标、设备安装调试等工作；组织2014年教学专项申报。

（张媛媛　王跃进）

八、文法学院

（一）概况

文法学院现有教职工81人，专任教师73人，其中博士生导师1人，硕士生导师4人；教授7人，副教授28人，讲师30人，助教8人。师资队伍的职称、学历、年龄和学缘结构合理，师德高尚、教学质量好、科研能力强，有北京市社科基地1个；北京市大学生素质教育基地1个；北京市伦理学创新科研团队1个；北京市优秀人才培养资助人选5人；北京市师德先进个人2名；北京市中青年骨干教师5人；校级教学名师2人，校级重点学科1个，校级特色专业1个。

文法学院设有法学和社会工作两个本科专业。法学和社会工作专业在夯实本专业基本理论知识和专业知识的基础上，结合学校办学传统和特色，开设与建筑和城市管理相关的课程，以满足城市化进程中对城市建设、城市管理、城市服务的复合型高级专门人才的需要。

文法学院下设法律系、社会工作系、外语系、教学实验中心，拥有北京市建筑文化研究基地、北京市大学生城市文化教育基地、房地产法律研究所、城市历史与文化研究中心、法学实训基地、社会工作实训基地、模拟法庭和图书资料中心等教学科研平台。

（二）师资队伍建设

【概述】文法学院现有专职教师73人，其中博士生导师1人，硕士生导师4人；教授7人，副教授28人，讲师30人，助教8人，包括北京市拔尖人才1名，青年英才2名；北京师德先进个人1名，已形成一支学历层次较高、学缘结构和年龄合理、师德高尚、教学和科研能力较强的教学与研究团队。

【召开青年教师培训会】2013 年 5 月 14 日教师发展——外语教学法观摩活动举行。为夯实青年教师教学基本功，提升青年教师职业能力，由校工会与教务处、教师发展中心项目组与文法学院联合举办的外语教学法观摩活动在实甲 2 号楼 304 教室举行。活动邀请北京语言大学郭鹏教授作为专家对文法学院张宁娇老师的讲课进行了现场点评。校工会常务副主席刘艳华、教务处副处长张艳、教师发展中心项目负责人、宣传部部长孙冬梅以及文法学院副院长刘国朝参加活动，文法学院 50 余名教师和 10 余名学生到场观摩。

（三）学科建设

【概述】学科建设是我们发展的"龙头"和"核心"，代表着一个大学的实力，是科研水平、教学水平、师资力量、学术水准的综合体现。文法学院在 2013 年学科建设有两个举措：

一是进行了两个交叉学科点的论证。一个是"城市文化空间"。6 月启动，9 月申请北京市财政专项资助，作为培育交叉学科项目得到资助；另一个是"建筑法律"。一方面，准备在 2014 年与经管学院合作，在"建筑工程管理"一级硕士学科点之下设置"建筑工程"方向硕士研究生学科点；同时，我们作为一级学科点授权单位，论证"建筑法律"交叉学科点。这样，我们就有了两个硕士学位授权点。

二是进行了增列社会工作专业硕士授权点的申报工作。这是今年北京市学位办为了加强应用型高级专门人才的培养需要而增设的唯一一次机会。这对我们文法学院目前还没有独立设置的硕士学科点来讲，是一次难得的机遇。必须要抓住。为此，宋校长高度重视，明确作出指示，要全力以赴；社工系的老师们进行了艰苦的夜以继日的奋战。经过反复修改论证、多次修改，明确了今后学科发展与专业建设方向。

（四）教学工作

【概述】教学工作是奠定文法学院各项工作的基础，是推进事业发展的前提，是教师的安身立命之本。2013 年，文法学院领导班子高度重视，严格管理，广大教师兢兢业业，教书育人，教辅部门和管理人员高度负责，热情为教学第一线服务。取得了以下成果：加强教学基本功建设，开展岗位练兵活动，苦练内功，四级成绩稳步提高，继续保持提升势头；以课程群为抓手，建设优质课与精品课，推动专业建设的精细化水平，带动特色专业的内涵发展；抓好思想政治理论课程建设，以社会主义核心价值观教学为中心，筑牢高校思想意识形态阵地。

【英语四级区通过率取得新突破】2013 年 6 月大学英语四级考试达到 48.04％，比去年同期的 40.2％；高出 8 个百分点；2011 级作为主考年级其通过率达到 57.13％；比去年同期高 3.68％。2012 级从学生入学起，在教学上有所调整，进行分级教学，根据北京市考试院的统计，A 班学生中，有 380 人参加了 2013 年 6 月的四级考试，通过率达到 97.36％，

【社工系与展览路街道开展资源共享活动】2013 年 1 月 16 日文法学院与展览路街道开展资源共享活动，展览路街道团工委在展览路街道百西社区组织了"共驻共建送图书资源共享传文明"图书捐赠仪式。展览路街道工委副书记刘志峰出席了此次活动。文法学院党总支书记孙希磊、党总支副书记李红、社工系教师杨娜作为捐赠单位代表，参加了这次活动。参加此次仪式的还有 21 个社区受捐代表，共计 50 余人。

【外语系与外省院校开展大学英语教学交流】2013 年 10 月 18 日下午，文法学院与外省院

校开展大学英语教学交流，江西东华理工大学外语学院和江西新余学院外语学院的两位院长及青年教师一行8人，来到大兴校区文法学院参观交流。就大学英语教学以及外语教学的发展，与文法学院班子成员以及外语系负责人进行了交流。

【获得的教学成果奖】

序号	奖项名称	院系	获奖人员	奖项级别	等次
1	北京市大学生英语口语竞赛指导教师奖	外语系	任未已（学生），许辉	校级	三等奖
2	2013年北京高等学校承认高等学历教育英语口语竞赛非英语专业专科组优秀指导教师	外语系	刘宏	省级奖	其他奖
3	2013年北京高等学校承认高等学历教育英语口语竞赛贡献奖	外语系	刘宏	省级奖	其他奖
4	首届全国高校微课教学比赛北京赛区优秀奖	外语系	张宁娇	部级奖	其他奖
5	第七届北京市高校思想政治理论课青年教师基本功比赛	思政部	张守连	市级奖	三等奖
6	第八届北京高校青年教师教学基本功比赛文史类B组	外语系	张宁娇	部级奖	二等奖
7	国内外教师课堂提问有效性研究评述	外语系	窦文娜	地市级	其他奖
8	北京建筑大学第九届青年教师教学基本功比赛	思政部	张守连	校级	一等奖
9	北京建筑大学第九届青年教师教学基本功比赛	外语系	张宁娇	校级	一等奖
10	北京市教师发展基地优秀研修学员	外语系	许辉	省级奖	一等奖
11	全国大学生英语竞赛指导教师奖	外语系	许辉	国家级	一等奖
12	全国大学生英语竞赛	外语系	侯平英（指导老师）	国家级	二等奖
13	社会主义核心价值体系引领高校校园文化建设研究	学院办公室	李红	校级	三等奖

（五）科研工作

【概述】2013年文法学院科研项目共计47项，其中国家社科立项1项，省部级项目7项（含北京社科基金立项6项），到校经费总计114.8万元（含横向课题到校经费合计6万），发表文章103篇，其中核心期刊19篇，出版著作18部。

2013 年文法学院承担的各类科研项目一览表

序号	项目名称	负责人	项目来源	项目级别	合同经费 （万元）	起止时间	项目类别
1	城市空间伦理问题研究	高春花	国家社科基金	国家级	15	2013.12～2014.12	一般
2	北京历史文化魅力走廊—"中轴线与朝阜路"文化内涵挖掘与传播利用	宋国华	北京市哲学社会科学规划特别委托项目	省部级	15	2013.12～2015.12	特别委托
3	近代北京城市公共空间对城市文化影响研究	孙希磊	北京社科基金	省部级	5	2013.3～2015.12	一般
4	北京城乡独生子女家庭养老问题比较研究	赵仲杰	北京社科基金	省部级	5	2013.6～2015.6	一般
5	社会主义城市空间正义研究	张华	北京社科基金基地项目	省部级	5	2013.7～2013.6	一般
6	美国纽约城市地标法对北京建筑遗产保护的启示	左金风	北京社科基金基地项目	省部级	5	2013.12～2015.12	一般
7	北京市农村住房养老法律制度研究	张晓霞	北京社科基金	省部级	5	2013.4～2015.6	一般
8	上市公司股东直接诉讼与派生诉讼的选择提起问题研究	王丹	司法部	省部级	3	2013.5～2015.5	一般
9	北京市社区空巢老人精细化管理研究	张守连	北京市委组织部	司局级	10	2013.1～2015.12	一般
10	大学生思想政治教育与专业对接的方法与路径探索——以北京建筑大学为例	张守连	北京市教委	司局级	0.5	2013.1～2014.1	一般
11	北京市中华英才项目	杨娜	北京市教委	司局级	1	2013.7～2016.7	一般

2013 年文法学院教师发表的学术论文一览表

序号	成果名称	第一作者	发表时间	发表刊物	刊物类别
1	校园建筑文化的素质教育功能漫谈	刘炳良	2013.6	思想教育研究	核心期刊
2	即时文字网络心理咨询中的移情与反移情	王伟	2013.8	中国心理卫生杂志	CSSCI
3	关于社会主义核心价值观的思考	赵仲杰	2013.5	思想政治教育研究	核心期刊
4	谈非公有制经济组织的党建工作	赵仲杰	2013.3	思想政治教育研究	核心期刊
5	从和谐核心价值观看社会主义对人类文明的进步	常宗耀	2013，6	中国特色社会主义理论	核心期刊《中国人民大学复印报刊资料》收录

序号	成果名称	第一作者	发表时间	发表刊物	刊物类别
6	论建筑美德	秦红岭	2013，4	伦理学研究	核心期刊
7	中国传统建筑文化中的性别伦理	秦红岭	2013.4	唐都学刊	核心期刊
8	人大代表的履职美德	秦红岭	2013.3	瞭望	核心期刊
9	20世纪30年代马克思主义哲学大众化内涵解析	张华	2013.5	贵州社会科学	核心期刊
10	生态文明建设对于巩固执政党合法性基础的作用	肖建杰	2013.5	思想教育研究	核心期刊
11	对戏剧翻译中动态表演性原则的反思	朱姝	2013.1	东北师范大学学报	核心期刊CSSCI
12	从"同化"到"包容"：澳大利亚多元性城市空间的文化包容性	武烜	2013.4	思想教育研究	核心期刊
13	《欢乐之家》中女主人公死亡的重新解读	许辉	2013.5	外语教学	核心期刊
14	论雇佣犯罪中受雇人实行过限的认定	袁力	2013.12	学术交流	核心期刊
15	"一样的觉醒，不一样的命运"	张红冰	2013.11	语文建设	核心期刊
16	论派生诉讼的制度功能定位	王丹	2013.9	讼法学研究	CSSCI
17	空间变换与人生沉浮	许辉	2013.10	外语研究	核心期刊
18	论中国特色社会主义文化建设的价值取向	常宗耀	2013.11	学习论坛	核心期刊
19	社会转型期大学生人际交往特征分析	赵仲杰	2013.12	思想教育研究	核心期刊

2013年文法学院教师出版学术著作一览表

序号	成果名称	第一作者	出版时间	出版社	性质
1	城乡规划领域公众参与机制研究	裴娜	2013.8	中国检察出版社	专著
2	新时期中国化马克思主义探论	常宗耀	2013.6	光明日报出版社	专著
3	科学技术方法论——以建筑工程为例	郭晓东	2013.6	湖北科学技术出版社	专著
4	她建筑——女性视角下的建筑文化	秦红岭	2013.3	中国建筑工业出版社	专著
5	马克思主义哲学大众化史论	张华	2013.9	人民出版社	专著
6	大学英语教学理论与实践	陈品	2013.5	南开大学出版社	专著
7	城市伦理——当代城市设计	秦红岭	2013.5	华中科技大学出版社	译著
8	正：中国人的美德	张溢木	2013.7	天津人民出版社	编著
9	职场完美措辞	许辉	2013.4	人民邮电出版社	译著
10	当代西方社会思潮述评	高春花	2013.8	人民日报出版社	专著

序号	成果名称	第一作者	出版时间	出版社	性质
11	融入视角下流动人口城市社区管理体制	高春凤	2013.10	知识产权出版社	专著
12	涉外工程英语	贾荣香	2013.6	对外经济贸易大学出版社	教材
13	涉外工程英语辅导用书	贾荣香	2013.6	对外经济贸易大学出版社	教材
14	社会工作实务丛书——个案工作实务	郑宁	2013.12	高等教育出版社	教材
15	法律文书写作与司法口才运用实例教程	石磊	2013.7	中国经济出版社	教材
16	大学英语听力理解学习策略研究	陈品	2013.5	南开大学出版社	论文集
17	建筑 空间 城市——北京建筑文化研究基地 2012 年度研究报告	高春花	2013.6	天津人民出版社	论文集

【举办学术会议】2013 年 12 月 15 日，由北京建筑文化研究基地、北京市伦理学会主办，北京建筑大学文法学院、北京市城市与空间学术创新团队承办的以"生态文明视域下的建筑伦理与城市文化"为主题的"北京市伦理学会、北京建筑文化研究基地 2013 年度学术年会"在京召开。北京市伦理学会会长、国家行政学院王伟教授参加会议，北京建筑大学党委书记钱军教授、科技处白莽处长等有关校领导出席了会议。

参会人员达 60 多人，与会成员既有来自清华大学、中国人民大学、中央党校、国家行政学院、中国政法大学、首都师范大学、中国社会科学院等著名高校和科研院所的专家，也有来自北京人民广播电台的媒体人士；既有在建筑哲学研究领域成绩斐然的国内专家，也有从事城市规划、建筑设计的国际友人；北京伦理学会专家和我校建筑与城市规划学院、环境与能源工程学院、文法学院、科技处、党委宣传部和图书馆等单位的教师们也参加了这次会议。

（六）学生工作

【概述】2013 年文法学院学生工作继续做好以学生为本的学生思想政治教育工作；开展了以营造新校区人文氛围为己任的校园活动；加强学工队伍建设，打造学生工作团队；扎实做好学生安全稳定工作；并在困境中推进学生的就业工作，取得了一定的成绩。

【文法学院"告别建工，告白建大"主题大型文艺汇演】2013 年 5 月，文法学院"告别建工，告白建大"主题大型文艺汇演在报告厅成功举办。学校党委副书记张启鸿、校学工部部长黄尚荣、校团委书记朱静、校学工部副部长冯永龙、文法学院院长孙希磊、文法学院党总支书记肖建杰、文法学院党总支副书记李红及兄弟院部领导和老师与广大师生一起，出席了此次晚会。此次晚会由文法学院团总支、学生会主办。本次演出的成功举办丰富了大兴校区学生的校园文化生活，让同学们的课余生活变得多姿多彩的同时，也成为一个表达同学对我校更名成功的喜悦激动之情的窗口。

【社工系香港暑期社会实践】7 月，我院社工系利用暑假时间组织本系学生前往香港协青社，体验香港社工日常的工作内容和工作方法，提高了学生们对社会工作的进一步认识与学习。同时，社工系每年都会在老师的带领下进入社区，参与社区服务活动，贴近社会大众。

【我校代表队获得第五届北京市大学生模拟法庭竞赛二等奖】我校文法学院法律系组团参加北京市第五届大学生模拟法庭竞赛，荣获二等奖。2011级学生吴董超、邵静、匡红宇、王婷婷、白婷婷、马瑞雪6位同学参加了本次竞赛，领队为法律系主任刘炳良博士，指导老师为袁力老师。在本届比赛中，包括中国人民大学、北京师范大学、中国政法大学、中央财经大学、对外经贸大学、国际关系学院等32所高校参赛，基本覆盖北京市范围内具有法学专业的绝大多数高等院校。具有丰富理论知识和实务经验的来自各个参赛院校的教授、最高检、市检、区检、市高院、区法院，以及北京市十多所知名律师事务所的律师等共计140人次担任本届比赛评委，有效地了保证了评审工作公平、公正、有序地进行。

【文法学院少数民族党员发展大会顺利召开】5月28日，文法学院少数民族党员发展大会在大兴校区基础楼D座212顺利召开。文法学院院长孙希磊、党总支书记肖建杰、党总支副书记李红、学校就业指导中心蔡思翔老师参加此次大会，会议由文法学院学生党支部书记杨举老师主持。本次发展的10名少数民族学生多数来自于少数民族边远地区。其中，藏族3名、维吾尔族3名、蒙古族1名、门巴族1名、回族2名，他们分别是藏族学生德庆旺姆、边巴央宗、洛桑坚赞，维吾尔族学生苏比努尔、帕哈尔丁、乃孜福江，门巴族学生宋涛，蒙古族学生刘元，回族学生蒋蕊、李志虎。这些同学在专业学习、社会实践、集体活动、学风建设中表现突出。有的学生已经顺利考取了地方公务员，准备奔赴边疆地区工作，有的学生已经考上了研究生，进行学业深造。

【"我的中国梦"英语演讲大赛】9月份，北京市英语演讲大赛校内选拔赛由文法学院主办，报名参赛对象范围为各院各年级所有学生，经过层层选拔最后选出选手推荐参加北京市比赛。最终各学院18名选手角逐一二三等奖，文法学院学生获得二等奖、三等奖各一名。

【承办"大学生活，我们该走向何方"校级辩论赛】10月份，校级辩论赛由文法学院主办，经过初赛，复赛最后决出前两名，最终文法学院和经管学院进入前两名。

【举办汉字拼写大赛】11月份，汉字拼写大赛由文法学院发起，校学生会主办，同时邀请了图书馆作为协办单位，是学生会自发组织的一项有意义的活动，比赛过程精彩激烈，图书馆馆长也建议多办此类活动，丰富学生文化生活。

【人文知识大赛】11月份，北京市人文知识大赛校内选拔赛由文法学院主办，最终学生代表在北京印刷学院（南片区）的比赛中获得优秀奖。

【学生无偿献血活动】11月底，学校发起的无偿献血活动，文法学院在院里进行了积极的宣传，响应非常热烈，共有200余名学生报名，最终经过筛选出60多名学生参加了献血，学院组织了志愿者在现场为献血同学进行服务，学院领导和学生工作老师均到场，活动开展的非常顺利。

【四级表彰和学风建设大会】12月份，表彰大会表彰了文法学院一年来在各个方面取得优异成绩的学生，尤其对于学风建设过程中取得优异成绩的班级和个人进行了奖励，评选出了每个班级的"文法之星"。

【文法学院社工系党支部成功举办"情系社工、传承十载"校友返校活动】2013年11月12日，在文法学院社工系教师党支部和本科生第一党支部的联合组织下，"情系社工、传承十载"校友返校活动在大兴校区隆重召开。我院党总支书记孙希磊老师、刘国朝副院长、文法学院党总支副书记李红老师及社工系党支部书记晁霞老师、社工系郑宁老师、校友郭昊、在校生代表姚葛分别致辞，对校友表示热烈的欢迎及衷心的感谢。同时社工系教师党支部和社工系本科生第一党支部的全体党员及入党积极分子参加了会议。

【文法学院就业率、签约率新突破】 2013 年就业率 99.24％，签约率 96.96％，排在全校第二，取得新的突破。

（七）党建工作

【概述】 2013 年文法学院党建和思想政治工作为推动事业发展保驾护航。第一，坚持理论学习，不断提高自身的理论水平；参与党建课题研究；做党的宣传员。第二，加强党风廉政建设：一是加强党风廉政建设的宣传教育工作；二是建章立制，分工负责，责任到人；三是加强二级教代会建设和工会建设，发挥民主管理和民主监督的作用；四是加强支部组织建设。2013 年 4 月完成了新党总支书记的选拔工作，为学院下一步发展提供了更有利的组织保障。第三，党建先进校评选和平安校园检查工作：一是贯彻落实《北京市普通高校党建和思想政治工作基本标准》工作方案及工作安排，对党建先进校评选工作做了认真的研究和部署，并根据考核指标体系，对近三年来的党建和思想政治工作进行了认真梳理、总结和自查，重在建章立制、规范建设，促进全院各项工作全面、协调、可持续发展，使我院党建和思想政治工作在科学化、规范化、系统化方面迈上新的台阶；认真做好平安校园检查工作；二是出色完成了平安校园检查工作。第四，重视党员队伍建设，积极做好在教师和学生中的党员发展工作。2013 年，教工党支部共发展党员一名，预备党员转正 2 名。学生党支部共发展党员 51 名。第五，加强学生思想政治工作。依托专业特点，开展活动；启动并实施学生党员先锋工程。

【获奖情况】

1. "十八大精神"进课堂"主讲主问制"专题学习获得教工委创先争优活动案例二等奖"主讲主问"制学习活动主题鲜明，重点突出，思想性和针对性强，且参与度高。"十八大精神"进课堂对加强主旋律教育、提高大学生思想政治理论课教学水平起到推动作用。

2. 文法学院社工系党支部"立足专业，服务社区，实现社会服务和专业建设的互利共赢"活动获得三等奖。

3. 在平安校园建设与检查中成绩优异。文法学院本着"发展是核心，稳定是基础；以和谐促进步，以安全保发展"的工作理念，发挥思想政治工作的优势，固牢意识形态阵地，关爱少数民族学生成长，在 2013 年 11 月份北京市平安校园示范校建设和检查工作中，被列为重点走访学院，为我校平安校园建设作出了重大贡献。我们的特色是：扎实推进平安校园基础建设、高度重视意识形态安全工作、抓好少数民族学生的稳定工作，构建民族团结大家庭、积极营造温馨和谐人文氛围。

（八）工会工作

【概述】 2013 年，文法学院分工会不断加强工会小家建设，充分发挥工会建家职能，在组织教职工参政议政、建设和谐院校、扶贫帮困等方面发挥了积极的作用，取得了较好的成绩。

【党政高度重视，建"规范"之家】 建立健全工会工作机制，制定工会规章制度，配备专职工会工作人员。参加学校组织的工会工作人员培训 3 次；在硬件建设上，继续申报北京市财政专项 108 万之后，继续申报财政专项，共计 30 余万元，正在等待审批中。力争为教职工提供良好地活动场地。

【体现人文关怀，建"温馨"之家】在各种慰问、帮困扶贫、教法传帮带等方面，既有规范制度，又紧跟具体落实。慰问患病教师5次，慰问家属去世教师2次，慰问生小孩教师2次。对于患病教师，在工作量，职称聘任上进行人性化的安排。组织各系部开展新进教师教法传帮带活动。

【加强师德建设，建"思想"之家】结合专业优势，积极组织教职工参加政治、业务学习，将党的政策方针与教学和科研实践结合起来，促进全体教职工思想素质的不断提高。在政治学习方面，举办了"十八大精神学习会"等活动，主讲人为院长、书记、思政部教授。在业务学习方面，举办"北京市社科基金课题申报辅导会"、"国家社科基金申报辅导会"等。

【维护职工权益，建"民主"之家】全面贯彻、执行上级关于"院务公开"的精神和民主管理的相关规定，积极组织实施院务公开，充分尊重教职工的民主权益，积极采纳教职工的合理建议。根据学校工会规定，进行分工会主席改选；在职称聘任，年度考核等重大工作中，开展民主决策，使广大教职工参与学院的民主管理和决策。如吸收一定比例的工会委员进入聘任与考核工作小组；在重大决策上，召开会议，听取教代会代表的意见和建议。

【开展丰富多彩的活动，建"开心"之家】开展丰富多彩的活动，展现教工风采，提升会员素养。一方面，积极组织教职工参加学校组织的运动会、植树、摄影比赛等文体活动；一方面，结合本部门特点，开展丰富多彩的文娱活动，如樱桃采摘，西柏坡社会实践、枣庄社会实践、园博会参观等活动。

（刘国朝　李红　李志国　李长洁　肖建杰等）

九、理学院

（一）概况

理学院成立于2008年3月，是一个新兴且充满活力的二级学院，现有2个全日制本科专业：信息与计算科学，电子信息科学与技术；具有数学一级学科硕士授权点，覆盖基础数学、应用数学、计算数学、概率论与数理统计、运筹学与控制论5个二级学科。学院不仅承担本院的本科生、研究生的培养及理学专业的建设任务，还承担着全校大部分自然科学基础课的教学任务。

学院师资力量雄厚，现有教职工73名，其中教授8名，副教授27名，3名兼职博士生导师，91%的教师具有硕士以上学位。拥有2个北京市优秀教学团队，1个北京市学术创新团队，1个中央支持地方科研创新团队，1名北京市爱国立功标兵，1名北京高校优秀共产党员，1名北京市师德标兵，1名北京市教育创新标兵，5名北京市优秀中青年骨干教师，1名北京市高校优秀辅导员。

学院学科优势明显，教学成果丰硕。拥有北京市精品课程2门：高等数学和大学物理，北京市教学成果奖3项，北京市精品教材立项1项，北京市青年教师教学基本功比赛一等奖、二等奖各1项，每年指导学生参加全国、北京市的大学生数学建模竞赛、数学竞赛、物理竞赛获得国家级及北京市级奖项多项。

学院具备雄厚的科研实力，近年来，获国家科技进步奖1项，省部级奖项3项，完成国家自然科学基金项目17项、部省级及省教育厅科研项目24项；发表学术论文430余篇（SCI等三大检索收录170余篇），出版教材著作20余部。学院教师经常参加各种国内外学术会议，并到英国、日本、美国、波兰等国家和地区进行学术交流。

理学院始终坚持学校的办学指导思想，认真落实学校的办学定位，积极开展前沿学术研究，创新教学方法，本着尊重学术人才，以学生为本的宗旨，开拓进取、求实创新，致力于培养服务城市化、德智体美全面发展、具有工程实践能力和创新精神的应用型高级专门人才。

（二）学科建设与师资队伍建设

【扎实推进数学一级学科硕士点建设，提高研究生培养质量】进一步规范硕士研究生培养环节，对研究生学位论文开题、中期检查、参加学术活动和会议等培养环节严格把关，召开了研究生开题报告会，完成了2012级研究生的开题和中期检查工作。今年研究生发表和录用论文13篇，参加国内学术会议19人次，1人获得2013年研究生国家奖学金。

【加强教师队伍，全面提高教师素质】积极支持教师参加教育部学科指导委员会举办的各类教学研讨和培训及国内的学术交流，不断提高教师队伍的学历层次和教学、科研能力。今年新增硕士研究生导师5人，参加国外学习6人，国内在读博士8人。

2013年理学院研究生参加学术会议情况

序号	姓名	学术会议名称	时间
1	武占敏	中国生物数学学会第七届学术年会	2012/7/24
2	刘阳阳	中国生物数学学会第七届学术年会	2012/7/24
3	张辉	第十五届统计学论坛	2012/11/4
4	祁术娟	2012计算力学大会	2012/11/8
5	张辉	第十六届统计学论坛	2013/5/12
6	李超	CMPD4	2013/5/29
7	刘阳阳	生物动力系统前沿学术研讨会	2013/7/25
8	武占敏	生物动力系统前沿学术研讨会	2013/7/25
9	叶萌	生物动力系统前沿学术研讨会	2013/7/25
10	李超	第二届全国统计物理与复杂系统学术会议	2013/7/29
11	祁术娟	2013中国力学大会	2013/8/19
12	黄震	2013中国力学大会	2013/8/19
13	武占敏	第八届全国生物动力系统学术会议	2013/10/19
14	刘阳阳	第八届全国生物动力系统学术会议	2013/10/19
15	陈习习	第八届全国非线性生物动力系统学会	2013/10/20
16	叶萌	第八届全国非线性生物动力系统学会	2013/10/20
17	潘艳雪	第八届全国非线性生物动力系统学会	2013/10/20
18	陈卓	第八届中国智能计算大会	2014/5/23
19	张克	第八届中国智能计算大会	2014/5/23

2013 年理学院出国访学人员名单

序号	姓名	出国国家	时间
1	王晓静	美国奥本大学	2013.03~2013.08
2	郝莉	美国奥本大学	2013.03~2013.08
3	张蒙	美国新泽西州立大学	2012.10~2013.02
4	王少钦	英国格莱摩根大学	2013.01~2013.06
5	俞晓正	英国格莱摩根大学	2013.01~2013.06
6	王晓虹	英国格莱摩根大学	2013.01~2013.06
7	黄尚永	英国格莱摩根大学	2013.01~2013.06

（三）教学工作

【概述】理学院负责全校理工类通识基础课程的教学工作和两个新专业及理科实验班的人才培养工作。在学校主管领导、教务处领导的精心指导和大力支持下，各兄弟学院和职能部门的积极配合下，理学院教学运行平稳正常，教学效果成绩显著。

【深化高等数学课程教学改革】党的群众路线开展以来，学校把"深化教学改革，提升教学质量"作为加强学风建设和落实整改的一项重要内容，以高等数学课程教学改革为突破口，狠抓教风学风，大力提升教学质量。

在加强学风建设、提升教学质量的过程中，学校领导高度重视高等数学课程改革，朱光校长亲自挂帅，全程督办。本学期以来，钱军书记、朱光校长、张大玉副校长多次深入理学院走访调研，钱书记就学校更名以后如何建设有特色、高水平建筑大学及理学院在教学、科研等各项工作中如何进一步发展等问题和理学院教师进行了深入交流。朱光校长、张大玉副校长主持召开进一步加强教风学风建设暨提升高等数学教学质量的启动会，为教风建设具体实施指明了方向，理清了思路，提出了要求。

理学院作为高等数学课程教学改革的主抓单位，党政领导高度重视，全院上下齐心合力，狠抓落实。各系建立每周一次的集体备课教研活动制度，学校主管领导、教务处领导亲自参加数学系集体备课多次，理学院领导班子成员也分别参加到分管各系集体备课和教研活动中。数学系教师积极响应学校号召，克服各种困难，开展早自习课前特色教学、晚自习深入教室面对面答疑；成立了非任课教师专家命题小组，采用了高质量试题库选题，严格执行考教分离政策，严把考试关；针对考试中发现的问题，积极做好试卷分析、考试情况总结，落实每周为民族学生单独开设高数辅导课，增加课外练习和测试题，积极引导同学们高效利用晚自习等措施。

经过一个学期的改革实践，与任课教师和学生进行了交流，分析了试卷的难易程度，统计了学生的考试成绩，高等数学课程的教学改革取得了一定的效果：学校、学院、教师、学生从上到下齐抓共管，都很重视高等数学课程的学习，形成了一个很好的学习氛围；学生重视平时的学习积累，不再像过去那样考前突击，而且知识掌握的更牢固；虽然试卷的难度较以往有了大幅度的提高，但是学生的成绩并不是一落千丈，有的学生相当出色，第一学期高等数学的总评成绩的平均及格率达到 85.49%。

【重视培养优秀教学团队】学院非常重视教育教学质量，而提高教学质量的关键，是培养和造就一支教学经验丰富、学术水平高、乐于奉献的教师队伍。

在学校组织的第三届校级教学名师评选活动，理学院 2 名教师崔景安、代西武当选，他们长期在教学第一线教书育人，无私奉献，在教学改革、人才培养等方面作出了突出贡献。

坚持发挥教学督导组的作用，召开 6 次理学院教学督导组专家月度总结交流会，完成开学初教学检查、学期教师教学评估、教研申报项目初评、教学优秀奖推荐等工作。认真做好日常随堂听课的工作，本学期里每位教师至少被督导组专家听课 2 次，现在已经基本完成。理学院领导班子坚持每周听课制度，特别是针对近 3 年参加工作的青年教师加强督导，帮助年轻教师尽快成长。在第九届青年教师教学基本功比赛中，理学院选拔推荐的何凡荣获二等奖、牟唯嫣荣获三等奖，充分展现了理学院青年教师的教学水平和能力。在今年举办的教学优秀奖比赛中，经过各系推荐，理学院督导组专家讨论通过，推荐教学效果突出的张丽萍和靳旭玲两位老师参加评选。

坚持"走出去，请进来"相结合，安排培训和讲座。理学院组织了"名师讲坛""专家论坛"大型的专题讲座：中国科学院林群院士专题讲座《微积分：科学与工程的基础》、国家级教学名师李尚志专题讲座《大学数学的兵法与剑法》、北京高校数学教育发展研究中心李琦教授关于"教育研究论文写作专题报告会"及 4 次高水平的学术报告会。经各系、中心统计，2013 年理学院全体教师参加各种教学、竞赛、学术培训 69 人次。

理学院负责国际学院给排水专业 2＋2 学生的大部分双语教学工作，理学院克服双语师资匮乏的困难，安排好下学期各级学生的课程，并对相关主干课程的课时设置多次与国际学院进行交流沟通，以对后续课程进行合理规划。为圆满完成全英文授课要求，学院积极申请双语师资及后备人才的国外培训，2013 年已有 6 人（郝莉、王晓静、俞晓正、王晓虹、王少钦、黄尚永）完成境外培训，2014 年计划 2 人（王丽萍、苏欣纺）出境培训。

【积极推动专业建设】理学院召开了专业建设汇报会，学校主管领导张启鸿书记听取了信计专业负责人高雁飞、电子专业负责人黄伟关于两个专业目前发展情况的介绍，并对专业的发展提出了希望和要求。会后，针对专业发展遇到的具体问题，主管领导帮助联系教务处领导，专门召开了电子专业沟通协调会，解决了现阶段存在的迫切问题：电子专业学生后续课程和实践教学环节中需要用到电信学院实验室问题、专业实验教学实践经费等。

为进一步促进我院学科发展和专业建设，打造特色鲜明的电子专业、信计专业，培养具有创新意识、符合社会需求的应用型高级专门人才，理学院领导班子带队考察调研京内外 985、211、建筑类高水平大学的专业建设和人才培养情况，学习了好的经验，开阔了研讨思路，对学院专业建设起到了借鉴和推动作用。

在充分调研的基础上，信计、电子专业于 2013 年 9 月微调了 2013 级人才培养方案，2013 年底制定了 2014 版人才培养方案的专业课程初步修改意见；理学院其他各系讨论制定了 2014 版人才培养方案的公共基础课程修改意见。

信息与计算科学专业，按照学校的规定认真做好毕业设计工作，顺利完成学校毕业设计中期的检查工作，进行了毕业设计的评优等工作，并且被评为 2013 年毕业设计优秀组织单位，靳旭玲老师被评为毕业设计优秀指导教师。电子信息科学与技术专业，目前在校生有 2011、2012、2013 级三个年级。召开了电子 121 新生入学专业教育，学院邀请了北京航空航天大学的江月松教授进行专业讲座。中科院半导体研究所张兴旺博士，给电子

11-1班同学进行了题为"太阳能电池的原理与应用"的专业讲座，拓展了专业知识，激发学生专业学习的兴趣。

【圆满完成理科实验班首次转专业】2013年第一次进行2012级理科实验班专业分配，理学院高度重视，配合教务处召开了2次面向实验班学生和家长的转专业分配工作会，2次确认绩点成绩，学生和家长2人签名确认，2组工作人员分别进行2次专业分配结果核对，确保准确无误。根据2012级本科学生转专业管理办法和理科实验班专业分配管理办法，依据公平公正公开的原则，理科实验班91人，信12-1班2人成功进行了专业调整。理科实验班41人转入一本专业，50人转入二本专业。

理学院召开2013级理科实验班专业认识座谈会，会上邀请教务处处长邹积亭做我校专业介绍，解读理科实验班分专业政策，教务处吴菁科长详细回答了学生的每一个问题。

【大力支持教学研究与课程建设】教学工作是大学的生命线，理学院积极组织教师进行教学教研项目、教材项目、实践教学研究项目等的立项申报，尤其是2013年教学专项追加和2014财政教学专项的申报，从7月至9月底，相关教师加班加点努力工作近3个月，精心准备了学校组织的专项答辩会。我院教师按照学校教学改革研究重点积极参与申报，经学院学术委员会审核，共上报了黄尚永等9项教学研究项目，3项教材项目。

理学院获得学校资助的公共基础平台课程4项、专业核心课程2项，双语课程6项的课程建设工作。完善了教学资源库的建设，教学模式、教学内容、教学方法、教学手段与考试方式改革的研究和实践，全面提高基础课程、专业课程、双语教学水平。理学院积极组织2013校级精品课程立项申报工作，推荐特色鲜明的数学系"计算方法"课程申报校级精品课程立项。

【鼓励本科生积极参与学科竞赛】理学院积极组织学生参加2013年高等数学竞赛、大学生物理竞赛、大学生物理实验、全国大学生数学建模与计算机应用大赛、蓝桥杯软件设计大赛等学科和科技竞赛，指导教师付出了大量的时间和心血，成绩卓著。

2013北京市数学竞赛一等奖1名，二等奖8名，三等奖9名，指导教师：袁晓娜。

2013全国大学生数学建模竞赛北京市二等奖两项，指导教师：代西武、白羽、王恒友、张健。

第二十九届全国大学生物理竞赛获得一、二、三等奖和团体奖，指导教师：余丽芳、黄伟 。

2013北京市大学生物理实验竞赛二等奖1项，指导教师：宗宝春、聂传辉。

2013蓝桥杯软件设计大赛，全国二等奖：1人次，北京赛区一等奖：1人次，二等奖：6人次，三等奖：6人次，指导教师：王恒友、毕靖、张长伦。

【加强招生及其宣传工作】2013年4月，我校大兴校区举办了大规模的招生宣传活动，取得了极大的成功。之前我院也进行了大量的准备工作，认真做好理学院2013年的招生简章撰写工作，制作宣传展板、制作宣传彩页、制作宣传手册等。

今年京外生源约占我校招生总生源的一半，理学院各专业派人分别到外省招生，2013年理学院招生99人，其中实验班25人，信计37人，电子35人。信计专业、电子专业第一次实现无调剂生的招生目标，理科实验班基本都是第一、第二志愿，最低录取分接近一本线。

（四）科研工作

【坚持学科引领，科研项目的数量和经费创新高】本年度学院新增中央支持地方的科研创新团队1个，科研课题22项。其中主持的国家自科基金项目2项、参与的国家自科基金和社科基金项目各1项、参与的北京市自科基金面上项目2项、北京市教育科技项目6项、各类教学改革项目3项、校设科研基金7项，累计获批科研经费达230.35万元。至此，理学院在研国家自然科学基金项目达到6项，覆盖了数学、力学和物理三个一级学科，理学院的整体科研实力进一步得到提升。

【发挥团队作用，科研论文的数量和质量稳步提高】全年发表科研论文60多篇，授权专利6项。到目前为止SCI、EI收录20多篇；出版教材和参考书2部，学术论文的质量与水平得到稳步提升。

【开展博士学术论坛活动，进一步凝练学科方向】加强数学、力学、物理、信计、制图等各学科方向的联系与交流，开展了博士教师学术论坛活动，我院全体博士和硕士以及感兴趣的老师参加到论坛中，通过听取报告和交流提问，老师们彼此了解了各自的科研工作内容及研究方向，拓展了大家的学术视野，有利于青年教师明确研究方向，进一步凝练学科方向，形成具有竞争力的科研团队。

【承担科研项目与发表学术论文】

2013年理学院承担的各类科研项目一览表

序号	项目名称	负责人	项目来源	项目级别	合同经费（万元）	起止时间	项目类别
1	一类具有非线性边值条件的分数阶微分方程解的存在性	侍爱玲	主管部门科技项目	地市级	15	2013-01-01～2015-12-31	一般
2	变量阶常微分方程问题解的研究	侍爱玲	国家自然科学基金项目	国家级	5.25	2014-01-01～2017-12-30	一般
3	硝基三唑类钝感高能材料结构与性能的研究	苏欣纺	省、市、自治区科技项目	省部级	15	2013-09-06～2015-12-31	一般
4	图呈建筑	杨谆	其他课题	省部级	5	2013-06-01～2014-06-30	一般
5	媒体报道与医疗资源制约的新发传染病模型研究	崔景安	国家自然科学基金项目	国家级	62	2014-01-01～2017-12-31	一般
6	多铁材料中非共线磁性与电极化耦合机制的理论研究	陈蕾	国家自然科学基金项目	国家级	25	2014-01-01～2016-12-31	一般
7	基于节能路由无线传感器网络数据融合技术研究	张长伦	省、市、自治区科技项目	省部级	6.5	2013-01-01～2015-07-31	一般
8	教师队伍建设—青年拔尖人才培育计划入选人员	俞晓正	省、市、自治区科技项目	省部级	30	2013-01-01～2015-12-31	一般
9	石墨烯的射流空化法制备及其在润滑上的应用研究	俞晓正	省、市、自治区科技项目	省部级	3	2013-01-01～2015-12-31	一般
10	空心微珠表面磁控溅射金属膜的结构及生长机理研究	俞晓正	主管部门科技项目	省部级	15	2013-01-01～2015-12-31	一般

序号	项目名称	负责人	项目来源	项目级别	合同经费（万元）	起止时间	项目类别
11	空心微珠表面磁控溅射金属膜的结构及生长机理研究	俞晓正	主管部门科技项目	地市级	15	2013-01-01～2015-12-31	一般
12	液膜流动 Marangoni 效应边界层解析理论研究	张艳	国家自然科学基金项目	国家级	25	2013-01-01～2015-12-31	一般

2013 年理学院教师发表的学术论文一览表

序号	成果名称	作者	发表刊物与出版单位	时间	类别
1	Symmetry protection of quantum phase transitions in honeycomb lattice	魏京花、陈蕾	Physica B：Condensed Matter	2013.09	SCI
2	New interaction solutions of (3+1)-dimensional Zakharov-Kuznetsov equation	吕大昭、吕橙、黄尚永	Indian Journal of Physics	2013.09	SCI
3	Wave propagation in an elastic tube：a numerical study	何凡	International Journal of Computational Fluid Dynamics	2013.06	SCI
4	Numerical validation of pulse wave propagation：effects of arterial length	何凡	Australasian Physical & Engineering Sciences in Medicine	2013.12	SCI
5	The stability of an SEIRS model with nonlinear incidence, vertical transmission and time delay	L. Qi，崔景安	Applied Mathematics and Computation	2013	SCI
6	A schistosomiasis model with mating structure	L. Qi，崔景安	Abstract and Applied Analysis	2013	SCI
7	The effects of an imperfect vaccine on cholera control	崔景安，Z. Wu，G. Song	Advances in Bioscience and Biotechnology	2013	SCI
8	Rich Dynamics of an Epidemic Model with Saturation Recovery	H. Wan，崔景安	Journal of Applied Mathematics	2013	SCI
9	A malaria model with two delays	H. Wan，崔景安	Discrete Dynamics in Nature and Society	2013	SCI
10	A schistosomiasis model with praziquantel resistance	L. Qi，崔景安	Discrete Dynamics in Nature and Society	2013	SCI
11	Threshold dynamics for a cholera epidemic model with periodic transmission rate	X. Zhou，崔景安	Applied Mathematical Modelling	2013	SCI
12	a note on G-preinvex function	deihu Yuan，许传青	Journal of Inequalities and Applications 2013，2013：169	2013	SCI
13	MANOVA with Unequal Covariance Matrices	牟唯嫣	2013 International Conference on Advances in Physics and Engineering Mathematics	2013-12	EI

序号	成果名称	作者	发表刊物与出版单位	时间	类别
14	The Standard Enthalpies of Formation of Energetic 4, 5-dinitroimidazole derivative：A theoretical study	苏欣纺，魏京花	Advanced Materials Research	2013-09	EI，ISTP
15	A Priority Queue Algorithm for the Replication Task in HBase	张长伦	Journal of Software	2013-07	EI
16	不稳定伸展表面上的薄液膜流动分析	张艳	计算力学学报	2013-06	EI
17	Measuring the gravitational acceleration by hydrostatics	宗保春，聂传辉	Applied Mechanics and Materials	2013-05	EI
18	Research on Spreading and Evolution of Opinion in Online Social Network	张长伦	Optoelectronics Engineering and Information Technologies in Industry	2013-04	EI
19	Study on Mechanical Properties of Cement Clinker and Limestone by Hertzian Indentation Method	王秀芳	Applied Mechanics and Materials	2013-02	EI，ISTP
20	Transmitted spectral modulation of double-ring resonator using liquid crystals in terahertz range	孙会娟，周庆莉，王秀敏	2013 International Conference on Optical Instruments and Technology：Optical Systems and Modern Optoelectronic Instruments，	2013-12	EI
21	Nonlinear Dynamic Responses of Long-Span Suspension Bridge with the Action of Both Running Train and Cross Wind		IEEE International Conference on Intelligent rail Transportation	2013-08	EI
22	研发强度、集聚经济与企业生产率	刘志强，陶攀	重庆大学学报（社会科学版）	2013-12	CSSCI
23	产品核心化策略对企业劳动生产率的影响分析——基于企业所有制异质性视角	刘志强	经济问题探索	2013-12	CSSCI
24	中国对外直接投资现状和政策建议	刘志强，陶攀	国际经济合作	2013-10	CSSCI
25	中国对外直接投资政策体系的形成及完善建议	陶攀，洪俊杰，刘志强	国际贸易	2013-09	CSSCI
26	一种非线性激波噪声的频域预测方法	宫瑞婷	广西师范大学学报	2013-06	核心
27	一维双曲系统高分辨率波传播算法研究	郝莉，马天宝，王星	中国科学	2013-3	核心
28	基于附加 Runge-Kutta 方法的高精度气相爆轰数值模拟	李健，郝莉，宁建国	高压物理学报	2013-4	核心
29	一类水工混凝土结构受氯离子侵蚀的数学模型研究	侯菲，白羽，董军	施工技术	2013-05	核心

序号	成果名称	作者	发表刊物与出版单位	时间	类别
30	工科物理实验双语教学探讨	黄尚永	物理通报	2013-10	核心
31	普通物理教学中培养学生创新能力的研究与实践	黄伟	广西师范大学学报	2013-9	核心
32	涡旋光束在中强度湍流大气中的传输特性	黎芳	激光与光电子学进展	2013-07	核心
33	求解约束优化问题的一种新的遗传算法	梁昔明	应用数学	2013-04	核心
34	对工科线性代数课程教学的一点探索	吕亚芹	广西师范大学学报	2013-06	核心
35	关于 n 跨连拱体系的几何构造分析	彭培火	力学与实践	2013-08	核心
36	The stability of the pipeline laid on a poro-elastic seabed	任艳荣	International Journal of Research and Reviews in Applied Sciences	2013-11	国外期刊
37	Develop on Tutorial Courseware for the Theoretical Mechanics Based on the Basic Conception	任艳荣	Applied Mechanics and Materials	2013-10	国外期刊
38	ABAQUS 软件在盾构法施工地铁中的应用	任艳荣	建筑技术	2013-10	核心
39	弹塑性海床上海底管道的稳定性分析	任艳荣	船海工程	2013-10	核心
40	一类二阶非线性时滞微分方程的振动性	王晓静，张蒙，宋国华	数学的实践与认识	2013-12	核心
41	Oscillation Theorems for a Class of Nonlinear Second Order Differential Equations with Damping	王晓静，宋国华	Advances in Pure Mathematics	2013-01	国外期刊
42	耦合 Level Set 方法处理界面介质研究	王星，马天宝，郝莉	高压物理学报	2013-10	核心
43	坚持不懈打造大学物理精品课程	魏京花	广西师范大学学报	2013-06	核心
44	模糊数学在大学数学分层次教学中的应用	张鸿鹰	广西师范大学学报	2013-06	核心
45	一种非线性泛函微分方程的振动性	张鸿鹰	生物数学学报	2013-03	核心
46	中国古建筑蕴含的现代设计特征及三维 CAD 方法研究	张士杰，相炳哲，张源清，杨谆	工程图学学报	2013-05	核心

（五）对外交流

【开展国际合作，开拓学生国际视野】为了开拓学生国际视野，给更多的在校学生提供出国学习机会，制定了理学院近两年学生参与国际交流项目的计划，加入到学校与英国南威尔士大学签订的合作协议中，使得理学院信息与计算科学、电子科学与技术两个专业的学生可以参加南威尔士大学的"3+1"合作项目。

【本年度理学院高层次学术交流频繁】共参加国际国内高水平学术会议40多人次。理学院邀请国内外专家讲学，举办科研讲座近20次。

2013年理学院邀请校外专家学术报告会

序号	专 家	主 题	时 间
1	张兴旺博士	太阳能电池的原理与应用	2013.01.10
2	马万彪教授	"生物数学"专题讲座-小球藻的异养培养相关问题动力学建模及理论与数值分析问题	2013.04.19
3	韩丽涛教授	"生物数学"专题讲座-HIV感染人群耐药水平的测定	2013.04.19
4	张娟教授	"生物数学"专题讲座-HIV与TB共感染动力学模型研究	2013.04.19
5	赵晓强教授	The Dynamical Systems Approach to Differential Equations	2013.05.07
6	刘亚轻博士	分数阶微分在流体力学及传热学中的应用	2013.05.08
7	李琦教授	教育教学改革	2013.05.28
8	李尚志教授	大学数学的兵法与剑法	2013.06.05
9	Stefan教授	The DeAngelis-Beddington functional response and the evolution of timidity of the prey	2013.06.04
10	Tadeas博士	On invasion boundaries and the unprotected coexistence of two strategies	2013.06.04
11	林群院士	微积分：科学与工程的基础	2013.06.18
12	李治林教授	如何建模与模拟移动界面问题	2013.06.25

2013年理学院教师参加学术会议人员情况

参会人	会议名称	主办单位	参会日期
俞晓正	第十一届全国颗粒制备与处理学术研讨会	中国颗粒学会颗粒制备与处理专业委员会	2013-11-22
武利刚	第六届Domain理论国际研讨会	湖南大学	2013-10-26
王少钦	IEEE International Conference on Intelligent rail Transportation	轨道交通控制与安全国家重点实验室，IEEE	2013-08-30
崔景安	第八届全国非线性生物动力系统学术会议	中国生物数学学会	2013-10-20
王晓静	2013第三届高等教育理工类课程教学研讨会	哈尔滨理工大学	2013-12-28
聂传辉	2013年第十四届大学物理教学研讨暨教师培训会	清华大学物理系，宁夏大学物理电气信息学院	2013-07-29
王俊平	2013年第十四届大学物理教学研讨暨教师培训会	清华大学出版社	2013-07-29
王俊平	国家首届教学名师李元杰数字教学示范讲座	中国物理学会教学委员会	2013-05-17
王晓静	2013年市属高校双语教师国内深化培训	北京市高等学校师资培训中心	2013-11-22
王晓静	第八届全国非线性生物动力系统学术会议	中国生物数学学会	2013-10-20

参会人	会议名称	主办单位	参会日期
王晓静	概率统计观摩课及座谈会	北京高校数学教育发展研究中心	2013-11-05
王晓静	第三届全国生物统计学术讨论会	中国生物数学学会	2013-08-22
张艳	2013 年中国力学大会	中国力学学会	2013-10-19
张长伦	第五届信息安全漏洞分析与风险评估大会	上海交通大学	2012-12-06
张长伦	The Fourth Conference on Computational and Mathematical Population Dynamics	中北大学	2013-05-29
张长伦	第二届全国统计物理与复杂系统学术会议暨第七届海峡两岸统计物理研讨会	曲阜师范大学	2013-07-28
梁昔明	第 24 届中国过程控制会议	中国自动化学会过程控制专业委员	2013-08-02
梁昔明	第 32 届中国控制会议	中国自动化学会控制理论专业委员会和中国系统工程学会	2013-07-25
牟唯嫣	国际数理统计学会—西南财经大学概率统计国际研讨会	西南财经大学	2013-06-30
张鸿鹰	教学交流与研讨	北京高校数学教育发展研究中心	2013-05-04
刘世祥	教学交流与研讨	北京高校数学教育发展研究中心	2013-05-04
聂传辉	高校数字教学示范讲座	中国物理学会	2013-05-17
黎芳	第八届全国激光技术与光电子学学术会议暨"2012 中国光学重要成果"发布会	中国激光杂志社	2013-03-19
李冰	全国高校教学改革与教师教学能力提升研讨会	中国高等教育发展协会培训中心	2013-02-17

（六）党建工作

【概述】2013 年是全面贯彻落实党的十八大精神的开局之年，是实施"十二五"规划承前启后的重要一年，也是学校实现更名大学理想、朝向建设特色鲜明的高水平建筑大学宏伟目标奋进的关键一年。根据理学院党政工作要点和要求，结合理学院的实际情况，以立德树人为根本任务，围绕中心抓党建，为学院发展提供思想组织保证。

【深化学习，引领师生提高认识】

1. 学习贯彻十八大精神，深化师生理论武装：理学院党总支以学习宣传贯彻党的十八大精神为主线，深入贯彻落实党的十八届一中、二中、三中全会精神和"两会"精神等为主要内容，认真落实二级理论中心组及片组学习、党支部"主讲主问制"学习制度，扩大教职工理论学习内容，通过辅导报告、专题培训、研讨等多种形式，把十八大精神学习贯彻引向深入，引导广大党员干部、师生员工进一步增强道路自信、理论自信和制度自信。

2. 推进"三型"党组织建设，提高党建科学化水平：理学院党总支认真贯彻落实十八大提出的着力加强"学习型"、"服务型"、"创新型"党组织建设的要求，加强党组织建设，深入开展以"为民务实清廉"为主题的党的群众路线教育实践活动，以"加强服务型党支部建设"为引导，组织各党支部开展党性实践活动立项。切实发挥党组织和党员在两校区办学模式下提高教育教学质量中的凝聚作用和先锋作用。

3. 完善学习体系，提高党员学习效果：构建理论中心组学习、总支学习、支部学习、个人学习相结合的学习体系，努力保证学习时间，丰富学习内容，提高学习效果。本年度紧紧围绕"努力办好人民满意的教育"的发展目标，按照科学理论武装、具有世界眼光、善于把握规律、富有创新精神的要求，提倡每位党员都读一本好书，撰写心得体会，各党支部以不同的学习主题和内容认真策划，组织开展形式丰富多样的学习活动，使得建设学习型党支部的活动经常不断，推陈出新。理学院全体党员积极运用党员教育在线学习平台，不断提高党员理论水平，100％党员完成了在线 12 学时学习的任务。中层干部完成在线 40 学时学习任务。

【围绕中心，扎实开展党支部建设工作】 2013 年 3 月按照党委的总体部署，为了使广大教职工了解干部换届聘任工作的整体设想和安排，以主人翁的姿态，广泛参与、积极应聘，做好教职工的动员部署工作。

2013 年 4 月组织领导班子和教师党员 30 余人参加学校举办的"两会"精神辅导报告，了解我国五年来取得的巨大成就和存在问题，了解政府工作的总体要求、预期目标和宏观经济政策。各党支部以党建路桥为主体，开展创新型党组织建设内容和形式上的研讨。组织一次植树活动。

2013 年 5 月党总支委员研讨 2013 年党总支工作计划，组织学习建院党组字〔2013〕19 号文件，安排落实党建先进校进院检查重点和相应准备工作，对第七届教代会暨第七次工代会代表候选人选举办法提出建议。

2013 年 6 月组织师生把个人梦融入"强国梦"和"强校梦"中，组织理学院 20 余名师生参加学校"我的梦 建大梦 中国梦"主题宣讲活动，邀请文法学院张守连博士为全院教职工做报告"我的梦 建大梦 中国梦"，并开展"共产党员献爱心"捐献活动，共捐助1590 元。帮扶学业有困难的学生就业。

2013 年 7 月开展"创建有特色高水平建筑大学"思想动员会，全院近 70 名教职工参加了会议。会上解读学校关于"创建有特色高水平建筑大学大讨论活动"工作方案，指出，要创建有特色高水平建筑大学就要认清形势，准确判断理学院在学校未来发展的方位；科学谋划公共基础课的教学改革方向；抓住建筑类高校特点，合理定位信计和电子两个专业的培养思路；要求凝聚全院教职工合力，围绕"创建有特色高水平建筑大学"的目标建言献策，统一思想，消化吸收同类院校的先进理念和优秀做法，做好理学院发展规划，促进理学院整体实力跃升。

2013 年 8 月关于开展党的群众路线教育实践活动，组织领导班子集中学习、专题培训、研讨交流、个人自学等方式，围绕树立宗旨意识、群众观点，组织干部开展学习教育，学习时间不少于 3 天。

2013 年 9 月组织全院教职工（含退休教职工）党员召开党的群众路线教育实践活动动员会及报告会，开展各种座谈会，征集群众对学院和领导班子意见。

2013 年 10 月对征集的意见，认真反思，切实整改，各党支部以"党建路桥工程"为载体、以"加强服务型党支部建设"为主题开展党性实践活动，紧密结合党的群众路线教育实践活动，搭建服务教师建功立业、服务学生成长成才、服务学校科学发展的桥梁，拓宽党员发挥作用的平台。各党支部继续按照"一支部一方案"、"一支部一承诺"、"一支部一品牌"、"一支部一点评"的要求，分别立项，切实解决 1 到 2 个党员群众面临的疑难问题和实际困难。

2013 年 11 月布置干部专题民主生活会，党员领导干部认真剖析自己，开展批评与自我批评；学院以平安校园工作入校检查为契机，抓好安全教育工作，

2013 年 12 月组织学习十八届三中全会精神，各支部围绕"四风"和"以建设有特色高水平建筑大学"开展专题民主生活会，并对党性实践活动做总结。

【加强党风廉政建设，筑牢反腐倡廉思想防线】

1. 组织全体领导班子、后备干部、项目负责人等 20 余人参加了学校 5 月份召开的党风廉政建设工作大会，会上大家听取了纪委书记何志洪关于 2012 年学校党风廉政建设与反腐败工作总结，听取 2013 年党风廉政建设重点工作、主要任务分工部署及其要求；党委书记钱军书记关于《严明纪律 改进作风 在清正廉洁中创建特色鲜明的高水平建筑大学》的廉政党课，进一步增强了反腐倡廉的责任感和使命感。

2. 定期召开了中心组专题民主生活会暨青年教师座谈会，通过了解青年教师的思想状况、意见和建议、困难和需求等，查找领导班子工作的不足，及时发现问题、解决问题。定期开展民主评议党员工作，对党员肯定成绩，提出意见，开展批评和自我批评。

3. 邀请审计处人员针对科研经费使用中注意的问题进行培训，通过典型案例，增强全院教职工违法违纪的意识，提高大家民主管理、民主监督、民主参与的责任意识。

4. 在实际工作中，领导班子认真执行"三重一大"制度，坚持民主议事制度、把学院的重大改革与举措都建立在集中研究与讨论的基础之上，如岗位聘任、系主任任免、各类奖惩、项目申报等方面广泛听取群众意见，重要事项，一般采用无记名投票的方式；其他事项采用口头或举手表决的方式；确保了各项工作的公开、公平、公正。班子成员能够遵守廉洁自律规定，按时进行个人收入申报、重大事项报告等。

【做好党员培养和发展工作】

1. 认真制定党员发展规划和年度计划，规范入党积极分子推选程序，认真做好入党积极分子的培养和考察工作，严把党员"入口"关，同时注重党员的教育和管理，定期开展党内组织生活，切实保证党员的质量。

2. 学生党支部能够严格组织程序，对入党积极分子及时培养，定期谈话，对满足入党条件的积极分子及时发展，对预备期满的党员按期转正。

3. 建立了理学院党员干部与党外学术骨干和高级知识分子的联系，关心他们的思想、工作和生活，听取他们的意见和建议，并争取在他们当中发展党员。

（七）工会工作

【充分发挥工会、教代会作用，努力维护教职工合法权益】

1. 2013 年 5 月理学院完成了第七届教代会暨第七次工代会代表换届选举工作，组织教代会代表参加了学校第七届教代会（工代会）第七次会议，听取了 2012 年学校行政工作报告、工会、教代会工作报告，代表们积极参政议政，认真履行代表权力。

2. 2013 年 6 月理学院积极开展了 2013 年提案工作，教代会代表认真征求教职工意见，经过集体讨论形成提案。

3. 2013 年 10 月理学院在校第十二届教职工运动会上，积极参与团体项目：跳长绳和同舟共济比赛，每个项目组建两支队伍共计 32 人次角逐，荣获"跳长绳"二等奖和"同

舟共济"三等奖，展示理学院团结奋进的精神风貌。

4.2013年11月理学院参加了学校工会组织的"首都教职工爱心基金捐款"，共计捐款1170元。

5.2013年12月17日，理学院分工会组织开展乒乓球、羽毛球比赛。乒乓球比赛在体育楼大厅展开，共有36名教师参赛；羽毛球比赛在大学生活动中心进行，共有34名教师参赛。老师们热情高涨，积极参与，有的球艺精湛，一路过关斩将直至收获奖项；有的重在参与，一阵乒乒乓乓，闪转腾挪，乒球跳跃，羽球飞扬，比赛场地充满了欢笑声和加油声。在充分享受运动健身乐趣的同时减轻了压力，增强了沟通，放松了心情。

6.2013年12月24日，在理学院新投入使用的教工之家，开展了学院岁末迎新年联欢会。各个工会小组的老师们带来了丰富多彩的节目，充分展示了大家多方面的才艺。会上，为每位教职工购买了新年慰问品，表示了理学院党政工对全体教职工的关心和问候。

7.对于困难的、生病的和生小孩的教职工，理学院党政工和工会小组都及时地进行了慰问，送上温暖。

8.通过院务公开、教职工大会、网络、宣传等多种形式，切实保障教职工的知情权、参与权和监督权，积极疏通和拓宽民主渠道，支持和鼓励教职工对学院党政工作提出意见和建议。

【关心退休教职工的生活】

1.定期开展了退休党支部活动，通过看录像、学文件、听报告、参观等多种形式，积极开展对退休党员的教育，并且努力为他们发挥作用搭建平台。

2.召开退休教师座谈会，学校党委副书记张启鸿、理学院全体领导班子出席会议。会上介绍学校学院在学科建设、专业发展、人才培养等方面的变化，认真听取退休教师建议，保持联络定点、定向联系方式，关心他们的生活。

3.对病重或生活困难的老教师给予适当补助，并进行慰问活动，通过在职党员与退休同志的结对子，"一帮一"工作，实际解决了退休老教师的困难。

【维护校园安全稳定】 坚持了重要节日和暑假前的安全检查工作，配合学校"平安校园"创建和检查工作，做好安全稳定工作。为迎接检查组入校检查控烟工作效果，学院积极宣传，提高认识，提出"理学院教师应遵守控烟要求"，并将重点部位和薄弱环节进行重点检查。学院严格贯彻落实安全稳定责任制，加强安全隐患排查及矛盾纠纷化解，强化安全教育和管理工作，形成群防群治、齐抓共管的"平安校园"创建局面，圆满完成今年的安全稳定工作任务。

（八）重大事记

3月19日，理学院团总支学生会在基础楼A座111举行了全体大会，总结我们理学院学生会上学期的工作状况，也为了提升各部门学生干部的本学期的工作积极性。

4月8日，为迎接北京高校第51届田径运会的到来，理学院在基础教学楼C座301教室召开了团体操训练骨干动员大会，提高责任意识、集体意识、奉献意识，认真对待这项活动，让更多的人认识建大，了解建大，记住建大，为今后的发展打下基础。

4月9日，理学院优良学风班中期检查答辩会在学院楼B座317室举行，邀请到了理学院院长崔景安老师、党总支书记傅钰老师、副院长代西武老师担任评委。通过优良学风班的答辩会这样一个平台，让理学院各班能够更加互相了解，增进交流，互相督促，相互学习。

4月11日~4月18日，理学院第二届羽毛球赛在大兴校区大学生活动中心举行。理学院学生会生活部举办，参赛选手是来自我院大兴校区7个班的120余位学生，裁判由专业体育老师培训过的学生担任。这样的学生活动，在锻炼身体的同时，还能促进同学们间的互动与交流。学生会将会为努力构建一个健康和谐的校园氛围而努力，为学院的建设贡献力量。

4月17日，应理学院邀请北京科技大学马万彪教授、中国人民大学韩丽涛教授和华北电力大学张娟教授在我校大兴校区作了"生物数学"专题学术讲座。副校长宋国华教授、理学院院长崔景安教授、部分教师、研究生参加了学术报告会。三位教授高度赞扬了理学院近两年的快速发展及大兴校区的办学条件，鼓励广大师生发挥有利条件，做好教学科研工作。

5月7日，理学院本科生第一党支部学生党员发展会在大兴校区基础C-418召开，发展会由支部书记郝迈老师主持，数学系张蒙老师作为介绍人出席。本次发展会讨论通过了信101班孟凡畅（女），信111班刘海霞（女），陈娅菲（女），电子111班王成龙4位发展对象的入党申请，进一步扩大了学生党员队伍。新发展的党员们也表示将以他们良好的风貌，发挥党员的先锋模范作用。

5月7日，加拿大纽芬兰纪念大学数学与统计学院的终身教授赵晓强教授应邀我校，在我校西城校区教2-501举办了"The Dynamical Systems Approach to Differential Equations"学术报告。理学院院长崔景安教授参加并主持，理学院的部分教师和研究生、中科院数学与系统科学研究院、北京科技大学的部分教授和研究生参加。讲座拓展了大家的视野，为同学们的科研和学习提供了很好的思路。

5月8日，北京科技大学博士刘亚轻应邀在西城校区第三会议室做"分数阶微分在流体力学及传热学中的应用"学术报告。理学院院长崔景安教授、部分教师、研究生参加了学术报告会。本次报告使研究生深受启发，坚定了投入科研、不怕困难的信念和研究生学习阶段不虚度、不浮躁，扎扎实实打好基础的决心。

5月9日，测绘学院和理学院在基础楼A208隆重召开了测绘·理学院心联会分会联盟成立大会。特邀嘉宾有测绘学院党总支副书记王震远老师，测绘学院辅导员赵亮老师，理学院辅导员郝迈老师，我校心理素质教育中心的陈亚飞老师。测绘学院和理学院心联会分会聘请赵亮老师和郝迈老师分别为测绘学院和理学院心联会分会顾问老师。本次大会正式确立了理学院和测绘学院心联会分会的成立，在规范这个团体的同时，激发了各班心理委员的工作热情。

5月14日，理学院在基础楼C座509室举行期中总结师生座谈会。副院长宫瑞婷老师、理学院11和12级学生的任课教师、理学院党总支副书记郝迈老师以及理学院11级、12级的学生代表参加了此次会议。这次座谈会，在知识教学和学生工作间搭建了一个平台，使学生和老师可以互相沟通，从而找出学生在学习上出现的问题，再由师生一起努力去解决问题，提高学生的学习成绩，为理学院营造一个好的学风。

5月14日，理学院在基础C-509会议室召开班级导师座谈会。理学院党总支书记程士珍、党总支副书记郝迈，全体班级导师参加了座谈会。程书记对各位班主任老师的工作给予了充分的肯定，同时程书记提出要求：要把导师工作做细，不仅要关注班级这个大集体，更要关注学生个体的身心健康，希望各位老师能够用"3 心"即"耐心、爱心、关心"帮助学生的成长，要通过我们的工作给予学生更多的"阳光"和希望。

5 月 15 日，为表达建大学子对学校更名成功的喜悦心情，及对北建大未来的美好憧憬和祝愿，理学院参加高党培训的全体积极子在基础教学楼 A 座 514 举办了"我的'大学'不是梦，我为建大献祝福"党性实践活动，为建大送去我们美好的祝愿。

5 月 21 日，理学院在大兴校区基础楼 C 座 509 召开公务卡业务培训大会，财务处副处长孙文贤担任此次培训的主讲人对理学院全体教职工进行培训，财务处王志东和卫雅琦也出席会议。通过培训，使广大教职工了解了公务卡的使用极其重要性，深刻认识到严格遵守和执行各项财政管理制度人人有责。

5 月 28 日，理学院举行教育研究论文写作专题报告会，邀请北京高校数学教育发展研究中心李琦教授围绕"教育教学改革"，指导理学院教师提高教研论文质量。这次专题报告会，是本学期理学院校外名师系列讲座之一，报告会开拓了全体教师的视野，也促进了理学院的对外交流。

5 月 29 日，为了加强实验班的学风建设，更好地引导实验班的同学树立正确的专业选择观念，在基础 A-211 教室，教务处和理学院共同举办了北京建筑大学 2013 级理科实验班专业分配工作会。参加此次会议的有：教务处处长邹积亭老师，理学院院长崔景安老师，理学院副院长宫瑞婷老师、理学院党总支副书记郝迈老师、教务处大兴校区教务工作办公室科长吴菁老师、理学院教务李洪老师、2012 级理科实验班班主任张鸿鹰老师和白会娟老师及部分实验班学生家长。会议由郝迈老师主持。会上建议同学们要结合自己的学习成绩与兴趣，合理的做出人生规划并初步确定自己的专业目标，并为之付出努力，并祝愿每一位同学都能通过自己的努力进入自己喜欢并适合的专业。

6 月 5 日，理学院名师讲坛活动在大兴校区基础教学楼 A 座 112 教室举行，邀请北京航空航天大学国家级教学名师李尚志做了《大学数学的兵法与剑法》专题讲座。理学院院长崔景安、党总支书记程士珍、数学系教师、班导师、理学院本科生 80 余人参加了讲座。李教授的讲座视野开阔、内涵丰富、言简意赅，对拓宽思维，努力提高教育教学质量很有帮助。

6 月 5 日，芬兰赫尔辛基大学数学与统计系 Stefan 教授和 Tadeas 博士在 6 月 2 日至 5 日访问我校。4 日上午，我校在大兴校区四合院会议室举行了座谈会，副校长宋国华、国际合作与交流处处长赵晓红、李昕老师、理学院院长崔景安、党总支书记程士珍、副院长梁昔明、副书记郝迈参加了此次座谈会。此次座谈会为两校良好合作关系的开端，宋校长希望以此次访问为起点，加强学校与北欧大学之间的交流，为"建设有特色、高水平建筑大学"添砖加瓦。

4 日下午，Stefan 教授和 Tadeas 博士在理学院分别作了题为 "The DeAngelis-Beddington functional response and the evolution of timidity of the prey" 和 "On invasion boundaries and the unprotected coexistence of two strategies" 的学术报告。理学院教师和研究生参加，现场的老师和学生纷纷就报告内容和感兴趣的问题与两位专家展开了热烈而深入的讨论，为教师和同学们的科研和学习提供了很好的思路，同时为展开校际科研的合作奠定了基础。

6 月 8 日，理学院本科生第一党支部在基础教学楼 c-418 召开预备党员发展大会。会上讨论并通过了信101班的刘子琨同学，信121班的邓青青同学，实验121班的李晓洁三位同学成为预备党员，又为理学院学生第一党支部注入了新鲜血液，让党支部充满活力。

6月13日，学校党总支检查指导组下基层，对理学院党总支的工作进行现场指导。学校党委副书记张启鸿带队，常委张素芳、组织部部长高春花、组织部副部长赵海云、宣传部部长孙冬梅、纪检处处长彭磊、离退休工作办公室主任王京梅、组织科科长陈栋出席会议，理学院处级领导干部、党总支委员、支部书记参加了会议。会上指出，理学院工作扎实，几年来，从教学到科研的转化过程中取得了突出成绩，希望在新一届领导班子带领下，以检查为契机，查漏补缺，保持学院发展态势，努力为青年教师搭建科研平台。

6月18日，理学院各党支部在围绕"正道沧桑-社会主义500年"组织了支部学习活动。活动中，支部全体党员进行了热烈学习和讨论，并一致认为："正道沧桑-社会主义500年"是传达正能量的电视片，对于让全社会学习中国特色社会主义理论，加强道路自信、理论自信和制度自信具有重大的理论学习价值。

6月18日，理学院邀请了中国科学院数学与系统科学研究院研究员、中科院院士、发展中国家科学院院士林群来学院指导工作，在学院楼A座101报告厅做了《微积分：科学与工程的基础》专题讲座。学工部部长黄尚荣、学工部副部长冯永龙、理学院领导班子、全体教师、各二级学院部分本科生等300余人听取了讲座。讲座简明易懂，深入浅出，揭示了数学发明来源于生活，贴近生活，包含着林院士探索科学的优秀做法，打破常规，勇于探索，实现自我。

6月20日，由理学院和数学社主办的北京建筑大学第九届高等数学竞赛顺利举行。此次竞赛共吸引了我校大一和大二本科生将近100名同学参加。经过角逐，秉着公平、公正的原则，最终评出一等奖3名，二等奖7名，三等奖10名。这些同学也将代表学校参加10月份举行的北京市大学生数学竞赛。此次竞赛，既为同学提供了一个施展自己数学才华的舞台，实现他们的一个"数学梦"，同时也丰富了校园文化生活，对课堂教学起到了积极的促进作用。

6月25日，在西城校区第六会议室，来自美国北卡莱罗纳州立大学数学系的李治林教授作了题为《How to Model and Simulate Moving Fronts》的学术报告。理学院部分教师和全体研究生参加了报告会，会议由崔景安教授主持。本次学术报告会开拓了我院师生的学术视野，也促进了我院的对外交流。

6月25日，理学院关于"中国梦"专题报告会在大兴基础楼C座509会议室举行。邀请文法学院思政部张守连博士围绕"中国梦与中国道路"这一主题，指导我院教师深化对实现中华民族伟大复兴的"中国梦"的认识。院领导班子、党支部书记、系主任等全院教职工70余人听取了报告。"中国梦"道出了中华儿女创造新生活的心声，"中国梦"把每一个中国人的前途命运与国家的前途命运紧密联系在一起，愿理学院广大师生将"我的梦"注入到"建大梦"、"中国梦"，"中国梦"一定能美梦成真！

7月2日，理学院在西城校区大活-203教室举行了2013届毕业生欢送会。理学院院长崔景安老师，党总支书记程士珍老师，副院长宫瑞婷老师，梁昔明老师，副书记郝迈老师，信091班辅导员及班级导师、信计专业教研室老师和全体09级学生参加了欢送会。会上，每位毕业生简要介绍了自己大学4年的经历感受，特别是自己4年中收获，并表示永记老师们的嘱托，不辜负学校老师的殷切希望，在今后的人生路上老老实实做人，脚踏实地，回报母校，回馈社会。

7月9日，理学院在大兴校区基C-509会议室召开"创建有特色高水平建筑大学"思想动员会，全院近70名教职工参加了会议。会上强调在做好党风廉政建设和安全稳定工作的前提下，要凝聚全院教职工合力，围绕"创建有特色高水平建筑大学"的目标建言献策，统一思想，消化吸收同类院校的先进理念和优秀做法，做好理学院发展规划，促进理学院整体实力跃升。

8月14日，理学院暑期社会实践"青年先锋"队的队员们参观了位于北京市大兴区的华商创意中心。这里是一片供留学生施展才华的科技园区，遍布了各类生物医药方面的公司，饱含了许多创业工作者的智慧结晶。队员们通过一天的实践采访活动，丰富了的理论知识，锻炼了实践本领，激发了对学习的热情，同学们纷纷表示获益良多。

8月18日，理学院领导班子按照我校党的群众路线教育实践活动工作日程安排第一次集中学习，会上党总支书记程士珍传达了《北京建筑大学深入开展党的群众路线教育实践活动实施方案》，在广泛征求意见的基础上，研究制定理学院领导班子和全体党员深入开展党的群众路线教育实践活动实施计划，为活动的开展做好了充分准备。

8月28日，为深入学习习近平总书记五四重要讲话精神和开展"中国梦"的宣传教育，贯彻落实中共北京市委教育工委关于加强学生党建工作的意见，推进基层党组织建设，增强学生党员的宗旨意识和责任意识，根据中共北京市委教育工委《关于开展2013年北京高校红色"1+1"活动的通知》，在理学院党总支书记程世珍和党总支副书记郝迈的带领下，我院学生党支部成员及积极分子于下午对北京新奥物业公司进行了走访活动。此次活动，不仅加深了对支部党建工作的了解，更使我们认识到知识学习的重要性，为今后的就业目标指明了方向。

8月29日，理学院领导班子按照学校党委开展党的群众路线实践教育活动集中学习安排开展了第二次集中学习。会上各分管领导对学院近期工作安排进行了汇报交流，强调了以党建路桥工程为载体，突出服务发展、服务师生、服务社会，重在解决实际问题的思路。

8月29日，在大兴校区基础教学楼C-509会议室，理学院、经管学院二级中心组片组开展党的群众路线教育实践活动，组织领导班子成员第一次集中学习。集中学习互相启发，有利于思想交流，是一种传统但有效的学习方式，要以正确的态度对待，精力集中，认真研读，认真思考。

9月2日，2013年国家自然科学基金项目最终立项结果已于8月17日正式公布。理学院申报国家自然科学基金项目共10项（面上项目3项、青年科学基金项目7项），批准2项（面上项目和青年科学基金项目各1项），获得批准的项目负责人为崔景安院长和陈蕾博士。至此，理学院在研国家自然科学基金项目达到6项，覆盖了数学、力学和物理三个一级学科，在国家自然科学基金项目的资助下，理学院的整体科研实力必将得到极大的提升。

9月3日，根据我校深入开展党的群众路线教育实践活动实施方案，结合理学院实际情况，分别召开了理学院退休党支部会议、党总支委员和党支部书记会议、理学院深入开展党的群众路线教育实践活动动员大会、理学院全院教职工大会。会议由学院党总支书记程士珍主持。半天的会议，在全院教职工的理解和支持下，时间紧凑，信息量大，效率高，进一步明确了学院贯彻落实党的群众路线教育实践活动的重点，明确了新学期的工作任务，明确了未来努力方向。

9月5日，根据我校深入开展党的群众路线教育实践活动实施方案，我院在大兴校区基础教学楼C座418召开了理学院学生党员的群众路线教育实践活动动员部署会。通过讨论，同志们认识到实践活动开展的重要性，统一了认识，明确了目标，提出了要求，为支部工作奠定了基础。

9月8日，为了让学生家长全面了解学校学院体系，放心让孩子适应从温室到独立生活的角色转变，加深学院与家长间的相互了解，同时也为了让家长今后能积极主动地配合学院工作，于2013级新生报到第一天，以"家长会"的形式，给家长和院系领导、老师一次近距离接触的机会。新生家长会于在基础楼A221召开，院长崔景安老师，党总支书记程士珍老师，副院长宫瑞婷老师、党总支副书记郝迈老师，辅导员陈思源老师，各班班主任及新生家长参加了会议。

9月9日，为了让新生了解学校、了解军训生活，在基A221理学院召开2013级新生军训动员会，理学院党总支副书记郝迈老师、辅导员陈思源老师及全体13级新生参加了此次动员会。

9月10日，在教师节当日，党委副书记张启鸿来到理学院慰问理学院教学第一线的教师，并与理学院领导班子一起参加了师生座谈会，座谈最后，程书记表示，理学院领导班子将对照群众的需要、对照群众的需求、对照党的政策、对照在这方面做得好的那些先进的典型，来找理学院的差距，虚心接受群众的批评和建议，改进工作作风。

9月12日，为了进一步促进研究生就业工作开展，理学院在西城校区大活111会议室召开了14届研究生就业动员会。研工部副部长李云山老师，理学院副院长梁昔明老师，副书记郝迈老师，研工部王子岳老师，11级、12级研究生参加了动员会。这次学院和研工部联合开展的动员会，同学们纷纷表示收获颇丰，明确了今后就业准备的方向，对今后就业工作的开起了很大的促进作用。

9月17日，2013年下半年，理学院将围绕学校建设有特色高水平建筑大学的总体目标，紧密结合党的群众路线教育实践活动，搭建服务教师建功立业、服务学生成长成才、服务学校科学发展的桥梁，拓宽党员发挥作用的平台，应广大中青年教师的要求，从本学期第三周开始博士论坛，计划每周将请1-2名博士就他们研究领域做一次学术报告，主要围绕自身的研究方向以及未来的发展展开，并充分与在座老师互动，针对研究方向、存在的问题和可以合作的共同点进行探讨，以寻找出进行深入性和创新性研究的突破口，形成有竞争力的创新团队。博士论坛第一场学术报告会在大兴校区基础楼C-423教室举办。院长崔景安、书记程士珍、副院长梁昔明和宫瑞婷以及全院具有硕士、博士以及感兴趣的老师等40多人参加了报告会。

9月19日，伴随着中秋到来的脚步以及即将结束的军训生活，理学院党总支书记程士珍老师，副书记郝迈老师以及辅导员陈思源老师带领高年级学生共同走访大一宿舍，对即将结束军训生活的大一新生们送上了节日的慰问，鼓励同学们，今后的生活会更加精彩，希望同学们能够扬帆起航，从此开启人生的新篇章。

9月25日，理学院本科生第一党支部在基础楼C座418会议室召开了支部书记换届投票选举会。理学院党总支副书记郝迈同志，教工党员陈思源同志、王恒友同志及本科生第一党支部全体成员参与了会议。会上通过了推选陈思源同志为理学院本科生第一党支部书记以及6名发展对象进行群众调查阶段。

9月27日，同学们经过暑假前的就业动员并参与了暑期实习之后，学院学生工作办公室深入了解学生们的就业需求，为了解决学生们在就业过程中出现的困难，理学院邀请就业指导中心王子岳老师在西城校区实验3-110为信10级的同学们举办了一场本科生就业指导专题培训会。同学们都感觉培训很及时，也很有针对性，将会积极地准备，迎接就业高峰的挑战。

10月8日，理学院在基础教学楼C座205召开学风建设学生骨干动员会。出席会议的有理学院党总支副书记郝迈，理学院辅导员陈思源，以及理学院11、12、13级各班班长、团支书及学习委员。理学院陆续将展开的新生入学教育工作、专业教育、学风建设等多方面、多角度切入，加强师生之间沟通交流，尽早进入角色，端正学习态度，为今后学习工作早做准备。

10月10日，理学院在小鸟巢举办了一场别开生面的"非你莫属"职场竞聘类文艺晚会，作为新招学生干部的入围应聘面试。经过初试选拔脱颖而出的五名同学，以展示自我、才艺表演的形式参加接下来的入围面试并在最后由院领导们为五位竞聘选手分别颁发了聘书，并表示祝贺。这次晚会，旨在为新生提供展示自我的平台，丰富学生的课余生活，在今后的学习和生活中发挥自己的优势，改正自己的不足。同时，加强同学们对学生会的进一步了解，以便于今后更好更积极地投身到学校、学生会的大家庭中。

10月12日，理学院研究生党支部在西城校区教学2号楼403会议室召开支部会。党支部书记郝迈老师以及全体研究生党员参与了会议，讨论并通过了理研13汤梦洁同志的转正申请，介绍了学校本学期的重点工作。要求各位党员做好研究生的安全动员工作，加强日常安全教育，切实提高自身安全意识和防范技能。将党员先锋工程的各项工作与开展党的群众路线教育实践活动结合起来，要明确自身职责，细化各项任务，落实各项工作，要发挥学生党员的模范带头作用。

10月15日，为加强理学院电子专业学生对于其专业的认识，便于进一步明确其学习目标和方向，理学院邀请到北京航空航天大学电子信息工程学院著名教授江月松老师在基础楼A座211为我院电子131班学生带来题为"电子信息工程简介"的专业讲座。同学们纷纷表示对自己的专业有了更深层次的了解，对自己将要接触的课程和内容也有了整体的把握，更充分地把握未来四年的课程教学，对大学生活学习的规划起到了很大的指导作用。

11月2日，理学院"心怀感恩 情系建大"信息与计算科学系九周年毕业生回访活动在环能报告厅拉开帷幕，理院领导、师生共同迎接校友返校，带领他们再次领略母校的风采。毕业生从过来人的角度，跟应届生分享了自己的经验，并就同学们关心的问题给予帮助，同学们从中了解，会后，同学们都积极与校友建立联系。不知不觉中，活动结束了，但情谊不间断。青春仍在，岁月更改，流走的是光阴，留下的是情谊。让我们共同期待下一次更美好的相聚。

11月5日，心理素质中心的陈亚飞老师给理学院大一新生围绕"如何对待大学生活"这一主题进行了讲座，令同学们收获良多。

11月19日，国际教育学院吴海燕院长为理学院的同学们进行了《立足建大，放眼海外——本科生国际交流项目》专题讲座。讲座由理学院梁昔明副院长主持。吴院长希望同学们能挑战自己，从现在做起，刻苦努力，把握机会，追逐梦想！

11月21日，理学院在学A-101召开了"平安校园"迎评动员会，会议由辅导员陈思源主持。理学院党总支书记程士珍及全体学生近200人参加了会议。程书记要求全院学生要时时想安全、处处讲安全、事事重安全，在学习和生活中要有集体观念，要发扬吃苦耐劳和互助友爱的精神，共同维护好校园的安全稳定工作。

11月22日，理学院召开2013级理科实验班专业认识座谈会，邀请教务处处长邹积亭做我校专业介绍。理学院院长崔景安、副院长宫瑞婷以及2013级理科实验班全体学生参加了座谈会。通过这次座谈会，理科实验班的学生提高了专业认识，理解了学校专业分配政策，明确了奋斗目标，达到了新生领航的目的。

12月6日，老年空巢是个社会问题，数学系退休教师中也有空巢老人，数学系党支部按照建设"三型"党组织的要求，结合学院的实际情况，以关爱"空巢"退休教师为内容，开展服务型党组织的党性实践活动，确定了"一帮一"帮扶计划外，还重点研究了退休教师中最困难的帮扶对象。

12月6日，为了加强团总支学生会成员之间的凝聚力，增进彼此的感情交流，丰富课余文化生活，下午3:50在大兴校区西操场，理学院团总支学生会全体成员组织开展了一次户外素质拓展活动。这次活动的启发很多，团总支学生会是一个大组织，更是一个大家庭，离不开所有成员的共同努力。作为一名优秀的学生干部，要学会凝聚人心、团结共进，为构建和谐向上的学生会集体而不懈努力。

12月17日，在基础楼C座5层会议厅正式召开理学院团总支学生会工作总结会，各部门在总结这个学期的所有工作内容的同时，也反思了在各项活动中工作表现的不足，并制定了各部门今后的目标及规划。本次总结大会不仅是这个学期所有学生会成员的工作总结，更是一个"总结-精炼-提升"的过程，在经验中成长，更为下一个学期打下良好的基础，让我们共同展望理学院更绚烂的未来、更璀璨的明天。

（王恒友　崔景安）

第十二章 教学辅助工作

一、图书馆

【概况】 图书馆现在馆藏中、外文图书 150 万册（截至 2013 年底，含建筑学院、文法学院、经管学院的资料室藏书 10 万多册，大兴分馆藏书 30 万册，本部图书馆 70 万册，中国建筑图书馆 30 余万册），生均达到 159 册；期刊 1435 种（本部 1109 种，大兴分馆 326 种），报纸 60 种，资料（技术标准规范、工程标准图等）上百种，数据库 46 个（其中中文 31 个，外文 10 个，自建库 3 个，自建网络资源平台 2 个），电子图书 30 万种（连网络非本地共有 121 万种），主页访问量突破 150 万次。本馆全部图书使用《中图法》进行分类。馆藏图书中 75% 为理工类图书，60% 为建筑类图书，本馆成为全国建筑类图书最为齐全的高校图书馆，建筑文化和老北京文化方面的文献非常丰富。馆藏特色特别体现在积累了一批珍贵的，有价值的建筑类文献，其中中文 60%、外文 40%，著名古籍文献和原版文献约 4000 册。《中国营造学社汇刊》30 种，我馆有 28 种；《埃及的穆斯林建筑》1951 年版全球 550 部，我馆有第 426、516 两部；英文原版瑞典喜仁龙著《北京的城墙和城门》1924 年版全球 800 册，我馆收藏第 241 册和第 299 册。清华大学建筑系教材，我馆收藏齐全。从清乾隆京城全图到各种老北京地图均有收藏，并建立了数字化的《北京地图》特色资源包，被北京市教委评为 2011 年度优秀资源包项目。

近年，平均每年投入资源建设经费不少于 500 万元，其中政府专项中外文图书期刊 200 多万元，数据库资源 200 多万元，学校支持建设经费和日常经费 100 万元。

馆舍分为两部分，西城校区图书馆近 8000 平方米，大兴校区图书馆是临时馆，位置在大兴校区西南侧学院楼 B 座，总使用面积 1840 平方米。两个校区图书馆通过校园网实现与西城校本部图书馆计算机管理系统的有机统一，一证通用，资源共享。图书馆以开放的资源布局、现代化的管理手段和以人为本的服务理念为核心，实行"藏、借、阅、咨一体化"的开放服务管理模式，向读者提供借阅、咨询和文化素质教育等文献信息服务。我校图书馆已成为内部以局域网连接，以集成系统进行管理，连接校园网和互联网，既服务高校师生、又面向社会读者开放的，超过百万册文献藏量的、有着鲜明建筑特色的高校中型图书馆。馆内分设采编部、刊物信息部、流通阅览部、信息咨询部、文化工作室、信息技术部和数字图书馆工作室、大兴分馆和办公室等部门。

西城图书馆内设有科技书库（一层），社科书库和报刊阅览室（二层），建筑书库、建筑阅览室和资料中心（三层），中国建筑图书馆（共建空间，四层），基藏书库（地下室）。大兴图书馆东库，提供文学（I 类），艺术（J 类），历史、地理（K 类），自然科学总论（N 类），数理科学和化学（O 类）、天文学、地球科学（P 类），生物科学（Q 类），医药、卫生（R 类），农业科学（S 类），工业技术（T 类）包括自动化技术、计算机技术（TP

类）、建筑科学（TU类），交通运输（U类），航空、航天（V类），环境科学、安全科学（X类）等学科及综合类图书（Z类）藏书的借阅服务。西库提供马列主义、毛泽东思想、邓小平理论（A类），哲学、宗教（B类）包括心理学（B84类），社会科学总论（C类）包括管理学（C93类），政治、法律（D类），军事（E类），经济（F类），文化、科学、教育、体育（G类），语言、文字（H类）等学科藏书借阅和报刊阅览服务；图书馆全部提供开架借阅一体化服务。

图书馆先后与北京地区高校图书馆文献资源保障体系（BALIS）、中国高等教育文献保障系统（CALIS）、国家科技图书文献中心（NSTL）签订了原文传递和馆际互借协议，实现了北京地区高校间的文献资源共享；积极参加了北京高教学会图书馆工作研究会、高等艺术院校专业委员会及CADAL项目；依托各种中外文数据库，积极开展参考咨询、科技查新、代查代引、定题服务、馆际互借和原文传递等服务，为教学、科研工作提供全面信息支持。

图书馆现有馆员44名，专业技术人员37人。其中，40岁以下，8人，占18.2%；40-50岁，20人；占45.55%；50岁以上，16人，36.4%。正高2人，占4.5%，副高10人，占22.7%，中级20人，占45.55%，初级及以下，12人，占27.3%。图书馆直属党支部有党员28名，在职党员14名（占全馆人数的31.8%），平均46岁，具有副高以上职称7名。退休党员14名（占退休人数的41.2%），直属党支部设置支部委员会3人，设书记1名，委员2名。

我们始终坚持把读者第一作为图书馆的理念，逐步形成了一个由采编、流通、阅览、信息咨询、技术支持和读者服务功能完善的，藏借阅一体的现代化文献信息服务体系。积极组织开展"把读者放在心中，把微笑挂在脸上"优质服务月活动。为了树立良好的图书馆形象，提升馆员个人素养，为读者提供更优质服务，2011年，图书馆特向全体读者正式公布图书馆服务公约：爱国爱校，爱馆爱书，知书达礼，守时整洁，首问负责，读者第一，服务育人，周到亲切，崇尚知识，努力学习，团结互助，爱岗敬业。

图书馆荣获BALIS馆际互借服务先进集体三等奖和先进个人二等奖；荣获BALIS原文传递服务最佳进步奖和先进个人二等奖；荣获CASHL经济学学科服务最佳推广奖二等奖；再次被评为北京科技情报学会2013年度先进单位。11月，图书馆分工会被评为北京市教育系统先进职工小家。图书馆社会影响力显著提升，成为中国图书馆学会大学生阅读推广委员会委员单位、北京高校博物馆联盟成员馆、北京市图书馆协会理事单位。

【馆舍建设】2013年是图书馆全面启动新馆室内环境建设工作的一年。新馆家具和标识财政专项完成招投标，老馆也进行部分升级改造。

1. 新馆家具：3～4月，与潜在投标厂家广泛接触，了解各家设计、制造和后期服务能力，并集中对北京通州、宁波和江西4个厂家进行实地考察。5～6月，会同校内外行业专家，完成招标技术参数及评分标准的制定和编写工作。7月，完成书架及办公家具三个包的招投标，参与标书和样品评审，确定两家中标单位，签订合同额共计1000余万元。9～12月，参观北京大学法学院图书馆、人民大学图书馆、首都图书馆等，优化书架和阅览桌椅制作方案，确定新馆各层馆藏与功能布局。

2. 新馆标识：4～5月，与潜在投标公司广泛接触，了解各家设计、制造和后期服务能力。6～7月，会同校内外行业专家，完成招标技术参数及评分标准的制定和编写工作。

8月，完成标识包的招投标工作，确定一家中标单位，签订合同额40万元。9～12月，参观北京大学法学院图书馆、人民大学图书馆、首都图书馆等，结合新馆各层馆藏与功能布局，优化标识设计方案。

3. 新馆配合内装修设计：3月，致函基建处及同济大学设计研究院，提出确保门禁系统、检索机电源和网口；根据家具布局调整地插布局；根据馆藏和功能布局取消部分隔断墙；调整不合理的馆藏空间吊顶材料和照明方式等建议，并于4月中旬得到回复，同意其中电源调整、取消部分隔断墙、修改部分吊顶和照明实施方案。10～12月，研究地下报告厅和五层报告厅地面起坡和增加设备间问题并提交基建处，经校办公会研究，同意增加设备间轻隔断，未采纳地面起坡方案。

4. 老馆升级改造，图书馆特藏空间：图书期刊文献是极其珍贵的人类文化遗产，我馆积累的建筑特色珍本文献是国家和民族的重要精神和物质财产，尽最大努力保护保存好这些珍贵的图书期刊文献，是我们的神圣职责。但因为我校老校区图书馆设备设施陈旧，空间资源非常紧张，使得本馆积累的一批珍贵的建筑类文献，由于缺乏保管条件，面临气温、湿度等环境因素的随时损害的危险。（1）项目实施：①老馆二层北京建筑大学图书馆特藏空间；②老馆三层中国建筑图书馆珍贵图书特藏空间；③新馆二层北京建筑大学珍本馆特藏空间。（2）实施内容：每个特藏空间均包括精密空调主机（爱默生40kW主机）、配套设备、电控设备、环境监控设备、报警设施等。另包括环境改造所需的简单装修，包括空调设备降噪、防尘处理、管路封闭处理等。

【文献资源建设】 1. 订购2013年度中文期刊1135种，1490份；报纸104种，106份；外文期刊127种，127份。其中新增中文期刊61种，202份；新增报纸15种，15份；新增外文期刊10种，10份。

2. 采购中外文图书5.5万种，编目加工图书9.5万册。

北京建筑大学图书馆2013年度文献资源采购财政专项计划

序号	项目名称	经费（万元）
1	中文图书资料购置项目	226
1-1	中文纸质图书资料与地图	200
1-2	中文纸质期刊资料	26
2	进口图书资料购置项目	200
2-1	港台版纸质图书资料与地图	40
2-2	外文纸质图书资料	90
2-3	外文纸质期刊资料	70
3	新建图书馆图书资料购置项目	360
合计	图书资料购置项目	786

【信息咨询与读者服务】 5月14日，图书馆信息咨询部在西城校区食堂门口组织开展"BALIS馆际互借、原文传递"的校园宣传日活动，旨在推动北京地区高校图书馆的信息资源共享。5月17日，图书馆信息咨询部刘春梅老师为建筑学院研究生举办"图书馆电子资源与服务"讲座，开展有针对性的信息素质教育。6月7日，图书馆王锐英馆长、信息咨询部郭燕萍主任和通达恒远公司技术总监李辉赴万方公司总部，就我馆和通达公司产

学研合作项目："论文比对和辅导写作项目"，与万方公司洽谈合作事宜。6月27日，图书馆举办了"建大梦·图书馆的梦·我的梦"主题教育第二次活动。由本馆信息咨询部的郭燕萍老师、中国人民大学图书馆的宋姬芳副馆长分别做了高校图书馆参考咨询与学科服务的历史回顾与展望。7月1日，图书馆学术论文集《云服务时代的特色图书馆建设》由中国建筑工业出版社正式出版发行。该书由图书馆信息咨询部郭燕萍主任及王锐英馆长担任主编，共计收录北京建筑大学图书馆馆员文章13篇，校外征文17篇。7月12日，"北京建筑大学图书馆2013年学术年会"在西城校区第三阶梯教室召开，会议由陈靖远副馆长主持，张大玉副校长出席会议并讲话；建筑工业出版社田启铭主任到会，赠送图书馆学术论文集《云服务时代的特色图书馆建设》100册，并对我们连续三年的圆满合作做了总结；王锐英馆长代表图书馆向所有来宾及校外文章作者赠书，来自北京大学图书馆的刘素清老师等六人分别就自己的论文做了主题演讲，最后，王锐英馆长就年会做总结性发言。10月25日，在图书馆信息咨询部杨洁华老师牵头和几方面人员的共同努力，北京地区高校图书馆文献资源保障体系（BALIS）和高等教育文献保障系统（CALIS）原文传递融合系统开通，即日起对读者开展服务。11月26日，图书馆信息咨询部郭燕萍主任及杨洁华、刘春梅老师参加了北京科技情报学会2013年学术年会暨"大数据时代的科技情报服务高峰论坛"。图书馆再次被评为2013年度先进单位，王锐英馆长、郭燕萍主任被评为优秀学会干部。12月23日，BALIS召开2013年度原文传递及馆际互借总结表彰大会，图书馆荣获BALIS馆际互借服务先进集体三等奖、BALIS原文传递服务最佳进步奖，杨洁华老师荣获BALIS馆际互借及原文传递服务先进个人奖二等奖；在CASHL宣传推广活动中，图书馆荣获2013年CASHL经济学学科服务最佳推广奖二等奖。**读者服务数据**：（1）全年图书流通量：187465册次；（2）办理毕业生离校手续：2050人；（3）办理图书上账登记：511份；（4）收缴罚款：4602元；（5）开馆时间（假日和暑假除外）：大兴校区：周一至周日8：30～22：00，西城校区：周一至周日8：30～22：30。

【教学科研工作】 1. 教学：2013年，图书馆共计完成信息素质教育方面的课程288学时，其中校级公选课《电子资源信息检索与利用——图书馆导航》120学时，合计270名学生接受了图书馆使用方面的指导；院级选修课《科技文献检索》、《文献检索与写作》、《文献检索》152学时，合计568名学生提升了信息素养；研究生必修课《信息检索》16学时，共计150余名在职工程硕士掌握了信息检索技巧及论文写作方法。开设《创造性思维训练》选修课程128学时，合计240名学生接受了创新素质教育培训。

2. 科研：2013年，图书馆完成校内外各级、各类科研项目7项，其中北京高校图书馆工作研究会科研基金项目3项，项目负责人分别为王锐英、郭燕平、蔡时连；北京市教委项目1项，项目负责人为沈茜；校级科研基金项目2项，项目负责人分别为郭燕平、刘淼；校级教改项目1项，项目负责人为沈茜。

【信息化与数字图书馆建设】 2013年图书馆信息化项目工作主要是配合新建图书馆进行配套信息化设备和工程的专项申报补充材料和招标采购工作。全年合计完成采购10项，设计完成11项（另包括图书馆中心机房的咨询、考察、设计、申报等工作），批准经费共计1762.269万元。所有项目由中润达招投标公司代理招标。

【文化教育活动】 图书馆"三重一心"文化建设和大学生阅读推广活动特色效果日益鲜明，文化图书馆建设与服务工作扎实推进，图书馆社会影响力显著提升，为促进大学生人文素质教育，推进校园文化建设，提高师生文化素养做出贡献。

3月19日，图书馆学生馆员助理聘任仪式在大兴校区举行。3月28日，举行图书馆大学生助理馆员春季聘任仪式，共29人报名，全部录用，聘期2012年3月～2013年3月。其中大兴校区16人；西城校区11人，研究生1人；续聘2012届8人。分为会务、宣传、馆务、文化建设组。

4月23日，《北建工馆讯》更名《北建大馆讯》（总第42期）正式发布，世界读书日暨第七届"开卷·我的大学"系列读书活动及校园宣传活动，公布本届活动口号："大人之学，以德承智，大智之学，以书承人"。图书馆大学生助馆业务培训课，王锐英馆长为今年图书馆招聘的20余位大学生助馆、学生馆员进行了以图书馆发展历史和未来规划为题的业务培训讲座，组织大学生助馆参观图书馆新馆建筑工地。

5月7日，第七届"开卷·我的大学"读书活动开幕式在大兴校区临时图书馆门前隆重举行。本届读书活动由图书馆与中国建筑图书馆联合校宣传部、校工会、校学工部、校教务处、大兴校区管理委员会、校团委、校学生会、校研究生会、校学生社团联合会联合举办。学校党委副书记张启鸿，副校长张大玉，北京石油化工学院图书馆书记魏强，北京人天书店设备分公司总经理诸一忱，校宣传部部长孙冬梅，学工部部长黄尚荣，教务处处长邹积亭，校工会常务副主席刘艳华，理学院院长崔景安，校团委书记朱静，图书馆馆长王锐英、副馆长陈靖远，以及各学院领导、图书馆的老师、各学院的学生代表等200余名师生参加了开幕式。开幕式由图书馆直属党支部书记兼副馆长沈茜主持。（1）图书馆王锐英馆长致开幕辞。（2）学工部部长黄尚荣、宣传部长孙冬梅老师分别宣读了2012年度阅读之星和美文征选获奖者名单。并进行了颁奖仪式。征文一等奖获奖者李畅同学发言。（3）赠书仪式。土木学院参加北京市首届大学生结构大赛获奖者吴佳莹同学代表参赛的同学向图书馆赠送我校学生作品集：《首届北京市大学生建筑结构设计竞赛作品集锦》一书。陈靖远副馆长接受赠送并向他们颁发了捐赠证书。（4）教师代表理学院院长崔景安教授讲话，寄语大学生学会正确的读书方法，在读书中学习成长，内修品德，外树功业，励精图治，取得更好的成绩。（5）副校长张大玉讲话，代表学校党委和行政，热烈祝贺我校第七届"开卷·我的大学"读书活动隆重开幕；本次读书活动的隆重开幕标志着揭开了我校建设北京建筑大学的序幕。让大学充满读书声，提高大学生文化素养和丰富师生精神文化生活，这是一个大学的根本。5月25日，大学生心理健康日。组织"党员推荐优秀馆藏，助力学子成长"党性实践活动。图书馆坚持"把读者放在心中，把微笑挂在脸上"的宗旨，结合今年"开卷·我的大学"读书活动，整理出一份利于大学生心理健康发展的书目和利于毕业求职的书目，推荐给大学生。在网上和图书馆大厅做了宣传。

7月8日，魏智芳老师退休欢送会，魏老师向图书馆赠送《北京建筑大学图书馆》纪念图章一枚，成为本馆印章。7月10日，"百年大师中国梦展览"的支持单位大中华跨越式教学基金会（香港）主席邓观瑶、中央政府驻香港特区联络办公室教育科技部处长张汉雄、深圳市港澳台文化研究会副会长唐元松等单位人员组成的京冀文化考察团一行9人到访河北大学后，顺道来京访问我校，考察在北京在我校图书馆举办展览的可行性。图书馆王锐英馆长、沈茜书记、宣传部孙强、图书馆文化工作室芦玉海主任，在大兴新校区接待了考察团，介绍了我校情况和大兴新校区、图书馆建设情况，以及合作筹办事项；带领考察团实地考察了新建图书馆。此前，图书馆与中国政法大学李铁教授商谈合作举办百年大师中国梦展览和反腐制度展览，经过多次商谈，根据该项目的设想，并通过校宣传部共同协商，计划在新馆建成后择机举办。

8月18日，图书馆直属党支部书记兼副馆长沈茜主持召开了图书馆领导班子和党代表会议。（1）传达了暑假期间学校党委召开的二级单位党总支书记会议的精神；（2）传达了党中央和北京市委对此次教育实践活动的要求，介绍了我校党委群众路线教育实践活动的开展情况，并对此次群众路线教育实践活动提出了详细而具体的要求；（3）对图书馆落实党的群众路线教育实践活动的工作提出了要求；（4）班子成员和党代表芦玉海老师，参加了学校党委召开的党的群众路线教育实践活动党员大会。

9月17日，图书馆文化系列讲座：《城市现代化与建筑生态化的问题》，主讲人：韩增禄。9月24日，图书馆文化系列讲座：《北京古狮》；主讲人：梁欣立。9月27日，图书馆在大兴校区内举行了第七届开卷读书活动的现场宣传咨询，图书馆文化工作室的老师们和大学生助馆们向学生们发放了本届读书活动中各项活动内容的宣传资料，并现场热情解答了同学们的各种相关咨询，以《我的大学·当我遇见你》为主题的征文比赛即日起开始启动，面向全校各学院及学生社团的读书活动招标将继续开展，新一届大学生助理馆员及志愿者开始招募，已连续举办三年的文化系列讲座将推出更丰富更精彩的文化盛宴，丰富多彩的读书活动将以更新颖形式充实学生们的校园文化生活。9月30日，图书馆领导班子成员到文化工作室，专门参加部门工作研讨会。10月6日，图书馆文化系列讲座：《健康人生》；主讲：张复兵。

10月10日，王锐英馆长特别邀请老北京网的"掌柜"张巍来到我校图书馆，就有关老北京文化文献信息资源建设、研究与双方合作等事宜进行了深入研讨。沈茜书记、宣传部孙强和文化工作室人员参加研讨。10月15日，图书馆文化系列讲座：《古村探源》；主讲：何重义。10月16日，图书馆招聘大学生助馆在大兴校区四合院面试。本次（2013秋）招聘有173人报名，本期报名覆盖了各年级各学院，大二学生居多，社团干部增加，录用兼顾学院、年级、特长等，均聘为大学生馆员。10月22日，图书馆文化系列讲座：《北京四合院》，主讲：倪吉昌。10月23日，图书馆文化系列讲座：《看电影，想建筑》；主讲：刘军。

11月1日，图书馆大学生助理秋季聘任仪式，本次录用58人，其中大兴50人，西城8人。聘期2013.10～2014.10，分为会务、宣传、馆务、摄影、文化建设组。图书馆大学生助馆业务培训课。王锐英馆长主讲《摄影基础知识》业务讲座。11月5日，图书馆文化系列讲座：《北京城市水系与水文化》主讲人：耿波。11月6日～9日，沈茜书记、芦玉海主任和赵丹三人赴上海参加2013年中国图书馆学会年会。沈茜的论文《建筑类高校图书馆阅读推广中招投标组织方式的创新与实践——以北京建筑大学图书馆为例》，获得中国图书馆学会2013年会优秀论文一等奖。11月20日，图书馆文化系列讲座：《学者人生》；主讲人：戚承志。11月25日，图书馆主办，建筑学院学生会、图书馆助理团队承办《开卷阅读LOGO设计大赛》。11月，图书馆文化工作室在大兴校区举办《大学生活，我们该走向何方》演讲辩论赛。

12月5日，校团委，图书馆主办，文法学院承办"北京建筑大学第一届汉字听写大赛决赛"。12月10日，北京龙泉寺贤才法师等一行4人来访，向我馆赠送100册图书，并就佛教建筑文化和两馆交流进行了探讨。12月17日，图书馆与学校办公室、党委宣传部、校友工作办公室、离退休工作办公室联合发布"关于征集北京建筑大学校史资料和实物的通知"。接待办公室设在图书馆文化工作室，由图书馆筹办校史馆。12 月 20～21 日，图书馆主办，建筑学院求索协会承办"明信片书签设计系列活动"，主题："我眼中的北建大"。12 月 30 日，2013 年"开卷-我的大学"读书活动之系列活动——创意书签明信片设计大赛评出并印制优秀作品，五张摄影明信片和五个摄影书签，摄影作品均为学生自己拍摄的。

【党建、工会工作】 1. 图书馆党建与思想政治工作更加有力和有效，成效突出。图书馆直属党支部认真贯彻落实校党委工作部署，重点完成了学习落实十八大和三中全会精神、组织党的群众路线教育实践活动。特别是紧密结合图书馆中心工作，进一步明确了大学图书馆的建设目标和任务，从实际出发开展思想政治教育，为建设大学图书馆做出努力。

（1）领导班子带头组织党员和干部深入学习十八大精神，指导工作实践。图书馆领导班子团结进取、务实创新，联系群众、廉洁自律，党政工作有机结合、协调配合，在全馆起到了很好的示范引领作用。根据《图书馆直属党支部学习宣传贯彻党的十八大精神主题教育活动方案》，深入开展学习实践活动，包括"学习十八大报告并进行党风廉政教育"的理论中心组扩大学习会和民主生活扩大会，督促干部完成了撰写十八大学习体会和在线学习任务。党员干部按照《通知》要求，自查自纠。班子成员重点汇报了落实党风廉政经济责任制，防控潜在风险，落实"三重一大"的情况，针对群众提出的意见作了自我剖析和整改计划。组织党员参加了学校组织的各项政治理论学习，以及在线学习。6 月份，在两个校区分别组织党员主讲主问学习，沈茜书记主讲学习新党章。5～6 月份间，组织了"党员推荐优秀馆藏，助力学子成长"党性实践活动。图书馆党建工作坚持"把读者放在心中，把微笑挂在脸上"的宗旨，结合第七届"开卷·我的大学"读书活动，党员整理出利于大学生心理健康发展的书目和利于毕业求职的书目，宣传推荐给大学生。在党支部考核中，图书馆群众对图书馆党员发挥作用满意度为 96.2%；党支部书记沈茜在党员中满意度为 97.4%。

（2）以"大学图书馆理念与建设"为主线组织讨论，落实"中国梦"教育。3 月份制定了《2013 年图书馆'建设大学图书馆大讨论'教育活动计划》，结合中国梦教育，统一全馆思想，通过大学及大学图书馆的构成要素、业界建设大学图书馆的主流思想以及我校图书馆建设策略的研讨分析，认清大学与学院图书馆的本质区别，大学图书馆馆员的能力要求和提升途径等。组织图书馆中国梦宣讲团，由本馆资深馆员和特邀兄弟院校 3 名馆长组成，组织了 4 次如何建设大学图书馆的"建大梦·图书馆的梦·我的梦"主题教育系列活动。

（3）贯彻落实党的群众路线教育实践活动。根据《中共北京建筑大学委员会深入开展党的群众路线教育实践活动实施方案》（北建大党发〔2013〕14 号）要求，党支部结合图书馆实际，以"照镜子、正衣冠、洗洗澡、治治病"，坚持求真务实，突出实践特色为指导思想，认真贯彻落实党的群众路线教育实践活动。①成立了群众路线教育领导小组；②组织班子成员的理论学习，包括：两次集体理论学习党的群众路线教育实践活动文件、习近平总书记的讲话、市委十五条意见等内容。参加了 2 次片组学习。讨论了群众路线时代内涵，为民务实清廉的具体做法，查找本单位在"四风"方面的表现和危害。参加了"牢记宗旨信念，自觉践行党的群众路线"主题党课学习以及党的群众路线教育实践活动报告会；③组织党员理论学习，学习内容分成9个专题，每一位党员自学某专题。9月份，在两个校区各组织了一次主讲主问学习；④认真听取群众意见，如召开了1次联络员参加的图书馆领导班子及成员民主测评会，图书馆班子成员，教授，科以上干部，民主党派、教代会代表共计17人参加此次民主测评，2次集中征求馆员意见会，发放问卷调查读者意见。共收集到对班子的意见14条，对沈茜书记的意见6条。之后，认真组织普遍地谈心活动。班子成员之间，与总支委员、部主任之间交换意见。⑤认真撰写对照检查材料，重点围绕落实为民务实清廉要求、落实中央八项规定和市委15条意见精神，进一步聚焦反对"四风"，结合履行职能职责，通过"自己主动找、对照典型找、突出重点找"，进一步梳理领导班子和党员领导干部在"四风"方面的突出问题。⑥边学边改，将党性实践活动落在实处，务求实效。如班子成员分别参加各部室工作研讨会，了解具体困难，给予具体落实。组织党员献计献策，在正式供暖日之前有效地解决馆员反映的图书馆大厅保暖问题。在学习反思的基础上，召开班子民主生活会，不仅发现了问题、研讨了问题，而且促使班子成员很好地交流了思想，提高了认识，增进了团结。召开党员组织生活会。每一名党员结合学习实践，剖析自己的"四风"问题，并撰写书面汇报，在会上作了很好的批评和自我批评。在整改中，认真回顾检查，组织好"回头看"，提出自查报告、图书馆整改方案和个人整改措施，并组织了交流自查活动。

（4）认真学习贯彻十八届三中全会精神。班子成员不仅参加学校组织的专题辅导报告会和片组学习会，而且在工作中积极落实全会精神，以改革精神推进工作，转变工作作风，严格执行公务支出的各项规定，把反对"四风"落到实处。启动具有图书馆特色的党员读书论坛，组织发动每一位党员一学期读一本书，在学期末向大家推荐的活动。

（5）以评促建，通过党委全面检查。图书馆认真总结3年以来的工作，在征求全体党员以及班子成员意见基础上，形成了总结报告。6月6日，接受了党委考核组的工作考核。党委对图书馆直属党支部在围绕图书馆中心任务抓党建，重视领导班子建设，党风廉政建设、组织"主讲主问制"学习，以及重视党建创新，坚持为学校文化建设和学科服务建设，开展特色鲜明的党性实践活动给予了充分肯定，指出在提炼特色，发展党员，工作存档方面的不足。根据党委意见进行了整改，2014年1月份通过了党委检查。

（6）其他党务工作。加强宣传工作，年编印馆讯10期，校园网发布新闻42件，公告16篇；组织文化活动如游览园博园，畅游清凉谷，参观书画展，观看电影等；2013年"共产党员献爱心"捐献活动；慰问生活困难退休党员和馆员；组织退休党员季度学习交流活动3次，包括观看"正道沧桑—社会主义500年"电视片，学习新党章，参观园博园等；组织退休职工2014年新年茶话会。

2. 坚持做好党风廉政建设工作。一年来，图书馆未发现违法违纪事件。图书馆是学校资源和基础设施建设重点单位，我们一直坚持"教育在前、标本兼治、综合治理、惩防并举、注重预防"的方针。重点抓教育，规章制度建设，严抓落实几个环节。一是坚持民主集中制，凡涉及图书馆建设与发展计划、财政经费和支出、职工聘任考核和权益等重大事项均经过图书馆党政联席会议及馆务扩大会议审议通过，并向馆职工大会报告。二是坚持馆务公开、征求意见和按程序决策。三是财政专项一直实施招投标采购模式，并尽可能让馆员参与评标打分，如新馆家具项目。同时，在图书招标采购中主动总结经验，创立出在图书采购招标中怎样评分，积极规避风险的方法。1月11日，采编部主任袁伟峰在第二届北京高校图书馆资源建设学术交流论坛做"图书采购招标中成本计算·采购招标中评分方法"主题宣讲。为此，10月份编制了《北京建筑大学图书馆图书期刊文献采购工作权力运行流程图》，《北京建筑大学图书馆数据库采购工作权力运行流程图》，《北京建筑大学图书馆家具设备采购工作权力运行流程图》。配合纪监审党支部，开展了"建设廉政书架"党性实践活动，已经完成了解既有馆藏情况，购买图书，正在做数据的工作。

3. 工会工作扎扎实实，取得出色成绩。11月，图书馆被评为北京市教育系统先进职工小家。多年来图书馆教代会和分工会认真履行各项职能，加强职工教育，维护职工权益，多次召开职工大会，由领导班子作图书馆工作报告，选举第七届教代会暨第七次工代会代表，专门征求职工意见，落实馆务公开等。在有限空间资源条件下，党政工携手共建工会之家，积极组织馆员参与各种文化交流、参观考察、业务竞赛、学习报告、文体活动等，慰问关怀职工，丰富职工文化生活，营造团结和谐向上的氛围，得到校工会赞许，代表学校参加北京市教育系统先进职工小家评审考察。图书馆分工会主席沈茜以"养书卷之气韵，建和谐之家园——党政工携手共建民主、温暖、健康、学习、淑世五彩文化之家"为题，向北京市高校工会专家组汇报了图书馆分工会紧密围绕图书馆建设"特色图书馆、数字图书馆、文化图书馆"的建馆目标以及"研究建筑文化，传承建筑文明"的文化建馆理念，积极思考如何开展分工会工作，做好党政领导凝聚人心的助手的工作经验，介绍了馆员学习进取，研究建筑文化，传承建筑文明，积极承担老北京建筑文化研究，开展"开卷"系列读书活动等工作情况。专家组走访了图书馆分工会教工之家，考察了图书馆主持的教科研项目、文化研究成果、读书活动简况，听取了馆长王锐英支持工会工作，以及工会工作如何发挥作用，服务大局的工作汇报。北方工业大学常务副主席陈太栋代表评审组对检查情况进行了现场点评。他指出，北京建筑大学工会工作水平高，得益于党委的重视和指导，得益于工会干部的付出。图书馆分工会的工作给我们留下了深刻印象，很有特色，能够紧密结合图书馆发展的要求，注重发挥工会成员的聪明才智，活动丰富多彩、有声有色。可以总结为：其一，领导重视、认识到位、全员参与，形成党政工共建和谐之家的高效工作格局；其二，围绕中心，服务大局，积极开展适合图书馆特点的工会活动，形成了"充分利用空间，文化氛围浓郁，洋溢着书卷气"的鲜明特色；其三，注重人文素质建设，提升馆员文化素养，达到了凝聚人心，建和谐之家的目的。最终，图书馆分工会顺利通过了北京市教育系统先进职工之家的评审。

（齐群　沈茜　王锐英）

二、高等教育研究室

【概况】高等教育研究室成立于1999年，原挂靠教务处；2006年6月独立为处级教辅单位，2013年4月挂靠学校党政办公室。工作职责主要结合学校改革和发展的需要，开展理论性、应用性和实践性的研究，为学校领导提供决策和咨询服务，为学校教职工提供高等教育理论学习和研究的平台，并进行高等教育研究类文献资料的交流、收集和借阅工作。自2006年，学校被推选为中国建设教育协会普通高等教育委员会主任委员单位，秘书处设立在高等教育研究室。近些年来，一直秉承"搭建平台、强化交流、注重协同、创新发展"的理念，积极开展建筑类院校教育教学改革与研究工作，加强各委员单位的交流与合作，以服务为宗旨，做好中国建设教育协会下达的各项工作和自身的日常管理工作。

【完成中国建设教育协会优秀教育教学科研成果奖奖金发放工作】 在庆祝中国建设教育协会成立二十周年的系列活动中，中国建设教育协会普通高等教育委员会组织会员单位参加了优秀教师、优秀教育工作者、优秀会员单位、优秀教育教学科研成果奖的评选。委员会组织申报的优秀教育教学科研成果奖得奖共计 43 项，其中一等奖 4 项，二等奖 16 项，三等奖 23 项。2013 年 1 月，优秀教育教学科研成果一等奖奖金由中国建设教育协会直接发放给课题负责人，二、三等奖奖金由普通高等教育委员会组织发放。

【组织完成中国建设教育协会科研课题申报工作】 通过广泛宣传和动员，有 12 家会员单位申报中国建设教育协会科研课题，共计 49 项。经过中国建设教育协会普通高等教育委员会和中国建设教育协会两轮专家评审，最终有 43 项课题在中国建设教育协会立项，其中有 10 个优秀课题推荐申报住房和城乡建设部 2014 年度软科学课题。

【协助筹备、举办 2013 年第九届建筑类院校书记、院（校）长论坛】 2013 年 10 月 11～13 日第九届全国建筑类高校书记、校（院）长论坛在河南省平顶山市河南城建学院召开，本届论坛由中国建设教育协会主办、河南城建学院承办。论坛的主题是：提升文化内涵、促进科学发展，下设八个分题。共有 19 个单位 43 位代表参加了论坛。我校党委书记钱军应邀出席，并作了题为《关于实施科技兴校战略的思考与实践》的报告。

【出版《中国建设教育协会普通高等教育委员会 2013 年教育教学改革与研究论文集》】 论文集重点围绕新型城镇化战略背景下建筑高等教育的发展，建设有特色、高水平建筑大学的探索，新型城镇化战略对建筑类院校学科建设、科学研究、人才培养、社会服务的挑战与应对措施，新时期推进教育教学改革的实践与探索，卓越工程师教育培养计划的推进，高校协同创新，产学研结合，本科教学工程，学科专业建设，改进教风和学风建设，学校管理体制改革等方面，共征集论文 93 篇，经过组织专家评审，最终录用 58 篇，共计文字约 41 万字。其中我校共计投稿 39 篇，录用论文 30 篇。

【召开中国建设教育协会普通高等教育委员会五届一次全体会员单位会议】 2013 年 7 月 14～16 日，由中国建设教育协会普通高等教育委员会主办的五届一次全体会员单位会议在昆明理工大学召开。住房和城乡建设部人事司专业人才与培训处调研员高延伟，云南省住房和城乡建设厅副厅长李发新及 7 所副主任委员单位的高校领导出席了会议，我校朱光校长代表普通高等教育委员会致开幕词。参加本次会议的高校共 21 所，逾 60 人。全会通报了普通高等教育委员会换届选举和中国建设教育协会批复的结果，审议通过了普通高等教育委员会秘书处关于 2012 年委员会工作总结报告和财务总结报告，研究制定了 2013 年度委员会工作计划。同时，全会以"新型城镇化战略与建筑高等教育发展"为主题，举办了会员单位年度交流论坛，我校副校长张大玉作了题为《土建类应用型人才培养综合改革的理论与实践》的专题报告。

【配合中国建设教育协会开展各类建设类大中专院校学生职业能力的比赛活动】 宣传、动员会员单位组织学生参加第五届全国高等院校斯维尔杯 BIM 系列软件建筑模型大赛、第六届全国高等院校广联达杯算量软件大赛、第四届全国高等院校广联达杯工程项目管理沙盘模拟大赛以及"第四届全国高等院校建设类专业优秀大学生夏令营"活动。

【其他工作】 宣传、动员会员单位组织教师参加中国建设教育协会主办的首届全国建筑类微课比赛；积极开展新会员发展工作，吸收沈阳工程学院加入中国建设教育协会普通高等教育委员会；认真做好委员会财务管理工作，积极收取 2013 年会费，18 家会员单位缴纳了 2013 年会费。

（詹宏伟　吴建国）

三、学报编辑部

【概况】学报编辑部是《北京建筑大学学报》的编辑出版单位。现有专职编辑 3 人。其中副编审 2 人，工程师 1 人。《北京建筑大学学报》是北京市教育委员会主管，北京建筑大学主办的工程技术类学术期刊。

【学报建设】《北京建筑大学学报》以马列主义、毛泽东思想、邓小平理论和"三个代表"重要思想为指导，坚持科学发展观，坚持理论联系实际，发扬学术民主，促进学术研究，推动北京建筑大学的教学和科研工作，扩大国内外的学术交流，为社会主义现代化建设服务，尤其是为人文北京、科技北京、绿色北京服务。《北京建筑大学学报》坚持以自然科学和工程技术为主的办刊方针，突出学校的专业特色，在古建保护、建筑与城市规划、土木工程、道路与桥梁工程、环境科学技术、测绘与地理信息、机电与信息工程、数理科学、工程管理、建筑法律、人文科学等学科领域体现专业优势。稿件采用校内为主，校外优秀稿件为辅的用稿原则，注重刊物的学术性和创新性，旨在展示国内外相关领域的最新研究成果和技术水平。

【出版发行】《北京建筑大学学报》为季刊，每季度末出版。学报编辑部负责《北京建筑大学学报》的出版发行工作。专职编辑拥有丰富的办刊经验，能够按时按质完成学报编辑出版发行工作。编辑部有严格的稿件审查制度和编辑出版规范，实行背靠背的内外二审审稿制度，可以保证稿件的学术质量和专业水平。编辑部能有序按计划完成学报的发行工作，及时向有关出版管理单位、版权管理单位和国家图书馆、首都图书馆等部门寄送样刊，及时向订阅单位寄送期刊，定期扩大与兄弟院校、相关科研院所和工程技术类学术期刊的交流范围。

随着近年来学校办学规模的扩大和办学水平的提高，已经形成了相对稳定的作者队伍，知名度进一步提升，吸引了更多的知名学者、专家和教授投稿，对于提高学报的办刊质量和办刊水平有非常积极的影响，从而推动建筑领域的科技水平的整体提高。

【影响因子和转载情况】

《北京建筑大学学报》复合影响因子和转载情况

期刊名称	曾用刊名	载文量	复合影响因子	被引频次	下载频次
北京建筑大学学报	北京建筑工程学院学报	1842	0.336	7412	233713

（佟　帅　牛志霖）

四、建筑遗产研究院

【概况】 建筑遗产研究院是北京建筑大学直属的主要从事建筑遗产保护、工程设计、技术咨询与培训、研究生培养等为一体的综合性研究机构，于 2013 年 6 月经学校批准正式成立。研究院的成立，是基于北京建筑大学在建筑遗产保护领域深厚的历史积淀和已经形成的学科专业优势。目前下设历史城市与村镇保护研究所、建筑遗产信息化研究所、建筑遗产结构安全与加固研究所、建筑遗产保护法律研究所等多个研究所。

历史城市与古村镇保护研究所将依托学校 30 余年以来在建筑遗产保护领域所积累的工程经验和研究成果，深入开展历史文化名城、历史街区保护规划与设计，古镇、古村落保护规划与设计，建筑遗产保护与展示设计，地区建筑与乡土聚落研究等方面的科研与实践，并通过与国内外相关行业和学术机构建立相应领域的学术交流机制，以及与国家和省市相关部门（特别是国家文物局、科技部、住建部、北京市及多个省市的相关部门等）建立广泛的专业和交流关系，在建筑遗产保护与研究、历史文化名城名镇名村保护规划与研究方面进行深入广泛的研究与实践合作。研究所目前有 10 人，其中教授 3 人，副教授 3 人，讲师 4 人，拥有博士学位 7 人。

建筑遗产数字化保护是当前历史文化遗产保护中的新课题，尤其是随着测绘技术的发展，信息采集技术越来越多元化、精确化，空间信息的应用领域越来越广泛，借助数字技术实现对建筑遗产的有效保护，其优势也越发显著。建筑遗产信息化研究所旨在结合北京建筑大学在信息化测绘与地理信息系统领域的优势，通过学科交叉融合，在建筑遗址、遗产遥感监测与分析、建筑遗产数字化保护与可视化展示方面做出亮点与特色。研究所目前有 4 人，其中教授 1 人，副教授 1 人，讲师 2 人，拥有博士学位 4 人。

基于北京建筑大学在建筑遗产保护与建筑结构安全领域的历史积淀和已经形成的学科专业优势，建筑遗产结构安全与加固研究所着重关注近现代及木结构建筑遗产的结构安全问题。开展木结构安全与抗震、砌体结构安全与抗震、钢结构、钢-混凝土安全与抗震，以及对建筑遗产结构的加固等方面研究与工程项目。研究所目前有 7 人，具有博士学位 6 人。

建筑遗产保护法律研究所主要从事建筑遗产保护利用管理模式、历史文化名城保护立法、《文物保护法》修订等方向的科研与实践，并借助于以往在建筑法、招标投标法、建筑遗产保护比较法、城乡规划法等建筑领域法律法规方面的研究优势开展深入的研究与实践工作。研究所目前有 5 人，其中教授 2 人，副教授 2 人，讲师 1 人。

通过对历史城市与古村镇保护、建筑遗产保护修缮、建筑遗产遥感监测与数字化、建筑遗产环境影响评估、建筑遗产法律法规研究等多个学科方向的研究，建筑遗产研究院形成了社会科学、自然科学、工程技术科学各具特色又交叉融合的建筑遗产保护交叉学科体系。

基于科教兴校的宏观战略，建筑遗产研究院的主要职责包括科学研究、项目设计、教育培训、学科建设、国内外交流等。

【科学研究】 建筑遗产研究院的科学研究工作包括组织多学科和多单位合作的各级科研课题申报，包括参与国家文物局前期科研立项研究、申报国家文物局课题、国家自然科学基金课题等。2013 年，建筑遗产研究院组织多名教师参加 2014 年度国家社会科学基金项目申报工作研讨会。2013 年 12 月 30 日，建筑遗产研究院针对如何开展 2014 年度国家社会科学基金项目的申报工作召开了多学科合作研讨会。会议由常务副院长汤羽扬教授主持，并特邀文法学院秦红岭教授、建筑与城市规划学院范霄鹏教授进行了申报成功经验的分享。本次研讨主要围绕建筑遗产保护与利用领域的学科合作和交叉研究开展讨论。参会的各位教师根据自己以往的研究积累提出了课题设想，通过多学科的交换意见，完善选题内涵，凝练特色，为今年课题申报工作打下良好基础。建筑遗产研究院还将在项目申报文本完成后，组织多学科深化讨论，针对各选题提出具体建议，为建筑遗产保护与利用领域课题的申报成功做出更大努力。

【项目设计】建筑遗产研究院组织建筑遗产保护与利用的项目规划与设计，包括历史城市与街区保护规划、文物保护规划、城市设计、建筑遗产保护工程设计、建筑遗产遥感监测、数字化、文物环境影响评估、文物环境保护与整治设计等实际工程设计。

2013 年建筑遗产研究院承担的各类项目设计一览表

	项目名称	负责人	项目来源	项目级别	起止时间	项目类别
1	安徽黄田村古建筑群保护利用实施规划	汤羽扬	国家文物局古村落试点工程	国家级	2013.12-2014.12	重点
2	内蒙古自治区阿尔山市侵华日军阿尔山要塞遗址保护规划	汤羽扬	公开招投标	国家级	2013.11-2014.6	重点
3	湖北省通山县王明璠府第修缮工程	汤羽扬	公开招投标	国家级	2013.12-2014.2	重点
4	湖北省通山县王明璠府第修缮工程保护规划	汤羽扬	公开招投标	国家级	2013.12-2014.2	重点
5	北京市平谷区红石门段长城文物保护规划	汤羽扬	公开招投标	国家级	2013.12-2014.4	重点
6	安徽省淮南市九龙岗镇民国建筑群文物保护规划	汤羽扬	公开招投标	国家级	2013.12-2014.4	重点
7	安徽省淮南市九龙岗镇民国建筑群修缮工程	汤羽扬	公开招投标	国家级	2013.12-2014.4	重点

【教育培训】建筑遗产研究院组织的教育培训工作，包括配合各学院开展建筑遗产保护方面各类非学历培训学习班，在师资队伍组织、课程安排等方面提供咨询与服务。2013 年，建筑遗产研究院配合北京建筑大学与国家文物局举办的"建筑遗产保护与利用专业人才研修班"，在研究院会议室举行结课答辩会。除建筑遗产研究院院长张大玉、名誉副院长汤羽扬参与主持外，光邀学校各学院教师参加答辩环节，对建筑遗产研究院成为建筑遗产保护人才培养基地和科研基地具有重要意义。2013 年 12 月 27 日，由国家文物局举办、北京建筑大学共承办的首届"建筑遗产保护与利用专业人才研修班"，在建筑遗产研究院会议室举行结课答辩会。来自全国 24 个省、市、自治区的省市文物局、文物管理中心等各级文物保护单位的 43 位学员，围绕大葆台西汉墓文物保护规划等四组实践课程作业，向学校答辩委员会的领导、研修班的授课老师以及参会的诸位专家，汇报了历时三个月的学习成果，积极将学习到的中西方建筑遗产保护，中国古代宫室制度，中国古代人居环境，建筑遗产保护规划方法，文物建筑的结构构造、工程设计、三维激光扫描、防震抗震以及

建筑遗产生存环境评估方法等理论知识，应用到实际项目中，切实做到了学有所获，研有所得。而此次培训班的成功举办，则实现了建筑遗产研究院与国家文物局，关于建筑遗产保护专业人才教育培训的合作模式的新拓展，并对推进建筑遗产保护专门人才培养体系的全面建设，以及将建筑遗产研究院建成建筑遗产保护人才培养基地和科研基地具有重要意义。

【学科建设】建筑遗产研究院的学科建设工作，主要在多学科合作方面参与学校的学科建设上，为各学科合作，介入建筑遗产保护领域以及国际国内合作提供咨询、信息、服务。需要时出面组织相关的交流活动和合作项目。2013年，建筑遗产研究院与北京建筑大学文法学院老师合作《安徽黄田村古建筑群保护利用实施规划》；与北京建筑大学土木学院老师合作项目重点是以建筑遗产保护利用为依托，寻求建筑设计、遗产保护与相关法律法规层面上的学科交叉。

1. 安徽黄田村古建筑群保护利用实施规划：作为第六批全国重点文物保护单位，黄田村古建筑群至今仍完整地保存了明清时期的建筑格局，是一处极具代表性的中国古民居建筑群落。受安徽省泾县文化局委托，2013年12月，北京建筑大学建筑遗产研究院与北京建工建筑设计研究院的技术人员及教师、研究生，共同赴现场对该古建筑群落进行现状勘查与记录研究。通过与北京建筑大学文法学院教师的合作，本次项目创新点包括居住类文物建筑使用品质改善；保护与利用技术导则建立；文物建筑产权问题、古村落型文物建筑管理体系研究。

2. 安徽淮南矿区九龙岗民国建筑群保护维修工程设计：作为淮南市省级重点文物保护单位，九龙岗镇民国建筑群由淮南煤矿局办公楼和"天地玄宇宙"民国高级住宅群组成，至今仍完整地保存了民国时期的建筑格局，是一处极具代表性的近现代建筑群。受安徽省淮南市博物馆委托，2013年12月，北京建筑大学建筑遗产研究院与北京建工建筑设计研究院的技术人员及教师、研究生、本科生，共同赴现场对该民国建筑群落进行现状勘查与记录研究。该项目创新点包括近现代砖混结构安全检测与加固；近现代文物建筑的利用模式探索。

【国内外交流】建筑遗产研究院借助各方面资源，在学校层面组织建筑遗产保护领域的国际及国内交流活动。国际交流活动，2013年，建筑遗产研究院拟与英国巴斯大学建筑学院建立合作交流平台。根据英方院校要求，进一步合作细节需双方见面详细洽谈。国内交流活动，2013年，建筑遗产研究院与国家文物局文物保护规划科研基地签订战略合作伙伴协议，并与丰台文化委建立项目合作平台。

1. 巴斯大学建筑学院合作交流：建筑遗产研究院向巴斯大学发出邀请信，希望与对方院校展开交流与合作，包括人员的互访交流，为研究生开设讲座或短期课程，联合申报各级科研课题，举办假期学生工作营等活动。巴斯大学予以积极恳切的回复，但需双方见面洽谈具体合作事宜。

2. 国家文物局文物保护规划科研基地合作交流：建筑遗产研究院与国家文物局文物保护规划科研基地（中国建筑设计研究院）协商起草了战略合作伙伴协议：在重大项目、科研课题申报、学生实践等领域协同合作。

3. 丰台文委合作交流：丰台区文化委员会与建筑遗产研究院签订合作协议，制定合作意向包括①北京建筑大学建筑遗产研究院，为丰台区文化委员会工作人员提供文物保护培训、文物修缮及展示利用规划设计、文化遗产保护与利用研究的平台；②丰台区文化委员会，为北京建筑大学建筑遗产研究院及学校师生提供参观、实践和学习平台。

【重大事件】2013年6月，北京建筑大学下文正式成立建筑遗产研究院。

2013年8～10月，建筑遗产研究院办公场所的空间建设与完善。

2013年11月28日，建筑遗产研究院举办揭牌仪式。学校领导钱军、朱光、宋国华、李维平、张大玉，以及相关学院、职能部门负责人共二十余人出席揭牌仪式。仪式由副校长张大玉主持。

2013年12月11日，建筑遗产研究院与国家文物局文物保护规划科研基地（中国建筑设计研究院）协商起草了战略合作伙伴协议。2013年12月27日，由国家文物局举办、北京建筑大学共承办的首届"建筑遗产保护与利用专业人才研修班"，在建筑遗产研究院会议室举行结课答辩会；2013年12月27日，丰台区文化委与建筑遗产研究院签订合作协议；2013年12月30日，建筑遗产研究院召开2014年度国家社会科学基金项目申报工作研讨会。

（张　曼　汤羽扬）

五、建筑设计艺术（ADA）研究中心

【概况】北京建筑大学建筑设计艺术（ADA）研究中心，成立于2013年9月，是一个拥有全球视野，对建筑、设计、艺术等先锋性理论与实践进行深入研究和创新性实践的综合性研究机构。北京建筑大学建筑设计艺术（ADA）研究中心致力于打造国际水准、国内一流的学术平台，广泛汇聚国内外具有重要影响力的专家、学者、建筑家、设计家和艺术家，结合学术的前沿理论及实践需求，2013年ADA研究中心设立了现代建筑研究所、世界聚落文化研究所、中国现代建筑历史研究所、策划与评论研究所、建筑与跨领域研究所等5个研究机构；现代建筑研究会和勒·柯布西耶建筑研究会2个学术研究组织；北京建筑大学建筑设计艺术（ADA）研究中心秉承使命，致力于中国建筑设计艺术与文化的国际化、现代化，促进中国设计文化的思想飞跃，提升中国设计文化理论创新，为中国设计文化引领世界潮流做出贡献。

【师资队伍建设】截止到2013年12月31日ADA研究中心共有6名教师，汇聚了国内外顶尖的建筑师、设计师、艺术家等建筑、设计、艺术及相关领域的专家和学者。

2013年建筑设计艺术研究中心教师一览表

姓　名	职　务
王　昀	建筑设计艺术研究中心主任/现代建筑研究所主持人/现代建筑研究会主持人
方振宁（日籍）	策展与评论研究所主持人
梁井宇（加拿大籍）	建筑与跨领域研究所主持人
黄居正	勒·柯布西耶建筑研究会主持人
黄元炤（中国台湾）	中国现代建筑历史研究所主持人
张捍平	世界聚落文化研究所主持人

1. 王昀：ADA 研究中心主任兼 ADA 研究中心现代建筑研究所主持人。中国美术家协会建筑艺术委员会委员，中国建筑学会壁画专业委员会副主任，清华大学建筑学院建筑学设计导师，《建筑师》、《世界建筑 WA》、《华中建筑》、《UED》等专业杂志编委，方体空间工作室主持建筑师。北京建筑工程学院建筑学学士学位，东京大学建筑学博士学位。曾于 1994 年获日本《新建筑》第 4 回 S×L 国际建筑设计竞赛获一等奖。曾于 2012 年参加意大利威尼斯国际建筑双年展中国馆；于 2011 年参加中国深圳·香港城市建筑双城双年展、意大利罗马"向东方-中国建筑景观"展、捷克举办中国·当代·建筑展；于 2010 年参加德国举办中国建筑展、威尼斯建筑艺术双年展；于 2009 年参加比利时布鲁塞尔举办的"'心造'——中国当代建筑前沿展"；于 2006 年参加第二届中国国际建筑艺术双年展；于 2004 年参加首届中国国际建筑艺术双年展、"'状态'中国青年建筑师 8 人展"。出版有《传统聚落结构中的空间概念》；《空间的界限》；《从风景到风景》；《向世界聚落学习》繁体字版；《向世界聚落学习》简体字版；《空间穿越》；《一座房子的哲学观》；《空谈空间》；《空间的潜像》；《建筑与音乐》；《中国当代建筑师系列——王昀》等多本建筑理论专著。

2. 方振宁：ADA 研究中心策展与评论研究所主持人。著名华裔日籍艺术家、国际著名策展人，建筑及艺术评论家。日本当代著名华裔艺术家、建筑及艺术评论家、自由撰稿人。毕业于中央美术学院版画系获学士学位。1983 年于中国美术家协会机关刊物《美术》杂志社任责任编辑；曾于中央电视台中国电视剧制作中心任美术主管，北京故宫博物院紫禁城出版社任文字和美术责任编辑。2004 年成立方媒体工作室，从事艺术和建筑评论及策划。2008 年至今文化部中国对外文化集团委托策划中国对外当代建筑展。2008 年至今执教于中央美术学院建筑学院，教授艺术与建筑比较课程，以及研究生的艺术与建筑评论。2011 年至今执教于中央美术学院设计学院教授极少主义艺术课程。2012 年第 13 届威尼斯建筑双年展中国国家馆策展人，现为 ADA 研究中心策展与评论研究所主持人。

3. 梁井宇：ADA 研究中心建筑与跨领域研究所主持人。场域建筑（北京）工作室主持建筑师，城市研究者。毕业于温哥华不列颠哥伦比亚大学建筑专业，硕士。多次在国内外建筑院校、机构开设讲座；建筑作品及文章见于国内外各类刊物和出版物。除从事建筑实践和城市研究，同时是 2007 年大声展策展人之一，并作为 2009 年深圳香港双城双年展的策展团队成员负责展览空间设计。2000 年至 2002 年期间，曾作为电子艺术家为电子艺界（ELECTRONIC ARTS）游戏公司设计游戏产品。1996 年至 2002 年工作于加拿大蒙特利尔及温哥华。近期完成和在案作品包括：北京伊比利亚当代艺术中心、上海民生银行美术馆及中国海关总署海关博物馆等。为 2008 年 WA 中国建筑优胜奖获得者。

4. 黄居正：ADA 研究中心勒·柯布西耶研究会主持人。《建筑师》杂志主编。东南大学建筑系获学士学位，日本筑波大学艺术研究科建筑学专业获硕士学位，日本筑波大学艺术学研究科建筑学专业博士课程就读，后中退回国。2004 年《中国青年建筑师 8 人展（北京世纪坛美术馆）》策展人；2004 年澳大利亚新南威尔士大学访问学者；世界华人建筑师协会会员；中国建筑创作论坛小组核心成员；中国美术家协会建筑艺术委员会筹备委员；《南方建筑》杂志编辑委员会委员；中央美术学院建筑学院课程教授。曾在《建筑学报》、《华中建筑》、《南方建筑》、《住区》等杂志上发表多篇学术论文，编著出版了《大师作品分析2——美国现代主义独体住宅》一书。

5. 黄元炤：ADA 研究中心中国现代建筑历史研究所主持人。主要研究的领域为"中国近代与当代建筑史论的整合、研究、系谱与纲要"。他曾在多家建筑专业杂志、报纸发表共二十余篇关于"中国近代与当代建筑"的研究论文。近年来出版了两本著作，《20 中国当代青年建筑师》与《流向：中国当代建筑 20 年观察与解析（1991—2011）（上、下册）》。不同于普通一线建设人员，黄元炤作为中国建筑的观察者，完全跳脱出市场利益推动、政策与环境的影响，多年来一直以全面、客观、中肯的研究与观察视角，总结并对我国建筑的发展给予关注。

6. 张捍平：ADA 研究中心世界聚落文化研究所主持人。毕业于北京建筑工程学院获城市规划学士学位，2013 年毕业于北京建筑大学获建筑学硕士学位。主要研究的领域为"聚落文化研究"，毕业论文为《翁丁村聚落空间与居民居住行为关系性的研究》。曾多次在《城市·空间·设计》杂志中发表文章。

【科研工作】2013 年北京建筑大学建筑设计艺术研究中心主要针对现代建筑研究、传统聚落研究以及中国近现代建筑历史研究三个研究方开展研究工作。在现代建筑研究中，开展对于建筑空间与音乐空间相互转化的空间实验研究，以及中日住宅现状和发展趋势动态的调查分析研究。传统聚落研究方面开展了对青岛里院、河南窑洞等传统聚落与建筑进行基础性研究工作。中国近代建筑历史研究中，开展了对于上海、南京、广州等地区的近现代历史建筑调查和研究工作。各项研究取得了初步研究成果，2013 年建筑设计艺术研究中心发表与研究相关论文 14 篇，参与专题学术研讨 8 次。

1. 学术论文、采访、评论：

（1）黄元炤，"建筑史话"研究专栏：赵深："中规中矩"、"平易朴实"的设计姿态，《世界建筑导报》杂志（AW），2013：04（双月刊），152 期

（2）黄元炤，"建筑史话"研究专栏：楊潤玉：舊時代住宅設計的經典與範例，《世界建筑导报》杂志（AW），2013：05（双月刊），153 期

（3）黄元炤，"建筑史话"研究专栏：楊錫宗：近代，從景觀設計切入建築設計的翹楚，《世界建筑导报》杂志（AW），2013：06（双月刊），154 期

（4）黄元炤，从"不内化"到"内化"的小天地——由"胜景·几何"个展（微展）观察李兴钢的创作发展，《建筑技艺》杂志（AT），2013/05，总 218 期

（5）黄元炤，崔愷的"30 年"与崔愷工作室的"10 年"的"沃土"耕耘——由"十年·耕耘"展观察崔愷的创作发展，《建筑技艺》杂志（AT），2013/06，总 219 期

（6）黄元炤，李兴钢创作中的四格——"能品"、"妙品"和"神品"，及迈向"逸品"的出格，《城市空間设计》杂志（URBAN FLUX），2013/06，总 84 期

（7）梁井宇，"设计大栅栏——与梁井宇的访谈"，采访人：MovingCities《住 Abitare》杂志，2013：09（月刊），034 期

（8）梁井宇，"什么是中国文化建筑的未来"domus 对话，梁井宇，Preston Scott Cohen，Peter Anders，王明贤，张长城，刘家琨《domus》杂志国际中文版，2013：11（月刊）

（9）梁井宇，"大栅栏文化社区改造者梁井宇专访"，新浪网，新浪时尚，2013 年 9 月 17 日

（10）梁井宇，"Approach Architecture Studio fits a bookshop in a high-rise"意大利 designboom 网站关于场域建筑（梁井宇任主持建筑师）作品的报道。www. designboom. com，2013 年 9 月

（11）梁井宇，"平凡建筑的平凡之美——谈刘家琨水井坊博物馆设计"《时代建筑》杂志，2014：01 期

（12）梁井宇，"The possibility for Community Participation in Dashilar，China"梁井宇专访专题文章。市川纮司，日本《NEMOHA》杂志，2013/12

（13）方振宁："方振宁北京时间专栏"："明日山水城，优雅的姿态"，《东方艺术》杂志，2013.11 上半月刊，总第 289 期

（14）方振宁："方振宁北京时间专栏"："爱知三年展：天摇地动—我们在哪里站立?"，《东方艺术》杂志，2013.12 上半月刊，总第 291 期

（15）方振宁：《中国宫－建筑中国 2013》画册，682 页

2. 学术讲座、论坛：

（1）2013 年 11 月初受邀参加"起点·原境界"【第二场：文化与建筑实践】论坛，黄元炤做主旨演讲及专场讨论。

（2）2013 年 9 月，DOMUS "对话"学术论坛"灵与肉的碰撞"，跨领域研究所主持人梁井宇出席，地点：北京中华世纪坛。

（3）2013 年 10 月，原研哉 & 梁井宇设计对话，地点：北京 798 尤伦斯当代艺术中心报告厅（UCCA）。

（4）日本 HOUSE VISION 住宅研讨会。ADA 中心主任王昀，跨领域研究所主持人梁井宇出席参与讨论，参会者：日本设计师建筑师：原研哉、土谷贞雄、中国建筑张永和、王辉、周燕珉。时间：2013 年 9，10，11 月多次，地点：CBC，中国建筑中心。

（5）中国居住研究组，住宅研讨会。ADA 中心主任王昀，跨领域研究所主持人梁井宇出席参与讨论，其他参与中国建筑师还有：张永和、王辉、周燕珉。时间：2013 年 10 月至 2014 年 1 月数次，地点：北京非常建筑办公室、北建大 ADA 研究中心等。

（6）中国建筑、设计、艺术专题系列访谈、研究及专栏写作。梁井宇作为研究项目中国主持人与日本无印良品合作，目前完成对中国建筑师张永和、台湾中国民间艺术出版人黄永松、中国陶瓷艺术家、工艺大师高振宇等的访谈，文章即将陆续刊登在日本及中国无印良品的官方网站。

（7）2013 年 10 月 24 日，《知日·家宅》杂志举办日本的住宅设计与居住文化对话，王昀、方振宁主讲。

（8）2014 年 1 月 1 日，王昀受邀参加 2013 杭州国际设计周，发表《东方生活美学与意境》主题演讲。

3. 策划展览：2013 年建筑设计艺术研究中心教师组织策划国际大型建筑展览 2 次。

（1）2013 年 9 月 11 日，ADA 中心策展与评论研究所主持人方振宁策展的《中国宫-建筑中国 2013》展览开幕，展览地点在西班牙塞哥维亚金塔纳宫。这次展览是由中华人民共和国文化部和塞戈维亚"海伊艺术节"主办，方振宁为策展人的大型中国当代建筑展。2013 年是中国和西班牙建交 40 周年，《中国宫-建筑中国 2013》是被中国文化部纳入庆祝建交系列文化活动，该展已参加在西班牙 15 世纪的历史名城塞戈维亚

（SEGOVIA）举办的第八届"海伊艺术节"，中国作为该艺术节的主宾国，《中国宫-建筑中国 2013》展被确定为中国主宾国系列文化活动的开幕活动。参加开幕式的有：塞戈维亚市长、HAY 文学艺术节主席、塞戈维亚市文化局长、中国驻 西班牙大使馆文化参赞、中国对外文化集团公司总裁、中国对外艺术展览公司总监、金塔纳宫美术馆馆长等。

（2）2013 年 11 月 24 日，方振宁组织策划的中国古门楼和拢音藻井前往威尼斯参加 2014 年威尼斯建筑双年展国际馆。

4. 国内外建筑、设计、艺术参展：2013 年建筑设计艺术研究中心教师作品参加国际、国内大型建筑展览 3 次。

（1）2013.9～11，中国宫-建筑中国 2013，地点：西班牙塞戈维亚，北建大 ADA 主任王昀博士和 ADA 策展与评论研究所主持方振宁教授装置作品参展。

（2）2013.9，2013 上海西岸建筑与当代艺术双年展，地点：上海，王昀、方振宁、梁井宇受邀参加展览和座谈研讨。

（3）2013 年 9 月梁井宇参加"灵肉碰撞：中国文化建筑百年历程 1900－2013"展，文化部与 DOMUS 杂志社共同举办。

5. 学术调研：2013 年建筑设计艺术研究中心展开了对于中国近现代历史建筑的考察调研以及世界现代建筑的调查。

（1）2013 年 9 月黄元炤进行中国近现代建筑考察调研。

地点：上海—愚谷村、涌泉坊；广州—广州十九路军淞沪抗日阵亡将士陵园、黄花岗七十二烈士墓规划与牌楼、原广州第一公园、原广州西濠口嘉南堂、原广州西濠口南华楼、原广州中山大学工学院电气机械工程系馆、原广州中山大学工学院土木系馆、原广州中山大学教职员宿舍、原广州中山大学发电厂、原广州中山大学电话所、原广州中山大学入口石坊、原仲元图书馆，长沙—爱晚亭、原湖南大学大礼堂、原湖南大学工程馆、原湖南大学科学馆、原湖南大学老图书馆、原湖南大学胜利斋教工宿舍、原湖南大学至善村教工住宅区。

（2）2013 年 11 月，黄元炤进行中国现代建筑历史调查，地点：上海—原圣约翰大学交谊室、原上海南京大戏院、原上海交通大学执信西斋、原上海中华学艺社，南京—原南京华侨招待所、原南京励志社总社、原南京国民政府卫生部。

（3）2013 年 12 月，方振宁进行了世界现代建筑考察，地点：美国西海岸城市洛杉矶—伊姆兹夫妇住宅、辛德勒住宅建筑、CASE STUDYHOUSES、约翰·劳特纳（John Lautner）住宅、赖特建筑、盖里自宅及建筑。

【ADA 系列讲座】 ADA 系列讲座是 ADA 研究中心主办的建筑、设计、艺术及相关内容研究思想讲座。讲座由 ADA 中心各个研究所主持人主讲，针对各自研究领域的最新的研究思想和研究成果在讲座中进行发布和阐述。2013 年 ADA 研究中心自开办以来，迅速组织并进行了旅行既是教科书专题讲座，由 ADA 研究中心策展与评论研究所主持人方振宁主讲。讲座截止到 2013 年 12 月 31 日共进行了 3 次，反响热烈。

2013 年 ADA 讲座一览

2013.12.04-方振宁-旅行既是教科书 1-鹿特丹之行-教 1-126

2013.12.10-方振宁-旅行既是教科书 2-里斯本之行-教 1-126

2013.12.17-方振宁-旅行既是教科书 3-莫斯科之行-教 1-126

【重大事件】

2013 年 6 月中旬——筹划建立北京建筑大学建筑设计艺术（ADA）研究中心。

2013 年 6 月下旬——向校领导汇报建筑设计艺术研究中心创立构想。

2013 年 7 月 23 日——向校领导汇报建筑设计艺术研究中心创立组织结构以及中心部分研究所空间改造方案。

2013 年 8 月 7 日——建筑设计艺术研究中心（科研楼 4 层）研究所空间改造。

2013 年 9 月 12 日——中共北京建筑大学委员会文件（北建大党发〔2013〕16 号）中共北京建筑大学委员会关于成立建筑设计艺术研究中心的通知：根据学校发展需要，经 2013 年 9 月 11 日党委常委会研究决定，成立北京建筑大学建筑设计艺术研究中心。北京建筑大学建筑设计艺术研究中心正式成立。

2013 年 9 月 12 日——北京建筑大学文件（北建大校发〔2013〕4 号）关于王昀同志职务任命的通知：经 2013 年 9 月 11 日党委常委会研究决定，校长聘任：王昀同志任建筑设计艺术研究中心主任。

2013 年 9 月 12 日——ADA 中心成立现代建筑研究所，中心主任王昀任研究所主持人；成立中国现代建筑历史研究所，黄元炤任研究所主持人；成立世界聚落文化研究所，张捍平任研究所主持人。

2013 年 9 月 25 日——ADA 中心成立策展与评论研究所，方振宁任研究所主持人。

2013 年 9 月 27 日——ADA 中心成立建筑与跨领域研究所，梁井宇任研究所主持人。

2013 年 11 月 19 日——北京建筑大学党时任委书记钱军来 ADA 中心调研工作，科技处、研究生处、人事处领导陪同调研，视察 ADA 研究中心建设工作，钱书记对中心前期工作给予高度肯定。钱书记指出，成立建筑设计艺术研究中心是宣传我校办学实力、扩大我校影响力、提升我校建筑设计学科科研能力和竞争力重要措施；也是我校制度改革的尝试，学校将大力支持、精心培养、勇于探索；希望中心开拓进取、取得丰硕的成果；希望各部门积极支持，提供好服务。

（张捍平　赵冠男　李静渝）

第十三章 社 会 服 务

一、资产管理型企业

（一）北京建工广厦资产经营管理中心

【概况】 北京建工广厦资产经营管理中心（以下简称资产中心），2008 年 4 月根据教育部关于校办产业规范化建设的要求，改制成北京建筑大学（原北京建筑工程学院）所属的一人有限责任公司。注册资金 1500 万元，法定代表人朱光，总经理姜军（2013 年 4 月免）、丛小密（2013 年 4 月任）。

资产中心目前主要企业有北京建工京精大房工程建设监理公司、北京建工建筑设计研究院、北京建达兴工程咨询有限公司、北京建工建方科技公司、北京致用恒力建筑材料检测有限公司、北京学宜宾馆有限公司和北京建广嘉业房地产开发有限公司等 7 家。另外，学校将北京建工远大市政建筑工程公司和北京图雅环球商贸市场有限公司也纳入资产中心统一管理。

经过 20 多年的发展，中心产业在自身不断取得突破的同时，也在服务社会等方面发挥了重要作用。一是形成了相对完整的建筑行业产业链。目前我校校办企业主要经营范围包括房地产开发、建筑设计与规划、工程管理与造价、工程监理与咨询、建筑施工、工程测绘与三维激光扫描、建筑材料检测等，基本涵盖了建筑行业的主要领域。二是加强管理，初步建立了适合自身实际的产业管理体系。三是参与了一大批有影响的社会工程，获得了良好的社会评价。近年来各公司承担了北京前门大街保护工程、北京大学红楼修缮保护工程、宛平城-卢沟桥保护、新加坡佛牙寺和北京大学红楼修缮保护工程等项目的规划设计工作，出色完成了毛主席纪念堂修缮、国家体育馆、中央电视台新台址、凤凰国际传媒中心、北京雁栖湖国际会展中心以及北京、天津等地多条地铁线等重大工程的监理、测绘等工作，完成了北京理工大学中关村国防科技园、北京信息科技大学新校区建设工程等多所高校建设项目的管理工作，完成了大同云冈石窟、北京先农坛太岁殿等许多知名古建筑的三维激光扫描工作。曾获得多项鲁班奖、詹天佑奖、中国建筑钢结构金奖等荣誉。

【校办产业管理工作】 按照《北京建筑工程学院校办产业管理办法（试行）》的规定，现阶段，资产中心与校产办共同负责我校校办产业管理工作。2013 年，校产办和资产中心在以下几方面继续推进我校校办产业健康发展：

一是继续推进校办企业经营团队建设。2013 年 1 月 17 日，校产系统开展 2012 年企业负责人年度考核民主测评会，校产办、资产中心负责人以及各企业班子成员、部门负责人、管理技术骨干和职工代表参加了测评会。各企业负责人汇报了本人履职情况、企业取得的成绩及发展中存在的问题。12 月 25 日，校产办和资产中心在学宜宾馆报告厅召开

2013 年校办企业负责人聘任会，宣布学校党委对新一届校办企业负责人的任命。至此，我校正式完成新一届校办企业负责人聘任工作。此次聘任是按照民主、公开、竞争、择优等原则进行的，实现了学校教师与企业职工之间、事业编制职工与合同制职工之间、企业与企业之间等三个界限的突破，我校校办企业建立起了包括选拔聘任、考核、薪酬管理、奖惩和党风廉政等内容的企业负责人管理体系。此次聘任结果为：丛小密任北京建工广厦资产经营管理中心总经理；田成钢任北京建工京精大房工程建设监理公司总经理、法定代表人；丛小密任北京建工建筑设计研究院院长、法定代表人（兼）；张宝忠任北京建工远大市政建筑工程公司总经理、法定代表人；屈鹏程任北京建达兴工程咨询有限公司总经理、法定代表人；王晓刚任北京建工建方科技公司总经理、法定代表人；严新兵任北京致用恒力建筑材料检测有限公司总经理、法定代表人；马小华任北京学宜宾馆有限公司总经理、法定代表人；边志杰任北京建工建筑设计研究院常务副院长。

二是继续推进校办企业财务统一管理及预算管理工作。2013 年 4 月 16 日，校产办召开财务统一管理工作会。刘蔚书记总结了 2012 年财务工作统一管理的各项进展，并提出 2013 年继续推进财务统一管理的工作要求，会议最后由校产办主任王健向李翠红、耿伟、南颖三位委派财务经理发放了委派书。2013 年 4 月 9 日，校产办、资产中心举办 2012 年企业决算及 2013 年预算汇报会。副校长李维平、校产办主任王健、校产办党总支书记刘蔚、资产中心常务副总经理丛小密、资产中心财务总监李曼及各校办企业的负责人和财务人员参加了本次会议。各企业负责人对 2012 年的财务决算进行了总结分析，并着重对 2013 年度全年的预算进行了汇报。各校办企业主要围绕 2013 年现金流量及经营收入、经营利润、费用开支预算等四个方面详细阐述了编制依据，与 2012 年预算执行情况做了比对，并分析了企业目前存在的问题，提出了 2013 年经营业绩目标。

三是不断加强校办企业经营工作。2013 年 3 月 29 日，学校召开了 2013 年度第一次校办企业经理书记扩大工作会，部署 2013 年主要工作。党委书记钱军、副校长李维平、校产办和资产中心负责人、各校办企业职能部门副职以上人员及财务人员参加了工作会。钱军书记向与会人员介绍了学校党委对新一届校产办领导班子的调整情况并对 2012 年校办产业系统在完成学校上交、国有资产保值增值、管理者素质提高和产学研合作等方面取得的成绩给予了充分肯定。各校办企业总经理分别汇报了本企业 2013 年基本经营目标和思路。校产办党总支书记刘蔚通报了学校对校办企业负责人 2012 年工作的考核情况。校产办主任王健和资产中心常务副总经理丛小密代表校产办和资产中心与各企业总经理签订了《校办企业经营目标和党风廉政建设责任书（2013 年度）》。2013 年 8 月 23 日、24 日召开了 2013 年校办企业经理书记半年工作会。李维平副校长，校产办和资产中心负责人，校办企业总经理、副总经理（总工程师、总建筑师）、党支部书记、总经理助理及财务负责人等参加了工作会。各企业负责人分别汇报了 2013 年上半年经营和党建工作情况，并就如何将企业做大做强、如何提升校产办和资产中心服务工作展开了研讨。2013 年完成指标金额新签合同 70324 万元，营业收入 55994 万元。资产中心上缴税金 10.6 万元，净资产 1455 万元。

四是整合资源，推进 BIM 应用工作。2013 年 9 月 12 日，校产办和资产中心召集监理公司、设计院、咨询公司等企业召开了校办企业系统 BIM 工作小组第一次会议。会议确定以学校新校区食堂项目作为 BIM 工作试点项目，以积累实践经验。在随后召开了校产工作例会正式确认成立北京建筑大学校办企业 BIM 工作领导小组，由王健任组长，祖维中和丛小密任副组长，各企业有关人员共同参与。

（王建宾）

（二）北京建广嘉业房地产开发有限公司

【概况】 北京建广嘉业房地产开发有限公司成立于 2011 年，隶属于北京建筑大学（原北京建筑工程学院），由北京建筑大学全资企业北京建工广厦资产经营管理中心、北京建工京精大房工程建设监理公司、北京建工建筑设计研究院、北京建工远大市政建筑工程公司四家企业投资建立。公司业务范围涵盖房地产开发，销售商品房，投资管理，项目投资，物业管理，工程技术咨询，租赁建筑设备，承办展览展示，设计、制作、代理、发布广告，家居装饰及设计，仓储服务等业务。丛小密任公司董事长、法定代表人。

【管理工作】 依托于北京建筑大学的教学、科研资源，拥有强大的校友团队及国内外知名专家教授团队。凭借北京建筑大学搭设的交流平台，通过社会服务与各省市建立了良好的社会关系，形成了经验丰富、技术过硬、专业齐全，具有较高科研及开发建设水平，富有创新精神的经营团队。

【经营工作】 2013 年是北京建广嘉业房地产开发有限公司实施项目策划和启动的关键一年。本年度，公司主要协助学校领导对北京建筑大学西城校区部分土地收储项目开展相关工作。公司还对顺义顺鑫创意（设计）产业园、采育北汽国际会议中心配套项目、石景山国际资源循环利用高端产业基地、纪家庙国际资源循环利用高端产业基地、长三角国际资源循环利用高端产业基地、公交集团清河职教培训中心等六个项目进行项目进行了概念规划方案设计及大量的市场调查工作，并与房山区高教园签订合作框架协议。

【人力资源工作】 在编人员 3 人，学校编制 0 人。

【财务工作】 北京建广嘉业房地产开发有限公司 2013 年营业总收入 519.45 万元、成本费用总额 503.12 万元、利润总额 18.34 万元，实现净利润 6.58 万元。2013 年上交税费共计 77.96 万元。

（宛　霞）

二、科技服务型企业

（一）北京建工京精大房工程建设监理公司

【概况】 北京建工京精大房工程建设监理公司成立于 1991 年 1 月，隶属于北京建筑大学，伴随着我国监理事业的发展，是北京市成立最早的监理公司之一，是全国首批具有建设部监理综合资质及交通部监理甲级资质的大型工程咨询企业。公司主营工程建设监理、工程项目管理、工程技术咨询和工程技术服务。自成立至今，累计承担 1000 余项建设工程监理和项目管理任务，所涉及建设工程范围广泛，业务遍及全国及世界多个国家和地区。田成钢任公司总经理、法定代表人。

公司现有员工 700 余名，其中具有国家注册监理工程师、建筑师、结构工程师、房地产估价师、造价工程师及经济师、会计师、律师和英国皇家特许建造师、测量师等各类专业技术人员占全员的 80% 以上。

为满足业主在工程立项阶段、设计阶段、施工招投标阶段、施工阶段的全过程需求，公司建立了以现场项目部为技术基础、以公司整体实力为技术保证、以国内知名专家组成的专家顾问组为技术支持的三个层次的技术服务体系，在工程项目的执行过程中从不同深度给予充分的技术保证，以取得服务的最佳社会效益。

经过二十多年的锤炼，成功地缔造"京精大房"品牌，跻身于全国监理行业前 50 强，累计获国家"鲁班奖"、"国家土木工程詹天佑奖"、"国家优质工程奖"、全国"钢结构金奖"和北京市"长城杯"、"优质工程"奖、北京市科技进步一等奖、二等奖等 400 余项。公司一贯坚持为行业发展做出贡献的主导思想，积极参与行业内的各种活动，多次参与了行业的有关法规、规范的研究与制定工作。公司技术业务实力与在行业中所做的突出贡献也得到了社会的充分认可，连续十多年被评为全国和北京建设监理行业先进单位。现公司为中国建设监理协会常务理事单位、北京市建设监理协会副会长单位。

公司坚持"精心服务，诚实守信，以人为本，业精于勤"管理理念；坚持以市场为导向，以为业主提供全过程、高水平、深层次的建设工程项目监理和管理服务为宗旨；坚持以品牌为主线，以文化为核心，以人才为根本，以科技为动力，不断优化管理，不断提升效益，不断提升企业的核心竞争力为成为综合型国际工程咨询企业而不懈努力。

【管理工作】 京精大房一直以来都将管理放在突出位置，作为企业中心工作之一，2013 年，公司进一步落实企业内控等科学化、精细化管理手段、完善管理制度、深化绩效考核管理方法，进一步提升了管理水平，促进了管理工作规范化、科学化，进一步保持了公司在校办产业系统内的管理工作的领先地位。

1. 管理文件修订：2013 年 3 月，京精大房监理公司结合自身发展需求和实际工作要求，对已执行近四年的 2009 版《管理制度手册》、《总监手册》及《员工手册》进行了重新修编。进一步明确了部门职能、岗位职责和工作制度，理顺了各级行政管理制度，使各项日常工作有依可循。

2. 召开管理工作会：2013 年 4 月 3 日，根据学校 2013 年对校办产业的工作部署，按照校产办和资产中心的具体要求，结合公司的实际工作情况，经过近半年的充分酝酿和慎重考虑，公司对部门副经理及以上管理人员进行了重新聘任。此次管理人员重新聘任共涉及人员 40 余名，3 个职能部和 2 个事业部的人员及岗位发生变动。极大调动了骨干人员工作积极性。

3. 召开事业部目标责任书签定会：2013 年 4 月 18 日，京精大房监理公司与各事业部签订了《2013 年度经营管理目标责任书》。事业部经营管理目标责任制的实施为事业部、分公司及外埠项目的规范化管理奠定了基础。

4. 三标管理体系认证审核：2013 年 5 月 27 日，由中质协质量保证中心 4 名专家组成的审核组对京精大房监理公司质量、环境和职业健康安全管理体系进行了认证监督审核。在肯定公司管理工作的基础上提出了 24 条增值审核建议，进一步完善和提升了公司管理工作水平。

5. 企业发展座谈会：2013 年 6 月 17 日，北京建筑大学校产办主任王健、党总支书记刘蔚、副主任祖维中及资产中心总经理丛小密等校产主要领导与京精大房监理公司管理层就校办企业发展问题进行座谈。共商企业发展的管理思路和政策方针。

6. 推进精细化管理：2013年7月，京精大房监理公司采用巡视检查不提前通知，检查内容不定性的绩效检查方式，同时新增对项目部人员到岗情况和监理周报填写情况的"飞行检查"。在北京地区项目中全面开展安全质量状况月度自评和公司季度评估工作。较好实现了对项目部的过程监控。

7. 成立BIM技术工作小组：2013年8月20日，公司成立了BIM技术工作小组，在实际项目中探索、实践与传统监理工作流程的融合，努力实现公司"以领先行业、向综合型的国际工程咨询公司迈进"的目标。

8. 行业贡献：2013年10月～11月，监理行业的工作准则《建设工程监理规范》已修订8年之久，公司作为主要参编单位始终发挥着重要作用。2013年上半年《规范》进入定稿印发阶段，公司作为主要起草单位之一积极参加《规范》宣讲，并多次应北京市监理协会的邀请为所属会员单位的主要领导进行解读授课。

【经营工作】2013年是监理公司第六个"三年"规划的开官之年，本着"以人为本、与时俱进、稳步推动企业持续健康发展"的工作方针，通过"以北京地区业务开展为依托向周边城市辐射"、"以房建、市政项目监理为基础向石油化工、园林绿化、水务水利、造价咨询等专业多触角发展"的经营理念，取得了卓有成效的工作成果。2013年公司新签监理合同124项，合同额15967万元，处于预备立项阶段的合同共16项，预计合同额约3384万元，新签合同与待签合同共计19351万元，超额完成了公司年合同额1亿6500万元指标；再创公司年合同额新高。2013年公司人均年产值达到19万元，超过年初制定的18.5万元的人均年产值指标。2013年公司在监项目共计109个，分布在全国12个省、市以及韩国和印尼等地，随着合肥地铁项目、青岛地铁项目的承接及外地房建项目的扩展，公司的经营市场有所拓展，综合实力稳步提升。

2013年京精大房承担的重点项目一览表

序号	工程名称	负责人	建设单位	合同经费（万元）	起止时间
1	天津滨海湖旅游度假区项目一期	赵雅丹	天津乐虎投资有限公司	500.0011	2013.1.7～2015.1.7
2	合肥市轨道交通1号线一、二期工程土建施工监理7标段	于宝疆	合肥市轨道交通有限公司	613	以实际工期为准
3	北京市昌平区小汤山B-04、B-05、B-07地块项目	刘世臣	绿地集团北京京腾置业有限公司	527.8702	2013.6.14～2015.8.14
4	青岛蓝色硅谷交通配套项目监理合同	梁志刚	青岛地铁集团有限公司	1998.4309	2013.1.1～2015.11.15
5	长春地铁2号线一期工程监理1标段（2站4区间）	高松	长春市地铁有限责任公司	1497.346	2013.4.20～2015.6.20
6	北京地铁8号线三期工程土建施工监理02合同段	张柏	北京市轨道交通建设管理有限公司	2399.0688	2013.7.1～2017.12.28

【人资管理工作】2013年公司人员规模实现了有效控制，员工总数控制在750人左右，年龄结构、持证比例进一步得到改善。2013年11月25日，京精大房监理公司实施了内部

青年员工职称评聘工作。打通员工晋升通道，12人晋升为公司的工程师职称，5人晋升为公司的助理工程师职称。此举激发了青年员工的工作和学习热情。2013年，京精大房监理公司组织员工参加外部技术培训305人次，举办公司内部各类培训42次，培训员工943人次。组织新员工拓展培训，组织外埠员工到公司总部、到新老校区培训学习，增强员工归属感、荣誉感和公司凝聚力。

【财务工作】2013年公司完成营业收入累计15395万元，超过年初制定的年营业收入14000万元的营业收入指标。2013年公司完成上交学校650万元的任务。2013公司实现净利润1562万元；公司资产总额及上缴税金稳步上升，全年上缴税金1369万元，公司资产总额5740万元。

【文化建设工作】京精大房监理公司始终注重企业文化建设工作。在企业内部创造荣辱与共、同舟共济、彼此珍重、和谐向上、快乐健康的环境和氛围，注重增加员工的快乐感和满意度，增强员工对公司的认同感和归属感。

1. 成立公司桥牌队：2013年10月30日，北京建工京精大房工程建设监理公司桥牌队成立仪式在北京建筑大学老干部活动中心举行。北京建筑大学纪委书记何志洪、京精大房监理公司总经理田成钢、总工程师李凯莅临仪式现场，桥牌队队员悉数列席。通过组织此类益智活动，丰富了员工的业余文化生活，也加强了企业与学校各院系、各部门的沟通，实现了以活动促合作的新态势。

2. 新员工拓展培训：2013年8月17日，京精大房监理公司组织1－3年司龄员工进行了拓展培训。通过培训增强了员工的归属感，也把京精大房团结凝聚的企业文化和积极进取的企业精神传递给每一位同志，增强了企业凝聚力。

【对外交流工作】京精大房监理公司能够成为行业第一方阵中的一面旗帜，离不开各主管部门及学校各级领导的关爱，离不开行业内各位同仁们的鼎力支持，更离不开广大业主长期的理解和信任。

2013年8月16日，北京建筑大学副校长李维平和北京市教委基建处处长刘占军赴"市教委办公楼工程"施工现场调研。北京建工京精大房工程建设监理公司总经理田成钢、总工程师李凯陪同调研。对工程的重点部位和关键环节进行巡视检查，对下一步工作重点、要点进行了现场指导。

2013年9月23日，北京林业大学举行"学研中心（教学用房）工程竣工典礼"仪式。北京建筑大学校办企业－京精大房监理公司作为参建单位应邀参加典礼，北京建筑大学党委书记钱军在监理公司总经理田成钢的陪同下出席典礼。

【企业荣誉】2013年公司在监项目中，未发生一起涉及监理责任的质量安全事故，在全市监理企业诚信体系评价中名列前茅，连续十六年被北京市监理协会评为北京市建设监理行业优秀监理单位。截止2013年底公司获得詹天佑奖2项，鲁班奖12项，各类省部级以上奖项共计388项。

2013年1月14日，京精大房监理公司被北京市住建委评为"2012年度安全生产管理先进单位"。

2013年7月9日，第十一届中国土木工程詹天佑奖颁奖典礼在北京国际会议中心隆重召开，住建部副部长郭允冲、铁道部副部长卢春房、交通运输部副部长冯正霖及相关行业的主要领导莅临现场，京精大房监理公司监理的华能大厦项目喜获詹天佑奖，公司总经理田成钢、事业三部经理闫家强两位华能大厦项目建设的亲历者受邀参加了颁奖仪式。

2013年12月，京精大房监理公司被北京市建设监理协会和北京市建筑业联合会评为"2012年度北京市建设行业诚信监理企业"。

【支部党建工作】京精大房监理公司始终关注支部党建工作，积极组织全体党员开展好党建活动，把支部活动与公司的稳定发展紧密联系起来。

2013年9月6日，京精大房监理公司党支部组织公司24名骨干党员赴长春吉林国电项目部开展党的群众路线教育实践活动。在赶赴项目部的途中，党支部还组织全体党员同志共同观看、学习了习近平总书记在党的群众路线教育实践活动工作会议上的讲话视频和《党课一小时》教育光盘。深入领悟了教育实践活动的精神和内涵。

2013年11月13日，京精大房监理公司20名党员及入党积极分子齐聚在由公司正在承监的工程项目现场"毛主席纪念堂"，参加由党支部组织的"毛主席纪念堂悼念伟人"党员教育活动。

（李小飞）

（二）北京建工建筑设计研究院

【概况】北京建工建筑设计研究院是全民所有制企业，院长丛小密。设计院隶属于北京建筑大学（原北京建筑工程学院）。

设计院成立于1960年，具有双甲级三乙级设计资质：工程设计资质－建筑行业（建筑工程）甲级，文物保护工程勘察设计资质甲级；城乡规划编制资质乙级；旅游规划资质乙级；风景园林工程设计专项乙级。同时，设计院是北京市高新技术企业；中关村高新技术企业；质量、环境、安全与健康三标认证企业；北京市纳税A级企业，成为北京市建设项目交通影响评价报告编制机构。

设计院现有员工403人，其中具有国家一级注册建筑师、一级注册结构工程师、注册公用设备工程师、注册电气工程师、注册城市规划师、注册造价工程师、高级专业人才等80多人。国内具有影响力民居大师1人，国家文物局认定古建专家8人。基本组成了经验丰富、技术过硬、专业齐全、具有较高科研及设计水平、具有鲜明特色及富有创新精神的设计团队。

设计院早在80年代初就已深入传统建筑的保护、利用与创新领域。创作了一批在当时有影响的作品，如十三陵明苑宾馆（接待过多名国家领导人）。设计院古建文保业务多次全国评选中名列第一。北京前门的文化节街区改造工程是旧城区改造方面的代表作品。

为与首都发展相适应，作为北京建筑大学的设计院，以学校"立足北京、面向全国、依托建筑业、服务城市化"为己任。在国计民生方面，创新专业发展特色，挂牌成立五个研究中心：古建文保研究中心、医疗建筑研究中心、教育建筑研究中心、绿色建筑研究中心、养老建筑研究中心，注重专业领域研究，支持该设计方向能力设计。

业务范围涵盖各类公用与民用建筑工程设计、城市规划、城市设计、居住区规划与住宅设计、仿古建筑设计、古建筑修缮与保护，文物保护规划、体育场馆、医疗建筑、养老建筑、景观园林、室内设计、检测加固、前期可研与建筑策划、各类工程项目咨询等。50余年来，设计院已在全国承接完成各类工程项目数千余项，获得各类奖项百余项。

北京建工建筑设计研究院作为北京建筑大学建筑与城市规划学院、土木与交通工程学院、环境与能源工程学院、电气与信息工程学院、测绘与城市空间信息等学院的教学、科研与实践的基地，并通过与美国、德国、法国、日本、澳大利亚、加拿大等国外高校、科研机构和建筑事务所的长期合作，不断提升设计水平与综合实力，逐渐形成以建筑设计为主体，以教学和科研为两翼的规划、设计、科研、教学综合体，最终实现设计院的全面腾飞。

【管理工作】设计院的管理工作在进一步完善规范化管理的基础上逐步的提升为战略管理，着重抓好战略的执行和落实。2013年，设计院采用统一管理、多元化经营模式运营。建立和完善了管理体系，实行目标责任制、深化绩效考核管理办法等工作，进一步提升管理水平。形成管理工作制度化、规范化。北京建工建筑设计研究院秉承"诚实守信，业广惟勤，博蓄出新，厚德共赢"管理理念。以北京建筑大学作为品牌建设的坚强后盾，以特色发展作为品牌建设的主要方向，以技术创新作为品牌建设的核心要素，以管理创新作为品牌建设的内在动力，在新形势下把市场驱动的粗放式发展模式，转化为内部驱动的精细化发展模式。统一思想，全面升级，树品牌人物，立品牌工程，求快速发展。

1. 编制和修订管理文件：编制发布推行《管理制度汇编》、改版《员工手册》第二版、编制《2013～2017年发展规划》等。

2. 推行经营目标责任制：根据三到五年规划将院领导的目标责任加以明确，编制2013年院级领导工作计划，并按照计划进行考核。各设计所继续与院签订《经营目标责任书》，按经营目标进行年度考核。

3. 三标管理体系认证审核：2013年7月，北京华电万方管理体系认证中心审核组，对设计院进行质量管理体系认证的年审工作，年审顺利通过。2013年7月24日，中经科环质量认证有限公司审核组，对设计院进行环境管理体系和职业健康安全管理体系的初次认证工作，通过评审，设计院取得认证证书。

4. 强化质量"三审"制：2013年设计院对设计的质量高度重视，强化落实三级审查制度。

5. 行业贡献：2013年8月设计院申请并作为主编单位参加《疗养院建筑设计规范》JGJ 40—87的修订。参编《儿童福利院标准图》工作。

6. 编制和完善管理文件：2013年7月，设计院结合自身发展需求和实际工作要求，新编《管理制度汇编》、修编《员工手册》（第二版）、编制《2013～2017设计院3～5年发展规划》。进一步明确了部门职能、岗位职责和工作制度，理顺了各级行政管理制度，确定了未来发展目标。

7. 领导班子调整：2013年12月25日，学校任命丛小密继续担任为设计院院长。2013年12月确定设计院新一届领导班子成员：常务副院长：边志杰、王玮；副院长：彭伟、李维、吴学增；总建筑师：孙明；院长助理兼经营部经理：王玥；党支部书记兼综合办主任：曲秀莉。

【经营工作】2013年，设计院确定了专业特色发展战略，即以古建文保、医疗建筑、教育建筑、绿色建筑、养老建筑5个研究中心带动企业发展。确定"诚实守信、业广惟勤、博蓄出新、厚德共赢"的 经营方针。古建文保类项目是我院传统优势项目；设计院应邀参加佛学院新校舍建设项目总体规划设计论证会；医疗建筑方面初步建立和北京市卫生局、医管局及各大医院的良好合作关系；教育建筑方面已经成为北京市教委的5家常用设计单位之一；绿色建筑方面，以"能源节约 节约资源，回归自然"为理念 承担了重大科技支撑项目，取得重大科研成果；养老建筑方面，与国家开发银行支持社会养老服务产业建设项目签订战略合作协议；同时在装饰设计、公建酒店设计、旧城改造设计、工业园区设计、总体规划设计等方面也取得了很好的发展。全院生产逐渐正规化、标准化，技术质量管控逐渐增强，院部、各所和教授工作室之间的合作逐渐增多。

2013年北京建工建筑设计研究院签订的主要设计服务合同情况一览表

序号	项目名称	负责人	建设单位	合同经费（万元）	签订时间
1	林州一中及其附属工程	王玮	河南中房威泰置业有限公司	448	2013.4.13
2	监狱布局调整改扩建（监狱新区）工程	彭伟	山西省阳泉第一监狱	1305	2013.4
3	湖北省沙洋县城区控制性详细规划	荣玥芳	沙洋县规划管理处	495	2013.6.12
4	久泰大酒店	王玮	准格尔旗久泰大酒店有限公司	1064	2013.6
5	静宜园香山永安寺修复工程	王玉珂	北京市香山公园管理处	568.7	2013.1.26
6	北京教育考试院命题与研究基地建设工程	王玮	北京教育考试院	482	2013.5
7	清东陵裕妃陵古建筑修缮工程	宋国晓	清东陵文物管理处	577	2013.8.27
8	中共中央政治局榜罗镇会议旧址景区保护规划	王玮	甘肃省通渭县榜罗镇	1300	2013.11.04
9	新首钢高端产业综合服务区建筑设计合作协议	彭伟	新首钢高端产业综合服务区建筑设计合作协议	1500	2013.11
10	长阳稻田回迁区（北区＋南区）	张军秀	北京长阳兴业投资发展有限责任公司	1490	2013.2.06
11	澳成高尔夫小镇工程设计	王玮	邯郸市猎人行房地产开发有限公司	3133	2013.4
12	北京地铁15号线西段车站公共区装修、导向标识、出入口及风亭工程	吴学增	北京市市政工程设计研究部院有限公司	505.46	2013.12.25

【人力资源管理工作】人力资源工作始终贯彻"请人以博、用人以专、育人以恒、留人以情"的工作方针。把人才作为市场竞争中重要元素，与维护企业资质放在同样重要位置。

2013年人力资源工作把内部制度建设作为搭建人才平台的桥梁。逐步规范管理。

2013年年初，结合院里的发展战略规划与经营指标进行了人力资源规划的编制。到年底基本按照规划完成人力资源的调控。根据设计院人才需求，引进了18位专业人才，在全国高校范围内引进出国留学人员建筑专业的研究生4人，落户进京指标1人。

2013年，设计院组织员工参加外部技术培训40多次，举办公司内部各类培训18次，共培训员工1500多人次。组织院团队拓展培训，组织专业人员到优秀项目学习，开阔视野，增强业务能力。

【财务工作】2013年设计院新签合同额26200万元，实现营业收入11260万元，超额完成上交学校管理费 450 万元任务，利润总额 579 万元，上缴税费 909 万元，2013 年设计院资产总额及上缴税金稳步上升，资产总额 5022 万元。

【文化建设工作】企业精神是企业文化之魂，设计院本着"传承文化、创新理念、践行人生、服务社会。"明确以人为本的企业文化发展方向，加大文化建设投入，创造和谐的工作氛围，提高员工个人素养。通过搭建文化建设平台，使员工在工作的同时享受"我与企业共成长"的快乐。

1. 品牌宣传：全面提升设计院品牌宣传工作，包括统一设计院标识、对外名片、图纸图签、网站设计、宣传册等。2013 年在设计院办公楼内展示历年优秀设计项目 70 余幅。

2. 宣传报道：向北京建筑大学科技产业简报投稿 20 多篇。通过企业网站、百度置顶、大厅 LED 屏、qq 群 多种载体进行宣传。

3. 文体活动：2013 年，租用首都体育馆篮球与羽毛球场地，员工可以在每周二开展体育活动。并组织了大家喜闻乐见的各种讲座，包括消防、摄影、素质培训、桥梁、行政公文、设计院退休老院长黄友邦书画展等 40 余次。

【对外交流工作】2013 年 5 月 16 日，与西班牙 PINEARQ 建筑设计集团签订战略合作伙伴关系协议。对于设计院的发展具有深远的影响。

2013 年 4 月 20 日，与北京康联医疗有限公司签订战略合作伙伴关系协议。我院与康联公司联手在全国范围内考察了大批医疗养老类项目，对我院该方向的发展具有重大意义。

2013 年 9 月 23 日设计院格伦教授作为国际建筑师协会医疗建筑分会（UIA-PHG）在亚洲唯一的代表参加了年度大会。做了题为"循证设计首次在中国医疗建设领域试航"的演讲。

【企业荣誉】

2013 年度北京建工建筑设计研究院获奖情况一览表

序号	获奖名称	发奖单位	工程名称	获奖日期
1	首都第十九届城市规划建筑设计方案汇报展优秀方案奖	北京市规委	全国重点文物保护单位马坝人-石峡遗址保护规划	2013 年 7 月
2	中国文化遗址保护最佳工程	中国文物保护基金会	历代帝王庙保护规划方案设计	2013 年 8 月
3	精瑞科学技术奖室内设计金奖	北京精瑞住宅科技基金会	锦州大酒店	2013 年 12 月
4	精瑞科学技术奖建筑设计优秀奖	北京精瑞住宅科技基金会	巴彦淖尔市新区医院	2013 年 12 月

【支部党建工作】党支部结合设计院特点围绕企业的中心工作，开展"五个一"工程。加强支部自身建设，促进企业文化建设、融洽党群关系，为企业发展起到保驾护航作用。

2013 年党支部结合设计院的业务范围与特点积极开展具有特色的支部活动。组织党员参观学习设计院老一辈古建专家获奖项目：焦庄户地道战遗址、叶挺故居、爨底下村、马栏村挺进军司令部旧址、北大红楼、参观园博园等；使不同部门党员了解我院专业特色，激发爱国和热爱本职热情。

2013年党支部积极组织全体党员学习《党课一小时》光盘，并召开落实"党的群众路线"座谈会、宣讲十八大报告精神。加强党员政治理论的学习，购买40余本理论书籍供大家学习。党员在线学习100％完成。

（曲秀莉）

（三）北京建达兴工程咨询有限公司

【概况】 北京建达兴工程咨询有限公司成立于2011年4月，是隶属于北京建筑大学的专业从事工程咨询、工程建设全过程项目管理的企业。公司员工均具有中、高级职称及国家相关专业执业资格，是一家智力密集型咨询服务公司。屈鹏程任公司总经理、法定代表人。

公司依托于北京建筑大学的专业化优势，可提供规划咨询、可行性研究、项目建议、工程造价咨询、全过程项目管理、设计管理等一条龙服务的专业工程咨询。公司具有国家发改委颁发的工程咨询资质和住建委颁发的工程造价资质，并于2013年7月通过质量、环境和职业健康安全管理体系认证。

公司自成立以来，先后承接了北京建筑大学新校区（一、二期）；北京信息科技大学新校区、北京理工大学国防科技园、中国石油大学行政办公楼、北京中医药大学良乡新校区、首都师范大学、北京舞蹈学院、北京电影学院、北京物资学院等项目的前期咨询、项目管理、造价咨询服务。公司整体实力雄厚，拥有一支专业配套、经验丰富、掌握现代管理方法的工程咨询、管理队伍；拥有先进辅助管理软件及由业界专家、知名学者组成的专家顾问团队。

（裴 平）

【管理工作】 建达兴公司一直以来都将管理放在突出位置，2013年，公司围绕着完善内部管理，强化执行力这一中心思想开展各项工作，通过优化绩效考核、规范制度、完善管理、强化责任等方法进一步提高执行力和工作效率，促进了管理团队建设和各项工作的落实。坚持重激励、硬约束、严执行、真问责，推动形成"才有所展、劳有所得、功有所奖、劣有所罚"的管理体系，保障了公司稳步发展。

2013年度共召开27次管理工作例会，通过例会了解和掌握公司管理和经营状况，解决运作中存在的问题，提出改善策略，并运用过程管理的方式全方位提升企业品牌形象和持续竞争力。

2013年度共召开3次全员培训会，通过培训使员工了解到三体系、绿色建筑、绿色设计及建筑行业的最新设计手法和新科技、新材料的运用等相关知识，努力打造学习型的企业。通过树立理念，培养良好的学习习惯，掌握新理念、新知识和新信息，使之满足企业持续、健康发展的需要。

2013年11月12日，总工办组织召开的技术管理发展研讨会，分别就"立足北京市高校基本建设市场，如何构建建达兴技术管理体系"、"信息库建设"、"公司在市场上的优势及核心竞争力"、"对公司技术管理服务的建议、意见"、"技术管理在项目管理中的价值体现"及"各总工的专业领域在近一年如何发展及管理"等议题展开，各专业副总工程师结合自身的专业知识通过分析探讨，深入交换意见并且达成广泛共识，不仅完善了自我，而且对今后的技术支持及管理工作产生了积极的作用。

（裴　平）

【经营工作】2013 年在学校领导和市教委的大力支持下，公司业务范围不断扩大，由公司成立之初的以项目前期咨询业务为主，设计管理和施工管理业务比例逐步扩大，全年涉及管理业务的合同额达到 1050 万元，占全年合同总额的 80％，同时也积极尝试走出教育领域，面向建筑市场的尝试。

除每周的公司例会外，公司根据建筑市场的变化，有针对性地在年初、年中、年末分别召开经营专题会议，明确下一阶段公司经营发展方向和工作重点。

2013 年共签订合同 9 份，合同总额 1302 万元，其中北京信息科技大学昌平新校区项目管理合同额达到 900 万元，占全年合同总额的 69％。该项目占地 1000 亩，校区内建设总面积 42 万平方米，建安费投资约 20 亿，预计 2018 年部分投入使用，2020 年全部建成。

（罗　杰）

2013 年建达兴工程咨询有限公司承担的各类服务项目一览表

序号	项目名称	负责人	建设单位	合同经费（万元）	起止时间
1	北京舞蹈学院学生宿舍综合楼项目管理	段庆祥	北京舞蹈学院	100	2013.9.1-2014.8.31
2	新校区二期工程项目管理	曹洪伟	北京建筑大学	187.5	2013.12.1-2014.12.31
3	新校区造价咨询、前期及项目管理	吴昌群	北京信息科技大学	900	2013.10.10-竣工结算

（罗　杰）

【人力资源工作】健全和完善人力资源管理的相关机制，根据公司的经营战略及发展目标，按照专业化、理性化、系统化的人力资源管理理念和技术，完善公司人力资源管理平台。进一步完善薪酬考核评价体系，建立适应公司业务特点的灵活的薪酬制度，强化动态考核，规范化管理，具体措施为：实行目标管理，按月度、季度进行考核，贯穿全年，为全年工作目标的实现提供有力保障，更有效的调动了员工的积极性和创造性。

（裴　平）

【财务工作】综合办公室在 2013 年较好地完成了财务核算、纳税申报、预、决算编制等管理工作，充分发挥了核算、监督职能。在日常管理上坚决贯彻执行国家财税法律、法规和公司内控制度，并补充完善了一部分财务制度和管理办法。加强财务控制，提高预测、分析能力，为公司日常经营决策提供了财务支持，促进公司实现了全年经营目标。

2013 年全年实现收入 713.38 万元，利润 34.59 万元；净利润 25.17 万元；上缴税费 66.56 万元，其中增值税 37.45 万元、个人所得税 17.35 万元、企业所得税 5.71 万元、城建税 2.71 万元；上缴管理费 40 万元。

（杨国康）

【文化建设工作】加强文化建设，关心员工身心健康，通过组织员工健身锻炼、体检，及生日送祝福等活动，构筑共同的价值观，进一步增强企业的凝聚力、执行力和创造力，达到提升企业核心竞争力的目标。

（裘　平）

（四）北京建工建方科技公司

【概况】北京建工建方科技公司成立于 1993 年，隶属于北京建筑大学（原北京建筑工程学院），系中关村高新技术企业。依托学校雄厚的教学及技术力量，实现了产、学、研的有效统一。尤其在高新测绘技术方面，走在了国内的前列。周克勤任公司总经理、法定代表人。

公司拥有古建筑保护、城市规划、精细测绘、地理信息工程知名教授和专业技术人员 40 余人，设备配有中远距离地面激光雷达扫描仪（徕卡 Scanstation2、RigelVZ-400）共两台套，测量机器人 4 台（徕卡 TCA2003、徕卡 1201、索佳 NET05、索佳 NET1），GPS、全站仪、数字水准仪、图形处理工作站、专业数据处理软件、专业摄影设备若干，已形成从现场操作到内业处理的一套完整的技术运行管理模式。

【管理工作】2013 年，公司机构设置和公司领导班子分工基本维持不变，重点加强了工程测量与扫描、GIS 两大业务经营团队建设工作。

结合本年度的内控评价检查，修订完善了公司多项管理制度。完善落实公司资产设备管理制度，提高仪器设备管理水平。完善落实公司档案（保密）管理制度，做好工程项目服务等。进一步落实安全生产与质量管理责任制，建立健全项目安全生产管理办法，重点加强公司检查落实力度，全年无安全生产责任事故。

完成测绘和地理信息系统乙级资质的 2013 年度审核。完成本年度《质量管理体系要求》GB/T 19001—2008、《职业健康安全管理体系　要求》GB/T 28001—2011、《环境管理体系要求及使用指南》GB/T 24001—2004 的认证复审工作。

继续加强与故宫、颐和园及北京富斯德科技公司等国内较大地理信息产业公司和文保单位在业务上的联系、合作更为密切，拓展了公司业务范围、培养锻炼了公司技术人员解决问题能力，提升了公司成果的技术含量。加大了公司与市规划委、国家住建部、国家地理信息学会及北京测绘学会等上级业务主管单位的联系工作，提高了公司的知名度。

【经营工作】工程测量部门在继续做好前期北京地铁监测业务的基础上，今年承揽了天津地铁监测工程。同时扩大业务领域，承揽了多项地形测量、管线探测等工程。三维激光扫描与 GIS 部门在完成常规扫描工程之外，尽可能地扩展服务领域，在提供模型和影像图的基础上，建立小型三维展示或管理系统，提高了市场竞争能力，扩大了业务领域。

与去年相比较，2013 年工程测量、激光扫描与 3DGIS 业务量增大、施工项目类型较多。通过不断地磨合、实践，公司两大经营团队逐渐积累了经验，提高了闯市场找项目的能力。目前，公司各部门人员结构基本合理，稳定有序，能够支持公司的健康发展。

年初计划完成工程合同额 450 万～500 万元，实现到位资金 330 万～430 万。完成上交学校及资产中心规定的各项经济目标。截止到 2013 年 12 月 31 日，完成工程合同额 493 万元。

2013 年建工建方承揽主要项目一览表

序号	项目名称	负责人	建设单位	合同经费（万元）	起止时间
1	府学胡同 36 号三维扫描数字化项目	丁延辉	北京建筑工程学院图书馆	5	2012.11.30～2012.12.31
2	湖南省会同县古民居整体搬迁项目测绘及建模	郭健	湖南省博物馆	8	2013.4.8～2013.5.31
3	雍和宫三维扫描数字化项目协议书	周克勤	北京建筑大学图书馆	14.3	2013.5.8～2013.10.31
4	北京建筑工程学院地下管线探测	周克勤	北京博略顺和科技有限公司	67	2013.4～2013.5
5	地外大街两侧建筑立面测量项目（三维激光扫描立面测量）	周克勤	北京市勘察设计研究院有限公司	21.8	2013.4.22～2013.4.28
6	天津地铁 6 号线工程监测	周克勤	北京城建勘测设计研究院有限责任公司天津分公司	153	2013.8.30～2016.6.30
7	颐和园花承阁多宝塔三维激光扫描技术服务	丁延辉	北京市颐和园管理处	20	2013.9.20～2013.11.20
8	北京建筑大学大兴校区三维虚拟校园系统升级政府采购项目	吴志群	北京建筑大学	50.76	

【财务工作】根据校产办和资产中心的部署，公司加强了财务管理工作，年初制定了 2013 年度财务预算。公司内部按部门分解财务指标，实施监督检查。加强工程项目管理，严格控制费用支出、保证预算执行。

主营收入 396 万元，年度盈利 22 万元，净利润 15 万（不含投资收益）。

【企业荣誉】与测绘学院教师联合申报北京市自然科学基金课题 1 项、工程项目投标 3 项。接收学生实习 18 人次，毕业设计 6 人次。今年 10 月，"北京先农坛精细测绘"等 2 个项目获北京市测绘学会测绘科技进步三等奖。

（刘树强）

（五）北京致用恒力建筑材料检测有限公司

【概况】北京致用恒力建筑材料检测有限公司（简称致用恒力）于 2006 年 9 月注册成立，前身为北京建筑工程学院中建新力材料检测所。公司隶属北京建筑大学（原名：北京建筑工程学院），是学校的校办企业和对外服务的窗口，也是北京市高校中唯一具有建设工程检测资质的校办检测机构。北京建筑大学为公司提供了得天独厚的人才、资金、地域、设备和环境的条件，为公司科学、准确、公正、规范地进行检测工作提供了保障，十余年的公正检测使公司成为工程建设方首选的试验检测单位。自 1996 年至今公司承检单位工程项目 3000 余个，总建筑面积达 1800 万平方米，公司所承揽的主要项目类型有：地铁、古建及部分房建。

【管理工作】 2013 年是公司完善制度年，期间制定了《人力资源管理办法》、《市场经营管理办法》、《固定资产管理制度》、《印章使用审批制度》，修订了《奖惩管理制度》，以上制度办法均得到了落实，公司管理逐渐走上了制度化、规范化。在公司全体员工的共同努力下，2013 年公司完成三项资质建设，增项 60 个参数，为公司今后发展打下了良好基础。

【经营工作】 公司在"巩固扩大房建市场、稳固加强古建市场、开拓新兴市场"的经营战略指导下，古建检测市场得到了进一步提升和加强。

2013 年致用恒力承担的各类服务项目一览表

序号	项目名称	负责人	建设单位	合同经费（万元）	起止时间
1	北京地铁 16 号线工程土建施工 03 合同段	严新兵	北京城市快轨建设管理有限公司	214.77	2013.6～2016.12
2	大兴亦庄新城Ⅲ-Ⅰ街区 F 地块居住及配套项目	赵建勋	远洋国际建设有限公司	—	2013.11～2015.12
3	北京广播电视大学食堂改扩建工程	赵建勋	北京市林业建筑工程有限公司	—	2013.11～2015.06
4	西堂子胡同 33 号四合院部分文物建筑修缮工程	赵建勋	北京市海淀区振海建筑公司	—	2013.10～2014.05
5	密云北庄镇黄岩口村长城修缮工程	严新兵	北京市文物古建工程公司	—	2013.08～2013.12
6	南下坡清真寺礼拜殿抢修工程	严新兵	北京大龙建设集团有限公司	—	2013.08～2013.12
7	房山区良乡文庙大成殿修缮工程	严新兵	北京大龙建设集团有限公司古建工程分公司	—	2013.06～2013.12

【人力资源工作】 为了满足公司不断发展和业务量不断增加的需要，2013 年公司招聘 3 名员工，另加 2 名实习学生。目前，公司实际拥有员工 18 名（不含 3 名兼职老师及 2 名实习生），现有员工已基本满足公司业务需要。

【财务工作】 2013 年公司实际收入 387.47 万元，营业税金及附加 1.38 万元，净利润 2.62 万元，上交 20 万元。

（高方红）

　　（六）北京建工远大市政建筑工程公司

【概况】 北京建工远大市政建筑工程公司（简称远大公司），系北京建筑大学（原北京建筑工程学院）直属企业。是 1993 年成立的国有独资建筑市政施工企业，具有房屋建筑工程施工总承包二级，市政公用工程施工总承包叁级，装修装饰专业承包贰级，钢结构工程贰级，防水工程专业承包贰级。远大公司已通过 ISO9001 质量管理体系、ISO14001 环境管理体系、OHSMS18001 职业健康安全管理体系和银行信用"AAA"级认证。目前，远大公司是集建筑施工、装饰装潢、市政施工、压力管道安装、文物保护、设备安装为一体的具有综合生产能力的建筑企业。张宝忠任公司总经理、法定代表人。

远大公司以建筑大学专家教授和高新技术为依托，拥有雄厚的专业人才，资金和技术实力，现有工程技术人员150余人，中高级职称42人，项目经理25人，其中一级注册建造师12人，二级注册建造师13人，机械设备近千万元。

远大公司本着一切为用户服务的宗旨，做到重合同，守信用，把企业效益和社会效益结合起来，并使之逐年提高，制定和完善了一系列规章制度，有力地保证了工程建设的顺利进行。自公司成立以来，先后承建各类住宅建筑、工业厂房、公共建筑、学校建筑、大型商贸市场100万平方米等民用建筑，以及市政道路、桥梁、给水排水、热力燃气管道防水工程和绿化工程数万米。作为学校所属企业，我公司多年来一直为学校学生生产和管理实习的主工基地，同时也一直作为学校教师和科研人员的科研成果推广、应用、开发的产学研基地。

远大公司成立至今，始终坚持"诚信务实、质量为本、安全第一、节能环保、科学管理、持续发展"的管理方针，坚持深化改革、创新发展，坚定品质保障、价值创造，秉承新时代的发展观，突破创新、稳扎稳打，大踏步地向新的目标进发。

【管理工作】远大公司一直以来都将管理工作作为企业管理的重中之重，2013远大公司将进一步加强企业的内控管理工作，完善企业制度建设与修订，强化工程项目管理等工作，通过这些工作逐步推进企业的科学化规范化管理。

2013年3月，公司对行政管理制度、人事薪资管理制度、财务管理制度、技术质量管理制度及施工生产管理制度等进行重新整合与修订，使其具有可操作性、指导性。

2013年6月9日，远大公司召开成立20周年庆祝会。北京建筑大学校产经营开发办公室主任王健、副主任祖维中、资产中心总经理丛小密等领导出席会议。远大公司老领导代表、领导班子成员、所属各项目部代表到场祝贺。

【经营工作】2013年，远大公司结合公司的实际状况，在客观分析建筑市场的前提下，对企业实施了市场经营定位，即立足学校建设的基础上，主打中、小型建筑工程市场，充分发挥专业工程优势，在业界逐步树立形象，在确保既有市场的基础上，努力开拓新市场，同时采取自主经营施工与合作经营双轨并行的思路开展经营活动，由于定位准确，2013年远大公司取得了较为理想的经营成果，公司累计签订项目合同117项，合同总额累计达2.52亿元，延续了2012年以来的强劲势头；其中自主经营项目14项，合同金额1800万元。公司全年实现总产值2.36亿元，与去年同期相比增长了69%，其中自主经营项目产值3900万元，合作经营项目产值1.97亿元。已远远超出我公司年初制订的2013年新签合同额1.2亿元，实现年产值1.5亿元的经营指标。

2013年建工远大承建工程情况一览表

序号	工程名称	负责人	建设单位	合同额（元）	起止时间
1	硕博公寓3.4号楼	王民营	北京建筑工程学院	58,343,158.55	2012年8月～2013年11月
2	机电、电信工程学院楼工程	崔建平	北京建筑工程学院	56,899,940.70	2012年11月～2013年12月

序号	工程名称	负责人	建设单位	合同额（元）	起止时间
3	大兴校区抢险维修工程（6#楼、体育场看台、配电室等）	李立祥	北京建筑大学	3,628,929.70	2012年7月～2013年8月
4	图书馆二、三层精装修工程	李立祥	北京北方诚信装饰工程有限公司	4,866,503.80	2013年5月～2013年10月
5	潍坊多功能汽车工厂项目后期厂区道路工程	赵叶泉	新兴福田建筑工程有限公司	36,200,000.00	2013年3月～2013年7月
6	万寿寺公寓A、B楼室内装修工程第三标段	王爱国	中国人民解放军总政治部歌舞团	7,840,000.00	2013年3月～2013年7月
7	房山线长阳站8号地西侧地块文化娱乐及居住项目	艾淳	北京建工长阳房地产开发有限公司	7,936,197.00	2013年4月～2013年8月
8	万寿寺公寓A、B楼室内装修工程第三标段（补充协议）	王爱国	中国人民解放军总政治部歌舞团	3,679,018.00	2013年4月～2013年7月
9	昌平实验中学校友楼修缮改造工程	庞涛	北京市昌平实验中学	5,023,457.48	2013年4月～2013年6月
10	音乐中心综修工程	周宝宁	北京市第二十中学	4,770,850.20	2013年6月～2013年10月
11	丰台区2013年维修及新建公厕	周宝宁	北京市丰台区市政市容管理委员会	4,066,007.56	2013年7月～2013年10月
12	2013年集团两项资金（输配项目）第十五期二标段	艾淳	北京市热力集团有限责任公司	5,859,175.00	2013年7月～2013年10月
13	怀柔重型机械工厂建设项目厂区工程	赵叶泉	新兴福田建筑工程有限公司	86,300,000.00	2012年10月～2013年8月
14	房山区长阳3号地市政工程园区内部排水工程	艾淳	北京首开荣泰置业有限公司	7,509,527.00	2013年10月
15	大兴区北臧村镇2013农田道路综合整治工程	丁志刚	北京市大兴区北臧村镇人民政府	8,077,333.46	2013年10月～2013年11月
16	长阳3号地市政工程园区内部给水工程	艾淳	北京首开荣泰置业有限公司	6,366,503.26	2013年11月～2014年5月
17	大兴新城北区二号地改造项目	丁志刚	中国中医科学院广安门医院（南区）	3,040,011.05	2013年12月～2014年2月
18	房山区良乡高教园区中央设施西区北侧住宅混合公建项目室外市政工程-园区内部道路工程（东半区）	艾淳	北京首都开发股份有限公司房山分公司	3,813,503.00	2013年11月～2013年4月

2013年6月28日，经过96个日日夜夜的艰苦奋战，电气与信息工程学院楼结构顺利封顶，由学校领导、基建处、监理单位、学校师生代表、施工单位参加了封顶仪式。

2013年7月6日在项目经理王民营带领的项目团队的共同努力下，硕博公寓楼结构顺利封顶。北京建筑大学党委书记钱军、校长朱光率校领导班子全体成员以及校产办党总支书记刘蔚、学校各职能处室领导、代表，各参建单位代表共计100多人出席了结构封顶仪式。

【人力资源管理工作】人才队伍的建设是企业发展的核心竞争力。公司本着"以人为本，注重培养，提升素质"的指导思想，年初公司对薪酬体系进行了调整，增加了绩效考核评价，为公司吸收和引进员工提供制度保证，同时公司不断加强员工的培养，确保上岗人员持证率满足工程项目的要求，做好项目人才储备工作。

2013年3月14日，远大公司邀请张志成为工程部举办了施工现场安全管理的讲座，公司工程部和项目部管理人员参加，通过学习逐步提高安全质量从业人员的知识水平和技能，也使企业全体员工对安全、质量有一个新的认识，提高整个公司的安全、质量意识。

【财务工作】2013年远大公司完成营业收入累计26641万元，超过年初制定的年营业收入19133万元的营业收入指标。2013年公司完成上交学校250万元的任务。2013公司实现净利润185万元；公司全年上缴税金920万元，资产总额8622万元。

（高丽敏）

三、资源服务型企业

（一）北京学宜宾馆有限公司

【概况】北京学宜宾馆有限公司，隶属于北京建工广厦资产经营管理中心。1998年11月1日试营业，1999年9月21日正式取得接待国内外宾客的特级旅店资质。现拥有客房25间，报告厅一处。马小华任公司总经理、法定代表人。

作为北京建筑大学校内唯一有住宿服务接待资质的小型企业，自成立以来，始终树立学校发展的思想和意识，始终把满足学校的接待需要尤其是重大接待需要，放在宾馆经营活动的突出位置。在学校一系列本科及专业学科的教学评估、党建和思想政治工作评估、建筑类高校书记校长论坛、甲型H1N1流感隔离及市委巡视组巡视等接待工作中，始终按照学校的安排、严格要求、认真落实、高质量、高水平地完成了各项接待工作。受到学校领导的多次肯定和表扬。

2010年3月以来，相继高水平地接待了江西省和黑龙江省电视台"全国两会"及"党的十八大"新闻专题报道组的报道和转播工作。

近年来，在学校党委及行政的领导下，宾馆各项管理制度不断完善，各项工作有章可循，工作效率不断提高，服务水平不断提升。作为校办企业，有着自身的特殊性，通过统筹校内外两个市场，兼顾服务与经营两个任务，积极主动开拓校外资源，达到以外养内，学校利益最大化的目的。通过宾馆团队的共同艰苦努力，学宜宾馆近年来圆满完成了各项经营指标，每年均被西城公安分局评为安全保卫工作先进单位，截止到2013年年底，累计完成上缴任务近700万元。

【管理工作】2013年是宾馆经营性资源缩减后的第一个自然年。为了摸清企业维持生存最基本的开支基数，从新年伊始，就开始了较大规模的严控，各项开支与2012年均有较大幅度的压缩，为企业完成上缴并积极超缴奠定了稳定的基础。继 2012 年内控试点工作结束以后，宾馆管理班子获益匪浅，真正认识到了主动管理与被动应对的差别，因此我们进一步加强了对宾馆制度建立和固定资产管理等方面工作的细化及规范化操作管理流程。对宾馆敏感岗位的采购工作和前台收款的监审核对工作，两岗进行了常规轮岗，确保不发生问题；明确各岗人员的岗位职责，分工明确，交接有序，确保对宾客 24 小时的服务不间断。

加强团队建设，加强个人修养，提高文化素质，真正构建一个和谐愉快的工作氛围，使团队成员们能够心情舒畅地在各自的工作岗位上为企业服务，为企业担当，为企业的稳定与发展贡献自己的聪明才智。

【财务工作】 2013 年全年共收入 205 万元，人均产值 20 万元，上缴国家税金 12.8 万元，上交学校 45 万元。

（刘　丽）

（二）北京国雅环球商贸市场有限公司

【概况】 北京国雅环球商贸市场有限公司位于北京市朝阳区雅宝路商圈繁华地段，是一家整体定位于中高端服装服饰批发，以专业化、品牌化、信息化、网络化面向国际的大型市场，北京建筑大学参股，胡昱任董事长、法定代表人，黄少代任总经理。

国雅大厦建筑面积 5.7 万平方米，简洁大气，拥有 800 多平方米豪华中厅、电动扶梯、中央空调、自动消防、电子商务等配套的现代化设施。经营范围主要有品牌裘皮皮衣、皮鞋皮靴、羽绒服、尼克服、休闲装、时尚女装、运动装、牛仔装、精品小商品等。大厦推行大品牌、大商户战略，整合了近千家中国优秀品牌商户资源，大部分商户实行研发、接单、生产、贸易一条龙业务。深圳、广州、上海、海宁、辛集等一些生产厂家也纷纷进驻做形象店，进一步提升了国雅的核心竞争力。

国雅大厦以诚信第一、品牌第一、服务第一为运营理念，努力打造一流团队。实行"走出去，请进来"的全球化经营策略，以品牌商户经营为基础，实施资本运作。巩固已有的渠道，拓展新的国际渠道，不断推行贸易方式创新，把内部管理上台阶，使国雅成为中国的国雅，世界的国雅。

2013 年，在外贸出口持续低迷，雅宝路各市场竞争激烈的格局下，国雅大厦通过改革和转变机制，组织好队伍，扼制出租率和租金收入下滑的局面，租金实际收入 7107.65 万元，出租率在年中达到 96％的水平，非主营业务收入 1245.16 万元。

（王建宾）

第十四章 毕业生名单

一、2013年北京建筑大学本科毕业生名单

序号	班级	姓名	序号	班级	姓名	序号	班级	姓名
1	电092	韦鸿彬	29	材091	高杨	57	地092	胡海燕
2	电092	刘鹏	30	材091	董梦玲	58	地092	周海曼
3	电092	邹钰	31	材091	董硕	59	地092	王振
4	电092	杨佳俊	32	材091	王权	60	地092	曹茜
5	电092	李晓曼	33	材092	刘兰	61	地092	闫家茂
6	电092	吴嗣骏	34	材092	冯劲松	62	电091	李玉娇
7	电092	李博烨	35	材092	王文超	63	电091	杜懿凡
8	电092	刘畅	36	材092	白国云	64	电091	李世航
9	电092	常磊	37	材092	王春	65	电091	许北辰
10	电092	崔鼎原	38	材092	崔帅	66	电091	杨骏
11	电092	李焱	39	材092	果田田	67	电091	王天元
12	电092	姜帅	40	材092	张强	68	电091	简晓晨
13	材091	韩卉桐	41	材092	董汇标	69	电091	胖天文
14	材091	尚红	42	材092	赵思儒	70	电091	郭唯梁
15	材091	付霁洲	43	材092	刘建英	71	电091	王栋
16	材091	刘斯藤	44	材092	管为盛	72	电092	叶秋硕
17	材091	王超	45	材092	丁鲁波	73	电093	卢先哲
18	材091	靳羽	46	测091	刘婧婷	74	电093	鲁茸农布
19	材091	邱静	47	测091	朱博楠	75	电093	戴玉
20	材091	王翔	48	测091	王名洋	76	电093	宋煜斌
21	材091	廖一铭	49	测091	张月	77	电093	吴庚
22	材091	赵英强	50	测091	刘淼	78	电093	李剑峰
23	材091	周凯谊	51	测091	李骥	79	电093	姜世浩
24	材091	刘洋	52	测091	卢嘉艺	80	电093	王俊
25	材091	李伟健	53	地092	田圣杰	81	电093	吴楠
26	材091	沈静云	54	地092	闫兰兰	82	电093	刘波
27	材091	王逸云	55	地092	李发达	83	电093	陈威屹
28	材091	贺东燕	56	地092	刘叶怡	84	电093	刘畅

序号	班级	姓名	序号	班级	姓名	序号	班级	姓名
85	电093	刘尧	121	测091	冯雪娇	157	电092	林天扬
86	电093	李昕轩	122	测091	张笑铮	158	电092	崔啸
87	电093	郭俊杉	123	测091	郭映雪	159	电092	祖志成
88	电093	马迪	124	测091	谢子豪	160	电092	王甲骏
89	电093	杨皓东	125	测091	柳国文	161	电092	顾广悦
90	电093	王珏	126	测091	王阔凤	162	电092	冯正一
91	电093	姜海鹏	127	测091	梁瀚哲	163	电092	吕超
92	电093	赵东升	128	测091	孙永尚	164	电092	李陈嫡
93	材091	吴腾	129	测091	张东风	165	电092	孙悦
94	材091	秦占峰	130	测091	刘宇	166	电092	魏明
95	材091	徐曦	131	测091	李梓豪	167	电092	张家迪
96	材091	郭丹	132	测091	王昭娜	168	电092	王帅
97	材091	郭飞	133	测091	王茜玥	169	电092	韩彻
98	材091	陈安亮	134	测091	梁佳翔	170	电092	王嵘
99	材091	邬梦晗	135	电091	孙晨露	171	电092	付怀兴
100	材092	陈思圆	136	电091	杨思宁	172	电092	陈奇
101	材092	张佳斌	137	电091	吴迪	173	电092	张译戈
102	材092	周洲	138	电091	陈云子	174	电092	贾彦京
103	材092	严晗	139	电091	吴宇阳	175	电092	谢阳健
104	材092	薛辰	140	电091	程汉驰	176	电093	邓鑫
105	材092	张晔	141	电091	商凡茜	177	测091	陈庚
106	材092	任毅	142	电091	张旺	178	测091	赵腾
107	材092	李雪	143	电091	杨超	179	测091	殷景森
108	材092	武阳	144	电091	曹海龙	180	测092	辛鑫
109	材092	王亮	145	电091	王磊	181	测092	梁莹
110	材092	隗帅	146	电091	潘光耀	182	测092	李志远
111	材092	徐少鹏	147	电091	彭兴华	183	测092	王伟
112	材092	陈琦	148	电091	刘流	184	测092	邵敬祎
113	材092	王达	149	电091	刘川	185	测092	魏爽
114	测091	杨玥	150	电091	尹宗畑	186	测092	常远
115	测091	王子鹜	151	电091	王同旭	187	测092	刘禹
116	测091	李芸	152	电091	卢迎新	188	测092	管宇琦
117	测091	王欣静	153	电091	曾劲夫	189	测092	云雅
118	测091	姜楠	154	电091	张亚博	190	测092	秦续
119	测091	杨柳	155	电092	王鹏	191	测092	蔡建磊
120	测091	于广涛	156	电092	马思邈	192	测092	李悦

序号	班级	姓名	序号	班级	姓名	序号	班级	姓名
193	测 092	车亚辉	229	地 091	吴笑尘	265	土 097	张健
194	测 092	刘玉琨	230	地 091	蓝啸	266	土 097	张帆
195	测 092	王婧仪	231	地 091	樊镇	267	土 097	于津洲
196	测 092	薛小明	232	地 091	何璇璇	268	土 097	刘畅
197	测 092	周少宁	233	地 091	赵欢	269	土 097	王蔡潇伟
198	测 092	贺丽	234	地 091	张圆	270	土 097	葛振义
199	测 092	刘涛	235	地 091	吴琦	271	土 097	魏小琨
200	测 092	高威	236	地 091	吴误	272	土 097	陈昊祥
201	测 092	王晓岩	237	地 091	戴培培	273	土 097	刘天添
202	测 092	陈旭栋	238	材 092	祁楚雯	274	土 097	欧阳天一
203	测 092	元苏健	239	材 092	张海宁	275	土 097	屈彪
204	测 092	汤书琪	240	材 092	李冬	276	土 097	高曙光
205	测 092	赵洁	241	地 091	李冰艳	277	信 091	张健雄
206	测 092	郑子奇	242	地 091	李俊明	278	信 091	云梦晨
207	测 092	黄璞	243	地 091	周平	279	信 091	任若曦
208	测 092	井晶	244	地 091	陈永峰	280	信 091	王志鹏
209	测 092	任正昊	245	地 091	曾玉婷	281	信 091	曹璐佳
210	测 092	张新军	246	地 092	刘函仲	282	管 092	苑芳菲
211	测 092	郑跃	247	地 092	李文杰	283	管 092	郑一昂
212	地 091	王航	248	地 092	靳柳倩	284	管 092	李兰春
213	地 091	崔子旭	249	地 092	吕勃	285	管 092	张雪
214	地 091	殷劼	250	地 092	李科	286	管 092	穆野
215	地 091	王颂然	251	地 092	王皓	287	管 092	王广鹤
216	地 091	李菁杭	252	地 092	张赢	288	管 093	杨帆
217	地 091	陈非	253	地 092	王晓龙	289	管 093	李新雷
218	地 091	戴静	254	地 092	曹新霞	290	管 093	富婧祎
219	地 091	孙含章	255	地 092	郑卓	291	管 093	倪娜
220	地 091	潘东骅	256	地 092	姚明	292	管 093	李永彬
221	地 091	韩超	257	地 092	王雨佳	293	管 093	苏鑫雷
222	地 091	田彧	258	地 092	赵迪	294	管 093	韩征
223	地 091	杨刚	259	地 092	徐梦姣	295	管 093	张子延
224	地 091	邬阳	260	地 092	张晓彤	296	管 093	马思培
225	地 091	曲佳	261	土 097	宋金然	297	管 093	郑一
226	地 091	张昊	262	土 097	商然	298	管 093	姜爽
227	地 091	邢佳韵	263	土 097	张新羽	299	管 093	徐若涵
228	地 091	闫潇松	264	土 097	付冀嘉	300	管 093	汪玮

序号	班级	姓名	序号	班级	姓名	序号	班级	姓名
301	管093	张新萌	337	水091	赵雄辉	373	管093	李旭
302	管093	王娟	338	水091	曹晨光	374	管093	许云翔
303	建081	蔡宇晨	339	水091	乔晓峰	375	管093	吕玉婷
304	建081	金一	340	水091	郭浩	376	管093	张爽
305	建081	夏瀚超	341	水091	王舒	377	管093	张超
306	建081	窦治昊	342	水091	姜璐	378	管093	袁笙
307	建081	赵惜诺	343	水091	谷鸿辰	379	管093	潘月
308	建081	王哲则	344	水091	李珂顿	380	管093	柴彬
309	建081	郑承慧	345	信091	张洋	381	管093	李蕴芳
310	建081	王益茵	346	信091	张佳斌	382	管093	纪秋璇
311	建081	宁恺欣	347	信091	李论	383	管093	程瑶
312	建081	刘雪琪	348	信091	许威	384	管093	李晶晶
313	建081	赵汐	349	信091	曹雨	385	管093	孙飞云
314	建081	赵青松	350	信091	张彤雪	386	管093	王海洋
315	建081	陈晨	351	信091	赵伟松	387	管094	赵鹏
316	建081	郑绍钧	352	信091	王杰	388	建082	刘黛依
317	建081	王鹏飞	353	信091	赵赫	389	建082	徐素素
318	建081	孟涛	354	信091	杨俊	390	建082	赵琨璞
319	建081	王超逸	355	信091	王奎	391	建082	任捷
320	建082	安聪	356	信091	岳俊岩	392	建082	杨诗卉
321	建082	李飔飔	357	信091	刘冰洁	393	建082	虞跃
322	建082	马雪嫣	358	信091	董少宣	394	建082	华蓉
323	建082	刘温馨	359	信091	刘凯	395	建082	文塈
324	水091	唐轩	360	信091	叶文潭	396	建082	杨皠
325	水091	陶心语	361	信091	连欣	397	建082	隗立航
326	水091	陆潇怡	362	信091	熊思梦迪	398	建082	罗薇
327	水091	于佳麟	363	信091	张宇德	399	建082	任宝其
328	水091	刘家铭	364	信091	鲍一凡	400	建082	杨晓超
329	水091	刘玉兴	365	营091	庄金城	401	建082	赵远
330	水091	张旭楠	366	营091	吴极	402	建082	王宇瞳
331	水091	邢冲	367	管092	熊竹	403	建082	王强
332	水091	高阳	368	管093	田新驰	404	交通091	赵心怡
333	水091	闫苹	369	管093	刘硕	405	交通091	丁俊强
334	水091	康弘宇	370	管093	隗立松	406	交通091	李昂
335	水091	范司杰	371	管093	崔健	407	交通091	金立峥
336	水091	周元利	372	管093	宋春杰	408	交通091	吴骏

序号	班级	姓名	序号	班级	姓名	序号	班级	姓名
409	交通091	蔡一蕾	445	营091	商志龙	481	交通091	董春美
410	水092	齐天成	446	营091	李一之	482	交通091	陈虹宇
411	水092	许崇崴	447	营091	赵旭	483	交通091	贾海官
412	水092	曹凯琳	448	营091	王云雪	484	交通091	李鑫
413	水092	刘京新	449	营091	陈阳旭	485	交通091	侯岳
414	水092	董立曼	450	营091	严明亮	486	交通091	刘美琪
415	水092	马健	451	管094	罗温子	487	交通091	汪京
416	水092	叶雨澄	452	管094	姜迎	488	交通091	靳明洋
417	水092	王嘉	453	管094	张莹	489	交通091	高丽燃
418	水092	于雷	454	管094	段淑芹	490	交通091	郑山
419	水092	祝成	455	管094	李飞翔	491	交通091	李子昕
420	水092	杨子敬	456	管094	滑思衡	492	交通091	邱晓放
421	水092	李荆依	457	管094	贾菁菁	493	水092	王伟
422	水092	姜中媛	458	管094	尤娟	494	水092	孔令怡
423	水092	陈振	459	管094	鹿瑶	495	水092	单丽鹏
424	水092	孙婧宜	460	管094	李燕杰	496	水092	丁晓东
425	水092	郑跃	461	管094	唐芳	497	水092	高爽
426	水092	孔祥达	462	管094	郭佳	498	水092	王杰
427	水092	平正龙	463	管094	刘祺	499	水092	陆静怡
428	水092	杨兴鹏	464	管094	张娜	500	水092	李瀚翔
429	水092	国帅	465	管094	王静思	501	水092	雷楠楠
430	营091	刘靓雯	466	管094	谢戎辰	502	水092	张蕊
431	营091	张弛	467	管094	张迅	503	土091	田冲
432	营091	朱宇斌	468	管094	邹青汝	504	土091	肖洋
433	营091	曹萌	469	管094	胡冰	505	土091	任玮琦
434	营091	徐辰	470	管094	刘帅杰	506	土091	徐晟宇
435	营091	国儒豪	471	管094	蔡夺魁	507	土091	金沫
436	营091	王超铁	472	交通091	孙拓	508	土091	周崑
437	营091	王岩岩	473	交通091	马皓	509	土091	刘晓伦
438	营091	朱华丹	474	交通091	杨志	510	土091	张麦加
439	营091	张世龙	475	交通091	董丹	511	土091	吴昆仑
440	营091	张之强	476	交通091	张楠	512	土091	王思远
441	营091	薄岩烁	477	交通091	曹凯峰	513	土091	张钰翾
442	营091	王阳	478	交通091	刘彤	514	营091	高伟
443	营091	王筱敏	479	交通091	陈程	515	营091	王玉欣
444	营091	朱晓楠	480	交通091	王云鹏	516	营091	李镕宏

序号	班级	姓名	序号	班级	姓名	序号	班级	姓名
517	营 091	王新旭	553	规 081	张思维	589	土 091	王冬
518	营 091	夏鹏飞	554	规 081	王哲	590	土 091	田帅
519	营 091	梅梓	555	规 081	贾宁	591	土 091	付海强
520	营 091	张翔	556	交通 091	杨光龙	592	土 091	肖伟
521	营 091	王德亮	557	交通 091	冯焕东	593	土 091	赵春雪
522	营 092	闫佳琪	558	交通 091	刘龙	594	土 091	赵逸雄
523	营 092	高海涛	559	交通 091	游芸竹	595	土 091	席伟航
524	营 092	郝妙选	560	暖 091	刘博文	596	土 091	白安泰
525	营 092	王建勇	561	暖 091	张欣蔚	597	土 091	张瑞鸿
526	营 092	卢嘉溦	562	暖 091	张凡	598	营 092	刘丽京
527	营 092	吴晓军	563	暖 091	贾钰烽	599	自 091	绳奇
528	营 092	王旭	564	暖 091	白云飞	600	自 091	韩红兴
529	营 092	邱坤	565	暖 091	刘璇	601	自 091	韩嶔
530	营 092	郭陆	566	暖 091	张思健	602	自 091	万雨生
531	营 092	程斌	567	暖 091	崔旭	603	自 091	陈源
532	营 092	王瑞永	568	暖 091	王喆	604	自 091	徐鹏爽
533	营 092	艾力·阿布拉	569	暖 091	张鑫	605	自 091	许玥
534	营 092	刘贺	570	暖 091	芦佳	606	自 091	崔晨宇
535	管 094	钟宏瑞	571	暖 091	张陶然	607	自 091	丁江涛
536	管 094	李佑昕	572	暖 091	桑文冬	608	自 091	马超
537	管 094	徐云坤	573	暖 091	席海明	609	自 091	张子方
538	管 094	刘莎	574	暖 091	陈冲	610	自 091	侯毅飞
539	管 094	周琦	575	暖 091	杜鹏宇	611	自 091	孔令建
540	管 094	赵旭	576	暖 091	李东	612	自 091	姜晓威
541	管 094	赵亮	577	土 091	高冉	613	自 091	葛文杰
542	管 094	李慧	578	土 091	赵明宇	614	自 091	李林
543	管 094	陈煦	579	土 091	孙浩凯	615	自 091	张天宇
544	管 094	李伟	580	土 091	张一捷	616	自 091	阿布都艾则孜·阿的力
545	管 094	李春迎	581	土 091	郑金贤	617	自 091	赵凌飞
546	管 094	吴雪飞	582	土 091	钟艺	618	规 081	章文靓
547	管 094	尹维婷	583	土 091	张琪	619	规 081	乔腾飞
548	管 094	王婉莹	584	土 091	贺明威	620	规 081	朱庚鑫
549	管 094	常雪华	585	土 091	韩迎雪	621	规 081	刘冰玉
550	规 081	杨玉龙	586	土 091	桑达威	622	规 081	黄涛
551	规 081	李潇	587	土 091	程竹	623	规 081	方舟
552	规 081	石琳	588	土 091	周梦杰	624	规 081	张轩宇

序号	班级	姓名	序号	班级	姓名	序号	班级	姓名
625	规081	刘德成	661	土091	唐博琛	697	营092	张大海
626	规081	汪瑀	662	土091	黄吉鹏	698	营092	张晗
627	规081	李迪希	663	土091	林菁	699	营092	连春宁
628	规081	董凯	664	土091	苗小燕	700	自091	王卫
629	规081	许言	665	土091	李槐	701	自091	戴俊松
630	规081	韩冰	666	土091	韩旭	702	环091	杨芳
631	规081	任宏伟	667	土091	张颖晔	703	环091	李沫函
632	规081	司马键	668	土091	张雪	704	环091	吴洋
633	环091	梁鑫泽	669	土091	郭杰	705	环091	陈京
634	环091	高文道	670	土091	张巨鹏	706	环091	王子臻
635	环091	纪嵘	671	土091	李辉	707	环091	郭硕
636	环091	牛志鸿	672	土092	王凤谦	708	环091	张金可
637	环091	杨槟赫	673	土092	王传禹	709	环091	刘蕊
638	环091	张毅	674	土092	吕博嘉	710	环091	刘佳
639	暖091	王士琪	675	土092	白洁	711	环091	洪志强
640	暖091	武艳秋	676	土092	金潇	712	环091	姜赫
641	暖091	董斌	677	土092	侯舒乐	713	环091	杨一帆
642	暖091	吴梦阳	678	土092	郝明	714	环091	张凯烨
643	暖091	关银俊	679	土092	张呈吉	715	环091	宋易南
644	暖091	刘强	680	土092	马跃征	716	环091	黄舒怡
645	暖091	李竑序	681	营092	马继存	717	环091	李恕艳
646	暖091	于智超	682	营092	杨宇	718	环091	张瑾
647	暖091	周晶晶	683	营092	赵萌	719	环091	张妍
648	暖091	张小旭	684	营092	高福中	720	环091	王春晓
649	暖091	丁翰婉	685	营092	曹新朝	721	环092	赵晨
650	暖091	李克寒	686	营092	齐莹	722	环092	蔡天卿
651	暖091	蔡雯	687	营092	王雨薇	723	暖092	刘硕
652	暖091	王烨	688	营092	马英彪	724	暖092	张秋月
653	暖092	李金	689	营092	任梦	725	暖092	马济政
654	暖092	王雅康	690	营092	钟云	726	暖092	赵宇庭
655	暖092	李冉	691	营092	任亚辉	727	暖092	索晨阳
656	暖092	冯奕	692	营092	罗晶	728	暖092	吕晓薇
657	暖092	马任远	693	营092	涂佳	729	暖092	胡亚鑫
658	暖092	遇子一	694	营092	李智峰	730	暖092	赵铁朋
659	暖092	肖子鹏	695	营092	刘沛东	731	暖092	杨怀宇
660	土091	许允志	696	营092	刘新	732	暖092	王宁

序号	班级	姓名	序号	班级	姓名	序号	班级	姓名
733	暖092	刘茜	769	电093	胡坤	805	暖092	张聪栋
734	暖092	苏海蛟	770	电093	孙嘉麒	806	暖092	虞山
735	暖092	魏海龙	771	电093	丁谷雨	807	暖092	高洋洋
736	暖092	刘四洋	772	电093	杨然	808	暖092	靳珊珊
737	暖092	江超	773	电093	刘腾	809	暖093	曲敬宣
738	暖092	倪武生	774	电093	曾万昕	810	暖093	廖雪妮
739	暖092	胡子鑫	775	动力091	金枭	811	暖093	蔡皓干
740	暖092	李更新	776	动力091	唐轶群	812	暖093	刘之乐
741	暖092	王唯	777	动力091	鲍迪	813	暖093	王子悦
742	暖092	王德彩	778	动力091	张天嘉	814	暖093	李振国
743	暖092	孙东元	779	动力091	昌桐	815	暖093	孙梦野
744	土092	管宇欣	780	动力091	张世麒	816	暖093	张丰裕
745	土092	贾辰	781	动力091	胡天阳	817	暖093	马航
746	土092	张建雷	782	动力091	刘思小姬	818	暖093	张骉
747	土092	曹梦娇	783	动力091	贾凝晰	819	暖093	纪昊强
748	土092	钟原	784	动力091	王紫叶	820	暖093	赵丹蒙
749	土092	陈媛媛	785	环092	王欣	821	暖093	师展
750	土092	宋立凯	786	环092	周竞男	822	暖093	王若晨
751	土092	崔爽	787	环092	李天	823	暖093	常文权
752	土092	刘群	788	环092	张楠	824	土092	任志行
753	土092	乔旭	789	环092	邓月苗	825	土092	秦志源
754	土092	王铮	790	环092	张杨	826	土092	戴荣成
755	土092	夏爽	791	环092	崔建柱	827	土092	李思鹏
756	土092	宋子凡	792	环092	关不移	828	土092	李磊
757	土092	金叶雨	793	环092	李丝	829	土092	刘清豹
758	土092	刘彬	794	环092	岳岩	830	土092	杨成亮
759	土092	赵晓晨	795	环092	张晶	831	土092	吴姣
760	土092	黄斌宇	796	环092	刘梦舟	832	土092	陈宇轩
761	土092	张博	797	环092	韩雪娇	833	土092	汤昭珺
762	土092	李鑫	798	环092	余道明	834	土093	郭俞秀
763	土092	李佳睿	799	环092	贾学秀	835	土093	赵松楠
764	电093	张笑天	800	环092	李静	836	土093	王德轩
765	电093	柏慧	801	环092	许玥	837	土093	张奇生
766	电093	张帅	802	环092	曹贺	838	土093	周梦园
767	电093	赵斌	803	环092	张京	839	土093	周昊
768	电093	赵京	804	环092	崔迎新	840	土093	汤洪彬

序号	班级	姓名	序号	班级	姓名	序号	班级	姓名
841	土093	刘森	877	机091	廉朋	913	土093	李昂
842	土093	马京华	878	机091	高明洋	914	土093	李思雨
843	土093	杨伊	879	机091	张智涛	915	土093	聂攀
844	土093	芦婉萍	880	机091	罗彦博	916	土093	张文玉
845	动力091	蔡骥驰	881	机091	王齐	917	土093	许谨龙
846	动力091	尚占鑫	882	机091	吴利新	918	土093	赵炜弈
847	动力091	任臻	883	机091	吕洋	919	土093	罗素可
848	动力091	孙洪新	884	机091	安硕	920	土093	郭峻峰
849	动力091	王强	885	机091	殷胜奇	921	土093	杜佳蕊
850	动力091	荆楠	886	机091	甘俊	922	土093	孙一林
851	动力091	徐骜	887	暖093	朱海东	923	土093	王威
852	动力091	石翔	888	暖093	杨涛	924	土093	张镇菁
853	动力091	刘雪源	889	暖093	黄雪桥	925	土093	李胜
854	动力091	赵帅	890	暖093	刘泽	926	土093	王昊一
855	动力091	见爽	891	暖093	贾卫金	927	土093	张冰
856	动力091	郝亚丽	892	暖093	孔繁荣	928	土093	沈家鸣
857	动力091	闫松伟	893	暖093	王文龙	929	动力091	何勇
858	动力091	乔紫旭	894	暖093	罗成	930	法091	黄莹莹
859	动力091	韩铁成	895	暖093	冯序	931	法091	程陈卓玛
860	动力091	齐柏超	896	暖093	刘铜浩	932	法091	吴思·斯马吉勒
861	动力091	王雪松	897	暖093	郭鹏飞	933	法091	李博
862	动力091	王润泽	898	暖093	王浩	934	法091	刘欣悦
863	动力091	陈希琳	899	暖093	陈圆	935	法091	赵肖一
864	动力091	卢阳	900	暖093	岳凯	936	法091	张亚楠
865	动力091	王伟	901	商091	叶小舟	937	法091	王玉
866	环092	夏志慧	902	商091	徐希光	938	法091	李晓楠
867	环092	王晓彤	903	商091	王思扬	939	法091	周京晶
868	机091	杨鑫	904	商091	张诗源	940	法091	刘元
869	机091	牛瑞嘉	905	商091	王颖	941	法091	郑娇璇
870	机091	常松	906	商091	刘东	942	法091	刘凡
871	机091	孙斌	907	商091	马悦	943	法091	王阔
872	机091	王超	908	土093	霍宇星	944	法091	穆兰
873	机091	姜亮	909	土093	梁继超	945	法091	安洁静
874	机091	杨志刚	910	土093	刘泽野	946	法091	张春义
875	机091	张志昂	911	土093	杨谦	947	法091	赵朗
876	机091	霍广晨	912	土093	吕天元	948	法091	张瑜

序号	班级	姓名	序号	班级	姓名	序号	班级	姓名
949	法091	荣攀	985	商091	张腾跃	1021	法091	黄诗怡
950	法091	崔爱丽	986	商091	刘宁	1022	法091	墨龙
951	机091	韩晓硕	987	商091	邵宁荃	1023	法092	杨国良
952	机091	魏震	988	商091	李宇琦	1024	法092	德庆旺姆
953	机091	陈喆	989	商091	黄文静	1025	法092	边巴央宗
954	机091	骈海江	990	商091	陈兴丰	1026	法092	田婕
955	机091	陈东利	991	土093	张文龙	1027	法092	张彤
956	机091	王帅	992	土093	罗晓东	1028	法092	罗也君
957	机091	王天思	993	土093	沈萌萌	1029	法092	任博涵
958	机091	杨硕	994	土093	孟昭其	1030	法092	杜欢
959	机091	陈文靖	995	土093	贾旭增	1031	法092	潘惠
960	机091	杨海湾	996	土093	张新亭	1032	法092	李尚之
961	机092	李鹏龙	997	土093	李程	1033	机092	韩烨
962	机092	赵军	998	土093	韩颖	1034	机092	冯文川
963	机092	李松晨	999	土093	倪頔	1035	机092	高健
964	机092	龙藤	1000	土094	付雨	1036	机092	孙海健
965	机092	张无垠	1001	土094	陈雨嘉	1037	机092	蒋维亮
966	机092	邵硕	1002	土094	王彬	1038	机092	张玉玺
967	机092	李婉婷	1003	土094	任秀	1039	机092	张岳
968	机092	何旭国	1004	土094	宗立阳	1040	机092	山峥
969	机092	吴春阳	1005	土094	高淼	1041	机092	徐欣
970	机092	李慧	1006	土094	侯承禹	1042	机092	李金龙
971	机092	史思岩	1007	土094	李金汉	1043	机092	段炼
972	商091	冯雪丽	1008	土094	李赓	1044	机092	纪文达
973	商091	唐娜	1009	土094	高璞瑜	1045	机092	郝培杰
974	商091	徐凯林	1010	土094	王孟琨	1046	机092	胡天天
975	商091	蒋佳玉	1011	动力091	胡睿	1047	机092	李跃
976	商091	王浩	1012	法091	林小昕	1048	机092	王秋晨
977	商091	陈雪峰	1013	法091	李彦茹	1049	机092	于逢源
978	商091	周君薇	1014	法091	林雨晨	1050	机092	周迎通
979	商091	吴凡	1015	法091	焦馨慧	1051	机092	唐慧强
980	商091	于洋	1016	法091	苏比努尔	1052	机093	戴劲
981	商091	李丽丽	1017	法091	帕哈尔丁·斯坎旦尔	1053	机093	郝连庆
982	商091	张学立	1018	法091	黄传清	1054	商091	王存超
983	商091	刘冲	1019	法091	周瑞	1055	商091	侯沁
984	商091	张玉龙	1020	法091	谭天玑	1056	商091	廖夏维

序号	班级	姓名	序号	班级	姓名	序号	班级	姓名
1057	商091	任继宏	1093	土094	赵阔	1129	机093	康星辰
1058	商091	张继成	1094	土094	张文俊	1130	机093	杨鸣宇
1059	商091	张添洋	1095	土094	赵岳	1131	机093	李可嘉
1060	商091	杨淼	1096	法092	田冰	1132	机093	孙晨龙
1061	商091	臧亚静	1097	法092	韩亚东	1133	机093	冯旭
1062	商091	王默	1098	法092	王玉颖	1134	机093	张亮
1063	商091	董京	1099	法092	孙萌	1135	机093	沈鹤群
1064	商091	刘彤	1100	法092	韩梓	1136	机093	许勇
1065	商091	李琪	1101	法092	郭鑫斌	1137	机093	王月全
1066	商091	周炳祺	1102	法092	杨树芊	1138	机093	刘瑶
1067	商092	段珂	1103	法092	周迪	1139	商092	孙新
1068	商092	莱再提·吐尔逊江	1104	法092	齐健	1140	商092	齐悦
1069	商092	李若佳	1105	法092	徐路遥	1141	商092	宋丽菲
1070	商092	冀科	1106	法092	龚聪	1142	商092	王哲
1071	商092	贾天娇	1107	法092	王畅	1143	商092	胡焱
1072	商092	邢庄瑾	1108	法092	许亚娜	1144	商092	刘文跃
1073	商092	张莹	1109	法092	段少华	1145	商092	申晓晨
1074	商092	窦志鑫	1110	法092	赵婉茜	1146	商092	依米古丽·尼扎买提
1075	土094	袁云峰	1111	法092	周欣	1147	商092	刘洪宝
1076	土094	曹南	1112	法092	乃孜福江·乃比江	1148	商092	李新超
1077	土094	张轵	1113	法092	蔡浩	1149	商092	吴留智
1078	土094	吴秦悦	1114	法092	龙琴	1150	商092	王野
1079	土094	郑方昊遐	1115	法092	陈样雯	1151	商092	赵丽娟
1080	土094	叶干	1116	法092	高鑫	1152	商092	王静
1081	土094	贾洋	1117	法092	马庆好	1153	商092	刘炳坤
1082	土094	姜妍	1118	机093	马骥	1154	商092	赵丹枫
1083	土094	王亚君	1119	机093	高超	1155	商092	李慧琪
1084	土094	胡康	1120	机093	秦梦甜	1156	商092	宋骏
1085	土094	孔令陶	1121	机093	李承	1157	商092	姚凯威
1086	土094	韩京龙	1122	机093	李浩宇	1158	商092	谢雨杏
1087	土094	杨光	1123	机093	崔宇菲	1159	土094	王众
1088	土094	丛楠	1124	机093	李泽宇	1160	土094	卢光
1089	土094	王增凯	1125	机093	王硕	1161	土094	郭彬彬
1090	土094	路洋	1126	机093	刘子辰	1162	土094	宋启明
1091	土094	曹雪亮	1127	机093	郝垚	1163	土094	李正昊
1092	土094	张蔚	1128	机093	胡雨佳	1164	土094	陆旭

序号	班级	姓名	序号	班级	姓名	序号	班级	姓名
1165	土 094	李磊	1201	机 093	何振龙	1237	社 091	洛桑坚赞
1166	土 094	孙懿迪	1202	机 093	马瑞	1238	社 091	宋涛
1167	土 095	邓健	1203	机 093	张萌	1239	社 091	靳迪
1168	土 095	郭宇	1204	机 093	王林	1240	社 091	喻其文
1169	土 095	范宏伟	1205	机 093	白溢璋	1241	社 091	陈思
1170	土 095	康二虎	1206	机 093	张成	1242	土 095	吴崑
1171	土 095	翁伟	1207	机 093	张建国	1243	土 095	李天娇
1172	土 095	闫思宇	1208	机 093	华岩	1244	土 095	贾子奕
1173	土 095	李欣	1209	机 093	莫凡骁	1245	土 095	孙明扬
1174	土 095	晏东海	1210	机 093	姜坤	1246	土 095	魏星
1175	土 095	魏冬	1211	机 093	武闯	1247	土 095	侯海骥
1176	土 095	张佳睿	1212	机 094	刘爽	1248	土 095	张鑫悦
1177	土 095	鲍若石	1213	机 094	常笑	1249	土 095	于雪筝
1178	土 095	解裕东	1214	机 094	马瑞	1250	土 095	张欢
1179	土 095	陈春阳	1215	机 094	陈嘉赓	1251	土 095	杨建宇
1180	工设 091	赵巍	1216	机 094	叶明	1252	土 095	徐东海
1181	工设 091	杨茜	1217	机 094	关兆卿	1253	土 095	车德源
1182	工设 091	刘婷婷	1218	机 094	李雨森	1254	土 095	吴祖鑫
1183	工设 091	王迪	1219	机 094	宋焘	1255	土 095	武庆祥
1184	工设 091	林婉嫕	1220	机 094	郝晨	1256	土 095	刘宁
1185	工设 091	薛丹阳	1221	商 092	张百惠	1257	土 095	马群
1186	工设 091	刘卓然	1222	商 092	卢业平	1258	土 095	刘妙竹
1187	工设 091	翟硕	1223	商 092	严榆	1259	土 095	郭震
1188	工设 091	高思琪	1224	商 092	雷雅琨	1260	土 095	李天一
1189	工设 091	陆欣宜	1225	商 092	杨骏	1261	土 095	杨俊
1190	工设 091	欧亮	1226	商 092	田雪	1262	土 095	王清越
1191	工设 091	周佳星	1227	商 092	王晴	1263	工业 091	谢永浩
1192	工设 091	王主	1228	商 092	王芳	1264	工业 091	刘博乐
1193	工设 091	刘然然	1229	商 092	刘畅	1265	工业 091	刘一驰
1194	工设 091	林俊程	1230	商 092	马莉莉	1266	工业 091	周冬冬
1195	工业 091	王子琦	1231	商 092	李晓蒙	1267	工业 091	居喜
1196	工业 091	张航	1232	商 092	王茜	1268	工业 091	雷萍
1197	工业 091	张一聪	1233	商 092	池琳	1269	工业 091	赵云
1198	工业 091	王健胧	1234	商 092	韩静	1270	工业 091	刘思阳
1199	工业 091	王晓希	1235	商 092	郭力玮	1271	工业 091	郭炜煜
1200	工业 091	罗雨	1236	社 091	赵怡悠	1272	工业 091	张学错

序号	班级	姓名	序号	班级	姓名	序号	班级	姓名
1273	工业 091	魏兴磊	1309	社 091	丁震	1345	土 096	刘蓂婧
1274	工业 091	宋利响	1310	社 091	尹丹丹	1346	工业 091	李锦楠
1275	工业 091	王泽华	1311	社 091	蒋来瑞	1347	工业 091	张瑞
1276	工业 091	李文丰	1312	社 091	刘冬梅	1348	管 091	韦巍
1277	工业 091	魏建	1313	社 091	孟然	1349	管 091	崔亚希
1278	工业 091	冯双玉	1314	社 091	王佳昱	1350	管 091	曹硕
1279	工业 091	倪金朝	1315	社 091	杨璇	1351	管 091	丰玮麟
1280	工业 091	高令华	1316	社 091	乔月	1352	管 091	郝思平
1281	工业 091	武玲梅	1317	社 091	张东跃	1353	管 091	李嘉
1282	工业 091	曹钟	1318	社 091	许贞	1354	管 091	毛际喃
1283	机 094	贾沫尧	1319	社 091	魏璐	1355	管 091	李志华
1284	机 094	赵钰龙	1320	社 091	李鑫	1356	管 091	栾骋祖
1285	机 094	丁浩生	1321	社 091	罗冬可	1357	管 091	杨绅
1286	机 094	曹琛	1322	社 091	曹峥	1358	管 091	郭骉
1287	机 094	付晓铮	1323	社 091	肖宇	1359	管 091	史雪飞
1288	机 094	李梦堃	1324	社 091	安金子	1360	管 091	裴立冬
1289	机 094	武浩	1325	社 091	刘建杰	1361	管 091	严松
1290	机 094	于嘉宾	1326	土 095	张超	1362	管 091	贾峥
1291	机 094	邢安毅	1327	土 095	潘磊	1363	管 091	于子鑫
1292	机 094	高鹏	1328	土 095	谢宇地	1364	管 091	陈卿
1293	机 094	刘博文	1329	土 095	李本新	1365	管 091	冯雨亭
1294	机 094	高灿	1330	土 095	赵云飞	1366	机 094	张学超
1295	机 094	刘伟文	1331	土 096	杨昊宸	1367	机 094	陶炼
1296	机 094	杨真	1332	土 096	付继华	1368	机 094	艾贵川
1297	机 094	张蕊	1333	土 096	张子辛	1369	机 094	高连龙
1298	机 094	张宜凡	1334	土 096	高雅	1370	计 091	王佳宁
1299	机 094	赵超	1335	土 096	刘陆宇	1371	计 091	文显东
1300	机 094	曹大林	1336	土 096	崔梦迪	1372	计 091	任远
1301	机 094	张旭	1337	土 096	马赛	1373	计 091	王玥
1302	机 094	刘爽	1338	土 096	杨靓	1374	计 091	闻剑秋
1303	机 094	李洋	1339	土 096	李岩	1375	计 091	陈初
1304	社 091	杜玥	1340	土 096	任宇婷	1376	计 091	张燏默
1305	社 091	洪斯男	1341	土 096	李群	1377	计 091	高燕
1306	社 091	贾博雄	1342	土 096	常希鹏	1378	计 091	杨威
1307	社 091	蓝恺伦	1343	土 096	马岱瑾	1379	计 091	刘巍
1308	社 091	赵婧妮	1344	土 096	李超	1380	计 091	曾繁强

390

序号	班级	姓名	序号	班级	姓名	序号	班级	姓名
1381	计091	孙怿	1417	土096	尉言	1453	计091	于潮薇
1382	计091	刘凯龙	1418	土096	艾乐	1454	计091	杨光
1383	计091	杨巍	1419	土096	张劼	1455	计091	许超
1384	计091	宋健	1420	土096	周稷	1456	计091	张文超
1385	计091	葛振	1421	土096	李文琦	1457	计091	李莉
1386	计091	李苍昊	1422	土096	李洪杰	1458	计091	孙景波
1387	社091	于潇潇	1423	土096	郑妙婷	1459	计091	张士博
1388	社091	经琦	1424	土096	李云浩	1460	计092	牛洪滨
1389	社091	戴艺静	1425	土096	张楠	1461	计092	韩东琪
1390	社091	李慧	1426	土096	谢洋	1462	计092	迟逸超
1391	社091	黄昌俭	1427	土096	黄玲	1463	计092	霍丹阳
1392	社091	李志虎	1428	管091	董浩	1464	计092	张文希
1393	社092	任会来	1429	管091	孙超	1465	计092	李思洋
1394	社092	陆子佳	1430	管091	季仁杰	1466	计092	刘旖晗
1395	社092	郭婧祎	1431	管091	吴祥忠	1467	计092	赵飞阳
1396	社092	杨珮珮	1432	管091	刘菲娜	1468	计092	梁玉存
1397	社092	秦海航	1433	管091	熊于男	1469	社092	任心悦
1398	社092	蒋蕊	1434	管091	邹磊	1470	社092	李娜
1399	社092	郭正	1435	管091	刘星杰	1471	社092	刘莹
1400	社092	崔涛	1436	管091	董越	1472	社092	赵艳萍
1401	社092	卢佳	1437	管091	郭梦瑾	1473	社092	范林林
1402	社092	朴惠子	1438	管091	毕雪	1474	社092	姚葛
1403	社092	解亚楠	1439	管091	刘天洋	1475	社092	丁森
1404	社092	刘东洋	1440	管091	蔺若晨	1476	社092	王海佳
1405	社092	孙钰	1441	管091	武艳泽	1477	社092	宋健
1406	社092	许浩	1442	管091	刘佳丽	1478	社092	卢杰
1407	社092	李喆	1443	管091	李娜	1479	社092	于小畔
1408	社092	佟铃	1444	管092	韩超	1480	社092	马琴
1409	土096	杨杰	1445	管092	王硕	1481	社092	童晨
1410	土096	王禹航	1446	管092	杨永斌	1482	社092	赵蓉
1411	土096	许振雄	1447	管092	杨静妍	1483	社092	李琳
1412	土096	梁磊	1448	管092	常宏峰	1484	社092	陈曦
1413	土096	王燕平	1449	计091	高岩松	1485	社092	李浩东
1414	土096	冯阳	1450	计091	于建辉	1486	水091	李夕武
1415	土096	张佳骐	1451	计091	刘冬梅	1487	水091	宋雨芊
1416	土096	张喆	1452	计091	张海东	1488	水091	田康达

序号	班级	姓名	序号	班级	姓名	序号	班级	姓名
1489	水 091	吴镭阳	1522	管 092	赵文娟	1555	自 091	王子晨
1490	水 091	胡文龙	1523	管 092	杨帅	1556	自 091	于金龙
1491	土 096	张晓飞	1524	管 092	王鸿斌	1557	自 091	熊清晨
1492	土 097	成飞飞	1525	管 092	李征	1558	自 091	邓强
1493	土 097	薛菲	1526	管 092	梁泽军	1559	自 091	张逊之
1494	土 097	张思杨	1527	管 092	黄滢涵	1560	自 091	杨飞
1495	土 097	王婉晨	1528	管 092	高树轩	1561	自 092	杨小波
1496	土 097	董旭阳	1529	管 092	杨杨	1562	自 092	董程浩
1497	土 097	王玥星	1530	管 092	高金雪	1563	自 092	白雪涛
1498	土 097	尤田	1531	管 092	祝浩	1564	自 092	高诗洋
1499	土 097	王剑烨	1532	计 092	王海超	1565	自 092	温啸晨
1500	土 097	陆洋	1533	计 092	吕欣	1566	自 092	詹毅
1501	土 097	张婧	1534	计 092	王晓浩	1567	自 092	王迪
1502	土 097	刘继	1535	计 092	王光	1568	自 092	柳旭
1503	土 097	曹众	1536	计 092	李文海	1569	自 092	张骁
1504	土 097	李晶双	1537	计 092	杨春宇	1570	自 092	张颖异
1505	土 097	杨浩楠	1538	计 092	马海潮	1571	自 092	赵颂晓
1506	土 097	张雨	1539	计 092	曾琪	1572	自 092	李爽
1507	土 097	马新鑫	1540	计 092	王欢	1573	自 092	张自航
1508	土 097	王雪	1541	计 092	王泽宾	1574	自 092	瞿牧
1509	土 097	王浩然	1542	计 092	马银茹	1575	自 092	李姜
1510	土 097	张华策	1543	计 092	张童	1576	自 092	宋久斌
1511	管 092	张羽	1544	计 092	李泉亮	1577	自 092	李振达
1512	管 092	刘雨晴	1545	计 092	邵炎炎	1578	自 092	王沄博
1513	管 092	马阳	1546	计 092	李雪雁	1579	自 092	赵冬
1514	管 092	王云鹏	1547	计 092	刘扬	1580	自 092	丁宁
1515	管 092	陶智	1548	计 092	金月娇	1581	自 092	王琳
1516	管 092	张楠	1549	建 081	李硕	1582	自 092	穆塔力普·麦麦提明
1517	管 092	白马多吉	1550	建 081	郝建泽	1583	自 092	林斯闽
1518	管 092	刘成泽	1551	建 081	史展如	1584	自 092	卢贞运
1519	管 092	赵松鹤	1552	自 091	王健	1585	社 092	周渊
1520	管 092	王筱祎	1553	自 091	杜艳朝	1586	工业 091	葛雪婷
1521	管 092	李晓	1554	自 091	刘立彬	1587	商 091	邓琪

二、2013年北京建筑大学本科生结业名单

序号	班级	姓名	序号	班级	姓名	序号	班级	姓名
1	电091	魏超	9	暖093	刘星	17	土096	张骏驰
2	测092	何佳轩	10	暖093	石里明	18	管091	李桐
3	地091	钟杰美子	11	商091	修雅	19	土096	杨思进
4	建081	张然	12	商091	于雪	20	土096	张骏腾
5	水092	李雪峰	13	土094	闫少川	21	计092	张巍
6	自091	林宁	14	商092	孙贺	22	土097	孙宏伟
7	土092	于思洋	15	机093	吴硕	23	计092	周金来
8	环092	胡旭	16	工业091	李斌	24	自092	杨睿

三、2013年北京建筑大学学士学位获得者名单

（一）2012/2013学年第一学期授予普通高等教育本科毕业生学士学位名单

序号	姓名	专业	序号	姓名	专业	序号	姓名	专业
1	赵勉	社会工作	5	宋诚	机械工程及自动化	9	孙野	给水排水工程
2	田振	信息与计算科学	6	王宝玉	电气工程式及其动化	10	周骏	工程管理
3	王佳俊	地理信息系统	7	王鹏飞	电气工程式及其动化	11	贺铮	工程管理
4	张靖琨	机械工程及自动化	8	阴跃	计算机科学与技术	12	胡亚捷	工程管理

（二）2012/2013学年第二学期授予普通高等教育本科毕业生学士学位名单

专业：法学

序号	学号	姓名	序号	学号	姓名	序号	学号	姓名
1	2109200911012	黄莹莹	10	2109200911102	周京晶	19	2109200911162	张瑜
2	2109200911022	程陈卓玛	11	2109200911112	刘元	20	2109200911172	荣攀
3	2109200911032	吴思·斯马吉勒	12	2109200911122	郑娇璇	21	2109200911182	崔爱丽
4	2109200911271	李博	13	2109200911132	刘凡	22	2109200911192	林小昕
5	2109200911042	刘欣悦	14	2109200911281	王阔	23	2109200911202	李彦茹
6	2109200911052	赵肖一	15	2109200911142	穆兰	24	2109200911212	林雨晨
7	2109200911062	张亚楠	16	2109200911152	安洁静	25	2109200911222	焦馨慧
8	2109200911072	王玉	17	2109200911301	张春义	26	2109200911232	苏比努尔
9	2109200911092	李晓楠	18	2109200911311	赵朗	27	2106150912301	帕哈尔丁·斯坎旦尔

序号	学号	姓名	序号	学号	姓名	序号	学号	姓名
28	2109200911321	黄传清	40	2109200912072	杜欢	52	2109200912172	龚聪
29	2109200911331	周瑞	41	2109200912082	潘惠	53	2109200912182	王畅
30	2109200911242	谭天玑	42	2109200912092	李尚之	54	2109200912192	许亚娜
31	2109200911252	黄诗怡	43	2109200912102	田冰	55	2109200912202	段少华
32	2109200911341	墨龙	44	2109200912112	韩亚东	56	2109200912212	赵婉茜
33	2109200912261	杨国良	45	2109200912122	王玉颖	57	2109200912222	周欣
34	2109200912012	德庆旺姆	46	2109200912132	孙萌	58	2109200912311	乃孜福江·乃比江
35	2109200912022	边巴央宗	47	2109200912281	韩梓	59	2109200912321	蔡浩
36	2109200912032	田婕	48	2109200912142	杨树芊	60	2109200912232	龙琴
37	2109200912052	张彤	49	2109200912301	周迪	61	2109200912242	陈样雯
38	2109200912271	罗也君	50	2109200912152	齐健	62	2109200912331	高鑫
39	2109200912062	任博涵	51	2109200912162	徐路遥	63	2109200912342	马庆好

专业：社会工作

序号	学号	姓名	序号	学号	姓名	序号	学号	姓名
1	2109210911012	赵怡悠	24	2109210911182	罗冬可	47	2109210912092	孙钰
2	2109210911251	洛桑坚赞	25	2109210911311	曹峥	48	2109210912291	许浩
3	2109210911261	宋涛	26	2109210911321	肖宇	49	2109210912102	李喆
4	2109210911022	靳迪	27	2109210911192	安金子	50	2109210912112	佟铃
5	2109210911032	喻其文	28	2109210911202	刘建杰	51	2109210912122	任心悦
6	2109210911042	陈思	29	2109210911212	于潇潇	52	2109210912132	李娜
7	2109210911052	杜玥	30	2109210911222	经琦	53	2109210912142	刘莹
8	2109210911062	洪斯男	31	2109210911232	戴艺静	54	2109210912152	赵艳萍
9	2109210911271	贾博雄	32	2109210911242	李慧	55	2109210912162	范林林
10	2109210911072	蓝恺伦	33	2109210911331	黄昌俭	56	2109210912172	姚葛
11	2109210911082	赵婧妮	34	2109210911351	李志虎	57	2109210912182	丁淼
12	2109210911281	丁震	35	2109210712071	任会来	58	2109210912192	王海佳
13	2109210911092	尹丹丹	36	2109210912012	陆子佳	59	2109210912321	宋健
14	2109210911291	蒋来瑞	37	2109210912022	郭婧祎	60	2109210912202	户杰
15	2109210911102	刘冬梅	38	2109210912032	杨珮珮	61	2109210912212	于小畔
16	2109210911301	孟然	39	2109210912261	秦海航	62	2109210912222	马琴
17	2109210911112	王佳昱	40	2109210912042	蒋蕊	63	2109210912232	童晨
18	2109210911122	杨璇	41	2109210912271	郭正	64	2109210912242	赵蓉
19	2109210911132	乔月	42	2109210912052	崔涛	65	2109210912252	李琳
20	2109210911142	张东跃	43	2109210912062	卢佳	66	2109210912331	陈曦
21	2109210911152	许贞	44	2109210912072	朴惠子	67	2109210912341	李浩东
22	2109210911162	魏璐	45	2109210912082	解亚楠	68		周渊
23	2109210911172	李鑫	46	2109210912281	刘东洋			

专业：信息与计算科学

序号	学号	姓名	序号	学号	姓名	序号	学号	姓名
1	2108190911111	张健雄	9	2108190911181	许威	17	2108190911251	岳俊岩
2	2108190911121	云梦晨	10	2108190911191	曹雨	18	2108190911052	刘冰洁
3	2108190911131	任若曦	11	2108190911042	张彤雪	19	2108190911261	董少宣
4	2108190911141	王志鹏	12	2108190911201	赵伟松	20	2108190911281	刘凯
5	2108190911012	曹璐佳	13	2108190911211	王杰	21	2108190911291	叶文潭
6	2108190911022	张洋	14	2108190911221	赵赫	22	2108190911072	连欣
7	2108190911161	张佳斌	15	2108190911231	杨俊	23	2108190911082	熊思梦迪
8	2108190911171	李论	16	2108190911241	王奎	24	2108190911301	张宇德
						25	2108190911092	鲍一凡

专业：地理信息系统

序号	学号	姓名	序号	学号	姓名	序号	学号	姓名
1	2103070811261	王航	19	2103070911291	樊镇	37	2103070912182	张赢
2	2103070911161	崔子旭	20	2103070911082	何璇璇	38	2103070912041	王晓龙
3	2103070911012	王颂然	21	2103070911092	赵欢	39	2103070912162	曹新霞
4	2103070911181	李苇杭	22	2103070911102	张圆	40	2103070912071	郑卓
5	2103070911191	陈非	23	2103070911112	吴琦	41	2103070912101	姚明
6	2103070911032	戴静	24	2103070911301	吴误	42	2103070912142	王雨佳
7	2103070911042	孙含章	25	2103070911122	戴培培	43	2103070912202	赵迪
8	2103070911201	潘东骓	26	2103070911132	李冰艳	44	2103070912192	徐梦姣
9	2103070911211	韩超	27	2103070911311	李俊明	45	2103070912132	张晓彤
10	2103070911221	田彧	28	2103070911321	周平	46	2103070912021	田圣杰
11	2103070911231	杨刚	29	2103070911331	陈永峰	47	2103070912212	闫兰兰
12	2103070911241	邬阳	30	2103070911142	曾玉婷	48	2103070912091	李发达
13	2103070911062	曲佳	31	2103070912031	刘函仲	49	2103070912112	刘叶怡
14	2103070911251	张昊	32	2103070912172	李文杰	50	2103070912222	胡海燕
15	2103070911072	邢佳韵	33	2103070912122	靳柳倩	51	2103070912152	周海曼
16	2103070911261	闫潇松	34	2103070912051	吕勃	52	2103070912081	王振
17	2103070911271	吴笑尘	35	2103070912022	李科	53	2103070912232	曹茜
18	2103070911281	蓝啸	36	2103070912061	王皓	54	2103070912011	闫家茂

专业：无机非金属材料工程

序号	学号	姓名	序号	学号	姓名	序号	学号	姓名
1	2102050911012	韩卉桐	6	2102050911151	靳羽	11	2102050911191	周凯谊
2	2102050911022	尚红	7	2102050911042	邱静	12	2102050911201	刘洋
3	2102050911131	付霁洲	8	2102050911161	王翔	13	2102050911211	李伟健
4	2102050911032	刘斯藤	9	2102050911171	廖一铭	14	2102050911052	沈静云
5	2102050911141	王超	10	2102050911181	赵英强	15	2102050911221	王逸云

序号	学号	姓名	序号	学号	姓名	序号	学号	姓名
16	2102050911062	贺东燕	30	2102050912121	周洲	44	2102050912221	李冬
17	2102050911231	高杨	31	2102050912022	严晗	45	2102050912062	刘兰
18	2102050911072	董梦玲	32	2102050912131	薛辰	46	2102050912231	冯劲松
19	2102050911241	董硕	33	2102050912032	张晔	47	2102050912241	王文超
20	2102050911251	王权	34	2102050912141	任毅	48	2102050912072	白国云
21	2102050911261	吴腾	35	2102050912042	李雪	49	2102050912251	王春
22	2102050911271	秦占峰	36	2102050912151	武阳	50	2102050912261	崔帅
23	2102050911281	徐曦	37	2102050912161	王亮	51	2102050912082	果田田
24	2102050911092	郭丹	38	2102050912171	隗帅	52	2102050912271	张强
25	2102050911291	郭飞	39	2102050912181	徐少鹏	53	2102050912281	董汇标
26	2102050911311	陈安亮	40	2102050912191	陈琦	54	2102050912092	赵思儒
27	2102050911102	邹梦晗	41	2102050912201	王达	55	2102050912102	刘建英
28	2102050912012	陈思圆	42	2102050912052	祁楚雯	56	2102050912291	管为盛
29	2102050912111	张佳斌	43	2102050912211	张海宁	57	2102050912301	丁鲁波

专业：工业设计

序号	学号	姓名	序号	学号	姓名	序号	学号	姓名
1	2101030911012	赵巍	6	2101030911072	薛丹阳	11	2101030911161	欧亮
2	2101030911032	杨茜	7	2101030911141	刘卓然	12	2101030911171	周佳星
3	2101030911042	刘婷婷	8	2101030911151	翟硕	13	2101030911112	王主
4	2101030911052	王迪	9	2101030911082	高思琪	14	2101030911122	刘然然
5	2101030911062	林婉嫕	10	2101030911102	陆欣宜	15	2101030911221	林俊程

专业：机械工程及自动化

序号	学号	姓名	序号	学号	姓名	序号	学号	姓名
1	2105110911061	杨鑫	13	2105110911181	罗彦博	25	2105110911301	王帅
2	2105110911071	牛瑞嘉	14	2105110911191	王齐	26	2105110911311	王天思
3	2105110911081	常松	15	2105110911032	吴利新	27	2105110911321	杨硕
4	2105110911091	孙斌	16	2105110911211	吕洋	28	2105110911331	陈文靖
5	2105110911101	王超	17	2105110911221	安硕	29	2105110911341	杨海湾
6	2105110911111	姜亮	18	2105110911231	殷胜奇	30	2105110712081	李鹏龙
7	2105110911121	杨志刚	19	2105110911241	甘俊	31	2105110912061	赵军
8	2105110911131	张志昂	20	2105110911251	韩晓硕	32	2105110912071	李松晨
9	2105110911022	霍广晨	21	2105110911261	魏震	33	2105110912081	龙藤
10	2105110911151	廉朋	22	2105110911271	陈喆	34	2105110912091	张无垠
11	2105110911161	高明洋	23	2105110911281	骈海江	35	2105110912101	邵硕
12	2105110911171	张智涛	24	2105110911291	陈东利	36	2105110912012	李婉婷

序号	学号	姓名	序号	学号	姓名	序号	学号	姓名
37	2105110912111	何旭国	67	2105120911061	崔宇菲	97	2105120912051	陈嘉赓
38	2105110912121	吴春阳	68	2105120911071	李泽宇	98	2105120912061	叶明
39	2105110912022	李慧	69	2105120911081	王硕	99	2105120912071	关兆卿
40	2105110912141	史思岩	70	2105120911101	刘子辰	100	2105120912091	宋焘
41	2105110912151	韩烨	71	2105120911111	郝垚	101	2105120912101	郝晨
42	2105110912161	冯文川	72	2105120911121	胡雨佳	102	2105120912111	贾沫尧
43	2105110912171	高健	73	2105120911131	康星辰	103	2105120912131	赵钰龙
44	2105110912181	孙海健	74	2105120911141	杨鸣宇	104	2105120912141	丁浩生
45	2105110912191	蒋维亮	75	2105120911151	李可嘉	105	2105120912151	曹琛
46	2105110912201	张玉玺	76	2105120911161	孙晨龙	106	2105120912161	付晓铮
47	2105110912211	张岳	77	2105120911171	冯旭	107	2105120912012	李梦堃
48	2105110912221	山峥	78	2105120911181	张亮	108	2105120912171	武浩
49	2105110912231	徐欣	79	2105120911191	沈鹤群	109	2105120912181	于嘉宾
50	2105110912032	李金龙	80	2105120911201	许勇	110	2105120912191	邢安毅
51	2105110912251	段炼	81	2105120911211	王月全	111	2105120912201	高鹏
52	2105110912261	纪文达	82	2105120911221	刘瑶	112	2105120912211	刘博文
53	2105110912271	郝培杰	83	2105120911231	何振龙	113	2105120912221	高灿
54	2105110912281	胡天天	84	2105120911241	马瑞	114	2105120912231	刘伟文
55	2105110912042	李跃	85	2105120911251	张萌	115	2105120912241	杨真
56	2105110912291	王秋晨	86	2105120911271	王林	116	2105120912022	张蕊
57	2105110912301	于逢源	87	2105120911281	白溢璋	117	2105120912251	张宜凡
58	2105110912311	周迎通	88	2105120911291	张成	118	2105120912261	赵超
59	2105110912321	唐慧强	89	2105120911301	张建国	119	2105120912271	曹大林
60	2105110712021	戴劲	90	2105120911311	华岩	120	2105120912281	张旭
61	2105110712051	郝连庆	91	2105120911331	莫凡骁	121	2105120912291	刘爽
62	2105120911021	马骥	92	2305240711101	姜坤	122	2105120912301	李洋
63	2105120911031	高超	93	2305240711231	武闯	123	2105120912311	张学超
64	2105120911012	秦梦甜	94	2105120812181	刘爽	124	2105120912321	陶炼
65	2105120911041	李承	95	2105120912031	常笑	125	2105120912331	艾贵川
66	2105120911051	李浩宇	96	2105120912041	马瑞	126	2305240712051	高连龙

专业：热能与动力工程

序号	学号	姓名	序号	学号	姓名	序号	学号	姓名
1	2104310911111	金枭	5	2104310911161	昌桐	9	2104310911022	贾凝晰
2	2104310911121	唐轶群	6	2104310911171	张世麒	10	2104310911032	王紫叶
3	2104310911131	鲍迪	7	2104310911181	胡天阳	11	2104310911191	蔡骥驰
4	2104310911151	张天嘉	8	2104310911012	刘思小姬	12	2104310911201	尚占鑫

序号	学号	姓名	序号	学号	姓名	序号	学号	姓名
13	2104310911042	任臻	20	2104310911261	赵帅	27	2104310911092	王雪松
14	2104310911211	孙洪新	21	2104310911062	见爽	28	2104310911291	王润泽
15	2104310911221	王强	22	2104310911072	郝亚丽	29	2104310911102	陈希琳
16	2104310911052	荆楠	23	2104310911271	闫松伟	30	2104310911311	卢阳
17	2104310911231	徐骜	24	2104310911082	乔紫旭	31	2104310911321	王伟
18	2104310911241	石翔	25	2104310911281	韩铁成	32	2104310911331	胡睿
19	2104310911251	刘雪源	26	2104310911351	齐柏超	33	2104310911341	何勇

专业：电气工程及其自动化

序号	学号	姓名	序号	学号	姓名	序号	学号	姓名
1	2107170911012	李玉娇	28	2107170812251	王鹏	55	2107170912042	韩彻
2	2107170911071	杜懿凡	29	2107170912051	韦鸿彬	56	2107170912281	王嵘
3	2107170911081	李世航	30	2107170912061	刘鹏	57	2107170912291	付怀兴
4	2107170911091	许北辰	31	2107170912071	邹钰	58	2107170912301	陈奇
5	2107170911101	杨骏	32	2107170912081	杨佳俊	59	2107170912321	贾彦京
6	2107170911111	王天元	33	2107170912012	李晓曼	60	2107170912331	谢阳健
7	2107170911121	简晓晨	34	2107170912091	吴嗣骏	61	2107160712021	邓鑫
8	2107170911131	胖天文	35	2107170912101	李博烨	62	2107170913051	卢先哲
9	2107170911141	郭唯梁	36	2107170912022	刘畅	63	2107170913061	鲁茸农布
10	2107180912022	孙晨露	37	2107170912111	常磊	64	2107170913071	戴玉
11	2107170911161	杨思宁	38	2107170912121	崔鼎原	65	2107170913081	宋煜斌
12	2107170911171	吴迪	39	2107170912131	李焱	66	2107170913091	吴庚
13	2107170911022	陈云子	40	2107170912141	姜帅	67	2107170913101	李剑峰
14	2107170911201	吴宇阳	41	2107170912151	叶秋硕	68	2107170913111	姜世浩
15	2107170911211	程汉驰	42	2107170912161	马思邈	69	2107170913121	王俊
16	2107170911032	商凡茜	43	2107170912171	林天扬	70	2107170913022	吴楠
17	2107170911221	张旺	44	2107170912181	崔啸	71	2107170913131	刘波
18	2107170911231	杨超	45	2107170912191	祖志成	72	2107170913141	陈威屹
19	2107170911241	曹海龙	46	2107170912201	王甲骏	73	2107170913151	刘畅
20	2107170911251	王磊	47	2107170912211	顾广悦	74	2107170913161	刘尧
21	2107170911261	潘光耀	48	2107170912221	冯正一	75	2107170913171	李昕轩
22	2107170911271	彭兴华	49	2107170912231	吕超	76	2107170913181	郭俊杉
23	2107170911281	刘流	50	2107170912241	李陈嫡	77	2107170913191	马迪
24	2107170911291	刘川	51	2107170912032	孙悦	78	2107170913201	杨皓东
25	2107170911301	尹宗畑	52	2107170912251	魏明	79	2107170913211	王珏
26	2107170911311	王同旭	53	2107170912261	张家迪	80	2107170913221	姜海鹏
27	2107170911042	卢迎新	54	2107170912271	王帅	81	2107170913231	赵东升

序号	学号	姓名	序号	学号	姓名	序号	学号	姓名
82	2107170913241	张笑天	86	2107170913271	赵京	90	2107170913042	杨然
83	2107170913032	柏慧	87	2107170913281	胡坤	91	2107170913311	刘腾
84	2107170913251	张帅	88	2107170913291	孙嘉麒	92	2107170913331	曾万昕
85	2107170913261	赵斌	89	2107170913301	丁谷雨	93		张译戈

专业：自动化

序号	学号	姓名	序号	学号	姓名	序号	学号	姓名
1	2107160911051	王卫	19	2107160911221	阿布都艾则孜·阿的力	36	2107160912121	王迪
2	2107160911071	绳奇				37	2107160912012	柳旭
3	2107160911081	韩红兴	20	2107160911231	赵凌飞	38	2107160912131	张骁
4	2107160911091	韩燚	21	2107160911241	王健	39	2107160912022	张颖异
5	2107160911101	万雨生	22	2107160911251	杜艳朝	40	2107160912151	赵颂晓
6	2107160911111	陈源	23	2107160911261	刘立彬	41	2107160912032	李爽
7	2107160911012	徐鹏爽	24	2107160911271	王子晨	42	2107160912171	张自航
8	2107160911121	许玥	25	2107160911291	于金龙	43	2107160912191	瞿牧
9	2107160911131	崔晨宇	26	2107160911301	熊清晨	44	2107160912201	李姜
10	2107160911141	丁江涛	27	2107160911311	邓强	45	2107160912211	宋久斌
11	2107160911151	马超	28	2107160911321	张逊之	46	2107160912221	李振达
12	2107160911022	张子方	29	2107160911042	杨飞	47	2107160912231	王沄博
13	2107160911161	侯毅飞	30	2107160912051	杨小波	48	2107160912261	赵冬
14	2107160911171	孔令建	31	2107160912061	董程浩	49	2107160912271	丁宁
15	2107160911181	姜晓威	32	2107160912071	白雪涛	50	2107160912281	王琳
16	2107160911191	葛文杰	33	2107160912081	高诗洋	51	2107160912301	穆塔力普·麦麦提明
17	2107160911201	李林	34	2107160912091	温啸晨	52	2107160912042	林斯闽
18	2107160911211	张天宇	35	2107160912111	詹毅	53	2107160912311	卢贞运

专业：计算机科学与技术

序号	学号	姓名	序号	学号	姓名	序号	学号	姓名
1	2107180811101	王佳宁	9	2107180911121	杨威	17	2107180911201	李苍昊
2	2107180911071	文显东	10	2107180911131	刘巍	18	2107180911211	高岩松
3	2107180911081	任远	11	2107180911141	曾繁强	19	2107180911221	于建辉
4	2107180911012	王玥	12	2107180911151	孙怿	20	2107180911032	刘冬梅
5	2107180911091	闻剑秋	13	2107180911161	刘凯龙	21	2107180911231	张海东
6	2107180911101	陈初	14	2107180911171	杨巍	22	2107180911042	于潮薇
7	2107180911111	张燏默	15	2107180911181	宋健	23	2107180911241	杨光
8	2107180911022	高燕	16	2107180911191	葛振	24	2107180911251	许超

序号	学号	姓名	序号	学号	姓名	序号	学号	姓名
25	2107180911261	张文超	34	2107180912111	李思洋	43	2107180912231	曾琪
26	2107180911052	李莉	35	2107180912131	刘旖晗	44	2107180912042	王欢
27	2107180911281	孙景波	36	2107180912161	梁玉存	45	2107180912241	王泽宾
28	2107180712211	张士博	37	2107180912171	王海超	46	2107180912052	马银茹
29	2107180812121	牛洪滨	38	2107180912032	吕欣	47	2107180912261	张童
30	2107180912071	韩东琪	39	2107180912181	王晓浩	48	2107180912281	邵炎炎
31	2107180912081	迟逸超	40	2107180912191	王光	49	2107180912062	李雪雁
32	2107180912012	霍丹阳	41	2107180912201	李文海	50	2107180912352	刘扬
33	2107180912091	张文希	42	2107180912211	杨春宇	51	2107180912362	金月娇

专业：城市规划

序号	学号	姓名	序号	学号	姓名	序号	学号	姓名
1	2101020811181	杨玉龙	8	2101020811091	乔腾飞	15	2101020811012	汪瑀
2	2101020811151	李潇	9	2101020811191	朱庚鑫	16	2101020811121	李迪希
3	2101020811082	石琳	10	2101020811072	刘冰玉	17	2101020811161	董凯
4	2101020811062	张思维	11	2101020811211	黄涛	18	2101020811042	许言
5	2101020811101	王哲	12	2101020811131	方舟	19	2101020811171	韩冰
6	2101020811231	贾宁	13	2101020811111	张轩宇	20	2101020811022	任宏伟
7	2101020811032	章文靓	14	2101020811201	刘德成	21	2101020811241	司马键

专业：土木工程

序号	学号	姓名	序号	学号	姓名	序号	学号	姓名
1	2102040713131	田冲	16	2102270911062	钟艺	31	2102270911341	张瑞鸿
2	2102270911101	任玮琦	17	2102270911211	张琪	32	2102270911351	许允志
3	2102270911111	徐晟宇	18	2102270911221	贺明威	33	2102270911361	唐博琛
4	2102270911012	金沫	19	2102270911072	韩迎雪	34	2102270911371	黄吉鹏
5	2102270911121	周崑	20	2102270911231	桑达威	35	2102270911572	林菁
6	2102270911022	刘晓伦	21	2102270911241	程竹	36	2102270911562	苗小燕
7	2102270911131	张麦加	22	2102270911261	周梦杰	37	2102270911531	李槐
8	2102270911141	吴昆仑	23	2102270911082	王冬	38	2102270911521	韩旭
9	2102270911161	王思远	24	2102270911271	田帅	39	2102270911542	张颖晔
10	2102270911032	张钰翾	25	2102270911291	付海强	40	2102270911552	张雪
11	2102270911042	高冉	26	2102270911301	肖伟	41	2102270911511	郭杰
12	2102270911171	赵明宇	27	2102270911092	赵春雪	42	2102270911501	张巨鹏
13	2102270911181	孙浩凯	28	2102270911311	赵逸雄	43	2302250711282	李辉
14	2102270911191	张一捷	29	2102270911321	席伟航	44	2102270912111	王传禹
15	2102270911201	郑金贤	30	2102270911331	白安泰	45	2102270912121	吕博嘉

序号	学号	姓名	序号	学号	姓名	序号	学号	姓名
46	2102270912012	白洁	82	2102270913111	赵松楠	118	2102270913552	张新亭
47	2102270912022	金潇	83	2102270913121	王德轩	119	2102270913511	李程
48	2102270912131	侯舒乐	84	2102270913131	张奇生	120	2102270913562	韩颖
49	2102270912141	郝明	85	2102270913022	周梦园	121	2102270913542	倪顿
50	2102270912151	张呈吉	86	2102270913141	周昊	122	2102040711041	付雨
51	2102270912161	马跃征	87	2102270913151	汤洪彬	123	2102270914101	陈雨嘉
52	2102270912032	管宇欣	88	2102270913032	刘淼	124	2102270914111	王彬
53	2102270912171	贾辰	89	2102270913161	马京华	125	2102270914012	任秀
54	2102270912181	张建雷	90	2102270913171	杨伊	126	2104080912091	宗立阳
55	2102270912052	曹梦娇	91	2102270913042	芦婉萍	127	2102270914022	高森
56	2102270912191	钟原	92	2102270913052	霍宇星	128	2102270914131	侯承禹
57	2102270912062	陈媛媛	93	2102270913181	梁继超	129	2102270914141	李金汉
58	2102270912221	宋立凯	94	2102270913191	刘泽野	130	2102270914151	李赓
59	2102270912072	崔爽	95	2102270913201	杨谦	131	2102270914032	高璞瑜
60	2102270912231	刘群	96	2102270913211	吕天元	132	2102270914161	王孟琨
61	2102270912261	王铮	97	2102270913062	李昂	133	2102270914171	袁云峰
62	2102270912082	夏爽	98	2102270913072	李思雨	134	2102270914042	曹南
63	2102270912281	宋子凡	99	2102270913221	聂攀	135	2102270914181	张轵
64	2102270912291	金叶雨	100	2102270913231	张文玉	136	2102270914052	吴秦悦
65	2102270912301	刘彬	101	2102270913241	许谨龙	137	2102270914191	郑方昊遐
66	2102270912311	赵晓晨	102	2102270913251	赵炜弈	138	2102270914211	贾洋
67	2102270912321	黄斌宇	103	2102270913261	罗素可	139	2102270914062	姜妍
68	2102050911082	张博	104	2102270913271	郭峻峰	140	2102270914072	王亚君
69	2102270912331	李鑫	105	2102270913082	杜佳蕊	141	2102270914231	胡康
70	2102270912092	李佳睿	106	2102270913281	孙一林	142	2102270914251	韩京龙
71	2102270912351	任志行	107	2102270913092	王威	143	2102270914261	杨光
72	2102270912361	秦志源	108	2102270913291	张镇菁	144	2102270914271	丛楠
73	2102270912102	戴荣成	109	2102270913301	李胜	145	2102270914082	王增凯
74	2102040613551	李思鹏	110	2102270913321	王昊一	146	2102270914281	路洋
75	2102040613531	李磊	111	2102270913331	张冰	147	2102270914291	曹雪亮
76	2102040613521	刘清豹	112	2102270913341	沈家鸣	148	2102270914092	张蔚
77	2102040613541	杨成亮	113	2107170911331	张文龙	149	2102270914301	赵阔
78	2102040613562	吴姣	114	2102270913361	罗晓东	150	2102270914311	张文俊
79	2102040613511	陈宇轩	115	2102270913532	沈萌萌	151	2102270914321	赵岳
80	2102040613501	汤昭珺	116	2102270913501	孟昭其	152	2102270914331	王众
81	2102270913012	郭俞秀	117	2102270913521	贾旭增	153	2102270914341	卢光

序号	学号	姓名	序号	学号	姓名	序号	学号	姓名
154	2102270914351	郭彬彬	190	2102280911321	郭震	226	2102280912311	李文琦
155	2104080912301	宋启明	191	2102280911331	李天一	227	2102280912321	李洪杰
156	2102270914361	李正昊	192	2102280911341	杨俊	228	2102280912092	郑妙婷
157	2102270914511	陆旭	193	2102280911092	王清越	229	2102280912351	李云浩
158	2102270914501	李磊	194	2102280911351	张超	230	2102280812502	张楠
159	2102270914522	孙懿迪	195	2102280911361	潘磊	231	2102280812522	谢洋
160	2102280812161	邓健	196	2102280911501	谢宇地	232	2102280812532	黄玲
161	2102280811291	郭宇	197	2302220712101	李本新	233	2102280812512	张晓飞
162	2102280812131	范宏伟	198	2302220712311	赵云飞	234	2102290911091	薛菲
163	2102280811111	康二虎	199	2102280812181	杨昊宸	235	2102290911012	张思杨
164	2102280911101	翁伟	200	2102280912101	付继华	236	2102290911022	王婉晨
165	2102280911012	闫思宇	201	2102280912111	张子辛	237	2102290911101	董旭阳
166	2102280911111	李欣	202	2102280912012	高雅	238	2102290911032	王玥星
167	2102280911121	晏东海	203	2102280912121	刘陆宇	239	2102290911111	尤田
168	2102280911131	魏冬	204	2102280912022	崔梦迪	240	2102290911121	王剑烨
169	2102280911022	张佳睿	205	2102280912141	马赛	241	2102290911131	陆洋
170	2102280911151	鲍若石	206	2102280912032	杨靓	242	2102290911042	张婧
171	2102280911161	解裕东	207	2102280912151	李岩	243	2102290911161	刘继
172	2102280911042	陈春阳	208	2102280912042	任宇婷	244	2102290911171	曹众
173	2102280911171	吴崑	209	2102280912161	李群	245	2102290911181	李晶双
174	2102280911052	李天娇	210	2102280912171	常希鹏	246	2102290911191	杨浩楠
175	2102280911191	贾子奕	211	2102280912052	马岱瑾	247	2102290911201	张雨
176	2102280911201	孙明扬	212	2102280912181	李超	248	2102290911211	马新鑫
177	2102280911211	魏星	213	2102280912062	刘蓂婧	249	2102290911052	王雪
178	2102280911231	侯海骥	214	2102280912191	杨杰	250	2102290911221	王浩然
179	2102280911062	张鑫悦	215	2102280912201	王禹航	251	2102290911231	张华策
180	2102280911072	于雪筝	216	2102280912211	许振雄	252	2102290911062	宋金然
181	2102280911241	张欢	217	2102280912231	梁磊	253	2102290911072	商然
182	2102280911251	杨建宇	218	2102280912241	王燕平	254	2102290911241	张新羽
183	2102280911261	徐东海	219	2102280912251	冯阳	255	2102290911082	付冀嘉
184	2102280911271	车德源	220	2102280912261	张佳骐	256	2102290911261	张健
185	2102280911281	吴祖鑫	221	2102280912072	张喆	257	2102290911271	张帆
186	2102280911291	武庆祥	222	2102280912271	尉言	258	2102290911281	于津洲
187	2102280911301	刘宁	223	2102280912291	艾乐	259	2102290911291	刘畅
188	2102280911311	马群	224	2102280912082	张劼	260	2102290911301	王蔡潇伟
189	2102280911082	刘妙竹	225	2102280912301	周稷	261	2102290911311	葛振义

序号	学号	姓名	序号	学号	姓名	序号	学号	姓名
262	2102290911321	魏小琨	264	2105260911301	刘天添	266	2102290911501	屈彪
263	2102290911331	陈昊祥	265	2102290911341	欧阳天一	267	2102290911511	高曙光

专业：建筑环境与设备工程

序号	学号	姓名	序号	学号	姓名	序号	学号	姓名
1	2104080911091	刘博文	31	2104080911512	王烨	61	2104080912291	虞山
2	2104080911101	张欣蔚	32	2104080712061	李金	62	2104080912502	高洋洋
3	2104080911012	张凡	33	2104080812181	王雅康	63	2104080912512	靳珊珊
4	2104080911111	贾钰烽	34	2104080912012	李冉	64	2104080913081	曲敬宣
5	2104080911121	白云飞	35	2104080912081	冯奕	65	2104080913012	廖雪妮
6	2104080911022	刘璇	36	2104080912101	马任远	66	2104080913091	蔡皓干
7	2104080911131	张思健	37	2104080912111	遇子一	67	2104080913101	刘之乐
8	2104080911141	崔旭	38	2104080912121	肖子鹏	68	2104080913111	王子悦
9	2104080911151	王喆	39	2104080912131	刘硕	69	2104080913121	李振国
10	2104080911161	张鑫	40	2104080912022	张秋月	70	2104080913131	孙梦野
11	2104080911032	芦佳	41	2104080912141	马济政	71	2104080913022	张丰裕
12	2104080911042	张陶然	42	2104080912151	赵宇庭	72	2104080913141	马航
13	2104080911171	桑文冬	43	2104080912161	索晨阳	73	2104080913161	纪昊强
14	2104080911181	席海明	44	2104080912032	吕晓薇	74	2104080913042	赵丹蒙
15	2104080911191	陈冲	45	2104080912171	胡亚鑫	75	2104080913181	师展
16	2104080911201	杜鹏宇	46	2104080912181	赵铁朋	76	2104080913191	王若晨
17	2104080911211	李东	47	2104080912191	杨怀宇	77	2104080913201	常文权
18	2104080911221	王士琪	48	2104080912042	王宁	78	2104080913211	朱海东
19	2104080911231	武艳秋	49	2104080912052	刘茜	79	2104080913221	杨涛
20	2104080911241	董斌	50	2104080912201	苏海蛟	80	2104080913231	黄雪桥
21	2104080911052	吴梦阳	51	2104080912211	魏海龙	81	2104080913241	刘泽
22	2104080911062	关银俊	52	2104080912221	刘四洋	82	2104080913251	贾卫金
23	2104080911261	刘强	53	2104080912231	江超	83	2104080913062	孔繁荣
24	2104080911271	李竑序	54	2104080912241	倪武生	84	2104080913261	王文龙
25	2104080911281	于智超	55	2104080912251	胡子鑫	85	2104080913271	罗成
26	2104080911072	周晶晶	56	2104080912062	李更新	86	2104080913072	冯序
27	2104080911301	张小旭	57	2104080912072	王唯	87	2104080913281	刘铜浩
28	2104080911082	丁翰婉	58	2104080912261	王德彩	88	2104080913291	郭鹏飞
29	2104080911311	李克寒	59	2104080912271	孙东元	89	2104080913301	王浩
30	2104080911502	蔡雯	60	2104080912281	张聪栋	90	2104080913502	陈圆
						91	2104080913512	岳凯

专业：给水排水工程

序号	学号	姓名	序号	学号	姓名	序号	学号	姓名
1	2104090911131	李夕武	20	2104090911281	曹晨光	39	2104090912062	姜中媛
2	2104090911141	宋雨芊	21	2104090911291	乔晓峰	40	2104090912201	陈振
3	2104090911012	田康达	22	2104090911301	郭浩	41	2104090912072	孙婧宜
4	2104090911022	吴镭阳	23	2104090911092	王舒	42	2104090912211	郑跃
5	2104090911151	胡文龙	24	2104090911102	姜璐	43	2104090912231	孔祥达
6	2104090911161	唐轩	25	2104090911311	谷鸿辰	44	2104090912241	平正龙
7	2104090911032	陶心语	26	2104090911112	李珂頔	45	2104090912251	杨兴鹏
8	2104090911042	陆潇怡	27	2104090912121	齐天成	46	2104090912082	国帅
9	2104090911181	于佳麟	28	2104090912131	许崇崴	47	2104090912261	王伟
10	2104090911052	刘家铭	29	2104090912012	曹凯琳	48	2104090912092	孔令怡
11	2104090911201	刘玉兴	30	2104090912141	刘京新	49	2104090912271	单丽鹏
12	2104090911211	张旭楠	31	2104090912022	董立曼	50	2104090912281	丁晓东
13	2104090911221	邢冲	32	2104090912151	马健	51	2104090912291	高爽
14	2104090911072	高阳	33	2104090912032	叶雨澄	52	2104090912102	王杰
15	2104090911082	闫苹	34	2104090912161	王嘉	53	2104090912112	陆静怡
16	2104090911231	康弘宇	35	2104090912171	于雷	54	2104090912311	李瀚翔
17	2104090911241	范司杰	36	2104090912181	祝成	55	2104090912412	雷楠楠
18	2104090911251	周元利	37	2104090912191	杨子敬	56	2104090912402	张蕊
19	2104090911261	赵雄辉	38	2104090912052	李荆依			

专业：测绘工程

序号	学号	姓名	序号	学号	姓名	序号	学号	姓名
1	2103060911012	刘婧婷	15	2103060911082	冯雪娇	29	2303230711031	陈庚
2	2103060911131	朱博楠	16	2103060911221	张笑铮	30	2303230711342	赵腾
3	2103060911141	王名洋	17	2103060911092	郭映雪	31	2303230711191	殷景森
4	2103060911022	张月	18	2103060911231	谢子豪	32	2103060912121	辛鑫
5	2103060911151	刘森	19	2103060911241	柳国文	33	2103060912012	梁莹
6	2103060911161	李骥	20	2103060911102	王阔凤	34	2103060912141	李志远
7	2103060911032	卢嘉艺	21	2103060911251	梁瀚哲	35	2103060912151	王伟
8	2103060911042	杨玥	22	2103060911261	孙永尚	36	2103060912022	邵敬祎
9	2103060911181	王子鸷	23	2103060911271	张东风	37	2103060912032	魏爽
10	2103060911052	李芸	24	2103060911291	刘宇	38	2103060912161	常远
11	2103060911062	王欣静	25	2103060911301	李梓豪	39	2103060912171	刘禹
12	2103060911191	姜楠	26	2103060911112	王昭娜	40	2103060912042	管宇琦
13	2103060911072	杨柳	27	2103060911122	王茜玥	41	2103060912052	云雅
14	2103060911201	于广涛	28	2305230511131	梁佳翔	42	2103060912181	秦续

序号	学号	姓名	序号	学号	姓名	序号	学号	姓名
43	2103060912072	蔡建磊	50	2103060912092	贺丽	57	2103060912112	赵洁
44	2103060912191	李悦	51	2103060912241	刘涛	58	2103060912291	郑子奇
45	2103060912201	车亚辉	52	2103060912251	高威	59	2103060912301	黄璞
46	2103060912211	刘玉琨	53	2103060912102	王晓岩	60	2303230711312	井晶
47	2103060912082	王婧仪	54	2103060912261	陈旭栋	61	2303230711151	任正昊
48	2103060912221	薛小明	55	2103060912271	元苏健	62	2303230711251	张新军
49	2103060912231	周少宁	56	2103060912311	汤书琪	63	2303230711291	郑跃

专业：环境工程

序号	学号	姓名	序号	学号	姓名	序号	学号	姓名
1	2104100911201	梁鑫泽	18	2104100911172	杨一帆	35	2104100911102	关不移
2	2104100911231	高文道	19	2104100911401	张凯烨	36	2104100911122	李丝
3	2104100911251	纪嵘	20	2104100911411	宋易南	37	2104100911321	岳岩
4	2104100911022	牛志鸿	21	2104100911182	黄舒怡	38	2104100911341	张晶
5	2104100911261	杨槟赫	22	2104100911452	李恕艳	39	2104100911351	刘梦舟
6	2104100911271	张毅	23	2104100911462	张瑾	40	2104100911142	韩雪娇
7	2104100911072	杨芳	24	2104100911712	张妍	41	2104100911371	余道明
8	2104100911082	李沭函	25	2104100911472	王春晓	42	2104100911162	贾学秀
9	2104100911092	吴洋	26	2104100911221	赵晨	43	2104100911192	李静
10	2104100911112	陈京	27	2104100911241	蔡天卿	44	2104100911722	许玥
11	2104100911331	王子臻	28	2104100911012	王欣	45	2104100911742	曹贺
12	2104100911361	郭硕	29	2104100911032	周竞男	46	2104100911732	张京
13	2104100911132	张金可	30	2104100911042	李天	47	2104100911482	崔迎新
14	2104100911442	刘蕊	31	2104100911052	张楠	48	2104100911702	夏志慧
15	2104100911152	刘佳	32	2104100911062	邓月苗	49	2104100911502	王晓彤
16	2104100911381	洪志强	33	2104100911281	张杨			
17	2104100911391	姜赫	34	2104100911291	崔建柱			

专业：交通工程

序号	学号	姓名	序号	学号	姓名	序号	学号	姓名
1	2102300911012	赵心怡	8	2102300911181	马皓	15	2102300911062	董春美
2	2102300911121	丁俊强	9	2102300911191	杨志	16	2102300911241	陈虹宇
3	2102300911131	李昂	10	2102300911042	董丹	17	2102300911251	贾海官
4	2102300911141	金立峥	11	2102300911201	张楠	18	2102300911072	李鑫
5	2102300911151	吴骏	12	2102300911211	曹凯峰	19	2102300911261	侯岳
6	2102300911032	蔡一蕾	13	2102300911221	陈程	20	2102300911082	刘美琪
7	2102300911171	孙拓	14	2102300911231	王云鹏	21	2102300911271	汪京

序号	学号	姓名	序号	学号	姓名	序号	学号	姓名
22	2102300911281	靳明洋	25	2102300911311	李子昕	28	2102300911331	冯焕东
23	2102300911092	高丽燃	26	2102300911102	邱晓放	29	2102300911341	刘龙
24	2102300911301	郑山	27	2102300911321	杨光龙	30	2102300911112	游芸竹

专业：工业工程

序号	学号	姓名	序号	学号	姓名	序号	学号	姓名
1	2105260911061	王子琦	11	2105260911181	周冬冬	21	2105260911271	李文丰
2	2105260911071	张航	12	2105260911191	居喜	22	2105260911281	魏建
3	2105260911081	张一聪	13	2105260911012	雷萍	23	2105260911022	冯双玉
4	2105260911091	王健胧	14	2105260911201	赵云	24	2105260911291	倪金朝
5	2105260911101	王晓希	15	2105260911211	刘思阳	25	2105260911032	高令华
6	2105260911111	罗雨	16	2105260911221	郭炜煜	26	2105260911042	武玲梅
7	2105260911121	李锦楠	17	2105260911231	张学锴	27	2105260911311	曹钟
8	2105260911151	谢永浩	18	2105260911241	魏兴磊	28	2105260911321	张瑞
9	2105260911161	刘博乐	19	2105260911251	宋利响	29	2105260911052	葛雪婷
10	2105260911171	刘一驰	20	2105260911261	王泽华			

专业：工程管理

序号	学号	姓名	序号	学号	姓名	序号	学号	姓名
1	2106130911012	韦巍	19	2106130911271	孙超	37	2106130912121	常宏峰
2	2106130911121	崔亚希	20	2106130911281	季仁杰	38	2106130912141	张羽
3	2106130911131	曹硕	21	2106130911291	吴祥忠	39	2106130912022	刘雨晴
4	2106130911151	丰玮麟	22	2106130911082	刘菲娜	40	2106130912151	马阳
5	2106130911161	郝思平	23	2106130911092	熊于男	41	2106130912161	王云鹏
6	2106130911171	李嘉	24	2106130911301	邹磊	42	2106130912171	陶智
7	2106130911022	毛际喃	25	2106130911311	刘星杰	43	2106130912032	张楠
8	2106130911032	李志华	26	2106130911102	董越	44	2106130912191	白马多吉
9	2106130911181	栾骋祖	27	2106130911112	郭梦瑾	45	2106130912201	刘成泽
10	2106130911201	杨绅	28	2106130911422	毕雪	46	2106130912211	赵松鹤
11	2106130911211	郭骉	29	2106130911401	刘天洋	47	2106130912042	王筱祎
12	2106130911052	史雪飞	30	2106130911411	蔺若晨	48	2106130912052	李晓
13	2106130911062	裴立冬	31	2106130911452	武艳泽	49	2106130912062	赵文娟
14	2106130911231	贾峥	32	2106130911442	刘佳丽	50	2106130912221	杨帅
15	2106130911241	于子鑫	33	2106130911432	李娜	51	2106130912231	王鸿斌
16	2106130911251	陈卿	34	2106130812102	王硕	52	2106130912241	李征
17	2106130911072	冯雨亭	35	2106130912111	杨永斌	53	2106130912251	梁泽军
18	2106130911261	董浩	36	2106130912012	杨静妍	54	2106130912072	黄滢涵

序号	学号	姓名	序号	学号	姓名	序号	学号	姓名
55	2106130912261	高树轩	82	2106130913211	刘硕	109	2106130914252	李燕杰
56	2106130912271	杨杨	83	2106130913221	隗立松	110	2106130914302	唐芳
57	2106130912082	高金雪	84	2106130913241	宋春杰	111	2106130914112	郭佳
58	2106130912281	祝浩	85	2106130913251	李旭	112	2106130914122	刘祺
59	2106130912291	熊竹	86	2106130913261	许云翔	113	2106130914142	张娜
60	2106130912092	苑芳菲	87	2106130913072	吕玉婷	114	2106130914202	王静思
61	2106130912301	郑一昂	88	2106130913082	张爽	115	2106130914011	谢戎辰
62	2106130912311	李兰春	89	2106130913271	张超	116	2106130914312	张迅
63	2106130912102	张雪	90	2106130913281	袁笙	117	2106130914182	邹青汝
64	2106130912412	穆野	91	2106130913092	潘月	118	2106130914051	胡冰
65	2106130912401	王广鹤	92	2106130913291	柴彬	119	2106130914352	刘帅杰
66	2106130913111	杨帆	93	2106130913102	李蕴芳	120	2106130914021	蔡夺魁
67	2106130913121	李新雷	94	2106130913412	纪秋璇	121	2106130914242	钟宏瑞
68	2106130913012	富婧祎	95	2106130913422	程瑶	122	2106130914172	李佑昕
69	2106130913022	倪娜	96	2106130913402	李晶晶	123	2106130914132	徐云坤
70	2106130913131	李永彬	97	2106130913432	孙飞云	124	2106130914162	刘莎
71	2106130913141	苏鑫雷	98	2106130913442	王海洋	125	2106130914061	周琦
72	2106130913151	韩征	99	2106130914371	赵鹏	126	2106130914081	赵旭
73	2106130913161	张子延	100	2106130914222	罗温子	127	2106130914071	赵亮
74	2106130913171	马思培	101	2106130914332	姜迎	128	2106130914292	李慧
75	2106130913181	郑一	102	2106130914272	张莹	129	2106130914362	陈煦
76	2106130913032	姜爽	103	2106130914342	段淑芹	130	2106130914322	李伟
77	2106130913191	徐若涵	104	2106130914031	李飞翔	131	2106130914102	李春迎
78	2106130913201	汪玮	105	2106130914041	滑思衡	132	2106130914262	吴雪飞
79	2106130913042	张新萌	106	2106130914282	贾菁菁	133	2106130914232	尹维婷
80	2106130913052	王娟	107	2106130914092	尤娟	134	2106130914192	王婉莹
81	2106130913062	田新驰	108	2106130914212	鹿瑶	135	2106130914152	常雪华

专业：工商管理

序号	学号	姓名	序号	学号	姓名	序号	学号	姓名
1	2106140911012	叶小舟	8	2106140911062	冯雪丽	15	2106140911241	吴凡
2	2102050811361	徐希光	9	2106140911072	唐娜	16	2106140911251	于洋
3	2106140911022	王思扬	10	2106140911201	徐凯林	17	2106140911112	李丽丽
4	2106140911032	张诗源	11	2106140911082	蒋佳玉	18	2106140911261	张学立
5	2106140911042	王颖	12	2106140911211	王浩	19	2106140911122	刘冲
6	2106140911191	刘东	13	2106140911231	陈雪峰	20	2106140911132	张玉龙
7	2106140911052	马悦	14	2106140911102	周君薇	21	2106140911281	张腾跃

序号	学号	姓名	序号	学号	姓名	序号	学号	姓名
22	2106140912351	刘宁	42	2106140912022	李若佳	62	2106140912281	刘炳坤
23	2106140911332	邵宁荃	43	2106140912032	冀科	63	2106140912132	赵丹枫
24	2106140911142	李宇琦	44	2106140912042	贾天娇	64	2106140912142	李慧琪
25	2106140911152	黄文静	45	2106140912052	邢庄瑾	65	2106140912291	宋骏
26	2106140911301	陈兴丰	46	2106140912062	张莹	66	2106140912301	姚凯威
27	2106140911311	王存超	47	2106140912191	窦志鑫	67	2106140912152	谢雨杏
28	2106140911162	侯沁	48	2106140912201	孙新	68	2106140912162	张百惠
29	2106140911172	廖夏维	49	2106140912072	齐悦	69	2106140912311	卢业平
30	2106140911351	任继宏	50	2106140912082	宋丽菲	70	2109210911341	严榆
31	2106140911341	张继成	51	2106140912211	王哲	71	2106140912172	雷雅琨
32	2106140911321	张添洋	52	2106140912331	胡焱	72	2106140912341	杨骏
33	2106140911742	杨森	53	2106140912221	刘文跃	73	2106150911332	田雪
34	2106140911772	臧亚静	54	2106140912092	申晓晨	74	2106140912772	王晴
35	2106140911752	王默	55	2106140912102	依米古丽·尼扎买提	75	2106140912712	王芳
36	2106140911782	董京	56	2106140912231	刘洪宝	76	2106140912742	刘畅
37	2106140911762	刘彤	57	2106140912241	李新超	77	2106140912732	马莉莉
38	2106140911722	李琪	58	2106140912251	吴留智	78	2106140912752	李晓蒙
39	2106140911501	周炳祺	59	2106140912261	王野	79	2106140912782	王茜
40	2106140912181	段珂	60	2106140912112	赵丽娟	80	2106140912762	池琳
41	2106140912012	莱再提·吐尔逊江	61	2106140912122	王静	81	2106140912722	韩静
						82	2106140912701	郭力玮

专业：市场营销

序号	学号	姓名	序号	学号	姓名	序号	学号	姓名
1	2106150811311	庄金城	14	2106150911062	王筱敏	27	2106150911122	梅梓
2	2106150911151	吴极	15	2106150911072	朱晓楠	28	2106150911321	张翔
3	2106150911012	刘靓雯	16	2106150911241	商志龙	29	2106150911341	王德亮
4	2106150911022	张弛	17	2106150911261	李一之	30	2106150912012	闫佳琪
5	2106150911161	曹萌	18	2106150911271	赵旭	31	2106150912151	高海涛
6	2106150911171	徐辰	19	2106150911082	王云雪	32	2106150912032	郝妙选
7	2106150911181	国儒豪	20	2106150911092	陈阳旭	33	2106150912161	王建勇
8	2106150911191	王超轶	21	2106150911281	严明亮	34	2106150912171	卢嘉溦
9	2106150911042	王岩岩	22	2106150911291	高伟	35	2106150912191	吴晓军
10	2106150911052	朱华丹	23	2106150911102	王玉欣	36	2106150912052	王旭
11	2106150911201	张世龙	24	2106150911112	李镕宏	37	2106150912201	邱坤
12	2106150911221	薄岩烁	25	2106150911301	王新旭	38	2106150912062	郭陆
13	2106150911231	王阳	26	2106150911311	夏鹏飞	39	2106150912211	程斌

序号	学号	姓名	序号	学号	姓名	序号	学号	姓名
40	2106150912221	王瑞永	48	2106150912281	曹新朝	56	2106150912132	涂佳
41	2106150912231	艾力·阿布拉	49	2106150912092	齐莹	57	2106150912331	李智峰
42	2106150912241	刘贺	50	2106150912102	王雨薇	58	2106150912341	刘沛东
43	2106150912072	刘丽京	51	2106150912291	马英彪	59	2106150912522	刘新
44	2106150912082	马继存	52	2106150912112	任梦	60	2106150912501	张大海
45	2106150912251	杨宇	53	2106150912122	钟云	61	2106150912512	张晗
46	2106150912261	赵萌	54	2106150912311	任亚辉	62	2106150912532	连春宁
47	2106150912271	高福中	55	2106150912321	罗晶			

专业：建筑学

序号	学号	姓名	序号	学号	姓名	序号	学号	姓名
1	2101010811092	李硕	14	2101010811211	赵汐	27	2101010812072	赵琨璞
2	2101010811221	郝建泽	15	2101010811171	赵青松	28	2101010812141	任捷
3	2101010811012	史展如	16	2101010811052	陈晨	29	2101010812042	杨诗卉
4	2101010811141	蔡宇晨	17	2101010811191	郑绍钧	30	2101010812181	虞跃
5	2101010811032	金一	18	2101010811201	王鹏飞	31	2101010812102	华蓉
6	2101010811161	夏瀚超	19	2101010811131	孟涛	32	2101010812082	文曌
7	2101010811181	窦治昊	20	2101010911111	王超逸	33	2101010812221	杨皞
8	2101010811022	赵惜诺	21	2101010812171	安聪	34	2101010812131	陕立航
9	2101010811072	王哲则	22	2101010812012	李飔飔	35	2101010812062	罗薇
10	2101010811062	郑承慧	23	2101010812112	马雪嫣	36	2101010812201	任宝其
11	2101010811082	王益茵	24	2101010812092	刘温馨	37	2101010812032	杨晓超
12	2101010811042	宁恺欣	25	2101010812022	刘黛依	38	2101010812161	赵远
13	2101010811102	刘雪琪	26	2101010812052	徐素素	39	2101010812191	王宇瞳
						40	2101010812211	王强

（三）2012/2013 学年第二学期授予普通高等教育本科毕业生学士学位名单（结业换毕业）

序号	学　号	姓名	专　业
1	2105110812141	李银亮	机械工程及自动化
2	2102270914201	叶干	专业：土木工程
3	2104100811321	杨龙达	专业：环境工程
4	2106140911271	邓琪	专业：工商管理

四、2013 年北京建筑大学硕士毕业生名单

（一）北京建筑大学 2013 届冬季毕业硕士研究生名单

序号	学 号	姓 名	学 院	专 业
1	1108130309015	徐铮	建筑学院	城市规划与设计
2	1108130209041	张磊	建筑学院	建筑设计及其理论
3	1108130209044	赵六珍	建筑学院	建筑设计及其理论
4	1144010009013	任爱玲	建筑学院	建筑学
5	1108140110002	孙玮泽	土木学院	岩土工程
6	1108140110003	黄俊杰	土木学院	岩土工程
7	1108140210014	杨悠子	土木学院	结构工程
8	1108140210028	张扬	土木学院	结构工程
9	1108140610002	汤浩	土木学院	桥梁与隧道工程
10	1108140610003	杨亮亮	土木学院	桥梁与隧道工程
11	1143011410010	刘博文	土木学院	建筑与土木工程
12	1143011410013	孙岩波	土木学院	建筑与土木工程
13	1143011410019	辛潇	土木学院	建筑与土木工程
14	1143011410024	孔原	土木学院	建筑与土木工程
15	1143011410025	潘婷	土木学院	建筑与土木工程
16	1108140309004	黄晨哲	环能学院	市政工程
17	1108110110008	吴茜	电信学院	控制理论与控制工程

（二）北京建筑大学 2013 届冬季来华留学毕业硕士研究生名单

序号	学 号	姓 名	学 院	专业
1	6010YJZ09003	卓拉 SHARAVDORJ ZOLJARGAL	建筑学院	设计艺术学

（三）北京建筑大学 2013 届夏季毕业硕士研究生名单

序号	学 号	姓 名	学 院	专 业
1	1105040410001	李京瑾	建筑学院	设计艺术学
2	1105040410002	刘昊	建筑学院	设计艺术学
3	1105040410003	刘雪芬	建筑学院	设计艺术学
4	1105040410004	李征	建筑学院	设计艺术学

序号	学　号	姓　名	学　院	专　业
5	1105040410005	邵轶超	建筑学院	设计艺术学
6	1105040410007	王珍	建筑学院	设计艺术学
7	1105040410009	张秋雨	建筑学院	设计艺术学
8	1105040410010	张雅慧	建筑学院	设计艺术学
9	1105040410011	李媛	建筑学院	设计艺术学
10	1105040410012	潘圆圆	建筑学院	设计艺术学
11	1105040410013	王旋	建筑学院	设计艺术学
12	1105040410014	刘嘉茵	建筑学院	设计艺术学
13	1105040410015	胡雅静	建筑学院	设计艺术学
14	1105040410016	赵颖	建筑学院	设计艺术学
15	1105040410017	朱鹏飞	建筑学院	设计艺术学
16	1108130110001	杜博怡	建筑学院	建筑历史与理论
17	1108130110002	李鹏	建筑学院	建筑历史与理论
18	1108130110003	庄佃伦	建筑学院	建筑历史与理论
19	1108130110004	杨琴	建筑学院	建筑历史与理论
20	1108130110005	郭丽玲	建筑学院	建筑历史与理论
21	1108130110006	刘志存	建筑学院	建筑历史与理论
22	1108130210001	刘玞	建筑学院	建筑设计及其理论
23	1108130210002	徐明	建筑学院	建筑设计及其理论
24	1108130210003	张堃	建筑学院	建筑设计及其理论
25	1108130210004	杜延青	建筑学院	建筑设计及其理论
26	1108130210005	高腾	建筑学院	建筑设计及其理论
27	1108130210006	高巍	建筑学院	建筑设计及其理论
28	1108130210007	桂朝东	建筑学院	建筑设计及其理论
29	1108130210008	韩擎	建筑学院	建筑设计及其理论
30	1108130210009	黄文韬	建筑学院	建筑设计及其理论
31	1108130210010	焦宇	建筑学院	建筑设计及其理论
32	1108130210011	雷炜	建筑学院	建筑设计及其理论
33	1108130210012	李冰	建筑学院	建筑设计及其理论
34	1108130210013	李金海	建筑学院	建筑设计及其理论
35	1108130210014	刘曼曼	建筑学院	建筑设计及其理论
36	1108130210015	刘勇	建筑学院	建筑设计及其理论
37	1108130210016	邱頔	建筑学院	建筑设计及其理论
38	1108130210017	任兰红	建筑学院	建筑设计及其理论
39	1108130210018	王珊珊	建筑学院	建筑设计及其理论
40	1108130210019	王松娟	建筑学院	建筑设计及其理论

序号	学 号	姓 名	学 院	专 业
41	1108130210020	王维海	建筑学院	建筑设计及其理论
42	1108130210021	武海维	建筑学院	建筑设计及其理论
43	1108130210022	夏璐	建筑学院	建筑设计及其理论
44	1108130210023	徐英杰	建筑学院	建筑设计及其理论
45	1108130210024	杨鸣	建筑学院	建筑设计及其理论
46	1108130210025	于丁	建筑学院	建筑设计及其理论
47	1108130210026	臧文静	建筑学院	建筑设计及其理论
48	1108130210027	张国际	建筑学院	建筑设计及其理论
49	1108130210028	张洁	建筑学院	建筑设计及其理论
50	1108130210029	张帅	建筑学院	建筑设计及其理论
51	1108130210030	甄密密	建筑学院	建筑设计及其理论
52	1108130210031	周媛	建筑学院	建筑设计及其理论
53	1108130210032	彭亮	建筑学院	建筑设计及其理论
54	1108130210033	黄小殊	建筑学院	建筑设计及其理论
55	1108130210034	宋毅	建筑学院	建筑设计及其理论
56	1108130210035	孙晔	建筑学院	建筑设计及其理论
57	1108130210036	孟文萍	建筑学院	建筑设计及其理论
58	1108130210037	王思明	建筑学院	建筑设计及其理论
59	1108130210038	郭讯	建筑学院	建筑设计及其理论
60	1108130310002	边志伟	建筑学院	城市规划与设计
61	1108130310003	戴敏	建筑学院	城市规划与设计
62	1108130310004	霍晓蕊	建筑学院	城市规划与设计
63	1108130310005	黎慧	建筑学院	城市规划与设计
64	1108130310006	邵琛	建筑学院	城市规划与设计
65	1108130310007	史艳杰	建筑学院	城市规划与设计
66	1108130310008	王洁新	建筑学院	城市规划与设计
67	1108130310009	徐茵茵	建筑学院	城市规划与设计
68	1108130310010	衣晓利	建筑学院	城市规划与设计
69	1108130310011	曾佳	建筑学院	城市规划与设计
70	1108130310012	章明辉	建筑学院	城市规划与设计
71	1108130310013	赵宁	建筑学院	城市规划与设计
72	1108130310014	刘金革	建筑学院	城市规划与设计
73	1108130310015	磨建功	建筑学院	城市规划与设计
74	1108130310016	平川	建筑学院	城市规划与设计
75	1108130310017	王爱恒	建筑学院	城市规划与设计
76	1108130310018	杨逸	建筑学院	城市规划与设计

序号	学 号	姓 名	学 院	专 业
77	1108130310019	张姣慧	建筑学院	城市规划与设计
78	1108130310020	张运思	建筑学院	城市规划与设计
79	1108130310021	王苗	建筑学院	城市规划与设计
80	1108130410001	李雅娟	建筑学院	建筑技术科学
81	1108130410002	于端端	建筑学院	建筑技术科学
82	1108130410003	张文亮	建筑学院	建筑技术科学
83	1108130410004	王海瑞	建筑学院	建筑技术科学
84	1108130410005	王晶	建筑学院	建筑技术科学
85	1144010010002	耿晓蔷	建筑学院	建筑学硕士
86	1144010010003	何奇	建筑学院	建筑学硕士
87	1144010010004	李敏	建筑学院	建筑学硕士
88	1144010010005	王钊	建筑学院	建筑学硕士
89	1144010010006	王兆雄	建筑学院	建筑学硕士
90	1144010010007	周广鹤	建筑学院	建筑学硕士
91	1144010010008	孙振亚	建筑学院	建筑学硕士
92	1144010010009	郭红艳	建筑学院	建筑学硕士
93	1144010010010	李腾	建筑学院	建筑学硕士
94	1144010010011	房蕾	建筑学院	建筑学硕士
95	1144010010012	李爱吉	建筑学院	建筑学硕士
96	1144010010013	李建敏	建筑学院	建筑学硕士
97	1144010010014	李晶	建筑学院	建筑学硕士
98	1144010010015	李梦	建筑学院	建筑学硕士
99	1144010010016	李岩	建筑学院	建筑学硕士
100	1144010010017	李瑶	建筑学院	建筑学硕士
101	1144010010018	李颖	建筑学院	建筑学硕士
102	1144010010019	穆晓燕	建筑学院	建筑学硕士
103	1144010010020	孙腾	建筑学院	建筑学硕士
104	1144010010021	孙馨	建筑学院	建筑学硕士
105	1144010010022	王立超	建筑学院	建筑学硕士
106	1144010010023	吴会信	建筑学院	建筑学硕士
107	1144010010024	吴倩	建筑学院	建筑学硕士
108	1144010010025	辛庆丽	建筑学院	建筑学硕士
109	1144010010026	薛莎莎	建筑学院	建筑学硕士
110	1144010010028	颜雪寅	建筑学院	建筑学硕士
111	1144010010029	姚毅楠	建筑学院	建筑学硕士
112	1144010010030	叶辉	建筑学院	建筑学硕士

序号	学 号	姓 名	学 院	专 业
113	1144010010031	张捍平	建筑学院	建筑学硕士
114	1144010010032	张蔚鹏	建筑学院	建筑学硕士
115	1144010010033	赵洪涛	建筑学院	建筑学硕士
116	1144010010034	赵仁慧	建筑学院	建筑学硕士
117	1144010010035	朱习武	建筑学院	建筑学硕士
118	1144010010036	左娟娟	建筑学院	建筑学硕士
119	1108140110001	周晔	土木学院	岩土工程
120	1108140210001	陈志敏	土木学院	结构工程
121	1108140210002	段燕玲	土木学院	防灾减灾工程及防护工程
122	1108140210003	蒋浩	土木学院	结构工程
123	1108140210004	焦志超	土木学院	防灾减灾工程及防护工程
124	1108140210005	贾鑫	土木学院	结构工程
125	1108140210006	季亮	土木学院	结构工程
126	1108140210007	李绍满	土木学院	结构工程
127	1108140210008	刘昊苏	土木学院	结构工程
128	1108140210009	聂彤辉	土木学院	结构工程
129	1108140210010	史颂颂	土木学院	结构工程
130	1108140210011	宋飞达	土木学院	结构工程
131	1108140210012	王涛	土木学院	结构工程
132	1108140210013	武志鑫	土木学院	结构工程
133	1108140210015	尤作凯	土木学院	结构工程
134	1108140210016	张涛	土木学院	结构工程
135	1108140210017	张远青	土木学院	结构工程
136	1108140210019	陈敏	土木学院	结构工程
137	1108140210020	刘玉猛	土木学院	结构工程
138	1108140210021	李云鹏	土木学院	结构工程
139	1108140210022	孙欢	土木学院	结构工程
140	1108140210024	张玉伟	土木学院	结构工程
141	1108140210025	刘钦	土木学院	防灾减灾工程及防护工程
142	1108140210026	赵殿彪	土木学院	结构工程
143	1108140210027	林松	土木学院	结构工程
144	1108140210029	李桃君	土木学院	结构工程
145	1108140210030	徐英乾	土木学院	结构工程
146	1108140210031	吕彦菲	土木学院	结构工程
147	1108140210032	王国栋	土木学院	结构工程
148	1108140610004	朱雪光	土木学院	桥梁与隧道工程

序号	学　　号	姓　名	学　院	专　业
149	1108140610005	李士锣	土木学院	桥梁与隧道工程
150	1108140610006	田亮	土木学院	桥梁与隧道工程
151	1108230110001	陈帅	土木学院	道路与铁道工程
152	1108230110002	乐兴堃	土木学院	道路与铁道工程
153	1108230110003	滕佳焱	土木学院	道路与铁道工程
154	1108230110004	相福至	土木学院	道路与铁道工程
155	1108230110005	张坤	土木学院	道路与铁道工程
156	1108230110006	张哲宁	土木学院	道路与铁道工程
157	1108230110007	徐晓龙	土木学院	道路与铁道工程
158	1108230110008	刘明珠	土木学院	道路与铁道工程
159	1108230110009	魏贺	土木学院	道路与铁道工程
160	1108230110010	薛晓飞	土木学院	道路与铁道工程
161	1143011410001	闵宗军	土木学院	建筑与土木工程
162	1143011410002	杨凡	土木学院	建筑与土木工程
163	1143011410003	崔建华	土木学院	建筑与土木工程
164	1143011410004	华少锋	土木学院	建筑与土木工程
165	1143011410005	胡一峰	土木学院	建筑与土木工程
166	1143011410006	孔相立	土木学院	建筑与土木工程
167	1143011410008	李聪	土木学院	建筑与土木工程
168	1143011410009	李鹏	土木学院	建筑与土木工程
169	1143011410012	那焱	土木学院	建筑与土木工程
170	1143011410014	王安彬	土木学院	建筑与土木工程
171	1143011410015	王啸霆	土木学院	建筑与土木工程
172	1143011410016	王元栋	土木学院	建筑与土木工程
173	1143011410017	吴荣桂	土木学院	建筑与土木工程
174	1143011410018	谢军君	土木学院	建筑与土木工程
175	1143011410020	赵静	土木学院	建筑与土木工程
176	1143011410021	程灿宇	土木学院	建筑与土木工程
177	1143011410022	董飞	土木学院	建筑与土木工程
178	1143011410023	龚涛	土木学院	建筑与土木工程
179	1143011410026	王海骄	土木学院	建筑与土木工程
180	1143011410028	王瑞涛	土木学院	建筑与土木工程
181	1108140209011	李学佳	土木学院	结构工程
182	1108160310001	刘潇	测绘学院	地图制图学与地理信息工程
183	1108160310002	邱晓宇	测绘学院	地图制图学与地理信息工程
184	1108160310003	邱曼	测绘学院	地图制图学与地理信息工程

序号	学 号	姓 名	学 院	专 业
185	1108160310004	史少维	测绘学院	地图制图学与地理信息工程
186	1108160310005	朱王璋	测绘学院	地图制图学与地理信息工程
187	1108160310006	黄慧敏	测绘学院	地图制图学与地理信息工程
188	1108160310007	刘津	测绘学院	地图制图学与地理信息工程
189	1108160310008	刘云广	测绘学院	地图制图学与地理信息工程
190	1108160310009	乔文昊	测绘学院	地图制图学与地理信息工程
191	1108160310010	杨耀东	测绘学院	地图制图学与地理信息工程
192	1108160310011	张建廷	测绘学院	地图制图学与地理信息工程
193	1108160310012	张甜田	测绘学院	地图制图学与地理信息工程
194	1108160310014	刘振	测绘学院	地图制图学与地理信息工程
195	1108160310015	张萌	测绘学院	地图制图学与地理信息工程
196	1108160310016	程铖	测绘学院	地图制图学与地理信息工程
197	1108160310017	李树坤	测绘学院	地图制图学与地理信息工程
198	1108160310018	李德龙	测绘学院	地图制图学与地理信息工程
199	1108160310019	刘信伟	测绘学院	地图制图学与地理信息工程
200	1108160310020	尚利堃	测绘学院	地图制图学与地理信息工程
201	1143011410029	梁宁博	测绘学院	建筑与土木工程
202	1143011410030	楼能	测绘学院	建筑与土木工程
203	1143011410031	李明涛	测绘学院	建筑与土木工程
204	1143011410032	刘杨	测绘学院	建筑与土木工程
205	1143011410033	齐晓隆	测绘学院	建筑与土木工程
206	1143011410034	吴亮	测绘学院	建筑与土木工程
207	1108160309012	宋晓华	测绘学院	地图制图学与地理信息工程
208	1108140310001	安兆伟	环能学院	市政工程
209	1108140310002	曹珊	环能学院	市政工程
210	1108140310003	杜金海	环能学院	市政工程
211	1108140310004	高红伟	环能学院	市政工程
212	1108140310005	齐晓璐	环能学院	市政工程
213	1108140310006	宋春刚	环能学院	市政工程
214	1108140310007	张丽	环能学院	市政工程
215	1108140310008	曹兴坤	环能学院	市政工程
216	1108140310009	王雷	环能学院	市政工程
217	1108140310010	张世英	环能学院	市政工程
218	1108140310011	孙宛	环能学院	市政工程
219	1108140310012	杜长伟	环能学院	市政工程
220	1108140310013	毛丰	环能学院	市政工程

序号	学 号	姓 名	学 院	专 业
221	1108140310014	商新建	环能学院	市政工程
222	1108140310015	王吉敏	环能学院	市政工程
223	1108140410001	陈康	环能学院	供热、供燃气、通风及空调工程
224	1108140410002	杜毅	环能学院	供热、供燃气、通风及空调工程
225	1108140410003	国玉山	环能学院	供热、供燃气、通风及空调工程
226	1108140410004	梁娜	环能学院	供热、供燃气、通风及空调工程
227	1108140410005	李冠男	环能学院	供热、供燃气、通风及空调工程
228	1108140410006	李海山	环能学院	供热、供燃气、通风及空调工程
229	1108140410007	刘慧娟	环能学院	供热、供燃气、通风及空调工程
230	1108140410008	王亮亮	环能学院	供热、供燃气、通风及空调工程
231	1108140410009	邢美波	环能学院	供热、供燃气、通风及空调工程
232	1108140410010	张妍	环能学院	供热、供燃气、通风及空调工程
233	1108140410011	蔡晓宁	环能学院	供热、供燃气、通风及空调工程
234	1108140410012	柴国琳	环能学院	供热、供燃气、通风及空调工程
235	1108140410013	刘鹏	环能学院	供热、供燃气、通风及空调工程
236	1108140410014	李勇	环能学院	供热、供燃气、通风及空调工程
237	1108140410015	苗瑞环	环能学院	供热、供燃气、通风及空调工程
238	1108140410016	潘旭辉	环能学院	供热、供燃气、通风及空调工程
239	1108140410017	王宝金	环能学院	供热、供燃气、通风及空调工程
240	1108140410018	王闯	环能学院	供热、供燃气、通风及空调工程
241	1108140410019	邢艳军	环能学院	供热、供燃气、通风及空调工程
242	1108140410020	杨国强	环能学院	供热、供燃气、通风及空调工程
243	1108140410021	张宽	环能学院	供热、供燃气、通风及空调工程
244	1108140410022	张硕鹏	环能学院	供热、供燃气、通风及空调工程
245	1108140410023	赵国君	环能学院	供热、供燃气、通风及空调工程
246	1108140410024	周磊	环能学院	供热、供燃气、通风及空调工程
247	1108140410025	侯娜	环能学院	供热、供燃气、通风及空调工程
248	1108140410026	荆亚州	环能学院	供热、供燃气、通风及空调工程
249	1108140410027	刘靖	环能学院	供热、供燃气、通风及空调工程
250	1108140410028	吕凯	环能学院	供热、供燃气、通风及空调工程
251	1108140410029	孙大会	环能学院	供热、供燃气、通风及空调工程
252	1108140410030	王庆丰	环能学院	供热、供燃气、通风及空调工程
253	1108140410031	王艳丽	环能学院	供热、供燃气、通风及空调工程
254	1108140410032	徐晓菊	环能学院	供热、供燃气、通风及空调工程
255	1108140410033	李进	环能学院	供热、供燃气、通风及空调工程
256	1108140410034	王红莲	环能学院	供热、供燃气、通风及空调工程

序号	学　号	姓　名	学　院	专　业
257	1108140410035	金丽丽	环能学院	供热、供燃气、通风及空调工程
258	1108140410041	褚伟鹏	环能学院	供热、供燃气、通风及空调工程
259	1108300210002	王挺	环能学院	环境工程
260	1108300210003	吴海忠	环能学院	环境工程
261	1108300210004	张建伟	环能学院	环境工程
262	1108300210005	周晶	环能学院	环境工程
263	1108300210006	安明阳	环能学院	环境工程
264	1108300210007	乔梦曦	环能学院	环境工程
265	1108300210008	幺海博	环能学院	环境工程
266	1108300210009	戴水文	环能学院	环境工程
267	1108300210010	唐磊	环能学院	环境工程
268	1108300210011	王淇	环能学院	环境工程
269	1108300210012	陈宏亮	环能学院	环境工程
270	1108300210013	吕爱芃	环能学院	环境工程
271	1108300210014	邓双梅	环能学院	环境工程
272	1143011410035	李担	环能学院	建筑与土木工程
273	1143011410036	李亚平	环能学院	建筑与土木工程
274	1143011410037	尚丽民	环能学院	建筑与土木工程
275	1143011410038	郭刚	环能学院	建筑与土木工程
276	1143011410039	段鹏	环能学院	建筑与土木工程
277	1143011410040	李飞	环能学院	建筑与土木工程
278	1143011410041	李光宇	环能学院	建筑与土木工程
279	1143011410042	马艺然	环能学院	建筑与土木工程
280	1143011410043	莫剑峰	环能学院	建筑与土木工程
281	1143011410045	师兴兴	环能学院	建筑与土木工程
282	1143011410046	王荣	环能学院	建筑与土木工程
283	1143011410047	王蕊	环能学院	建筑与土木工程
284	1143011410048	魏亦强	环能学院	建筑与土木工程
285	1143011410050	吴金星	环能学院	建筑与土木工程
286	1143011410051	杨珊	环能学院	建筑与土木工程
287	1143011410052	杨通	环能学院	建筑与土木工程
288	1143013010001	戚海军	环能学院	环境工程
289	1143013010002	苏豪儒	环能学院	环境工程
290	1143013010003	王佳	环能学院	环境工程
291	1143013010004	芦琳	环能学院	环境工程
292	1143013010005	徐尚玲	环能学院	环境工程

序号	学 号	姓 名	学 院	专 业
293	1143013010006	郭翀羽	环能学院	环境工程
294	1143013010007	简树贤	环能学院	环境工程
295	1143013010008	朱振羽	环能学院	环境工程
296	1143013010009	罗艳红	环能学院	环境工程
297	1143013010010	陶丽	环能学院	环境工程
298	1108140410036	李青波	机电学院	供热、供燃气、通风及空调工程
299	1108140410037	刘尧	机电学院	供热、供燃气、通风及空调工程
300	1108140410038	王秋实	机电学院	供热、供燃气、通风及空调工程
301	1108140410039	弋理	机电学院	供热、供燃气、通风及空调工程
302	1108140410040	张广也	机电学院	供热、供燃气、通风及空调工程
303	1143011410044	牛东霞	机电学院	建筑与土木工程
304	1143011410049	温敏健	机电学院	建筑与土木工程
305	1143011410053	尹玉博	机电学院	建筑与土木工程
306	1143011410054	郑晓阳	机电学院	建筑与土木工程
307	1108110110001	桂仁才	电信学院	控制理论与控制工程
308	1108110110002	黎学超	电信学院	控制理论与控制工程
309	1108110110003	邹皖峰	电信学院	控制理论与控制工程
310	1108110110004	秦青	电信学院	控制理论与控制工程
311	1108110110005	宋钰	电信学院	控制理论与控制工程
312	1108110110006	王立坤	电信学院	控制理论与控制工程
313	1108110110007	郑杰	电信学院	控制理论与控制工程
314	1108110110009	徐志勇	电信学院	控制理论与控制工程
315	1108110110010	李瑞	电信学院	控制理论与控制工程
316	1108110110011	孙慧颖	电信学院	控制理论与控制工程
317	1108110110012	张之沣	电信学院	控制理论与控制工程
318	1108110110013	李玉幸	电信学院	控制理论与控制工程
319	1108110110015	闫禹百	电信学院	控制理论与控制工程
320	1108110110016	刘亦青	电信学院	控制理论与控制工程
321	1143011410055	王朝刚	电信学院	建筑与土木工程
322	1143011410056	王晶	电信学院	建筑与土木工程
323	1143011410057	魏青	电信学院	建筑与土木工程
324	1143011410058	于娟	电信学院	建筑与土木工程
325	1143011410059	赵晨	电信学院	建筑与土木工程
326	1143011410060	竹俊卿	电信学院	建筑与土木工程
327	1112010010001	李帅锋	经管学院	管理科学与工程
328	1112010010002	李竹	经管学院	管理科学与工程

序号	学 号	姓 名	学 院	专 业
329	1112010010003	李兴芳	经管学院	管理科学与工程
330	1112010010004	邢竞文	经管学院	管理科学与工程
331	1112010010005	潘伟	经管学院	管理科学与工程
332	1112010010006	邬明	经管学院	管理科学与工程
333	1112020410001	卢晓宇	经管学院	技术经济及管理
334	1112020410002	李文超	经管学院	技术经济及管理
335	1143014010001	张卫芳	经管学院	项目管理
336	1143014010002	王子健	经管学院	项目管理
337	1143014010003	要翠灵	经管学院	项目管理
338	1143014010004	王静	经管学院	项目管理

五、2013 年北京建筑大学硕士学位获得者名单

（一）2013 届夏季（2012/2013 学年第 2 期）授予毕业研究生硕士学位名单

专业：设计艺术学

序号	学 号	姓 名	性别	学 位 类 别
1	1105040410001	李京瑾	女	艺术学硕士学位
2	1105040410002	刘昊	女	艺术学硕士学位
3	1105040410003	刘雪芬	女	艺术学硕士学位
4	1105040410004	李征	女	艺术学硕士学位
5	1105040410005	邵轶超	女	艺术学硕士学位
6	1105040410007	王珍	女	艺术学硕士学位
7	1105040410009	张秋雨	女	艺术学硕士学位
8	1105040410010	张雅慧	女	艺术学硕士学位
9	1105040410011	李媛	女	艺术学硕士学位
10	1105040410012	潘圆圆	女	艺术学硕士学位
11	1105040410013	王旋	女	艺术学硕士学位
12	1105040410014	刘嘉茵	女	艺术学硕士学位
13	1105040410015	胡雅静	女	艺术学硕士学位
14	1105040410016	赵颖	女	艺术学硕士学位
15	1105040410017	朱鹏飞	男	艺术学硕士学位

专业：控制理论与控制工程

序号	学 号	姓 名	性别	学 位 类 别
1	1108110110001	桂仁才	男	工学硕士学位
2	1108110110002	黎学超	男	工学硕士学位
3	1108110110003	邹皖峰	男	工学硕士学位
4	1108110110004	秦青	女	工学硕士学位
5	1108110110005	宋钰	女	工学硕士学位
6	1108110110006	王立坤	女	工学硕士学位
7	1108110110007	郑杰	男	工学硕士学位
8	1108110110009	徐志勇	男	工学硕士学位
9	1108110110010	李瑞	男	工学硕士学位
10	1108110110011	孙慧颖	女	工学硕士学位
11	1108110110012	张之沣	男	工学硕士学位
12	1108110110013	李玉幸	女	工学硕士学位
13	1108110110015	闫禹百	男	工学硕士学位
14	1108110110016	刘亦青	男	工学硕士学位

专业：建筑历史与理论

序号	学 号	姓 名	性别	学 位 类 别
1	1108130110001	杜博怡	女	工学硕士学位
2	1108130110002	李鹏	男	工学硕士学位
3	1108130110003	庄佃伦	男	工学硕士学位
4	1108130110004	杨琴	女	工学硕士学位
5	1108130110005	郭丽玲	女	工学硕士学位
6	1108130110006	刘志存	女	工学硕士学位

专业：城市规划与设计

序号	学 号	姓 名	性别	学 位 类 别
1	1108130310002	边志伟	男	工学硕士学位
2	1108130310003	戴敏	女	工学硕士学位
3	1108130310004	霍晓蕊	女	工学硕士学位
4	1108130310005	黎慧	女	工学硕士学位
5	1108130310006	邵琛	女	工学硕士学位
6	1108130310007	史艳杰	男	工学硕士学位
7	1108130310008	王洁新	女	工学硕士学位
8	1108130310009	徐茵茵	女	工学硕士学位
9	1108130310010	衣晓利	男	工学硕士学位
10	1108130310011	曾佳	女	工学硕士学位
11	1108130310012	章明辉	男	工学硕士学位

序号	学　号	姓　名	性别	学 位 类 别
12	1108130310013	赵宁	男	工学硕士学位
13	1108130310014	刘金革	男	工学硕士学位
14	1108130310015	磨建功	男	工学硕士学位
15	1108130310016	平川	女	工学硕士学位
16	1108130310017	王爱恒	男	工学硕士学位
17	1108130310018	杨逸	男	工学硕士学位
18	1108130310019	张姣慧	女	工学硕士学位
19	1108130310020	张运思	女	工学硕士学位
20	1108130310021	王苗	女	工学硕士学位

专业：建筑技术科学

序号	学　号	姓　名	性别	学 位 类 别
1	1108130410001	李雅娟	女	工学硕士学位
2	1108130410002	于端端	女	工学硕士学位
3	1108130410003	张文亮	男	工学硕士学位
4	1108130410004	王海瑞	男	工学硕士学位
5	1108130410005	王晶	女	工学硕士学位

专业：岩土工程

序号	学　号	姓　名	性别	学 位 类 别
1	1108140110001	周晔	男	工学硕士学位

专业：结构工程

序号	学　号	姓　名	性别	学 位 类 别
1	1108140209011	李学佳	男	工学硕士学位
2	1108140210001	陈志敏	男	工学硕士学位
3	1108140210003	蒋浩	男	工学硕士学位
4	1108140210005	贾鑫	女	工学硕士学位
5	1108140210006	季亮	男	工学硕士学位
6	1108140210007	李绍满	男	工学硕士学位
7	1108140210008	刘昊苏	男	工学硕士学位
8	1108140210009	聂彤辉	男	工学硕士学位
9	1108140210010	史颂颂	女	工学硕士学位
10	1108140210011	宋飞达	男	工学硕士学位
11	1108140210012	王涛	男	工学硕士学位
12	1108140210013	武志鑫	男	工学硕士学位
13	1108140210015	尤作凯	男	工学硕士学位

序号	学 号	姓 名	性别	学 位 类 别
14	1108140210016	张涛	男	工学硕士学位
15	1108140210017	张远青	女	工学硕士学位
16	1108140210019	陈敏	女	工学硕士学位
17	1108140210020	刘玉猛	男	工学硕士学位
18	1108140210021	李云鹏	男	工学硕士学位
19	1108140210022	孙欢	男	工学硕士学位
20	1108140210024	张玉伟	男	工学硕士学位
21	1108140210026	赵殿彪	男	工学硕士学位
22	1108140210027	林松	男	工学硕士学位
23	1108140210029	李桃君	女	工学硕士学位
24	1108140210030	徐英乾	男	工学硕士学位
25	1108140210031	吕彦菲	女	工学硕士学位
26	1108140210032	王国栋	男	工学硕士学位

专业：防灾减灾工程及防护工程

序号	学 号	姓 名	性别	学 位 类 别
1	1108140210002	段燕玲	女	工学硕士学位
2	1108140210004	焦志超	男	工学硕士学位
3	1108140210025	刘钦	男	工学硕士学位

专业：市政工程

序号	学 号	姓 名	性别	学 位 类 别
1	1108140310001	安兆伟	男	工学硕士学位
2	1108140310002	曹珊	女	工学硕士学位
3	1108140310003	杜金海	男	工学硕士学位
4	1108140310004	高红伟	男	工学硕士学位
5	1108140310005	齐晓璐	女	工学硕士学位
6	1108140310006	宋春刚	男	工学硕士学位
7	1108140310007	张丽	女	工学硕士学位
8	1108140310008	曹兴坤	男	工学硕士学位
9	1108140310009	王雷	女	工学硕士学位
10	1108140310010	张世英	女	工学硕士学位
11	1108140310011	孙宛	男	工学硕士学位
12	1108140310012	杜长伟	男	工学硕士学位
13	1108140310013	毛丰	男	工学硕士学位
14	1108140310014	商新建	男	工学硕士学位
15	1108140310015	王吉敏	男	工学硕士学位

专业：供热、供燃气、通风及空调工程

序号	学　号	姓　名	性别	学位类别
1	1108140410001	陈康	男	工学硕士学位
2	1108140410002	杜毅	男	工学硕士学位
3	1108140410003	国玉山	男	工学硕士学位
4	1108140410004	梁娜	女	工学硕士学位
5	1108140410005	李冠男	男	工学硕士学位
6	1108140410006	李海山	男	工学硕士学位
7	1108140410007	刘慧娟	女	工学硕士学位
8	1108140410008	王亮亮	男	工学硕士学位
9	1108140410009	邢美波	女	工学硕士学位
10	1108140410010	张妍	女	工学硕士学位
11	1108140410011	蔡晓宁	女	工学硕士学位
12	1108140410012	柴国琳	男	工学硕士学位
13	1108140410013	刘鹏	男	工学硕士学位
14	1108140410014	李勇	男	工学硕士学位
15	1108140410015	苗瑞环	女	工学硕士学位
16	1108140410016	潘旭辉	男	工学硕士学位
17	1108140410017	王宝金	男	工学硕士学位
18	1108140410018	王闯	男	工学硕士学位
19	1108140410019	邢艳军	男	工学硕士学位
20	1108140410020	杨国强	男	工学硕士学位
21	1108140410021	张宽	男	工学硕士学位
22	1108140410022	张硕鹏	男	工学硕士学位
23	1108140410023	赵国君	男	工学硕士学位
24	1108140410024	周磊	男	工学硕士学位
25	1108140410025	侯娜	女	工学硕士学位
26	1108140410026	荆亚州	男	工学硕士学位
27	1108140410027	刘靖	女	工学硕士学位
28	1108140410028	吕凯	男	工学硕士学位
29	1108140410029	孙大会	女	工学硕士学位
30	1108140410030	王庆丰	男	工学硕士学位
31	1108140410031	王艳丽	女	工学硕士学位
32	1108140410032	徐晓菊	女	工学硕士学位
33	1108140410033	李进	女	工学硕士学位
34	1108140410034	王红莲	女	工学硕士学位
35	1108140410035	金丽丽	女	工学硕士学位
36	1108140410036	李青波	男	工学硕士学位

序号	学　号	姓　名	性别	学 位 类 别
37	1108140410037	刘尧	男	工学硕士学位
38	1108140410038	王秋实	女	工学硕士学位
39	1108140410039	弋理	女	工学硕士学位
40	1108140410040	张广也	男	工学硕士学位
41	1108140410041	褚伟鹏	男	工学硕士学位

专业：桥梁与隧道工程

序号	学　号	姓　名	性别	学 位 类 别
1	1108140610004	朱雪光	男	工学硕士学位
2	1108140610005	李士锣	男	工学硕士学位
3	1108140610006	田亮	男	工学硕士学位

专业：地图制图学与地理信息工程

序号	学　号	姓　名	性别	学 位 类 别
1	1108160309012	宋晓华	女	工学硕士学位
2	1108160310001	刘潇	女	工学硕士学位
3	1108160310002	邝晓宇	女	工学硕士学位
4	1108160310003	邱曼	女	工学硕士学位
5	1108160310004	史少维	男	工学硕士学位
6	1108160310005	朱王璋	男	工学硕士学位
7	1108160310006	黄慧敏	女	工学硕士学位
8	1108160310007	刘津	男	工学硕士学位
9	1108160310008	刘云广	男	工学硕士学位
10	1108160310009	乔文昊	男	工学硕士学位
11	1108160310010	杨耀东	男	工学硕士学位
12	1108160310011	张建廷	男	工学硕士学位
13	1108160310012	张甜田	女	工学硕士学位
14	1108160310014	刘振	男	工学硕士学位
15	1108160310015	张萌	男	工学硕士学位
16	1108160310016	程铖	女	工学硕士学位
17	1108160310017	李树坤	男	工学硕士学位
18	1108160310018	李德龙	男	工学硕士学位
19	1108160310019	刘信伟	男	工学硕士学位
20	1108160310020	尚利堃	男	工学硕士学位

专业：道路与铁道工程

序号	学 号	姓 名	性别	学 位 类 别
1	1108230110001	陈帅	女	工学硕士学位
2	1108230110002	乐兴堃	男	工学硕士学位
3	1108230110003	滕佳焱	男	工学硕士学位
4	1108230110004	相福至	男	工学硕士学位
5	1108230110005	张坤	男	工学硕士学位
6	1108230110006	张哲宁	男	工学硕士学位
7	1108230110007	徐晓龙	男	工学硕士学位
8	1108230110008	刘明珠	男	工学硕士学位
9	1108230110009	魏贺	男	工学硕士学位
10	1108230110010	薛晓飞	男	工学硕士学位

专业：环境工程

序号	学 号	姓 名	性别	学 位 类 别
1	1108300210002	王挺	男	工学硕士学位
2	1108300210003	吴海忠	男	工学硕士学位
3	1108300210004	张建伟	女	工学硕士学位
4	1108300210005	周晶	女	工学硕士学位
5	1108300210006	安明阳	女	工学硕士学位
6	1108300210007	乔梦曦	女	工学硕士学位
7	1108300210008	幺海博	女	工学硕士学位
8	1108300210009	戴水文	女	工学硕士学位
9	1108300210010	唐磊	男	工学硕士学位
10	1108300210011	王淇	女	工学硕士学位
11	1108300210012	陈宏亮	男	工学硕士学位
12	1108300210013	吕爱芃	女	工学硕士学位
13	1108300210014	邓双梅	女	工学硕士学位

专业：管理科学与工程

序号	学 号	姓 名	性别	学 位 类 别
1	1112010010001	李帅锋	男	管理学硕士学位
2	1112010010002	李竹	女	管理学硕士学位
3	1112010010003	李兴芳	女	管理学硕士学位
4	1112010010004	邢竞文	女	管理学硕士学位
5	1112010010005	潘伟	男	管理学硕士学位
6	1112010010006	邹明	男	管理学硕士学位

专业：技术经济及管理

序号	学 号	姓 名	性别	学 位 类 别
1	1112020410001	卢晓宇	男	管理学硕士学位
2	1112020410002	李文超	男	管理学硕士学位

专业：建筑设计及其理论

序号	学 号	姓 名	性别	学 位 类 别
1	1108130210001	刘聪	女	建筑学硕士专业学位
2	1108130210002	徐明	男	建筑学硕士专业学位
3	1108130210003	张堃	女	建筑学硕士专业学位
4	1108130210004	杜延青	男	建筑学硕士专业学位
5	1108130210005	高腾	男	建筑学硕士专业学位
6	1108130210006	高巍	男	建筑学硕士专业学位
7	1108130210007	桂朝东	男	建筑学硕士专业学位
8	1108130210008	韩擎	女	建筑学硕士专业学位
9	1108130210009	黄文韬	男	建筑学硕士专业学位
10	1108130210010	焦宇	男	建筑学硕士专业学位
11	1108130210011	雷炜	男	建筑学硕士专业学位
12	1108130210012	李冰	男	建筑学硕士专业学位
13	1108130210013	李金海	男	建筑学硕士专业学位
14	1108130210014	刘曼曼	女	建筑学硕士专业学位
15	1108130210015	刘勇	男	建筑学硕士专业学位
16	1108130210016	邱頔	女	建筑学硕士专业学位
17	1108130210017	任兰红	女	建筑学硕士专业学位
18	1108130210018	王珊珊	女	建筑学硕士专业学位
19	1108130210019	王松娟	女	建筑学硕士专业学位
20	1108130210020	王维海	男	建筑学硕士专业学位
21	1108130210021	武海维	男	建筑学硕士专业学位
22	1108130210022	夏璐	男	建筑学硕士专业学位
23	1108130210023	徐英杰	男	建筑学硕士专业学位
24	1108130210024	杨鸣	男	建筑学硕士专业学位
25	1108130210025	于丁	男	建筑学硕士专业学位
26	1108130210026	臧文静	女	建筑学硕士专业学位
27	1108130210027	张国际	男	建筑学硕士专业学位
28	1108130210028	张洁	女	建筑学硕士专业学位
29	1108130210029	张帅	女	建筑学硕士专业学位
30	1108130210030	甄密密	女	建筑学硕士专业学位
31	1108130210031	周媛	女	建筑学硕士专业学位
32	1108130210032	彭亮	男	建筑学硕士专业学位

序号	学　号	姓　名	性别	学位类别
33	1108130210033	黄小殊	女	建筑学硕士专业学位
34	1108130210034	宋毅	女	建筑学硕士专业学位
35	1108130210035	孙晔	女	建筑学硕士专业学位
36	1108130210036	孟文萍	女	建筑学硕士专业学位
37	1108130210037	王思明	男	建筑学硕士专业学位
38	1108130210038	郭讯	男	建筑学硕士专业学位

专业：建筑与土木工程

序号	学　号	姓　名	性别	学位类别
1	1143011410001	闵宗军	男	工程硕士专业学位
2	1143011410002	杨凡	男	工程硕士专业学位
3	1143011410003	崔建华	男	工程硕士专业学位
4	1143011410004	华少锋	男	工程硕士专业学位
5	1143011410005	胡一峰	男	工程硕士专业学位
6	1143011410006	孔相立	男	工程硕士专业学位
7	1143011410008	李聪	男	工程硕士专业学位
8	1143011410009	李鹏	男	工程硕士专业学位
9	1143011410012	那焱	男	工程硕士专业学位
10	1143011410014	王安彬	男	工程硕士专业学位
11	1143011410015	王啸霆	男	工程硕士专业学位
12	1143011410016	王元栋	男	工程硕士专业学位
13	1143011410017	吴荣桂	男	工程硕士专业学位
14	1143011410018	谢军君	男	工程硕士专业学位
15	1143011410020	赵静	女	工程硕士专业学位
16	1143011410021	程灿宇	男	工程硕士专业学位
17	1143011410022	董飞	男	工程硕士专业学位
18	1143011410023	龚涛	男	工程硕士专业学位
19	1143011410026	王海骄	女	工程硕士专业学位
20	1143011410028	王瑞涛	男	工程硕士专业学位
21	1143011410029	梁宁博	男	工程硕士专业学位
22	1143011410030	楼能	男	工程硕士专业学位
23	1143011410031	李明涛	男	工程硕士专业学位
24	1143011410032	刘杨	男	工程硕士专业学位
25	1143011410033	齐晓隆	男	工程硕士专业学位
26	1143011410034	吴亮	男	工程硕士专业学位
27	1143011410035	李担	男	工程硕士专业学位
28	1143011410036	李亚平	女	工程硕士专业学位

序号	学　号	姓　名	性别	学　位　类　别
29	1143011410037	尚丽民	女	工程硕士专业学位
30	1143011410038	郭刚	男	工程硕士专业学位
31	1143011410039	段鹏	男	工程硕士专业学位
32	1143011410040	李飞	男	工程硕士专业学位
33	1143011410041	李光宇	男	工程硕士专业学位
34	1143011410042	马艺然	女	工程硕士专业学位
35	1143011410043	莫剑峰	男	工程硕士专业学位
36	1143011410044	牛东霞	女	工程硕士专业学位
37	1143011410045	师兴兴	男	工程硕士专业学位
38	1143011410046	王荣	女	工程硕士专业学位
39	1143011410047	王蕊	女	工程硕士专业学位
40	1143011410048	魏亦强	男	工程硕士专业学位
41	1143011410049	温敏健	男	工程硕士专业学位
42	1143011410050	吴金星	女	工程硕士专业学位
43	1143011410051	杨玭	女	工程硕士专业学位
44	1143011410052	杨通	女	工程硕士专业学位
45	1143011410053	尹玉博	男	工程硕士专业学位
46	1143011410054	郑晓阳	女	工程硕士专业学位
47	1143011410055	王朝刚	男	工程硕士专业学位
48	1143011410056	王晶	男	工程硕士专业学位
49	1143011410057	魏青	女	工程硕士专业学位
50	1143011410058	于娟	女	工程硕士专业学位
51	1143011410059	赵晨	女	工程硕士专业学位
52	1143011410060	竹俊卿	男	工程硕士专业学位
53	1243011407003	秘桐	男	工程硕士专业学位
54	1243011407013	杨宁	女	工程硕士专业学位
55	1243011408001	冀程	女	工程硕士专业学位
56	1243011408008	董彩霞	女	工程硕士专业学位
57	1243011408011	李嘉	女	工程硕士专业学位
58	1243011408015	张磊	女	工程硕士专业学位
59	1243011408017	杨英杰	男	工程硕士专业学位
60	1243011409042	刘智宏	女	工程硕士专业学位
61	1243011410039	刘文旭	男	工程硕士专业学位

专业：环境工程

序号	学　号	姓　名	性别	学　位　类　别
1	1143013010001	戚海军	男	工程硕士专业学位
2	1143013010002	苏豪儒	女	工程硕士专业学位
3	1143013010003	王佳	女	工程硕士专业学位
4	1143013010004	芦琳	女	工程硕士专业学位
5	1143013010005	徐尚玲	女	工程硕士专业学位
6	1143013010006	郭翀羽	女	工程硕士专业学位
7	1143013010007	简树贤	女	工程硕士专业学位
8	1143013010008	朱振羽	男	工程硕士专业学位
9	1143013010009	罗艳红	女	工程硕士专业学位
10	1143013010010	陶丽	女	工程硕士专业学位

专业：建筑学

序号	学　号	姓　名	性别	学　位　类　别
1	1144010010002	耿晓蔷	女	建筑学硕士专业学位
2	1144010010003	何奇	男	建筑学硕士专业学位
3	1144010010004	李敏	女	建筑学硕士专业学位
4	1144010010005	王钊	男	建筑学硕士专业学位
5	1144010010006	王兆雄	女	建筑学硕士专业学位
6	1144010010007	周广鹤	男	建筑学硕士专业学位
7	1144010010008	孙振亚	男	建筑学硕士专业学位
8	1144010010009	郭红艳	女	建筑学硕士专业学位
9	1144010010010	李腾	男	建筑学硕士专业学位
10	1144010010011	房蕾	女	建筑学硕士专业学位
11	1144010010012	李爱吉	男	建筑学硕士专业学位
12	1144010010013	李建敏	男	建筑学硕士专业学位
13	1144010010014	李晶	男	建筑学硕士专业学位
14	1144010010015	李梦	女	建筑学硕士专业学位
15	1144010010016	李岩	男	建筑学硕士专业学位
16	1144010010017	李瑶	女	建筑学硕士专业学位
17	1144010010018	李颖	女	建筑学硕士专业学位
18	1144010010019	穆晓燕	女	建筑学硕士专业学位
19	1144010010020	孙腾	女	建筑学硕士专业学位
20	1144010010021	孙馨	女	建筑学硕士专业学位
21	1144010010022	王立超	男	建筑学硕士专业学位
22	1144010010023	吴会信	男	建筑学硕士专业学位
23	1144010010024	吴倩	男	建筑学硕士专业学位

序号	学　号	姓　名	性别	学 位 类 别
24	1144010010025	辛庆丽	女	建筑学硕士专业学位
25	1144010010026	薛莎莎	女	建筑学硕士专业学位
26	1144010010028	颜雪寅	女	建筑学硕士专业学位
27	1144010010029	姚毅楠	男	建筑学硕士专业学位
28	1144010010030	叶辉	男	建筑学硕士专业学位
29	1144010010031	张捍平	男	建筑学硕士专业学位
30	1144010010032	张蔚鹏	男	建筑学硕士专业学位
31	1144010010033	赵洪涛	男	建筑学硕士专业学位
32	1144010010034	赵仁慧	女	建筑学硕士专业学位
33	1144010010035	朱习武	男	建筑学硕士专业学位
34	1144010010036	左娟娟	女	建筑学硕士专业学位

专业：项目管理

序号	学　号	姓　名	性别	学 位 类 别
1	1143014010001	张卫芳	女	工程硕士专业学位
2	1143014010002	王子健	男	工程硕士专业学位
3	1143014010003	要翠灵	女	工程硕士专业学位
4	1144014010004	王静	女	工程硕士专业学位
5	1243014007013	王建辉	男	工程硕士专业学位
6	1243014008002	王欣	女	工程硕士专业学位
7	1243014008007	李刚	男	工程硕士专业学位
8	1243014008008	王可冉	女	工程硕士专业学位
9	1243014008009	林蓓蓓	女	工程硕士专业学位
10	1243014008011	贺岩	女	工程硕士专业学位
11	1243014010008	陈丕东	男	工程硕士专业学位
12	1243014010011	阮玉非	女	工程硕士专业学位

（二）2012/2013 学年第 1 学期授予来华留学生硕士学位名单

专业：设计艺术学

序号	学　号	姓　名	性别	学 位 类 别
1	6010YJZ09003	卓拉 SHARAVDORJZOLJARGAL	女	艺术学硕士学位

六、2013 年北京建筑大学继续教育学院毕业生名单

李　跃　　李齐鹏　雷亚振　姜　海　刘　鎏　李忠博　魏金亚　马　闯　任飞飞

相里启迪	刘晏侨	郭宝月	陈焕华	王 寅	陈忠军	黄岩岩	谷世伟	郑永成
杨 柏	甄和平	杨庆亮	杜得强	张利兵	耿保忠	任 卡	谢利萍	王学林
余向超	王丽明	何 健	刘 双	曹春山	彭明义	谢 祥	马 磊	张留杰
杨松彦	明银林	黄火标	丁 慧	郭 辰	王永坤	袁金金	黎海伏	杨 威
刘 志	李国清	王红岗	隗珊珊	刘 良	马小卫	李 强	郭思月	郭晓燕
苏雪凤	梅 浩	李爱芹	郭阎荣	李 雪	巩佳佳	石艳玲	王海伶	陈艳影
贾晓茹	张玉涛	聂 青	张松柏	魏玉岩	曹欣欣	杨慧清	张 爽	王 琪
张 婧	万文娟	蔡 雨	赵洪生	徐 佳	张瀚巍	刘 聪	赵 博	高玉昆
耿云静	高 强	侯 毅	代敬敬	邢 昊	张 彤	张 欣	郝忠艳	何沛基
段新秀	刘银鹏	李琳琳	罗小军	任亚南	郭晶晶	杨永亮	王丽洁	王文龙
张国跃	张 明	张 帆	崔 嫄	马 杰	贾玉磊	刘萍萍	丁晓娜	代双凤
张子丰	李俊杰	王扩冲	白 洁	赵 胤	卓 然	孙 菁	李 玲	李世宁
王 筝	李博楠	辛云龙	葛芊芊	张晓雷	刘秀丽	李 雄	张雪松	杜 森
王 佳	解运成	李 鹏	李 昀	徐 静	怡齐岩	应 磊	周 莹	秦鹏飞
马 奔	李 凯	孙彦明	朱 旭	卜旭东	刘 陈	闫 明	张巧思	耿东升
李婷婷	张 博	张 洋	唐 燕	李艳华	陈 杨	薛 涛	姜 艳	张 欣
陈英贤	李 倩	王志锋	樊 星	段贵方	陈欣荣	韩 伟	陆 宁	李亚圣
妥红儿	杜慧娟	张荣珍	袁赵曼	陈 儒	高 鑫	金辉艳	孙小霞	贺 媛
徐 震	宋 航	龙泊中	李 陈	刘元超	田德辉	刘柏春	徐 萍	李雪娜
尹小萌	赵英杰	康春艳	管文龙	刘 婧	张 艳	高娅楠	赵 熹	陈丽莉
宋明立	耿浩强	段江义	黄 利	苏玉红	陈 瑜	翁俊美	张仕源	郝娇娇
李 伟	曹双党	田 东	禚雷娜	黄 静	周艳玲	高 岳	高 飞	魏春艳
付文娟	刘金华	张志军	张 姿	何向军	魏 莹	黄任华	童 晖	赵 莹
张 松	陈晓庆	黄青蓝	应 楠	王丽媛	胡 娜	陈 越	唐伯文	高丽敏
张 熠	曹金苹	王 仑	付豪思	李 想	宋 艳	张健伟	白 璐	张 营
白 雪	张 莹	梁 杰	高 彦	陈 艳	张 宇	姜 宇	郭潞宇	刘 赛
王京哲	李志鹏	赵振国	韩 旭	于 欢	张 敏	贾继辉	卢 莹	李 蒙
孟 云	陈 端	罗 宇	杨英军	王淑娟	王岩申	赵 鹏	赵晓芳	李 伟
李 炳	甄 亮	董克涛	张 华	何兰生	杨 洋	刘杰博	马安磊	陈晔伟
张 雷	周明明	张靓怡	曹 琦	丁 娟	颜中飞	周晓旭	胡兴琼	王 斌
杨 洋	温 川	张晓晨	杨树平	亢珍珍	唐建平	李 响	黄宏飞	王金秀
王 伟	钱志勇	任海富	郭 帅	何丽妍	张丽红	王兆争	赵 艳	翁 磊
王智平	李建春	赵蓉蓉	刘佳佳	李 颖	宋 宁	王志飞	司 亮	麻晓颖
韩 缨	沈 岩	李 峥	赵莹莹	李海燕	杨永明	杜 磊	尹佳珍	岳 磊
杨子建	岳元强	魏 巍	徐 征	郭焕霞	周 洋	李 鑫	刘 鑫	朱洪伟
唐 旭	杨胜东	彭军明	胡 坤	李翼扬	王北辰	刘 坤	胡志广	苏海东
赵 宇	聂立群	李爱军	姜继强	杨正勇	王景哲	李 晋	李海雁	何晓霞
付仙平	杨学院	李 莹	周吉龙	赵 静	杨 磊	刘 玥	孙远维	张成岗
赵宾帅	黄丁洪	刘乐乐	曹玉姝	陈亚辉	冯 达	王 琛	王 志	陈 博

432

耿爱兰	任仕涛	乔艳春	焦红	王俊琛	张伟伟	崔保瑞	范慧鑫	李娜娜
刘晓晨	王锦帆	苏建国	赵娜	史开印	王勇	史磊	公利山	王春阳
王学凤	刘刚	陈运泽	赵国旺	佟小江	杨喜清	刘嘉	刘京	胡新
杨勇	郑斌	张德华	陈显彬	孙可欣	刘丽	刘朝军	刘敬德	曹建功
田明宇	刘学会	朱建国	邢仲海	曹韦韦	王天亮	王立志	缪孟忠	王伟
刘鹏	刘钊	庄得生	曹庆松	赵玉兴	刘璀	刘悦	徐贺	李俊
孙立迎	戴雅擘	韩滢滢	孙强	金海波	谢福生	刘文超	柳春美	宋占云
马小丽	高乐乐	张彬	赵春霞	牛丽君	田璐	刘振为	刘超	李常玺
王忠磊	孙全福	张玥琳	王子系	张海洋	张梦迪	张薇	王晨	张华
杜斐然	罗玉	李萌	宋丽娟	孙健	高静	陈磊	魏丽瑶	孙昌生
李建禄	薛帅	王思	陈泽	杨杰	付雷	袁泉	李进	李频
闫珅	王景鹤	孙涛	佟金玉	李会思	曾科	张姣	吕志敏	王芳
韩佳	张燕	查丽丽	柳森	胡春燕	郭巍	李雪征	高远	纪海红
孙建玲	孙忠鹤	刘伟	刘云飞	路秋霞	马超	牛宝鑫	郑冬利	王立
刘勐君	赵冉	张妍	刘丽娜	朱德利	杨文涛	柳新	赵万宇	董婷
丁冉	王影	胡天明	赵立华	夏瑞君	陈昱文	滕振伟	边文杰	单单
刘彬田	李佳	于清海	薛鑫	杨威	刘宝莹	刘光灿	李凯	刘军
唐超	沈春蕾	陶志华	刘长辉	曹岳侠	张健	白晓强	王彬	蔡秋丽
刘蕾	刘旭	潘帅	刘晶	王曦	胡京生	杨原	王文佳	谢亚东
王宁	杨冬梅	张文娟	刘紫峰	李浩	张焱	杨传义	毛月	穆迪
杨海珍	李莹	许丹盈	张百治	潘志强	王育海	孟樊军	宋书	董慧婕
施懂杰	鲁昊	宋长坤	张贺军	刘禹	王坤	曹少辉	郭宗昉	李瑞雪
姚修莹	倪伟	叶天	崔亚楠	徐超	王静	徐鹏举	曹华锋	孙志军
刘雷	王东全	王高峰	任立杰	胡家胜	阴晓敏	李倩	陈芳	盛玉芬
丁杰	李进	马文矗	罗海伟	夏荣坤	陈媛媛	杨金凤	程丽芳	赵书琪
柳玲军	康凯华	赵保军	刘小禄	朱志军	王长余	胡艳芬	吴小晴	李秋玲
梁保伍	毛家敏	袁晓雅	宋冬杰	杨良才	王小琪	陈冬炜	杨莹莹	胡长春
马瑞杰	陆凯杰	刘彦龙	连龙	张宇	彭超	于书海	李俊娜	张福银
郭卫	贾洪杰	陈云	杨静	王世丰	陈志博	贾一凡	李雪玲	张凤杰
董真	孙健	潘超	陈超	张伟	潘景宇	吴海鹏	赵星	王斌
陈刚	李翠平	王珍珍	魏红利	李江宏	马良	吴小健	田振杰	荆川
刘航	张慧	杨伟剑	张学臣	陈岩	赵静	程广超	孟斌	李润
冯雪梅	刘军	罗继森	王昊	赵香捧	单志伟	孙广禄	蒋舒雁	王健
陈萌萌	刘欢	张寻	张旭	李昂	郭欣	王世镭	孟金生	阮平江
史玉颖	李保怀	朱立峰	李健伟	武强	孙源	郭堃	刘佰	张艳娜
王严	赵菁	赵慧亮	董金正	张志远	马文然	冯硕	刘运韬	张旭
张平	任春蕊	刘振宇	曹雅杰	史迎钊	白婷婷	史雪霏	赵立芳	西双
修远	于凡	张静	石靳	韩博睿	石振庭	张少倩	祝凯	李增辉
赵春鹏	肖鉴（结业）							

七、2013年北京建筑大学继续教育学院本科毕业生获得学士学位名单

王北辰	胡志广	赵 宇	聂立群	李爱军	李 晋	李海雁	何晓霞	赵宾帅
曹玉姝	王 志	任仕涛	乔艳春	王俊琛	张伟伟	王锦帆	史开印	史 磊
陈显彬	曹元志	张 硕	丁翠华	李红平	张 明	张 帆	崔 嬿	马 杰
刘萍萍	丁晓娜	代双凤	张子丰	李俊杰	白 洁	赵 胤	王 筝	李博楠
辛云龙	解运成	李 昀	周 莹	马 奔	张巧思	杨红娜	王晶晶	楚 琪
赵 艳	付琳琳	梅笑辉	胡家胜	阴晓敏	李 倩	陈 芳	丁 杰	李 进
马文骉	罗海伟	夏荣坤	陈媛媛	程丽芳	康凯华	朱志军	王长余	李秋玲
宋冬杰	杨莹莹	陆凯杰	连 龙	张 宇	于书海	李俊娜	贾洪杰	杨 静
李雪玲	张凤杰	潘 超	李翠平	王珍珍	魏红利	田振杰	马 超	刘 钊
徐 贺	李 俊	孙立迎	戴雅擘	韩滢滢	孙 强	金海波	谢福生	马小丽
张 彬	赵春霞	牛丽君	刘振为	刘 超	王忠磊	孙全福	王子系	王 晨
宋丽娟	孙 健	高 静	陈 磊	李建禄	王 思	杨 杰	李 进	闫 坤
孙 涛	佟金玉	李会思	曾 科	韩 佳	张 燕	查丽丽	柳 森	胡春燕
李雪征	纪海红	孙建玲	刘 伟	刘云飞	牛宝鑫	郑冬利	张 妍	朱德利
边文杰	薛 鑫	曹岳侠	张 健	刘 旭	潘 帅	杨 原	王文佳	谢亚东
王 宁	张 焱	穆 迪	杨海珍	王育海	宋书转	曹少辉	姚修莹	叶天宇
李子瑄	赵 静	姜 艳	张 欣	陈英贤	李 倩	王志锋	樊 星	段贵方
陈欣荣	陆 宁	李亚圣	妥红儿	杜慧娟	张荣珍	陈 儒	高 鑫	金辉艳
孙小霞	贺 媛	宋 航	龙泊中	李 陈	田德辉	刘柏春	徐 萍	李雪娜
赵英杰	康春艳	管文龙	刘 婧	张 艳	高娅楠	赵 熹	宋明立	耿浩强
段江义	黄 利	苏玉红	陈 瑜	翁俊美	张仕源	田 东	禚雷娜	黄 静
周艳玲	高 岳	高 飞	刘金华	张 姿	何向军	黄任华	赵 莹	张 松
陈晓庆	黄青蓝	王丽媛	胡 娜	陈 越	唐伯文	高丽敏	张 熠	曹金苹
王 仑	李 想	宋 艳	张健伟	张 营	张 莹	梁 杰	陈 艳	张 宇
姜 宇	郭潞宇	刘 赛	于 欢	卢 莹	赵 鹏	李志鹏	甄 亮	刘杰博
马安磊	曹 琦	胡兴琼	王 斌	亢珍珍	李 响	赵蓉蓉	刘佳佳	宋 宁
杨永明	魏 巍	徐 征	郭焕霞	周 洋	赵振国	张丽华	付文娟	赵香捧
单志伟	孙广禄	蒋舒雁	王 健	陈萌萌	刘 欢	张 寻	张 旭	李 昂
郭 欣	王世镭	贡 琰	倪树义	李健伟	刘佰齐	张艳娜	王 严	赵 菁
马文然	张 平	赵 冉	王 影	李 莹	许丹盈	董慧婕	崔亚楠	曹雅杰
王景哲	赵 娜	曹韦韦	李 伟	韩 旭	李 蒙	韩博睿	李 颖	李海燕

八、2013年北京建筑大学自学考试毕业生名单

| 罗荣华 | 王 勇 | 潘元军 | 高木建 | 常国永 | 苗 磊 | 王小波 | 乔 攀 | 李 诚 |

朱财武	李 斌	卢 攀	齐 全	崔振鹏	董相生	杨 山	孙树良	李 东
邓 睿	徐若楠	杨 冰	张 靖	李 强	罗 伟	李天振	耿如锋	何 俊
王 军	李晓淨	李 云	闫 乐	刘欢欢	李国军	苏方庭	孔龙燕	聂久发
张 健	任长春	彭顺凯	许 智	孙冲冲	张俊峥	刘明红	宋伟男	王瑞丽
王 琪	韩连英	秦 欢	李彬彬	李国强	李俊杰	严建建	王德龙	王 宇
桂玉菡	贺国强	蒋 鹏	马 壮	孙 磊	刘 浩	王 楠	宋黎明	王力辉
彭保明	王景彪	句少云	李江涛	崔正茂				

九、2013 年北京建筑大学自学考试本科毕业生获得学士学位名单

王力辉　　彭保明　王景彪　句少云　李江涛　崔正茂

第十五章 表彰与奖励

一、北京建筑大学2013年所获省部级及以上科技奖励一览表

2013年度北京建筑大学省部级及以上科技奖励一览表

序号	奖励名称	成果名称	所属单位	获奖完成人	单位排名	获奖级别	获奖等级	发证机关
1	上海市科技进步奖	农村生活污水生态处理技术体系与集成示范	环境与能源工程学院	杜晓丽	0	省部级	一等奖	上海市人民政府
2	测绘科技进步奖	城市高分辨率影像的地物自动提取与高效计算关键技术及应用	测绘与城市空间信息学院	赵西安、吕京国	1	省部级	三等奖	国家测绘局
3	地理信息科技进步奖	全栈式GIS平台uninpho的研制与应用	测绘与城市空间信息学院	霍亮、朱光、罗德安、靖常峰、沈涛、赵江洪、张学东	1	省部级	二等奖	国家测绘局、中国地理信息系统协会
4	中国专利奖	一种利用烟气冷凝热能的复合型防腐换热装置	环境与能源工程学院	王随林、潘树源、史永征、闫全英、傅忠诚、艾效逸、郭全、徐鹏	1	省部级	优秀奖	国家知识产权局
5	教育部科学技术奖	环保沥青路面新材料研发与工程应用	土木与交通工程学院	季节、徐世法，索智，许鹰	1	省部级	一等奖	中华人民共和国教育部
6	华夏建设科学技术奖	高效装配式低温辐射供暖板模块化技术与成套工程应用技术	环境与能源工程学院	王随林、闫全英、史永征、陈红兵、潘树源	1	省部级	二等奖	华夏建设科学技术奖励委员会
7	中国施工企业管理协会科学技术创新成果奖	小半径曲线钢箱－混凝土组合连续梁桥施工与控制关键技术研究	土木与交通工程学院	龙佩恒、王毅娟、焦驰宇	2	省部级	二等奖	中国施工企业管理协会科学技术委员会
8	华夏建设科学技术奖	既有建筑安全性改造关键技术研究	土木与交通工程学院	刘栋栋	8	省部级	一等奖	华夏建设科学技术奖励委员会

436

序号	奖励名称	成果名称	所属单位	获奖完成人	单位排名	获奖级别	获奖等级	发证机关
9	北京市科学技术奖	当代北京城市弱势空间研究	建筑与城市规划学院	金秋野	2	省部级	三等奖	北京市人民政府
10	华夏建设科学技术奖	混凝土结构防屈曲支撑消能减震体系研发与工程应用	土木与交通工程学院	吴徽、张艳霞、张国伟	1	省部级	三等奖	华夏建设科学技术奖励委员会
11	北京市科学技术奖	低品质掺合料混凝土关键技术的开发与应用	土木与交通工程学院	宋少民、黄修林	1	省部级	三等奖	北京市人民政府
12	北京市科学技术奖	城市轨道交通 U 型梁系统综合技术研究	土木与交通工程学院	龙佩恒	6	省部级	二等奖	北京市人民政府
13	山西省科学技术奖	智能交通非线性动力学特性及其控制研究	机电与汽车工程学院	杨建伟	2	省部级	二等奖	山西省人民政府

（霍丽霞　陈韬　白莽）

二、北京建筑大学 2013 年教师所获奖励与表彰

1. 北京市优秀教师：韩淼　秦红岭
2. 北京市有突出贡献的科学、技术、管理人才：王晏民

（卜聪明　何其锋 ˙ 赵翠英　张莉　孙景仙）

3. 2013 年北京市高校辅导员职业能力大赛三等奖：卫巍

（孙强　秦立富　黄尚荣）

4. 中华剪纸艺术创作成就奖：赵希岗
5. 2013 年全国侨联系统先进个人：武才娃

（高瑞静　孙冬梅）

三、北京建筑大学 2013 年学生所获奖励与表彰

（一）第七届"挑战杯"首都大学生课外学术科技作品竞赛获奖名单

序号	作品名称	项目负责人	作品类型	获奖情况	指导老师
1	Proteus Robot	柳珊	集体	一等奖	秦建军、杨建伟
2	建筑用风光互补的遮阳及通风换气装置	徐平	集体	二等奖	许淑惠、刘辛国
3	颤振式风能发电机	黄山石	集体	二等奖	魏京花、王文海
4	站路重组——基于运行效率提升的公交中途站设计	孙思瑾	集体	二等奖	范霄鹏、苏毅、康健
5	迁变——北京旧城搬迁居民生活路径变迁追踪调查	邓啸骢	集体	二等奖	范霄鹏、孙立、丁奇、康健

序号	作品名称	项目负责人	作品类型	获奖情况	指导老师
6	HI house	鲁增辉	集体	三等奖	秦建军、张国伟
7	iBed	任思雨	个人	三等奖	秦建军、陈娟
8	北京市建筑垃圾资源化管理研究	郭昊	集体	三等奖	李英子
9	停车场出入口通道通行能力与服务水平研究	冉墨文	集体	三等奖	杨静
10	基于雨量传感器的城市防汛精细化监测和预警	崔雅铭	集体	三等奖	刘扬
11	钢筋混凝土梁高温后刚度损伤研究	王轩	集体	三等奖	赵东拂
12	山茶籽粉吸附去除废水中染料的性能研究	张佳	集体	三等奖	王崇臣
13	现代矮塔斜拉桥关键构造特征调研与应用前景分析	高金桥	集体	三等奖	董军

（朱静）

（二）第四届北京市大学生艺术展演北京建筑大学获奖情况一览表

活动时间	活动类别	参与人数	所获奖项
10.15、10.16	舞蹈比赛（群舞）	艺术团舞蹈团 22 人	二等奖、三等奖
10.19	戏剧比赛（短剧）	艺术团戏剧社 8 人	二等奖
10.21	合唱比赛（大合唱）	艺术团合唱团 55 人	二等奖
10.25	器乐比赛（管弦合奏）	艺术团管弦乐团 28 人	二等奖

（朱静）

（三）第八届"挑战杯"中国大学生创业计划竞赛决赛铜奖

王杰、叶雨澄、夏鹏飞、赵文娟《卓恩卫浴有限责任公司》。

（朱静）

（四）国家奖学金、国家助学金

北京建筑大学 2013 年共评选出本科生国家奖学金 16 名，发放奖金 12.8 万，国家励志奖学金 236 名，发放奖金 118 万，研究生国家奖学金 27 名，发放奖金 54 万；共评选出校级新生奖学金 73 名，发放金额 45.2 万，校级综合、单项及团体奖学金 2259 人次，发放奖金 198.769 万，校级优秀学生 518 名；评选出建工-京精大房奖学金 14 名，发放金额 2.52 万，许京骐-方烨奖学金 9 名，发放金额 1.62 万，张若萍奖学金 13 名，发放金额 0.77 万。

（孙强　秦立富　黄尚荣）

（五）2013 届"北京市优秀毕业研究生"获奖名单

推荐单位	学　生　姓　名
建筑学院	杜延青　朱习武　杜博怡　张姣慧　张秋雨　刘曼曼
土木学院	段燕玲　王啸霆　魏贺　张远青
环能学院	唐磊　乔梦曦　邢美波　王佳

推荐单位	学 生 姓 名
电信学院	张之沣
经管学院	李兴芳
测绘学院	邱 曼
机电学院	郑晓阳

（六）2013 年研究生国家奖学金获奖学生名单

序号	姓名	专　业	年级	学　院
1	高阳	建筑学	2011	建筑与城市规划学院
2	张丛	建筑学	2011	
3	崔建刚	建筑学	2011	
4	吴迪	建筑技术科学	2011	建筑与城市规划学院
5	夏邈	建筑设计及其理论	2011	
6	张君君	建筑设计及其理论	2011	
7	黄庭晚	设计学	2012	
8	何远营	结构工程	2011	土木与交通工程学院
9	梁田	结构工程	2011	
10	徐开	结构工程	2011	
11	陈冉	桥梁与隧道工程	2011	
12	陈绍坤	道路与铁道工程	2011	
13	谢福娣	建筑与土木工程	2011	
14	岳立航	供热供燃气通风及空调工程	2011	环境与能源工程学院
15	蔡悠笛	供热供燃气通风及空调工程	2011	
16	李丽艳	供热供燃气通风及空调工程	2012	
17	杨丽琼	环境工程	2011	
18	李盼盼	环境工程	2011	
19	童晶晶	环境工程	2011	
20	刘然彬	市政工程	2011	
21	魏胜	建筑与土木工程（市政方向）	2011	
22	朱忠江	控制理论与控制工程	2012	电气与信息工程学院
23	毕小玉	建筑与土木工程	2011	
24	吕昳苗	物流工程	2011	经济与管理工程学院
25	曾飞翔	地图制图学与地理信息工程	2011	测绘与城市空间信息学院
26	杨青照	建筑与土木工程	2011	机电与车辆工程学院
27	王增岗	设计学	2012	文法学院
28	武占敏	控制理论与控制工程（数学方向）	2011	理学院

（七）北京建筑大学第三届研究生英语演讲比赛获奖名单

推荐单位	学 生 姓 名
建筑学院	刘力源（第三名）　　杨安琪（第三名）
环能学院	于　迪（第二名）　程　慧（第三名）　蒋竹荷（第一名）
电信学院	赵　静（第三名）
测绘学院	李天烁（第三名）
机电学院	吴建洋（第二名）　　王建治（第二名）

（八）2013届冬季硕士研究生优秀学位论文获奖名单

推荐单位	学生姓名	专业名称	论文题目	导师姓名
环能学院	牛立科	建筑与土木工程	化学过滤器在微电子行业的应用研究	李锐

（九）2013届夏季硕士研究生优秀学位论文获奖名单

序号	推荐单位	学生姓名	专业名称	论 文 题 目	导师姓名
1	建筑学院	徐英杰	建筑设计及其理论	北京焦庄户历史文化名村保护与利用研究	孙克真
2	建筑学院	任兰红	建筑设计及其理论	《园冶》与《长物志》造园思想比较研究	张大玉
3	建筑学院	黄小殊	建筑设计及其理论	山西应县佛宫寺释迦塔整体性保护研究	刘临安 侯卫东
4	建筑学院	王　珍	设计艺术学	衙署建筑遗产展示设计研究	陈静勇 吴诗中
5	建筑学院	王海瑞	建筑技术科学	综合医院急诊部建筑物理环境 现状及控制对策研究	李　英 刘才丰
6	土木学院	王啸霆	建筑与土木工程	新型装配式型钢组合剪力墙 结构抗震性能研究	吴　徽 苗启松
7	土木学院	段燕玲	防灾减灾工程及 防护工程	隔震结构近断层地震响应振动台实验研究	韩森
8	土木学院	尤作凯	结构工程	高温后混凝土微观结构演化及RC梁性能研究	赵东拂
9	土木学院	陈志敏	结构工程	井壁混凝土在早期荷载作用下的损伤劣化研究	宋少民
10	土木学院	刘昊苏	结构工程	不同布索形式下曲线矮塔斜拉桥静动力性能研究	董　军 杨　昀
11	土木学院	张哲宁	道路与铁道工程	基于有限元理论的枢纽内部密级条件 行人运行条件及其衍变机理研究	张　蕊
12	土木学院	张　涛	结构工程	再生砖、砌块及其砌体基本力学性能试验研究	何浙浙
13	土木学院	徐英乾	结构工程	纵向剪切地震波作用下非线性地基基床以及结构 埋深对地下区间隧道动力响应的影响	戚承志
14	土木学院	李云鹏	结构工程	圆孔型蜂窝钢梁及其组合梁受力性能研究	张艳霞
15	土木学院	乐兴堃	道路与铁道工程	温拌再生沥青性能及其混合料设计方法研究	徐世法
16	土木学院	薛晓飞	道路与铁道工程	基于低影响开发的城市路面材料与结构研究	徐世法

序号	推荐单位	学生姓名	专业名称	论 文 题 目	导师姓名
17	土木学院	杨 凡	建筑与土木工程	多屈服段免断裂防屈曲支撑研究	张艳霞 李文峰
18	环能学院	唐 磊	环境工程	合流制改造及溢流污染控制技术、策略系统研究	车 伍
19	环能学院	戚海军	环境工程	低影响开发雨水管理措施的设计及效能模拟研究	李俊奇 刘旭东
20	环能学院	王 闯	供热、供燃气通风及空调工程	供热系统综合节能技术优化配置的研究与分析	李 锐
21	环能学院	曹 珊	市政工程	生物膜 SBR 复合系统脱氮除磷处理效果的实验研究	曹秀芹
22	环能学院	王庆丰	供热、供燃气通风及空调工程	GIS 下供热管网设计模型及水力工况分析	李德英
23	环能学院	王亮亮	供热、供燃气通风及空调工程	纳米微粒对溴化锂溶液表面张力及其沸腾特性的影响和机理	解国珍
24	环能学院	李海山	供热、供燃气通风及空调工程	非饱和土壤水热耦合作用下水平埋管换热特性研究	高 岩
25	环能学院	齐晓璐	市政工程	羟基氧化铁凝聚吸附-超滤去除再生水中磷酸盐试验研究	张雅君
26	环能学院	邓双梅	环境工程	掺杂 TiO_2 纳米管光催化降解 VOCs 的实验研究	王 敏
27	环能学院	张 丽	市政工程	再生水微生物腐蚀机理研究	许 萍
28	环能学院	李冠男	供热、供燃气通风及空调工程	纳米矿物油及其在空调器中的应用研究	王瑞祥
29	环能学院	芦 琳	环境工程	两种典型城市雨水 LID 技术生命周期评价研究	付婉霞 张鸿涛
30	环能学院	孙 宛	市政工程	城市供水绩效指标完善、数据采集校核与评估研究	王俊岭
31	环能学院	徐尚玲	环境工程	城市排水管道沉积物径流冲刷污染效应的研究	李海燕 刘会娟
32	环能学院	吕爱芃	环境工程	富营养化水体微生物生态修复技术研究	马文林
33	环能学院	王 蕊	建筑与土木工程	桩基埋管地源热泵系统地埋管换热数值模拟研究	赵静野 徐稳龙
34	测绘学院	黄慧敏	地图制图学与地理信息工程	基于深度图像的无缝纹理映射	王晏民
35	测绘学院	邝晓宇	地图制图学与地理信息工程	基于 GIS 的居民出行数据可视化分析系统研究	王晏民 张健钦
36	测绘学院	李德龙	地图制图学与地理信息工程	基于 CUDA 的无人机影像快速并行处理算法研究	刘旭春
37	测绘学院	邱 曼	地图制图学与地理信息工程	面向数字城管的路网空间模型研究与应用	杜明义

序号	推荐单位	学生姓名	专业名称	论 文 题 目	导师姓名
38	经管学院	要翠灵	项目管理	工程招标代理机构信用评价研究	张 俊
39	经管学院	潘 伟	管理科学与工程	基于 topsis 政府投资项目代建制实施绩效评价研究	王 平
40	经管学院	邢竞文	管理科学与工程	北京市市民建筑节能意识与生活方式研究	李英子
41	机电学院	张广也	供热、供燃气通风及空调工程	城轨车辆空调制冷系统的失效及故障诊断研究	杨建伟

（刘伟　王子岳　李云山　李海燕　陈静勇）

第十六章 大 事 记

【获第八届"挑战杯"中国大学生创业计划竞赛铜奖】 1月，北建大王杰、叶雨澄、夏鹏飞、赵文娟4名同学共同完成的作品《卓恩卫浴有限责任公司》，获第八届"挑战杯"中国大学生创业计划竞赛铜奖。本届比赛是共青团中央、中国科协、教育部、全国学联共同举办的全国规模最大、最具影响力的大学生创业赛事，被誉为当代大学生创新创业实践的"奥林匹克"。

【成功举办2013年建筑学专业全国八校联合毕业设计】 1月28日至30日，北建大主办2013年建筑学专业全国八校联合毕业设计。参与本次毕业设计的有来自清华大学、同济大学、东南大学、天津大学、重庆大学、浙江大学、中央美术学院和北京建筑大学的近30名教师和83名学生。本次毕业设计包括专家讲座、专业参观、专业辅导与调研汇报等系列活动。

【获北京市科学技术奖一等奖】 2月21日，北建大王随林教授主持完成的"防腐高效烟气冷凝热能回收装置与烟气余热深度利用技术及产业化"项目荣获2012年度北京市科学技术奖一等奖。该项目的完成，不仅解决了低温排烟余热利用中协同高效热回收与防腐国际性难题，而且取得了显著节能减排与社会环境效益。

【举办北京地区毕业生公共就业和人才服务进校园活动】 3月26日，北建大成功举办北京地区毕业生公共就业和人才服务进校园活动暨2013届毕业生校园大型招聘会。本次招聘会由市人保局大中专毕业生就业处、市教委、市毕业就业服务中心和我校联合举办，采用"组团"招聘的方式很好地满足了用人单位和毕业生的共同需求。同时，市人保局将我校作为2013年村官招募的四个分会场之一，本次招聘会率14个区县的村官招募工作组在招聘会上设置专门展位，为毕业生详细讲解村官工作的各项内容，引起毕业生的广泛关注与热烈反响。本次招聘会到会单位共106家，现场提供职位共计2200余个，为毕业生提供了广泛的就业机会与岗位。参加本次招聘会的共有800余名本校同学和近400名外校同学。

【与马来西亚吉隆坡建设大学签订合作协议】 4月12日，北建大和马来西亚吉隆坡建设大学签订了校级"合作框架协议书"，双方的交换与合作项目包括：1. 提供学术课程及课程纲要；2. 交换师资和学生；3. 进行联合学术研究及特定研究计划；4. 举办联合研讨会；5. 举办联合研讨会；6. 提供联合咨询服务以及就"3+1"，"2+2"，"4+1"问题也进行了商讨。

【举办第九届青年教师教学基本功比赛】 4月19日，北建大举办第九届青年教师教学基本功比赛。本届青年教师教学基本功评比活动从2012年9月至2013年4月进行，经过各院（部）的初评和预赛，有46位青年教师进入校级复赛。经过校教学督导组专家对参赛教师进行了随堂跟踪听课和教案评审，遴选出了15位获奖教师，其中评分在前8名的获奖教师参加了公开课比赛。本次公开课比赛首次邀请了学生代表作为评委，从学生的角度对老师给予客观的评价。参加演讲的各位教师在赛前进行了充分准备，各院部给予精心指导，各位老师以饱满的精神状态，采用启发式、互动式等教学方法，多媒体与板书相结合，对课堂教学内容进行深入浅出的阐述，临场发挥自如，重点突出，思路清晰，教学示范效果好。我校目前已成功举办了九届青年教师教学基本功比赛，每届比赛全校青年教师均积极参加，本次二级学院（部）预赛期间机电学院尹静老师正逢在美国进修，专门为比赛录制了视频参赛；在预赛期间，多个教学单位组织了多轮选拔，并邀请相关专家进行现场点评，对青年教师尽快提高教学水平提供了有效的指导。学校每届均推荐在校级比赛中获得第一名的青年教师参加北京市比赛，均获得市级奖励。举办青年教师教学基本功比赛活动，对提升青年教师课堂教学水平具有非常重要的意义，同时对不同学科之间的交流也能够起到积极作用。今后学校还将继续将青年教师教学能力提升作为重要工作来抓，为学校教育教学水平的不断提高提供保障。

【召开"建筑遗产保护理论与技术博士人才培养项目"实施指导委员会第一次会议】5月10日，北建大召开服务国家特殊需求"建筑遗产保护理论与技术博士人才培养项目"实施指导委员会第一次会议。会议审议了博士人才培养项目首批博士研究生指导教师名单和2013版《博士研究生培养方案》。"建筑遗产保护理论与技术服务国家特殊需求博士人才培养项目"实施指导委员会是根据国务院学位委员会《关于做好服务国家特殊需求博士人才培养项目实施工作的通知》要求，为指导建筑遗产保护理论与技术博士人才培养项目实施而成立的，主任委员由国家文物局出任。人才培养项目在招生、培养和学位授予、质量保证等方面的规章制度，以及与人才培养项目实施有关的主要政策等，均通过指导委员会研究审议后，由我校按程序批准实施。实施指导委员会第一次会议的召开，标志着我校建筑遗产保护理论与技术博士人才培养项目实施工作全面有序展开。

【北京建筑大学隆重揭牌】5月16日，北建大隆重举行揭牌仪式。参加揭牌仪式的有中共北京市委常委、市委教育工委书记赵凤桐，北京市教育工委、北京市教委、北京市发改委、北京市财政局、北京市国土资源局、北京市住房和建设委员会等有关委办局领导，西城区、大兴区领导，有关高校领导，北京建筑大学校友代表以及师生代表共600余人参加了揭牌仪式。仪式由校长朱光主持。首先，由市委教育工委常务副书记刘建同志宣读教育部同意北京建筑工程学院更名为北京建筑大学的批复。北京建筑大学校党委书记钱军发表热情洋溢的致辞。钱书记回顾了学校的发展历程和近几年来学校所取得的成绩——自1936年建校以来，北京建筑工程学院已经走过了77个春秋。77年来，学校五易校址，数易校名，先后为首都及国家城乡建设培养了5万余名毕业生，造就了一批又一批的优秀人才。他说，我们要积极响应与追寻"中国梦"的伟大号召，探寻新的"北建大梦"：用二十多年的时间，在建校一百周年时，努力把北京建筑大学建设成为国内一流、国际知名的有特色、高水平建筑大学。学生代表土096班的崔梦迪同学、教师代表国家科技进步二等奖获得者徐世法教授、校友代表北京市市政工程设计研究总院刘桂生院长、兄弟高校代表北京工业大学郭广生校长分别发言，对北京建筑大学的更名表达了祝贺。最后，市委教育工委副书记、市教委主任姜沛民讲话，对学校的办学传统和办学成就给予了高度评价，并向对学校未来的发展提出了期望和要求：一是希望学校在提升质量上下功夫；二是希望学校在突出特色上下功夫；三是希望学校在服务首都上下功夫；四是希望学校在扩大影响上下功夫，争取早日把学校建成一所在国际上有较大影响的知名学府。市委教育工委、市教委将一如既往地大力支持北京建筑大学的建设发展，与全校师生员工一道，为把北京建筑大学建设成一所有特色、高水平的建筑大学而共同努力。之后，北京市委常委、市委秘书长、市委教育工委书记赵凤桐为"北京建筑大学"的牌匾揭幕，红绸缓缓揭开，全场响起雷鸣般的掌声，共同表达出对北京建筑大学最美好的祝福。北京电视台、北京日报、北京人民广播电台、北京青年报、北京晚报等 10 余家媒体现场报道了揭牌仪式。揭牌仪式结束后，学校分别在西城校区和大兴校区举行由全体校领导、正处级干部、教师代表、学生代表共 200 人参加的挂牌仪式。挂牌仪式由党委副书记张雅君主持，学校党委书记钱军和校长朱光亲手将"北京建筑大学"的校牌悬挂在校门上，挂牌仪式在热烈的掌声中结束。挂牌仪式结束后，我校师生纷纷与崭新的"北京建筑大学"校牌合影留言，用相机记录下这历史性的瞬间，表达内心的喜悦之情，共同祝愿北建大明天更美好！

【举办首都高等学校第 51 届学生田径运动会】5 月 18 日，北建大举办首都高等学校第 51 届学生田径运动会。北京奥运城市发展促进会常务副会长刘敬民、教育部体育卫生与艺术教育司司长王登峰、北京市人民政府副秘书长戴卫、北京市教委主任姜沛民、全国政协教科文卫体委员会副主任、北京市体育局局长李颖川、北京市委教育工委常务副书记刘建、北京市委教育工委副书记唐立军、北京市教委副主任郑萼、北京市政协教科文卫体委员会副主任李然、北京市大学生体育协会主席杜松彭，我校全体校领导出席开幕式，66 所首都高等学校的校领导、教师和学生共 4000 余人参加了开幕式。开幕式由北京市教委副主任郑萼主持，北京市人民政府副秘书长戴卫出席开幕式并宣布运动会开幕，北京市教委主任姜沛民同志致开幕词，北京建筑大学校长朱光致欢迎辞，北京大学李宁、北京建筑大学张悦分别代表裁判员、运动员宣誓。北建大 2300 名大学生表演了大型团体操《风华正茂 热血澎湃》。在为期 4 天的比赛中，来自北京地区的 66 所首都高等学校的 1421 名运动员将参加 100 米、5000 米、竞走、跳高、跳远、铅球、铁饼、标枪、链球、十项全能等 23 项比赛。清华大学蝉联甲组男子团体、女子团体和男女团体总分冠军，北建大蝉联乙组男子团体、女子团体和男女团体总分冠军。

【举办"关于建设高水平行业特色型大学的实践与思考"专题报告会】6 月 6 日，北建大举办"创建有特色高水平建筑大学"专题辅导报告会，邀请中国石油大学党委书记蒋庆哲做了《关于建设高水平行业特色型大学的实践与思考》专题报告。校领导钱军、何志洪、汪苏、张大玉出席报告会，处级干部、师生代表 200 余人听取了报告会。蒋书记从中国石油大学的发展现状出发，结合国际、国内形势和行业发展现状，详细地介绍了中国石油大学创建有特色高水平行业大学的经验。他指出，要创建有特色高水平大学就要认清形势，准确判断学校未来发展的历史方位；科学谋划，进一步明确建设高水平大学的发展路径；抓住重点，进一步明确高水平大学发展方略；坚定信心，努力实现建设高水平大学发展目标。党委书记钱军在主持会议中指出，蒋书记的报告视野开阔、内涵丰富，对于我们开展"创建有特色、高水平建筑大学"大讨论打下了坚实基础，我们要认真领会、消化中国石油大学的先进理念和优秀做法，继续探讨有特色高水平大学的创建之路。

【召开第七届教代会暨第七次工代会】6 月 21 日，北建大召开第七届教代会暨第七次工代会。在开幕式上，校长朱光作了 2012 年学校行政工作报告，回顾了 2012 年学校的主要工作成绩，提出了 2013 年学校的十大主要目标。纪委书记、第六届教代会、工会主席何志洪代表第六届教代会执行委员会暨第六届工会委员会做了题为"快乐工作、幸福生活，为构建和谐校园、建设高水平建筑大学努力奋斗"的工作报告，回顾了教代会、工会五年来的主要工作，并提出了进一步的工作设想。随后，各代表团讨论了学校行政工作报告，讨论并审议了教代会（工会）工作报告、工会财务工作报告、工会经费审查工作报告和在职教职工福利费使用情况的报告，讨论了《选举办法》（草案）和总监票人、监票人建议名单。分团讨论后，大会主席团第二次会议听取了各团讨论情况汇报，并讨论了《北京建筑大学第七届教代会暨第七次工代会决议》（草案），确定了总监票人、监票人建议名单。下午各代表团继续讨论第七届教代会执行委员会委员、工会委员会委员、经费审查委员会委员候选人建议名单及《北京建筑大学第七届教代会暨第七次工代会决议》（草案）。下午两点，第七届教代会暨第七次工代会继续在第二阶梯教室召开。大会以无记名投票方式选举产生了第七届教代会执行委员会委员、工会委员会委员、经费审查委员会委员，并通过了教代会专门工作委员会组成方案、教代会（工会）工作报告、工会财务工作报告、工会经费审查工作报告、在职教职工福利费使用情况的报告和大会决议。大会闭幕式上，纪委书记、第七届教代会执行委员会委员、第七届工会委员会委员何志洪代表新当选的委员衷心感谢全体代表的信任，并表示新一届的工会教代会要围绕中心，服务大局；以人为本，深入群众；调查研究，精益求精，针对广大教职工对学校民主政治建设不断增长的期望，加强教代会、工会自身建设。党委书记钱军代表学校党委和行政向第七届教代会暨第七次工代会的成功召开表示热烈的祝贺。钱书记指出，上一届教代会、工代会不负众望，积极发挥好"党政好帮手、工作助推剂、党群缓冲带、职工大学校"的功能，充当好学校党政与教职工之间的沟通桥梁和纽带，在推进学校民主政治建设、促进学校快速发展、维护教职工合法权益、师德师风建设、构建和谐校园等方面做出了重要的贡献。并代表学校党委和行政向上届教代会、工代会全体代表表示由衷的感谢。同时，钱书记对第七届教代会、工代会代表提出了三点希望与要求，即统一思想，为学校创建有特色、高水平建筑大学营造良好的氛围；群策群力，围绕中心服务大局，为学校事业发展献计献策；深入群众，服务教职工需求，为和谐校园建设贡献力量。

【圆满完成 2013 年全日制博士研究生招生录取工作】7 月，北建大圆满完成 2013 年全日制博士研究生招生录取工作。2013 年，北建大首次开始招收全日制博士研究生。为顺利完成相关工作，根据《教育部办公厅关于做好 2013 年招收攻读博士学位研究生工作的通知》（教学厅〔2013〕1 号）的精神，北建大结合"建筑遗产保护理论与技术人才培养项目"实施的具体情况，制定了严密可行的全日制博士研究生招生录取工作方案。本着"按需招生、德智体全面衡量、择优录取、宁缺毋滥"的原则，在博士研究生招生录取领导小组的领导下，研究生招生办公室组织了北建大 2013 年博士研究生报名、入学考试（初试和复试）的资格审查、命题、考务组织、评卷、拟录取数据整理上报等工作。在征求国家文物局意见的基础上，经博士研究生招生录取领导小组审议，确定了 2013 年博士研究生拟录取考生名单，录取通知书预计在 7 月中旬下发。至此，北建大 2013 年全日制博士学位研究生招生录取工作圆满结束。通过博士人才培养项目的实施，北建大建立起了完备的、多层次人才培养学科体系，今后将以建设有特色高水平建筑大学为目标，进一步加强学科特色凝练和交叉学科培育，不断完善研究生教育质量长效机制建设，提升高层次专门人才培养水平。

【正式启用新版校徽】7 月 8 日，北建大正式启用新版校徽。为配合更名，北建大从 3 月

18 日启动了新校徽设计征集活动，截止到 5 月 30 日共收到来自校内外 8 个设计团队或个人的作品近 50 件。经过多轮评选、修改，最终确定 5 个候选方案提交全校师生进行网上投票。经党委常委会审议，以下方案正式成为北京建筑大学校徽。校徽设计说明：1. 本校徽设计方案以紫色（RGB136.0.196）为设计基色，标志为正圆形，沉稳宽厚。2. 以校园特色建筑为主体设计元素。素材源于我校老校区建于二十世纪五十年代、被列为北京优秀近现代建筑的实验 5 号楼，辅以 1936 年标记，构成核心图案，展现出母校的悠久历史、建筑文化和办学特色。3. 主体图案为简洁而不失细节的建筑立面图像，其突破内环的横展布局稳重大方，整体上疏朗而细腻，突显的门廊台阶有着登堂入室之感，体现了我校师生的精神追求。4. 校名采用了上英文、下中文的布局，英文采用国内外大学常用的 Times New Roman 字体，中文为欧阳中石先生书写的校名。5. 外围辅助图案，其内环部分为抽取的中国传统建筑细部纹样，再环以校名文字和刚劲外环，颇具装饰感，意蕴深远。

【获国家留学基金委"优秀本科生国际交流项目"资助资格】 7 月，北建大喜获国家留学基金委"优秀本科生国际交流项目"资助资格。

国家留学基金委"优秀本科生国际交流项目"主要面向"985 工程"、"211 工程"和"特色重点学科项目"建设高校，选拔本科二年级（含）以上优秀学生赴国外知名高校、机构的优势学科专业学习交流。北建大首批获得推选资格的是建筑学、土木工程、给水排水工程和能源与动力工程四个教育部"卓越工程师教育培养计划"专业。2014 年开始，北建大可以依据与国外大学签订的本科生交流协议申报项目，选派上述四个专业的学生赴国外进行 3—12 个月的课程学习、毕业设计，或赴国际组织、企业、实验室实习。国家留学基金资助一次往返国际旅费和规定留学期间的奖学金生活费。该项目要求申请者学习成绩平均分不低于 85 分（百分制）或平均学分绩点不低于 3.5 分（四分制），符合该项条件的同学如有意愿可在转专业时考虑转入相近专业。

【获第九届北京市高等学校教学名师奖】 8 月，根据《北京市教育委员会关于公布第九届北京市高等学校教学名师奖获奖名单的通知》（京教高〔2013〕12 号），北建大张怀静教授荣获第九届北京市高等学校教学名师奖。本届北京市高等学校教学名师奖评奖从 5 月份开始启动到 8 月公布评选结果，历时 3 个月。其间经历了学校推荐、课堂教学录像评价、现场教学观摩课评价、评审专家组评议、评审委员会投票、市教委审核并公示等环节，北京地区共有 62 所高等学校的 97 位教师获此殊荣。张怀静教授是北建大土木与交通工程学院岩土工程系主任，硕士生导师，国家一级注册结构工程师。张教授从教29载，主讲土力学、工程地质、基础设计等十几门课程，承担土工综合实验、工程地质实习、毕业设计等实践性环节的教学任务，2010年获北京市教工委北京高校育人标兵等奖项，2011年获北京市科技进步二等奖，2012年获国家科技进步二等奖。

【获批国家级实验教学示范中心】8月，北建大申报的水环境实验教学中心获批国家级实验教学示范中心。根据教育部于7月29日下发的通知"《教育部关于批准北方工业大学综合工程训练中心等120个国家级实验教学示范中心的通知》（教高函〔2013〕10号）"，北京地区包含北建大在内共有5所高校获此殊荣。获批国家级实验教学示范中心，是北建大质量工程建设上的重大进展，实现了国家级实验教学示范中心零的突破，有利于加强专业和课程建设，创新人才培养模式，强化实践教学，培育教学团队和高水平师资队伍，切实发挥"质量工程"的示范引领作用，实现教学质量的全面提升。

【召开党的群众路线教育实践活动动员大会】8月18日，北建大召开党的群众路线教育实践活动动员大会。市委教育实践活动第31督导组组长、原首都师范大学校长许祥源同志，督导组副组长、北京联合大学纪委书记张楠同志，以及来自北京市教工委、北京印刷学院、北京工业大学的其他3位督导组成员出席了大会。全体校领导、处级干部、教授代表、北京市的党代会代表、人大代表、政协委员、部分校党代会代表、校工会教代会代表等近300人参加了大会。

【成立北京建筑大学校友会山东分会】8月24日，北建大校友会山东分会筹备工作会议在山东枣庄台儿庄古城召开，来自山东各地的50余名校友代表参加了会议，北京的10余名道83级校友也应邀参加了会议。会议首先播放了学校宣传片，短片结束后道83级校友康宝奇同学代表道83级全体同学向母校捐赠百年石榴树两棵，寓意学校桃李满天下；随后道83级校友牟晓岩同学汇报了校友会山东分会筹备工作；朱光校长最后讲话，他首先向与会校友介绍了学校发展情况，感谢各位校友对学校的关注和对学校发展的大力支持，并对校友会山东分会筹备工作提出了指导意见，真正把校友会办成学校和校友之间的纽带和桥梁。会议还播放了校友提供的老照片，观看了沙画艺术表演，最后大家合影留念，会议在温暖怀旧的氛围中结束。

【举办2013年海峡两岸青年规划师与建筑师研习营】8月29日，北建大举办2013年海峡两岸青年规划师与建筑师研习营活动。"海峡两岸青年规划师与建筑师研习营"于2001年由东南大学建筑学院与台湾中国文化大学合作创办，面向规划专业和建筑专业的在校研究生与本科生，系海峡两岸间规模最大的建筑学术研讨会之一，持续十多年的文化交流使得研习营学术影响力已从海峡两岸延伸到了东南亚地区。本次研习营结合当前大陆地区和台湾地区城市发展建设的热点问题，将专业交流的主题确定为"从南京到北京——古都历史文化街区之再生"，并围绕主题开展跨地区研习考察和举办系列学术讲座。今年包括东南大学和北建大两所主办院校在内，海峡两岸共八所高校即台湾地区中国文化大学、台湾成功大学和台北科技大学；大陆地区清华大学、哈尔滨工业大学和长春建筑学院，共计55名师生参加本届研习营。北建大具有高度重视与外校开展文化学术交流活动的传统，并且在历史建筑研究与保护、历史文化街区保护规划等专业领域，具有较高的学术研究声誉和专业实践积累。本次研习营的主题与当前各地城市发展建设的热点问题密切相关，也与我校专业教学和科研的学术特长紧密关联。

【获批 22 项国家基金项目】9 月，北建大获批 22 项国家基金项目。其中，国家社科基金获批 2 项，比去年增加 100%，获资助金额 36 万；国家自然科学基金获批 20 项（合作国家自然基金重点项目 1 项，面上项目 6 项，青年项目 13 项），比去年增加 40%，获资助金额 792 万元（不含重点项目经费）。今年，北建大获批国家自然科学基金项目首次达到 20 项，并且有 1 项作为第二单位的项目获得国家自然基金重点项目立项，这是北建大首次承担国家自然基金重点项目，标志着北建大基础研究取得新突破。

【获批城市规划硕士授权类别点，研究生专业学位教育实现新突破】9 月，根据国务院学位委员会《关于批准重庆大学等高等学校开展建筑学学士、硕士专业学位和城市规划硕士专业学位授予工作的通知》（学位〔2013〕26 号）文件精神，北建大获批城市规划（0853）硕士专业学位授权类别点，成为北京地区拥有城市规划硕士专业学位授权类别点的两所高校之一，成为北京地区唯一一所通过住建部高等学校城市规划专业学士和硕士教育评估的高校。城市规划硕士专业学位是为适应我国快速城市化进程对于城乡规划高层次应用型专门人才的迫切需求，完善城乡规划人才培养体系，创新城乡规划人才培养模式，提高城乡规划人才培养质量而设置的硕士层次的专业学位。城市规划硕士专业学位授权类别点的成功增列进一步调整、优化、完善了我校的硕士学位授权点结构，丰富了人才培养类型，将有力推进我校研究生专业学位教育的培养模式和管理机制创新，为有效提高硕士专业学位人才培养质量，建设有特色高水平建筑大学奠定了基础。至此，北建大已有建筑学硕士、工程硕士、城市规划硕士、工商管理硕士 4 个专业学位授权类别点，工程硕士专业学位授权类别下具有建筑与土木工程、项目管理、环境工程、测绘工程、工业工程、物流工程 6 个专业学位授权领域点。

【举办第二届北京市大学生建筑结构设计竞赛】9 月 14 日，北建大举办第二届北京大学生建筑结构设计竞赛。北京市大学生建筑结构设计竞赛由北京市教育委员会主办，北京建筑大学承办，大赛的宗旨是在促进各大院校的交流与合作，培养广大青年学生的创新意识和实操能力，为培养出适应未来挑战的高素质工程设计者而努力。首届竞赛于 2012 年在北建大成功举办，并受到广泛好评。参加本届竞赛的有来自北建大、北科大、北航、北理工等 13 所北京高校以及石家庄铁道大学的 180 多名参赛选手，共计 23 件作品入围总决赛。

【举行国家文物系统建筑遗产保护与利用专业人才研修班开班仪式】10 月 9 日，北建大举行国家文物系统"建筑遗产保护与利用专业人才研修班"的开班仪式。文化部副部长、国家文物局局长励小捷以及国家文物局人事司、文保司等领导出席开班仪式。在为期三个月的时间里，来自全国 24 个省、市、自治区的省市文物局、文物管理中心等各级文物保护单位的 43 位学员，将学习中西方建筑遗产保护，中国古代宫室制度，中国古代人居环境，建筑遗产保护规划方法、文物建筑的结构构造、工程设计、三维激光扫描、防震抗震以及建筑遗产生存环境评估方法等理论和实践课程，并通过专业实践和实地考察的形式提高实际应用能力，从而缓解全国建筑遗产保护领域缺乏专业人才的现状。担任本届研修班的教师有故宫博物院院长单霁翔，以及清华大学、东南大学、北建大、中国文化遗产研究院、中国城市规划设计研究院等高校和研究院所的专家教授。此次培训班是我校与国家文物局在原合作基础上，对建筑遗产保护专业人才教育培训领域新的拓展，对推进建筑遗产保护专门人才培养体系的全面建设，将我校建成建筑遗产保护人才培养基地和科研基地具有重要意义。

【举办中法"高效能源培训项目展示"会议】11月15日，北建大中法能源培训中心成功举办"高效能源培训项目展示"会议。会议包括"公共建筑热工改造项目"和"可再生能源建筑节能技术平台"的揭幕仪式、改造项目与技术平台的现场参观和相互交流等内容。法国驻华大使白林女士、法国克莱泰学区区长 Florence ROBINE 女士、法国环境与能源控制署国际部部长 Dominique CAMPANA 女士、马克西米利尔·佩雷学校校长吕内、住建部节能与科技司武涌司长、教育部科技司李楠处长、北京市教委郑登文副主任等中外领导嘉宾、企业代表及媒体代表100余人出席了会议，见证了中、法两国基于中法能源培训中心长达14年的教育培训项目合作成果，表明北建大在中法教育和科技交流以及推进建筑能源行业人才培养和技术进步取得更大的发展。法国驻华大使白林女士致辞，表达了对中、法两国教育合作和中法能源培训中心项目的重视，强调了能效和可再生能源在全球环境保护中的重要性。北建大朱光校长介绍了学校近年来取得的成绩和中法能源培训中心项目的历史与发展，高度赞誉了该中心在建筑能源领域专业人才培养、中法国际交流中的贡献和作用。法国环境与能源控制署康贝娜女士，对中心在推动建筑节能技术的行业推广和培训工作给予了高度地肯定和期许。住建部节能与科技司武涌司长和教育部科技司李楠处长分别肯定了中法能源培训中心在国际交流、建筑节能行业人才培养和技术培训的重要作用。

【举办2013年北京自动化学会学术年会】11月23日，北建大举办主题为"智慧城市及智能建筑的控制与管理"的2013年北京自动化学会学术年会。来自北京自动化学会、清华大学、北建大等北京高校、研究院所和工矿企业近百名专家学者参加了大会。会上，北工大乔俊飞教授作了题为《城市污水处理过程自组织优化控制》的学术报告，中科院大学电子电气与通讯工程学院焦建彬教授作了题为《大型疏散场景下的集群行为分析》的学术报告，北建大电信学院副院长魏东教授作了《建筑电气节能控制及故障诊断技术》的学术报告，北京中易物联公司雷钰云总经理结合中易物联公司就当今国内物联网技术的应用作了介绍。与会人员集体参观了北建大建筑电气与智能化实验教学中心、工程创新中心以及城市雨水系统与水环境等重点实验室。

【接受首都高校"平安校园"创建工作检查验收】11月26日，北建大接受由市委教育工委、市教委、首都综治办、市公安局以及有关高校领导和专家组成的首都高校"平安校园"检查验收工作组进校检查验收工作。市委教育工委常务副书记刘建、市委教育工委委员李中水担任本次检查组的组长。北建大全体校领导、各职能部门、各学院负责人参加了迎接检查验收的各项工作。北建大党委书记钱军教授就学校"平安校园"创建工作向检查组作了专题汇报，全面介绍了北建大"平安校园"创建工作情况。检查组分成组织领导与条件保障、维稳、安全管理与防范三个工作小组查阅了北建大"平安校园"创建的支撑材料，分别召开了职能部门负责人座谈会、学生代表座谈会和思想政治理论课教师、辅导员、班主任座谈会。检查组对大兴校区食堂进行了实地检查，查看食堂安全状况，了解饭菜价格等，并利用在食堂就餐机会与前来用餐的师生亲切交谈。检查组在大兴校区实地考察了环能学院化学实验室、化学药品室、安防监控中心、校园安全管理服务中心、保密室、民警工作室、金工实训基地、基础教学楼报告厅、文法学院工会之家、模拟法庭、计信部、心理咨询中心、大学生活动中心、学生公寓2号楼，观摩了学生公寓1号楼消防逃生疏散演练，并现场出题，以桌面推演方式检验了学校应对突发事件应急处置机制和相关职能部门应急处置能力。实地走访了西城校区土木学院结构实验室、校园安全管理服务中心、党政办公室、机要室、保密室、安防监控中心，现场考察了相关管理人员的实操技能。经过一整天紧张忙碌的检查，检查组对我校"平安校园"创建工作有了全面深入的了解。在反馈会上，检查组对我校"平安校园"创建工作给予了充分肯定和高度评价。检查组一致认为，北建大校领导对"平安校园"创建工作高度重视、亲力亲为、统筹整合全校工作资源、基础工作细致深入、扎实规范，形成了党委统一领导、党政齐抓共管、各职能部门分工负责、各单位协调配合、师生员工共同参与的"大维稳、大安全"的工作格局，营造了良好的校园安全环境。检查组认为，北建大在健全维稳工作体系、完善网格化管理、校园安全文化建设、师生身心健康教育、发挥专业优势开展科技创安工作等方面积累了成功的经验，特色非常鲜明。反馈会上，党委书记钱军和校长朱光对各位领导、专家的辛勤工作和给予学校的肯定表示衷心的感谢。并表示，学校将按照检查组提出的意见和建议，继续深化"平安校园"创建工作，把新校区建设成为"平安校园"的示范工程，进一步建立健全"平安校园"工作长效机制，为创建有特色、高水平建筑大学营造更加平安和谐的校园氛围。

【举行建筑遗产研究院揭牌仪式】 11 月 28 日，北建大举行建筑遗产研究院揭牌仪式。揭牌仪式上，朱光校长首先宣读了《中共北京建筑大学委员会关于成立建筑遗产研究院的通知》，由副校长张大玉兼任建筑遗产研究院院长，汤羽扬教授担任常务副院长。随后，党委书记钱军与朱光校长共同为"建筑遗产研究院"揭牌，开启了学校建筑遗产研究发展史上新的一页。钱书记在揭牌仪式上指出，在更名、申博、新校区建设三大工程基本完成后，站在新的发展起点，学校将继续深入实施科教兴校战略，不断加强科研工作，注重交叉学科建设，在凝练特色中谋求新的发展道路。正是出于这一考虑，学校成立建筑遗产研究院，着手在推进机制体制改革、走特色发展道路上进行深入探索。对于建筑遗产研究院的下一步发展，钱书记强调要力争做好以下三点：一是搭建一个平台。从学校层面出发，通过跨学院的资源整合、优势整合，把建筑遗产研究院做强做大，为学校科研发展搭建良好平台；二是创新一种模式。打破现有机制体制的束缚，继续以科研突破为引导，争取在科研方面不断有新的突破，推动学校继科研工作不断跃上新台阶；三是探索一条新的道路。通过探索新的发展路径，在推动建筑遗产交叉学科发展的同时，也为学校交叉学科的下一步深入发展提供好的经验借鉴。钱书记希望建筑遗产研究院依托学校服务国家特殊需求"建筑遗产保护理论与技术人才培养项目"，充分发挥学校在建筑遗产领域的优势与积淀，快速占据发展制高点，为建筑学科提供有力支撑。最后，钱书记表示，建筑遗产研究院既是一个研究与人才培养机构，也是学校对外展示的窗口，学校对其发展高度重视，也抱有很高期望。他希望相关学院、职能部门大力支持建筑遗产研究院的建设发展；也希望建筑遗产研究院全体工作人员齐心协力，汇聚人才、培养人才，力争"多出成果、早出成果、出大成果"。建筑遗产研究院是北建大于 2013 年 6 月 19 日党委常委会正式研究成立的，与稍晚一些成立的建筑艺术设计研究中心一道，是学校突破以往机制体制束缚，以改革谋求新发展的新探索，也是学校创建有特色、高水平建筑大学的一次新尝试。建筑遗产研究院在人员配备、管理模式上采取相对灵活的方式，是一个集科学研究、组织科研项目申报、项目设计、学科建设、教育培训、人才培养等为一体的综合性研究机构。

【成立工程管理研究所】 12 月 1 日，北建大成立工程管理研究所。来自住房和城乡建设部、中国建设教育协会、中铁建设集团总公司、大连理工大学等主管部门领导及行业协会、兄弟高校等 70 余位专家和学者莅临大会。北建大"工程管理研究所"的成立，是学校健全科研机构、完善科研机制、培养科研人才、提升科研能力、促进学校改革发展的新举措，对学校建设"教学科研型高校"具有重要的现实意义。北建大副校长宋国华宣读了《关于成立"北京建筑大学工程管理研究所"的通知》。北建大党委书记钱军、中国建筑装饰协会会长李秉仁为"北京建筑大学工程管理研究所"揭牌。至此，北建大"工程管理研究所"正式成立，作为学科建设、汇聚科研队伍、服务社会的研究基地，工程管理研究所应站在高起点上，深入研究专业发展方向，解读新型城镇化的宏观政策导向，分析新型城镇化对建筑业发展的机遇和挑战，研讨建筑业企业的战略取向，探索工程项目管理创新的有效途径，为我国建筑业的可持续发展提供智力支持，为学校早日建设成国际知名、国内一流、高水平建筑大学做出重要贡献。

【举办北京市科学道德和学风建设宣讲系列报告会】 12 月 5 日，我校举办"北京市科学道德和学风建设宣讲系列报告会"。来自中国科协、北京市科协、北科大、北交大、中央财经、外交学院及北建大等协会领导、高校教师、研究生导师和研究生代表等近 700 人参加了本次报告会。中国科学院院士、原国家自然科学基金委员会副主任王乃彦做主题演讲。王院士以"科研工作中的诚信"为主题，分析了当前科学领域有关科学道德与学风建设正反两方面的情况，从不同角度阐释了科学精神的真谛和加强科学道德与学风建设的重要意义，指出了当前在学术道德方面存在的问题。王院士以"宁静以致远，勤俭以修身"的座右铭与广大青年学子共勉，他认为科技工作者要对社会尽到应有的责任，要以优良的学风促进创新进步。他叮嘱广大师生在科研活动中追求真理，在思想境界上追求进步，为国家的繁荣富强而奋斗。本次报告会，是北建大更名大学后面向研究生组织的一次高水平教学活动。研究生们从王乃彦院士的报告中汲取了营养，得到了启发，纷纷表示将在自己的科研工作中勤奋学习、刻苦钻研、完善学术人格，维护学术尊严，遵守学术规范，严守学术诚信，以优异的成绩报效祖国，服务人民。将以对"科学道德和学风建设"的深刻理解和认识，投入到自己所在学科的学习、科研工作中，结合所学知识，提高专业技能，积极适应行业需求，在创建有特色高水平建筑大学进程中成长成才。

【举办北京市伦理学会、北京建筑文化研究基地 2013 年度学术年会】 12 月 15 日，北建大举办主题为"生态文明视域下的建筑伦理与城市文化"的"北京市伦理学会、北京建筑文化研究基地 2013 年度学术年会"。参加本次年会的有来自中央党校、中国社会科学院、国家行政学院、北京市伦理学会、清华大学、中国人民大学、中国政法大学、首都师范大学、北京人民广播电台等高校和科研院所的领导专家 60 多人。北京建筑文化研究基地自 2010 年被批准为北京市哲学社会科学基地以来，围绕着北京城市建筑文化特色与功能、建筑伦理、北京建筑文化遗产保护等研究领域，开展了系列研究，取得了丰硕成果，成为北京乃至国家城乡建设领域的重要科研力量。本年年会包括绿色建筑与生态哲学、城镇化进程与价值观变迁、生态城市与生活方式和中西方社会思潮与城市文化四个议题。住房与城乡建设部原科技司司长、北京建筑文化研究基地首席专家李先逵教授，北京市哲学社会科学规划办公室副主任李建平研究员、中共中央党校哲学部靳凤林教授、刘余莉教授和赵建军教授、中国人民大学龚群教授、中国政法大学张国钧教授、首都师范大学管理学院院长赵新峰教授、北京建筑大学文法学院秦红岭教授、"Make Architects"Beijing Studio 首席城市规划设计师 David Picazo（大卫·皮卡索）等专家分别作了精彩的学术报告。上午会议结束时我校组织部部长、北京建筑文化基地副主任高春花教授对专家们的发言作了点评。她肯定了本次会议取得的丰硕成果，感谢社会各界对这次会议的大力支持，并综合大家发言内容，巧妙的从古与今、中与西、身与心的三个对话角度进行了分析。在下午讨论过程中，又有 14 位老师作了专题学术报告，最后，中国传媒大学的张博教授对下午的发言进行了精彩的点评。北京市伦理学会秘书长、首都师范大学王淑芹教授宣布会议结束。

（许亮　赵金瑞）

第十七章 新 闻 建 大

中国教育报

—— CHINA EDUCATION DAILY ——

2013 年 3 月 18 日

将实际工程案例引入课堂

—— 北京建筑工程学院"土木工程施工"教学改革与实践

■通讯员 高蕾

图为穆静波教授在鸟巢工地指导学生进行生产管理实习

今年，是北京建筑工程学院土木与交通工程学院穆静波教授从教 30 年。对于自己讲了 30 年的"土木工程施工"这门课，他几乎倾注了自己所有的心血。这门课程是土木工程专业的主干课程，涵盖了土木工程的施工工艺、施工方法、质量要求和施工的组织管理，不但有理论性，更具有综合性、实践性和应用性。经过多年的摸索，他和教研室的老师们总结出大量的教学经验，形成了以实际工程案例为教学内容，配套编辑出版教学课件和教材，周密组织实践教学环节等一整套多方位立体式教学体系。

用国家大剧院、中央电视台等重大工程做课程案例

"老师上课时给我们放了央视大楼建设时施工现场的录像和真实图片，让我们了解了施工过程中每个步骤的具体做法。当我们真正到了施工现场时回想老师的讲述，一下就明

白了。"土 09-3 班张文玉同学说。

为了紧跟行业技术发展，施工教研室编写了配套教材和课件，出版了全国第一本含有大量施工现场视频、动画和图片的多媒体教材，建成了包含奥运工程、世博工程、中央电视台、国家大剧院、T3 航站楼等 60 余个重大、热点、现代新型工程的施工案例资源库，为提高学生解决工程实际问题的能力打好基础。

在土木施工课堂上，同学们可以看到上海第一塔、广州电视塔、帆船酒店、阿布扎比斜塔、鸟巢、中央电视台、迪拜塔等世界著名建筑的建设和施工过程，使同学们开阔了眼界，增长了知识。此外，于 2008 年建成的"土木工程施工"课程网站，包含了教学大纲、教学课件、电子教案、施工录像片段、工程案例、课程习题、实践环节的任务书和指导书，以及国家相关规范等，方便学生随时在线学习。

学校还建成了全国首个施工仿真模拟演示室，通过三维仿真模拟演示现代化搅拌站作业、鸟巢等大型施工场地布置、地下盾构施工、地铁车站洞桩法施工等内容，以及中央电视台新址施工、广州电视塔施工、"美国世贸大厦因何倒下"等动画演示，使学生深刻理解与掌握工程的实施过程、施工方法和经验教训，增加对其施工关键技术、特色工艺的认识和理解；指导学生制作建筑结构、塔吊、模板、脚手架等模型，培养创新思维、训练动手能力。

先就业后毕业　一上岗就上手

毕业一年后就任某大型工程项目生产经理的土 10 届毕业生李秀峰说："大学四年对我帮助最大的是大四阶段学校组织的到企业进行生产管理实习。在施工现场实习一个多月，为我解决了很多认知方面的问题。又经过几个月的毕业设计，我系统地掌握了施工组织设计和具体施工方案的编写。经过这些锻炼，使我一出校门就感觉心里很有底。"

为了严格控制学生生产实习的过程，老师们细致地考虑到每个细节——由学生在老师的指导下自己联系工地，聘任施工现场技术和管理人员为指导教师，实习期间指导教师不定期、不事先通知地到实习现场进行检查和质询，实习中期返回学校进行汇报交流，实习结束后交流、口试、推荐评优，进行全年级评优答辩……学生实习的每个环节都计入成绩。

很多学生在生产实习的过程中就已经确定了就业去向，大四下半年的毕业设计就是在自己的签约单位进行的。因此，在正式上岗之前实现了与工作单位的磨合，一上岗就可以独当一面。

程寅雪至今还清楚地记得，作为第一批海外实习的学生，几年前他来到非洲西海岸的安哥拉首都罗安达，进行了为期两个半月的毕业实习。他们就是被自己的签约单位北京建工集团海外项目部派到罗安达五万座体育场项目实习。"我非常感谢这次实习机会，它不仅开阔了我的视野，而且确定了自己人生的目标，这将使我终身受益。"

据该校土木学院院长吴徽教授介绍，这个与北京建工集团合作的学生海外实习项目就是毕业实习项目中的一个。从 2009 年开始至今，已经送出了五届毕业生，共二十几位学生，分别到安哥拉、卢旺达、沙特、阿联酋、毛里求斯等国家参加海外实习。工程项目涉及体育场、住宅、农业示范中心、市政工程、高速公路等，既包括国际承包项目，也包括对外援建项目。

北京建工集团负责人也认为，北京建筑工程学院培养出来的学生，证明了该校"土木工程施工"课程经过教师们多年的精心建设成绩显著，特色突出，满足了施工企业的需求。

以递进式教学强化施工应用能力

该校秉承"实践育人"的理念，将以往相互独立的课堂教学、社会实践、生产实习、毕业设计等环节有机衔接，构建了以实际工程为依托、理论教学为引导、动手实践为主线的贯穿递进式教学模式，并厘清了阶段间的联系与阶段目标。

在学生入学后到大三上学期，通过认识实习及科技活动周、专业基础课和部分专业课的学习，让学生对工程施工有一个初步的认识和理解，并掌握基础的专业知识；大三下学期开始讲授土木工程施工专业课，同时进行施工课程设计，让学生学习施工理论与方法，开阔眼界，培养工程意识；大三的暑假是学生开始进行社会实践和生产实习的时候，这时就开始引入"有限分散实习"的教学管理方法，严格控制学生的实习过程，确保学生参与工程，深化理论知识，提高动手能力和发现工程问题；经过几周到十几周的生产实习过程，学生有了一定的实际工作能力，在大四的上学期结合工程实践，开始讲授高层建筑施工和地下工程施工等课程，使学生学习深层次施工理论与方法，提高工程应用与创新能力。之后毕业设计与毕业实践，结合学生的就业去向，在实际工程中学习编制高层建筑、地铁车站等较大工程项目的施工组织设计与工程预算，制定重要分项工程的施工方案，从而强化施工应用能力和创新能力的培养与锻炼。

这一教学模式，使学生从"课堂→工地→课堂→工地"每一次循环的过程中，认识和能力都得到了提高，从"基础专业知识→初级实践能力→更深入的专业知识→更强的实践能力"的递进式课程设置中，将课堂与现场、理论与实践紧密结合并不断引向深入，强化了学生的工程素质和应用、创新能力，实现了校企人才的无缝对接。

【校长点评】

紧贴行业需求　突出实践教学

■朱光

作为北京市唯一一所建筑特色鲜明的高校，学校始终以服务首都城乡建设为己任，致力于培养"用得上，留得住，干得好"的应用型人才，坚持以质量求生存，以特色求发展，不断加大教育教学改革力度，人才培养质量不断提高。

近年来，学校形成了"以工程素质教育为基础、以实际工程项目为背景、以工程技术培训为主线，以实践能力培养为核心"的建筑类工程人才培养模式，开展课内与课外、校内与校外，以及国内与国际相结合、学与用相互促进的人才培养模式改革和创新。邀请北京市级校外人才培养基地——北京建工集团等施工企业参与制定人才培养计划及课程教学大纲，并参与教学工作的全过程，强化培养学生的工程素质，全面提高学生的工程实践能力和工程创新能力。

学校制定了"卓越工程师教育培养计划"，设立专项教育资金，采用校企联合培养模式，并积极取得政府的支持，在中国城市规划设计研究院、北京建工集团、北京市政工程研究总院等 80 余家企事业单位建立校外人才培养基地。鼓励学生参加"挑战杯"全国大学生课外学术科技作品竞赛、全国大学生建筑设计竞赛等各级各类竞赛和校外科技活动并多次获奖。在这个过程中，培养学生的社会责任感、工程实践能力和创新精神，用心培养出一批批城市规划、建设和管理领域中的"卓越工程师"。

北京建筑工程学院新增三大本科专业

4 月 13 日大兴校区校园开放暨全国高校联合咨询

北京建筑工程学院是北京市属高校中唯一的建筑类高等学校。70 多年来，历经高工建专、中专和大学三个发展阶段。新中国成立以来，特别是改革开放 30 多年来，北京建筑工程学院积极适应首都高等教育发展和首都城乡建设的需要，坚持"立足北京，面向全国，依托建筑业，服务城市化"，继往开来、与时俱进，不断拓宽办学视野，不断强化学科专业建设，不断提高办学质量和服务社会能力，现已成为一所以工为主，工、管、理、法、艺等学科相互支撑、协调发展的特色鲜明的多科性大学，是北京乃至国家城乡建设的重要力量。

2013 年北京建筑工程学院招生总计划 1800 人，在京 1020 人，外地 750 人，另有少数民族预科计划 30 人。学校面向全国招生，在京同时参加本科一、二两个批次录取。其中，北京地区本科一批理科计划 484 人、文科 16 人；本科二批理科计划 390 人、文科计划 130 人。

学校招生就业处处长李雪华介绍，北京建筑工程学院 2011 年被确定为教育部"卓越工程师教育培养计划"实施高校、2012 年"建筑遗产保护理论与技术"国家特殊需求人才博士学位培养项目获得批准，被确定为北京应对气候变化研究和人才培养基地。今年招生主要有五个方面的变化：

1. 2013 年新增风景园林、环境设计、环境工程三个招生专业。

风景园林专业学制五年，授工学学士学位，设置风景园林历史遗产保护、风景园林规划设计、风景园林水环境生态修复 3 个专业设计方向。学生毕业后可在园林、城乡建设、市政交通、遗产保护、教育等相关部门从事规划、设计、施工、养护、管理及教育科学研究等工作。

环境设计专业学制四年，授艺术学学士学位，设置室内环境设计、建筑照明艺术设计、陈设艺术设计、公共艺术设计、数字媒体艺术设计 5 个专业方向。主要培养城市与建筑空间环境工程、城市（际）轨道和公共交通工程、文化创意产业等领域从事室内环境设计、建筑照明艺术设计、陈设艺术设计、公共艺术设计、数字媒体艺术设计等方向设计、科研、开发、管理的专门人才。

环境工程专业学制四年，授工学学士学位。环境工程专业是学校重点学科，依托城市雨水系统与水环境省部共建教育部重点实验室，培养具备环境污染防治、资源可持续利用与保护、水生态环境修复、环境规划和给排水工程等能力的高级工程技术人才。

2. 北京地区本科一批次增设文史类计划。城乡规划、风景园林、环境设计、历史建筑保护工程首次招收文科考生。

3. 北京地区本科二批次继续开设理科实验班。理科实验班采用本科优材生改革方案培养，入学后强化数理基础知识的学习，一年后根据个人兴趣和学习成绩分配专业，排名前50％的学生可申请进入本科一批次专业就读，其余学生可在本科二批次自主选择专业。

4. 继续开设给排水科学与工程"中美2＋2"合作办学项目。经教育部批准，2012年起该校与美国奥本大学合作举办给排水科学与工程专业本科教育项目，今年继续招生。奥本大学是美国亚拉巴马州州立大学，在美国公立大学本科工程科目排名第28位。修满规定课程并获得学分的学生，将颁发北京建筑工程学院给排水科学与工程专业毕业证书与工学学士学位证书和奥本大学土木工程（环境）专业本科学士学位证书。

5. 五个专业名称有变化。根据教育部办公厅有关要求，该校城市规划专业更名为城乡规划，机械工程及自动化专业更名为机械工程，热能与动力工程专业更名为能源与动力工程，建筑环境与设备工程专业更名为建筑环境与能源应用工程，给水排水工程专业更名为给排水科学与工程。

（高蕾/供稿）

中国教育报
CHINA EDUCATION DAILY

2013 年 4 月 23 日

全国大规模校园高招咨询开场

环境污染、空气质量、PM2.5……很多高校新开设的专业都涉及这一社会急需领域，许多高校加大了中外合作办学的力度，不少高校开办实验班、招揽高分考生的举措引起了家长考生的极大兴趣。

近日，全国高招咨询会在北京建筑工程学院大兴校区举行。此次咨询会是北京市举办的最早、规模最大一场高校联合咨询会，除在京本科高校全部参加外，还邀请了南开大学、天津大学、东南大学、武汉大学、山东大学、四川大学、中山大学等京外知名高校，同时特别邀请了沈阳建筑大学、吉林建筑大学等建筑类高校，共计 93 所高校参加。开放日当天前来咨询的家长考生达 55000 人次，创下了高校举办校园开放日以来的新高。

新专业瞄准社会需求

环境污染、空气质量、PM2.5……近来的环境难题凸显社会对环境人才的需求。因此，今年很多学校开设新专业都涉及这一社会急需领域。清华大学环境学院将开设国际班，北京建筑工程学院新增风景园林、环境设计、环境工程 3 个专业，中国人民大学也新设资源与环境经济学专业。

中国人民大学招办主任李向前介绍，人大去年增加环境工程专业，该专业侧重于低碳污水处理等方面的技术。今年新开资源与环境经济学，这些专业都与社会发展方向、当前环境现状有关，希望能为解决环境难题培养人才。

北京建筑工程学院招生就业处处长李雪华介绍说，该校被确定为北京应对气候变化研究和人才培养基地。环境工程专业是该校重点学科，依托城市雨水系统与水环境省部共建教育部重点实验室，培养具备环境污染防治、资源可持续利用与保护、水生态环境修复、环境规划和给排水工程等能力的高级工程技术人才。

清华大学设置了环境工程国际班，学生进入这个专业后，将有机会到国外交流学习，拓展所学专业的国际视野。

北京林业大学"城市规划"、"森林资源类"等 7 个专业更名为"城乡规划"、"林学类"等，更名后的专业培养目标和教学内容没有变化。

这些专业受到许多考生及家长的关注，孩子就读人大附中的一位考生家长告诉记者，她想让孩子报人民大学的能源经济学专业，"环境、能源都是未来国家政策的着力点，发展前景肯定好。"

中外合作办学项目受关注

在以往采取中外合作办学人才培养模式的基础上，今年许多高校加大了中外合作办学的力度。一些高校开办了国际班或者中外合作项目。

北京建筑工程学院开设"中美 2＋2"合作办学项目，今年继续与美国奥本大学合作举办给水排水工程专业本科教育项目。对修满规定课程并获得学分的学生，颁发北京建筑工程学院给水排水工程专业毕业证书与工学学士学位证书和奥本大学土木工程（环境）专业本科学士学位证书。该项目学制四年，前两年在国内，后两年赴美国奥本大学学习，一共 30 个招生计划。

北京农学院与澳大利亚伊迪斯科文大学在"农业资源与环境（环境管理方向）"专业开展本科合作办学，该专业今年计划招收 55 名理科生。该项目全面引进澳大利亚伊迪斯科文大学环境管理专业的核心课程，实行"3＋1"教育模式，学生在国内学习三年、在澳大利亚学习一年。掌握农业环境监测与质量评价、农业资源环境规划与管理、农业环境保护等基本理论和基本技能，学业合格者将分别获得北京农学院和澳大利亚伊迪斯科文大学的学位证书。

在咨询现场的家长和考生对中外合作办学模式看法不一。有的考生家长对去国外学习和实践的机会感兴趣，认为同样是 4 年左右的大学学习时间，这种模式与只是在国内一所学校读书相比，可以增长孩子的见识，有利于将来的职业发展。但是有的家长认为这些专业学费高，而且对学生的外语成绩和综合素质要求偏高，是否报考这类专业还要再考虑一下。

实验班招揽高分考生

今年不少高校都有新增专业或实验班。清华大学环境工程新增国际班、英语新增外文实验班、法学增国际班、计算机科学与技术新增计算机科学实验班、航空航天工程新增飞行学员班。清华老师表示，这是根据教育部新修订的普通高等学校本科专业目录做出的变化。只是今年在原有专业基础上，增加了一些实验班、国际班。

北京建筑工程学院在北京地区本科二批次继续开设理科实验班。理科实验班采用本科优材生改革方案培养，入学后强化数理基础知识的学习，一年后根据个人兴趣和学习成绩分配专业，成绩排名前 50％的学生可以申请进入该校本科一批次专业就读，其余学生可在该校本科二批次自主选择专业就读。

距离今年高考填报志愿还有一个月时间，北京建筑工程学院招生就业处处长李雪华建议广大考生及家长在选择学校和专业时不要好高骛远，做到"四准"、"三稳"。"四准"：一是准确把握自己的兴趣、爱好、特长、优势以及未来的职业选择倾向；二是准确选择自己喜欢的专业范围和开设此类专业的高校；三是准确判断自己的成绩所对应的高校层次；四是准确了解该高校该专业的办学实力和就业前景。"三稳"：第一是稳定心态，不攀不比，按照自己的节奏一步一步前进，尽量少受外界的干扰；第二是稳定成绩，一模后成绩尽量稳中有升，避免大起大落；第三是稳定发挥，放松心情，不要过于紧张。

北交大招生就业处处长王化深也为考生支招，他建议考生报考专业时以先进学校为主，尽最大可能服从专业调剂，大部分学校入学后都有转专业的机会。例如北京交通大学提出转专业的考生中，80％的人能成功。此外，填报专业也要找准适合自己的方向，别只盯着热门专业，有些热门专业就业状况并不理想。报考中外合作办学项目时也一定要认清资质。

（高蕾）

2013 年 5 月 10 日第封 1-4 版

北京建筑大学整体形象宣传

北京教育 高教版

2013 年 5 月 10 日第"一把手访谈"版

建设有特色、高水平建筑大学

——访北京建筑大学党委书记钱军

钱军，1964 年出生，博士，教授。历任北京林业大学经济管理学院党总支副书记、书记，北京林业大学党委常委、党委办公室主任、组织部长兼统战部长，北京林业大学党委副书记、副校长等职；兼任北京市青联委员、北京市高校党建研究会常务理事等职务。2008 年 7 月，任北京建筑工程学院党委书记，现任北京建筑大学党委书记。长期从事经济管理、党建和思想政治教育等方面的教学和研究工作。主持教育部哲学社会科学研究课题《高校校园文化建设研究》，主持完成国家林业局《中国森林资源管理变革趋向：市场化研究》等课题的研究。主编《风险投资运行机理与操作实务》等论著 10 余部，发表论文 70 多篇。

记者：钱书记您好，祝贺北京建筑工程学院今年成功更名为北京建筑大学，全面开启了建设有特色、高水平建筑大学的新征程。请问，学校为什么把"建设有特色、高水平建筑大学"确定为新时期的奋斗目标？

钱军：《国家中长期教育改革和发展规划纲要（2010—2020 年）》指出："发挥政策指导和资源配置的作用，引导高校合理定位，克服同质化倾向，形成各自的办学理念和风格，在不同层次、不同领域办出特色，争创一流。"因此，建设有特色、高水平大学，不仅是中央对 985、211 高校的要求，也是对地方高校的要求，要求地方高校要在不同领域内各具特色，在不同层次上实现高水平。任何层次、任何领域内的大学只要找准方向、集中优势，就可以办出高水平。因此，把"建设有特色、高水平建筑大学"确定为新时期学校发展的奋斗目标，既是学校历经七十多年发展积淀后进一步科学发展的现实需要，也是响应中央关于不同高校"在不同层次、不同领域办出特色，争创一流"的号召的具体体现。

记者：作为一所刚更名的大学，面对新的历史任务，学校是如何引导全校师生员工解放思想、统一思想，共同推进有特色、高水平建筑大学建设的？

钱军：更名大学，不仅仅是一个名字代替另一个名字，它意味着学校将肩负起新的使命！如何建设有特色、高水平建筑大学，是摆在学校面前的一项全新的重大课题。解放思想、统一思想是其中关键。没有思想上的重大解放，没有观念上的与时俱进，就没有学校发展的新思路。作为一所地方高校，与部委高校相比，办学思想相对陈旧、发展理念相对保守、发展信心相对不足、进取激情相对缺失，这是制约学校发展的一个重要内因，是建设高水平大学的内在障碍。学校始终坚持把解放思想放在突出位置，引导大家在解放思想中统一思想，从而推动中心工作创新开展。在推进高水平大学建设过程中，为做好解放思想、统一思想的工作，主要采取了三个举措：一是"坐下来、论起来"，全校全员开展"建设高水平建筑大学大讨论活动"。通过党委中心组学习、党总支片组学习、"主讲主问制"党支部学习、建设高水平建筑大学论坛等规模大、范围广、层次深的大讨论，进一步解放思想、统一思想、理清头脑、凝聚共识。二是"走出去、请进来"，组织干部和教职工走出校门，到国内外高水平大学调研高水平大学建设，查找差距，学习经验；邀请高等教育管理方面的知名专家学者进校开展高水平大学建设主题培训，为干部和教职工提供科学指导。三是"走下去、面对面"，学校领导带头，带动广大处级干部，结合落实中央改进工作作风、密切联系群众相关规定，以"建设有特色、高水平建筑大学"为主题，走访基层调查研究，与教职工面对面深入交流，集思广益谋发展、形成共识促改革，为建设高水平建筑大学奠定坚实的思想基础。

记者：学校作为地方建筑类高校，如何发挥自己的优势和特色，强化办学特色、提升办学水平，建设有特色、高水平建筑大学？

钱军：学校作为地方建筑类高校，在建设"有特色、高水平建筑大学"的征程中，主要在以下七个方面强化自己的优势和特色，提升办学水平。一是强化地方行业性高校应用型人才培养特色，实施质量立校战略，培养适应行业发展需要的高素质应用型人才。二是弥补发展短板，实施科技兴校战略，促进整体办学水平的跃升。三是突破发展瓶颈，实施人才强校战略，集聚提升水平的第一资源。四是拓宽发展视野，实施开放办学战略，大力提升办学国际化水平。五是夯实发展支柱，实施学科振兴计划，打牢提升水平的学科基础。六是坚持办学面向特色，实施服务首都计划，履行好服务地方、服务行业的基本职能，以服务强特色，以服务促发展。七是改善办学条件，实施条件建设计划，为建设高水平大学提供良好的硬件条件。总之，建设高水平大学，必须解放思想、开拓创新，树立办"大学"观念，用"大师、大楼、大气"，用大学的视野、大学的文化、大学的条件、大学的实力、大学的水平，让"大学"二字更加名副其实。

记者：学校实施质量立校战略过程中在强化人才特色、提高人才培养质量方面有哪些思考和实践呢？

钱军：高水平大学必须培养一流的人才。学校作为地方行业性高校，只有走特色发展之路，才能实现争创一流的目标。学校不断强化应用型人才培养特色，积极构建以工程技术教育为主体，课内与课外实践教学两者相互配套的实践教学体系。积极推进教育部"卓越工程师教育培养计划"试点工作，推进"国家工程实践教育中心"和"国家级实践教学人才培养创新实验区"的建设，探索具有学校特色的工程教育新模式。加强与企事业单位的合作，建成了校内、外实习基地百余个，市级校内外人才培养基地6个。以新校区建设工程实践创新中心为平台，建立6个学生创新工作室。积极探索高校与行业企业联合培养人才的机制，发挥与行业企事业单位联系紧密的优势，探索建设"产学研"结合人才培养联合体。

记者：学校在推进有特色、高水平建筑大学建设中，为什么实行科技兴校战略？

钱军：科学研究往往是地方高校三项职能中的短板，并严重制约着其他两项职能的履行。根据木桶原理，地方高校要想实现整体办学水平的跃升，必须加强科研工作。可以说，没有高水平的科研，就没有高水平的大学。近5年来，学校深入实施科技兴校战略，按照"组建大团队、搭建大平台、拿大项目、出大成果，得大奖、出大师"的思路，坚持以科研平台建设为支撑，以重大科研项目研发为纽带，以科研团队建设为根本，面向首都城乡建设主战场，着力开展具有首都城乡建设特色的科学研究，取得了显著成效，获得国家级科技奖励8项，其中连续三年以第一主持单位获得国家科技进步二等奖。

记者：人才往往是地方高校发展的瓶颈，学校是如何实施人才强校战略，突破发展瓶颈，集聚提升办学水平的第一资源的？

钱军：虽然引进人才是地方高校跨越式发展的捷径，但当前地方高校引进人才越来越难，要实现可持续发展，必须坚持引培并举，立足自身加强现有人才的培养。近年来，学校深入实施人才强校战略，在设立1000万元的人才引进基金加强高层次人才引进的同时，坚持"不遗余力、不惜重金、不拘一格"的工作方针，成立专门的人才工作办公室，每年设立500万元的青年教师培养专项基金，倾力培育人才。注重团队育人，通过团队高水平的科研锻炼队伍，激活师资队伍建设的造血功能，促进骨干教师成大师，带动青年教师加快成长，不走自然成熟的缓慢过程。注重科研平台的聚才育才作用，推动人才、基地、项目的有机结合，既为学校事业发展搭建了广阔的平台，也为人才发展提供了广阔的舞台。2012年人才工作取得突破，1名教授入选长江学者，1名教授入选科技北京百名领军人才、1名入选长城学者。

记者：当前，国际化程度成为高水平大学的重要标志。学校是如何实施开放办校战略，推进国际化办学的？

钱军：国际化是推动高水平大学建设的有效途径。学校把实施开放办校战略，加快推进国际化进程作为引领学校事业发展的战略引擎，以全球的视野谋划和推动高水平大学建设。一是推进人才队伍国际化。面向全球招聘领军人才，实施"柔性"引进政策和"客座教授"制度，吸引海外高端人才加盟。以全部青年骨干教师都有出国访学经历为目标，采取"费用全免、津贴全给"的方式，大力支持教师出国开展长期访学或合作研究。分批组织100名管理干部赴香港理工大学开展教育管理培训，拓宽管理队伍的国际视野。二是推进学生培养国际化。以培养具有国际视野、通晓国际规则、能够参与国际建筑事务的国际化人才为目标，加强双语师资培训，积极发展留学生教育，同时与承揽国际工程项目的建筑企业合作，选送学生到国外进行工程实践。三是推进国际合作办学。建好中法政府间合作项目中法能源培训中心，与美、英、法、澳等国家的多所大学开展学分互认、合作办学项目，形成了合作培养博士、硕士和本科的多层次国际合作办学格局。在2012年首届京交会项目签约暨成果发布会上，与美国奥本大学正式签署合作协议，决定合作设立中外合作办学机构——北奥国际学院。四是推进科学研究的国际化。鼓励师生主持、策划、参与重大国际项目，2011年学校教师向欧盟提交了4项亚洲转型项目，全部获批，占欧盟批准的5个中国项目中的4席，总预算约500万欧元。支持教师出席国际重要学术会议，支持院系主办了多场高水平国际学术会议，提高师生在国际学术期刊上发表论文的数量和质量，推进优秀成果和优秀人才走向世界，增强国际学术话语权和影响力。

记者：学科是学校发展的龙头，学校在推进有特色、高水平大学建设中是如何实施学科振兴计划，打牢提升水平的学科基础？

钱军：高水平大学关键要有一批具有"话语权"和"显示度"的高水平学科。学校各学科在发展过程中相对不平衡，工科较强，其他学科门类相对较弱，很难像研究型大学那样形成多学科齐头并进的局面。因此，学校选准科研突破口，凝练学科方向，营造某几个学科异军突起的局面，形成办学特色和优势。近5年来，学校以申博工程为抓手，大力实施学科振兴计划。坚持不懈按照传统方式，围绕申报博士点建设目标，加强学科建设，积聚学科实力。同时，紧紧抓住政策新机遇，组织申报"建筑遗产保护理论与技术"服务国家特殊需求博士人才培养项目，从140多所高校188个项目中脱颖而出，成功进入首批30个实施项目之列。申博工程的不断推进，特别是申博项目的成功，为学校进一步凝练了学科特色，营造了传统优势学科建筑学一级学科异军突起、带动其他学科快速发展的良好局面。3个一级学科增列为北京市重点学科；在2012年全国学科评估中，4个学科进入前15名，其中2个学科进入前10名。

记者：有人说，地方高校最大的特色就是服务地方发展。学校是如何强化服务地方的特色的？

钱军：服务地方是地方高校的重要职责，是地方高校的传统优势和特色，是地方高校建设有特色、高水平大学的必由之路。近年来，学校始终以服务首都城乡建设为己任，主动对接首都建设"人文北京、科技北京、绿色北京"和世界城市的需求，全面推进服务首都计划，成为"北京城市规划、建设、管理的人才培养和科技服务基地""北京应对气候变化研究和人才培养基地"以及国家建筑遗产保护研究和人才培养的重要基地。学校重点在以下三个方面强化服务首都的特色。一是学科专业设置聚焦首都需求，实现学科专业与首都城乡建设的有效对接。二是人才培养聚焦首都城乡建设需求，及时修订人才培养方案。三是科学研究聚焦首都创新驱动发展需求，加强科技服务和成果转化工作。以参与中关村国家自主创新示范区股权激励改革试点工作为契机，及时转化和大力推广科技成果；积极推进学校"北京市大学科技园"建设，同时与其他驻大兴区高校和大兴区联合共建"京南大学科技园"；组织参加北京高校科技成果落地区县项目，首批落地的10个项目中学校就有2个项目。

记者：高水平大学应有一流的硬件条件。学校是如何改善和提高办学条件的？

钱军：学校原来只有不足180亩的老校区，办学空间非常狭小，严重制约着学校的发展。近年来，学校坚持"大楼"与"大师"并进，实施条件建设计划，克服重重困难，新校区建设取得突破性进展，2009年全面开工建设占地近1,000亩的新校区。两年内自筹经费10亿实现一期工程16万平方米竣工入住，目前正推进二期工程12万平方米的建设，根本改善了办学条件，为学校可持续发展奠定了坚实的硬件基础。

微访谈

记者：您是怎么看待人才的？

钱军：我个人最喜欢的就是人才，非常爱惜、爱护人才。我们对人才不能责全求备，要善于用人之长，为人才提供个性化的舞台。

记者：您的教育理念是什么？

钱军：我的教育理念是"个个成长、人人成才"，这也是北京建筑大学全校教职工的教育理念。

记者：对您做人处世影响最大的一句话是？

钱军：是"知行合一"这句话。这句话常提醒我们要实干，"喊破嗓子不如甩开膀子"。

记者：对您启发最大的一句教育名言是？

钱军：是陶行知先生"没有爱就没有教育"这句话。教育的最有效手段就是"爱的教育"。

记者：您经常说的一句话是？

钱军："教学是天职，科研是能力。"

（文/本刊特约记者　贝裕文）

北京日报

Beijing 北京日报报业集团出版　BEIJING DAILY　国内统一刊号 CN11-0101 第19269号

2013 年 5 月 14 日第 4 版

鲲鹏展翅砥砺前行

——崛起中的北京建筑大学

2013 年 5 月，经教育部批准，北京建筑工程学院正式更名为北京建筑大学。

始建于 1936 年的北京建筑大学，是北京市属高校中唯一的建筑类高等学校，历经高工建专、中专和大学三个发展阶段。现已成为一所以工为主，工、管、理、法、艺等学科相互支撑、协调发展的特色鲜明的多科性高校，成为北京乃至国家城乡建设的重要力量。

站在新的历史起点上，北京建筑大学将继续坚持"立足北京，面向全国，依托建筑业，服务城市化"，走内涵发展、特色发展之路，为把学校建成特色鲜明的高水平建筑大学而努力奋斗！

北京建筑大学，一所有着近 80 年办学历史，为首都北京乃至全国培养了 5 万余名城市设计师和建设者的高等学府；一个经历数十年砥砺奋进，骤然崛起的崭新大学。

目前，北京市城建系统的技术和管理骨干岗位上，北京建筑大学的毕业生占 70% 以上，其中有 20% 的校友为工程项目经理——也就是说，北京城的房子、道路、桥梁、给排水、供热供燃气……都有这所大学培养出来的高级应用型人才的心血与奉献。

在过去的几年中，这座曾经名不见经传的普通高校，鲲鹏展翅砥砺前行，相继取得了"新校区建设工程"、"申博工程"和"更名工程"三大标志性工程的胜利，总体办学水平得到显著的提高，学校也由此迈入了崭新的历史发展时期。

实施条件建设计划

新校区建设取得突破性进展

学校原来只有不足 180 亩的老校区，办学空间非常狭小，严重制约着学校的发展。近年来，学校实施条件建设计划，克服重重困难，新校区建设取得突破性进展，2009 年全面开工建设占地近 1000 亩的新校区。新校区建设实行总体规划、分三期进行，规划建筑面积 35 万平方米，被列为北京市"保增长、保民生"重点建设项目和"南城行动计划"重点民生项目。2011 年一期工程 16 万平方米竣工，3000 多名师生顺利入驻。目前正推进二期工程 12 万平方米的建设。新校区的建设，使学校的办学条件跃居北京市高校前列，为可持续发展奠定了坚实的硬件基础。

学校在推进新校区建设的基础上，不断丰富办学资源，改善教学科研条件。现有固定资产总值 5.5 亿元，其中教学科研仪器值 3 亿元。2009 年，与中国建筑文化中心合作，把中国建筑图书馆整体引进学校，增加建筑类图书 40 万册，使学校成为全国建筑类图书藏书最丰富、规模最大的高校。

实施学科振兴计划
获批"建筑遗产保护理论与技术"博士人才培养项目

学校积极提高办学质量和办学效益，不断提升办学层次和水平，在巩固本科教育的同时，积极发展研究生教育，积极探索向教学研究型大学转变的途径。目前，具有硕士学位授权一级学科点 12 个，可涵盖 55 个硕士学位授权二级学科点，有 9 个专业学位授权类别/领域点，1 个硕士学位授权交叉学科点，是北京高等学校"城乡建设与管理"产学研联合研究生培养基地。

近 5 年来，学校以申博工程为抓手，大力实施学科振兴计划。紧紧抓住政策新机遇，组织申报服务国家特殊需求"建筑遗产保护理论与技术"博士人才培养项目，从 140 多所高校 188 个项目中脱颖而出，成功进入首批 30 个实施项目之列。申博工程的不断推进，特别是申博项目的获批，为学校进一步凝练了学科特色，营造了传统优势建筑学一级学科异军突起、建立了建筑遗产保护交叉学科、带动了其他学科整体发展的良好局面。3 个一级学科增列为北京市重点学科，2 个一级学科增列为北京市重点建设学科；在 2012 年全国学科评估中，4 个学科进入前 15 名，其中 2 个学科进入前 10 名。

学校坚持聚焦北京城乡建设与发展，强化学校的"建筑"特色优势，被确定为"北京城市规划、建设、管理的人才培养和科技服务基地"。长期以来，学校紧密结合北京城乡规划、建设、管理的需要，以土建类专业为核心，以建筑学、土木工程、测绘科学与技术、环境科学与工程、管理科学与工程等传统优势学科为骨干，强化学科建设的引领作用，积极拓展学科领域，凝练学科特色，促进学科交叉与融合，重点打造城乡规划学科群、城乡建设学科群、城乡管理学科群，形成了多学科相互支撑、协调发展的学科体系。

突出实践教学特色
成为"卓越工程师培养计划"试点院校

学校始终强化工程实践能力培养，构建了以工程技术教育为主体，课内与课外实践教学两者相互配套的实践教学体系。积极推进"国家工程实践教育中心"和"国家级实践教学人才培养创新实验区"的建设，探索具有我校特色的工程教育新模式，培养高素质应用型人才。加强与企事业单位的合作，建成了校内、外实习基地 102 个，北京高等学校校内外人才培养基地 6 个，基本实现了每个专业都建有产学研用一体化、相对稳定的校内外实践基地。以新校区建设工程实践创新中心为平台，建立了 6 个学生创新工作室，培养学生的动手能力和创新精神。积极探索高校与行业企业联合培养人才的机制，采取引进行业、企业师资与课程，在国家机关、社会团体、企事业与学术单位进行职业技能训练与专业实践，合作指导本科生毕业论文与毕业设计等措施，推进学校与行业、企业和科研机构合作培养学生。与北京建工集团合作，选派学生到海外进行工程实践，拓展国际视野，积累国际工程实践经验。2011 年成为教育部第二批"卓越工程师培养计划"试点院校。

学校在质量工程建设方面取得一系列标志性成果，获国家和市级质量工程标志性成果 100 余项，在近两届北京市教学成果奖评选中，共获得教学成果奖 20 项，其中，一等奖 8 项。近 5 年来，学生科技立项 620 项，参加校内外科技文化活动 520 项，在"挑战杯"全国大学生课外科技作品等竞赛中，共获得省部级以上奖励 336 项，其中国家级奖励 115 项，国际奖励 2 项。招生录取分数稳步上升，毕业生全员就业率连年超过 95％。

实施人才强校战略

2012年唯一一所学院建制地方高校获批"长江学者"

学校以师资队伍建设为根本，实施人才强校战略，推进人才强教计划，形成了一支学历层次较高、整体结构合理、教学科研能力强的师资队伍。在设立1000万元的人才引进基金加强高层次人才引进的同时，每年设立500万元的青年教师培养专项基金，倾力培育青年人才。注重团队育人，通过团队高水平的科研锻炼队伍，激活师资队伍建设的造血功能，促进骨干教师成大师，带动青年教师加快成长。注重科研平台的聚才育才作用，推动人才、基地、项目的有机结合，既为学校事业发展搭建了广阔的平台，也为人才发展提供了广阔的舞台。2012年人才工作取得突破，1名教授入选长江学者，1名教授入选科技北京百名领军人才、1名入选长城学者。学校拥有教育部、建设部专业指导委员会委员9人，兼职博士生导师21名，拥有享受政府特殊津贴专家28人，新世纪百千万人才工程市级人选、省部级优秀教师、教学名师、优秀青年知识分子、留学人员创新创业特别贡献奖获得者、学术创新人才、科技新星、高层次人才、青年拔尖人才37名，北京市优秀教学团队、学术创新团队、管理创新团队23个。

实施科技兴校战略

连续3年以第一主持单位获得国家科技进步奖

北京建筑大学秉承立足首都，融入首都城乡建设的办学传统，着眼于建设"三个北京"和世界城市的需求，深入实施科技兴校战略，科研水平不断提高。针对国家及北京市文化遗产保护、节能减排、开拓地下空间、建设"智慧城市"等方面的战略需求，积极开展建筑遗产保护、应对气候变化、地下工程建设、城市数字化技术等领域的科学研究。

近五年来，学校在研各类科研项目1700余项，其中国家863计划、国家重大水专项、国家科技支撑计划、国家自然科学基金、国家社科基金、世界银行项目、欧盟国际合作项目等省部级以上科研项目354项；荣获国家科学技术进步奖、技术发明奖共8项，2010～2012连续三年以第一主持单位获得国家科技进步二等奖。科技服务经费连续7年过亿。

学院楼

大兴校区基础教学楼报告厅

469

学校承担前门地区修缮政治规划综合项目

北京建筑大学：服务北京城乡建设

北京正在成为一个国际化大都市：宽阔的长安街、环绕京城的六环路、四通八达的地铁及轻轨；一个个时尚生活小区、一栋栋新颖别致的建筑物、孩子们漂亮的学校、现代化的医院，以及标志性的鸟巢、水立方、国家大剧院、首都机场 T3 航站楼……

您恐怕没有想到，这些竟都有一所大学师生的心血滴注、身影相随——这就是北京建筑大学，北京市唯一一所定位专业培养城市设计师和建设者的大学。多年来，她为首都的城乡建设倾心服务，获得了数不清的成绩和荣誉。在北京城，那日新月异的路、桥和楼房，都与北京建筑大学息息相关。

承担故宫、长城等古建保护，建筑遗产保护工程量全国第一

北京是千年文化古都，对建筑遗产保护的技术需求和高端人才需求都很大。学校主动承担起保护和传承文化遗产的使命，早在 20 世纪 50 年代起就开始古建筑保护方面的研究，1984 年与建设部建筑历史研究所联合培养古建保护方向的硕士研究生，1986 年开始独立培养古建保护方向的硕士研究生，是国内较早进行古建筑保护领域的人才培养和科学研究的高校之一。

近年来，北京建筑大学先后承担了以故宫、长城、周口店北京猿人遗址、云冈石窟等世界文化遗产保护项目为代表的一系列建筑遗产保护重大项目。2011 年，据国家文物局统计，学校承担的建筑遗产保护工程规划设计项目在国内排名第一。建成了"代表性建筑与古建筑数据库"教育部工程研究中心和北京市哲学社会科学"北京建筑文化"研究基地。2012 年，申报的"建筑遗产保护理论与技术"服务国家特殊需求博士人才培养项目顺利通过专家评审，获得授权。

学校紧紧围绕"三个北京"和中国特色世界城市建设，开展北京城市文化特色研究、空间哲学研究、建筑伦理研究和建筑文化遗产保护研究。"北京建筑文化研究基地"于2010 年被批准为北京市哲学社会科学研究基地，成为北京市建筑文化研究和人才培养的重要平台。

为大城市地下空间拓展服务，科技成果获得国家科学技术进步奖

针对北京等大城市不断扩展地下空间以及优先发展地下轨道交通的重大现实需求，积极开展地下工程方面的人才培养和科学研究。地下空间作为城市重要的空间资源，已成为

大城市空间拓展的重要方向，北京每年地下空间的建成面积约为 300 万平方米，急需大量建设人才和技术支撑。针对这一需求，学校在土木工程专业增设了地下工程专业方向，同时，积极开展地下工程相关技术研究，建成了"城市交通基础设施建设"北京市工程技术研究中心和"工程结构与新材料"北京市工程技术研究中心。相关技术成果获得国家科学技术进步一等奖 1 项，二等奖 2 项，为城市地下空间开发、地下轨道交通建设和国防地下工程建设作出了积极贡献。

紧跟"智慧城市"发展新趋势，形成城市数字化技术特色研究领域

针对北京建设数字城市的重大技术需求，紧跟智慧技术高度集成、智慧服务高效便民的"智慧城市"发展新趋势，开发应用数字激光测量新技术，形成了"城市数字化技术"特色研究领域。学校在国内率先将全球卫星导航、激光雷达和数字近景摄影测量等先进技术集成应用于建筑精细测量，先后完成了国家体育场以及国家大剧院结构安装数字激光测量、故宫博物院古代建筑数字化测量、云冈石窟三维激光扫描测绘等多个居国内领先水平的特大异型工程精密测量项目。

利用物联网技术、GIS 技术与无线通讯技术，开发"降雨量实时监测预警系统"，为城市日常管理、防汛应急指挥、领导决策等工作提供了及时准确的信息支持。进行网格化城管关键技术研究，应用于城市部件突发性问题的搜索、定位和反馈，该项技术已在北京市几个城区中推广应用，提高了政府管理部门的响应速度，受到人们的欢迎。建成了代表性建筑与古建筑工程研究中心和"现代城市测绘"国家测绘地理信息局重点实验室，连续三年获得全国测绘科技奖，主持完成的"特大异型工程精密测量与重构技术研究及应用"项目，获得 2010 年国家科学技术进步二等奖。

针对"美丽北京"建设新需求，成为北京应对气候变化研究和人才培养基地

针对新世纪国家节能减排的重大战略需求，结合学科专业优势积极开展相关领域的科学研究与人才培养。学校注重发挥建筑学、土木工程、环境科学与工程、管理科学与工程等学科专业的优势，强化学科交叉与融合，形成了"城市节水与水资源可持续利用"，"固体废弃物资源化技术与应用"、"环境政策与管理"等三个高水平研究团队，建成了"城市雨水系统与水环境省部共建教育部重点实验室"和"绿色建筑与节能技术北京市重点实验室"。2011 年，成为"十二五"重大水专项项目级别的主持单位；主持完成的"固体废弃物循环利用新技术及其在公路工程中的应用"项目获得 2011 年国家科学技术进步二等奖。2012 年，学校被北京市确定为"北京应对气候变化研究和人才培养基地"。

面向首都城乡建设主战场，承接北京重大设计规划项目 50 余项

北京建筑大学始终坚持产学研相结合，实施开放办校，不断拓展服务社会的广度，不断提升社会贡献能力。2009 年学校被北京市确定为中关村国家自主创新示范区股权激励改革工作首批试点的 2 所高校之一，并被批准建设北京市大学科技园。同年，北京市"落实科技北京行动计划、实施高校科研成果到区县落地"的活动中，学校推荐的 2 个项目入选首批 10 个项目。2011 年，与北京市大兴区人民政府和有关高校签署协议，联合共建京南大学科技园。同时与京内外多家建筑、建材等国内知名企业建立了产学研合作关系，联合开展科技攻关，服务建筑行业发展。

发挥校办企业在科技成果转化和科技服务工作的生力军作用。学校集聚各学科研究成

果，积极推进科技成果转化，形成了建筑设计和古建保护、工程监理、古建测绘等多个在国内具有一定影响的产学研平台，先后承担和参与北京前门历史文化街区保护等重大规划、设计项目 50 多项，监理了国家体育馆、北京国际中心、凤凰国际传媒中心、央视新台址主楼以及北京多条地铁建设，获詹天佑奖、国家鲁班奖等各项国家奖 15 项，被奥组委授予"科技奥运先进集体"称号。

中国教育报

——— CHINA EDUCATION DAILY ———

2013 年 5 月 14 日第 11 版

根植城乡建设沃土　砥砺奋进鲲鹏展翅

——北京建筑大学改革发展纪实

学院楼

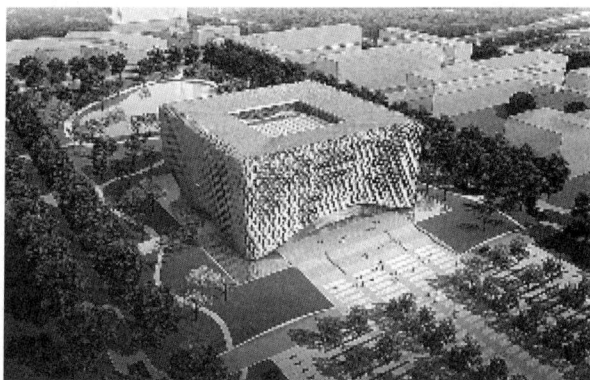

大兴校区图书馆效果图

北京，一座拥有辉煌建筑的历史文化名城，历代建筑大师倾其心智建造了故宫、天坛、人民大会堂、鸟巢、国家大剧院等气势恢宏、享誉世界的建筑杰作。

北京建筑大学，一所有着近80年办学历史，为首都北京乃至全国培养了数万名城市设计师和建设者的高等学府；一个经历数十年砥砺奋进，骤然崛起的崭新大学。

2013，在每一个建大人心中都是难以忘怀的一年，多少年的拼搏与奋斗，几辈人的光荣与梦想都凝结在这一刻——长久以来埋藏在他们心中的"大学梦"终于得以实现！

八十年峥嵘岁月，建大人始终扎根首都城乡建设奉献自己青春！

八十年风雨兼程，建大人敢为人先、追求卓越的精神代代相传！

八十年励精图治，从这里走出一批又一批城市设计师和建设者！

现如今，绚丽绽放、豪情满怀的建大人勇立潮头，迎接新的挑战！

"鲲鹏展翅，九万里，翻动扶摇羊角"。毛泽东同志这句气吞万里的诗词，正可以形容崛起中的北京建筑大学。究竟是什么支撑着这所平凡朴实的学校得以华丽转身，顺利由北京建筑工程学院更名为北京建筑大学，以一个崭新的大学形象矗立在世人面前？让我们追寻着学校的发展足迹，探究蕴藏其中的精神力量。

链接一：北京建筑大学是北京市属高校中唯一的建筑类高等学校。近80年来，历经高工建专、中专和大学三个发展阶段。肇始于1936年的北平市立高级工业职业学校土木工程科，解放初期为北京工业学校土木科，1952年为北京建筑专科学校，1953年更名为北京市土木建筑工程学校，1977年经国务院批准为本科院校，1982年被确定为国家首批学士学位授予高校，1986年获准为硕士学位授予单位，2013年正式更名为北京建筑大学。

链接二：在过去的几年中，学校相继取得了"新校区建设工程"、"申博工程"和"更名工程"三大标志性工程的胜利：2009年全面开工建设占地近1000亩的新校区。2011年，一期工程16万平方米竣工，3000多名师生顺利入驻，目前正在推进二期工程12万平方米的建设；2012年"建筑遗产保护理论与技术"获批服务国家特殊需求博士人才培养项目；2013年经教育部批准，正式更名为北京建筑大学。学校的总体办学水平得到显著提高，迈入了崭新的历史发展时期。

秉持现代"鲁班"精神

北京建筑大学是北京市属高校中唯一的建筑类高等学校。始建于1936年，近80年风雨变迁，历经高工建专、中专和大学三个发展阶段。2013年，正式更名为北京建筑大学。

在将近80年的历史发展过程中，北京建筑大学始终根植于城乡建设的沃土上，秉持现代"鲁班"精神，坚持培养德、智、体、美全面发展，专业知识扎实、实践能力强的高素质应用型创新人才。

新中国成立以来，特别是改革开放30多年来，学校积极适应首都高等教育发展和首都城乡建设的需要，坚持"立足北京，面向全国，依托建筑业，服务城市化"，继往开来，与时俱进，不断拓宽办学视野，不断强化学科专业建设，不断提高办学质量和服务社会能力，现已成为一所以工为主，工、管、理、法、艺等学科相互支撑、协调发展的特色鲜明的多科性高校，成为北京乃至国家城乡建设的重要力量。

——办学规模稳步发展。现设有11个二级学院和3个基础教学部，即建筑与城市规划学院、土木与交通工程学院、环境与能源工程学院、电气与信息工程学院、经济与管理工程学院、测绘与城市空间信息学院、机电与汽车工程学院、文法学院、理学院、继续教育学院、国际教育学院、计算机教学与网络信息部、思想政治理论课教研部和体育部。现有各级各类在校生 11531 人。其中，全日制在校生 8218 人，包括本科生 7018 人，研究生 1490 人，留学生 58 人。

——土建类学科专业齐全。学校不断优化学科专业结构，形成了符合办学定位，土建类学科专业齐全，适应首都城乡建设需求的学科专业体系。有 31 个全日制本科专业，其中国家级特色专业 3 个，北京市特色专业 7 个，是全国 12 所通过住建部高等教育全部 6 个专业评估的高校之一。2012 年，建筑学专业教育本科和研究生双双通过 7 年有效期评估，学校成为全国 15 所建筑学专业获得评估 7 年有效期的高校之一。现有一级学科北京市重点学科 3 个、一级学科北京市重点建设学科 2 个。有 12 个一级学科硕士点，涵盖 55 个二级学科硕士点，有 8 个硕士专业学位授权点，已有 25 届硕士毕业生获得硕士学位，是北京高等学校"城乡建设与管理"产学研联合研究生培养基地。

——办学条件彻底改善。以新校区建设为重点，彻底改善办学条件，不断丰富办学资源。现有西城和大兴两个校区。固定资产总值 5.5 亿元，其中教学科研仪器值 3.0 亿元。2009 年，与中国建筑文化中心合作，把中国建筑图书馆整体引进学校，增加建筑类图书 40 万册，使学校成为全国建筑类图书藏书最丰富、规模最大的高校。学校拥有教学实践和实习基地 102 个。其中，国家级工程实践中心 1 个、北京市实验教学示范中心 3 个、北京高等学校校内外人才培养基地 6 个。

强化"建筑"凝练特色

学校始终扎根于北京市城乡建设系统的沃土，强化"建筑"特色，形成了多个实力强、水平高、特色鲜明的学科专业领域和科学研究方向。

学校以第五次党代会的召开和制定"十二五"发展规划为契机，进一步明确了办学指导思想、办学定位，提出了发展战略、发展目标和发展任务，坚持解放思想、改革创新，抢抓机遇、加快发展，为建设特色鲜明的高水平建筑大学奠定坚实的基础。

——根据国家发展需要确定办学指导思想。坚持以邓小平理论和"三个代表"重要思想为指导，深入贯彻落实科学发展观，全面贯彻党的教育方针，按照国家和北京市中长期教育改革和发展规划纲要的要求，解放思想、改革创新，抢抓机遇、加快发展，走内涵发展、特色发展的道路，服务北京建设"人文北京、科技北京、绿色北京"和世界城市的需求，以建设国际有影响、国内知名、特色鲜明、高水平、多科性建筑大学为长远目标，以人才培养为中心，以学科建设为龙头，以深化体制和机制改革为动力，以更名工程、申博工程、新校区建设工程三大工程为主要抓手，以加强和改进党建与思想政治工作为保证，深入实施质量立校、人才强校、科技兴校、开放办校四大战略，努力实现学校新的跨越式发展，为北京经济社会发展做出新的贡献。

——根据总体办学指导思想确定发展定位。办学层次定位：以本科教育为主，大力发展硕士研究生教育，有特色地办好博士研究生教育，积极拓展国际合作教育，稳步发展继续教育。学科结构定位：以工学、管理学、理学为主干学科门类，建筑科学技术为特色，结构合理，工、管、理、法、艺协调发展。服务面向定位：立足北京，面向全国，依托建筑业，服务城市化。人才培养定位：适应建设中国特色世界城市和实施"人文北京、科技北京、绿色北京"发展战略的需要，培养为城市规划、建设、管理服务的德、智、体、美全面发展，专业知识扎实、实践能力强的高素质应用型创新人才。

——聚焦北京城乡建设，形成办学特色和优势。

第一，坚持聚焦北京城乡建设与发展，强化"建筑"特色，被确定为"北京城市规划、建设、管理的人才培养和科技服务基地"。

长期以来，学校紧密结合北京城乡规划、建设、管理的需要，以土建类专业为核心，以建筑学、土木工程、测绘科学与技术、环境科学与工程、管理科学与工程等传统优势学科为骨干，强化学科建设的龙头作用，积极拓展学科领域，凝练学科特色，促进学科交叉与融合，重点打造城乡规划学科群、城乡建设学科群、城乡管理学科群，形成了多学科相互支撑、协调发展的学科体系，"建筑"特色不断强化。

第二，坚持面向社会重大需求办学，与时俱进调整优化学科专业结构，形成了多个实力强、水平高、特色鲜明的科研领域与方向。

学校注重服务国家特别是北京地区发展的重大需求，发挥土建类学科齐全、多学科协同、与行业联系紧密的优势，加强科研攻关，促进创新型高端人才培养，并在此过程中不断积淀底蕴，形成发展优势。针对国家特别是北京加强文化遗产保护的重大需求，开展建筑遗产保护研究和人才培养，成为国家建筑遗产保护研究和人才培养的重要基地；针对新世纪国家节能减排的重大战略需求，结合学科专业优势积极开展相关领域的科学研究与人才培养，成为"北京应对气候变化研究和人才培养基地"；针对北京等大城市不断扩展地下空间以及优先发展地下轨道交通的重大现实需求，积极开展地下工程方面的人才培养和科学研究；针对北京建设数字城市的重大技术需求，开发应用数字激光测量新技术，形成了"城市数字化技术"特色研究领域。

提升教育教学质量

学校切实按照"转变发展观念，创新人才培养模式，提高教育教学质量"的总体要求，坚持质量首位原则，努力提高学科专业质量、师资队伍质量、人才培养质量，积极开展人才培养创新模式的研究与实践，取得较好成绩。

学校始终坚持以质量求生存、以特色求发展，不断加大教育教学改革力度，人才培养质量不断提高。2006年，顺利通过教育部本科教学工作水平评估，获得良好成绩；2009年被批准为"建筑行业应用型人才实践教学创新实验区"国家级人才培养模式创新试验区；2011年成为教育部第二批"卓越工程师培养计划"试点院校。学校在质量工程建设方面取得一系列标志性成果，获国家和市级质量工程标志性成果100余项，在近两届北京市教学成果奖评选中，共获得教学成果奖20项，其中一等奖8项。

学校以师资队伍建设为根本，实施人才强校战略，推进人才强教计划，形成了一支学历层次较高、整体结构合理、教学科研能力强，能够适应办好高水平建筑大学的师资队伍。现有教职工1020人，其中专任教师710名，生师比为14∶1。专任教师中具有研究生学历的教师588人，具有博士学位的教师285人，具有高级职称的教师410人，其中正教授108人。拥有长江学者1人，北京市百名领军人才1人，长城学者1人，教育部、建设部专业指导委员会委员9人，兼职博士生导师21名，拥有享受政府特殊津贴专家28人，新世纪百千万人才工程市级人选、省部级优秀教师、教学名师、优秀青年知识分子、留学人员创新创业特别贡献奖获得者、学术创新人才、科技新星、高层次人才、青年拔尖人才37名，北京市优秀教学团队、学术创新团队、管理创新团队23个。此外，还聘请了一批行业内具有实践经验的兼职教授和客座教授。

学校坚持以学生为主体，充分发挥学生的主动性，优化知识结构，丰富社会实践，着力提高学习能力、实践能力、创新能力，促进学生全面发展，人才培养质量得到社会广泛认可。近5年来，学生科技立项620项，参加校内外科技文化活动520项，在"挑战杯"全国大学生课外科技作品等竞赛中，共获得省部级以上奖励336项，其中国家级奖励115项，国际奖励2项。招生录取分数稳步上升，毕业生全员就业率连年超过95%。多年来，学校为国家特别是首都城乡建设培养了5万多名高级专业人才。

聚焦北京城乡建设

学校秉承立足首都，融入首都城乡建设的办学传统，着眼于建设"三个北京"和世界城市的需求，深入实施学科振兴计划和科技兴校战略，学科专业结构不断优化，科研水平不断提高。

第一，针对新世纪国家节能减排的重大战略需求，结合学科专业优势积极开展相关领域的科学研究与人才培养，成为"北京应对气候变化研究和人才培养基地"。多年来，学校注重发挥建筑学、土木工程、环境科学与工程、管理科学与工程等学科专业的优势，强化学科交叉与融合，形成了"城市节水与水资源可持续利用"、"固体废弃物资源化技术与应用"、"环境政策与管理"等三个高水平研究团队，建成了"城市雨水系统与水环境省部共建教育部重点实验室"和"绿色建筑与节能技术北京市重点实验室"。2011年，成为"十二五"重大水专项项目级别的主持单位；主持完成的"固体废弃物循环利用新技术及其在公路工程中的应用"项目获得2011年国家科学技术进步二等奖。2012年，学校被北京市确定为"北京应对气候变化研究和人才培养基地"，北京市市长郭金龙为基地授牌。

第二，针对北京等大城市不断扩展地下空间以及优先发展地下轨道交通的重大现实需求，积极开展地下工程方面的人才培养和科学研究。地下空间作为城市重要的空间资源，已成为大城市空间拓展的重要方向，北京每年地下空间的建成面积约为300万平方米，急需大量建设人才和技术支撑。针对这一需求，学校在土木工程专业增设了地下工程专业方向，同时，积极开展地下工程相关技术研究，建成了"城市交通基础设施建设"和"工程结构与新材料"两个北京市工程技术研究中心。相关技术成果获得国家科学技术进步一等奖1项，二等奖2项，为城市地下空间开发、地下轨道交通建设和国防地下工程建设作出了积极贡献。

第三，针对北京建设数字城市的重大技术需求，开发应用数字激光测量新技术，形成了"城市数字化技术"特色研究领域。学校在国内率先将全球卫星导航、激光雷达和数字近景摄影测量等先进技术集成应用于建筑精细测量，满足日益增多的高、大、难、新工程的建设需要。先后完成了国家体育场以及国家大剧院结构安装数字激光测量、故宫博物院古代建筑数字化测量、云冈石窟三维激光扫描测绘等多个居国内领先水平的特大异型工程精密测量项目，建成了"现代城市测绘"国家测绘地理信息局重点实验室，连续三年获得全国测绘科技奖，主持完成的"特大异型工程精密测量与重构技术研究及应用"项目，获得2010年国家科学技术进步二等奖。

近五年来，学校在研各类科研项目1700余项，其中国家"863"计划、国家重大水专项、国家科技支撑计划、国家自然科学基金、国家社科基金、世界银行项目、欧盟国际合作项目等省部级以上科研项目354项；荣获国家科学技术进步奖、技术发明奖共8项，2010～2012连续3年以第一主持单位获得国家科技进步二等奖。科技服务经费连续7年过亿。

学校建成城市雨水系统与水环境省部共建教育部重点实验室、代表性建筑与古建筑数据库教育部工程研究中心、现代城市测绘国家测绘地理信息局重点实验室、北京市应对气候变化研究及人才培养基地等 12 个省部级重点实验室、工程研究中心、社科基地和大学科技园项目。

开放办校服务社会

学校始终坚持产学研相结合，实施开放办校战略，不断拓展服务社会的广度，不断提升服务首都城乡建设的能力。

——坚持产学研结合，提升服务北京的能力。2009 年，学校被北京市确定为中关村国家自主创新示范区股权激励改革工作首批试点的两所高校之一，并被批准建设北京市大学科技园。同年，北京市"落实科技北京行动计划、实施高校科研成果到区县落地"的活动中，学校推荐的 2 个项目入选首批 10 个项目。学校积极参与"2011 计划"——"高等学校创新能力提升计划"，同科研机构、企业开展深度合作，联合开展重大科研项目攻关。2011 年，与北京市大兴区人民政府和有关高校签署协议，联合共建京南大学科技园。同时与京内外多家建筑、建材等国内知名企业建立了产学研合作关系，联合开展科技攻关，服务建筑行业发展。

——发挥校办企业在科技成果转化和科技服务工作的生力军作用。学校集聚各学科研究成果，积极推进科技成果转化，形成了建筑设计和古建保护、工程监理、古建测绘等多个在国内具有一定影响的产学研平台，先后承担和参与北京前门历史文化街区保护等重大规划、设计项目 50 多项，监理了国家体育馆、北京国际中心、凤凰国际传媒中心、央视新台址主楼以及北京多条地铁建设，获詹天佑奖、国家鲁班奖等各项国家奖 15 项，被奥组委授予"科技奥运先进集体"称号。

——依托继续教育，为行业提供人才培养培训服务。学校利用以土建类为主的学科专业优势，通过举办监理工程师、项目工程师、建造师、建筑师等各类培训班，为社会和行业培训人才。近 5 年来，累计培训 10 万余人次，有效提升了北京建筑行业从业人员的能力素质和学历水平。

——学校坚持开放办学，广泛开展国际教育交流与合作。学校与美、英、法等 23 个国家和地区的 35 所大学和科研机构建立了校际交流与科研协作关系。在首届京交会上，与美国奥本大学签订协议共同举办国际合作办学机构——北奥国际教育学院，合作培养国际高级工程师。学校成功举办"生命之水"前沿技术国际会议、"测绘学科发展战略"国际论坛、第二届"生态环境与混凝土技术"学术研讨会、第三届"建筑与土木热点问题"国际研讨会等一系列高水平国际学术会议。

致力文化传承创新

学校作为中国优秀文化传承的重要载体，大力推进中华民族优秀传统建筑文化传承创新，成为国家建筑遗产保护研究和人才培养的重要基地。

我国是文化遗产拥有量世界第三、亚洲第一的文化遗产大国，北京是千年文化古都，对建筑遗产保护的技术需求和高端人才需求都很大。学校主动承担起保护和传承文化遗产的使命，早在 20 世纪 50 年代起就开始古建筑保护方面的研究，1984 年与建设部建筑历史研究所联合培养古建保护方向的硕士研究生，1986 年开始独立培养古建保护方向的硕士研究生，是国内较早进行古建筑保护领域的人才培养和科学研究的高校之一。近年来，先后承担了以故宫、长城、周口店北京猿人遗址、云冈石窟等世界文化遗产保护项目为代表的一系列建筑遗产保护重大项目。2011年，据国家文物局统计，学校承担的建筑遗产保护工程规划设计项目在国内排名第一。建成了"代表性建筑与古建筑数据库"教育部工程研究中心和北京市哲学社会科学"北京建筑文化"研究基地。2012年，申报的"建筑遗产保护理论与技术"服务国家特殊需求博士人才培养项目顺利通过专家评审，获得授权资格。

学校紧紧围绕"三个北京"和中国特色世界城市建设，开展北京城市文化特色研究、空间哲学研究、建筑伦理研究和建筑文化遗产保护研究，"北京建筑文化研究基地"于2010年被批准为北京市哲学社会科学研究基地，成为北京市建筑文化研究和人才培养的重要平台。

站在新的历史起点上，北京建筑大学在校党委领导下，将继续坚持内涵发展、特色发展之路，迈着坚实的步伐走在北京城市化进程和社会发展的最前列，为把学校建成特色鲜明的高水平建筑大学而努力奋斗！

（北京建筑大学党委宣传部/撰文　曹洪涛/摄影）

2013 年 5 月 17 日第 A14 版

北建工更名"北京建筑大学"

本报讯 教育部近日批准北京建筑工程学院更名为北京建筑大学，该校昨天举行了揭牌仪式。记者了解到，作为"城南行动计划"重点民生项目，北京市已经投入 3.6 亿元建设该校的大兴新校区。

在教育部关于同意北京建工学院更名为北京建筑大学的函上，记者看到，为支持学校建设和发展，北京市承诺继续将该校新校区建设作为重点项目列入"北京市属高校基本建设三年规划"，投入 3.6 亿元基本建设经费；每年投入不少于 800 万元支持该校参与"高校创新能力提升计划"，每年投入不少于 800 万元支持该校实施"建筑遗产保护理论与技术"服务国家特殊需求人才博士学位培养项目。记者了解到，3.6 亿元建设经费目前已经到位，该校的大兴新校区建设被列为北京市"保增长、保民生"重点建设项目和"城南行动计划"重点民生项目。

昨天的揭牌仪式上，土木系 096 班学生崔梦迪代表在校学生发言时说："祖国有民族伟大复兴的中国梦，我们有建设一流大学的强校梦。作为北京建筑大学的首批主人，承载着历史的使命和时代的重托，我们建大学子一定会传承优良的传统，点燃青春激情，向着梦想出发。"

北京建筑大学是北京市属高校中唯一的建筑类高校，始建于 1936 年。77 年来学校五易校址，数易校名，历经高工建专、中专和大学三个发展阶段。现已成为一所以工为主，工、管、理、法、艺等学科相互支撑、协调发展和特色鲜明的多科性高校，成为北京乃至国家城乡建设的重要力量，已经为首都及国家城乡建设培养了 5 万余名毕业生。

过去几年中，北京建筑大学相继取得了三项主要成就：2009 年全面开工建设位于大兴、占地近 1000 亩的新校区，2011 年一期工程 16 万平方米竣工，3000 多名师生顺利入驻，目前正在推进二期工程 12 万平方米的建设；2012 年"建筑遗产保护理论与技术"获批服务国家特殊需求人才博士学位培养项目；2013 年经教育部批准，更名为北京建筑大学，学校的总体办学水平得到显著提高，迈入了新的历史发展时期。

科技日報

SCIENCE AND TECHNOLOGY DAILY

2013 年 5 月 24 日第 8 版

北京建筑大学坚持走"科技兴校"之路

北京建筑大学党委书记　钱军

作为一所具有鲜明办学特色的地方建筑类高校，近年来北京建筑大学充分认识科研工作对提高学校整体办学实力的重要作用，树立"大科研"意识，实施科技兴校战略，取得了可喜的成绩。

坚持思想引领作用，引导师生解放思想，树立重视科研的意识，增强科研动力。学校通过反复宣讲、政策引导、典型示范等方式，引导教师树立"教学是天职，科研是能力"的意识，自觉站在科教兴国、科研兴校的战略高度认识科研工作的重要性。

树立"大科研"意识，以开放合作姿态强化资源整合，增强科研内外合力。站在教学、科研、社会服务三位一体、产学研结合的角度，通过构建教学、科研、社会服务互相促进的格局加强科研；站在拓展国际合作的角度，通过开展国际科研合作与学术交流开阔科研视野；站在教师相互协作的角度，通过组织团队式科研强化集体科研攻关能力。在此基础上紧紧抓住四个工作重点：一是构筑大平台，筑牢科研基础；二是组建大团队，汇聚攻关力量；三是争取大项目，提升科研层次；四是争取大成果，提升科研实力。

学校明确了以科研推动学校整体发展的六条战略：

第一，科研促进教学工作，提升人才培养质量。学校坚持以科研服务教学，良好的科研条件和环境有力地支持着教学，教师将科研成果以及自己的学术思想、研究方法应用到教学中，促进了创新人才的培养。

第二，科研促进学科建设，提升学校核心竞争力。科研基地支撑了学科发展，科研突破推动了学科上新台阶，科研积累和资源整合促进了学科群建设。

第三，科研促进社会服务，提升学校的服务力。学校注重加强校地合作，服务区域经济社会发展；加强校企合作，服务建筑行业发展；创办和发展好学科性公司，依托学校优势学科，发展特色产业，并以校办企业为主体推动科技成果转化和科技服务工作。

第四，科研促进师资建设，提升优秀人才的引培能力。提高引进人才和稳定人才的吸引力，激活师资队伍建设的造血功能，立足自身、使培育大师成为可能。学校实施人才"凤巢计划"，注重"筑巢生凤"，实现"引凤入巢"，促进"家凤还巢"，确保"好凤恋巢"，以至"促凤飞翔"。

第五，科研促进国际合作与交流，提升国际影响力。随着我校科研实力的不断增强，得到了国际同行的认可，带动了国际科研合作项目和国际人才培养合作项目的发展，有效地提升了学校的国际影响力。

第六，科研促进校园文化建设，提升学校的文化力。科研促进学术精神建设，不断沉

481

淀和丰富学术精神；科研促进作风建设，形成开拓创新、求真务实的良好风气；科研促进制度文化建设，提高教授治学水平；科研促进学风建设，为学生成长提供肥沃的土壤。

建设特色鲜明的高水平建筑大学

北京建筑大学校长　朱光

北京建筑大学是北京市属高校中唯一的建筑类高等学校。近80年来，历经高工建专、中专和大学三个发展阶段。肇始于1936年的北平市立高级工业职业学校土木工程科，在将近80年的历史发展过程中，学校始终根植于城乡建设的沃土上，秉持现代"鲁班"精神，积极适应首都高等教育发展和首都城乡建设的需要，坚持"立足北京，面向全国，依托建筑业，服务城市化"，不断拓宽办学视野，不断强化学科专业建设，不断提高办学质量和服务社会能力，现已成为一所以工为主，工、管、理、法、艺等学科相互支撑、协调发展的特色鲜明的多科性高校，是北京乃至国家城乡建设的重要力量。

近年来，北京建筑大学坚持走内涵发展、特色发展之路，以第五次党代会的召开和制定"十二五"发展规划为契机，进一步明确了办学指导思想、办学定位，提出了学校的发展战略、发展目标和发展任务，坚持解放思想、改革创新，抢抓机遇、加快发展，为建设特色鲜明的高水平建筑大学奠定坚实的基础。学校坚持实施"质量立校战略"，培养适应行业发展需要的高素质应用型人才；实施"科技兴校战略"，促进整体办学水平的跃升；实施"人才强校战略"，集聚提升水平的第一资源；实施"开放办学战略"，大力提升办学国际化水平；实施"学科振兴计划"，打牢提升水平的学科基础；实施"服务首都计划"，履行好服务地方、服务行业的基本职能，以服务强特色，以服务促发展；实施"条件建设计划"，为建设高水平大学提供良好的硬件条件。

进入新世纪以来，在首都高等教育迅速发展的带动下，在上级领导的大力支持下，经过全校师生员工的共同努力，学校发展逐渐进入"快车道"，各项事业蓬勃发展。学校相继取得了"新校区建设工程"、"申博工程"和"更名工程"三大标志性工程的胜利：2009年全面开工建设占地近1000亩的新校区。2011年，一期工程16万平方米竣工，3000多名师生顺利入驻，目前正在推进二期工程12万平方米的建设。新校区的建设，使学校的办学条件跃居北京市高校前列，为可持续发展奠定了坚实的硬件基础。2012年"建筑遗产保护理论与技术"获批服务国家特殊需求人才博士学位培养项目。学科评估取得良好成绩，两个学科进入全国前10名，四个学科进入全国前15名，充分展现了学校的学科实力。2013年4月，经教育部批准，正式更名为北京建筑大学。学校的总体办学水平得到显著提高，迈入了崭新的历史发展时期。

学校承担前门地区修缮政治规划综合项目　　　　　唐大明宫大角观建筑推测复原

景德镇历史街区保护规划研究

三峡屈原祠保护工程

故宫博物院古代建筑数字化测量项目

站在创建有特色、高水平建筑大学的新起点上，全校师生员工将再次整装上阵，团结一心，向着"建设国内一流、国际知名的有特色、高水平建筑大学"的北建大梦出发。

科学研究面向首都城乡建设主战场

——北京建筑大学坚持走"科技兴校"之路

彭磊　贝裕文　高蕾

北京是中国的历史名城、文化古都，站在新的历史起点上，确定了建设"人文北京、科技北京、绿色北京"的发展战略，将北京发展定位为建设"世界城市"。北京建筑大学作为北京市属高校中唯一的建筑类高等学校，瞄准北京地区发展的重大需求，发挥土建类学科齐全、多学科协同、与行业联系紧密的优势，面向首都城乡建设主战场，积极开展建筑遗产保护、应对气候变化、地下工程建设、城市数字化技术等具有首都城乡建设特色的科学研究，为北京市的城市规划、建设和管理做出了突出的贡献。

近五年来，学校在研各类科研项目1700余项，其中国家863计划、国家重大水专项、国家科技支撑计划、国家自然科学基金、国家社科基金、世界银行项目、欧盟国际合作项目等省部级以上科研项目 354 项；荣获国家科学技术进步奖、技术发明奖共 8 项，2010年—2012 年连续三年以第一主持单位获得国家科技进步二等奖。科技服务经费连续 7 年过亿。学校现已建有 12 个省部级科研平台，形成了几个在国内有较大影响的研究团队和研究领域。

文化传承创新，形成建筑遗产保护理论与技术特色科研品牌

我国是文化遗产拥有量世界第三、亚洲第一的文化遗产大国，首都北京有着 3000 年建城史、850 多年建都史，保护历史文化名城，塑造高品位、有特色的城市文化是北京城市建设的重要发展战略。北京建筑大学主动承担起保护和传承文化遗产的使命，早在 20世纪 50 年代就开始古建筑保护方面的研究，1984 年与建设部建筑历史研究所联合培养古建保护方向的硕士研究生，1986 年开始独立培养古建保护方向的硕士研究生，是国内较早进行古建筑保护领域的人才培养和科学研究的高校之一。

改革开放以后，中国古建保护领域发生的一系列关键性事件中，都能看到北京建筑大学建筑遗产保护科研团队的身影：中国建筑史上极富价值的应县木塔的测绘、三峡工程地面文物保护、"丝绸之路"新疆段的重点文物保护规划项目、云冈石窟保护研究、唐代大明宫遗址保护与建筑复原研究，以及北京明长城保护规划、故宫博物院建筑保护维修工程、周口店北京猿人遗址保护规划、"十一五"期间北京市历史文化名城保护和老城区改造研究、前门地区保护更新规划与设计、旧城胡同分类保护研究等多项有北京地域特色的项目；还参与了我国首例建筑保护援外项目——柬埔寨周萨神殿保护维修工程。

来自国家文物局的统计，2011 年学校承担的建筑遗产保护工程规划设计项目在国内排名第一。学校建成了"代表性建筑与古建筑数据库"教育部工程研究中心，2012 年申报的"建筑遗产保护理论与技术"服务国家特殊需求博士人才培养项目顺利通过专家评审，获得授权。

此外，学校还紧紧围绕"三个北京"和中国特色世界城市建设，开展北京城市文化特色研究、空间哲学研究、建筑伦理研究和建筑文化遗产保护研究，成为政府在建筑、规划、工程和管理方面的公共政策智库。"北京建筑文化研究基地"于 2010 年被批准为北京市哲学社会科学研究基地，成为北京市建筑文化研究和人才培养的重要平台。

建设"美丽首都"，成为北京应对气候变化研究和人才培养基地

进入新世纪，社会对建筑的文化品位提出了更高的要求。建筑业已由单一的建筑活动扩展为包括能源、环境、交通、文化等多个行业在内的系统工程，并肩负着保护和改善生态环境、保持人与自然的和谐共处的重要使命。

北京建筑大学紧盯国家节能减排的重大战略需求，结合学科专业优势积极开展相关领域的科学研究与人才培养，发挥建筑学、土木工程、环境科学与工程、管理科学与工程等学科专业的优势，强化学科交叉与融合，形成了"城市节水与水资源可持续利用"，"固体废弃物资源化技术与应用"、"环境政策与管理"等三个高水平研究团队，建成了"城市雨水系统与水环境省部共建教育部重点实验室"和"绿色建筑与节能技术北京市重点实验室"。

2011 年，成为"十二五"重大水专项项目级别的主持单位；牵头制定了一系列国家

和地方标准，其中《国家节水型城市考核标准》、《国家节水型城市考核办法》已被住房和城乡建设部、国家发展和改革委员会采纳，并于 2012 年 4 月正式发布，用于全国节水型城市的考核与复查工作；编制了一批节水技术指南和技术导则，解决了再生水用于工业系统中的关键技术问题，在全国起到引领和示范作用。承担多项北京市重大科技专项和多项村庄旅游产业、住宅设计的研究项目，完成 50 余个村庄的新农村规划编制和水环境综合治理规划任务。

开展和完成了北京市道路材料再生利用技术研究、建筑垃圾资源化在北京旧城四合院修缮应用研究等研究和实践。主持完成的"固体废弃物循环利用新技术及其在公路工程中的应用"项目获得 2011 年国家科学技术进步二等奖，该项目解决了道路建设中废旧沥青混合料、废旧橡胶轮胎、钢渣、建筑垃圾等代表性固体废弃物在公路中高掺配率循环利用的关键技术难题，形成了生产线与试验示范基地，实现了固体废弃物的高效循环利用。

2012 年，学校被北京市确定为"北京应对气候变化研究和人才培养基地"。目前正在进行北京市适应气候变化战略研究，以及"中国城市可持续消费"、"可持续建筑发展"、"电子废物回收利用"和"自愿协议式管理方法"等四项欧盟国际合作项目研究，并与欧洲 8 所大学和亚洲其他两所大学一起申请欧盟"欧亚高校城市可持续发展教育"项目，把低碳和应对气候变化的内容融入大学课堂。

开拓"城市地下空间"，率先进行城市地下工程人才培养和科学研究

地下空间作为城市重要的空间资源，已成为大城市空间拓展的重要方向，北京每年地下空间的建成面积约为 300 万平方米，城市轨道交通行业每年新增里程达 150 公里以上，市政基础设施等大型地下穿越工程显著增加，急需大量建设人才和技术支撑。为此，学校率先开展地下工程方面的人才培养和科学研究，在土木工程专业增设了地下工程专业方向。

积极开展地下工程相关技术研究，建成了"城市交通基础设施建设"和"工程结构与新材料"两个北京市工程技术研究中心。科研成果在奥林匹克公园综合交通规划、地铁 4 号线的防灾减灾设计、长安街大修改造的全寿命设计、北京市四元桥立交工程的施工新技术等多项重点工程项目中进行应用。

学校针对大型地下工程开挖领域的超近结构物隔离保护、风险辨识与控制、灾后结构恢复等重大技术难题，展开了长达 15 年的科技攻关，以确保开挖、运营以及相邻构筑物安全。主持完成的"地下工程开挖诱发灾害防控关键技术开发及应用"，获得 2012 年国家科学技术进步二等奖，该研究所取得的技术成果已在"首都机场滑行道穿越工程"等国家重点工程中得到广泛应用。另有两项参与申报的科技成果获得国家科学技术进步一等奖和二等奖，为城市地下空间开发、地下轨道交通建设和国防地下工程建设作出了积极贡献。

打造"智慧城市"，开创城市数字化技术特色研究领域

北京自举办奥运会以来，特别是提出建设世界城市的战略目标以来，日益成为全球顶尖建筑竞技场，大规模、大体量、高层次、高标准的特大异型建筑工程不断涌现，呈现出建筑科技发展高端化趋势。

学校在国内率先将全球卫星导航、激光雷达和数字近景摄影测量等先进技术集成应用

于建筑精细测量，满足日益增多的高、大、难、新工程的建设需要。先后完成了国家体育场以及国家大剧院结构安装数字激光测量、故宫博物院古代建筑数字化测量、云冈石窟三维激光扫描测绘等多个居国内领先水平的特大异型工程精密测量项目。主持完成的"特大异型工程精密测量与重构技术研究及应用"项目，获得 2010 年国家科学技术进步二等奖。

围绕北京建设数字城市的重大技术需求，紧跟智慧技术高度集成、智慧服务高效便民的"智慧城市"发展新趋势，利用物联网技术、GIS 技术与无线通讯技术，开发"降雨量实时监测预警系统"，为城市日常管理、防汛应急指挥、政府部门管理决策等提供了及时准确的信息支持。其中，进行网格化城管关键技术研究，应用于城市部件突发性问题的搜索、定位和反馈，该项技术已在北京市几个城区中推广应用，提高了政府管理部门的响应速度。同时，建成了"现代城市测绘"国家测绘地理信息局重点实验室，研究成果连续三年获得全国测绘科技奖。

推动"协同创新"，产学研合力为建筑行业提供智力支持和人才保障

面对北京乃至全国建筑行业发展的新形势，北京建筑大学与建筑企业、高等院校和科研机构积极联合，围绕建筑业技术创新重点发展领域，开展科技攻关，形成产学研合力，为蓬勃发展的建筑业提供充足的高层次人才储备，为建筑行业发展提供强有力的科技服务与支撑。

学校积极参与 2011 计划——"高等学校创新能力提升计划"，同科研机构、企业开展深度合作，联合开展重大科研项目攻关。整合校内外资源，牵头组建"北京节能减排关键技术协同创新中心"，并参与"首都世界城市顺畅交通协同创新中心"和"中国爆炸冲击灾害防控协同创新中心"的建设工作。

学校加强与企事业单位的合作，建成了校内、外实习基地 102 个，北京高等学校校内外人才培养基地 6 个，基本实现了每个专业都建有产学研用一体化、相对稳定的校内外实践基地。积极探索高校与行业企业联合培养人才的机制，推进学校与行业、企业和科研机构合作培养学生。与北京建工集团合作，选派学生到海外进行工程实践，拓展国际视野，积累国际工程实践经验。2011 年成为教育部"卓越工程师培养计划"试点院校。

2009 年学校被北京市确定为中关村国家自主创新示范区股权激励改革工作首批试点的两所高校之一，并被批准建设北京市大学科技园。同年，北京市"落实科技北京行动计划、实施高校科研成果到区县落地"的活动中，学校推荐的两个项目入选首批 10 个落地项目。2011 年，与北京市大兴区人民政府和有关高校签署协议，联合共建京南大学科技园。

学校集聚各学科研究成果，推进科技成果转化，形成了建筑设计和古建保护、工程监理、古建测绘等多个在国内具有一定影响的产学研平台，先后承担和参与北京前门历史文化街区保护等重大规划、设计项目 50 多项，监理了国家体育馆、北京国际中心、凤凰国际传媒中心、央视新台址主楼以及北京多条地铁建设，获詹天佑奖、国家鲁班奖等各项国家奖 15 项，被奥组委授予"科技奥运先进集体"称号。

多年来，北京建筑大学坚持走"科技兴校"之路，为国家培养了 5 万多名优秀毕业生，成为"北京城市规划、建设和管理的人才培养基地和科技服务基地"，在北京城市规划、城市建设和城市管理的重要技术和管理岗位上，该校的毕业生占 70％以上，成为北京城乡建设中的骨干力量。

北京教育

2013 年 5 月

高等工程教育应用型大学师资队伍建设模式探讨

——以北京建筑大学为例

北京建筑大学校长　朱光

[摘要] 应用型大学应根据学校的办学定位和特色，针对师资队伍现状，瞄准为地方经济建设服务的方向，以提高教师的实践能力和创新意识为重点，通过多种途径，培养适应应用型人才培养需求的复合型师资队伍。

[关键词] 工程教育；应用型大学；师资队伍建设

北京建筑大学多年来紧紧围绕"立足北京，面向全国，依托建筑业，服务城市化"的办学定位和办学特色，坚持"以人为本，人才强校"的理念，把吸引人才、稳定人才、培养人才和充分发挥人才的积极作用作为人才工作的重点来抓，努力打造一支结构合理、综合素质高、学术造诣深、业务能力强、与学校的改革发展事业和工程教育特色相适应的人才队伍。

一、进一步加大引进力度，尤其重视从合作企业引进生产技术精英到学校担任专任教师和兼职教师

人才引进是师资队伍建设的源头，把好进口关，师资队伍建设可以事半功倍。学校根据学科专业特点与改革事业发展的需要，不断加大人才引进力度，推动了学校改革与事业发展。

一是制定优惠政策，积极引进高水平学科带头人。引进高水平学科带头人，提升师资队伍的竞争力，是师资队伍建设的关键环节。学校通过多种渠道、采取多种形式广泛寻觅与学校需求相符合的高水平学科带头人。学校就引进学科带头人问题与北京市人事局多方沟通，寻求政策支持；校领导多次赴外地亲自协调引进学科带头人过程中的具体问题；设立 1000 万元的人才引进专项经费，在住房、配偶工作、科研资助经费、人才项目申报、教师职务聘任等方面提供优惠政策。近年来，先后从国内外引进建筑学、工程管理、土木工程、思想政治教育、数学等学科的带头人 10 余名，带动了学校应用型师资队伍整体水平的提升，有力地推动了相关学科的发展。

二是"引人"与"引智"并举，建设高素质兼职教师队伍。学校本着"不求所有，但求所用"的理念，通过多种形式积极聘任兼职教师。先后聘任中国科学院院士、中国工程院院士周干峙、李德仁，中国工程院院士李圭白为兼职教授，他们定期到学校举办讲座，指导青年教师和学生，合作开展科学研究，对学校的改革发展起到了很好的促进作用；同时，学校直接从相关的企事业单位聘请实践能力强的资深专业人士作为兼职教师，承担实践教学任务，在聘任的 100 余名兼职教授中，具有工程背景的建筑行业专业人才占了 2/3

以上。学校在部分研究生培养中实行"双导师"制，即一名校内导师，一名来自企业的兼职导师，这些技术精英来自企业生产、科研第一线，专业理论功底深厚、实践经验丰富，了解行业的最新动态和知识、技术的需要点，动手能力强，能把工作中的直接经验、最新技术和成果带入教学中，促进了教学和实践的结合。他们在和学校专业教师共同组织教学过程中，能够有效促进学校教师向复合型人才的转化；与此同时，他们自己的教育教学理论、教学基本功、教学管理能力等方面也会有很大程度的提高，促使自己成为名副其实的复合型教师。

二、整合资源，充分利用校内外基地、平台，全面提高师资队伍的素质和水平

校内外的科研基地、科研平台、实验室、实习工厂等资源是加强教师实践能力建设最便利的条件。学校充分利用这些平台，加强对教师能力和素质的培养。

一是依托省部级科研平台的申报与建设，不断提升教师掌握学科前沿动态，承担大项目的能力和水平。科研平台是承担科研项目、汇聚科研团队、凝练科研方向的载体，也是高校培养高层次人才、转化科技成果、开展社会服务的重要基地。没有良好的科研平台支撑，不可能获得大项目，也不可能汇集科研队伍，提高锻炼教师队伍。近年来，学校逐步意识到科研基地对学校科研发展和锻炼师资队伍的重要性，大力加强基地的组织申报工作。在组织申报工作中，注意与学科发展前沿相衔接，突出自己的学科优势和特点；注意与地方行业相结合，发挥与行业联系紧密的优势；注意与企业创新体系相衔接，采取校企联合申报的方式申报。经过三年多的建设，学校的省部级科研平台有了较大的发展，现有城市雨水系统与水环境省部共建教育部重点实验室、代表性建筑与古建筑数据库教育部工程中心、现代城市测绘国家测绘地理信息局重点实验室、北京市应对气候变化研究及人才培养基地、绿色建筑与节能技术北京市重点实验室、工程结构与新材料北京市高校工程研究中心、北京市建筑安全监测工程技术研究中心等12个省部级科研平台。

争取平台后，关键在建设，在使用。依托上述省部级科研平台，学校对内整合资源，跨学科凝聚队伍，汇聚和培养了一批优秀学术团队；对外，引进高层次智力资源指导平台建设，吸引高水平专家参与开放课题研究，提升学术水平。比如，依托"现代城市测绘"国家测绘局重点实验室，汇聚了以刘先林、陈俊勇、宁津生3名院士为代表的一大批测绘领域的著名专家教授，3名院士亲自指导实验室建设，为研究课题亲自选题，测绘学科连续三年获得全国测绘科技一等奖，2011年获得国家科技进步二等奖。比如，依托城市雨水与水环境教育部重点实验室，在校内形成了以郝晓地教授为学术带头人的"可持续污水处理理论与技术"科研团队、以张雅君教授为带头人的"城市节水理论与技术"科研团队和以李俊奇教授为学术带头人的"城市雨水资源化"科研团队三个重点团队，先后主持承担了多项国家科技重大水专项课题。

通过科研平台建设，大大提高了引进人才和稳定人才的吸引力。目前，学校的教授和青年骨干几乎全部汇聚在12个省部级科技创新平台上，省部级科技创新平台发挥了稳定、吸引和凝聚人才的重要作用。同时，科研平台的建设也激活了师资队伍建设的造血功能，使学校立足自己培育大师成为可能。

二是依托校内外实践教学基地建设，加强实践教学环节，提高教师的专业实践技能。学校重视实践教学基地建设，2009年被教育部批准为"建筑行业应用型人才实践教学创新实验区"；2011年被教育部批准为"卓越工程师教育培养计划"试点院校。建成了3个

市级实验教学示范中心，建立了近 100 多个校内外实习基地，其中 4 个被评为市级校内外人才培养基地，北京建工集团被批准为国家级工程实践中心。依托这些基地，学校制定相关政策，引导和鼓励教师积极承担实验教学任务和科研开发任务，直接参与生产和教学指导，在指导课程设计、毕业设计和实训教学中，使教师发现新知识、新技术，更深刻地理解专业知识在生产实践中的应用，提高教师将专业知识与实际应用相结合的能、专业实践能力和科研开发能力。通过指导学生实习达到锻炼自身的目的。此外，专业教师可以利用带领学生到合作企业实习的机会到企业进行专业实践。通过实践，了解自己所从事专业目前生产、技术、工艺、设备的现状和发展趋势，在教学中及时补充反映生产现场的新技术、新工艺；教师也可以带着教学中的一些问题，向有丰富实践经验的工程技术人员请教，在他们的指导下提高推广和应用技术开发的能力。

三是打通校办产业与教学单位的界限，实现人员共享，强化教师的工程实践能力。 学校的校办产业依托学科优势和科研平台，经过十余年的不断发展，形成了产学研结合的建设工程社会服务体系，建立了工程项目管理－工程设计与咨询－工程施工与管理－工程监理等一条龙的科技产业服务链。目前共有 10 家产业单位，其中建工建筑设计研究院为甲级资质设计院，京精大房监理公司为综合甲级资质监理公司。多年来，学校打通校办产业与教学单位的界限，实现人员共享。校产的工程师在做好校产工作的同时，亲自为学生上课，指导研究生，并发挥在校产的优势带学生到校产毕业实习；学校的教授同时兼任设计院的设计师，依托自身的学科专业优势，为校办产业的发展贡献力量。学校教师依托自身的学科专业优势，广泛参与到校办产业的各项工作中，完成和承担了国家体育馆，中央电视台新台址主楼，北京国际中心，地铁 8 号线、9 号线、10 号线，凤凰国际传媒中心等多项重要工程，多项工程获詹天佑奖、国家鲁班奖，为社会提供了大量的服务，同时也锻炼和提高了教师自身解决实际问题的能力和水平。

三、以加强青年教师工程实践能力培养为重点，提高师资队伍教学科研和工程能力

学校教师尤其是新引进的青年教师大部分是来自于高校的应届毕业生，他们虽然具有良好的知识背景和较高的学历层次，但教学及实践经验缺乏。针对这种现象，学校实施了青年教师成长工程，对新入校的、40 岁以下的青年教师进行以导师制和工程实践能力培养为重点的综合能力培养，培养了一批双师型骨干教师。

一是开展"一对一"的导师制培养模式。 为了帮助青年教师尽快适应学校教学和科研的需要，使青年教师尽早在政治思想和业务素质上成长为一名合格的教师，并且充分发挥老教师在师德建设和教学、科研上对青年教师的传、帮、带作用，为刚入校的、没有教学经验的教师配备指导教师。通过这种"一对一"的导师制培养模式，可以实现对青年教师的有效引导，使他们少走弯路，尽快成长起来。

二是有计划、有目的地选派教师到相关企业单位进行专业实践。 学校拿出专门经费，对新入校的未参加过工程（专业）实践的青年教师在入校第一年要求其参加为期 6 个月以上的工程（专业）实践，充分利用教师的理论优势、交叉学科优势，积极开展行业新技术开发、技术创新等方面的科研课题研究，为企业解决难题，提高行业的科技含量和科技竞争力，推动行业的科技进步；同时在现场实践中提高教师的素质和业务水平，并将最新的业界信息和应用成果纳入课堂讲稿中，从而真正培养出社会需要的应用型高级人才。学校近三年来共有 40 人参加了青年教师实践能力培养，对青年教师的教学科研和工程实践能力培养起到了良好的促进作用。

三是定期开展青年教师教学基本功比赛。学校每两年举行一次青年教师教学基本功比赛，青年教师积极踊跃地参加教学基本功比赛，近两届的教学基本功比赛中，共有 306 名青年教师参加，占青年教师的 90％以上，其中 26 人获得校级奖励。在北京市最近举办的教学基本功比赛中，学校教师取得了优异的成绩，有 2 位青年教师连续两届获得一等奖及最佳演示奖、最佳教案奖，1 位老师获得二等奖、最佳教案奖及最受学生欢迎奖。

四是加大青年教师培养投入力度。学校设立了 500 万元的青年教师培养专项基金，用于资助青年教师开展教科研项目研究和参加工程实践训练。此外，还设立了青年教师教学研究专项基金、自然科学与人文社科项目科学研究基金青年项目以及博士科研启动基金项目等项目，加大青年教师培养支持力度。学校修订教师继续教育管理办法，打破任职年限、提高计划名额，资助青年教师提高学位学历，并通过国内（外）访问学者项目、语言培训、境外高校合作研究、参加学术会议交流、博士后培养等多种形式来加强中青年骨干教师的培养。近三年来，共有 60 余位青年教师获得学校的博士科研启动基金，近 100 位青年教师获得青年教学专项基金和科学研究基金项目，资助 58 位青年教师攻读博士学位，青年教师参加了各级各类培训 200 人次。

五是通过北京市科技新星、优秀人才资助、人才强教计划来加强中青年骨干教师的培养。北京市人才强教计划中青年骨干教师项目主要面向在市属市管高校从事教学、科研工作的中青年教师，年龄不超过 45 岁，对其给予重点培养，使其进一步提高教育教学水平和科学研究能力，成为教学名师、中青年学术带头人。自 2005 年至今，学校已有 69 人入选中青年骨干教师项目，获得北京市优秀教学团队、学术创新团队、管理创新团队 23 个。中青年教师通过参与学术创新团队项目快速地提高了自己的学术水平和科研能力。

六是支持社团对青年教师进行扶助互助培养。学校批准设立青年科协，给予资金支持，通过举办学术沙龙及论坛，鼓励青年教师向成绩卓著的教授学习、互相学习交流；工会等组织开展员工帮助计划，通过师德论坛、师德报告会、创新教育思维讲座、教学观摩等形式多样的教师职业能力素质提升系列活动，全方位地加强师资队伍师德建设、教学基本功培养、科技创新及科研能力提升。曾成功举办过首届青蓝高校青年科技论坛、哈尔滨工业大学与北京建筑大学第二届青年科协论坛暨北京地区部分高校青年学术论坛、教职工暑期社会实践等活动。

通过实施人才强校战略，促进了学校的整体发展。学校的学科建设、教学、科研等各项工作取得了长足进步，两年内在全国大学排名上升了 100 多位，2013 年 4 月，教育部正式批准学校更名为北京建筑大学，为建设特色鲜明的高水平建筑大学奠定了坚实的基础。

新时期、新任务、新要求，北京建筑大学将以更名为契机，继续按照国家和北京市的总体部署和社会需要，紧密围绕学校的办学定位、办学特色、服务面向，以实施"卓越工程师教育培养计划"为抓手，加强对应用型大学师资队伍建设的研究和实践，与其他应用型大学一起共同推进高等工程教育改革发展，为培养数以百万计的卓越工程师后备人才，满足我国工业化和现代化建设的需求，跻身工程教育强国而努力奋斗！

学校整体形象宣传

光明日报
GUANGMING DAILY

2013 年 6 月 5 日第 10 版

北京建筑大学着力提升行业大学办学水平

北京建筑大学是北京市属高校中唯一的建筑类高等学校。近 80 年来，历经高工建专、中专和大学三个发展阶段。1977 年经国务院批准为本科院校，1982 年被确定为国家首批学士学位授予高校，1986 年获准为硕士学位授予单位。2013 年，正式更名为北京建筑大学。

新中国成立以来，特别是改革开放三十多年来，北京建筑大学积极适应首都高等教育发展和首都城乡建设的需要，坚持"立足北京，面向全国，依托建筑业，服务城市化"，继往开来，与时俱进，不断拓宽办学视野，不断强化学科专业建设，不断提高办学质量和服务社会能力，现已成为一所以工为主，工、管、理、法、艺等学科相互支撑、协调发展的特色鲜明的多科性大学，是北京乃至国家城乡建设的重要力量。

近年来，学校响应中央关于不同高校"在不同层次、不同领域办出特色，争创一流"的号召，着力提升行业大学的办学水平，深入实施质量立校、人才强校、科技兴校、开放办校四大战略，推进质量提升计划、人才强校计划、科技兴校计划、学科振兴计划、服务首都计划、条件建设计划等六大计划，相继取得了"新校区建设工程"、"申博工程"和"更名工程"三大标志性工程的胜利，总体办学水平得到的显著的提高，学校也由此迈入了崭新的历史发展时期。

一、实施质量立校战略，培养适应行业发展需要的高素质应用型人才。

学校坚持"立足北京、面向全国、依托建筑业、服务城市化"的办学定位，不断强化应用型人才培养特色，弘扬注重实践教学的传统，坚持产学研结合道路，强化工程实践能力培养，培养适应建筑行业发展需要的高素质应用型人才。

积极构建以工程技术教育为主体，课内与课外实践教学两者相互配套的实践教学体系。积极推进"国家工程实践教育中心"和"国家级实践教学人才培养创新实验区"的建设，探索具有我校特色的工程教育新模式，培养高素质应用型人才。加强与企事业单位的合作，建成了校内、外实习基地 102 个，北京高等学校校内外人才培养基地 6 个，基本实现了每个专业都建有产学研用一体化、相对稳定的校内外实践基地。以新校区建设工程实践创新中心为平台，建立了 6 个学生创新工作室，培养学生的动手能力和创新精神。积极探索高校与行业企业联合培养人才的机制，采取引进行业、企业师资与课程，在国家机关、社会团体、企事业与学术单位进行职业技能训练与专业实践，合作指导本科生毕业论文与毕业设计等措施，推进学校与行业、企业和科研机构合作培养学生。与北京建工集团合作，选派学生到海外进行工程实践，拓展国际视野，积累国际工程实践经验。2011 年成为教育部卓越工程师培养计划"试点院校。

学校在质量工程建设方面取得一系列标志性成果，获国家和市级质量工程标志性成果100余项，在近两届北京市教学成果奖评选中，共获得教学成果奖20项，其中，一等奖8项。近5年来，学生科技立项620项，参加校内外科技文化活动520项，在"挑战杯"全国大学生课外科技作品等竞赛中，共获得省部级以上奖励336项，其中国家级奖励115项，国际奖励2项。招生录取分数稳步上升，毕业生全员就业率连年超过95％。

二、实施科技兴校战略，促进行业大学整体办学水平的跃升。

学校秉承立足首都，融入首都城乡建设的办学传统，着眼于建设"三个北京"和世界城市的需求，深入实施科技兴校战略，按照"组建大团队、搭建大平台，拿大项目、出大成果，得大奖、出大师"的思路，坚持以科研平台建设为支撑，以重大科研项目研发为纽带，以科研团队建设为根本，面向首都城乡建设主战场，着力开展具有首都城乡建设特色的科学研究，取得了显著成效。

针对新世纪国家节能减排的重大战略需求，发挥建筑学、土木工程、环境科学与工程、管理科学与工程等学科专业的优势，形成了"城市节水与水资源可持续利用"，"固体废弃物资源化技术与应用"、"环境政策与管理"等三个高水平研究团队，建成了"城市雨水系统与水环境省部共建教育部重点实验室"和"绿色建筑与节能技术北京市重点实验室"，成为"北京应对气候变化研究和人才培养基地"。

针对北京等大城市不断扩展地下空间以及优先发展地下轨道交通的重大现实需求，建成了"城市交通基础设施建设"北京市工程技术研究中心和"工程结构与新材料"北京市工程技术研究中心。相关技术成果获得国家科学技术进步一等奖1项，二等奖2项，为城市地下空间开发、地下轨道交通建设和国防地下工程建设作出了积极贡献。

针对北京建设数字城市的重大技术需求，开发应用数字激光测量新技术，先后完成了国家体育场以及国家大剧院结构安装数字激光测量、故宫博物院古代建筑数字化测量、云冈石窟三维激光扫描测绘等多个居国内领先水平的特大异型工程精密测量项目，建成了"现代城市测绘"国家测绘地理信息局重点实验室，形成了"城市数字化技术"特色研究领域。

近五年来，学校在研各类科研项目1700余项，其中国家863计划、国家重大水专项、国家科技支撑计划、国家自然科学基金、国家社科基金、世界银行项目、欧盟国际合作项目等省部级以上科研项目354项；荣获国家科学技术进步奖、技术发明奖共8项，2010～2012连续三年以第一主持单位获得国家科技进步二等奖。科技服务经费连续7年过亿。学校建成12个省部级重点实验室、工程研究中心、社科基地和大学科技园项目。

三、实施人才强校战略，集聚提升行业高校办学水平的第一资源。

学校以师资队伍建设为根本，实施人才强校战略，推进人才强教计划，形成了一支学历层次较高、整体结构合理、教学科研能力强的师资队伍。在设立1000万元的人才引进基金加强高层次人才引进的同时，每年设立500万元的青年教师培养专项基金，倾力培育青年人才。注重团队育人，通过团队高水平的科研锻炼队伍，激活师资队伍建设的造血功能，促进骨干教师成大师，带动青年教师加快成长。注重科研平台的聚才育才作用，推动人才、基地、项目的有机结合，既为学校事业发展搭建了广阔的平台，也为人才发展提供了广阔的舞台。2012年做为唯一一所学院建制地方高校获批"长江学者"。目前，学校有1名教授入选长江学者，1名教授入选科技北京百名领军人才、1名入选长城学者，拥有教育部、建设部专业指导委员会委员 9 人，兼职博士生导师 21 名，拥有享受政府特殊津贴专家 28 人，新世纪百千万人才工程市级人选、省部级优秀教师、教学名师、优秀青年知识分子、留学人员创新创业特别贡献奖获得者、学术创新人才、科技新星、高层次人才、青年拔尖人才 37 名，北京市优秀教学团队、学术创新团队、管理创新团队 23 个。

四、实施开放办校战略，提升行业高校的办学国际化水平。

学校把实施开放办校战略，加快推进国际化进程作为引领学校事业发展的战略引擎，以全球的视野谋划和推动高水平大学建设。一是推进人才队伍国际化。面向全球招聘领军人才，提升学科带头人的国际化水平。实施"柔性"引进政策和"客座教授"制度，吸引海外高端人才加盟。分批组织 100 名管理干部赴香港理工大学开展教育管理培训，拓宽管理队伍的国际视野。二是推进学生培养国际化。以培养具有国际视野、通晓国际规则、能够参与国际建筑事务的国际化人才为目标，与承揽国际工程项目的建筑企业合作，选派学生到海外进行工程实践，积累国际工程实践经验；加强双语师资培训，大力推进双语教学；积极发展留学生教育，留学生教育获得快速发展。三是推进国际合作办学。学校与美、英、法等 23 个国家和地区的 35 所大学和科研机构建立了校际交流与科研协作关系，着力建好中法政府间合作项目中法能源培训中心，与美、英、法、澳等国家的多所大学开展学分互认、合作办学项目，形成了合作培养博士、硕士和本科的多层次国际合作办学格局。在 2012 年首届京交会项目签约暨成果发布会上，与美国奥本大学正式签署合作协议，决定合作设立中外合作办学机构——北奥国际学院。四是推进科学研究的国际化。鼓励师生主持、策划、参与重大国际项目，2011 年学校教师向欧盟提交了 4 项亚洲转型项目，全部获批，占欧盟批准的 5 个中国项目中的 4 席，总预算约 500 万欧元。支持教师出席国际重要学术会议，成功举办"生命之水"前沿技术国际会议、"测绘学科发展战略"国际论坛、第二届"生态环境与混凝土技术"学术研讨会、第三届"建筑与土木热点问题"国际研讨会等一系列高水平国际学术会议。

五、实施"学科振兴计划"，打牢提升行业大学办学水平的学科基础。

学校积极提高办学质量和办学效益，不断提升办学层次和水平，在巩固本科教育的同时，积极发展研究生教育，积极探索向教学研究型大学转变的途径。目前，具有硕士学位授权一级学科点 12 个，可涵盖 55 个硕士学位授权二级学科点，有 9 个专业学位授权类别/领域点，1 个硕士学位授权交叉学科点，是北京高等学校"城乡建设与管理"产学研联合研究生培养基地。

近 5 年来，学校以申博工程为抓手，大力实施学科振兴计划。紧紧抓住政策新机遇，组织申报服务国家特殊需求"建筑遗产保护理论与技术"博士人才培养项目，从 140 多所高校 188 个项目中脱颖而出，成功进入首批 30 个实施项目之列。申博工程的不断推进，特别是申博项目的获批，为学校进一步凝练了学科特色，营造了传统优势建筑学一级学科异军突起、建立了建筑遗产保护交叉学科、带动了其他学科整体发展的良好局面。3 个一级学科增列为北京市重点学科，2 个一级学科增列为北京市重点建设学科；在 2012 年全国学科评估中，4 个学科进入前 15 名，其中 2 个学科进入前 10 名。

学校坚持聚焦北京城乡建设与发展，强化学校的"建筑"特色优势，被确定为"北京城市规划、建设、管理的人才培养和科技服务基地"。长期以来，学校紧密结合北京城乡规划、建设、管理的需要，以土建类专业为核心，以建筑学、土木工程、测绘科学与技术、环境科学与工程、管理科学与工程等传统优势学科为骨干，强化学科建设的引领作用，积极拓展学科领域，凝练学科特色，促进学科交叉与融合，重点打造城乡规划学科群、城乡建设学科群、城乡管理学科群，形成了多学科相互支撑、协调发展的学科体系。

六、实施"服务首都计划"，提升行业大学的社会服务功能。

近年来，学校始终以服务首都城乡建设为己任，主动对接首都建设"人文北京、科技北京、绿色北京"和世界城市的需求，全面推进服务首都计划，成为"北京城市规划、建设、管理的人才培养和科技服务基地"、"北京应对气候变化研究和人才培养基地"以及国家建筑遗产保护研究和人才培养的重要基地。

——坚持产学研结合，提升服务首都的能力。2009年学校被北京市确定为中关村国家自主创新示范区股权激励改革工作首批试点的2所高校之一，并被批准建设北京市大学科技园。同年，北京市"落实科技北京行动计划、实施高校科研成果到区县落地"的活动中，学校推荐的2个项目入选首批10个项目。学校积极参与2011计划——"高等学校创新能力提升计划"，同科研机构、企业开展深度合作，联合开展重大科研项目攻关。2011年，与北京市大兴区人民政府和有关高校签署协议，联合共建京南大学科技园。同时与京内外多家建筑、建材等国内知名企业建立了产学研合作关系，联合开展科技攻关，服务建筑行业发展。

——发挥校办企业在科技成果转化和科技服务工作的生力军作用。校办企业先后承担和参与北京前门历史文化街区保护等重大规划、设计项目50多项，监理了国家体育馆、北京国际中心、凤凰国际传媒中心、央视新台址主楼以及北京多条地铁建设，获詹天佑奖、国家鲁班奖等各项国家奖15项，被奥组委授予"科技奥运先进集体"称号。

——依托继续教育，为行业提供人才培养培训服务。学校利用以土建类为主的学科专业优势，通过举办监理工程师、项目工程师、建造师、建筑师等各类培训班，为社会和行业培训人才。近五年来，累计培训10万余人次，有效提升了北京建筑行业从业人员的能力素质和学历水平。

七、实施"条件建设计划"，为建设高水平大学提供良好的硬件条件。

学校实施条件建设计划，以新校区建设为重点，彻底改善办学条件，不断丰富办学资源。2009年全面开工建设占地近1000亩的新校区，被列为北京市"保增长、保民生"重点建设项目和"南城行动计划"重点民生项目。2011年，一期工程16万平方米竣工，3000多名师生顺利入驻。目前正在推进二期工程12万平方米的建设，从根本上改善了办学条件，树立了崭新的大学形象，为学校可持续发展奠定坚实的硬件基础。

学校在推进新校区建设的基础上，不断丰富办学资源，改善教学科研条件。现有固定资产总值5.5亿元，其中教学科研仪器值3亿元。2009年，与中国建筑文化中心合作，把中国建筑图书馆整体引进学校，增加建筑类图书40万册，使学校成为全国建筑类图书藏书最丰富、规模最大的高校。

站在新的历史起点上，北京建筑大学在校党委的领导下，把"建设有特色、高水平建筑大学"确定为新时期的奋斗目标，继续坚持内涵发展、特色发展之路，为把学校建成特色鲜明的高水平建筑大学而努力奋斗！

科技日报
SCIENCE AND TECHNOLOGY DAILY

2013 年 7 月 17 日第 8 版

天然气低碳催化燃烧

——开辟化石能源无污染燃烧新途径

在未来的某一天，也许路边的烧烤摊上不会再见到烟熏火燎的状况，烤串用的烧烤炉被一种封闭式的烤箱代替。锅炉也不会再因为废气排放对大气造成污染，危害人类的生命健康。而这一切，得益于一项新型的燃烧方式——催化燃烧的应用。它的神奇之处就在于使超低浓度的燃料得到完全的燃烧氧化，转化效率接近 100%。2013 年第 2 期《前沿科学》发表了张世红、Valerie Dupont 和 Alan Williams 的《天然气低碳催化燃烧特性与应用》一文，向我们介绍了天然气催化燃烧的特性、理论和应用。

天然气催化燃烧的理论研究

催化燃烧的研究最早可以追溯到 19 世纪初。然而直到进入 20 世纪 70 年代，人们意识到催化燃烧能够带来巨大的经济效益和环境效益，才开始进行广泛的研究和应用开发。对催化剂的进一步开发和研究为催化燃烧的研究开辟了新的途径。直到今天，催化燃烧的主要研究集中在催化剂及制备工艺和催化装置及控制技术两方面。

在对贫甲烷/氧气/氮气混合气体燃烧进行的理论研究中，使用的是滞止点流动反应器实验装置。内部铝支架的中间是固定在陶瓷框架里面的催化剂铂金属薄箔。在燃烧时，铂元素与反应物一起参与到反应中去，形成热循环，在反应过后试验气体成为尾气排放，铂恢复原状并继续参与下一个这样的循环。通过反复的试验和数值模拟发现，因为有催化剂因素的存在，可燃气体能在低浓度的情况下发生催化燃烧并完全氧化，不形成 CO、氮氧化物和未完全燃烧的碳氢化合物，燃烧发生在常规气相易燃极限之外，因此燃烧更加稳定。催化剂表面的异相反应抑制了气相氧化反应的程度，提高了单相点燃的表面温度。

天然气催化燃烧的开发应用研究

张世红研究团队以催化燃烧机理和应用研究为课题，对近零污染物排放，催化剂中毒特性和贫天然气/空气混合比如何调节等问题进行了深入的工业产品和产业化研究。开发研制了天然气催化燃烧 V 型冷凝锅炉、天然气催化燃烧烤箱、天然气催化燃烧炉窑。

在对天然气催化燃烧 V 型冷凝锅炉的研究中，燃烧炉采用催化燃烧的方式以后，可以避免火焰燃烧方式的诸多缺点。张世红研究团队通过对普通快速型燃气热水器和家用燃气灶的烟气进行了测量，发现燃气热水器及燃气灶排放的烟气虽然都被空气明显稀释过，但污染物排放浓度仍然比催化燃烧高很多，因此证明催化燃烧贫 CH4 的异相燃烧方式能够产生节约燃料和减少环境污染的效果是十分明显的。试验数据表明，催化燃烧 V 型冷凝锅炉的热效率明显比普通燃气锅炉要高。利用分析仪测量催化燃烧和气相燃烧两种情况下的烟气成分及含量发现目前的催化燃烧几乎已经达到了燃烧完全的程度和近零污染物排放。

张世红研究团队的另一项成果催化燃烧烤箱更贴近于我们的生活。和普通烤箱相比，催化燃烧烤箱不仅节约了电能，而且由于催化燃烧器的辐射面积相比普通电烤炉的发热管的面积要大，所以在催化燃烧烤箱中食物能够更好地接受高温辐射所传来的能量。通过对普通烤箱和催化燃烧烤箱同时烧烤两块相同部位的牛肉比较，催化烧烤箱中烤出的牛肉口感鲜嫩，清爽，柔软汁多，容易嚼烂，气味更明显，肉香味诱人。

在对天然气催化燃烧炉窑研究中，张世红研究团队通过对炉窑设备的改进，使烤盘周边温度达到了 850 摄氏度左右，烧出的陶器特征明显、形状规则、表面光滑、无凸起坑洼现象。和普通电炉窑烧出的陶器相比，前者因为受热均匀，其品质更加细腻，颜色淡雅细致，更接近于自然本色，可以作为装水的容器。

天然气催化燃烧的应用亟待推广

张世红教授认为，天然气催化燃烧实现了真正意义上的低碳脱硝排放，烟气经过高温而达到无菌且成分与新鲜空气相同。天然气催化燃烧在供热、食品工业、化工和炉窑、部分冶金行业和农业中因其燃烧的稳定性、完全燃烧和近零污染可以发挥出普通燃烧不可代替的作用。

比如，天然气催化燃烧 V 型冷凝锅炉的研究结果为当前北京市的大气污染治理提供了新的思路和途径。天然气催化燃烧炉窑研究的成果对未来的景观设计、园林园艺工艺、艺术品制作和古建材料制作中具有重要的意义。

随着人们对环保意识的不断提升，这种无污染的燃烧方式将会有更广泛的应用推广空间。

（本报记者　曹丙利）

2013 年 9 月 23 日第 12 版

杨刚：用脚丈量中国地图

为创新开展学生思想政治教育工作，深入挖掘优秀学生楷模，充分展现北建大学生敢为人先、勇攀高峰的精神和积极向上、乐观进取的昂扬风貌，学生工作部设置"青春榜样"栏目，宣传榜样先进事迹，激励同学们共同成长进步。这些青春学子的身上闪耀着建大特有的学术品质、执着情怀和奉献精神。他们尽情挥洒着青春的汗水，凭借理想的翅膀展翅翱翔。我们希望通过汇集和展现这些学生的成长故事，分享身边的青春榜样鲜活的成长经历、人生抉择和感知体悟，让大家在面对选择时多一份智慧、少一份迷惑，在身处逆境时多一份坚持、少一份退缩，在追寻梦想时多一份执着、少一份旁骛，让每一个北建大学子都能找到属于自己的成长方向。

北京市委教育工委联合中国青年报社共同推出"寻找青春榜样"主题专栏。2013 年 9 月 23 日《中国青年报》第 12 版刊发报道《杨刚：用脚丈量中国地图》，介绍北京建筑大学杨刚同学的先进事迹。

每个人在小时候都会有一些爱好，但只有极少数的人能将儿时的爱好延续到大学，转化为专业，变为职业——杨刚，就是其中之一。

中学时，杨刚就对地理萌发了兴趣，周围能看到的地图和地理方面的书籍，都被他翻了个遍。在很多人眼中无趣的地图，在他眼里却是一个个充满奥秘的世界，深深地吸引着他。

怀着对地理和地图的热爱，高考时，杨刚考入了北京建筑大学测绘与城市空间信息学院地理信息系统专业，这令他如鱼得水：对地图的钟爱加上对祖国大好河山的熟悉，让他开启了一段走遍中国的梦想。

"学测绘地理信息的人要有四海为家的能力。"谈起自己的旅行经历，杨刚颇有心得，他说，地理信息系统与地图非常相关，而地图与旅行也十分相关，这对于他完成一次又一次的旅行，非常有帮助。

如今，作为一名背包客，杨刚已经利用寒暑假以及节假日时间，踏遍了全国 28 个省（市、自治区、特别行政区），走过超过 100 个市级、县级城市，包括搭顺风车赴西藏、徒步梅里雪山、骑行海南岛、体验中俄边境、追寻港澳美食，等等。这些经历丰富了他的阅历、锻炼了他的交际能力和自我管理能力，同时也为他赢得了一大批遍布全国各地的朋友。

"我印象最深的一次经历是搭顺风车去西藏。"讲到自己的旅行经历，杨刚有说不完的感触。"2012 年暑期，我和朋友从四川西昌开始体验搭车，14 天，搭过近 20 辆不同种类的车，行程将近 3000 公里，途经四川、云南、西藏。"两个星期的时间，杨刚感受过神秘的泸沽湖，游走过丽江的街头巷尾，被虎跳峡的壮观所震撼，为香格里拉的美景所陶醉；

他也体验过长达 10 多个小时搭不到车而经受烈日暴晒，也曾顶着暴雨徒步高原；他经历过公路的塌方，被山上的落石砸中车身，也曾徒步于"身在天堂，脚在地狱"般的梅里雪山；最终当他抵达西藏，震撼于雄伟的布达拉宫、圣洁的纳木错和美丽的羊卓雍错时，感觉所有路上的艰辛都不值一提。

每到一个城市，杨刚都会买一张地图，一方面是为了制定路线，另一方面也是在学习不同地方地图的制图特点，这是杨刚很喜欢的一种学习方式：旅行离不开地图，地图的制作又离不开地理信息系统，在杨刚眼中，将专业所学与爱好结合是令人心驰神往的事情。

当然，学好专业仅靠兴趣是远远不够的。杨刚初入大学时也有过困惑，地理信息系统是门综合学科，涉及计算机、地理学、测量学等，多个学科的知识让他刚开始时有些无所适从。幸亏有老师的帮助，他阅读了许多关于测绘和地理信息系统的书籍，慢慢激发了他对专业的兴趣。"我认为只有你热爱自己所学的专业，才能全身心地投入到对专业知识的学习当中，才能更好地在专业领域取得成绩。"杨刚说。

大一的那个炎热的夏天，他们去鹫峰进行测量学实习。为了避开酷暑，他们每天早上 6 点准时出门去测量，在太阳底下工作到 10 点，然后利用午休时间检验上午的成果，下午 4 点再出门测量，晚上 8 点太阳落山后才结束一天室外的工作，回到宿舍继续验算测量数据，与老师探讨问题，有时到了后半夜，他还带领着组员在认真进行数据计算，生怕产生更大的误差。"我认为做事严谨认真是取得成功的关键。"杨刚说。

兴趣＋认真，让杨刚从单纯的爱好变成了专业内的行家里手：大一，杨刚获得校级奖学金；大二，考取中级地图制图员证书，并获国家奖学金、北京市三好学生等称号；大三，考取全国计算机等级考试二级 C 语言证书。期间他还参加校科技立项，是北京旧城三维虚拟现实复原的项目负责人。在大四的毕业设计中，他的论文《北京市城区土地利用变化对城市热岛效应的影响分析》被评选为校级优秀毕业设计（论文）奖，并被评为 2013 年度北京市优秀毕业生。

"喜欢什么，就要坚持下去，虽然会面临重重困难和阻力，但是坚持下去的人一定会收获很多。"杨刚说。

附录一 2013年增减教职工情况

一、2013年增加教职工情况一览表

（一）教师

序号	单位	姓名	性别	调入时间	最后学历	最后学位	毕业院校	所学专业	职称	备注
1	建筑学院	王佐	男	2013.02.28	博士研究生	工学博士	清华大学	建筑设计及城市设计	副教授	京内调动
2	环能学院	段之殷	女	2013.05.03	博士研究生	工学博士	英国诺丁汉大学	建筑技术与可持续能源技术		留学回国
3	建筑学院	郗晓赛	女	2013.05.08	博士研究生	工学博士	清华大学	建筑学	高级工程师	应届毕业生
4	环能学院	彭浩	男	2013.05.27	博士研究生	工学博士	上海交通大学	制冷及低温工程	助理研究员	京内调动
5	建筑学院	李利	男	2013.06.25	博士研究生	工学博士后	北京林业大学	城市规划与设计		博士后出站
6	文法学院	王隽	女	2013.06.25	硕士研究生	翻译硕士	南开大学	翻译硕士		京内调动
7	环能学院	张质明	男	2013.06.28	博士研究生	理学博士	首都师范大学	自然地理学		应届毕业生
8	经管学院	刘国东	男	2013.07.03	博士研究生	管理学博士	中国农业大学	管理科学与工程	高级工程师	应届毕业生
9	环能学院	李惠民	男	2013.07.09	博士研究生	工学博士	北京师范大学	环境科学		京内调动
10	建筑学院	马全宝	男	2013.07.10	博士研究生	文学博士	中国艺术研究院	设计艺术学		应届毕业生
11	土木学院	侯苏伟	男	2013.07.13	博士研究生	工学博士	西南交通大学	桥梁与隧道工程		应届毕业生
12	经管学院	邓世专	男	2013.08.29	博士研究生	经济学硕士	对外经济贸易大学	国际贸易学		应届毕业生
13	建筑设计艺术中心	张捍平	男	2013.08.29	博士研究生	建筑学博士	北京建筑大学	建筑学博士		应届毕业生
14	文法学院	张蕊	女	2013.08.30	硕士研究生	文学硕士	英国纽卡斯尔大学	口译		留学回国
15	测绘学院	周命端	男	2013.09.02	博士研究生	工学博士	武汉大学	大地测量学与测量工程		应届毕业生
16	电信学院	孙卫红	女	2013.09.02	大学本科	工程硕士	西安电子科技大学	电子与信息工程	高级工程师	京外调动
17	建筑学院	王晶	女	2013.09.05	博士研究生	工学博士后	天津大学	城市规划		博士后出站
18	建筑学院	潘剑彬	男	2013.09.09	博士研究生	工学博士后	北京林业大学	园林植物与观赏园艺		博士后出站
19	机电学院	陈新华	男	2013.10.21	博士研究生	工学博士	北京交通大学	载运工具运用工程		应届毕业生

（二）职员（含学生工作＋教务员）

序号	单位	姓名	性别	调入时间	最后学历	最后学位	毕业院校	所学专业	职称	备注
1	教务处	韩昌福	男	2013.05.07	博士研究生	工学博士	中科院研究生院	环境工程		京内调动
2	校产办	祖维中	男	2013.05.09	硕士研究生	工学硕士	解放军理工大学	土木工程	副师	接收军转
3	人事处	刘文硕	男	2013.06.24	硕士研究生	工学硕士	北京邮电大学	物流工程		应届毕业生
4	电信学院	田奔	男	2013.06.24	硕士研究生	法学硕士	北方工业大学	思想政治教育		应届毕业生
5	学工部	裴晨	男	2013.06.28	博士研究生	法学博士	中国矿业大学	思想政治教育		应届毕业生
6	团委	吴雨桐	女	2013.07.05	硕士研究生	汉语国际教育硕士	首都师范大学	汉语国际教育		应届毕业生
7	建筑学院	刘丛	女	2013.07.08	硕士研究生	建筑学硕士	北京建筑大学	建筑设计及其理论		应届毕业生
8	经管学院	李文超	男	2013.07.09	硕士研究生	管理学硕士	北京建筑大学	技术经济及管理		应届毕业生
9	团委	磨琪卉	女	2013.07.10	硕士研究生	经济学硕士	北京林业大学	金融		应届毕业生
10	国际处	曹鑫浩	男	2013.08.29	硕士研究生	工商管理硕士	英国南威尔士大学	工商管理		留学回国
11	财务处	韩敏	女	2013.08.29	硕士研究生	管理学硕士	北京林业大学	会计学		应届毕业生
12	土木学院	宋宗耀	男	2013.08.29	硕士研究生	法律硕士	北京航空航天大学	法律硕士		应届毕业生
13	经管学院	左一多	男	2013.08.30	硕士研究生	理学硕士	中国地质大学（北京）	计算数学		应届毕业生
14	招就处	杨益东	男	2013.09.03	硕士研究生	法学硕士	中央财经大学	经济法学		应届毕业生
15	学工部	段蕾暘	女	2013.09.12	硕士研究生	文学硕士	首都师范大学	音乐学		应届毕业生
16	建筑设计艺术中心	王爱恒	男	2013.09.12	硕士研究生	工学硕士	北京建筑大学	城市规划与设计		应届毕业生

二、2013 年减少教职工情况一览表

序号	部门	姓名	性别	民族	政治面貌	学历	学位	职称	备注
1	理学院	白如君	女	蒙古族	团员	硕士研究生	理学硕士	助教	调离
2	资产与后勤管理处	赵新亮	男	汉族	党员	高中		干部	退休
3	机工厂	王登明	男	汉族	群众	初中		中级工人	退休
4	教务处	陆立	女	汉族	民盟	硕士研究生	工学硕士	副教授	退休
5	待聘人员	石有环	女	汉族	群众	大学本科		工程师	调离
6	机关党总支	吴翔	男	汉族	党员	大学本科		副高	退休
7	电信学院	王燕京	男	汉族	党员	大学		高级工程师	退休
8	测绘学院	于子洋	男	汉族	九三	大学		副教授	退休
9	图书馆	魏智芳	女	汉族	九三	大学本科		副研究馆员	退休
10	电信学院	彭冰	男	汉族	预备党员	硕士研究生	工学硕士	讲师	调离
11	学校办公室	高冬琴	女	汉族	党员	硕士研究生	历史学硕士	助理研究员	调离
12	电信学院	刘淑军	女	汉族	党员	博士研究生	工学博士	副教授	调离
13	保卫部	陈长铁	男	汉族	群众	技工班		中级工人	去世
14	学校办公室	蔡鹏	男	汉族	党员	硕士研究生	法学硕士	助理研究员	调离
15	资产与后勤管理处	张永祥	男	汉族	党员	大学本科		副研究员	退休
16	建筑学院	高丕基	男	汉族	党员	大学本科	文学学士	教授	退休
17	大兴分馆	陈玉英	女	汉族	群众	大学本科	中级工人	干部	退休
18	建筑学院	张路峰	男	汉族	群众	博士研究生	工学博士	教授	调离
19	图书馆	赵燕红	女	汉族	党员	大学本科	无学位	馆员	退休
20	医务室	玄爱荣	女	汉族	党员	中专	无学位	主管护师	退休
21	机工厂	胡秀年	女	汉族	民革	大学专科	无学位	助理会计师	退休
22	高等教育研究室	叶安丽	女	汉族	党员	大学本科	工学学士	教授	退休
23	图书馆	徐宏林	女	汉族	群众	硕士研究生	工学硕士	工程师	退休
24	经营开发中心	裴祝荣	男	汉族	群众	高中、中专	无学位	中级工	调离
25	环能学院	赵秀敏	女	汉族	党员	硕士研究生	工学硕士	讲师	调离
26	设计院	金全福	男	汉族	群众	大学本科	无学位	高级工程师	退休
27	设计院	钱明	女	汉族	群众	大学本科	工学学士	工程师	退休

附录二 2013 年教师岗位高级职称人员名单

一、2013 年教师岗位正高人员名单

序号	部门	姓名	性别	出生日期	民族	政治面貌	学历	学位	职称
1	学校办公室	钱军	男	1964.03.10	汉族	党员	博士研究生	管理学博士	教授
2	学校办公室	朱光	男	1954.09.02	汉族	党员	硕士研究生	工学硕士	教授
3	学校办公室	张雅君	女	1965.10.01	汉族	党员	硕士研究生	工学博士	教授
4	学校办公室	宋国华	男	1955.01.17	汉族	党员	博士研究生	理学博士后	教授
5	学校办公室	汪苏	男	1959.12.14	汉族	民盟	博士研究生	工学博士	教授
6	学校办公室	李维平	男	1963.10.08	汉族	党员	硕士研究生	工学硕士	教授级高工
7	学校办公室	张大玉	男	1966.04.12	汉族	党员	硕士研究生	工学硕士	教授
8	学校办公室	赵金端	男	1955.07.24	汉族	党员	研究生班	工学学士	研究员
9	组织部	高春花	女	1964.02.19	汉族	党员	博士研究生	法学博士	教授
10	教务处	邹积亭	男	1961.03.12	汉族	群众	硕士研究生	工学硕士	教授
11	教务处	孙建民	男	1969.06.14	汉族	群众	硕士研究生	工学博士	教授
12	教务处	张艳	女	1972.06.21	汉族	党员	博士研究生	工学博士	教授
13	研究生处	陈静勇	男	1963.04.03	汉族	党员	硕士研究生	文学硕士	教授
14	人事处	孙景仙	男	1968.02.01	汉族	党员	博士研究生	法学博士	教授
15	校产经营开发管理办公室	王健	男	1956.11.13	汉族	党员	大学本科	工学学士	教授
16	国际教育学院	吴海燕	女	1965.08.23	汉族	党员	博士研究生	工学博士	教授

序号	部门	姓名	性别	出生日期	民族	政治面貌	学历	学位	职称
17	继续教育学院	赵静野	男	1961.08.17	汉族	党员	博士研究生	理学博士	教授
18	高等教育研究室	叶安丽	女	1958.11.22	汉族	党员	大学本科	工学学士	教授
19	建筑与城市规划学院	刘临安	男	1955.07.16	汉族	九三	博士研究生	建筑学博士	教授
20	建筑与城市规划学院	张忠国	男	1962.11.06	汉族	党员	博士研究生	理学博士	教授
21	建筑与城市规划学院	马英	男	1972.04.24	汉族	党员	博士研究生	工学博士	教授
22	建筑系	孙明	男	1960.05.08	汉族	九三	博士研究生	建筑学博士	教授
23	建筑系	胡雪松	男	1963.08.17	汉族	群众	硕士研究生	工学硕士	教授
24	建筑系	张路峰	男	1964.05.15	汉族	群众	博士研究生	工学博士	教授
25	建筑系	郭晋生	女	1960.07.27	汉族	群众	大学本科	工学本科	教授级高工
26	建筑系	林川	女	1959.12.20	汉族	群众	硕士研究生	工学硕士	教授
27	城市规划系	范霄鹏	男	1964.10.14	汉族	群众	博士研究生	工学博士	教授
28	设计艺术系	谭述乐	男	1960.10.30	汉族	群众	博士研究生	艺术学博士	教授
29	设计艺术系	李沙	男	1959.11.30	汉族	党员	大学本科	文学博士	教授
30	建筑技术部	樊振和	男	1955.01.06	汉族	党员	大学本科	工程硕士	教授
31	建筑史论部	田林	男	1968.05.02	汉族	党员	博士研究生	工学博士	教授级高工
32	设计基础教学部	欧阳文	女	1969.06.22	汉族	群众	硕士研究生	建筑学硕士	教授
33	土木与交通工程学院	戚承志	男	1965.03.25	汉族	党员	博士研究生	哲学博士	教授
34	土木与交通工程学院	韩森	男	1969.10.19	汉族	党员	博士研究生	工学博士	教授
35	土木与交通工程学院	龙佩恒	男	1964.06.27	汉族	党员	博士研究生	工学博士	教授
36	土木与交通工程学院	吴徽	男	1954.12.16	汉族	党员	博士研究生	哲学博士	教授
37	建筑工程系结构教研室	刘栋栋	男	1955.01.29	汉族	党员	硕士研究生	工学硕士	教授
38	建筑工程系结构教研室	何浙渐	女	1961.05.13	汉族	群众	硕士研究生	工学硕士	教授
39	建筑工程系结构教研室	王孟鸿	男	1965.04.25	汉族	群众	博士研究生	工学博士后	教授

序号	部门	姓名	性别	出生日期	民族	政治面貌	学历	学位	职称
40	建筑工程系施工教研室	穆静波	男	1955.04.26	汉族	九三	大学本科	工学学士	教授
41	建筑工程系施工教研室	刘军	男	1965.11.11	汉族	党员	博士研究生	工学博士后	教授级高工
42	道路桥梁工程系	徐世法	男	1963.10.10	汉族	党员	博士研究生	工学博士后	教授
43	道路桥梁工程系	季节	女	1972.11.08	汉族	民盟	博士研究生	工学博士	教授
44	道路桥梁工程系	张新天	男	1964.03.15	汉族	党员	大学本科	工学学士	教授
45	材料工程系	宋少民	男	1965.09.29	汉族	党员	硕士研究生	工学硕士	教授
46	材料工程系	李地红	男	1963.03.18	汉族	党员	博士研究生	工学博士	教授
47	地下工程系	张怀静	女	1962.02.20	汉族	党员	博士研究生	工学博士	教授
48	专业基础部	董军	男	1967.03.14	汉族	党员	博士研究生	工学博士	教授
49	环境与能源学院	李俊奇	男	1967.11.02	汉族	党员	博士研究生	工学硕士	教授
50	环境与能源学院	李德英	男	1955.11.16	汉族	党员	博士研究生	工学博士后	教授
51	建筑热能工程系	李锐	女	1963.01.10	汉族	党员	硕士研究生	工学硕士	教授
52	建筑热能工程系	解国珍	男	1954.01.14	汉族	党员	博士研究生	工学博士	教授
53	建筑热能工程系	王瑞祥	男	1965.04.02	汉族	群众	博士研究生	工学博士	教授
54	市政工程系	郝晓地	男	1960.04.19	汉族	群众	博士研究生	工学博士	教授
55	市政工程系	吴俊奇	男	1960.04.01	汉族	党员	硕士研究生	工学硕士	教授
56	市政工程系	曹秀芹	女	1965.12.02	汉族	党员	博士研究生	工学博士	教授
57	环境工程系	车武	男	1955.08.12	汉族	群众	博士研究生	工学博士	教授
58	环境工程系	张明顺	男	1964.01.10	汉族	党员	博士研究生	理学博士	教授
59	基础教学部	张世红	女	1964.04.07	汉族	党员	博士研究生	哲学博士	教授
60	基础教学部	许禄惠	女	1966.03.04	汉族	党员	硕士研究生	工学硕士	教授
61	电气与信息工程学院	魏东	女	1967.12.06	汉族	群众	博士研究生	工学博士	教授
62	电气与信息工程学院	陈志新	男	1956.06.15	汉族	党员	硕士研究生	工学硕士	教授

序号	部门	姓名	性别	出生日期	民族	政治面貌	学历	学位	职称
63	电气与信息工程学院	王佳	女	1969.05.08	满族	群众	硕士研究生	工学硕士	教授
64	自动化系	王亚慧	男	1962.07.07	汉族	党员	硕士研究生	工学硕士	教授
65	自动化系	张少军	男	1955.04.01	汉族	党员	博士研究生	工学博士	教授
66	电气工程系	李英姿	女	1966.06.29	汉族	党员	硕士研究生	工学硕士	教授
67	计算机系	赵春晓	男	1964.02.06	汉族	九三	博士研究生	工学博士	教授
68	实验教学中心	蒋志坚	男	1960.07.25	汉族	党员	博士研究生	工学硕士	教授
69	经济与管理工程学院	姜军	男	1964.10.05	汉族	党员	硕士研究生	法学硕士	教授
70	经济与管理工程学院	赵世强	男	1960.07.01	汉族	党员	硕士研究生	工学硕士	教授
71	经济与管理工程学院	何佰洲	男	1956.06.04	满族	党员	大学本科	双学位	教授
72	工程管理系	陶庆	男	1959.10.30	汉族	群众	研究生班	工学硕士	教授
73	工程管理系	尤完	男	1962.11.22	汉族	党员	博士研究生	管理学博士	教授
74	工商管理系	郭立	女	1966.07.14	汉族	群众	硕士研究生	管理学硕士	教授
75	工商管理系	李英子	女	1963.11.03	朝鲜族	党员	博士研究生	管理学博士	教授
76	工商管理系	张原	女	1967.01.17	汉族	九三	博士研究生	管理学博士	教授
77	工商管理系	秦颖	女	1968.08.23	汉族	党员	博士研究生	管理学博士	教授
78	公共管理系	周晓静	女	1967.02.25	汉族	党员	硕士研究生	工学硕士	教授
79	测绘与城市空间信息学院	王晏民	男	1958.04.01	汉族	群众	博士研究生	工学博士	教授
80	测绘与城市空间信息学院	赵西安	男	1957.11.19	汉族	党员	博士研究生	工学博士	教授
81	测绘与城市空间信息学院	杜明义	男	1963.06.27	汉族	群众	博士研究生	工学博士	教授
82	测绘工程系	罗德安	男	1968.05.02	汉族	民盟	博士研究生	工学博士后	教授
83	地理信息工程系	石若明	男	1960.01.06	汉族	群众	博士研究生	工学博士	教授
84	地理信息工程系	霍亮	男	1968.11.20	汉族	党员	博士研究生	工学博士	教授
85	测量遥感信息实验中心	陈秀忠	男	1956.06.16	汉族	党员	硕士研究生	工学硕士	教授

序号	部门	姓名	性别	出生日期	民族	政治面貌	学历	学位	职称
86	机电与车辆工程学院	杨建伟	男	1971.04.06	汉族	党员	博士研究生	博士	教授
87	机电与车辆工程学院	王跃进	男	1958.03.19	汉族	党员	硕士研究生	工学硕士	教授
88	工业工程系	陈宝江	男	1956.12.07	汉族	党员	博士研究生	工学博士	教授
89	车辆工程系	刘永峰	男	1973.12.15	汉族	党员	博士研究生	工学博士（后）	教授
90	文法学院	孙希磊	男	1960.07.13	汉族	党员	研究生班	历史学学士	教授
91	文法学院	肖建杰	女	1965.03.11	汉族	党员	博士研究生	法学博士	教授
92	文法学院	李志国	男	1970.01.29	汉族	党员	硕士研究生	法学硕士	教授
93	外语系	贾荣香	女	1961.08.13	汉族	群众	大学本科	文学博士	教授
94	思想政治理论课教研部	秦红岭	女	1966.09.26	汉族	民盟	硕士研究生	哲学硕士	教授
95	理学院	崔景安	男	1963.09.29	汉族	群众	博士研究生	理学博士	教授
96	理学院	程士珍	女	1964.09.13	汉族	党员	硕士研究生	理学硕士	教授
97	理学院	梁普明	男	1967.02.12	汉族	党员	博士研究生	理学博士	教授
98	应用物理系	黄伟	男	1963.08.07	汉族	党员	硕士研究生	理学硕士	教授
99	力学系	郝莉	女	1963.11.30	汉族	群众	博士研究生	理学博士	教授
100	体育部	杨慈洲	男	1964.10.06	汉族	党员	研究生班	教育学学士	教授
101	计算机教学与网络信息部	郝莹	女	1965.06.23	汉族	党员	硕士研究生	工学硕士	教授
102	图书馆	王锐英	男	1958.12.02	汉族	群众	大学本科	工学学士	研究员
103	信息咨询部	郭燕平	女	1964.08.05	汉族	党员	大学本科	文学学士	研究馆员
104	工程实践中心	孙新学	男	1964.06.07	汉族	群众	博士研究生	工学博士后	教授
105	京精大房监理公司	李凯	男	1956.08.16	汉族	党员	大学本科	工学学士	教授级高工
106	设计院	格伦	女	1965.01.17	蒙古族	群众	硕士研究生	工程博士	教授

二、2013 年教师岗位副高人员名单

序号	部门	姓名	性别	出生日期	民族	政治面貌	学历	学位	职称
1	学校办公室	何志洪	男	1956.10.24	汉族	党员	硕士研究生	工学硕士	副教授
2	学校办公室	张启鸿	男	1969.05.18	汉族	党员	博士研究生	工学博士	副研究员
3	学校办公室	谢国斌	男	1956.03.05	汉族	党员	研究生班		副教授
4	学校办公室	贝裕文	男	1977.06.17	汉族	党员	硕士研究生	管理学硕士	副研究员
5	机关党总支	王德中	男	1969.11.22	汉族	党员	硕士研究生	法学硕士	副教授
6	组织部	张素芳	女	1960.05.01	汉族	党员	大学本科	双学位	副教授
7	宣传部	孙冬梅	女	1968.01.25	汉族	党员	硕士研究生	教育学硕士	高级政工师
8	纪检监察处	彭磊	女	1975.01.29	汉族	党员	博士研究生	管理学博士	副研究员
9	团委	朱静	女	1978.03.04	汉族	党员	硕士研究生	法学硕士	副教授
10	学生工作部	黄尚荣	男	1977.08.20	汉族	党员	硕士研究生	工学硕士	副教授
11	学生工作部	武全	男	1976.07.15	汉族	党员	硕士研究生	法学硕士	副教授
12	离退休人员管理办公室	赵京明	男	1955.02.12	汉族	党员	大学本科		高级政工师
13	工会	刘艳华	女	1975.08.29	汉族	党员	硕士研究生	教育学硕士	副教授
14	教务处	李冰	女	1961.07.25	汉族	党员	大学本科	工学学士	副教授
15	招生就业处	朱俊玲	女	1978.10.25	汉族	党员	硕士研究生	教育学硕士	副教授
16	研究生处	李海燕	女	1975.11.27	汉族	党员	博士研究生	理学博士	副教授
17	研究生处	汪长征	男	1981.01.11	汉族	群众	博士研究生	理学博士	副教授
18	科技处	高岩	男	1973.12.14	汉族	党员	博士研究生	工学博士后	副研究员
19	科技处	陈韬	女	1977.11.14	汉族	党员	硕士研究生	工学博士	副教授
20	财务处	孙文贤	女	1968.10.22	汉族	党员	大学本科	管理学学士	高级经济师
21	国际合作与交流处	赵晓红	女	1969.08.14	汉族	群众	大学本科	文学学士	副教授
22	规划与基建处	邵宗义	男	1961.05.02	汉族	党员	大学本科	工学学士	副教授

序号	部门	姓名	性别	出生日期	民族	政治面貌	学历	学位	职称
23	规划与基建处	何伟良	男	1957.02.14	汉族	群众	大学本科		高级实验师
24	资产与后勤管理处	周春	女	1963.02.28	汉族	党员	硕士研究生	教育学硕士	副教授
25	资产与后勤管理处	张朋	男	1954.10.08	汉族	党员	硕士研究生	工学硕士	副教授
26	学报编辑部	牛志霖	男	1964.05.17	汉族	党员	硕士研究生	工学硕士	副编审
27	建筑与城市规划学院	丁奇	男	1975.06.02	汉族	党员	硕士研究生	工学硕士	副教授
28	建筑系	赵可昕	女	1963.11.18	满族	群众	大学本科	工学硕士	高级工程师
29	建筑系	徐怡芳	女	1963.06.12	汉族	党员	博士研究生	工学博士	副教授
30	建筑系	孙克真	男	1956.07.18	汉族	群众	大学本科	农业推广硕士	副教授
31	建筑系	晁军	男	1969.01.21	汉族	群众	博士研究生	工学博士	副教授
32	建筑系	王佐	男	1971.01.16	汉族	群众	博士研究生	工学博士	副教授
33	建筑系	郝晓赛	女	1977.04.20	汉族	党员	博士研究生	工学博士	高级工程师
34	城市规划系	冯丽	女	1962.04.06	汉族	九三	大学本科	工学学士	副教授
35	城市规划系	孙立	男	1974.03.04	汉族	党员	博士研究生	工学博士	副教授
36	城市规划系	荣玥芳	女	1972.01.15	汉族	党员	博士研究生	工学博士	高级规划师
37	城市规划系	陈晓彤	女	1968.02.19	汉族	群众	博士研究生	工学博士	副教授
38	设计艺术系	杨琳	男	1968.07.12	汉族	党员	大学本科	工学学士	副教授
39	设计艺术系	滕学荣	女	1975.06.22	汉族	群众	博士研究生	文学博士	副教授
40	设计艺术系	赵希岗	男	1965.05.18	汉族	民盟	硕士研究生	文学硕士	高级工程师
41	建筑技术系	黄莉	女	1963.11.05	汉族	群众	硕士研究生	工学硕士	副教授
42	建筑技术系	房志勇	男	1957.11.20	汉族	民盟	大学本科	工学学士	副教授
43	建筑技术系	李英	女	1962.03.02	汉族	民盟	硕士研究生	工学硕士	副教授
44	建筑史论部	陆翔	男	1958.06.06	汉族	民盟	硕士研究生	工学硕士	副教授
45	建筑史论部	许政	女	1969.04.28	汉族	群众	博士研究生	工学博士	副教授

序号	部门	姓名	性别	出生日期	民族	政治面貌	学历	学位	职称
46	设计基础教学部	杨晓	男	1973.12.10	汉族	群众	硕士研究生	文学硕士	副教授
47	设计基础教学部	李春青	女	1974.10.29	汉族	党员	博士研究生	工学博士	副教授
48	设计基础教学部	靳超	男	1959.01.12	汉族	党员	硕士研究生	文学硕士	副教授
49	设计基础教学部	钟铃	男	1960.05.30	汉族	九三	大学本科	文学学士	副教授
50	设计基础教学部	朱军	男	1969.01.24	汉族	党员	硕士研究生	教育学硕士	副教授
51	设计基础教学部	金秋野	男	1975.12.18	满族	党员	博士研究生	工学博士	副教授
52	设计基础教学部	段炼	男	1965.05.01	汉族	九三	大学本科	文学学士	副教授
53	设计基础教学部	蒋方	男	1965.05.11	汉族	九三	大学本科	工学学士	副教授
54	实验中心	邹越	男	1967.10.27	汉族	党员	硕士研究生	工学硕士	副教授
55	土木与交通工程学院	何立新	男	1967.12.05	汉族	党员	大学本科	历史学学士	高级工程师
56	土木与交通工程学院	刘小红	女	1966.05.20	汉族	群众	大学本科	理学学士	高级工程师
57	建筑工程系结构教研室	赵亦云	女	1968.10.19	汉族	党员	博士研究生	工学博士	副教授
58	建筑工程系结构教研室	张艳霞	女	1970.09.29	汉族	党员	硕士研究生	工学硕士	副教授
59	建筑工程系结构教研室	邓思华	男	1963.01.24	汉族	群众	硕士研究生	工学硕士	副教授
60	建筑工程系结构教研室	赵东拂	男	1967.07.05	满族	党员	博士研究生	工学博士	副教授
61	建筑工程系结构教研室	祝磊	男	1980.08.25	汉族	群众	博士研究生	工学博士	副教授
62	建筑工程系施工教研室	廖维张	男	1978.12.25	汉族	党员	博士研究生	工学博士	副教授
63	建筑工程系施工教研室	杨静	女	1972.02.07	汉族	党员	博士研究生	工学博士	副教授
64	建筑工程系施工教研室	王亮	男	1977.12.27	汉族	党员	硕士研究生	工学硕士	副教授
65	建筑工程系施工教研室	侯敬峰	男	1978.01.21	汉族	党员	硕士研究生	工学硕士	副教授
66	道路桥梁工程系	王毅娟	女	1963.11.03	汉族	群众	硕士研究生	工学硕士	副教授
67	交通工程系	张恋	女	1971.01.12	汉族	党员	博士研究生	工学博士	副教授
68	交通工程系	戴冀峰	女	1966.03.25	汉族	九三	硕士研究生	工学硕士	副教授

序号	部门	姓名	性别	出生日期	民族	政治面貌	学历	学位	职称
69	交通工程系	焦朋朋	男	1980.11.11	汉族	群众	博士研究生	工学博士（后）	副教授
70	材料工程系	李崇智	男	1969.02.17	汉族	党员	博士研究生	工学博士	副教授
71	材料工程系	侯云芬	女	1968.01.30	汉族	群众	博士研究生	工学博士	副教授
72	地下工程系	刘飞	男	1975.03.28	汉族	党员	博士研究生	工学博士	副教授
73	地下工程系	彭丽云	女	1979.06.05	汉族	党员	博士研究生	工学博士（后）	副教授
74	专业基础部	罗健	男	1957.10.28	汉族	党员	硕士研究生	工学硕士	副教授
75	专业基础部	冯萍	女	1975.06.05	汉族	党员	博士研究生	建筑学硕士	副教授
76	实验中心结构实验室	张国伟	男	1979.04.18	汉族	党员	博士研究生	工学博士	副教授
77	实验中心建材实验室	李飞	男	1981.10.13	汉族	群众	博士研究生	工学博士	副教授
78	实验中心建材实验室	周文娟	女	1977.02.18	汉族	党员	硕士研究生	工学硕士	副教授
79	实验中心交通实验室	洪洁	女	1959.09.26	汉族	九三	博士研究生	哲学博士	副教授
80	环境与能源学院	陈红兵	男	1977.07.23	汉族	党员	博士研究生	工学博士	副教授
81	环境与能源学院	冯萃敏	女	1968.09.01	蒙古族	党员	硕士研究生	工学硕士	副教授
82	环境与能源学院	张群力	男	1977.08.13	汉族	党员	博士研究生	工学博士（后）	副教授
83	环境与能源学院	贾海燕	女	1979.10.29	汉族	党员	硕士研究生	教育学硕士	副教授
84	建筑热能工程系	冯玉红	男	1965.11.28	汉族	群众	博士研究生	工学博士后	副教授
85	建筑热能工程系	詹淑慧	女	1961.12.22	汉族	党员	大学本科	工学学士	副教授
86	建筑热能工程系	刘蓉	女	1962.11.19	汉族	群众	硕士研究生	工学硕士	副教授
87	建筑热能工程系	闫全英	女	1970.04.12	汉族	党员	博士研究生	工学博士	副教授
88	建筑热能工程系	郝学军	男	1968.10.31	汉族	党员	硕士研究生	工学硕士	副教授
89	建筑热能工程系	杨晖	女	1970.04.24	汉族	群众	博士研究生	工学博士	副教授
90	建筑热能工程系	于丹	女	1974.06.26	汉族	党员	博士研究生	工学博士	副教授
91	建筑热能工程系	徐鹏	男	1976.06.25	汉族	党员	硕士研究生	工学硕士	副教授

序号	部门	姓名	性别	出生日期	民族	政治面貌	学历	学位	职称
92	建筑热能工程系	那威	男	1979.01.22	满族	党员	博士研究生	工学博士（后）	副教授
93	建筑热能工程系	张金洋	女	1966.09.08	汉族	群众	博士研究生	工学博士（后）	副教授
94	市政工程系	许萍	女	1971.10.09	汉族	党员	硕士研究生	工学硕士	副教授
95	市政工程系	仇付国	男	1974.10.14	汉族	党员	博士研究生	工学博士	副教授
96	市政工程系	王俊岭	男	1973.03.23	汉族	群众	博士研究生	工学博士	副教授
97	市政工程系	杨海燕	女	1976.03.29	汉族	党员	博士研究生	工学博士	副教授
98	市政工程系	马文林	女	1968.05.11	汉族	党员	博士研究生	理学博士后	副教授
99	环境工程系	李颖	女	1965.07.28	满族	党员	硕士研究生	工学硕士	副教授
100	环境工程系	王敏	女	1968.04.25	汉族	群众	硕士研究生	工学硕士	副教授
101	环境工程系	刘建伟	男	1979.03.03	汉族	党员	博士研究生	工学博士	副教授
102	环境工程系	王建龙	男	1978.11.13	汉族	党员	博士研究生	工学博士	副教授
103	环境工程系	任相浩	男	1974.09.03	朝鲜族	群众	博士研究生	工学博士（后）	副教授
104	基础教学部	王文海	男	1963.10.13	汉族	党员	博士研究生	工学博士	副教授
105	基础教学部	岳冠华	女	1963.12.19	汉族	党员	硕士研究生	理学硕士	副教授
106	基础教学部	王崇臣	男	1974.02.02	汉族	群众	博士研究生	工学博士	副教授
107	基础教学部	牛润萍	女	1979.10.01	汉族	党员	博士研究生	工学博士	副教授
108	基础教学部	冯利利	女	1980.10.12	汉族	党员	博士研究生	工学博士（后）	副教授
109	实验中心	孙金栋	男	1969.12.28	汉族	党员	大学本科	工学硕士	高级实验师
110	实验中心	侯书新	女	1968.05.11	汉族	群众	大学本科	工程硕士	高级实验师
111	实验中心	周琦	男	1959.11.20	汉族	群众	大学专科		高级实验师
112	实验中心	董素清	女	1963.12.17	汉族	群众	大学专科		高级实验师
113	中法能源中心	郭全	男	1959.11.04	汉族	群众	大学本科	工学学士	副教授
114	教育部重点实验室	宫永伟	男	1982.06.27	汉族	党员	博士研究生	工学博士	副教授

512

序号	部门	姓名	性别	出生日期	民族	政治面貌	学历	学位	职称
115	电气与信息工程学院	杨光	男	1974.08.15	汉族	党员	大学本科	工学硕士	副教授
116	电气与信息工程学院	张雷	男	1977.04.12	汉族	党员	博士研究生	工学博士	副教授
117	自动化系	刘国国	男	1959.02.01	汉族	党员	硕士研究生	工学硕士	副教授
118	自动化系	胡玉玲	女	1975.10.18	汉族	群众	硕士研究生	工学硕士	副教授
119	自动化系	张立权	男	1969.03.14	汉族	群众	博士研究生	工学博士	副教授
120	自动化系	谭志	男	1970.09.26	汉族	群众	博士研究生	工学博士	副教授
121	电气工程系	岳云涛	男	1971.01.24	汉族	党员	博士研究生	工学博士	副教授
122	电气工程系	栾茹	女	1967.11.10	汉族	群众	博士研究生	工学博士	副教授
123	电气工程系	马鸿雁	女	1971.07.06	汉族	党员	博士研究生	工学博士	副教授
124	电气工程系	刘静纨	女	1969.07.21	汉族	党员	博士研究生	工学博士	副教授
125	电气工程系	龚静	女	1975.09.18	汉族	党员	硕士研究生	工学硕士	副教授
126	电气工程系	孙卫红	女	1969.05.04	汉族	党员	大学本科	工程硕士	高级工程师
127	电气智能化系	田启川	男	1971.03.23	汉族	党员	博士研究生	工学博士后	副教授
128	计算机系	王怀秀	女	1966.02.24	汉族	党员	博士研究生	工学博士	副教授
129	计算机系	钱丽萍	女	1971.03.25	汉族	群众	硕士研究生	工学硕士	副教授
130	计算机系	张琳	女	1975.09.12	汉族	党员	硕士研究生	工学硕士	副教授
131	计算机系	衣俊艳	女	1978.08.11	汉族	党员	博士研究生	工学博士	副教授
132	实验教学中心	张翰韬	男	1967.05.17	汉族	党员	大学本科	双学位	高级实验师
133	实验教学中心	陈一民	男	1979.05.14	汉族	党员	大学本科	工学学士	高级实验师
134	经济与管理工程学院	张庆春	男	1955.04.22	汉族	党员	研究生班		高级政工师
135	经济与管理工程学院	张俊	男	1972.06.20	汉族	党员	博士研究生	管理学博士	副教授
136	经济与管理工程学院	周永生	男	1957.01.24	汉族	党员	硕士研究生	经济学硕士	高级工程师
137	工程管理系	臧振强	男	1973.10.02	汉族	党员	硕士研究生	经济学硕士	副教授

序号	部门	姓名	性别	出生日期	民族	政治面貌	学历	学位	职称
138	工程管理系	王炳霞	女	1968.04.05	汉族	党员	硕士研究生	工学硕士	副教授
139	工程管理系	张宏	女	1974.10.02	汉族	党员	博士研究生	管理学博士	副教授
140	工程管理系	孙杰	男	1976.04.18	汉族	党员	博士研究生	管理学博士	副教授
141	工程管理系	刘国东	男	1977.04.21	满族	群众	博士研究生	管理学博士	高级工程师
142	工商管理系	严波	男	1973.02.19	汉族	群众	博士研究生	博士后	副教授
143	工商管理系	张阜	女	1972.07.17	汉族	党员	硕士研究生	工学硕士	副教授
144	工商管理系	张丽	女	1977.11.07	汉族	党员	博士研究生	管理学博士	副教授
145	工商管理系	王红春	女	1976.04.09	汉族	群众	博士研究生	工学博士	副教授
146	工商管理系	刘建利	女	1971.10.22	蒙古族	党员	博士研究生	管理学博士后	副教授
147	公共管理系	周霞	女	1975.02.27	汉族	党员	硕士研究生	经济学硕士	副教授
148	公共管理系	王平	女	1963.07.25	汉族	党员	大学本科	法学硕士	副教授
149	公共管理系	钱雅丽	女	1964.05.10	汉族	群众	大学本科	经济学学士	副教授
150	公共管理系	邵全	女	1968.02.14	汉族	党员	博士研究生	管理学博士	副教授
151	公共管理系	刘娜	女	1974.10.28	汉族	党员	博士研究生	管理学博士	副教授
152	测绘与城市空间信息学院	吕书强	男	1973.07.01	汉族	党员	博士研究生	工学博士	副教授
153	测绘与城市空间信息学院	王震远	男	1973.03.25	汉族	党员	硕士研究生	工学硕士	副教授
154	测绘与城市空间信息学院	周克勤	男	1962.09.06	汉族	党员	硕士研究生	工学硕士	副教授
155	测绘工程系	刘旭春	男	1969.03.20	汉族	群众	博士研究生	工学博士	副教授
156	测绘工程系	周乐皆	男	1965.03.16	汉族	党员	研究生班	工学学士	副教授
157	测绘工程系	朱凌	女	1971.12.11	汉族	民盟	博士研究生	工学博士	副教授
158	测绘工程系	丁克良	男	1968.07.07	汉族	党员	博士研究生	工学博士	副教授
159	测绘工程系	胡云岗	男	1975.10.13	汉族	党员	博士研究生	工学博士	副教授
160	地理信息工程系	赵江洪	女	1976.11.12	汉族	党员	博士研究生	工学博士	副教授

序号	部门	姓名	性别	出生日期	民族	政治面貌	学历	学位	职称
161	地理信息工程系	王文宇	女	1974.03.24	汉族	党员	博士研究生	理学博士	副教授
162	地理信息工程系	危双丰	男	1979.10.24	汉族	党员	博士研究生	工学博士	副教授
163	地理信息工程系	蔡国印	男	1975.11.16	汉族	党员	博士研究生	理学博士	副教授
164	地理信息工程系	刘扬	男	1979.09.12	汉族	预备党员	博士研究生	理学博士	副教授
165	地理信息工程系	张健钦	男	1977.04.08	汉族	党员	博士研究生	理学博士（后）	副教授
166	地理信息工程系	庞蕾	女	1971.01.05	汉族	群众	博士研究生	工学博士（后）	副教授
167	地理信息工程系	黄明	男	1971.09.17	汉族	党员	博士研究生	工学博士（后）	副教授
168	测量遥感信息实验中心	廖丽琼	女	1969.05.29	汉族	群众	大学本科	工学学士	副教授
169	机电与车辆工程学院	朱爱华	女	1977.04.01	汉族	党员	硕士研究生	工学硕士	副教授
170	机电与车辆工程学院	顾斌	男	1962.09.06	汉族	党员	大学本科	工学学士	高级工程师
171	机械工程系	唐伯雁	男	1965.08.02	汉族	党员	博士研究生	工学博士	副教授
172	机械工程系	高振莉	女	1963.08.18	汉族	党员	硕士研究生	工学硕士	副教授
173	机械工程系	孙义	男	1956.02.11	汉族	党员	硕士研究生	工学硕士	高级工程师
174	机械工程系	窦蕴萍	女	1964.11.08	汉族	群众	硕士研究生	工学硕士	副实验师
175	机械工程系	秦建军	男	1979.06.12	汉族	党员	博士研究生	工学博士	高级实验师
176	机械电子工程系	周明	男	1966.01.01	汉族	群众	博士研究生	工学博士（后）	副教授
177	机械电子工程系	连香饺	女	1966.08.25	汉族	党员	硕士研究生	工学硕士	副教授
178	机械电子工程系	郝亮	女	1972.02.03	汉族	党员	硕士研究生	工学硕士	副教授
179	机械电子工程系	陈志刚	男	1979.05.14	汉族	党员	博士研究生	工学博士	副教授
180	车辆工程系	周庆辉	男	1973.12.28	汉族	党员	博士研究生	工学博士	副教授
181	车辆工程系	周素霞	女	1971.09.16	汉族	党员	博士研究生	工学博士	副教授
182	车辆工程系	卢宁	男	1976.10.08	汉族	群众	博士研究生	工学博士后	高级工程师
183	工业工程系	高高峰	男	1972.10.16	蒙古族	党员	博士研究生	工学博士	副教授

序号	部门	姓名	性别	出生日期	民族	政治面貌	学历	学位	职称
184	工业工程系	秦华	女	1970.07.12	汉族	党员	博士研究生	工学博士	副教授
185	机电实验中心	田洪淼	男	1964.05.23	汉族	群众	大学本科	工学学士	高级工程师
186	机电实验中心	张惠生	男	1956.06.10	汉族	党员	大学本科	工学学士	高级实验师
187	文法学院	刘国朝	男	1961.10.23	汉族	群众	大学本科	文学学士	副教授
188	文法学院	李红	女	1978.08.17	汉族	党员	研究生班	工程硕士	副教授
189	法律系	张晓霞	女	1972.05.02	汉族	党员	博士研究生	法学博士	副教授
190	法律系	刘炳良	男	1972.11.25	汉族	党员	博士研究生	法学博士	副教授
191	法律系	左金凤	女	1971.02.17	羌族	群众	硕士研究生	法律硕士	副教授
192	法律系	王俊梅	女	1974.11.18	汉族	党员	硕士研究生	法律硕士	副教授
193	社会工作系	郑宁	男	1954.05.25	汉族	党员	大学本科	教育学学士	副教授
194	社会工作系	晁霞	女	1970.01.24	汉族	党员	研究生班	哲学学士	副教授
195	社会工作系	高春凤	女	1971.05.22	汉族	党员	博士研究生	管理学博士	副教授
196	社会工作系	孟莉	女	1967.03.24	汉族	群众	硕士研究生	教育学硕士	副教授
197	外语系	郭晋燕	女	1963.06.21	汉族	群众	大学本科	文学学士	副教授
198	外语系	董艳玲	女	1963.04.03	汉族	九三	大学本科	教育硕士	副教授
199	外语系	陈品	女	1967.07.30	汉族	党员	大学本科	双学士	副教授
200	外语系	陈素红	女	1967.06.25	汉族	党员	研究生班	文学学士	副教授
201	外语系	吴逾倩	女	1967.07.16	回族	九三	研究生班	文学硕士	副教授
202	外语系	吴彤军	女	1968.08.15	汉族	九三	大学本科	教育硕士	副教授
203	外语系	武烜	男	1974.11.30	满族	党员	硕士研究生	文学硕士	副教授
204	外语系	王彩霞	女	1964.06.19	汉族	九三	研究生班	文学学士	副教授
205	外语系	王天禾	女	1968.11.20	汉族	群众	大学本科	文学硕士	副教授
206	外语系	梁海燕	女	1975.07.09	汉族	群众	硕士研究生	文学硕士	副教授

序号	部门	姓名	性别	出生日期	民族	政治面貌	学历	学位	职称
207	外语系	李宜兰	女	1970.07.09	汉族	群众	硕士研究生	文学硕士	副教授
208	思想政治理论课教研部	郭宗东	男	1963.10.12	汉族	党员	硕士研究生	哲学硕士	副教授
209	思想政治理论课教研部	常宗耀	男	1962.01.14	汉族	党员	博士研究生	法学博士	副教授
210	思想政治理论课教研部	汪琼枝	女	1974.11.11	汉族	党员	博士研究生	哲学博士	副教授
211	思想政治理论课教研部	陈南雁	女	1975.06.15	汉族	党员	博士研究生	法学博士	副教授
212	思想政治理论课教研部	金焕玲	女	1978.12.01	汉族	党员	博士研究生	哲学博士	副教授
213	思想政治理论课教研部	张华	女	1976.01.02	汉族	党员	博士研究生	法学博士	副教授
214	理学院	宫瑞婷	女	1973.09.22	汉族	党员	硕士研究生	工学硕士	副教授
215	理学院	傅钰	女	1959.05.07	汉族	党员	硕士研究生	教育学硕士	副教授
216	理学院	代西武	男	1963.08.17	汉族	党员	硕士研究生	理学硕士	副教授
217	数学系	张鸿鹰	女	1967.09.28	汉族	群众	大学本科	理学学士	副教授
218	数学系	吕亚芹	女	1964.10.08	汉族	群众	硕士研究生	理学硕士	副教授
219	数学系	刘长河	男	1966.04.16	汉族	党员	博士研究生	理学博士	副教授
220	数学系	刘世祥	男	1963.11.02	汉族	民盟	硕士研究生	理学硕士	副教授
221	数学系	王晓静	女	1972.04.15	汉族	党员	博士研究生	理学博士	副教授
222	数学系	侍爱玲	女	1970.03.02	汉族	群众	硕士研究生	理学硕士	副教授
223	数学系	白羽	女	1979.07.07	汉族	党员	博士研究生	理学博士	副教授
224	数学系	许传青	女	1972.02.28	汉族	群众	博士研究生	理学博士后	副教授
225	应用物理系	聂传辉	女	1966.04.28	汉族	党员	硕士研究生	理学硕士	副教授
226	应用物理系	魏京花	女	1962.03.26	汉族	党员	大学本科	理学学士	副教授
227	应用物理系	余丽芳	女	1963.09.26	汉族	群众	大学本科	理学学士	副教授
228	应用物理系	王俊平	女	1968.09.27	汉族	党员	博士研究生	工学博士	副教授
229	物理与光电实验中心	马黎君	男	1970.12.14	汉族	党员	硕士研究生	理学硕士	副教授

序号	部门	姓名	性别	出生日期	民族	政治面貌	学历	学位	职称
230	物理与光电实验中心	王秀敏	女	1974.03.28	汉族	党员	硕士研究生	理学硕士	副教授
231	物理与光电实验中心	任洪梅	女	1962.11.04	汉族	群众	硕士研究生	理学硕士	副教授
232	物理与光电实验中心	曹辉耕	男	1960.11.03	汉族	群众	大学本科	理学硕士	副教授
233	力学系	石洋	女	1971.01.18	汉族	党员	硕士研究生	理学硕士	副教授
234	力学系	任艳荣	女	1973.02.02	汉族	群众	博士研究生	理学硕士	副教授
235	力学系	俞晓正	男	1972.08.03	汉族	群众	博士研究生	理学博士(后)	副教授
236	工程图学系	杨谆	女	1966.01.08	汉族	党员	硕士研究生	工学硕士	副教授
237	工程图学系	薛颖菊	女	1962.08.18	汉族	群众	大学本科	工学学士	副教授
238	工程图学系	张士杰	男	1956.03.30	汉族	党员	大学本科	工学学士	高级工程师
239	工程图学系	曹宝新	女	1960.12.20	汉族	群众	大学本科	工学学士	副教授
240	信息与计算科学系	高雁飞	女	1971.07.01	汉族	党员	硕士研究生	工学硕士	副教授
241	信息与计算科学系	毕靖	女	1974.10.18	汉族	党员	硕士研究生	工学硕士	副教授
242	体育部	康钧	男	1968.05.13	汉族	党员	大学本科	教育学学士	副教授
243	体育部	孙瑶瑶	女	1970.03.16	汉族	群众	大学本科	教育学学士	副教授
244	体育部	施海波	男	1970.03.20	汉族	党员	硕士研究生	教育学硕士	副教授
245	体育部	张胜	男	1973.05.29	汉族	党员	大学本科	教育学学士	副教授
246	体育部	刘梦飞	男	1974.01.25	汉族	党员	硕士研究生	教育学硕士	副教授
247	体育部	智颖新	男	1973.07.27	汉族	党员	硕士研究生	教育学硕士	副教授
248	体育部	朱静华	女	1968.04.28	汉族	党员	大学本科	教育学学士	副教授
249	体育部	李金	女	1980.11.06	汉族	党员	硕士研究生	教育学硕士	副教授
250	体育部	代浩然	男	1975.10.27	汉族	党员	硕士研究生	教育学硕士	副教授
251	体育部	胡德刚	男	1979.10.25	汉族	党员	硕士研究生	教育学硕士	副教授
252	计算机教学与网络信息部	魏楚元	男	1977.05.28	汉族	党员	硕士研究生	工学硕士	高级实验师

序号	部门	姓名	性别	出生日期	民族	政治面貌	学历	学位	职称
253	计算机教学与网络信息部	侯妙乐	女	1974.09.28	汉族	群众	博士研究生	工学博士	副教授
254	计算机公共课教研室	李敏杰	女	1971.09.05	汉族	群众	硕士研究生	工学硕士	副教授
255	计算机公共课教研室	曹青	男	1966.05.04	汉族	群众	大学本科	理学硕士	副教授
256	计算机公共课教研室	李芳社	男	1963.02.27	汉族	群众	硕士研究生	工学硕士	副教授
257	计算机公共课教研室	邱李华	女	1966.11.06	汉族	群众	硕士研究生	工学硕士	副教授
258	计算机公共课教研室	张勉	女	1972.02.29	汉族	民盟	硕士研究生	理学硕士	副教授
259	计算机公共课教研室	吕橙	男	1969.03.09	汉族	群众	硕士研究生	工学硕士	副教授
260	计算机公共课教研室	万珊珊	女	1980.07.15	汉族	党员	硕士研究生	工学硕士	副教授
261	计算机教学与网络信息部	郭志强	男	1966.06.20	汉族	群众	大学本科	工学学士	高级工程师
262	现代教育技术中心	王雅杰	女	1980.09.25	汉族	预备党员	硕士研究生	理学硕士	高级实验师
263	现代教育技术中心	王启才	男	1970.09.26	汉族	民盟	大学本科		高级实验师
264	计算中心	张堃	女	1967.10.29	汉族	群众	大学本科	工学学士	高级工程师
265	图书馆	沈茜	女	1973.01.12	汉族	党员	硕士研究生	管理学硕士	副教授
266	图书馆	齐群	女	1964.02.02	汉族	党员	大学本科	工学学士	副教授
267	图书馆	金磊	女	1959.03.30	汉族	群众	大学本科	工学学士	副研究馆员
268	信息咨询部	赵燕湘	男	1956.12.30	满族	党员	硕士研究生	理学硕士	副研究馆员
269	期刊信息部	何大炜	男	1968.08.05	汉族	党员	大学本科	经济学硕士	副研究馆员
270	文化工作室	陈红月	女	1959.10.18	汉族	民盟	大学本科	文学学士	副研究馆员
271	工程实践中心	周渡海	男	1955.10.25	汉族	群众	大学本科		高级实验师
272	工程实践中心	潘克岐	男	1954.09.17	汉族	九三	硕士研究生	工学硕士	副研究员
273	校产资产中心	丛小密	男	1965.08.17	汉族	党员	大学本科	工学学士	高级工程师
274	设计院	金全福	男	1953.12.22	汉族	群众	大学本科		高级工程师
275	设计院	孙树清	男	1955.04.05	汉族	群众	大学本科		高级工程师
276	远大公司	张宝忠	男	1960.08.07	汉族	群众	大学本科	工学学士	高级工程师
277	远大公司	蔡小刚	男	1956.02.28	汉族	群众	大学本科	工学学士	高级工程师